Ces pages présentent les œuvres d'art originales pour les médailles olympiques de Vancouver 2010.

Tout comme le parcours olympique de chacun des athlètes, les médailles olympiques de Vancouver 2010 sont à la fois uniques et interreliées par le partage d'une même histoire. Chaque médaille comporte des éléments uniques tirés d'un dessin komoyue de Corrine Hunt à quatre panneaux, qui présente l'épaulard d'une manière évoquant les boîtes de bois cintré traditionnelles des Premières nations de la côte Ouest. Selon la culture komoyue, l'épaulard est fort et athlétique. Il symbolise la force du collectif; il voyage en groupe dont tous les membres s'entraident afin de veiller à la survie les uns des autres. Ces caractéristiques sont similaires à celles des champions olympiques.

The spirit and soul of all 33 million Canadians has been sewn into the fabric of these Winter Games. This journey has not been about the few but rather the many.

L'esprit et l'âme des 33 millions de Canadiens ont imprégné le tissu de ces Jeux d'hiver. Cette expérience a su toucher l'ensemble d'un peuple et on n'a mis personne de côté.

John Furlong

Editor / *Rédactrice* : Alison Gardiner Design direction / *Direction de la conception* : Leo Obstbaum Design / *Conception* : Teena Aujla, Chloé Douglas, Greg Durrell, Ben Hulse and/*et* Margaret Ko Production design and management / *Conception et gestion de la production* : Yumi White Exclusive photography / *Photographie exclusive* : Rick Collins, Ben Hulse, Blake Jorgenson, Sterling Lorence, David Martin and/*et* Steve Simon (see pg 397 for reference / *voir la page 397 pour référence*) Colour correction / *Correction des couleurs* : Vairdy Andrew and/*et* Ben Hulse Photo and research assistance / *Assistance à la photographie et à la recherche* : Roseanne Hinmueller

Feature writing / *Rédaction des articles vedettes* : Dianna Carr (Alpine Skiing / *Ski alpin*, Luge, Skeleton, Bobsleigh, Paralympic Alpine Skiing / *Ski alpin paralympique*) , Scott Colbourne (Cultural Olympiad / *Olympiade culturelle*), Chris Fair (Speed Skating / *Patinage de vitesse*, Curling, Wheelchair Curling / *Curling en fauteuil roulant*, Cindy Filipenko (Ski jumping / *Saut à ski*, Nordic Combined / *Combiné nordique*, Cross-Country Skiing / *Ski de fond*, Biathlon, Paralympic Cross-Country Skiing / *Ski de fond paralympique*, Paralympic Biathlon / *Biathlon paralympique*), Alison Gardiner (Journey to 2010 / *Vers Vancouver 2010*, Media and Technology / *Médias et technologie*, Design / *Conception*, Ice Hockey introduction / *Introduction du hockey sur glace*), Beth Hornby (Figure Skating / *Patinage artistique*, Short Track Speed Skating / *Patinage de vitesse sur piste courte*), Lianne Kerr (Olympic Torch Relay / *Relais de la flamme olympique*, Freestyle Skiing / *Ski acrobatique*, Snowboard / *Surf des neiges*), Claudia Larouche (Paralympic Torch Relay / *Relais de la flamme paralympique*), David Martin (Olympic and Paralympic Opening and Closing Ceremonies / *Cérémonies d'ouverture et de clôture olympiques et paralympiques*, Olympic Village / *Village olympique*, Volunteers / *Bénévoles*, Spirit and Atmosphere / *Esprit et atmosphère*, The Canada that was, and the Canada that now is / *Le Canada d'hier, et le Canada d'aujourd'hui*), Don Wells (Ice Hockey / *Hockey sur glace*, Ice Sledge Hockey / *Hockey sur luge*)

Copyediting (English) / *Travail éditorial (anglais)* : Andrew Tzembelicos Proofreading (English) / *Lecture d'épreuves (anglais)* : Segun Afolabi Fact-checking / *Vérification des faits* : Holly Munn, Mark Woo and/*et* Vince Yu Translation / *Traduction* : Jane Mitchell, Maryse Désaulniers, Sarah Duschesne-Fisette, Tina Sarazin and/*et* Julie Turbide Editing (French) / *Révision (français)* : Marie-Pierre Lavoie Proofreading (French) / *Lecture d'épreuves (français)* : Marie-Pierre Lavoie and/*et* Tina Sarazin

Project and photography management / *Gestion de projet et de photographie* : Julie Morgan Project management / *Gestion de projet* : Alison Maclean and/*et* Monica Netupsky Planning management / *Gestion de la planification* : Lise Carrière

Special thanks to / *Nous tenons également à remercier* : Len Apedaile · Ellen Babers · Greg Bartels · Derek Baxter · Ryan Bennetts · Janet Bernat · Myriam Berry · Jennifer Boucher · Anthony Bocquetin · Paul Brosseau · Karen Bryan · Jessica Burton · Alastair Cameron · Katharine Carol · Daren Clark · Dave Cobb · Carmen Coccimiglio · Amanda Cohen · Sam Corea · Stephanie Cornish · Tom Cornwall · Robert Cousin · Slobodan Delic · Stephane Delisle · Hilary Dunn · Madeline Ell · Rick Etkin · Eric Fremont · Logan Frison · Kristin Fung · John Furlong · Katrina Galas · Chris Gear · Byron Go · Kim Gordon · Joanna Gould · Roberto Grassi · Mark Halliday · Tara Hatch · Elizabeth Hindle · Kevin Hodder · Vanessa Hodge · Bryce Holbech · Craig Holland · Russ Horner · Charles Hotel · Adrian Huang · Andrée Janyk · Nadine Jarry · Jordan Kallman · Dennis Kim · Mélanie Kimmett · Salman Manki · Marnie King · Elia Kriketos · Virginie Lamarche · Michelle Landry · Steve Lange · Krista Leesment · Craig Lehto · Candice Leung · Peta Lewis · Caroline Lotter · Sheryl MacDonald · Greg Magirescu · Michele Mamacos · Janey Marks · Kim Mathoney · Anne McDougall · Kate McLellan · Janet Miller · Jacqueline Moffatt · Kristina Molloy · Tina Morabi · Dave Newson · Tara Novak · Lisa Oakley · Patrick Okens · Carla Olson · Janeen Owen · Janine Palatin · Jane Park · Shawn Parkinson · Cino Picillo · Christiaan Piller · Karen Planden-Jeffery · Michelle Plotkin · Ian Pool · Cory Ransom · Ashley Roberts · Talia Rosales · Robin Russell · Max Saenger · Luca Santaniello · Nejat Sarp · Gail Seay · Pam Skeans · Eric Smith · Jennifer Smith · Cayla Speiss · Elaina Spring · Stewart Stolarski · Amanda Streams · Terry Summerton · Jennifer Sutherland · Chip Suttles · Tomo Tanaka · Michelle To · Elizabeth Urbach · Catriana van Rijn · Bev Viger · Glen Westrup · Jean Whitaker · Dene Wilson · Eileen Wong · Mark Woo · Vince Yu, and others who helped with this book in countless ways. / *ainsi que toutes les autres personnes qui ont participé de maintes façons à l'élaboration de ce livre.*

Online Public Comments / *Commentaires en ligne du public*

Best efforts have been made to ensure the accuracy of information in this book. / *On a déployé tous les efforts pour assurer l'exactitude des renseignements contenus dans ce livre.*

Library and Archives Canada Cataloguing in Publication

With Glowing Hearts: The Official Commemorative Book of the XXI Olympic Winter Games and the X Paralympic Winter Games / VANOC. Des plus brillants exploits : Le livre commémoratif officiel des XXIᵉˢ Jeux olympiques d'hiver et des Xᵉˢ Jeux paralympiques d'hiver / COVAN.

Text in English and French.
ISBN 978-0-470-73618-0

1. Winter Olympic Games (21st : 2010 : Vancouver, BC).
2. Paralympic Winter Games (10th : 2010 : Vancouver, BC).
I. Vancouver Organizing Committee for the 2010 Olympic and Paralympic Winter Games II. Title: Des plus brillants exploits.

GV842.2010W48 2010   796.98
C2010-901526-6E

Catalogage avant publication de Bibliothèque et Archives Canada

With Glowing Hearts: The Official Commemorative Book of the XXI Olympic Winter Games and the X Paralympic Winter Games / VANOC. Des plus brillants exploits : Le livre commémoratif officiel des XXIᵉˢ Jeux olympiques d'hiver et des Xᵉˢ Jeux paralympiques d'hiver / COVAN.

Texte en anglais et en français.
ISBN 978-0-470-73618-0

1. Jeux olympiques d'hiver (21ᵉˢ : 2010 : Vancouver, C.-B.).
2. Jeux paralympiques d'hiver (10ᵉˢ : 2010 : Vancouver, C.-B.).
I. Comité d'organisation des Jeux olympiques et paralympiques d'hiver de 2010 à Vancouver II. Titre : Des plus brillants exploits.

GV842.2010W48 2010   796.98
C2010-901526-6F

John Wiley & Sons Canada, Ltd.
6045 Freemont Blvd.
Mississauga, Ontario
L5R 4J3

Printed in Canada
Imprimé au Canada

1 2 3 4 5 FP 14 13 12 11 10

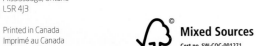

Mixed Sources
Cert no. SW-COC-001271
© 1996 FSC
FSC

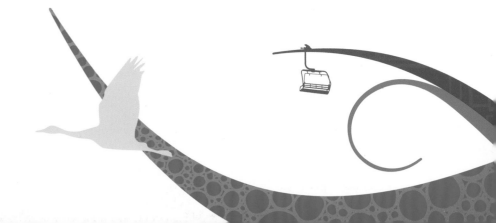

WILEY

vancouver 2010

vancouver 2010
PARALYMPIC GAMES
JEUX PARALYMPIQUES

WITH GLOWING HEARTS
DES PLUS BRILLANTS EXPLOITS

THE OFFICIAL COMMEMORATIVE BOOK OF THE XXI OLYMPIC WINTER GAMES AND THE X PARALYMPIC WINTER GAMES
LE LIVRE COMMÉMORATIF OFFICIEL DES XXIes JEUX OLYMPIQUES D'HIVER ET DES Xes JEUX PARALYMPIQUES D'HIVER

X PARALYMPIC WINTER GAMES
LES Xes JEUX PARALYMPIQUES D'HIVER

THE HEART OF THE GAMES
LE CŒUR DES JEUX

Things we take for granted now…
things like our remarkable geography…
our unique culture…our unmatched freedoms…
we will suddenly appreciate that much more. It will be like we just woke up and discovered who we are.
And we will feel so lucky! John Furlong, eight years before the Games

CANADA'S GAMES

With glowing hearts we see thee rise, The True North strong and free.
Ton histoire est une épopée Des plus brillants exploits.

— O Canada

When I first came to Canada, I was struck by the words of our national anthem — its stirring passion, its humility, its truths and how it so eloquently represents the humanity of our people and the pride we have in our country.

Over 35 years later, those same words came to life in a way that I could never have imagined when we hosted the Vancouver 2010 Olympic and Paralympic Winter Games.

Before we had even been selected to host these Games, some of us already had a vision of what they could mean for Canada. Our athletes dreamt of competing on home soil, in front of a home crowd. Artists dreamt of expressing themselves on such a far-reaching stage. Communities dreamt of sharing our gifts with the world. Parents dreamt of inspiring our children. A dream as big as Canada herself.

For those of us organizing the event, we dreamt of an event that could give Canadians a deep sense of pride in our country and who we are — resulting in an extraordinary, unifying moment for all of us. We dreamt that Vancouver 2010 would be for everyone . . . that they would be Canada's Games. About the many, and not just the few.

Like all the best dreams, bringing them to life was daunting, often agonizing, and not just a little bit scary at times. But the reality went beyond all expectations. Canadians everywhere made sure of that.

Words from our cherished anthem, O Canada, perfectly reflected what it was that brought our dreams to life. Canadians unleashed every ounce of spirit they had, and the results — "Des plus brillants exploits" — were spectacular. "With Glowing Hearts," the country hosted the world and celebrated as one. The Canada that began this great adventure seemed to cross the finish line a little taller.

As the Vancouver 2010 motto, the words "With Glowing Hearts" and "Des plus brillants exploits" were part of the visual fabric of the Games, and a rallying cry to all participants. They were seen on street banners, on building wraps and in the ice at Canada Hockey Place. They were also sewn into volunteer jackets and woven into the ribbons that held medals around athletes' necks. More than any other, these were the words that seemed most fitting for our common spirit.

Each time our anthem was sung, these words were music to our ears. We heard them four times as we celebrated our Olympic and Paralympic Opening and Closing Ceremonies. We heard them 24 times as our Canadian Olympians and Paralympians won gold in record numbers. And we heard them countless other times as O Canada was sung from the streets, living rooms and every other corner of the planet where Canadians were gathering to celebrate the 2010 Olympic and Paralympic Winter Games.

Yet somehow these words didn't just speak to the story and character of Canada. They also spoke to the story and character of the athletes who had worked so hard and overcome so much to compete with the best at the 2010 Winter Games. We will never forget the story of Nodar Kumaritashvili and the Olympic dream that filled his life with purpose. We will always remember him and the other heroes of the Games who showed us that together, a big dream and a big heart in an inspired body can achieve anything.

Thank you to every one of you who made these Games your own. Thank you for counting yourselves in, and believing they mattered. Thank you for your unyielding energy, invincible passion and your glowing hearts. I hope the stories and images in this book capture some of the magic you helped create. If your heart skips a beat as you flip through these pages, leave room for the possibility that this is because these, in the end, really were your Games. This is what we had in mind as our journey began!

John Furlong arrived in Canada from Ireland more than 35 years ago, and was greeted by a customs officer with the words, "Welcome to Canada. Make us better." Involved in sports his entire life, Furlong was named Chief Executive Officer of the Vancouver Organizing Committee for the 2010 Olympic and Paralympic Winter Games (VANOC) on February 19, 2003.

Les choses que nous tenons pour acquises maintenant...
des choses comme notre géographie remarquable...
notre culture unique...nos libertés sans pareil...
nous allons soudainement les apprécier encore beaucoup plus.
Ce sera comme si nous venions de nous réveiller et de découvrir qui nous sommes.
Et nous nous sentirons tellement chanceux! John Furlong, huit ans avant les Jeux

DES JEUX POUR TOUT LE CANADA

With glowing hearts we see thee rise, The True North strong and free.
Ton histoire est une épopée Des plus brillants exploits.

— O Canada

Quand je suis arrivé au Canada, les paroles de notre hymne national m'ont marqué — des paroles qui décrivent la passion, l'humilité, les vérités de notre vaste pays et qui racontent si bien l'humanité et la fierté de son peuple.

Plus de 35 ans plus tard, ces mêmes paroles se sont concrétisées d'une façon dont je n'aurais pu me l'imaginer lorsque nous avons accueilli les Jeux olympiques et paralympiques d'hiver de 2010 à Vancouver.

Même avant que l'on n'ait accordé les Jeux à Vancouver, certains d'entre nous avions déjà une vision de l'impact qu'ils pourraient avoir sur le Canada. Nos athlètes rêvaient de faire la compétition à domicile, devant une foule canadienne. Nos artistes rêvaient de présenter leurs œuvres sur la scène internationale. Nos communautés rêvaient de partager leurs meilleurs attraits. Nos parents rêvaient d'inspirer leurs enfants. Voilà un rêve qui était encore plus grand que le Canada.

Nous, les personnes qui ont organisé les Jeux, rêvions d'offrir à tous les Canadiens l'occasion d'afficher leurs couleurs, de démontrer leur fierté et de se rassembler pour célébrer des moments inoubliables. Nous rêvions d'organiser Vancouver 2010 pour tout le monde, de présenter Des Jeux pour tout le Canada. Des Jeux pour tous, et pas seulement pour quelques personnes choisies.

Comme pour tous les grands rêves, il est parfois difficile, laborieux et effrayant de les réaliser. Par contre lorsque ces rêves se sont finalement concrétisés, le résultat a su dépasser toutes nos attentes et ce, grâce à la participation de tous les Canadiens.

Les paroles de notre hymne national, O Canada, décrivent parfaitement ce qui a permis à nos rêves de se réaliser. Les Canadiens ont démontré un esprit de fierté sans pareil pour souligner chacun « Des plus brillants exploits » spectaculaires qu'ont réalisés nos athlètes. Nous avons accueilli le monde entier « With Glowing Hearts » et nous avons célébré tous ensemble. Le Canada qui avait débuté cette grande aventure a franchi la ligne d'arrivée la tête un peu plus haut.

Les devises de Vancouver 2010, « Des plus brillants exploits » et « With Glowing Hearts » ont fait partie de tous les aspects de l'identité visuelle des Jeux et ont su rassembler des gens de partout. Entre autres, ces mots ont paru sur des affiches dans les rues, des édifices et au centre de la patinoire à la Place Hockey du Canada. Ils ont aussi orné la doublure du manteau des bénévoles et le ruban des médailles que l'on a accrochées au cou des vainqueurs. Aucune autre expression n'aurait mieux décrit notre esprit commun.

Toutes les fois que les foules ont chanté l'hymne national, nous sentions la fierté des gens. Nous l'avons entendu à quatre reprises à l'occasion des cérémonies d'ouverture et de clôture des Jeux olympiques et paralympiques d'hiver. Nous l'avons entendu à 24 reprises au cours des Jeux lorsque nos olympiens et paralympiens canadiens ont remporté l'or pour battre des records. Finalement, nous l'avons entendu d'innombrables fois dans les rues, les salons et les lieux de rassemblement autour du monde, partout où les Canadiens se sont réunis pour célébrer les Jeux olympiques et paralympiques d'hiver de 2010 à Vancouver.

Pourtant, ces paroles ne décrivent pas que l'histoire et le caractère du Canada. Elles racontent aussi l'histoire et décrivent le caractère des athlètes qui ont travaillé si fort pour réaliser leurs rêves et se mesurer aux meilleurs du monde aux Jeux d'hiver de 2010. Nous n'oublierons jamais l'histoire de Nodar Kumaritashvili, son rêve olympique et sa passion. Nous nous souviendrons toujours de lui et des autres héros des Jeux qui ont su montrer au monde entier que rien n'est à l'épreuve d'un grand rêve, d'un grand cœur et d'un corps inspiré.

Merci à chacun d'entre vous qui avez fait de ces Jeux les vôtres. Merci d'avoir participé et d'avoir cru en leur pouvoir transformateur. Merci pour l'énergie que vous avez démontrée, votre passion invincible et pour les plus brillants exploits que vous avez réalisés. J'espère que les récits et les images du présent livre sauront vous rappeler les moments inoubliables que vous avez aidés à créer. Si vous sentez que votre cœur bat à toute vitesse en feuilletant les prochaines pages, sachez que vous avez joué un rôle crucial à la tenue Des Jeux pour tout le Canada. C'est l'expérience que nous tenions à vous offrir depuis le début!

Lorsque John Furlong est arrivé d'Irlande, il y a plus de trente-cinq ans, un agent des douanes l'a accueilli en lui disant : « Bienvenue au Canada, aidez-nous à l'améliorer ». Grand sportif depuis toujours, M. Furlong a été nommé directeur général du Comité d'organisation des Jeux olympiques et paralympiques d'hiver de 2010 à Vancouver (COVAN), le 19 février 2003.

VANCOUVER FROM SEA…
DE LA MER…

Vancouver is Manhattan with mountains. It's a liquid city, a tomorrow city, equal parts India, China, England, France and the Pacific Northwest. It's the cool North American sibling.

The New York Times

Vancouver, c'est Manhattan avec des montagnes. C'est une ville liquide, une ville de demain, avec des parties égales de l'Inde, de la Chine, de l'Angleterre, de la France et du Pacific Northwest. Vancouver est notre sœur "cool" en Amérique du Nord.

Described as a "city of glass" by local author Douglas Coupland, Vancouver's ubiquitous windows reflect the sea and mountains that surround it, and provide breathtaking views from every angle. Vancouver manages to be both an international hub and a collection of intimate neighbourhoods. New ideas mix here as freely as the blend of cultures represented in the more than two million people who call Metro Vancouver home. Regularly topping the list of the world's most desirable cities in which to live, Vancouver's natural charms can seduce even the most critical. According to a journalist from the British newspaper *The Daily Telegraph*: "Vancouver is a city unlike any other. Wherever I look, I see water or mountains — or both. And everyone looks so healthy."

Les fenêtres omniprésentes de Vancouver reflètent la mer et les montagnes qui l'entourent et offrent des vues spectaculaires, peu importe l'angle. C'est pourquoi Douglas Coupland, auteur local, appelle Vancouver « ville de verre ». Vancouver réussit à être un centre international et une collection de quartiers intimes. De nouvelles idées se mélangent ici aussi librement que se mêlent les cultures, représentant plus de deux millions de personnes qui résident dans la région métropolitaine. Régulièrement au sommet de la liste des villes les plus désirables où habiter au monde, Vancouver et ses charmes naturels peuvent séduire même les plus critiques. Selon un journaliste du journal britannique The Daily Telegraph : « Vancouver est une ville comme aucune autre. Partout où je regarde, je vois de l'eau ou des montagnes — ou les deux. Et tout le monde a l'air en santé. »

...TO SKY WHISTLER
...AU CIEL

Whistler leads the way because it is a perfect storm of West Coast anti-authoritarianism and extreme terrain, all in a playground with a deep pool of gifted athletes, which Whistler attracts in the same way that New York attracts artists. Ian Verchère, VON IBO

Whistler est en tête parce qu'il s'agit d'une tempête idéale d'anti-autoritarisme et de terrain extrême de la côte Ouest, le tout sur un terrain de jeu où l'on trouve beaucoup d'athlètes doués que Whistler attire de la même manière que New York attire les artistes.

Home to half the events of the 2010 Olympic and Paralympic Winter Games, outside its Games life Whistler is one of the world's most spectacular destinations for adventure seekers, both on and off the slopes. It was the soaring, pristine peaks of the Coast Mountain range that first drew people here. Not surprisingly, the mountains continue to dominate the landscape and lifestyle. Whistler may be an international destination, but it has never lost its small-town feel. Stroll the village and you'll hear a dozen different languages. The person you share the gondola with might be a local ski bum or an internet millionaire. A shared love of sport and the outdoors brings the world to Whistler, but it's Whistler's friendly spirit that keeps them coming back.

Domicile de la moitié des épreuves des Jeux olympiques et paralympiques d'hiver de 2010, Whistler, est aussi l'une des destinations les plus spectaculaires au monde pour les passionnés d'aventures, à la fois sur les pentes et en dehors de celles-ci. Ce sont les sommets hauts et vierges de la chaîne Côtière qui ont su enchanter les premiers résidents de la communauté. Il n'est pas surprenant que les montagnes continuent de dominer le paysage et le style de vie. Bien que Whistler soit une destination internationale, elle n'a jamais perdu son atmosphère de petite ville. Promenez-vous dans le village et vous entendrez une dizaine de langues différentes. La personne avec laquelle vous partagez le téléphérique pourrait être un mordu du ski local ou encore un millionnaire d'Internet. Une passion partagée entre les sports et le plein air attire les gens à Whistler, mais c'est son esprit ouvert qui fait qu'ils y reviennent.

JOURNEY TO 2010

Staging an Olympic and Paralympic Winter Games is a staggeringly complex undertaking. The scope is often described as being equivalent to putting on three Super Bowls a day for 17 days. For the Vancouver 2010 team, the dream went even further. From early on, the Organizing Committee's mission was "To touch the soul of the nation and inspire the world."

VERS VANCOUVER 2010

L'organisation de Jeux olympiques et paralympiques d'hiver est une tâche des plus complexes. On en décrit souvent la portée comme l'organisation de trois Super Bowl par jour pendant 17 jours. Pour l'équipe de Vancouver 2010, le rêve allait encore plus loin. Dès le départ, la mission du comité d'organisation était « d'exalter l'âme de la nation et d'inspirer le monde entier ». »

2003

JULY 2
Vancouver wins bid

LE 2 JUILLET
Vancouver remporte la candidature.

2004

FEBRUARY 19
First Organizing Committee employee hired

LE 19 FÉVRIER
On embauche le premier employé du comité d'organisation.

OCTOBER 14
First sponsor signed

LE 14 OCTOBRE
On signe une entente avec le premier commanditaire des Jeux.

Vancouver wins the bid to host the XXI Olympic Winter Games and the X Paralympic Winter Games over Salzburg, Austria and PyeongChang, South Korea.

Vancouver remporte le droit d'accueillir les XXIᵉˢ Jeux olympiques d'hiver et les Xᵉˢ Jeux paralympiques d'hiver contre Salzbourg, en Autriche, et Pyongyang, en Corée du Sud.

After leading the bid to win the 2010 Winter Games with Jack Poole, John Furlong is selected as Chief Executive Officer and the first employee of the Vancouver Organizing Committee for the 2010 Olympic and Paralympic Winter Games (VANOC).

On choisit John Furlong comme directeur général et premier employé du Comité d'organisation des Jeux olympiques et paralympiques d'hiver de 2010 à Vancouver (COVAN). Il avait été à la tête de la Société de candidature pour accueillir les Jeux d'hiver de 2010 avec Jack Poole.

Bell Canada is named the first Vancouver 2010 domestic sponsor. Their contribution is part of an enormously successful marketing program that included 66 sponsors who provided everything from athlete beds to vehicles to engineering and construction services, in addition to Games funding.

On nomme Bell Canada comme premier commanditaire national de Vancouver 2010. Sa contribution a fait partie d'un programme de marketing qui a très bien réussi et qui comprenait 66 commanditaires qui ont fourni une gamme d'articles, y compris des lits pour les athlètes, des véhicules et des services d'ingénierie et de construction, en plus du financement pour les Jeux.

vancouver 2010

⚭⚭⚭⚭⚭

vancouver 2010
PARALYMPIC GAMES
JEUX PARALYMPIQUES
☮

The Olympic Winter Games emblem is a contemporary interpretation of the inukshuk, a stone sculpture used by Inuit in Canada as a directional marker. It is a symbol of friendship, hospitality, strength, teamwork and the vast Canadian landscape. Created by the Rivera Design Group, the emblem was selected by an international judging panel from more than 1,600 entries submitted through the Vancouver 2010 Olympic Emblem Design Competition.

L'emblème est des Jeux olympiques d'hiver une interprétation contemporaine de l'inukshuk, sculpture en pierre utilisée par les Inuits au Canada comme repère directionnel. Il s'agit d'un symbole d'amitié, d'hospitalité, de force, de travail d'équipe et du vaste paysage canadien. Créé par la société Rivera Design Group, l'emblème a été sélectionné par un comité de juges internationaux parmi 1 600 propositions reçues dans le cadre du concours de modèles pour l'emblème olympique de Vancouver 2010.

The Paralympic Winter Games emblem incorporates a dynamic human form into graphics that represent the West Coast's breathtaking coastal forests, mountains and sky. Created by Karacters Design Group, the emblem evokes the strength of the Paralympians through the central symbol of the mountains they climb to achieve athletic greatness.

L'emblème des Jeux paralympiques d'hiver incorpore une forme humaine dynamique dans des graphiques qui représentent les forêts côtières, les montagnes et le ciel magnifiques de la côte Ouest. Créé par la société Karacters Design Group, l'emblème rappelle la force des paralympiens grâce au symbole central des montagnes qu'ils doivent monter afin de réaliser des exploits athlétiques.

2005

JANUARY 2
Own the Podium is launched

LE 2 JANVIER
On lance À nous le podium 2010.

APRIL 23
Vancouver 2010 Olympic Winter Games emblem is unveiled

LE 23 AVRIL
On dévoile l'emblème des Jeux olympiques d'hiver de 2010 à Vancouver.

JUNE 6
100th Vancouver 2010 employee is hired

LE 6 JUIN
On embauche le 100ᵉ employé du COVAN.

NOVEMBER 30
Agreement with the Four Host First Nations is signed

LE 30 NOVEMBRE
On signe l'accord avec les quatre Premières nations hôtes.

2006

FEBRUARY 10 – MARCH 19
Torino 2006 Olympic and Paralympic Winter Games

LE 10 FÉVRIER – LE 19 MARS
Les Jeux olympiques et paralympiques d'hiver de 2006 à Turin.

SEPTEMBER 16
Vancouver 2010 Paralympic Winter Games emblem is unveiled

LE 16 SEPTEMBRE
On dévoile l'emblème des Jeux paralympiques d'hiver de 2010 à Vancouver.

Games organizers, government, corporate and sport partners establish the Own the Podium 2010 program to ensure the success of Canada's athletes will be a Vancouver 2010 hallmark and legacy. The program includes top secret research and development, including testing in the National Research Council's wind tunnel to study each sport's aerodynamics (above).

Les organisateurs des Jeux, les partenaires gouvernementaux, commerciaux et sportifs mettent en place le programme À nous le podium 2010 afin de s'assurer que le succès des athlètes canadiens sera le souvenir le plus mémorable et le legs le plus important de Vancouver 2010. Le programme comprend de la recherche et du développement très secrets, y compris des tests dans le tunnel aérodynamique du Conseil national de recherches pour examiner l'aérodynamique de chaque sport (ci-dessus).

Vancouver 2010 has eight minutes to feature Canada's Games at the Torino 2006 Olympic Winter Games Closing Ceremony. During this segment, the chiefs of the Four Host First Nations invite the world to come to Canada.

Vancouver 2010 dispose de huit minutes pour présenter Des Jeux pour tout le Canada à la cérémonie de clôture des Jeux olympiques d'hiver de 2006 à Turin. Pendant le segment, les chefs des quatre Premières nations hôtes invitent le monde à venir au Canada.

The Vancouver 2010 Organizing Committee signs a protocol with the Four Host First Nations — the Lil'wat, Musqueam, Squamish and Tsleil-Waututh — on whose traditional and shared territory the Games were held. They are soon recognized as official partners with VANOC, the International Olympic Committee and the International Paralympic Committee, a first for Indigenous Peoples in Olympic and Paralympic history.

Le Comité d'organisation des Jeux olympiques et paralympiques d'hiver de 2010 à Vancouver (COVAN) signe un protocol avec les quatre Premières nations hôtes, Lil'wat, Musqueam, Squamish et Tsleil-Waututh — propriétaires des territoires traditionnels partagés sur lesquels les Jeux ont eu lieu. On les reconnaît bientôt comme partenaires officiels du COVAN, du Comité international olympique et du Comité international paralympique, une première pour les peuples autochtones dans l'histoire des Jeux olympiques et paralympiques.

miga

QUATCHi

SUMi

Mukmuk, the mascots' sidekick, is a Vancouver Island marmot and a firm fan favourite.

Mukmuk, le petit compagnon des mascottes, est une marmotte de l'île de Vancouver et a été favori instantané des partisans.

Miga is a snowboarding sea bear inspired in part by the stories of the West Coast First Nations — tales of orca whales that transform into bears when they arrive on land. Quatchi is a hockey-loving sasquatch, a popular figure in local Aboriginal legends. Sumi — the Paralympic Games mascot — is an animal guardian spirit who wears the hat of the orca, flies with the wings of the thunderbird and runs on the furry legs of the black bear. Created by Meomi Design, the mascots become huge hits with young 2010 fans. By the end of the Games, nearly 1.5 million mascot plush toys have been sold.

Miga est une ourse de mer qui fait du surf des neiges inspirée en partie par les récits des Premières nations de la côte Ouest — des contes d'orques qui se transforment en ours lorsqu'elles arrivent sur terre. Quatchi est un sasquatch qui aime le hockey, une figure populaire dans les légendes autochtones locales. Sumi, la mascotte paralympique, est un esprit gardien animal qui porte le chapeau de l'orque, vole avec les ailes de l'Oiseau-Tonnerre et court sur les pattes poilues de l'ours noir. Créées par la société Meomi Design, les mascottes sont devenues très populaires parmi les jeunes partisans des Jeux d'hiver de 2010. À la fin des Jeux, on avait vendu près de 1,5 million de jouets en peluche des mascottes.

2007

MAY
Paralympic School Days begin

MAI
Le programme Journées scolaires consacrées aux Jeux paralympiques débute.

JULY 26
500th Vancouver 2010 employee is hired

LE 26 JUILLET
On embauche le 500ᵉ employé au COVAN.

NOVEMBER 18
RONA Fabrication Shop opens

LE 19 NOVEMBRE
L'atelier de fabrication RONA ouvre ses portes.

NOVEMBER 26
Vancouver 2010 mascots are launched

LE 26 NOVEMBRE
On lance les mascottes de Vancouver 2010.

DECEMBER 15
Whistler Olympic/Paralympic Park opens

LE 15 DÉCEMBRE
Le Parc olympique/paralympique de Whistler ouvre ses portes.

DECEMBER 19
The Whistler Sliding Centre's first track run

LE 19 DÉCEMBRE
Première descente sur la piste du Centre des sports de glisse de Whistler.

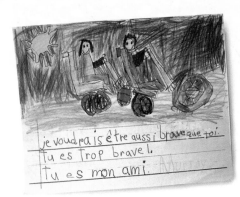

je voudrais être aussi brave que toi. Tu es trop brave! Tu es mon ami.

Starting in 2007, 73 schools and 25,500 students participated in the Paralympic School Days program, through specially designed projects, athlete visits, sport participation and other educational activities centred on the Paralympic Movement.

Dès 2007, 73 écoles et 25 500 élèves ont participé au programme Journées scolaires consacrées aux Jeux paralympiques, par l'intermédiaire de projets spécialement conçus, de visites d'athlètes, de participation sportive et d'autres activités pédagogiques axées sur le Mouvement paralympique.

Within three and a half years, Vancouver 2010 staff grew from one to 500 and would more than triple again by 2010.

Au cours d'une période de trois ans et demi, la main-d'œuvre du COVAN est passée de 1 à 500 employés et a triplé entre 2007 et 2010.

More than 8,000 items, including podiums, wheelchair ramps, equipment racks and warming huts, were built by the "Fab Shop." RONA, a Games sponsor, recruited supervisors and provided all necessary equipment and materials. A 30-week training program provided carpentry skills and job experience for individuals who had yet to successfully enter the workforce. "This program really is the first step in taking my life in the direction it's supposed to go," said Agatha Weasel Moccasin, one of the first participants in the carpentry program.

« L'atelier de fabrication » a construit plus de 8 000 articles, y compris des podiums, des rampes pour fauteuils roulants, des porte-équipements et des abris. RONA, commanditaire des Jeux, a recruté des superviseurs et a fourni tous les équipements et matériaux nécessaires. Un programme de formation de 30 semaines a offert des compétences en menuiserie et de l'expérience de travail aux particuliers qui n'avaient toujours pas réussi à entrer sur le marché du travail. « Ce programme est vraiment la première étape pour orienter ma vie sur la bonne voie », a déclaré Agatha Weasel Moccasin, l'une des premières participantes du programme de menuiserie.

Five-time Canadian Olympic bobsledder Pierre Lueders and brakeman Justin Kripps take the first runs at The Whistler Sliding Centre. The seventh curve was later named after Lueders.

Pierre Lueders, bobeur olympique canadien à cinq reprises, et Justin Kripps, freineur, font les premières descentes sur la piste du Centre des sports de glisse de Whistler. Plus tard, on nomme la septième courbe en l'honneur de M. Lueders.

SHOW YOUR HEART.
PLAY YOUR PART.
VOLUNTEER.

Join Team 2010 for the opportunity of a lifetime. Share your diverse skills, languages and background by volunteering for the 2010 Winter Games in Vancouver and Whistler.

Apply online now at vancouver2010.com or WORKOPOLIS.COM

77,000 enthusiastic candidates apply for 25,000 Vancouver 2010 volunteer positions. Applications come from across Canada and 140 countries around the world, including Great Britain, Lithuania, Barbados, China and Australia.

77 000 candidats enthousiastes posent leur candidature pour 25 000 postes de bénévoles pour Vancouver 2010. Des demandes viennent de partout au Canada et de 140 pays de partout dans le monde, notamment la Grande-Bretagne, la Lettonie, la Barbade, la Chine et l'Australie.

In all, 1.79 million Olympic and 227,000 Paralympic Vancouver 2010 event tickets are sold, many in a matter of minutes.

En tout, on a vendu 1,79 million de billets pour les épreuves olympiques et 227 000 billets pour les épreuves paralympiques de Vancouver 2010. De nombreux billets ont été vendus au cours d'une période de quelques minutes seulement.

2008

FEBRUARY 1
Cultural Olympiad begins

LE 1er FÉVRIER
L'Olympiade culturelle débute.

FEBRUARY 12
Call for volunteers

LE 12 FÉVRIER
Appel aux bénévoles

AUGUST 8 – SEPTEMBER 17
Beijing 2008 Olympic and Paralympic Games

DU 8 AOUT – AU 17 SEPTEMBRE
Les Jeux olympiques et paralympiques de 2008 à Beijing

SEPTEMBER 25
Vancouver 2010 motto is unveiled

LE 25 SEPTEMBRE
On dévoile la devise de Vancouver 2010.

OCTOBER 3
Ticket sales begin

LE 3 OCTOBRE
La vente de billets pour les Jeux olympiques d'hiver débute.

DECEMBER 12
Richmond Olympic Oval opens to the public

LE 12 DÉCEMBRE
L'Anneau olympique de Richmond ouvre ses portes au public.

The first of three annual Cultural Olympiad arts and popular culture festivals begins, with hundreds of performances and exhibitions showcasing the vibrancy and diversity of Canada's creative community.

Le premier de trois festivals d'arts et de culture populaire annuels de l'Olympiade culturelle débute avec des centaines de spectacles et d'expositions pour présenter la vigueur et la diversité de la communauté créative du Canada.

An excerpt from Canada's national anthem, *O Canada*, the Vancouver 2010 motto is "With Glowing Hearts, Des plus brillants exploits." In his speech introducing the motto, Vancouver 2010 CEO John Furlong said: "Together, the words embody our great Canadian spirit and what results when we give life our very best . . . It works too because it's a strong reflection of what it takes to be a great athlete wherever you live in the world."

Les devises de Vancouver 2010, « With Glowing Hearts » et « Des plus brillants exploits », sont tirées de l'hymne national du Canada, O Canada. Dans son discours de présentation des devises, le directeur général de Vancouver 2010, John Furlong, a déclaré ceci : « Ensemble, les paroles représentent notre grand esprit canadien et les résultats que nous obtenons lorsque nous donnons à la vie ce que nous avons de meilleur... Les devises sont aussi appropriées car elles représentent ce qu'il faut faire pour devenir un excellent athlète, peu importe où l'on vit dans le monde ».

Created by VANOC designer Ben Hulse, the Vancouver 2010 Olympic and Paralympic posters each feature one half of the maple leaf, hand-painted, in the signature graphics of the Games. The two posters come together to create a full leaf.

Créées par le concepteur Ben Hulse du COVAN, les affiches olympique et paralympique de Vancouver 2010 présentent chacune la moitié d'une feuille d'érable, peinte à la main, aux couleurs des graphiques propres aux Jeux. Lorsqu'on met les deux affiches côte à côte, elles forment une feuille d'érable complète.

2009

FEBRUARY 12
Vancouver 2010 Olympic Torch is unveiled

LE 12 FÉVRIER
On dévoile le flambeau olympique de Vancouver 2010.

FEBRUARY 19
Vancouver Olympic/Paralympic Centre officially opens

LE 19 FÉVRIER
Le Centre olympique/paralympique de Vancouver ouvre officiellement ses portes.

With the completion of the Vancouver Olympic/Paralympic Centre (curling venue), all competition venues are completed on time and on budget.

Lorsque s'achève la construction du Centre olympique/paralympique de Vancouver (site des épreuves de curling), tous les sites de compétition sont terminés et ont été construits ou rénovés selon les échéances et le budget prévus.

MAY 6
Tickets to the Paralympic Winter Games go on sale

LE 6 MAI
La vente de billets pour les Jeux paralympiques d'hiver débute.

JUNE 29
Official Games posters are unveiled

LE 29 JUIN
On dévoile les affiches officielles des Jeux.

OCTOBER 1
Vancouver 2010 Red Mittens go on sale

LE 1ᵉʳ OCTOBRE
On met en vente les mitaines rouges de Vancouver 2010.

OCTOBER 13
Staff and volunteer uniforms are unveiled

LE 13 OCTOBRE
On dévoile l'uniforme des employés et des bénévoles.

Games sponsor Bombardier collaborates with VANOC on the Vancouver 2010 torch design. The design draws inspiration from the fluid lines and curves of winter sport, and the sculptural forms of icicles and snowdrifts. The torch is among the longest torches in history, measuring 94.5 centimetres from tip to tip.

Commanditaire des Jeux, Bombardier, collabore avec le COVAN pour la conception du flambeau de Vancouver 2010. La conception s'inspire des lignes et des courbes fluides des sports d'hiver et des formes sculpturales des glaçons et des bancs de neige. Le flambeau est un des flambeaux les plus longs de l'histoire : il mesure 94,5 centimètres d'une extrémité à l'autre.

Worn by everyone from torchbearers to Olympic fans to Oprah Winfrey, the $10-a-pair Red Mittens become the must-have Vancouver 2010 accessory. By the close of the Games, 3.5 million pairs have been sold by the Hudson's Bay Company in support of Canadian athletes.

Portées par tous, des porteurs de flambeau aux partisans des Jeux olympiques en passant par Oprah Winfrey, les mitaines rouges d'une valeur de 10 $ la paire sont devenues l'accessoire indispensable de Vancouver 2010. À la clôture des Jeux, la Compagnie de la Baie d'Hudson avait vendu 3,5 millions de paires pour appuyer les athlètes canadiens.

From their undulating form to their bold West Coast First Nations motifs, the Vancouver 2010 medals are distinct from any others in history. Each medal is one of a kind, featuring a different crop from one of two master artworks, speaking to the athletes' unique journeys to the podium, and to their connection to one another through their shared dreams and experiences. The Olympic artwork depicts the orca whale, a symbol of strength and the power of the group. The Paralympic design depicts the raven, a symbol of creativity and determination. Designed by Corrine Hunt and Omer Arbel, and produced by the Royal Canadian Mint, the medals' sculptural form connects to the ocean waves, islands and mountains of the Host Region.

De leur forme ondulée à leurs motifs vivants des Premières nations de la côte Ouest, les médailles de Vancouver 2010 se distinguent de toutes les autres dans l'histoire. Chaque médaille est unique et présente une partie différente de deux œuvres d'art maîtresses afin de représenter le trajet unique de chaque athlète vers le podium et son rapport avec les autres athlètes par l'intermédiaire de leurs expériences et de leurs rêves communs. L'œuvre d'art olympique illustre l'orque, symbole de force et d'équipe. L'œuvre d'art paralympique illustre le grand corbeau, symbole de créativité et de détermination. Conçues par Corrine Hunt et Omer Arbel et produites par la Monnaie royale canadienne, les médailles ont une forme sculpturale qui rappelle les vagues de l'océan, les îles et les montagnes de la région hôte.

Actual size
Taille réelle

2010

OCTOBER 15
Olympic and Paralympic medals are revealed

LE 15 OCTOBRE
On dévoile les médailles olympiques et paralympiques.

OCTOBER 30
Olympic Torch Relay begins

LE 30 OCTOBRE
Le relais de la flamme olympique débute.

JANUARY 4
Olympic Truce Northern Outreach Project launches

LE 4 JANVIER
On lance le projet d'action sociale pour le Nord de la Trêve olympique.

JANUARY 4
Installation of the Vancouver 2010 "Look of the Games" begins throughout the Host Region

LE 4 JANVIER
L'installation de « l'identité visuelle des Jeux » de Vancouver 2010 débute à travers la région hôte.

FEBRUARY 7
Olympic Village Vancouver welcomes its first team, from Lithuania

LE 7 FÉVRIER
Le Village olympique accueille sa première équipe, la Lettonie.

FEBRUARY 12
The XXI Olympic Winter Games begin

LE 12 FÉVRIER
Les XXIes Jeux olympiques d'hiver débutent.

MARCH 12
The X Paralympic Winter Games begin

LE 12 MARS
Les Xes Jeux paralympiques d'hiver débutent.

The Canadian leg of the Vancouver 2010 Olympic Torch Relay begins in Victoria, BC, kicking off a 106-day, 45,000-kilometre, cross-country odyssey. The Paralympic Torch Relay starts four months later, on March 3, 2010, in Ottawa.

Le segment canadien du relais de la flamme olympique de Vancouver 2010 débute à Victoria, en Colombie-Britannique, pour démarrer une odyssée nationale de 106 jours et de 45 000 kilomètres. Le relais de la flamme paralympique débute quatre mois plus tard, le 3 mars 2010, à Ottawa.

The Olympic Truce seeks to apply the values of sport and the Olympic Games as instruments of peace and inspiration. As part of the Olympic Truce Northern Outreach Project, more than 20 boxes filled with donated sporting equipment were flown to children in some of the remotest communities in Canada's Far North.

La Trêve olympique cherche à appliquer les valeurs des sports et les Jeux olympiques comme instruments de paix et d'inspiration. À l'occasion du projet d'action sociale pour le Nord de la Trêve olympique, on expédie plus de 20 boîtes remplies d'équipement sportif dans quelques-unes des communautés les plus éloignées du Grand Nord du Canada afin de les donner à des enfants.

Over 13,000 banners and 34 sets of Olympic Rings are included as part of the look that transforms the venues and region into a "Games theatre."

Plus de 13 000 bannières et 34 ensembles d'anneaux olympiques font partie de l'identité visuelle qui transformera les sites et la région en un « théâtre des Jeux ».

A COUNTRY SEES THE LIGHT

What began as a burst of light captured within the ruins of an ancient Greek temple flew to Victoria, British Columbia — a city brimming with anticipation — to officially kick off the Vancouver 2010 Olympic Torch Relay.

The timetable and scale were daunting. For 106 days, the Olympic Flame journeyed 26,000 kilometres overland and 18,000 kilometres by air, making it the longest domestic torch relay in Olympic history. The intricate route put the flame within a one-hour drive of 90 per cent of all Canadians — some 30 million people in all — and to all four corners of the country, from Cape Spear in the east to the skyscraper-lined streets of Toronto and Montreal to the smaller towns of Alert, Moose Jaw and Gwa'Sala-Nakwaxda'xw.

Adding to the relay's challenges, the flame criss-crossed a country gripped by winter, encountering punishing winds and body-numbing cold, between its mild West Coast start and finish. But Canadians rose to the occasion with their collective grit and spirit, showing up by the thousands — sometimes tens of thousands — to watch the flame cast its warm amber glow on the best of what Canada has to offer.

Endless coasts and cathedral forests. Roadside parties where thousands of painted faces and homemade signs created a swaying, singing ocean of red. Howling sled dogs in Kuujjauq, a curious polar bear in Manitoba and small-town kids playing games of shinny on any frozen surface within reach. First Nations communities dressed in full regalia, blessing the flame and offering sacred prayers for its safe journey. And Canadians of every stripe lining the streets and packing Celebration Sites to cheer on a bold little flame inching its way across a vast, glorious nation.

In all, 12,000 torchbearers took part in the journey, each carrying the flame 300 metres before "kissing torches" and passing the flame on, so it could complete its next leg of the journey. Some sprinted or trotted with the flame, while others walked or wheeled; still others travelled by snowshoe, surfboard, First Nations canoe, sailboat, snow groomer, yellow school bus, gondola and snowboard, among other transportation modes. On the torchbearer roster were national heroes, Olympians and local celebrities, but so were thousands of ordinary Canadians who, during their own "15 minutes of flame," received the sort of frenzied fanfare normally reserved for sporting giants and entertainment superstars.

And so went the story of the Olympic Torch Relay — an epic voyage where people bonded over the relay's message of hope, peace and friendship, banged tambourines against their bright Red Mittens and sang *O Canada* in unison, city by city and town by town, until the flame reached its final stop to ignite the Olympic Cauldron and begin the Vancouver 2010 Olympic Winter Games.

Games on, world. Games on.

Ce qui a débuté par un rayon de lumière capté parmi les ruines d'un ancien temple grec a voyagé jusqu'à Victoria, en Colombie-Britannique — une ville débordante d'enthousiasme — afin de marquer officiellement le début du relais de la flamme olympique de Vancouver 2010.

UN PAYS VOIT LA LUMIÈRE

L'horaire et l'ampleur étaient de taille. Pendant 106 jours, la flamme olympique a voyagé sur une distance de 26 000 kilomètres par voie terrestre et a parcouru 18 000 kilomètres par voie aérienne. Ce relais a été le plus long à l'intérieur d'un même pays de l'histoire des Jeux olympiques. Le parcours complexe a permis à 90 pour cent des Canadiens de voir la flamme à moins de une heure de route, soit environ 30 millions de personnes en tout, et ce dans tous les coins du pays, de Cap Spear dans l'Est jusqu'aux rues bordées de gratte-ciel de Toronto et de Montréal, en passant par les petites villes d'Alert, de Moose Jaw et de Gwa'Sala-Nakwaxda'xw.

Dans son chassé-croisé à travers un pays prisonnier de l'hiver, la flamme a rencontré des obstacles. Elle a fait face à des vents tenaces et au froid glacial après avoir quitté le doux climat de la côte Ouest, son point de départ et d'arrivée. Mais les Canadiens se sont montrés à la hauteur et ont fait preuve de détermination et d'enthousiasme en venant par milliers — parfois par dizaines de milliers — voir la flamme émettre sa chaude lueur ambre sur ce que le Canada a de mieux à offrir.

Des côtes sans fin et des forêts cathédrales. Des fêtes en bordure de route où des milliers de visages peints et de pancartes faites à la main ont créé un océan ondulant et chantant de rouge. Des chiens de traîneau hurlants à Kuujjuaq, un ours polaire curieux au Manitoba et des enfants de petites villes jouant au hockey sur n'importe quelle surface gelée à leur

portée. Des Autochtones vêtus de leurs costumes traditionnels ont béni la flamme et lui ont offert des prières sacrées pour qu'elle fasse bon voyage. Et des Canadiens de partout ont longé les rues et rempli les sites de célébration pour encourager une petite flamme courageuse qui faisait petit à petit son chemin à travers un vaste et magnifique pays.

En tout, 12 000 porteurs de flambeau ont pris part au voyage en portant chacun la flamme sur une distance de 300 mètres avant de faire « embrasser les flambeaux » et de passer la flamme pour qu'elle puisse effectuer la prochaine étape du parcours. Certains porteurs de flambeau ont couru à toute vitesse ou ont trotté avec la flamme, tandis que d'autres ont marché ou roulé. D'autres l'ont portée en raquettes, planche de surf, canot des Premières nations, voilier, dameuse, autobus scolaire jaune, télécabine et planche à neige, entre autres.

Sur la liste des porteurs de flambeau figuraient des héros nationaux, des olympiens et des vedettes, ainsi que des milliers de Canadiens ordinaires qui, pendant leur 15 minutes de gloire, ont reçu le genre d'accueil frénétique que l'on réserve normalement aux grandes vedettes du sport et aux superstars.

Voilà l'histoire du relais de la flamme olympique, un voyage épique au cours duquel les gens se sont rapprochés grâce au message d'espoir, de paix et d'amitié du relais, ont tapé sur des tambourins les mains gantées de mitaines rouges et ont chanté O Canada à l'unisson dans chaque ville et village, jusqu'à ce que la flamme ait atteint sa destination finale pour allumer la vasque olympique et marquer le début des Jeux olympiques d'hiver de 2010 à Vancouver.

En avant les Jeux, le monde. En avant les Jeux.

SCHULTZ AUTOPRO
DEC 27TH
1145 TORCH RELAY
1230 FOOD FUN
AT THE ARENA

TAVISTOCK, ON/ONT.

YELLOWKNIFE, NWT/T.N.-O.

ASHCROFT, BC/C.-B.

CALGARY, AB/ALB.

TRENTON, ON/ONT.

PORT HARDY, BC/C.-B.

PLEASE PLACE STAMP HERE

Jan 9 2008
Dear C.O.C.
Huntsville Public School
16 Caroline St. W.
Huntsville, ON P1H 2B2

I would like the Olympic Torch
to come to Huntsville because
i've never seen it before.
I think many people will come
and I will bring my friends
and family to the BIGGEST
Event in Huntsville.
Thank you for reading my

C.O.C.
21 St. Clair Ave. E
Suite 900
Toronto, ONT
M4T 1L9

from Davi

LA PRAIRIE, QC / QUÉ.

LA RONGE, SK / SASK.

HALIFAX, NS / N.-É.

SIDNEY, BC / C.-B.

I believe, or hope, it will ignite the flame that exists in each and every one of us. Chief Tammy Cook-Searson, La Ronge, SK.

Je crois, ou j'espère, qu'elle allumera le feu qui existe en chacun de nous.

Chef Tammy Cook-Searson, La Ronge, Sask.

MOOSOMIN, SK / SASK.

BELLA BELLA, BC / C.-B.

In what would become a signature sight during the 2010 Winter Games, epic crowds packed Vancouver's downtown streets to witness the final moments of the Olympic Torch Relay.

vancouver 2010
TORCH RELAY | RELAIS DE LA FLAMME

0:01

Stuck to street lamps, fence posts and anything else that was close by, orange route markers identified starting points for every torchbearer.

Des balises oranges, installées sur des lampadaires et des poteaux de clôtures entre autres, ont servi de point de départ pour tous les porteurs de flambeau.

What an experience… an adventure that I will never forget. My 300-metre run will always remain in my heart. The people in the streets, the people who came to cheer us on seemed just as proud as I was to watch the flame go by. Nathalie Govin, Victoriaville, QC

Quelle experience! C'est une aventure que je n'oublierai jamais. Mon parcours de 300 mètres me restera toujours dans le cœur. Les gens dans la rue, les gens qui sont venus nous encourager m'ont semblé aussi fiers que moi de voir passer la flamme olympique. Nathalie Govin, Victoriaville, QC

@ Vient de voir endeux secondes passer la flamme. Des milliers et des milliers de personnes! [sic] @vince_fortier 13 h 17, le 12 févr.

Les foules s'emparent des rues au centre-ville de Vancouver pour faire partie des derniers moments du relais de la flamme olympique, une scène que l'on verra de nombreuses fois au cours des Jeux d'hiver de 2010.

Je ne pense pas avoir été tout à fait préparé pour cela. Les visages animés des spectateurs, le nombre incroyable de personnes... magnifique! Je me souviendrai toujours des visages encourageants, de l'esprit de la flamme et du moment où j'étais le seul à la tenir au bout de mes bras. **Dave Tanchak, Parksville, C.-B.**

I don't think I was fully prepared for that. The looks on people's faces, the sheer numbers of people… just amazing! The true spirit of the flame. And to think, for only a moment, I was the only one holding it alight is something I'll always cherish.

Dave Tanchak, Parksville, BC

Back from taking in the torch relay as it made it's way through town …lots of flags, everyone in red & white … gave me goosebumps! @mortgagediva1 4:12 PM Feb 9

XXI OLYMPIC WINTER GAMES

LES XXIes JEUX OLYMPIQUES D'HIVER

It was a night when canoes could fly and orcas could swim indoors. A Lawren Harris painting became a mountain of light. And a classic prairie novel was reimagined as an aerial ballet. As Act I in a play without a script, the Opening Ceremony sets the tone the rest of the Games are destined to follow. And on this night it was clear from the very beginning that Canada was ready to show a very different face to the world. The ceremony began, like our story, with the land. Through the magic of technology and creative vision, BC Place was transformed from a massive football stadium into a glittering palace of snow and ice. A field of snow on the infield became the blank canvas where performers would leave their marks in dance, song and imagery.

LANDSCAPE OF A DREAM

As the evening unfolded, the audience was taken on a journey across the landscapes and seasons of Canada's history. It was a night to reshape Canadian classics and reinterpret icons. A rising Montreal star made *O Canada* her own. The legendary Kermode spirit bear came to life in shimmering light. A barefoot k.d. lang soulfully sang Leonard Cohen's *Hallelujah*, the stadium aglow in electric candlelight.

The show was a celebration of essential Canadian themes: the harmony of diverse voices, respect for the natural world, cultural fusion and creative innovation. Every region had its moment as technical wizardry brought mountains, old-growth forests, oceans and wheat fields into BC Place in this, the first Olympic Opening Ceremony ever held in an indoor venue.

Those familiar with Canada would recognize much of the poetry, art, music and cultural mythology represented in the show. But for most it was simply a dazzling interpretation of the Canadian mosaic; a celebration of the intersection of Olympic ideals and Canada's own birth and growth as a nation. Multimedia projection, elaborate set pieces and a cast of thousands came together, telling the story of a land and its people.

Though carefully planned and painstakingly rehearsed, the Opening Ceremony was anything but contrived. The stunning wardrobe worn by the Aboriginal dancers during the Athletes' Welcome were not costumes, but the traditional clothing and regalia from their respective nations. Like so much of the Games that would follow, the pomp never became larger than the circumstance. The scale of the production never overshadowed the people. It was the singular, human moments that stood out, creating an electricity felt not only by those in the stadium, but across the country as millions of Canadians, and over a billion international spectators, celebrated the start of the Games.

As always, the most anticipated moment was the arrival of the final torchbearer. However, in a night full of surprises, the Olympic Cauldron was lit not by one Canadian hero, but a group of them — a fitting end to a ceremony celebrating the power of many, and the joy of coming together.

À la cérémonie d'ouverture des Jeux olympiques d'hiver, des canots ont volé et des orques ont nagé. Une peinture de Lawren Harris s'est transformée en une montagne de lumière, et un roman classique des Prairies est devenu un ballet aérien. Comme le premier acte d'une pièce de théâtre sans script, la cérémonie d'ouverture donne le ton à la suite des Jeux. Et ce soir-là, il était évident dès le début que le Canada était prêt à montrer au monde un visage vraiment différent. La cérémonie a commencé, comme notre histoire, par la terre. Grâce à la magie de la technologie et à une vision créatrice, BC Place est passé d'un stade de football immense en un palais étincelant de neige et de glace. Un champ de neige sur le terrain de jeu intérieur est devenu une toile vierge où des artistes laisseraient leurs marques par la danse, la chanson et l'imagination.

PAYSAGE D'UN RÊVE

Au cours de la soirée, on a transporté l'auditoire à travers les paysages et les saisons de l'histoire du Canada. On a refondu des classiques canadiens et réinterprété les symboles. Une étoile montante de Montréal a interprété sa version d'O Canada. Le grand ours Kermode a pris vie dans une lumière chatoyante, et k.d. lang, pieds nus, a chanté mélancoliquement Hallelujah de Leonard Cohen dans le stade illuminé par des bougies électriques.

Le spectacle a célébré des thèmes canadiens importants : l'harmonie de voix diverses, le respect de l'environnement, la fusion culturelle et l'innovation dans les arts. Chaque région a été mise en valeur tandis que le génie technologique a rempli BC Place de montagnes, de vieilles forêts, d'océans et de champs de blé à l'occasion de cette cérémonie d'ouverture olympique, la première à avoir lieu à l'intérieur.

Les personnes qui connaissent bien le Canada ont reconnu en grande partie la poésie, l'art, la musique et la mythologie culturelle représentés au cours du spectacle. Mais pour la plupart, il s'agissait tout simplement d'une interprétation éblouissante de la mosaïque canadienne; une célébration du croisement des idéaux olympiques et de la naissance et de l'évolution du Canada en tant que nation. Une projection multimédia, des décors élaborés et une distribution composée de milliers de personnes ont servi à raconter l'histoire d'une nation et de son peuple.

Bien qu'elle ait été soigneusement planifiée et laborieusement répétée, la cérémonie d'ouverture était tout sauf superficielle. Les costumes sensationnels et complexes que portaient les danseurs autochtones pendant l'accueil des athlètes n'étaient pas de simples costumes, mais les vrais habits traditionnels de leur nation. Comme le reste de la période des Jeux, l'apparat n'a jamais pris le dessus. L'ampleur de la production n'a jamais éclipsé le côté humain. Ce sont les moments singuliers et humains qui ont été soulignés et qui ont créé une effervescence, ressentie non seulement par les spectateurs sur place, mais aussi partout au pays tandis que des milliers de Canadiens et plus d'un milliard de téléspectateurs internationaux célébraient le début des Jeux.

Comme toujours, le moment le plus attendu a été l'arrivée du dernier porteur du flambeau. Toutefois, lors de cette soirée remplie de surprises, ce n'est pas un héros canadien qui a allumé la vasque olympique, mais bien un groupe de héros; une fin digne d'une cérémonie qui a célébré le pouvoir de nombreuses personnes et la joie de se rassembler.

Giant welcome poles designed by artists from the Four Host First Nations —
the Lil'wat, Musqueam, Squamish and Tsleil-Waututh — stand with arms
outstretched to greet the world. The Aboriginal cultures in Canada are
celebrated in spectacular fashion as more than 300 Aboriginal youth from
every region of Canada perform traditional dance in traditional clothing
and regalia as the athletes enter the stadium.

De poteaux d'accueil géants conçus par des artistes des quatre Premières
nations hôtes — Lil'wat, Musqueam, Squamish et Tsleil-Waututh — se
tiennent les bras tendus afin d'accueillir le monde. On célèbre les cultures
autochtones au Canada de manière spectaculaire tandis que plus de 300
jeunes Autochtones de chaque région du Canada exécutent des danses
traditionnelles en vêtements traditionnels pendant que les athlètes entrent
dans le stade.

There was a buzz backstage at BC Place as the athletes, including US snowboard star Shaun White (right), mingled and prepared to enter the stadium for the Opening Ceremony. Speed skater Clara Hughes (far right), the Canadian flagbearer, called the experience "without a doubt, the greatest moment in my sporting life."

On entendait un bourdonnement en coulisses à BC Place pendant que les athlètes, notamment la vedette de surf des neiges américaine Shaun White (à droite), placotaient et se préparaient à entrer dans le stade pour la cérémonie d'ouverture. La patineuse de vitesse Clara Hughes (extrême droite), porte-drapeau du Canada, a dit de l'expérience qu'il s'agissait « sans doute, du meilleur moment dans ma vie sportive ».

(Right) Hours before the Opening Ceremony, a training-run accident claimed the life of Georgian luger Nodar Kumaritashvili. With its country's flag draped with a black ribbon, and wearing black armbands and scarves, the Georgian delegation walked into the stadium as 60,000 spectators rose in unison to pay their respects.

(À droite) Quelques heures avant la cérémonie d'ouverture, un accident en descente d'entraînement a coûté la vie au lugeur géorgien Nodar Kumaritashvili. Avec le drapeau de son pays orné d'un ruban noir, et vêtue de brassards et de foulards noirs, la délégation géorgienne est entrée dans le stade tandis que 60 000 personnes se sont levées en même temps en guise de respect.

Entering the Opening Ceremony in BC Place was a very special moment. Hearing the ovation and being proud to represent my country was an amazing feeling. I was surrounded by a world full of friends.

Rocio Delgado, ski cross, Spain

L'entrée dans BC Place pour la cérémonie d'ouverture a été un moment très spécial. J'ai ressenti quelque chose d'incroyable lorsque j'ai entendu les applaudissements et que j'ai fièrement représenté mon pays. J'étais entouré d'un monde plein d'amis.

Rocio Delgado, ski cross, Espagne

Bryan Adams and Nelly Furtado sing *Bang the Drum* as athletes from 82 nations enter the stadium.

Bryan Adams et Nelly Furtado interprètent *Bang the Drum*, une chanson pour rendre hommage aux athlètes, tandis que les participants de 82 nations entrent dans le stade.

Day turns to night: the stadium fills with shimmering northern lights and constellations for *Hymn to the North*, a tribute to Northern Canada and its peoples.

Le jour s'est changé en nuit lorsque le stade se remplit d'aurores boréales et de constellations dansantes pour le segment *Hymne au Nord,* un hommage au Nord du Canada et ses peuples.

A sparkling spirit (Kermode) bear puppet rises from a simulated
ice floe. The species is unique to the north coast of BC and holds
a prominent place in First Nations legends.

Depuis un floe simulé s'élève une marionnette scintillante d'un
ours esprit (Kermode), une espèce unique de la côte Nord de
la Colombie-Britannique qui occupe une place importante dans

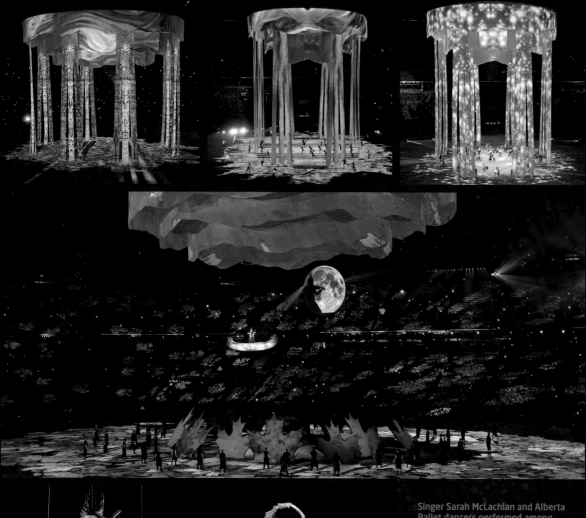

(Right) Skiers and snowboarders descend from the roof of BC Place to orbit a massive Group-of-Seven-inspired mountain in *The Peaks of Endeavour* segment. This circular canvas became a giant screen upon which winter sport scenes were projected as rollerblading speed skaters raced around the base.

(À droite) Des skieurs et des surfeurs des neiges descendent du toit de BC Place et orbitent autour d'une montagne au style du Groupe des Sept pendant le segment *Sommets d'efforts.* La montagne a servi d'écran géant circulaire sur lequel on a projeté des images de sports d'hiver tandis que des patineurs en patins à roues alignées patinaient au pied de la montagne.

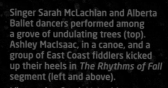

Singer Sarah McLachlan and Alberta Ballet dancers performed among a grove of undulating trees (top). Ashley MacIsaac, in a canoe, and a group of East Coast fiddlers kicked up their heels in *The Rhythms of Fall* segment (left and above).

L'interprète Sarah McLachlan et des danseurs du Alberta Ballet ont présenté un spectacle dans un bosquet d'arbres ondulants (haut). Ashley MacIsaac, dans un canot, et un groupe de violoneux de la côte Est ont fait claqué leurs talons dans le segment *Rythmes de l'automne* (à gauche et ci-dessus).

Surrounded by the glow of 60,000 handheld electric candles, k.d. lang performs Leonard Cohen's eternal *Hallelujah* as the "Song of Peace." Performing barefoot on a naked stage, the power of her voice and the beauty of the lyrics cast a spell over the audience.

Entourée de 60 000 spectateurs, à la lueur de bougies électriques, k.d. lang chante *Hallelujah*, chef-d'œuvre de Leonard Cohen à titre de « Chanson de paix ». Pieds nus sur une simple scène, la puissance de sa voix et la poésie des paroles enchantent les spectateurs.

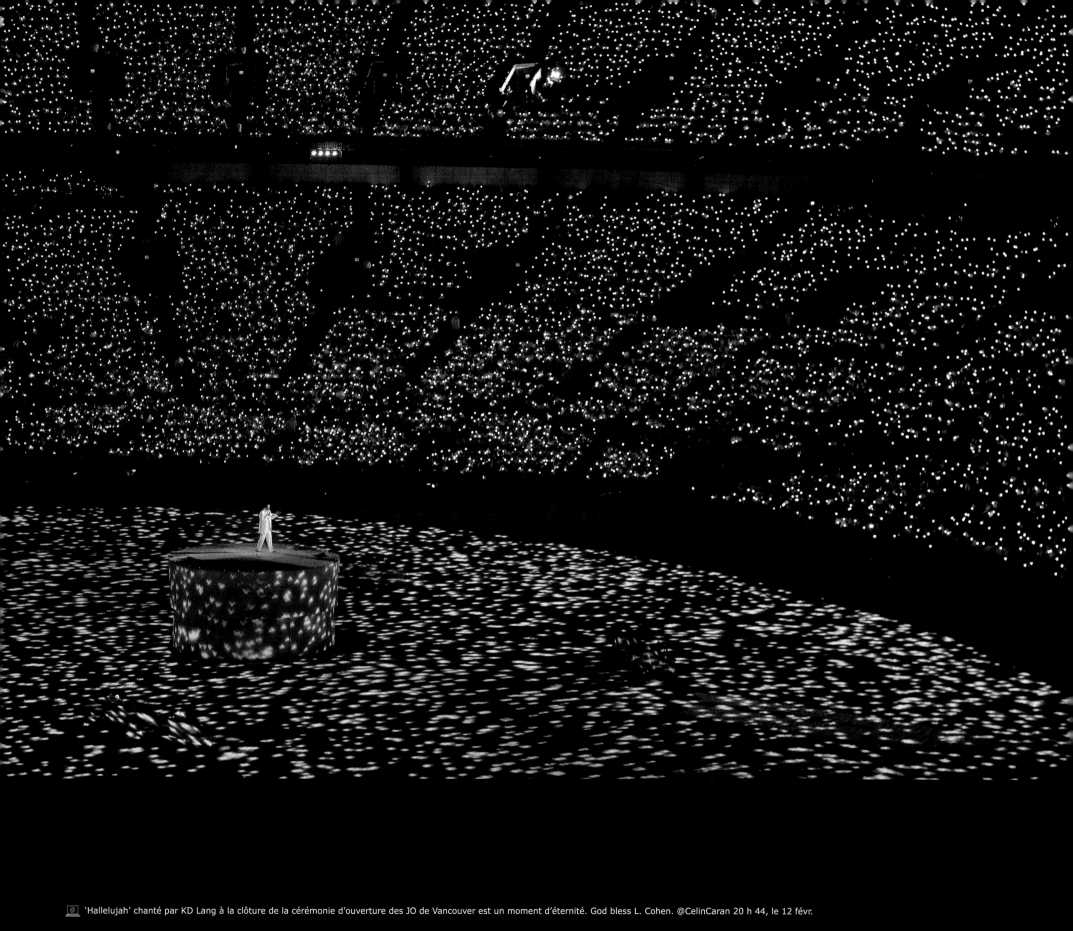

'Hallelujah' chanté par KD Lang à la clôture de la cérémonie d'ouverture des JO de Vancouver est un moment d'éternité. God bless L. Cohen. @CelinCaran 20 h 44, le 12 févr.

Canadian opera singer Measha Brueggergosman sang the *Olympic Hymn* as cancer activist Betty Fox, race car driver Jacques Villeneuve, singer Anne Murray, hockey player Bobby Orr, actor Donald Sutherland, figure skater Barbara Ann Scott, senator and retired general Roméo Dallaire and astronaut Julie Payette carried the Olympic Flag into BC Place. Royal Canadian Mounted Police officers raised it to half mast in honour of Georgian luger Nodar Kumaritashvili.

La chanteuse d'opéra canadienne Measha Brueggergosman a chanté l'*Hymne olympique* tandis que l'activiste pour la lutte contre le cancer Betty Fox, le coureur automobile Jacques Villeneuve, la chanteuse Anne Murray, le joueur de hockey Bobby Orr, l'acteur Donald Sutherland, la patineuse artistique Barbara Ann Scott, le sénateur et général retraité Roméo Dallaire et l'astronaute Julie Payette ont transporté le drapeau olympique dans BC Place. Des agents de la Gendarmerie royale du Canada l'ont mis en berne en l'honneur du lugeur géorgien Nodar Kumaritashvili.

It was one of the great days of my life — not only for me but my entire family — starting today, with my dad getting the chance to run with the torch.

Wayne Gretzky, whose father Walter ran in the torch relay on the morning of February 12.

Il s'agit d'un des plus beaux jours de ma vie — non seulement pour moi, mais pour toute ma famille — qui a commencé ce matin avec mon père qui a eu l'occasion de porter le flambeau.

Wayne Gretzky, dont le père Walter a participé au relais de la flamme le matin du 12 février.

After much speculation about the identity of the final torchbearer, in the end, five people shared the honour: Rick Hansen (left) and cauldron lighters Catriona Le May Doan, Nancy Greene Raine, Steve Nash and Wayne Gretzky. When one of the arms of the Olympic Cauldron failed to lift due to a mechanical issue, Le May Doan's role was put on standby — at least until the Closing Ceremony.

Après beaucoup de spéculations au sujet de l'identité du dernier porteur du flambeau, ce sont finalement cinq personnes qui ont partagé l'honneur : Rick Hansen (à gauche) et les allumeurs de la vasque Catriona Le May Doan, Nancy Greene Raine, Steve Nash et Wayne Gretzky. Puisque l'un des bras de la vasque olympique ne s'est pas levé en raison d'un problème mécanique, Mme Le May Doan a dû attendre pour allumer la vasque — jusqu'à la cérémonie de clôture.

Nancy Greene. Parfaitement approprié et maintenant, Wayne Gretzky. Le toit de BC Place va lever.@JFBegin 20 h 56, le 12 févr.

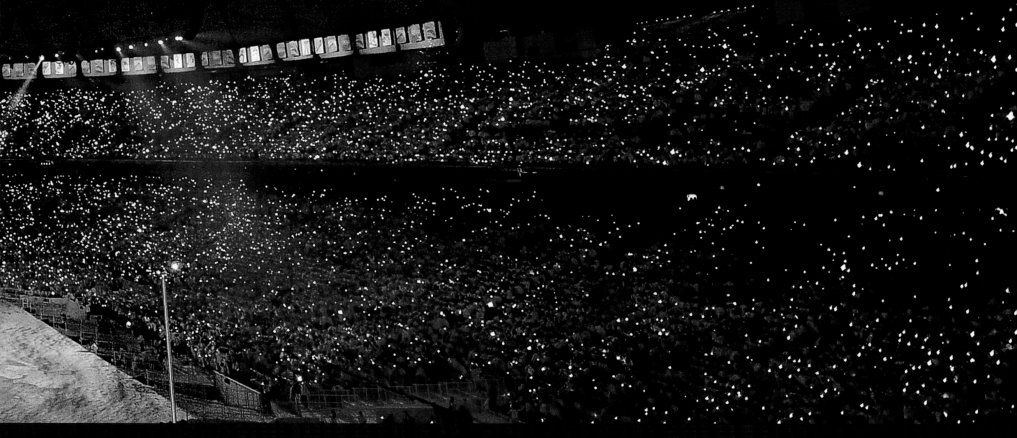

After lighting the cauldron at BC Place, Wayne Gretzky carries the Olympic Flame through the streets of downtown Vancouver, in the back of a pickup truck, to light a secret outdoor Olympic Cauldron at Jack Poole Plaza on the waterfront.

Après avoir allumé la vasque à BC Place, Wayne Gretzky porte la flamme olympique à bord d'une camionnette, dans les rues du centre-ville de Vancouver pour allumer la vasque olympique secrète, à la Jack Poole Plaza en bordure de l'eau.

To come in here — I'm overlooking the water, I have a view of the city . . . . These are the last races of my career and I can't think of a better place to be. Chad Hedrick, member of the US speed skating team

ALL TOGETHER NOW
TOUS ENSEMBLE

VANCOUVER

Julian, Grade 3, Panorama Heights Elementary School

Small touches at the Olympic Villages included welcome cards for the athletes, with inspirational messages and drawings from BC public-school students.

Aux villages olympiques, on a remis des cartes de bienvenue aux athlètes, lesquelles contenaient des messages inspirants et des dessins d'élèves des écoles publiques de la Colombie-Britannique.

The Olympic Village is a very good place to be. Ask any Olympian about it, and they will break into a wide smile as if they've had a taste of paradise. The village has many charms: great food, live entertainment, state-of-the-art fitness centres, the latest technology and a long list of other perks so athletes get the most out of their Olympic performance and experience.

But what makes the village truly memorable is its residents. Filled with the world's best athletes — from young up-and-comers to sport's biggest superstars, the Olympic Village is charged with energy. Olympic alpine skier Picabo Street described it to MSNBC as "jacked-up, hyped-up, on-the-brink-of-my-dream-coming-true, got-to-get-it, got-to-do-it energy . . ."

The Vancouver 2010 villages offered their own unique slice of paradise. In Vancouver, athletes enjoyed waterfront living in a new development looking out on a glittering downtown, complete with a stunning mountain backdrop. By contrast, Whistler's Village treated athletes to an alpine haven nestled within snow-covered mountains and emerald forests.

But for the 5,600 staff providing 24-hour services and security, the 2010 village experience wasn't going to rely on good looks alone. Their mission: to give athletes a warm, welcoming and comfortable place to gather and rest, away from the intense pressures of competition and the media spotlight. The team spoke a wide range of languages and served a wide variety of foods, delivering all the comforts of home with a generous helping of Canadian hospitality.

Athletes and coaches gave the villages rave reviews, with IOC President Jacques Rogge calling them "outstanding." According to ski cross racer Ruxandra Nedelcu of Romania, "The staff made me feel like I was at a five-star resort. 'No' was not an answer we were ever given. No matter how early, being greeted by a smile in the morning before breakfast is what set the mood for the day. The volunteers were there to make the athletes' Olympic experience the best it could be and we as athletes felt this during our entire stay."

WHISTLER

Le village olympique

Le village olympique est un très bel endroit où se trouver. Posez la question à n'importe quel olympien et il vous répondra par un large sourire, comme s'il goûtait le paradis. Le village a beaucoup de charme : la nourriture, des spectacles, des centres de conditionnement physique de pointe, la toute dernière technologie et une longue liste d'autres avantages dont les athlètes peuvent profiter pour tirer le meilleur de leur expérience olympique.

Mais ce qui rend le village encore plus mémorable, ce sont ses résidents. Rempli des meilleurs athlètes du monde entier, des jeunes bien souvent nomades aux plus grandes vedettes du sport, le village olympique est chargé d'énergie. La skieuse alpine Picabo Street a décrit le village à MSNBC comme « une énergie qui me pousse à me dépasser, à obtenir le meilleur lorsque je suis à deux doigts de voir mon rêve se réaliser... »

Les villages de Vancouver 2010 ont eux aussi offert leur parcelle de paradis. À Vancouver, les athlètes ont pu jouir de la vue sur la mer dans un nouveau développement donnant sur un centre-ville étincelant, dans un magnifique décor montagneux. En revanche, le village de Whistler a su choyer ses athlètes dans un refuge alpin niché au creux des montagnes enneigées et des forêts couleur émeraude.

Mais pour les 5 600 membres du personnel qui ont assuré la sécurité et dispensé les services sans relâche jour et nuit, l'expérience réussie de village 2010 n'est pas le fruit du hasard. Leur mission : proposer aux athlètes un lieu de rencontre chaleureux, accueillant, confortable et reposant, loin des pressions intenses de la compétition et des projecteurs des médias. L'équipe s'est entretenue dans plusieurs langues et a servi un large éventail d'aliments, rappelant tout le confort de la maison, mais avec une généreuse hospitalité canadienne.

Les athlètes et les entraîneurs ont donné aux villages des critiques élogieuses, le président du CIO, Jacques Rogge, les a même qualifié de « remarquables ». Selon l'athlète de ski cross Ruxandra Nedelcu de la Roumanie : « Le personnel m'a donné l'impression de me retrouver dans un hôtel cinq étoiles. Non n'était pas une réponse valable et elle ne nous a jamais été donnée. Se lever tôt, mais être accueilli par un sourire le matin avant le déjeuner, ne peut que nous mettre de bonne humeur pour la journée. Les bénévoles étaient là pour rendre l'expérience olympique des athlètes la meilleure qu'elle puisse être et nous, comme athlètes, l'avons sentie au cours de notre séjour. »

2
VILLAGES
VILLAGES

82
COUNTRIES
PAYS

5 580
ATHLETES AND OFFICIALS
ATHLÈTES ET OFFICIELS

5 600
STAFF AND VOLUNTEERS
EMPLOYÉS ET BÉNÉVOLES

THINK PEACE Athletes signed the Vancouver 2010 truce wall, featuring the same First Nations artworks, depicting the orca and raven, that was used on the 2010 medals. A tradition in athlete villages, the Truce Wall is an expression of the athletes' commitment to peace and solidarity.

POUR LA PAIX Les athlètes ont signé le Mur de la Trêve de Vancouver 2010, sur lequel on trouve les mêmes œuvres d'art des Premières nations qui représentent l'épaulard et le grand corbeau dont on s'est servi pour les médailles de Vancouver 2010. Une tradition aux villages des athlètes, le Mur de la Trêve se veut une expression de l'engagement des athlètes envers la paix et la solidarité.

J'ai eu l'occasion de rencontrer beaucoup d'athlètes des autres équipes et j'ai été éblouie par chacune de leurs histoires. Il semble que chacun a suivi son propre parcours pour atteindre cet événement, parcours tout aussi incroyables les uns que les autres. **Ruxandra (Andra) Nedelcu, membre de l'équipe de ski cross de la Roumanie**

AMONG FRIENDS The nightly drop-in at the "Living Room" (Olympic Village Vancouver) or at the "Firepit" (Olympic Village Whistler) became rituals that spawned many friendships between the world's best athletes. Here, competitors on the field of play could simply be friends.

ENTRE AMIS Les soirées à la salle de séjour du Village olympique de Vancouver ou au « Firepit » du Village olympique de Whistler sont devenues des rituels qui ont permis aux meilleurs athlètes du monde de se forger de nombreuses amitiés. Ici, les adversaires sur le terrain de jeu pouvaient simplement être des amis.

100 000
CONDOMS DISTRIBUTED
PRÉSERVATIFS DISTRIBUÉS

AT YOUR SERVICE The athletes' villages were virtually free-standing communities with a complete range of essential services, including a medical polyclinic with fully functional operating room; dental services; X-ray and MRI machines; a bank; general store; fitness centre; dining hall; residence rooms; interfaith centre; and movie lounge and living room. In their downtime, athletes could play pool in the lounge, check e-mail in the internet café or grab a bite from the Athletes' Market.

À VOTRE SERVICE Les villages des athlètes étaient en tout point des communautés autonomes qui offraient une gamme complète de services essentiels, y compris une polyclinique médicale avec une salle d'opération entièrement fonctionnelle, des services dentaires, des appareils d'IRM et à rayons X, une banque, un magasin général, un centre de conditionnement physique, une salle à manger, des résidences, un centre de culte, un salon de cinéma et une salle de séjour. Dans leurs temps libres, les athlètes ont pu jouer au billard au salon, consulter leurs courriels au café Internet ou prendre une bouchée au Marché des athlètes.

20 000+ MEALS PER DAY
NOMBRE DE REPAS PAR JOUR

It was awesome to be in the same gym as other athletes from other sports.
Seeing them preparing for the biggest events of their lives and then watching
some of them win medals the next day was unbelievable. Anastasiya Skryabina, member of the Ukrainian alpine ski team

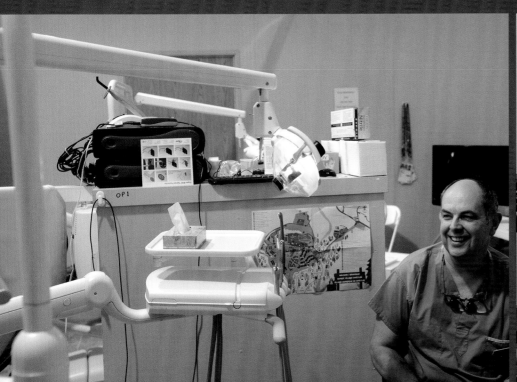

C'est génial d'être dans le même gymnase que d'autres athlètes qui pratiquent d'autres sports. C'était incroyable de les voir se préparer pour les plus grandes épreuves de leur vie, puis de regarder certains d'entre eux gagner des médailles le lendemain. Anastasiya Skryabina, membre de l'équipe ukrainienne de ski alpin

50% COVERED BY GREEN ROOFS (VANCOUVER)
DE TOITS VERTS (VANCOUVER)

70% OF HEATING ENERGY FROM RENEWABLE SOURCES
DE L'ÉNERGIE DE CHAUFFAGE PROVIENT DE RESSOURCES RENOUVELABLES

16,200 EXPECTED POST-GAMES VILLAGES POPULATION
POPULATION PRÉVUE DANS LES VILLAGES APRÈS LES JEUX

REDUCE, REUSE, RECYCLE As purpose-built venues, the Vancouver and Whistler villages integrated sustainability and accessibility into all aspects of the design. Green roofs, recycled water systems, solar panels and waste-heat capture were among the technologies used to earn the Olympic and Paralympic Village Vancouver complex a LEED (Leadership in Energy and Environmental Design) platinum rating, giving it the distinction of being the greenest, most energy efficient and sustainable neighbourhood of its size in the world.

RÉDUIRE, RÉUTILISER ET RECYCLER Comme sites construits selon un but particulier, les villages de Vancouver et de Whistler ont la capacité d'intégrer la durabilité et l'accessibilité dans tous les aspects de la conception. Les toits verts, les systèmes d'eau recyclée, les panneaux solaires et les capteurs de récupération de chaleur ont fait partie des technologies utilisées pour atteindre le niveau de certification LEED (Leadership in Energy and Environmental Design) platine, décerné au Village olympique et paralympique de Vancouver, ce qui lui donne la distinction d'être le quartier le plus vert, le plus écoénergétique et le plus durable de sa taille dans le monde.

53

FREESTYLE SKIING
SKI ACROBATIQUE

Alexandre Bilodeau

I'm the same little boy, walking in the streets of Vancouver. But now people want to take pictures, and they are so proud to be Canadian.

Je suis le même petit garçon qui marche dans les rues de Vancouver. Mais maintenant, les gens veulent me prendre en photo et ils sont très fiers d'être Canadiens.

The moguls course on Cypress Mountain is lit up moments before Alexandre Bilodeau's history-making run on February 14. Cypress, with its panoramic views of Vancouver, a 30-minute drive away, served as the venue for the freestyle skiing and snowboard events.

On illumine le parcours de bosses à Cypress Mountain quelques instants avant la descente historique d'Alexandre Bilodeau, le 14 février. Cypress Mountain, avec ses vues panoramiques de Vancouver, à tout simplement de 30 minutes de route, a servi de site pour les épreuves de ski acrobatique et de surf des neiges.

O CANADA
IT FINALLY HAPPENED ENFIN

ALEXANDRE THE GREAT

A long-awaited moment in Canadian Olympic history played out three days and 10 events into the 2010 Olympic Winter Games, as a blue-sky day turned to night on Cypress Mountain. After a string of competitors, the tension thickened as Dale Begg-Smith, the gold medallist from Torino in 2006 and a notoriously mercurial character, attacked the soft terrain, his legs pounding the snow like a potato masher, earning himself a first-place score →

ALEXANDRE LE GRAND

Un moment longtemps attendu dans l'histoire olympique canadienne a couronné trois jours et 10 épreuves des Jeux olympiques d'hiver de 2010 à Vancouver, lorsqu'une journée au ciel bleu s'est dissipée pour faire place à la noirceur à Cypress Mountain. Après la performance d'une série de concurrents, la tension a monté lorsque Dale Begg-Smith, médaillé d'or à Turin en 2006 et personnage à la personnalité très changeante, a attaqué le parcours mou, ses jambes terrassant la neige comme un pilon à purée, pour se positionner en première place →

(Right) Alexandre Bilodeau slides to a stop, waits alongside Dale Begg-Smith and Bryon Wilson, and springs to his feet after realizing he has captured gold.

(À droite) Alexandre Bilodeau termine sa descente, attend aux côtés de Dale Begg-Smith et de Bryon Wilson et bondit sur ses pieds après s'être rendu compte qu'il avait remporté l'or.

MEN'S MOGULS BOSSES, HOMMES 🇨🇦 • ALEXANDRE BILODEAU 🇦🇺 • DALE BEGG-SMITH 🇺🇸 • BRYON WILSON

For an instant, the mostly Canadian crowd sat divided, unsure whether to extend a wild hometown cheer for Begg-Smith, the Canadian expat who now races for Australia, despite growing up in West Vancouver and cutting his teeth on these very slopes. But spectators soon found their voice the moment Canadian Alexandre Bilodeau stepped up to the gate.

Ranked fourth on the World Cup circuit, Bilodeau needed a near-perfect run to bump reigning Olympic champion Begg-Smith from the top spot. Jack-hammering down the hill in a blur of controlled chaos, Bilodeau completed a daring back flip with two twists, sliced through the moguls and rocketed to the finish, nearly taking out the safety gate as he skidded to a stop. Seeing that Bilodeau's score had knocked Begg-Smith into second place, the crowd went wild: a bouncing, screaming tangle of red and white that had to regain its composure for the night's final run by Guilbaut Colas of France.

The event's final moments played out in agonizing slow motion. Colas completed the course, letting out a victorious scream at the bottom. Canadians at home and in the stands shuffled fretfully, and hundreds of cowbells and airhorns were muffled as people awaited the final tally. And then it happened: Bilodeau had won gold and full-blown mayhem broke out. Bilodeau bolted from his beanbag chair on the sidelines to face the stands where thousands of people celebrated wearing various expressions of shock.

He did it. He made history and, in doing so, erased Canada's dubious distinction as the only Olympic host nation never to have won gold on its home soil. Into the night, the city and the nation hollered and partied, with countless cell phone calls, text messages and hastily taken photos ricocheting from coast to coast, and from Vancouver to the rest of the world.

As an athlete you always have good days and bad days. There are so many days you just don't want to go train. I realize that I have the opportunity [to train] and that I need to use that opportunity because my brother does not have that chance.

In the triumphant crowd reacting to Alexandre Bilodeau's win was a joyous Frédéric, Alexandre's older brother, who lives with cerebral palsy. "He's been an inspiration for me since I was so young," said the younger Bilodeau, who admires his brother's positive attitude.

Comme athlète, vous avez toujours des bonnes et des mauvaises journées. Il y a tellement de journées où vous nous n'avez pas envie d'aller vous entraîner. J'ai réalisé que j'avais cette occasion [d'aller m'entraîner] et que je devais la saisir parce que mon frère, lui, n'a pas cette chance.

Dans la foule triomphante, en réaction à la victoire d'Alexandre Bilodeau, se tenait le joyeux Frédéric, le frère aîné d'Alexandre, qui vit avec la paralysie cérébrale. « Il est une source d'inspiration pour moi depuis que je suis jeune », a indiqué M. Bilodeau, qui admire l'attitude positive de son grand frère.

@ Alexandre Bilodeau... Vous etes mon hero!!! Allez-y Canada :) @TommieMars 20 h 40, le 14 févr.

Bilodeau, Begg-Smith and Wilson at the Victory Ceremony, held at BC Place.
MM. Bilodeau, Begg-Smith et Wilson à la cérémonie des vainqueurs qui s'est déroulée à BC Place.

Pendant un instant, la foule majoritairement canadienne est restée assise, divisée, incertaine de la réaction qu'elle devait avoir : devait-elle encourager bruyamment M. Begg-Smith, expatrié canadien qui représente maintenant l'Australie, malgré le fait qu'il soit né à West Vancouver et qu'il ait grandi sur ces pentes? Les spectateurs ont trouvé leur voix au moment où le Canadien Alexandre Bilodeau s'est avancé à la porte.

Classé au quatrième rang du circuit de la Coupe du monde, M. Bilodeau avait besoin d'une descente presque parfaite pour détrôner Dale Begg-Smith, champion olympique en titre. En dévalant la piste de façon percutante et dans un chaos flou mais contrôlé, M. Bilodeau a exécuté un audacieux saut périlleux arrière suivi de deux vrilles, a fendu les bosses et a filé comme une fusée jusqu'à la ligne d'arrivée, en passant même près d'arracher le dispositif de sécurité lorsqu'il s'est arrêté. Le pointage de M. Bilodeau a fait chuter M. Begg-Smith d'un rang; il était maintenant deuxième. La foule s'est déchaînée : les gens sautaient, criaient et le rouge et le blanc s'entremêlaient. Le calme est pourtant revenu le temps que le Français Guilbaut Colas exécute la dernière descente de la soirée.

Les derniers moments de l'épreuve se sont déroulés dans un mode ralenti agonisant. M. Colas a terminé sa course en lançant un cri victorieux au bas de la piste. Les Canadiens à la maison et dans les estrades se sont trémoussés d'agitation et les centaines de cloches à vache et de clairons se sont tus pendant que tous attendaient le pointage final. Et c'en était fait. Alexandre Bilodeau a remporté l'or et le vacarme glorieux a explosé. M. Bilodeau s'est levé d'un bond de son fauteuil poire en bordure du site pour faire face aux estrades où des milliers de personnes célébraient avec chacune une expression différente d'étonnement.

Il a réussi. Il a écrit une page de l'histoire et il a ainsi effacé la douteuse réputation du Canada à titre de seul pays hôte à n'avoir jamais gagné de médaille d'or à domicile. Tout au long de la nuit, la ville et le pays n'étaient que cris et fête, les téléphones cellulaires ne dérougissaient pas, on envoyait des messages textes et prenait des photos qu'on transmettait d'un océan à l'autre et de Vancouver vers le reste du monde.

Gold medals may be hard to come by, but Alexandre Bilodeau fans could have a gold-medal souvenir of their own with Canada Post's special-edition stamp honouring Bilodeau's historic gold-medal win on home soil.

Les médailles d'or peuvent être difficiles à trouver, mais tous les partisans d'Alexandre Bilodeau pourront conserver un souvenir de la médaille d'or avec le timbre à tirage limité de Postes Canada, conçu pour honorer la médaille d'or historique de M. Bilodeau chez lui, en sol canadien.

Alexander Bilodeau gold medalist and true champion. What an incredibly inspirational person and family. @JohannKoss (Johann Koss) 9:18 PM Feb 14

59

(Above left) A torrential downpour and wild, stormy winds test the dedication of even hard-core fans during the ladies' moguls event. (Left) Canada's Jennifer Heil, seen here in a pre-race prep session with the team's sports psychologist, put on a show to win silver (bottom left), just 0.94 points behind Hannah Kearney of the US.

(Ci-dessus, à gauche) Une pluie torrentielle et des vents orageux ont testé le dévouement des partisans, même des plus irréductibles, à l'épreuve féminine des bosses de ski acrobatique. (À gauche) La Canadienne Jennifer Heil, que l'on voit ici dans sa préparation d'avant-course avec un psychologue sportif, a donné tout un spectacle pour remporter l'argent (ci-dessous, à gauche), seulement 0,94 point derrière l'Américaine Hannah Kearney.

Mogul skiers are scored in three areas:

Les skieurs de bosses cumulent des points selon trois aspects :

TURNS
50 %
LES VIRAGES

JUMPS
25 %
LES SAUTS

TIME
25 %
LE TEMPS

To receive a combined maximum score of 30
pour obtenir un pointage combiné maximal de 30

1. Bilodeau	26.75
2. Begg-Smith	26.58
2. Wilson	26.08
1. Kearney	26.63
2. Heil	25.69
2. Bahrke	25.43

Magnifique performance de Jenn qui offre au Canada sa première médaille d'argent! Hannah Kearney sort la course de sa vie et remporte l'or" @cheerforjenn 21 h 20, le 13 févr.

Hannah Kearney :

When you're on a run in the middle of the summer and you feel like you're going to pass out, you imagine a gold medal around your neck and you keep going.

Quand tu te retrouves sur une piste au milieu de l'été et que tu te sens comme si tu allais t'évanouir, tu imagines une médaille d'or autour de ton cou et tu persévères.

BUMPS, JUMPS AND FIST PUMPS

If the goal in freestyle skiing is to beat your bib number, Jennifer Heil just wanted to keep the one she had. As defending Olympic champion, Canada's golden girl of bumps and jumps stared down the moguls course through driving rain and a thin veil of fog, the bib with her number one World Cup ranking ruffling in the heavy winds.

Winning gold would have given Heil two enviable titles: the first freestyle skier to win back-to-back gold and — perhaps more importantly to the intensely partisan crowd, soaked to the bone from hours of rain — the first Canadian to win gold on home soil. Heil stared down the pressure, giving the hometown crowd a fluid, textbook run and solid air, finishing with both arms skyward as the clutch of 9,000 spectators screamed and jumped in unison.

But US competitor Hannah Kearney, who led after the qualifying round, had other plans in mind. Standing at the start gate, Kearney soaked up the crowd's energy from Heil's run, eager to erase memories of her disappointing 22nd-place finish at Torino 2006, bracing her nerves for what lay ahead. Racing to a pounding techno beat echoing through the stands, Kearney flew down the course, knees "super-glued" together, upper body quiet and her 360 flawless, like a human shock absorber on a mission to capture gold.

And that she did, with Jennifer Heil winning silver — and Canada's first Olympic medal for 2010 — and a euphoric American Shannon Bahrke taking home bronze.

BOSSES, SAUTS ET POINGS VICTORIEUX DANS LES AIRS

Si l'objectif du ski acrobatique est de vaincre son numéro de dossard, ce n'était pas le cas pour Jennifer Heil qui voulait absolument garder le sien. Comme championne olympique en titre, la femme en or des bosses et des sauts au Canada a descendu le parcours de bosses malgré la pluie battante et un mince voile de brouillard, son dossard indiquant son numéro un au classement en Coupe du monde et fendant les vents forts.

La médaille d'or aurait offert à Mme Heil deux titres enviables : celui de première skieuse acrobatique à gagner deux médailles d'or consécutives, mais ce qui était peut-être plus important aux yeux des fidèles partisans, trempés jusqu'aux os après avoir passé des heures sous la pluie, celui de première Canadienne à remporter l'or à domicile. Mme Heil a bien encaissé la pression et a offert à la foule de chez elle une descente modèle et des sauts solides, pour terminer le parcours les deux bras levés vers le ciel, devant les 9 000 spectateurs qui criaient et sautaient à l'unisson.

Cependant, la rivale américaine Hannah Kearney, qui menait après la ronde de qualification, avait d'autres plans en tête. Debout à la porte de départ, Mme Kearney a puisé l'énergie de la foule qui était chargée à bloc après la descente de Mme Heil, motivée à effacer de sa mémoire la décevante 22e place enregistrée à Turin en 2006. Elle était prête à maîtriser la pression pour ce qui l'attendait. Elle a réalisé une course au son d'un rythme techno qui résonnait jusque dans les estrades. Mme Kearney a dévalé le parcours, les genoux tout à fait collés, le haut du corps détendu et a exécuté un 360 sans peine, comme un « amortisseur humain » en mission pour décrocher l'or.

C'est d'ailleurs ce qui s'est produit et Jennifer Heil a remporté l'argent, de même que la première médaille olympique du Canada pour l'édition 2010 des Jeux olympiques d'hiver, et l'euphorique Américaine Shannon Bahrke est repartie avec la médaille de bronze.

Canada's Christopher Del Bosco leads teammate Stanley Hayer (in blue vest) and Slovenia's Filip Flisar in a ski cross quarter final on Cypress Mountain, in West Vancouver.

Le Canadien Christopher Del Bosco devant son coéquipier Stanley Hayer (vêtu de la veste bleue) et le Slovène Filip Flisar au cours d'un quart de finale de ski cross sur Cypress Mountain, à West Vancouver.

CRASH, BOOM, BANG

Olympic audiences are no strangers to skiing, but it never looked like this. Making its debut at the 2010 Winter Games, ski cross trades in the dignified air of alpine skiing for the more rough- and-tumble style of snowboard cross, with the added awkwardness of skis and poles landing in a tangled heap when things go south. Buckle up future Olympic viewers. Ski cross put on a show in 2010 and is here to stay.

BING, BANG, BOUM

Les spectateurs des Jeux olympiques d'hiver en connaissent beaucoup sur le ski, mais les épreuves n'ont jamais pris de telles allures. Faisant ses débuts aux Jeux olympiques d'hiver de 2010, le ski cross délaisse le caractère noble du ski alpin pour le style plutôt désordonné du snowboard cross, auquel il faut ajouter des bâtons et des skis emmêlés lorsque les épreuves ne se déroulent pas exactement comme prévu. Les futurs spectateurs olympiques devront attacher leur tuque puisque le ski cross a offert des compétitions spectaculaires en 2010 et on prévoit qu'il sera au programme olympique pendant encore longtemps.

You can't describe the feeling.

Bronze medallist Audun Groenvold who said the course's last jump was like leaping from a second-storey window.

Un sentiment impossible à décrire.

Audun Groenvold, médaillé de bronze, a décrit le dernier saut du parcours comme un saut d'une fenêtre située au deuxième étage.

Ski cross racers faced a 1,130-metre course full of berms, banked turns and Wu-Tangs (high, double-sided vertical walls of snow), all expertly laid out by course designer and Whistler native Jeff Ihaksi.

Les athlètes de ski cross ont affronté 1 130 mètres de parcours remplis de replats, de virages inclinés et de Wu-Tangs (hauts murs de neige verticaux sur deux côtés), tous soigneusement disposés par le concepteur de parcours natif de Whistler, Jeff Ihaksi.

(Left) Ski cross racers huddle at the top of the course, watching every turn, every jump and the fight to the finish by the first racer down the hill.

(À gauche) Les athlètes de ski cross se rassemblent au sommet du parcours pour scruter chaque virage, chaque saut et pour observer la première concurrente franchir la ligne d'arrivée.

(Below) Before competing, Swedish skier Anna Holmlund is fitted with a helmet-mounted camera — a virtually weightless device that gives viewers a first-hand account of an athlete's harrowing race.

(Ci-dessous) Avant la compétition, la skieuse suédoise Anna Holmlund se fait monter une caméra sur sont casque. Il s'agit d'un léger dispositif qui offre aux téléspectateurs un aperçu de la course déchirante d'un athlète.

(Bottom row) Ashleigh McIvor preps with Team Canada for her final run, during which her father and the legendary Canadian skier Nancy Greene Raine display enthusiastic and patriotic support.

(Rangée du bas) Ashleigh McIvor se prépare avec Équipe Canada pour sa dernière course, course durant laquelle son père et la légendaire skieuse canadienne Nancy Greene Raine ont exprimé leur soutien enthousiaste et patriotique.

FIRST AN "A" PAPER, THEN A GOLD MEDAL

In 2003, the same year she began competing in ski cross, Canadian Ashleigh McIvor wrote an impassioned university paper which she sent to the International Olympic Committee, arguing that the raucous, intensely watchable sport of ski cross be added to the Olympic Winter Games roster of sports. Seven years later, McIvor would get her wish.

Flash forward to 2010. As McIvor cleared the finish line — to a thunderous ovation and softly falling snow — she bent over slightly, grinning wildly, and whispered one simple word directly into the camera: "Wow!" But being at a loss for words didn't phase her. With a stadium thrust into full-blown hysteria by her win, McIvor not only won the first-ever Olympic gold in women's ski cross, but also the argument that her sport can capture people's attention.

TOUT D'ABORD UN « A » ET ENSUITE UNE MÉDAILLE D'OR

En 2003, la même année où elle a commencé à faire de la compétition en ski cross, la Canadienne Ashleigh McIvor a rédigé une dissertation universitaire passionnée qu'elle a envoyée au Comité international olympique dans laquelle elle faisait valoir que le ski cross est un sport rebondissant, chargé d'intensité et accrochant, un sport qu'on devrait ajouté au programme sportif des Jeux olympiques d'hiver. Sept ans plus tard, le rêve de Mme McIvor allait se réaliser.

Nous voici en 2010. Après que Mme McIvor a franchi la ligne d'arrivée — sous un tonnerre d'applaudissements et une neige légère — elle s'est légèrement penchée, le sourire fendu jusqu'aux oreilles, et a chuchoté un seul mot directement dans la caméra : « Wow! ». Toutefois, le manque de mots ne l'a pas dérangée. Avec un stade devenu hystérique après sa victoire, Mme McIvor a non seulement gagné la toute première médaille d'or olympique à l'épreuve féminine de ski cross, elle a aussi gagné le débat à savoir que son sport peut capter l'attention du public.

(From left) Canada's Ashleigh McIvor, Norway's Hedda Berntsen and Marion Josserand of France pierce the fog during the 2010 women's ski cross finals.

(De gauche à droite) La Canadienne Ashleigh McIvor, la Norvégienne Hedda Berntsen et la Française Marion Josserand percent le brouillard pendant la finale féminine de ski cross de 2010.

Zongyang Jia of China jumps in the men's aerials qualifications.

Le Chinois Zongyang Jia saute pendant les qualifications masculines de sauts.

Alexei Grishin of Belarus, on the cusp of winning his country's first Winter Games gold in the men's aerials finals.

Le Bélarussien Alexei Grishin, sur le point de remporter la toute première médaille d'or des Jeux d'hiver pour son pays à la finale de l'épreuve de sauts des hommes.

(Top) In aerials, landings are worth 30 per cent of an athlete's total score and are often the deciding factor in a tight competition. A combination of highly difficult jumps and sugary snow at the landing didn't make things easy for anyone. Xiaopeng Han of China (above) falls on his second jump during the men's aerials qualifying round, while Canada's Warren Shouldice (bottom) hits the ground hard during the finals.

(Haut) À l'épreuve de sauts, ski acrobatique, les atterrissages comptent pour 30 pour cent de la note totale d'un athlète et sont souvent le facteur décisif quand la compétition est serrée. Une combinaison de sauts très difficiles et de neige granuleuse à l'atterrissage ne rend pas les choses faciles pour personne. Le Chinois Xiaopeng Han (ci-dessus) tombe à son deuxième saut au cours de la ronde de qualification de l'épreuve de sauts, ski acrobatique chez les hommes, tandis que le Canadien Warren Shouldice (bas) touche durement le sol en finale.

A Belarusian coach reacts to Grishin's jump.

Un entraîneur bélarussien réagit au saut de M. Grishin.

THE UPS (AND DOWNS) OF AERIALS

They go up and they come down, some harder than others. In Vancouver, the field was blown wide open when the number-one ranked Anton Kushnir of Belarus, and defending gold medallist Xiaopeng Han of China, failed to qualify for the finals. Instead, the race would belong to Alexei Grishin of Belarus, adding a gold medal to his 2002 bronze from Salt Lake City. Three-time American Olympian Jeret Peterson came second, with Zhongqing Liu of China winning bronze and throwing down his skis in delight.

LES HAUTS (ET LES BAS) DES ÉPREUVES DE SAUTS

Tous ceux qui montent doivent redescendre et parfois, l'atterrissage est un peu dur. À Vancouver, le terrain de jeu a été entièrement dégagé lorsque le champion du monde, Anton Kushnir du Bélarus, et le médaillé d'or olympique en titre, Han Xiaopeng de la Chine, n'ont pas réussi à se qualifier pour la finale. C'est Alexei Grishin du Bélarus qui allait être nommé maître de la course et il ajouterait cette médaille à une médaille de bronze remportée à Salt Lake City en 2002. L'Américain Jeret Peterson, qui a participé à trois éditions des Jeux olympiques d'hiver, s'est classé en deuxième place tandis que le Chinois Liu Zhongqing a reçu la médaille de bronze et a lancé ses skis pour exprimer sa joie.

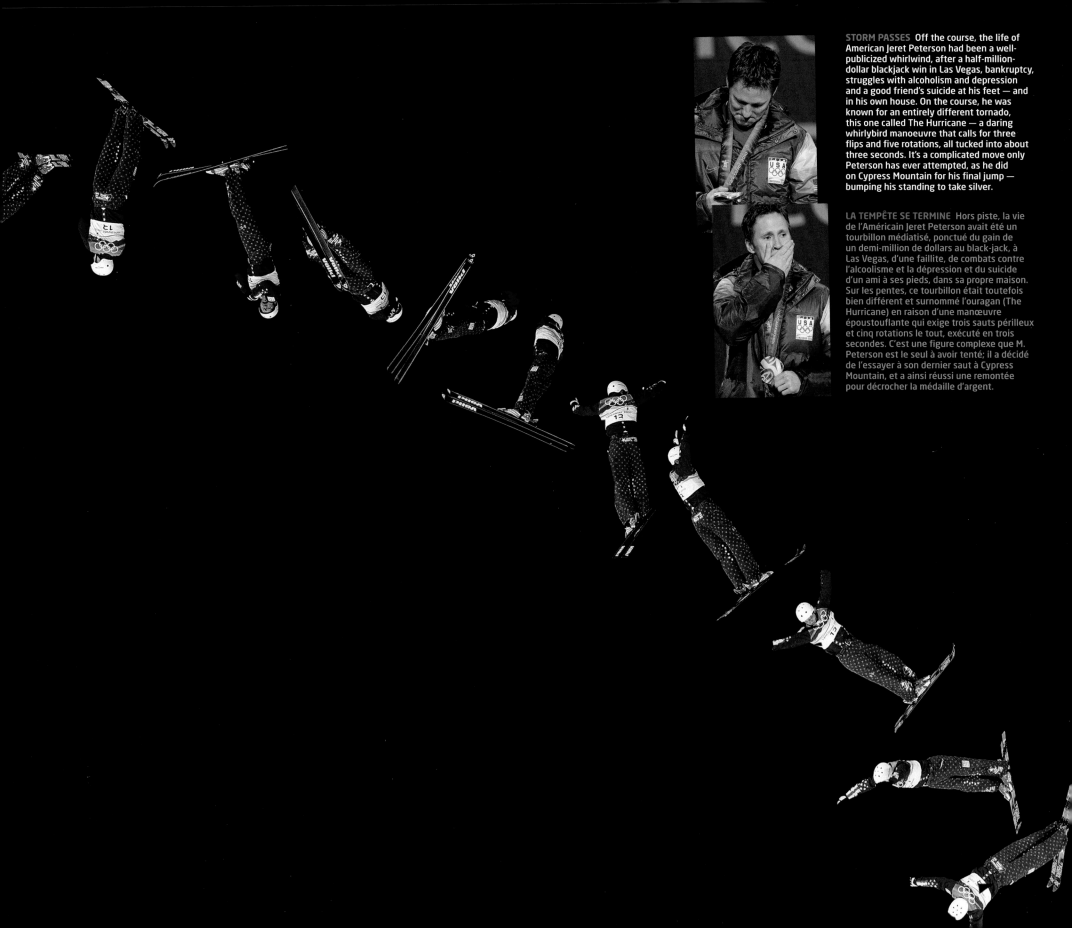

STORM PASSES Off the course, the life of American Jeret Peterson had been a well-publicized whirlwind, after a half-million-dollar blackjack win in Las Vegas, bankruptcy, struggles with alcoholism and depression and a good friend's suicide at his feet — and in his own house. On the course, he was known for an entirely different tornado, this one called The Hurricane — a daring whirlybird manoeuvre that calls for three flips and five rotations, all tucked into about three seconds. It's a complicated move only Peterson has ever attempted, as he did on Cypress Mountain for his final jump — bumping his standing to take silver.

LA TEMPÊTE SE TERMINE Hors piste, la vie de l'Américain Jeret Peterson avait été un tourbillon médiatisé, ponctué du gain de un demi-million de dollars au black-jack, à Las Vegas, d'une faillite, de combats contre l'alcoolisme et la dépression et du suicide d'un ami à ses pieds, dans sa propre maison. Sur les pentes, ce tourbillon était toutefois bien différent et surnommé l'ouragan (The Hurricane) en raison d'une manœuvre époustouflante qui exige trois sauts périlleux et cinq rotations le tout, exécuté en trois secondes. C'est une figure complexe que M. Peterson est le seul à avoir tenté; il a décidé de l'essayer à son dernier saut à Cypress Mountain, et a ainsi réussi une remontée pour décrocher la médaille d'argent.

CHINA RISING

Top honours in ladies' aerials went to Australia's Lydia Lassila, who came back from a shredded knee in Torino to pull off a Double Full Full as effortlessly as if she were stepping off a curb. The win also kept a dominant Chinese squad, helped by Canadian coach Dustin Wilson, from a podium sweep. Chinese aerialists occupied four of the top seven positions, including a second silver medal spot for Nina Li and bronze for teammate Xinxin Guo.

MONTÉE DE LA CHINE

La médaille d'or de l'épreuve de sauts chez les dames a été remise à l'Australienne Lydia Lassila, qui a réussi à se remettre d'une blessure au genou datant de Turin 2006 pour présenter sans aucun effort un double vrille vrille (Double Full Full). Cette victoire a aussi empêché l'équipe chinoise dominante, menée par l'entraîneur canadien Dustin Wilson, de monter sur toutes les marches du podium. Au classement, les athlètes chinoises de sauts occupaient quatre des sept premières positions dont la deuxième place, occupée par Nina Li, et la troisième place, occupée par sa coéquipière Xinxin Guo.

Australian gold medallist Lydia Lassila during the aerials qualifying round.

La médaillée d'or australienne Lydia Lassila pendant la ronde de qualification pour l'épreuve de sauts.

(Above) In between rounds, the course's snow is raked, patched and repaired by a dedicated mountain crew whose day begins at 4:30 am and doesn't end until the evening's competitions are over.

(Ci-dessus) Entre les manches, la neige sur la piste est ratissée, corrigée et réparée par une équipe dévouée dont la journée commence à 4 h 30 pour ne se terminer qu'après les compétitions de fin de soirée.

(Above) A volunteer trims Douglas fir branches into three-inch lengths to mark the landing area and provide greater visibility for aerial skiers.

(Ci-dessus) Un bénévole taille les branches d'un douglas de Menzies en sections de trois pouces pour marquer l'aire d'atterrissage et offrir une plus grande visibilité aux skieurs de l'épreuve de sauts de ski acrobatique.

NINA LI

LYDIA LASSILA

AUSSIE GIRLS LOOK GREAT in GOLD

vancouver 2010

12 EVENTS, 1 MOUNTAIN, ZERO HELP FROM MOTHER NATURE

12 ÉPREUVES, 1 MONTAGNE ET AUCUNE AIDE DE LA PART DE DAME NATURE

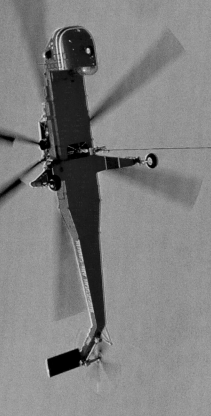

Just weeks before the 2010 Olympic Winter Games, more spring flowers covered Vancouver's ground than snowflakes, and residents had re-dubbed the month "June-uary", thanks to endless days of warm, wet weather. As people across the city furrowed their brows and peeled off their fleecy, wintry layers, they wondered aloud how we could be so snow-deprived when, just last year, it fell in unprecedented amounts.

Yet there we were. A string of impossibly warm days had smashed temperature records for the last 100 years, with more rain falling in five days than normally falls in a whole month. And that put the Olympic freestyle skiing and snowboard venue of Cypress Mountain in a serious bind. While regular folks wrung their hands and openly begged Mother Nature to help us out, the Vancouver 2010 crew on Cypress Mountain pulled out their worst case scenario handbooks and decided that if snow wouldn't appear the old-fashioned way, they had two other options: make it or move it. And so they tried both.

Because snow-making machines need cold weather to create snow — and Mother Nature wasn't playing along — the team resorted to other inventive ways to get the courses competition-ready. Aided by helicopters, dump trucks, a crane and an army of snow-moving equipment, crews spent weeks pushing huge quantities of snow down from the colder, higher peaks of nearby Mount Strachan and Mount Black, and trucking in 350 loads of snow from Allison Pass some 200 kilometres away. They also brought in 1,200 bales of straw and no small amount of timber to shape berms and jumps for the snowboard and freestyle runs.

When freezing levels dropped, the team made sure surfaces froze perfectly. And then, when the mercury rose and rain pounded the terrain once again, round-the-clock crews in bright blue staff jackets worked to safeguard the snow they had, including covering halfpipe edges with giant tarps and burying tubes of dry ice beneath the aerials jumps and moguls to harden them from the inside. In the end, all that juggling, transporting, patching and protecting did the trick, as each of the Cypress Mountain courses lay beautifully blanketed in snow and all 12 events went ahead as planned.

In his Closing Ceremony speech, Vancouver 2010 CEO John Furlong poetically summed up the result of the staff's Herculean efforts: "Blue Jackets: 1. Cypress Mountain weather: 0."

In January 2010, Vancouver averaged temperatures of 7 degrees Celsius, almost 4 degrees higher than normal.

En janvier 2010, la température moyenne de Vancouver vacillait autour de 7 degrés Celsius, soit presque 4 degrés de plus que la normale.

7°C

Helicopters were used to transport massive quantities of snow from the higher peaks of Mount Strachan and Black Mountain to Cypress.

On a utilisé des hélicoptères pour transporter d'énormes quantités de neige à partir des sommets plus hauts de Mount Strachan et de Black Mountain jusqu'à Cypress.

Déjà quelques semaines avant les Jeux olympiques d'hiver de 2010 à Vancouver, plus de fleurs printanières couvraient le sol de la ville que de neige; les résidents ont même renommé le mois de janvier « juin-vier » en raison des journées chaudes et pluvieuses. Partout dans la ville, les gens levaient le sourcil et retiraient leurs vêtements en molleton et leurs épaisseurs hivernales. Ils se demandaient à voix haute comment il était possible d'avoir si peu de neige quand tout juste l'an passé, la neige n'en finissait plus de s'accumuler.

Malgré tout, on y était. On a enregistré un bilan record de journées incroyablement chaudes depuis les 100 dernières années; les précipitations de pluie tombées en cinq jours ont dépassé la quantité de pluie reçue normalement en un mois. Bien entendu, cette situation a mis en péril les conditions du site des épreuves olympiques de ski acrobatique et de surf des neiges à Cypress Mountain. Tandis que les gens en général se serraient les mains et imploraient ouvertement dame nature de les aider, à Cypress Mountain, l'équipe de Vancouver 2010 avait sorti ses livres où y étaient consignés les pires scénarios; si la neige n'apparaissait pas de la bonne vieille manière, il ne lui restait que deux options : en fabriquer ou en déplacer. L'équipe a eu recours aux deux options.

Puisque les canons à neige ne fonctionnent que dans des températures froides, et que dame nature ne coopérait pas, les équipes en montagne ont usé de leur imagination pour que les parcours soient prêts pour les compétitions. Aidés

d'hélicoptères, de camions à benne, d'une grue et d'une quantité monstre d'équipement pour déplacer la neige, les équipes ont passé des semaines à pousser des quantités énormes de neige à partir de sections plus froides de la montagne et de sommets plus élevés des monts Strachan et Black avoisinants. On a également fait quelque 350 voyages de neige par camion depuis Allison Pass, à environ 200 kilomètres de Cypress. De plus, on a utilisé près de 1 200 balles de paille et de grandes quantités de bois destinés à construire des plateformes et des tremplins pour les parcours de surf des neiges et de ski acrobatique.

Lorsque le point de congélation chutait, l'équipe s'assurait que la surface gelait parfaitement. Puis, lorsque le mercure remontait et que la pluie s'abattait une fois de plus sur le terrain, l'équipe de manteaux bleus travaillait jour et nuit pour préserver la neige accumulée. Par exemple, elle a couvert les bords de la demi-lune avec des bâches géantes et enfoui des tuyaux de glace sèche sous les tremplins et les bosses afin de les faire durcir de l'intérieur. Finalement, tout ce remue-méninges, transport, rapiéçage et protection a réussi, puisque tous les parcours de Cypress Mountain étaient couverts d'un magnifique tapis blanc et les 12 épreuves ont eu lieu comme prévu.

Durant le discours de la cérémonie de clôture, John Furlong, directeur général de Vancouver 2010, a bien résumé le résultat des efforts herculéens des employés : « Manteaux bleus : 1. Conditions météorologiques de Cypress Mountain : 0 ».

It was every day, all day, all night — and there wasn't a break. It was just unbelievable what that team did. You know, you look at the men's hockey game and how it gave the country a rush, but as far as being a proud Canadian, the people who prepared that venue did their country proud too.

Tim Gayda, Vancouver 2010 vice president of sport

C'était tous les jours, toute la journée, toute la nuit, sans arrêt. C'est vraiment incroyable de voir ce que l'équipe a accompli. Vous savez, vous regardez les joueurs de hockey et vous voyez la motivation qu'ils inspirent au pays, mais comme fierté canadienne, les gens qui ont préparé le site ont fait grandement leur part.

Tim Gayda, vice-président, sports, Vancouver 2010

"We didn't make the moguls and we didn't do all the fancy run work, but we did the maintenance, the grunt work," said Doug Ibbott from the Cypress Mountain Operational Response Team. "I remember pulling a shift in the middle of the night. It was all dark. We were trudging up the hill with our shovels and rakes. Some of the holes in the snow were so big we actually had to cut plywood to put over them and then put Astroturf on top of that. It was bizarre, but it was also kind of funny. And, mostly, it was a miracle what we all pulled off."

« Nous ne nous sommes pas occupés des bosses ni des petites choses spéciales, mais nous nous sommes chargés de l'entretien, du travail de bras », a dit Doug Ibbott, de l'équipe d'interventions de Cypress Mountain. « Je me souviens d'avoir fait un quart de travail au milieu de la nuit. Il faisait noir. Nous escaladions la piste avec nos pelles et râteaux. Certains trous dans la neige étaient si grands que nous avons même dû couper des planches de contreplaqué tapissées de gazon synthétique pour les couvrir. C'était bizarre, mais dans un sens c'était un peu drôle. Mais finalement, ce que nous avons tous réalisé tient du miracle. »

What is next? I don't know. Sleep, and then take on the world.
Ce que je vais faire maintenant? Dormir, prendre le monde d'assaut.

Shaun White

SNOWBOARD
SURF DES NEIGES

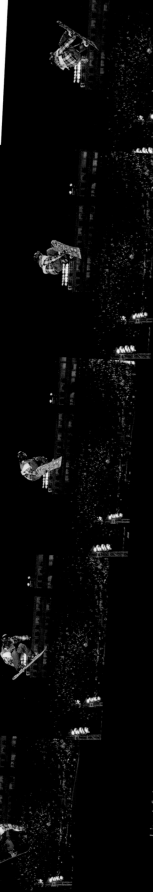

I just felt like I wanted to put everything on the table, and that's what that last run was about. It was about taking my victory lap and really showing everyone in the world, everyone on this big world stage, what I can do.

Je voulais simplement miser le tout pour le tout, et c'est ce que j'ai fait au cours de ma dernière descente. J'ai voulu en faire mon tour d'honneur, puis montrer à tout le monde, tout le monde sur cette grande scène mondiale, ce que je pouvais faire.

Shaun White

ALL HAIL THE KING OF BIG AIR

As they watched American Shaun White explode off the halfpipe walls, his denim-esque snowboard pants and tartan team jacket twisting in a haze of red, white and blue, fans from around the world just couldn't help themselves. They may have crammed the stadium at Cypress Mountain dressed like national billboards, with flags and face paint to support their respective countries, but all 5,000 onlookers roared in appreciation of White's first final run.

Here's why: as fellow competitors were nipping at his heels by landing the double cork that White invented and perfected, he threw down with air so high that people's necks craned toward the heavens. His score of 46.8 was unbeaten after the other riders' second attempts, so, following a half-dozen fist pumps at the top of the pipe and a long primal scream to celebrate back-to-back Olympic golds, White did more than a cursory victory lap. Instead, he pulled out a double McTwist 1260: two flips inside of three-and-a-half turns, a much-hyped new trick no one else on the planet is doing.

Even as chants of "U-S-A! U-S-A!" filled the air, White was a hero the world over. He might not be everyone's countryman, but there's little doubt he's the sport's uncontested king.

VIVE LE ROI ROUQUIN

Lorsqu'ils regardaient l'Américain Shaun White exploser sur les murs de la demi-lune, avec ses pantalons de surf des neiges en quasi-denim et son manteau d'équipe aux couleurs écossaises, se tortillant dans une brume de rouge, blanc et bleu, les partisans de partout dans le monde ne pouvaient s'empêcher d'être émerveillés. Ils ont peut-être rempli le stade à Cypress Mountain vêtus comme des panneaux d'affichage nationaux portant des drapeaux et de la peinture faciale afin d'appuyer leur pays respectif, mais les 5 000 spectateurs ont crié d'appréciation à premier passage final de M. White.

Voici pourquoi : tandis que ses adversaires tentaient de se rapprocher de lui en réussissant des doubles tire-bouchon que M. White lui-même a inventés et perfectionnés, il s'est lancé si haut dans les airs que les spectateurs se sont pratiquement infligés des torticolis. Personne n'a battu son résultat de 46,8, même après la deuxième tentative des autres surfeurs, donc, après avoir brandi une demi-douzaine de fois ses poings dans les airs au haut de la demi-lune et avoir poussé un long cri primal pour célébrer ses médailles d'or olympiques consécutives, M. White a fait beaucoup plus qu'un tour d'honneur. Il a plutôt effectué un double McTwist 1 260 : deux sauts périlleux à l'intérieur de trois virages et demis, une nouvelle figure qui fait beaucoup parler et que personne d'autre sur la planète ne réussit.

Lorsque les cris « U-S-A! U-S-A! » ont empli le stade, M. White était un héros partout dans le monde. Il n'est peut-être pas le compatriote de tous, mais il est sans aucun doute le roi incontestable de ce sport.

Shaun White gets ready for a pre-competition massage to free his mind and untie his muscles before flipping, twisting and flying his way to gold.

Shaun White gets ready for a pre-competition massage to free his mind and untie his muscles before flipping, twisting and flying his way to gold.

Shaun White se prépare à recevoir un massage avant la compétition pour se détendre les muscles et se calmer l'esprit avant d'exécuter des sauts spectaculaires et des vrilles formidables pour remporter l'or.

Shaun White:

I've been working on this trick for about two years. It has been my best friend and worst enemy.

Shaun White on his creative process for a new move he calls The Tomahawk (a double McTwist 1260).

American Shaun White embraces his mom, Cathy — a superstitious parent who wore the same striped shirt for her son's 2010 gold-medal win as she did four years earlier at Torino 2006.

L'Américain Shaun White embrasse sa mère Cathy. Superstitieuse, elle a porté le même chandail rayé qu'elle portait lorsque son fils a remporté l'or aux Jeux de 2006 à Turin, quatre ans plus tôt.

Il y a environ deux ans que je travaille sur cette figure. Elle a été ma meilleure amie et ma pire ennemie.

Shaun White au sujet de son processus créatif, ici concernant une nouvelle figure qu'il appelle « The Tomahawk » (un double McTwist 1260).

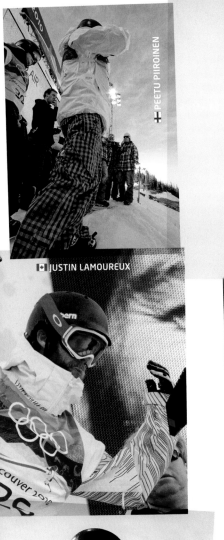

+ PEETU PIIROINEN

+ JUSTIN LAMOUREUX

● KOHEI KUDO

◆ KAZUHIRO KOKUBO

+ IOURI PODLADTCHIKOV

+ XIAOYE ZENG

It's impossible to beat Shaun these days, unless he falls. I'm stoked with the silver today.

Finland's Peetu Piiroinen, who finished closest to White's total thanks to some triple-twisting flips of his own.

Il est impossible de battre Shaun en ce moment, à moins qu'il tombe. Je suis très content d'avoir gagné la médaille d'argent aujourd'hui.

Peetu Piiroinen, qui a obtenu le résultat le plus près de M. White grâce à quelques-uns de ses propres triples sauts périlleux.

Legendary skateboarder Tony Hawk, along with son Spencer, (above) was one of thousands of fans watching Shaun White steal the show. Hawk was one of White's childhood heroes; and the idea for White's pre-Games private halfpipe was inspired by Hawk's own personal skate park.

Tony Hawk, planchiste légendaire avec son fils Spencer (ci-dessus) ne sont que quelques-uns des milliers de partisans de Shaun White venus pour l'encourager. Tout comme son héros d'enfance qui avait fait construire un planchodrome dans sa cour arrière, M. White a fait construire une demi-lune chez lui pours'entraîner.

I Ride for Kevin.

American Scott Lago dedicates his bronze-medal win to Kevin Pearce and Danny Davis, two of the "Frends" (because there's no "i" in snowboard) gang who were unable to compete due to injuries.

L'Américain Scotty Lago dédie sa médaille de bronze à Kevin Pearce et Danny Davis, deux de ses « Frends » qui font partie de sa bande de surf des neiges qui n'ont pas pu participer en raison de blessures qu'ils ont subies.

"His goal was just to beat somebody," said Australian Sarah James with a giggle, about her 15-year-old brother Scott James — the youngest snowboarder in Olympic history. "He didn't want to come last. And he didn't. He did so well, and he was stoked."

« Son objectif était tout simplement de battre au moins une personne », a fait remarquer l'Australienne Sarah James avec un petit rire, au sujet de son frère de 15 ans, Scott James — le plus jeune surfeur des neiges de l'histoire des Jeux olympiques. « Il ne voulait pas être le dernier. Et il y est arrivé. Il a tellement bien fait, et il était très content. »

THE WINNING COMBO OF BIG AIR AND LOUD TUNES

"In moguls, athletes pick the music that plays over the loudspeakers, so they have their own killer song to get them going," said Kevin Delaney, Games-time announcer at Cypress Mountain. He said Timbaland's *Morning After Dark* revved up Jennifer Heil for her silver-medal win.

Most halfpipe riders are the same, privately getting into the zone with music playing through their earphones. For rider Elena Hight, Miley Cyrus's *Party in the USA* tops her playlist, while Jeff Batchelor gets amped with *Bad Boys*, the theme from television's *COPS*. And for Kelly Clark, who swayed and sang aloud at the top of the halfpipe while viewers at home tried to name that tune, Misty Edwards's *You Shall Love Me* is her song of choice.

But music isn't for everyone. "I was just getting energy from the crowd," said Canadian Justin Lamoureux, after finishing 11th in the men's halfpipe. "It's pretty much the chance of a lifetime to have the Olympics at home, in my backyard. So I just wanted to hear the roar."

GRANDS SAUTS ET MUSIQUE FORTE : UNE COMBINAISON GAGNANTE

« À l'épreuve des bosses, les athlètes choisissent la musique que l'on entendra aux haut-parleurs. Ainsi, ils ont leur propre chanson du tonnerre pour les motiver », a affirmé Kevin Delaney, annonceur sportif à Cypress Mountain en ajoutant que c'est la chanson Morning After Dark de Timbaland qui a su motiver Jennifer Heil avant de remporter l'argent.

La plupart des athlètes de demi-lune aiment aussi porter des écouteurs pour écouter de la musique seuls et les aider à entrer dans la transe de la compétition. Pour Elena Hight, surfeuse des neiges, c'est Party in the USA de Miley Cyrus qui lui donne son énergie tandis que Jeff Batchelor se pompe en écoutant Bad Boys, chanson thème de l'émission américaine COPS. Finalment, Kelly Clark, qui a chanté tout haut en se dandinant au sommet de la demi-lune pendant que les téléspectateurs ont tenté de nommer la chanson mystère, préfère You Shall Love Me de Misty Edwards.

Mais ce n'est pas tout le monde qui aime se préparer en écoutant de la musique. « Je tirais mon énergie de la foule », a déclaré Justin Lamoureux après avoir obtenu la 11e position à l'épreuve masculine de demi-lune. « Le fait que les Jeux olympiques se déroulent au Canada, dans ma cour arrière, est une occasion tout à fait unique. Donc tout ce que je voulais entendre était la foule en délire. »

World champion DJ Mix Master Mike (of the Beastie Boys) performs at the halfpipe.

DJ Mix Master Mike (Beastie Boys), champion du monde, fait vibrer les foules à l'épreuve de demi-lune.

(Left) Proving that snowboarding culture is still irreverent at heart, members of the French team model some hand-drawn moustaches for the event.

(À gauche) Pour afficher la nature parfois rebelle des surfeurs des neiges, les membres de l'équipe française s'étaient peint une moustache sur le visage pour l'occasion.

The Cypress Mountain halfpipe has an incline of 17.5 degrees and is 170 metres long. With its impressive 6.7-metre-high walls, a halfpipe of this size is often referred to as a "superpipe."

À Cypress Mountain, la demi-lune mesure 170 mètres et a une pente de 17,5 degrés. En raison de ses parois imposantes qui font 6,7 mètres on l'appelle souvent « superpipe ».

LA DEMI-LUNE ILLUMINÉE PAR BRIGHT

Depuis les Jeux olympiques d'hiver de 1998 à Nagano, les surfeurs des neiges américains ont remporté toutes les médailles d'or olympique des épreuves masculines et féminines de demi-lune... jusqu'à aujourd'hui. L'Australienne Torah Bright, détentrice du plus petit pointage après une chute au cours de sa première descente, a tenté le tout pour le tout avec une deuxième manche remplie de manœuvres techniques dont un solide Switchback 720 — manœuvre difficile même pour les athlètes masculins. Elle a ainsi réussi à obtenir la meilleure note et n'avait plus qu'à attendre que les autres concurrentes s'exécutent.

L'Américaine Kelly Clark, médaillée d'or aux Jeux olympiques d'hiver de 2002 à Salt Lake City, s'est mérité un pointage suffisant pour décrocher une troisième place tandis que la surfeuse des neiges américaine Hannah Teter, médaillée d'or des Jeux olympiques d'hiver de 2006 à Turin, a été la dernière concurrente de la journée. Ayant obtenu 42,4 points pour sa première descente, Mme Teter pouvait déjà mettre la médaille d'argent dans la poche arrière de ses pantalons de neige. Son tour venu, la foule était comme suspendue, espérant la voir effectuer un two-flip double cork, une manœuvre qui, disait-on, se trouvait dans son arsenal. Cette manœuvre ne s'est jamais matérialisée, contrairement à la médaille d'argent, et l'étoile Torah Bright a permis à l'Australie de gagner sa deuxième médaille d'or à ces Jeux.

BRIGHT LIGHT ON THE HALFPIPE SCENE

American riders have claimed Olympic gold in every men's and ladies' halfpipe since the Nagano 1998 Olympic Winter Games. Until now. Australia's Torah Bright, who had the lowest score after an early spill in her first run, packed her do-or-die second attempt with technical tricks, including an unshakeable Switchback 720 — a difficult move even for her male counterparts. It was enough to land her the top score as she awaited upcoming riders.

America's Kelly Clark, a gold medallist at Salt Lake 2002, scored high enough to earn bronze, while US rider and 2006 gold medallist Hannah Teter was the last rider of the day. With a first-run result of 42.4, Teter already had the silver medal in the back pocket of her baggy snowboard pants. But the crowd hung on her every move, aching for her to pull out the two-flip double cork rumoured to be in her arsenal. That go-to move never materialized, but a silver medal did, while shining star Torah Bright earned Australia its second gold of the Games.

I see so much more in this medal than I did in Salt Lake because I know how hard I had to work to get here. Kelly Clark

J'attache beaucoup plus d'importance à cette médaille qu'à celle remportée à Salt Lake City en raison de tout le travail qu'il a fallu pour l'obtenir.

Coming here to this event and doing what I needed to do to be where I am now, it just feels amazing.

Torah Bright on her gold-medal win. She was in for another feel-good moment after discovering her parents had secretly flown from Australia to Vancouver to see her compete — hiding in a closet at one point so they could remain unseen by Bright until after her race.

Le fait de participer à cette épreuve et d'avoir fait ce qu'il fallait pour être ici en ce moment suscite un sentiment merveilleux.

Torah Bright au sujet de sa victoire. Elle a eu droit à un autre moment de bonheur lorsqu'elle a découvert que ses parents avait secrètement pris l'avion depuis l'Australie pour venir la voir à Vancouver — ils ont même dû se cacher dans un placard pour que leur fille ne les voit pas avant la fin de sa course.

HANNAH TETER

KELLY CLARK

vancouver 2010

This means every girl in Australia is going
to want to buy a snowboard.

Holly Crawford, regarding teammate Torah Bright's win

Dorénavant, toutes les filles d'Australie
vont vouloir une planche à neige.

Holly Crawford, après la victoire de sa coéquipière, Torah Bright

(Left) After climbing an impressive 207 stairs to gain access to the elevated halfpipe seating area, spectators get a picture-perfect view of the course. The intense, acrobatic sport of halfpipe debuted at Nagano 1998, and involves elements of surfing, skateboarding and skiing on the inside of a half-cylinder-shaped tube.

(À gauche) Après avoir monté 207 marches pour accéder aux sièges du stade de demi-lune, les spectateurs ont une vue incroyable du parcours. L'épreuve de demi-lune, avec son intensité et ses acrobaties, a fait ses débuts olympiques aux Jeux olympiques d'hiver de 1998 à Nagano. Le sport comprend des éléments du surf, de la planche à roulettes et du ski, exécutés sur une structure cylindrique en forme de demi-lune.

HANNAH TETER

KELLY CLARK

TORAH BRIGHT

Torah's run was super motivating. You knew you had to be on your game if you wanted to take it, because she was exceptional and just inspiring.

—Hannah Teter, US silver medallist

La descente de Torah Bright a été super motivante. Pour emporter la victoire, il fallait vraiment tout donner parce qu'elle a été exceptionnelle et inspirante.

—Hannah Teter, médaillée d'argent américaine

GRETCHEN BLEILER

Loving the snowboard cross in the Winter Olympics. This could be the most exciting spectator sport ever. @JonMWelch 2:14 PM Feb 15

> I thought I was in control for sure. I thought I had a chance to win it. But as soon as I came up short on that jump, I knew someone was going to pass me. But I'm okay with silver right now. **Mike Robertson**

> *Je pensais vraiment être en contrôle. Je pensais avoir une chance de gagner la course. Mais dès que j'ai réalisé que je n'avais pas bien pris ce saut, je savais que quelqu'un allait me dépasser. Mais je suis maintenant satisfait de l'argent.* Mike Robertson

A TRULY GRIPPING BOARD MEETING

In the carnage-filled world of snowboard cross, it's well known that anything can and usually will happen. The crowd at the men's snowboard cross could hardly keep track of the human wreckage, with a trail of wipeouts leaving a number of favourites slamming into the hill and spinning into the netting, falling out of Olympic medal contention.

Alex Pullin, from Australia, the fastest rider to qualify, took a spill in the first heat, with Canadian Drew Neilson crashing after a tussle with the World Cup's number one rider, Pierre Vaultier from France. Americans Nick Baumgartner and Nate Holland went down, as did France's Xavier De le Rue and Australia's Damon Hayler, while Canadian François Boivin summarily took himself out of the race with a somersaulting face plant.

But it was the thrilling final race that left American and Canadian fans croaky-voiced and re-checking the replay in disbelief. Underdog and first-time Olympian Mike Robertson of Canmore, Alberta had a commanding lead until about 150 metres before the finish line. Robertson looked destined to win but mistimed the last jump, leaving room for reigning gold medallist and master tactician Seth Wescott to pass him in the air and win gold for the USA before thousands of reeling fans.

UNE RENCONTRE DE PLANCHISTES VRAIMENT PRENANTE

Dans le monde du snowboard cross, lequel sport peut être qualifié de « massacre », tout le monde sait que tout peut arriver, et c'est habituellement ce qui se produit. La foule présente à l'épreuve de snowboard cross chez les hommes pouvait à peine suivre le compte des accrochages entre les concurrents. La piste était parsemée de favoris qui rebondissaient sur la pente avant de partir en vrille dans les filets, pour ainsi perdre toute chance de médaille olympique.

Alex Pullin de l'Australie, concurrent le plus rapide des qualifications, a fait une chute durant la première manche, et le Canadien Drew Neilson est tombé après une bousculade avec le numéro un de la Coupe du monde, Pierre Vaultier, de la France. Les Américains Nick Baumgartner et Nate Holland sont tombés, tout comme le Français Xavier De le Rue et l'Australien Damon Hayler. Quant au Canadien François Boivin, il est simplement sorti de parcours en exécutant un saut périlleux, avec un atterrissage face première.

Seth Wescott (in red helmet) and Mike Robertson, neck and neck, at the final jump.

Seth Wescott (casque rouge) et Mike Robertson, à égalité, au dernier saut du parcours.

Mais c'est la dernière course enlevante qui a fait perdre la voix aux admirateurs de l'Américain et du Canadien et qui les a obligés à regarder la reprise, incrédules. Mike Robertson de Canmore, en Alberta, qui ne faisait pas partie de la liste des favoris et qui en est à ses premiers Jeux olympiques d'hiver, a mené avec une bonne avance jusqu'aux 150 derniers mètres avant la ligne d'arrivée. La victoire semblait dans la poche pour M. Robertson qui a pourtant mal jugé son temps au dernier saut. Seth Wescott, médaillé d'or en titre et maître tacticien, en a profité pour se glisser devant lui dans les airs et mettre la main sur la médaille d'or pour les États-Unis, sous les yeux de milliers de partisans renversés.

Canadian teammates Drew Neilson (above) and Mike Robertson bump fists before racing in the qualifying round.

Drew Neilson (ci-dessus) et Mike Robertson, coéquipiers canadiens, se souhaitent bonne chance avant la course de qualification.

CLEAR SAILING FOR HOMETOWN HERO

Fog delays didn't phase the Cypress crowd one bit: fans contentedly howled and danced in the bleachers as milky air drifted on and off a course rumoured to be even speedier than that of the men's the day before. But nerves frayed for a number of riders who had wildly frustrating qualifying runs, among them Maëlle Ricker and Dominique Maltais — the Canadian pre-race favourites.

But the fog dissipated and competition resumed, putting Ricker back in the game with a rock-solid second qualifying run and, ultimately, a spot in the final. At the top, Ricker, the North Shore native and three-time Olympian, crouched down, pressing her helmet against the gate, as rowdy fans below hammered the stands with their feet, waved oversized letters spelling out her name and shook giant flags supporting the other finalists from Switzerland, Norway and France.

"Watching Alex [Bilodeau] ski the other night, it really, really got me fired up," said Ricker. "I was so pumped for today." And it showed. Ricker exploded from the gate with her upper body leaning into the first rise, letting her pull away from Norway's Helene Olafsen, France's Deborah Anthonioz and Olivia Nobs of Switzerland, who bobbled partway down the course but put herself back in the race. But in the end, it was all Ricker whose healthy lead took her to the finish and earned her the title of first Canadian woman to win gold on home soil.

(Left to right)
Helene Olafsen of
Norway, Maëlle Ricker
and Olivia Nobs of
Switzerland.

(De gauche à droite)
La Norvégienne Helene
Olafsen, Maëlle Ricker
et la Suisse Olivia Nobs.

(Left to right) France's Nelly Moenne Loccoz (6th) is comforted by a teammate; Raffaella Brutto, Italy (17th); Simona Meiler (9th) of Switzerland recovers after a crash during the qualifying round; Maëlle Ricker keeps gold at home.

(De gauche à droite) La Française Nelly Moenne Loccoz (6e) se laisse consoler par une coéquipière; l'Italienne Raffaella Brutto (17e); la Suisse Simona Meiler (9e) récupère après une chute au cours du tour de qualification; Maëlle Ricker remporte l'or à domicile.

UN PARCOURS FACILE POUR UNE HÉROÏNE LOCALE

Les délais causés par le brouillard n'ont réussi en rien à amoindrir la ferveur de la foule à Cypress, puisque les gens ont encouragé et dansé avec ardeur dans les estrades pendant que l'air laiteux se dispersait pour faire place à un parcours qu'on disait être encore plus rapide que celui des hommes de la course du jour précédant. Certaines concurrentes ont craqué sous la pression et ont connu des manches de qualification très frustrantes, parmi elles, Maëlle Ricker et Dominique Maltais, les favorites canadiennes avant la course.

Le brouillard s'est finalement dissipé et la compétition a repris. Mme Ricker est revenue dans la course avec une deuxième manche de qualification époustouflante qui lui a valu une place en finale. Au sommet, Mme Ricker, originaire de la North Shore et olympienne à trois reprises, s'est accroupie et a pressé son casque contre la porte pendant que les partisans déchaînés au bas de la piste tambourinaient les estrades avec leurs pieds, brandissaient des lettres géantes qui formaient son nom et faisaient virevolter des drapeaux géants tout en encourageant les autres finalistes de la Suisse, de la Norvège et de la France.

« Regarder Alex [Bilodeau] skier l'autre soir m'a vraiment inspirée », a mentionné Maëlle Ricker. « J'étais gonflée à bloc aujourd'hui. » C'est ce à quoi on a eu droit. Mme Ricker est sortie de la porte de départ en explosant, la partie supérieure de son corps courbée jusqu'à la première montée, ce qui lui a permis de distancer la Norvégienne Helene Olafsen, la Française Deborah Anthonioz et la Suisse Olivia Nobs, qui a cafouillé au milieu de la course, mais qui a repris sa place par la suite. Mais finalement, c'est Mme Ricker qui par sa grande avance a franchi la ligne d'arrivée et a décroché le titre de première Canadienne à remporter une médaille d'or à domicile.

Fog and freezing rain made conditions tricky for fans and competitors alike at Cypress Mountain on February 27, but Canada's Jasey Jay Anderson (above and right) made the most of his fourth Olympic appearance — with help from a lucky pair of socks.

Du brouillard et de la pluie verglaçante ont rendu les conditions difficiles pour les partisans tout comme pour les concurrents à Cypress Mountain le 27 février, mais le Canadien Jasey Jay Anderson (au-dessus, à droite) a profité au maximum de sa quatrième participation olympique — grâce à une paire de bas porte-bonheur.

Pretty hard to beat, eh? Olympic gold at home. And what tops it off is that my little girls were here to watch it . . . I'm sure they were just cheering because it was their dad, not because their dad was doing well. I think that's the best part of the day: having the girls there, and having them be just as proud of me as if I'd had a bad day.

Canada's Jasey Jay Anderson

Difficile à battre, hein? Une médaille d'or à domicile. Pour moi, le moment a été encore plus spécial puisque mes filles étaient là pour me regarder remporter l'or… Je suis certain qu'elles m'ont encouragé simplement parce que je suis leur père et non pas parce que j'ai fait une bonne course. Je pense que c'est la meilleure chose de la journée; les voir là, fières de moi, tout comme elles l'auraient été si j'avais moins bien réussi.

Jasey Jay Anderson du Canada

THE SWEET SMELL OF LUCKY SOCKS

Everyone loves a fairytale ending, and Canada's Jasey Jay Anderson delivered his version to the deserving die-hard fans at Cypress Mountain. Competing in his fourth Olympic Winter Games, Anderson is widely considered the best snowboarder in Canadian history, with a list of World Cup victories as long as his board. But an Olympic medal had always eluded him.

Despite coming to Vancouver as a heavy favourite, Anderson found himself in 20th place after the first qualifying run. For Anderson, the story's ending was looking as grim as the race conditions. Dense fog, hail and freezing rain were taking their toll on the water-logged crowd, most of whom were draped in head-to-toe plastic ponchos, some with garbage bags tied over their boots. Waving soggy flags, these dedicated fans watched Anderson survive each successive round to advance in the competition.

Finally, he stepped up to the gate for his second and final run, trailing Austria's Benjamin Karl by 0.76 seconds. Knowing a silver medal was already his but that gold was a possibility, Anderson pulled out a classic come-from-behind victory, bursting from the gate and nailing the flat section of the course, ultimately crossing the finish line in first place.

For Anderson, it was a golden ending to the 2010 Olympic events at Cypress Mountain and to his illustrious career — given this was his fourth and final Games. Retiring along with him: the lucky purple socks he wore for 18 years of competitive snowboarding.

LA DOUCE ODEUR D'UNE PAIRE DE BAS PORTE-BONHEUR

Tout le monde aime les histoires qui finissent bien et le Canadien Jasey Jay Anderson en a présenté sa version à tous les fidèles partisans de Cypress Mountain, qui le méritaient grandement. À sa quatrième participation à des Jeux olympiques d'hiver, M. Anderson est considéré par la plupart des gens comme le meilleur surfeur des neiges de l'histoire canadienne en raison d'une liste de victoires en Coupe du monde qui est aussi longue que sa planche. Toutefois, il n'a jamais réussi à mettre la main sur une médaille olympique.

Bien que grand favori dès son arrivée à Vancouver, il s'est trouvé en 20ᵉ place après la première manche de qualification. Pour Jasey Jay Anderson, tout semblait indiquer une fin plutôt sinistre, tout comme les conditions dans lesquelles se déroulait la course. Le brouillard épais, la grêle et la pluie verglaçante pesaient sur la foule trempée dont les membres portaient presque tous des ponchos de plastique les couvrant de la tête aux pieds; certains avaient même mis des sacs de poubelle sur leurs bottes. Agitant des drapeaux mouillés, ces partisans déterminés ont regardé Jasey Jay Anderson gravir les échelons de la compétition manche par manche.

Finalement, debout à la porte de départ avant d'effectuer sa deuxième et dernière descente avec un retard de 0,76 seconde derrière l'Autrichien Benjamin Karl, M. Anderson savait que la médaille d'argent lui était garantie. Par contre, l'or demeurait aussi une possibilité. La victoire de M. Anderson a été des plus spectaculaires. Il s'est élancé dès le départ à la conquête du parcours et a dépassé son adversaire pour traverser la ligne d'arrivée en première position.

Pour M. Anderson, sa victoire en or a non seulement mis fin aux épreuves olympiques ayant lieu à Cypress Mountain, elle a aussi marqué la fin de sa carrière après quatre participations aux Jeux. M. Anderson n'a pas été seul à prendre sa retraite. Ses célèbres chaussettes chanceuses mauves ont aussi pris leur retraite après 18 ans de compétition de surf des neiges aux pieds de M. Anderson.

In what was largely considered anyone's race, Nicolien Sauerbreij won the Netherlands' first Olympic snowboard gold medal in ladies' parallel giant slalom. Sauerbreij beat Russia's Ekaterina Ilyukhina in the two-run final, while the reigning world champion, Austria's Marion Kreiner, took bronze.

Nicolien Sauerbreij remporte la première médaille d'or olympique en surf des neiges pour les Pays-Bas à l'épreuve de slalom géant parallèle chez les dames, une épreuve que l'on considérait très ouverte. À la finale de deux descentes, Mme Sauerbreij a battu la Russe Ekaterina Ilyukhina, et l'Autrichienne Marion Kreiner, championne du monde en titre, a remporté la médaille de bronze.

When the world's best athletes come together for the Olympic Games, many of the world's best writers, photographers and broadcasters come together to tell their stories. But in 2010, new media and technology further tapped into another universe of Games information, images and opinions. More than ever, website posts, tweets and blogs gave voice to the masses, bringing Vancouver 2010 to the world alongside the stalwart newspapers, magazines and TV networks that have covered the Games since their modern beginnings.

Games storytelling depended on every imaginable form of technology — from old-fashioned voice recorders to the latest smart phones, laptops and digital cameras. A massive Vancouver 2010 technology team and extensive infrastructure instantaneously connected every venue to the world. With new records for hours of coverage, numbers of images and audience interest, the Olympic Motto, "faster, higher, stronger," could just as easily apply to the technology and media of the Games as the athletes themselves.

CAPTURE CULTURE The average photo transmitted during the Games will be 1,000 times the file size of the average one-page text document.

CAPTER LA CULTURE La photographie moyenne transmise pendant les Jeux sera de 1 000 fois la taille d'un document de texte moyen d'une page.

CTV host Brian Williams at the International Broadcast Centre (above left). Screens at the Main Press Centre and the Vancouver 2010 Main Operations Centre (above right).

Animateur à la chaîne CTV, Brian Williams, au Centre international de radio et de télévision (ci-dessus, à gauche). Des écrans au Centre principal de presse et au Centre principal de l'exploitation de Vancouver 2010 (à droite, ci-dessus).

Lorsque les meilleurs athlètes du monde se ressemblent pour les Jeux olympiques, bon nombre des meilleurs rédacteurs, photographes et diffuseurs du monde se ressemblent pour raconter leurs histoires. Mais en 2010, les nouveaux médias et les nouvelles technologies ont donné accès à un autre univers de renseignements, d'images et d'opinions sur les Jeux. Plus que jamais, des affichages dans les sites Web, des « tweet » et des blogues ont donné voix aux foules, en rapprochant Vancouver 2010 du monde aux côtés des journaux, des magazines et des réseaux de télévision traditionnels qui couvrent les Jeux depuis leurs débuts modernes.

La narration des Jeux s'est fiée sur toutes les formes imaginales de technologie — des anciens magnétophones aux nouveaux téléphones intelligents, ordinateurs portables et appareils-photos numériques. Une énorme équipe et infrastructure technologiques de Vancouver 2010 ont connecté instantanément chaque site au monde. Avec de nouveaux records d'heures de couverture, de nombre d'images et d'intérêt du public, la devise olympique « plus vite, plus haut, plus fort » pouvait s'appliquer tout aussi facilement à la technologie et aux médias des Jeux qu'aux athlètes.

1 100 000+
FACEBOOK FANS
NOMBRE DE PARTISANS DE FACEBOOK

14 000
FOLLOWERS ON TWITTER
SUIVEURS DANS TWITTER

12 800
PRESS AND BROADCASTERS
MEMBRES DE LA PRESSE ET DIFFUSEURS

ONLINE RECORDS vancouver2010.com provided information to 83 million unique visitors, with almost 300 million total visits — both Olympic and Paralympic Games records. The site supported ticket and merchandise sales, helped significantly reduce the overall need for printed Games materials and served as a portal for over 200,000 workforce applications.

RECORDS EN LIGNE Vancouver2010.com a fourni des renseignements à 83 millions de visiteurs uniques, avec presque 300 millions visites au total — un record à la fois pour les Jeux olympiques et paralympiques. Le site a pris en charge la vente de billets et de produits officiels, a contribué à réduire significativement le besoin général en matière de documents imprimés pour les Jeux et a servi de portail pour plus de 200 000 candidatures des membres de la main-d'œuvre.

OFFICIAL MOBILE SPECTATOR GUIDE
GUIDE MOBILE OFFICIEL DES SPECTATEURS

PRESENTED BY
PRÉSENTÉ PAR **Bell** #1

FASTER THAN A POLAROID The photographic collective team from Getty Images, including support staff and editors, generated up-to-the-minute images — over 1,000 pictures each day — using over 28 kilometres of fibre-optic cable.

PLUS RAPIDE QU'UN POLAROID L'équipe collective de photographie de Getty Images, y compris les employés de soutien et les rédacteurs, a généré des images à la minute — plus de 1 000 images tous les jours — et a utilisé plus de 28 kilomètres de câble à fibre optique.

1 250 000+
DOWNLOADS
NOMBRE DE TÉLÉCHARGEMENTS

During the Olympic Winter Games, the official mobile spectator guide was the #1 free "app" in Canada.

Pendant les Jeux olympiques d'hiver, le guide des spectateurs mobile officiel a été l'application gratuite la plus convoitée au Canada.

8 700 000+
visits to the mobile version of vancouver2010.com

Nombre de visites de la version mobile de vancouver2010.com

76%
of Canadians with internet access visited vancouver2010.com

des Canadiens avec accès Internet ont visité vancouver2010.com

2 100
Technology staff, partners and volunteers

Employés, partenaires et bénévoles de technologie

ALPINE SKIING
SKI ALPIN

The Olympics were the big goal, my dream. And I have fulfilled that.
Les Jeux olympiques étaient le grand objectif, mon rêve. Et je l'ai réalisé.
Maria Riesch

NAMED FOR THE LEGENDS
NOMMÉES EN L'HONNEUR DES LÉGENDES

The alpine skiing competitions were held at Whistler Creekside on the Dave Murray Downhill and Franz's Run, storied and challenging courses. The Dave Murray, the men's field of play, is where the Crazy Canucks, a group of speedy, fearless downhillers, cut their teeth in the 1970s and 80s before going on to wow the world. The men's course was named after Dave Murray, one of the Crazy Canucks, who died of cancer in 1990 at the age of 37. His daughter, Julia, raced for Canada in ski cross at Vancouver 2010. Franz's Run is named after Norwegian-born Franz Wilhelmsen, the first president of Whistler Mountain and builder of the original trails. Both runs have colourfully named corners: Franz's begins with Wild Card, Ace, Deuce and the Joker Traverse, while the Dave Murray features the Toilet Bowl, Fallaway Flats, Sewer and Coaches Corner (a sharp, critical turn in many events). As athletes blasted over the final knolls, often in full flight and at more than 120 kilometres per hour, they were met with the sight and sounds of thousands of fans — cheering, whistling and ringing their cowbells as they encouraged their ski heroes across the finish.

Les compétitions de ski alpin ont eu lieu à Whistler Creekside sur les pistes Dave Murray Downhill et Franz's Run, des parcours historiques et difficiles. La piste Dave Murray, terrain de jeu des hommes, est l'endroit où les Crazy Canucks, un groupe de skieurs de descente rapides et sans peur, ont fait leurs débuts dans les années 1970 et 1980 avant d'emballer le monde. On a nommé la piste Franz's Run en l'honneur de Franz Wilhelmsen, né en Norvège, premier président de Whistler Mountain et constructeur des sentiers originaux. Les deux pistes disposent de coins vivement nommés : la piste Franz's commence par les coins « Wild Card », « Ace », « Deuce » et « Joker Traverse », tandis que la piste Dave Murray comporte les coins « Toilet Bowl », « Fallaway Flats », « Sewer » et « Coaches Corner » (un virage serré et critique pour beaucoup d'épreuves). Tandis que les athlètes ont explosé sur les dernières bosses, se trouvant souvent en plein vol à plus de 120 kilomètres-heure, des milliers de partisans bruyants les ont accueillis en criant, sifflant et faisant sonner leurs cloches à vache pour encourager leurs héros de ski jusqu'à la ligne d'arrivée.

GAMES COME TRUE The generous, outgoing, passionate outdoor spirit of Whistler is perhaps best personified by one family with deep Olympic roots. Peter Vajda was part of the bids to bring the Games to Whistler in 1968 and 1976. His daughter Andrée Janyk, a former national team member, has been a Whistler Weasel Worker virtually since the group's inception in the 1980s, and was a course chief for the alpine skiing events — placing her on the course almost every day for three weeks. Daughter Britt competed in the downhill (finishing sixth) and in the Super-G (where she was 17th). Britt's brother Mike competed in the slalom, finishing 13th. Sister Stephanie, a former racer, was a side-slipper during the events, as was their father Bill and two uncles. On being part of the Games events, and watching her children compete, Andrée said she realized she was watching her father's vision come to life before her very eyes: "Honestly, it was just pure joy. I was sort of in awe. I wasn't afraid. I was just enjoying the moment."

LES JEUX SE RÉALISENT C'est peut-être une famille qui possède de profondes racines olympiques qui personnifie mieux l'esprit de plein air généreux, entraînant et passionné de Whistler. En 1968 et en 1976, Peter Vajda a fait partie des premières équipes de candidature qui souhaitaient présenter les Jeux à Whistler. Sa fille, Andrée Janyk, ancienne membre de l'équipe nationale, est bénévole à Whistler, une des « Weasels », pratiquement depuis le début du groupe dans les années 1980, et a été chef du parcours pour les épreuves de ski alpin — ce qui l'a mise sur la piste presque tous les jours pendant trois semaines. Sa fille Britt a participé en descente (se classant sixième) et en super G (se classant 17e). Le frère de Britt, Mike, a participé en slalom et s'est classé 13e. Sa sœur Stephanie, ancienne concurrente, a été lisseuse pendant les épreuves, tout comme leur père Bill et deux de leurs oncles. « Honnêtement, c'était une pure joie. J'étais un peu stupéfaite, mais je n'avais pas peur. Je profitais simplement du moment », a déclaré Andrée Janyk à propos de son expérience aux épreuves des Jeux et du fait qu'elle regardait ses enfants y participer. Elle a dit se rendre compte qu'elle assistait à la réalisation devant ses yeux de la vision de son père.

AN AMERICAN DREAM UN RÊVE AMÉRICAIN

There's a reason why Olympic downhill races are considered the "glamour" events of the Winter Games: they're thrilling, edge-of-your-seat exhibitions of speed, a wild but delicate balance between flat out and wipeout. When spectators at the Whistler Creekside finish line watched the women soar off the last knoll (Hot Air), then wrestle a landing and finish, they saw exhilarating prowess. And, as the men roared down the Dave Murray Downhill, alternating between poetry and disaster at every turn, spectators were witnessing naked courage at 140 kilometres an hour. Truly, there's no event like it.

The downhill was just the beginning for the American skiers, who captured eight medals, surprising everyone — especially the traditionally dominant Europeans. The heavily hyped Lindsey Vonn got the gold she coveted in the ladies' event, then took bronze in the super giant slalom (Super-G). A calm, motivated Bode Miller took bronze in the men's downhill, went on to win gold in the super combined and finished with a silver in the Super-G. Julia Mancuso, the cool Californian flip side to Vonn's intensity, won silver in the downhill and the super combined, adding to the surprise gold she won in slalom at Torino 2006, making her the first American woman to win medals in three events. And Andrew Weibrecht was perhaps the most unexpected American medallist, winning bronze in the Super-G.

While the powerhouse Austrian men did not win any medals, women soothed Austria's national pride: Elisabeth Goergl won bronze in the downhill and giant slalom, matching her mother Traudl Hecher's Olympic double bronze medals in downhill in the 1960s, while Andrea Fischbacher won gold in the women's Super-G.

On considère les courses de descente olympiques comme des épreuves de « prestige » aux Jeux pour une simple et bonne raison : ce sont des démonstrations de vitesse, d'équilibre fou mais fragile entre la pleine vitesse et l'écrasement qui vous tiennent en haleine. Lorsque les spectateurs qui se trouvaient à la ligne d'arrivée à Whistler Creekside ont vu les dames planer à la sortie de la dernière bosse (« Hot Air ») pour lutter afin d'atterrir et de terminer leur descente, ils ont été témoins de prouesses enivrantes. Et, lorsque les hommes ont dévalé à toute vitesse la piste Dave Murray Downhill, faisant alterner poésie et désastre virage après virage, les spectateurs ont été témoins du courage le plus pur à 140 kilomètres-heure. Il n'existe vraiment aucune autre épreuve que l'on puisse comparer.

L'épreuve de descente a tout simplement été le début pour les skieurs américains, qui ont récolté huit médailles et ont étonné tout le monde — particulièrement les Européens qui dominent traditionnellement. Lindsey Vonn, grandement favorite, a gagné la médaille d'or qu'elle souhaitait tant à l'épreuve féminine, puis a gagné la médaille de bronze à l'épreuve de slalom super géant (super G). Bode Miller, calme et motivé, a gagné la médaille de bronze à l'épreuve de descente masculine, la médaille d'argent à l'épreuve de super combiné et la médaille d'argent à l'épreuve de super G. La Californienne Julia Mancuso, toute calme comparativement à l'intensité de Mme Vonn, a gagné la médaille d'argent à l'épreuve de descente et l'épreuve de super combiné, pour ajouter à la médaille d'or surprise qu'elle a gagnée à Turin en 2006 et faire d'elle la première femme américaine à gagner trois médailles à trois épreuves. Pour sa part, Andrew Weibrecht a probablement été le médaillé américain le plus inattendu : il a gagné la médaille de bronze à l'épreuve de super G.

Tandis que les puissants Autrichiens n'ont gagné aucune médaille, les Autrichiennes ont apaisé la fierté nationale : Elisabeth Goergl a gagné la médaille de bronze aux épreuves de descente et de slalom géant et a ainsi égalé le record de sa mère, Traudl Hecher, qui a gagné deux médailles de bronze à l'épreuve de descente dans les années 1960, tandis qu'Andrea Fischbacher a gagné la médaille d'or à l'épreuve féminine de super G.

Hooray!!! USA takes gold and silver in women's alpine skiing!!! Whhot whoot!! @tinina6 7:49 PM Feb 17

I dreamed about what this would feel like, but it's much better in real life.

Lindsey Vonn, on winning the ladies' downhill

J'ai rêvé de ce que je ressentirais en ce moment, mais c'est beaucoup mieux dans la vraie vie.

Lindsey Vonn, après sa victoire à l'épreuve féminine de descente

JULIA MANCUSO

LINDSEY VONN

VONN-COUVER As the world's media turned its focus to the Vancouver 2010 medal hopefuls, Lindsey Vonn began to dominate headlines and cover pages. Some suggested the Games might become known as "Vonncouver 2010" and described her team as her "Vonntourage," adding to the athlete's star status. But teammate Julia Mancuso was the first to challenge for the title of Queen of the Hill, winning two silver medals in the downhill and super combined, with her trademark tiara painted on her helmet.

VONN-COUVER Tandis que les médias du monde tournaient leur attention sur les espoirs de médailles de Vancouver 2010, Lindsey Vonn commençait à monopoliser les gros titres et les unes. Certaines personnes ont suggéré qu'on donnerait désormais aux Jeux le nom de « Vonncouver 2010 » et ont décrit son équipe par le terme « Vonntourage », ce qui a ajouté au statut de célébrité de l'athlète. Cependant, sa coéquipière Julia Mancuso a été la première à lancer un défi pour le titre de Reine de la montagne, en gagnant deux médailles d'argent aux épreuves de descente et de super combiné avec une tiare, sa marque de commerce, peinte sur son casque.

MEN'S SUPER COMBINED SUPER COMBINÉ, HOMMES
■ ● BODE MILLER ▬ ● IVICA KOSTELIC ✚ ● SILVAN ZURBRIGGEN

MEN'S SUPER-G SUPER G, HOMMES
▬ ● AKSEL LUND SVINDAL ■ ● BODE MILLER ■ ● ANDREW WEIBRECHT

MEN'S DOWNHILL DESCENTE, HOMMES
✚ ● DIDIER DEFAGO ▬ ● AKSEL LUND SVINDAL ■ ● BODE MILLER

BODE AT HIS BEST

American Bode Miller is an athlete who wears his heart on his sleeve, and, as he came into his third Olympic Winter Games, fans and media alike wondered where his heart would lead him. After winning two silver medals at Salt Lake 2002, Miller's performance at Torino 2006 fell well short of the pre-Games hype and expectations, and many felt that his focus was the Olympic nightlife instead of skiing. Of that time, Miller said: "I felt trapped by what everyone was saying. I was taking back my freedom and ownership of who I was."

In 2008, Miller won the World Cup, only to take a break from racing during a disappointing 2009 season, then rejoin the American team just five months before the 2010 Winter Games. "It's the best thing I could have done," said the veteran of some 400 World Cup events. "It was the only way to find motivation in [skiing]."

At Vancouver 2010, the Bode Miller roller coaster reached an all-time high, with Miller winning gold, silver and bronze medals in (respectively) super combined, Super-G and downhill. But it was the opportunity to encourage and inspire younger members of the team that truly moved Miller. "My favourite moment is just before you come across the finish line and you're forced to make an assessment of who you are and what you've done. You want to be proud. And you're the only one who can judge that."

I was kind of on fumes. It was mentally and emotionally exhausting to do that after years and years of not doing it.

Bode Miller, on his gold medal in the super combined

BODE À SON MEILLEUR

L'Américain Bode Miller est un athlète qui a le cœur sur la main, et, quand il est arrivé à ses troisièmes Jeux olympiques d'hiver, les amateurs tout comme les médias se demandaient où son cœur allait le mener. Après lui avoir valu deux médailles d'argent à Salt Lake City en 2002, la performance de M. Miller, à Turin en 2006, était très loin des attentes et du battage publicitaire avant les Jeux, et de nombreuses personnes ont pensé que son attention était plutôt portée sur la vie nocturne olympique plutôt que sur le ski. « Je me sentais pris au piège par tout ce que les gens disaient. Je reprenais ma liberté et essayais de redevenir qui j'étais », a dit M. Miller à propos de ce temps.

En 2008, M. Miller a gagné la Coupe du monde, pour ensuite prendre une pause à la suite d'une saison 2009 décevante et puis rejoindre l'équipe américaine tout juste cinq mois avant les Jeux d'hiver de 2010. « C'est la meilleure chose que j'aurais pu faire », a indiqué l'athlète qui a participé à quelque 400 épreuves de Coupe du monde. « C'était la seule manière de trouver la motivation [pour le ski]. »

À Vancouver 2010, Bode Miller a atteint ses plus hauts sommets : il a gagné la médaille d'or, d'argent et de bronze au super combiné, au super G et en descente, respectivement. C'était l'occasion d'encourager et d'inspirer les jeunes membres de l'équipe qui a vraiment ému M. Miller. « Mon moment préféré est celui juste avant de franchir la ligne d'arrivée où tu dois évaluer qui tu es et ce que tu as accompli. Tu veux être fier et tu es le seul à pouvoir en juger. »

Il ne me restait plus grand chose. C'était mentalement et émotivement drainant à faire après des années et des années à ne pas y parvenir.

Bode Miller, au sujet de sa médaille d'or au super combiné

Bode Miller shows fierce form in the Super-G. "I enjoy skiing a certain way," he said. "It can lead to medals, or it can lead to crashes." In the Super-G, it led to the silver medal.

Bode Miller montre une forme féroce au super G. « J'aime skier d'une certaine manière », a dit M. Miller. « Ma forme peut me valoir une médaille ou une collision. » À l'épreuve de super G, sa forme lui a valu une médaille d'argent.

A SNOW LEOPARD IN THE SLALOM

In every Games, there's at least one athlete who inspires the world by overcoming unthinkable odds to become an Olympian. In the case of slalom skier Kwame Nkrumah-Acheampong, from Ghana, one of the obstacles was not having a mountain to train on. "The Snow Leopard," as he's known (born in Britain and raised in Ghana), learned to ski in 2002 while working as a receptionist at an indoor ski slope in England. He entered ski races (staged indoors) using rental skis and went to a London ski show in a leopard-spotted T-shirt in search of a sponsor. While Nkrumah-Acheampong had a volunteer support team at Vancouver 2010, there was a time when he was his own coach, doctor, physiotherapist and driver.

But the Snow Leopard is no novelty act. He has all the determination and drive of any ski racer, and a genius for fundraising born of necessity: on the Ghana Ski Team website, donors were invited to "Sponsor a Spot" on the Snow Leopard's racing suit.

At Vancouver 2010, Nkrumah-Acheampong finished both runs in the men's slalom (starting 102nd in the first run). Although he was 43 seconds off the pace, he reached his goal — of not finishing last. (He was 46th of 47 finishers.) The unlikely Olympian had this to say of his extraordinary journey: "We have so many gifts that we hardly use. Until you get off your butt and try, you're never going to know."

A Squamish company produced a batch of 1,500 Ghana ski team trading pins to support Nkrumah-Acheampong. The limited-edition collectables quickly became must-have items in pin-trading circles.

Une société de Squamish a produit une série de 1 500 épinglettes à échanger pour l'équipe de ski ghanéenne afin d'appuyer M. Nkrumah-Acheampong. Les articles de collection à tirage limité sont rapidement devenus des articles indispensables dans les cercles d'échange d'épinglettes.

UN LÉOPARD DES NEIGES À L'ÉPREUVE DE SLALOM

À tous les Jeux, on découvre au moins un athlète qui inspire le monde en surmontant des obstacles inimaginables pour devenir olympien. Dans le cas du skieur de slalom Kwame Nkrumah-Acheampong, du Ghana, un des obstacles a été le fait qu'il n'avait pas de montagne sur laquelle s'entraîner. « Le léopard des neiges », comme on l'appelle (il est né en Grande-Bretagne et a grandi au Ghana), a appris à skier en 2002 lorsqu'il travaillait comme réceptionniste à une piste de ski intérieure en Angleterre. Il a participé à des courses de ski (qui se déroulaient à l'intérieur) en utilisant des skis de location et s'est rendu à une exposition de ski à Londres vêtu d'un t-shirt orné de taches de léopard à la recherche d'un commanditaire. Bien que M. Nkrumah-Acheampong ait disposé d'une équipe d'appui bénévole à Vancouver 2010, il avait auparavant été son propre entraîneur, médecin, physiothérapeute et chauffeur.

Cependant, le léopard des neiges ne relève pas de la nouveauté. Il possède la même détermination et la même motivation que n'importe quel autre skieur de compétition. Et de la nécessité est né le génie requis pour amasser des fonds : dans le site Web de l'équipe de ski ghanéenne, on invitait les donateurs à « commanditer une tache » sur le costume de compétition du léopard des neiges.

À Vancouver 2010, M. Nkrumah-Acheampong a terminé les deux descentes de l'épreuve masculine de slalom (il était parti en 102e position à la première descente). Même s'il a terminé avec 43 secondes de retard sur le gagnant, il a atteint son but — ne pas terminer dernier. (Il s'est classé au 46e rang parmi les 47 concurrents qui ont terminé.) « Nous possédons des talents que nous utilisons trop peu souvent. Il est impossible de savoir ce que l'on peut faire tant qu'on reste assis et qu'on ne tente pas sa chance », a dit le surprenant olympien au sujet de son cheminement extraordinaire jusqu'aux Jeux olympiques d'hiver.

DEFAGO'S DOWNHILL

Didier Defago wasn't the favourite to win the downhill.
In fact, he didn't even make the Swiss Olympic team until
just one week before he won the February 15 race. "I know
this is a surprise to some people," said Defago, the oldest
winner of the downhill, at 32, "but not to me. I told my
family I wanted to bring home a little more weight in my
luggage. Just a little like . . . something gold."

LA DESCENTE DE DIDIER

*Didier Defago n'était pas favori pour gagner la descente. De fait, il n'a
été sélectionné pour l'équipe olympique suisse qu'une semaine avant
d'avoir gagné la course du 15 février. « Je sais que c'est une surprise
pour certaines personnes », a déclaré M. Defago, 32 ans, le gagnant
de descente le plus âgé, « mais ce ne l'est pas pour moi. J'ai dit à ma
famille que je voulais que mes bagages soient un peu plus lourds à mon
retour. Juste un peu plus... en raison du poids de quelque chose en or ».*

NO SPEED LIMITS

A map of the men's and women's alpine courses identifies their unique features and colourful names. The Dave Murray men's course adds up to the second-longest downhill in the world, and the long and difficult Franz's Run — at 2,879 metres, with a vertical drop of 770 metres — provided an enormous physical and mental test for the women. "The reason we are seeing so much carnage is just because we are so exhausted at the end," said Canada's Emily Brydon.

AUCUNE LIMITE DE VITESSE

Une carte du parcours de ski alpin des hommes et des dames présente leurs caractéristiques uniques et leur nom haut en couleur. Le parcours des hommes, la piste Dave Murray, est en fait le deuxième plus long parcours de descente dans le monde, et la longue et difficile piste Franz's Run — à 2 879 mètres avec une dénivellation de 770 mètres — a offert un énorme test à la fois physique et mental aux dames. « Nous voyons autant de carnage parce que nous sommes tellement épuisées à la fin », a fait remarquer la Canadienne Emily Brydon.

Day skiers on Whistler Mountain take advantage of on-hill access to the Olympic action, lining the fences during the ladies' downhill on February 17.

Des skieurs de jour à Whistler profitent de l'accès sur montagne à l'action olympique : ils ont longé les clôtures pendant l'épreuve de descente des dames le 17 février.

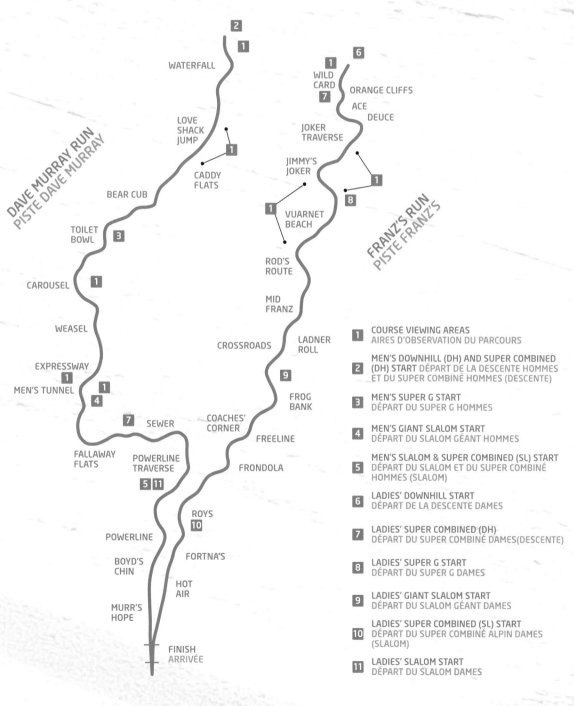

DAVE MURRAY RUN / PISTE DAVE MURRAY

WATERFALL
LOVE SHACK JUMP
CADDY FLATS
BEAR CUB
TOILET BOWL
CAROUSEL
WEASEL
EXPRESSWAY
MEN'S TUNNEL
SEWER
FALLAWAY FLATS
POWERLINE TRAVERSE
ROYS
POWERLINE
BOYD'S CHIN
FORTNA'S
HOT AIR
MURR'S HOPE
FINISH / ARRIVÉE

FRANZ'S RUN / PISTE FRANZ'S

WILD CARD
ORANGE CLIFFS
ACE
DEUCE
JOKER TRAVERSE
JIMMY'S JOKER
VUARNET BEACH
ROD'S ROUTE
MID FRANZ
CROSSROADS
LADNER ROLL
COACHES' CORNER
FREELINE
FRONDOLA
FROG BANK

1 COURSE VIEWING AREAS
AIRES D'OBSERVATION DU PARCOURS

2 MEN'S DOWNHILL (DH) AND SUPER COMBINED (DH) START DÉPART DE LA DESCENTE HOMMES ET DU SUPER COMBINÉ HOMMES (DESCENTE)

3 MEN'S SUPER G START
DÉPART DU SUPER G HOMMES

4 MEN'S GIANT SLALOM START
DÉPART DU SLALOM GÉANT HOMMES

5 MEN'S SLALOM & SUPER COMBINED (SL) START
DÉPART DU SLALOM ET DU SUPER COMBINÉ HOMMES (SLALOM)

6 LADIES' DOWNHILL START
DÉPART DE LA DESCENTE DAMES

7 LADIES' SUPER COMBINED (DH)
DÉPART DU SUPER COMBINÉ DAMES (DESCENTE)

8 LADIES' SUPER G START
DÉPART DU SUPER G DAMES

9 LADIES' GIANT SLALOM START
DÉPART DU SLALOM GÉANT DAMES

10 LADIES' SUPER COMBINED (SL) START
DÉPART DU SUPER COMBINÉ ALPIN DAMES (SLALOM)

11 LADIES' SLALOM START
DÉPART DU SLALOM DAMES

There is a friendship that grows from working side by side, making every event a chance to reconnect. It was particularly rewarding that we were preparing the hill for Canadian athletes we have watched grow up in the sport. Our hearts were glowing with pride.

Andrée Janyk, a long-time Weasel Worker and mother of Britt and Mike, two Olympic alpine skiers

Il existe une amitié qui grandit lorsqu'on travaille côte à côte, en faisant de chaque épreuve une occasion de reconnecter. C'était particulièrement enrichissant de préparer la piste pour les athlètes canadiens que nous avons vu grandir dans le sport. Nous avons été fiers de leurs plus brillants exploits.

Andrée Janyk, « Weasel » de longue date et mère de Britt et Mike, deux skieurs alpins olympiques

WEASELS' HONOUR

It took more than snow to make the Vancouver 2010 alpine race course. It took time — about three months — and it took up to 300 Weasel Workers, Whistler's legendary race-prep volunteers.

Record-high temperatures at the Games, 10 degrees Celsius in the Callaghan Valley, instead of a below-freezing average, made the Weasels' work even more critical. The warmth brought heavy snow to the top of the courses, both rain and beating sunshine to the bottom, and a mixture of weather conditions at points in between. Side-slipping (to clear and smooth) the new snow off the course wasn't proving effective, so the Weasels had to "step" the snow — which entailed removing their skis and walking sideways down the 3,158-metre Dave Murray Downhill to compress the course to remove excess water and air. Then, as the temperature dropped, the drier track could freeze. The next morning, the Weasels side-slipped the track again before the race.

It takes four-and-a-half gruelling hours to step a course from top to bottom. But the Weasels, veterans of hundreds of international races, didn't think twice about it. Before and during events, in snow, sleet and sunshine, they were on the lifts as early as 4 am, finishing some 12 hours later.

Their reward? A unique Weasel-y warmth. The group met regularly at the aptly named Weasel House to debrief on their days over a few pints — and feel the satisfaction of the Weasel life. "It's all about the people," said Rick Hume, chief of course for the ladies' events. "They're unbelievable."

L'HONNEUR DES « WEASELS »

Il a fallu plus que de la neige pour faire le parcours de ski alpin de Vancouver 2010 . Il a fallu du temps — environ trois mois — et l'aide d'environ 300 « Weasels », les bénévoles légendaires de préparation de parcours de Whistler.

Des températures maximales records aux Jeux, 10 degrés Celsius dans la vallée Callaghan au lieu d'une moyenne tout juste sous la ligne de gel, ont donné encore plus d'importance au travail des « Weasels ». La chaleur a apporté de la neige lourde au sommet des pistes, de la pluie et du soleil éclatant au bas et un mélange de conditions météorologiques à différents endroits entre les deux. Le lissage de la neige fraîche (pour l'enlever et la lisser) sur la piste ne se révélait pas efficace, donc les « Weasels » ont enlevé leurs skis et ont marché de côté en descendant la piste Dave Murray sur ses 3 158 mètres pour comprimer la neige de la piste afin d'en enlever l'excès d'air et d'eau. Puis, au fur et à mesure que la température baissait, la piste plus sèche pouvait geler. Le matin suivant, les lisseurs lissaient de nouveau la piste avant la course.

Il faut quatre longues heures et demie pour descendre la piste un pas à la fois, du sommet au bas. C'est très exténuant, mais les « Weasels », dezs bénévoles chevronnés de milliers de courses internationales, n'ont pas hésité. Avant et pendant les épreuves, dans la neige, le grésil et sous le soleil, ils étaient sur les remonte-pentes dès 4 h pour ne terminer leur journée que quelque 12 heures plus tard.

Leur récompense? Une chaleur unique aux « Weasels ». Le groupe se rencontrait régulièrement à la maison « Weasel House », qui porte bien son nom, pour faire le compte rendu de ses journées en prenant quelques bières — et pour profiter de la satisfaction qu'apporte la vie de « Weasel ». « Tout repose sur les gens », affirme Rick Hume, chef du parcours pour les épreuves des dames. « Ils sont incroyables. »

BLACK, BLUE AND BRONZE Sweden's Anja Paerson is a high flyer: by winning her sixth medal in these, her third Olympic Winter Games, she became the most decorated woman in Olympic alpine skiing history, equalled only by Croatia's Janica Kostelic. But the day before her bronze-medal-winning performance in the super combined, Paerson took the unofficial prize for most spectacular crash in the ladies' downhill, a flight of some 50 metres downhill, followed by a nasty landing that she walked — or rather limped — away from. At a press conference following her third-place finish, Paerson smiled, saying: "There were no positions I could sleep in last night."

NOIR, BLEU ET BRONZE La Suédoise Anja Paerson est une skieuse prometteuse : en gagnant sa sixième médaille à ces Jeux olympiques d'hiver, ses troisièmes, elle est devenue la femme la plus décorée de l'histoire du ski alpin olympique, mérite qu'elle partage avec la Croatienne Janica Kostelic. Mais la veille de sa performance digne de la médaille de bronze à l'épreuve de super combiné, Mme Paerson a gagné le prix non officiel pour l'écrasement le plus spectaculaire à l'épreuve de descente féminine, un vol d'environ 50 mètres, suivi d'un atterrissage brutal après lequel elle s'est relevée pour quitter en boitant. À la conférence de presse qui a suivi sa troisième position, Mme Paerson a souri et a déclaré qu'elle n'avait « trouvé aucune position confortable pour dormir la veille ».

CARVING A NEW COURSE Marjan Kalhor is the first female skier from Iran to compete in an Olympic Winter Games, the first athlete to wear a burka for her ID badge photo and the first athlete whose mandatory headgear includes both a helmet and an Islamic headscarf. But she sounds just like every other athlete: "The only thing I want to get from the Olympics is to compete against the best skiers in the world and to get more experience." Kalhor finished in the bottom 20 in both the slalom and giant slalom. But even at 35.71 seconds off Maria Riesch's gold medal-winning slalom time, Kalhor is clearly a leader in women's sport.

MORDRE DANS UN NOUVEAU PARCOURS Marjan Kalhor est la première skieuse iranienne à participer à des Jeux olympiques d'hiver, la première athlète à porter une burka sur la photo de son accréditation et la première athlète dont le couvre-chef obligatoire comporte un casque et un foulard islamique. Pourtant, à l'entendre, on dirait n'importe quelle autre athlète : « La seule chose que je souhaite retirer des Jeux olympiques est de concourir avec les meilleures skieuses au monde et d'acquérir plus d'expérience ». Mme Kalhor s'est classée parmi les 20 dernières en slalom et en slalom géant. Mais même avec un temps de 35,71 secondes de plus que celui de Maria Riesch, médaillée d'or en slalom, Mme Kalhor est clairement une leader du monde du sport féminin.

FULL MEDAL JACKETS
Bode Miller of the US and Aksel Lund Svindal of Norway both bring home a full complement of Olympic medals: Miller won gold in the super combined, silver in the Super-G and bronze in the downhill. Fan favourite Svindal, who had a career-threatening injury in 2008, was golden in Super-G, won silver in downhill and bronze in giant slalom.

3 MÉDAILLES EN 3 COURSES
Bode Miller des États-Unis et Aksel Lund Svindal de la Norvège ont tous deux rapporté à la maison les trois médailles olympiques : M. Miller a gagné la médaille d'or en super combiné, la médaille d'argent en super G et la médaille de bronze en descente. Pour sa part, M. Svindal, le préféré des partisans, qui a subi une blessure qui a menacé sa carrière en 2008, a gagné la médaille d'or en super G, la médaille d'argent en descente et la médaille de bronze en slalom géant.

WAX ON, WAX OFF The refrain among the world's best alpine skiers is that everything has to go perfectly to result in a winning finish. And that includes details like the wax that's applied to the athletes' skis. Most teams have an equipment crew that researches conditions and conducts tests on more than 100 varieties of wax. Not surprisingly, the finishing of applied wax is an art form.

ON CIRE, ON POLIT Parmi les meilleurs skieurs du monde, le refrain que l'on entend est que tout doit aller parfaitement bien pour atteindre la victoire. Et cela comprend des détails comme le fart que l'on applique sur les skis des athlètes. La plupart des équipes disposent d'une équipe d'équipement qui fait de la recherche sur les conditions et procède à des essais sur plus de 100 sortes de farts. Il ne faut donc pas s'étonner si, le fartage se veut une forme d'art.

M Downhill
H *Descente*

+ ● DIDIER DEFAGO
⊞ ● AKSEL LUND SVINDAL
▤ ● BODE MILLER

W Downhill
F *Descente*

▤ ● LINDSEY VONN
▤ ● JULIA MANCUSO
▬ ● ELISABETH GOERGL

M Giant Slalom
H *Slalom géant*

+ ● CARLO JANKA
⊞ ● KJETIL JANSRUD
⊞ ● AKSEL LUND SVINDAL

W Giant Slalom
F *Slalom géant*

▤ ● VIKTORIA REBENSBURG
▬ ● TINA MAZE
▬ ● ELISABETH GOERGL

M Slalom
H *Slalom*

▮▮ ● GIULIANO RAZZOLI
▬ ● IVICA KOSTELIC
+ ● ANDRE MYHRER

W Slalom
F *Slalom*

▬ ● MARIA RIESCH
▬ ● MARLIES SCHILD
▬ ● SARKA ZAHROBSKA

M Super Combined
H *Super combiné*

▤ ● BODE MILLER
▬▬ ● IVICA KOSTELIC
+ ● SILVAN ZURBRIGGEN

W Super Combined
F *Super combiné*

▬ ● MARIA RIESCH
▤ ● JULIA MANCUSO
+ ● ANJA PAERSON

M Super-G
H *Super G*

⊞ ● AKSEL LUND SVINDAL
▤ ● BODE MILLER
▤ ● ANDREW WEIBRECHT

W Super-G
F *Super G*

▬ ● ANDREA FISCHBACHER
▤ ● TINA MAZE
▤ ● LINDSEY VONN

BLACK TUSK, WHISTLER, BC | C.-B.

SKI JUMPING
SAUT À SKI

After my first victory, I was too shy to say how awesome it was. But now I can say it with more determination: it's really, really awesome.

Après ma première victoire, j'étais trop gêné pour expliquer jusqu'à quel point c'était incroyable. Cependant, je peux maintenant le dire avec plus de détermination : c'est très, très incroyable.

Simon Ammann

SKI JUMPING SAUT À SKI

NORDIC SPORTS' NOD TO ICARUS
L'HOMMAGE DES SPORTS NORDIQUES À ICARE

For most, even the normal hill used in ski jumping has a pitch too steep to contemplate navigating. But for the athletes seeking Olympic gold, flying down the man-made slopes at upwards of 90 kilometres per hour before launching into the sky is all in a day's play.

The earliest recorded jump was in 1809, by a Norwegian lieutenant. The first ski jumping competition was held in Ofte, Høydalsmo, Norway, in 1866. Today's Olympians regularly make jumps of between 80 and 145 metres, depending on whether they're in normal or large hill competition.

In Whistler, although most local fans had never witnessed the sport before, their lack of knowledge didn't detract from their enthusiasm. The spectacular forests and mountain ranges encircling the stadium provided the perfect stage for the jaw-dropping action on the jumps, and the spirit of visiting foreign fans was infectious.

The Games very first participant, 17-year-old Calgary-based ski jumper Eric Mitchell, is hoping this interest continues to build. "I want to get my message out about how great of a sport ski jumping is and how we want to get a lot of people joining this fabulous sport."

Pour la plupart, même le tremplin normal dont on se sert en saut à ski dispose d'une pente trop raide pour envisager le naviguer. Cependant, pour les athlètes en quête d'une médaille d'or olympique, voler sur les pistes artificielles à plus de 90 kilomètres-heure avant de s'élancer dans le ciel fait partie d'une journée normale.

Le premier saut enregistré a été effectué en 1809 par un lieutenant norvégien. La première compétition de saut à ski a eu lieu à Ofte, Høydalsmo, en Norvège, en 1866. Les olympiens d'aujourd'hui font des sauts entre 80 et 145 mètres de long, selon s'ils participent à la compétition de tremplin normal ou de grand tremplin.

À Whistler, bien que la plupart des partisans locaux n'aient jamais assisté au sport, leur manque de connaissances n'a pas diminué leur enthousiasme. Les forêts et les chaînes de montagne spectaculaires qui entourent le stade ont offert un décor idéal à de l'action stupéfiante sur les tremplins, et l'esprit des partisans étrangers était contagieux.

Le tout premier participant des Jeux, Eric Mitchell, sauteur à ski de 17 ans de Calgary, espère que cet intérêt continuera à prendre de l'ampleur. « Je veux diffuser mon message à savoir que le sport de saut à ski est un excellent sport et que nous aimerions que de nombreuses personnes se joignent à ce sport fabuleux. »

It's the first day of the Games, February 12, and ski jumping athletes, staff, judges and fans prepare to leap into the unknown at Whistler Olympic Park (facing page and below).

Il s'agit du premier jour des Jeux, le 12 février, et les athlètes, les employés, les juges et les partisans de saut à ski se préparent à sauter dans l'inconnu au Parc olympique de Whistler (page précédente et ci-dessous).

THE WIZARD PLANE
AU-DESSUS DE WHISTLER

La première médaille d'or qu'a remportée Simon Ammann aux Jeux olympiques d'hiver de 2010 à Vancouver l'a remis en première position. Sa deuxième l'a placé au-dessus de tout. L'athlète suisse a prouvé qu'il était toujours « The Wizard » lorsqu'il a plané au-dessus de la vallée Callaghan, en gagnant des médailles d'or à la fois pour les épreuves de tremplin normal et de grand tremplin.

Surnommé « The Wizard » aux Jeux olympiques d'hiver de 2002 à Salt Lake City en raison de sa ressemblance à Harry Potter, M. Ammann a fait de la magie huit ans plus tard, en gagnant la première médaille d'or des Jeux à l'épreuve de saut à ski, tremplin normal.

« Je me sens comme si j'étais au septième ciel », a fait remarquer M. Ammann, après sa première victoire. « Les mots me manquent. »

Lorsqu'il est devenu évident que le sauteur à ski de 28 ans qui planait au-dessus de la ligne de 95 mètres aurait le plus long saut de la journée, la foule a explosé. Plus petit que la plupart de ses adversaires, l'athlète de 173 centimètres, 58 kilogrammes a atteint une vitesse maximum de 87,3 kilomètres-heure avant de s'élancer dans les airs. Immédiatement après son atterrissage, M. Ammann, très emballé, a sauté dans les airs (sur ses pieds cette fois), en reconnaissance de ce qu'il venait d'accomplir : une performance digne d'une médaille d'or. Recevoir la première médaille d'or des Jeux olympiques d'hiver de 2010 à Vancouver a satisfait un rêve que l'athlète suisse chassait depuis le moment où il a gagné deux médailles d'or à Salt Lake City : remonter sur le podium des médailles.

Une semaine après sa première victoire à Vancouver 2010, le saut de 283,6 points qui lui a fait gagner la médaille d'or à l'épreuve de grand tremplin a permis à M. Ammann de se rendre compte qu'il partage autre chose avec le jeune sorcier de J.K. Rowling : une croyance envers les mythes, pour faire référence au sentiment qu'il ressent au Parc olympique de Whistler.

« J'ai toujours une force magique pour sauter loin ici, et c'est incroyable. »

THE WIZARD SOARS
OVER WHISTLER

Simon Ammann's first gold medal of the 2010 Winter Games put him back on top. His second put him over the top. The Swiss athlete proved he was still the "The Wizard" when he soared over the Callaghan Valley, earning gold medals in both the normal and large hill events.

Nicknamed "The Wizard" at Salt Lake 2002 because of his resemblance to Harry Potter, Ammann pulled off some magic eight years later, taking the first gold to be awarded at the Games in the normal hill ski event.

"I feel on top of the world," said Ammann of his first win. "I have no words for it."

When it became evident the 28-year-old ski jumper soaring across the 95-metre line was going to have the longest jump of the day, the crowd exploded. Smaller than many of his competitors, the 58-kilogram, 173-centimetre tall athlete hit a top speed of 87.3 kilometres per hour before taking to the air. Immediately upon landing, an ecstatic Ammann leapt into the air (off his feet this time), instantly recognizing it was a gold-medal performance. Receiving the first gold medal of the 2010 Winter Games fulfilled a dream the Swiss athlete had been chasing since winning two gold medals in Salt Lake: returning to the medal podium.

A week after his first Vancouver 2010 victory, the 283.6-point jump that saw him grab gold in the large hill event had Ammann espousing something else he shares with J.K. Rowling's youthful wizard: a belief in the mystical, pointing to the special feeling he gets at Whistler Olympic Park.

"I always have this magical force to jump far here, and that is amazing."

+ ADAM MALYSZ

+ SIMON AMMANN

+ JANNE AHONEN

ADAM MALYSZ

GREGOR SCHLIERENZAUER

vancouver 2010

I like watching ski jumping a lot more than I expected too. It's like they're flying! @mollyfindley 11:19 AM Feb 13

One week after standing on the podium for medalling in the normal hill (individual), Adam Malysz of Poland (silver), Switzerland's Simon Ammann (gold) and Gregor Schlierenzauer of Austria (bronze) finished in the same order in the long hill event (left to right). For Ammann, it was a record-setting fourth individual ski-jumping gold; he also pulled off the double gold medal win at Salt Lake 2002.

Une semaine après être montés sur le podium parce qu'ils avaient remporté les médailles pour le tremplin normal (individuel), Adam Malysz de la Pologne (argent), Simon Ammann de la Suisse (or) et Gregor Schlierenzauer de l'Autriche (bronze) ont terminé dans le même ordre à l'épreuve de grand tremplin (de gauche à droite). Pour M. Amman, il s'agissait d'un record avec sa quatrième médaille d'or au saut à ski individuel; il a également gagné deux médailles d'or aux Jeux olympiques d'hiver de 2002 à Salt Lake City.

Je regarde les JO (Paccini) et y a le saut en ski. Ils sautent de haut quand même, moi j'aurais hurlé puis je me serais cassée la gueule. @stickorgloss 18 h 15, le 13 févr.

AUSTRIAN "EAGLES" SOAR

The unseasonably warm weather had the thermometer hitting 10 degrees Celsius in the Callaghan Valley. The sun was out, the birds were singing and the crowd was in the mood to celebrate. Superfans covered the playing field decked out from head to toe in their countries' colours, wearing headgear ranging from homemade tinfoil Viking hats to traditional Austrian felt caps with long, elegant pheasant feathers. Still others, draped in flags that billowed in the slight breeze, looked like patriotic superheroes. And the stands were jammed.

This perfect day conspired to create the perfect conditions for a second consecutive Austrian Olympic win in the ski jumping team event. Led by 20-year-old Gregor Schlierenzauer, the Austrian team held onto the gold they won at Torino 2006.

Amid the roar of an exuberant morning crowd, and a choir of cowbells, spectators at Whistler Olympic Park were treated to one of the most spectacular leaps of the competition when Schlierenzauer flew out of the blue-lined in-run range for a stunning 146.5-metre jump. The roar grew thunderous when the scoreboard lit up, letting the Austrian fans know their team had taken gold.

We have all done it together. Such great friends, such a great team.

Austria's Thomas Morgenstern

LES « AIGLES » AUTRICHIENS PLANENT

La météo chaude pour la saison a vu le thermomètre atteindre 10 degrés Celsius dans la vallée Callaghan. Le soleil brillait, les oiseaux chantaient et la foule avait envie de célébrer. Des superpartisans couvraient le terrain de jeu vêtus de la tête aux pieds des couleurs de leur pays, portant des couvre-chefs allant de casques de Viking en papier aluminium faits maison jusqu'à des casquettes en feutre autrichiennes traditionnelles avec de longues plumes élégantes de faisan. Tandis que les autres, enveloppés en drapeaux qui se gonflaient dans le vent faible, rassemblaient à des superhéros. Et les gradins étaient pleins.

Cette journée idéale a offert des conditions parfaites pour une deuxième victoire olympique consécutive pour les Autrichiens à l'épreuve de saut à ski par équipe. Menée par Gregor Schlierenzauer, 20 ans, l'équipe autrichienne a conservé la médaille d'or qu'elle a gagnée à Turin en 2006.

Parmi les cris de la foule matinale exubérante et un chœur de cloches à vache, M. Schlierenzauer a offert aux spectateurs du Parc olympique de Whistler l'un des sauts les plus spectaculaires de la compétition lorsqu'il s'est élancé de la piste d'élan marquée de lignes bleues pour effectuer un saut sensationnel de 146,5 mètres. Ce sont des cris tonitruants que l'on a entendus lorsque le tableau d'affichage s'est allumé pour indiquer aux partisans autrichiens que leur équipe avait remporté la médaille d'or.

On a day of huge jumps, the Austrian team totalled 1,107.9 points, setting an Olympic record.

Par une journée de grands sauts, l'équipe autrichienne a récolté 1 107,9 points — un record olympique.

Nous y sommes arrivés tous ensemble. De très bons amis, une très bonne équipe.

Thomas Morganstern de l'Autriche

WHISTLER OLYMPIC PARK PARC OLYMPIQUE DE WHISTLER
BIATHLON CROSS-COUNTRY SKIING SKI DE FOND NORDIC COMBINED COMBINÉ NORDIQUE SKI JUMPING SAUT À SKI

After a fresh dusting of snow, the ski jump at Whistler Olympic Park quietly awaits competitors from all over the globe. The venue's compact footprint allows for the preservation of one of the Sea to Sky corridor's most pristine areas of wilderness, the Callaghan Valley.

Après une fine couche de neige, le tremplin de saut à ski du Parc olympique de Whistler attend calmement des concurrents de partout dans le monde. L'empreinte compacte du site permet de conserver l'un des endroits sauvages vierges du corridor Sea to Sky et de la vallée Callaghan.

The two jumps at Whistler Olympic Park cut the narrowest swath through the forest of any ski jumping facility in the world.

Les deux tremplins au Parc olympique de Whistler ont coupé la plus étroite parcelle de forêt que n'importe quelle autre installation de saut à ski dans le monde.

Located 16 kilometres south of Whistler, Whistler Olympic Park is North America's first full Nordic sports facility. Home to 28 Olympic Winter Games events and 32 Paralympic Winter Games events (as Whistler Paralympic Park), the park hosted all Nordic events in one place for the first time in Games history.

Situé à 16 kilomètres au sud de Whistler, le Parc olympique de Whistler est la première installation complète destinée aux sports nordiques en Amérique du Nord. Domicile de 28 épreuves des Jeux olympiques d'hiver et de 32 épreuves des Jeux paralympiques d'hiver (avec comme nom Parc paralympique de Whistler), le parc a accueilli toutes les épreuves nordiques à un seul endroit pour la première fois de l'histoire des Jeux.

THE JEWEL OF THE GAMES

Whistler Olympic Park gives North America its first full Nordic sports facility

To stand in the middle of the Callaghan Valley is to experience the picture-postcard version of the Canadian wilderness: trees, mountains, rivers, streams and abundant wildlife. For the planners who developed Whistler Olympic Park, it represented a tantalizing location for all the Nordic events of the 2010 Winter Games. The valley's pristine natural beauty also left no doubt in planners' minds about the importance of ensuring its protection.

To minimize the footprint of the two ski jumps, and to create the best possible conditions for athletes, the jumps were designed to run along the underlying hill's natural contours — enveloped on both sides by forests that serve as natural wind barriers. The venue's 50 kilometres of ski trails wind their way through the woods within a compact one-square-kilometre space, looping back through the venue's stadium so spectators can catch the race in action at multiple stages. For Vancouver 2010 athletes, hearing the cheers of thousands of enthusiastic fans was a welcome source of motivation throughout the gruelling races that characterize so many of the Nordic sports. And the sight of soaring snow-capped mountains in every direction made for an awe-inspiring backdrop, especially from the tops of the ski jumps.

"My dream is that this venue will become an international Nordic destination, a training centre for future Olympians and a place where every local citizen and kid can experience the benefits and joy of Nordic sports," said John Aalberg, venue manager and Vancouver 2010 director of Nordic sports. "I now proudly feel that this is becoming a reality."

LE BIJOU DES JEUX

Le Parc olympique de Whistler donne à l'Amérique du Nord sa première installation de sports nordiques complète

Se trouver au milieu de la vallée Callaghan, c'est vivre la version « carte postale » du milieu sauvage canadien : les arbres, les montagnes, les rivières, les ruisseaux et la faune abondante. Pour les planificateurs qui ont développé le Parc olympique de Whistler, il s'agissait d'un endroit séduisant pour toutes les épreuves nordiques des Jeux d'hiver de 2010. La beauté naturelle et vierge de la vallée n'a laissé aucun doute dans l'esprit des planificateurs au sujet de l'importance d'assurer sa protection.

Afin de minimiser l'empreinte des deux tremplins de saut à ski et pour créer les meilleures conditions possibles pour les athlètes, on a conçu les tremplins afin qu'ils suivent les courbes naturelles de la colline sous-jacente — enveloppés des deux côtés par des forêts qui servent de barrière naturelle contre le vent. Les 50 kilomètres de sentiers de ski du site déferlent dans les bois à l'intérieur d'un espace compact d'un kilomètre carré et reviennent dans le stade pour que les spectateurs puissent assister au plein feu de l'action à diverses étapes de la course. Pour les athlètes de Vancouver 2010, entendre les cris de milliers de partisans enthousiastes a été une source appréciée de motivation pendant les courses exténuantes qui caractérisent de nombreux sports nordiques. Et, la vue dans toutes les directions des hautes montagnes enneigées a offert un décor grandiose, particulièrement au sommet des tremplins de saut à ski.

« Mon rêve est que ce site devienne une destination nordique internationale, un centre d'entraînement pour les futurs olympiens et un endroit où chaque citoyen et enfant de la région puisse profiter des avantages et de la joie des sports nordiques », a déclaré John Aalberg, gestionnaire du site et directeur des sports nordiques de Vancouver 2010. « Je crois maintenant fièrement que cela deviendra réalité. »

On the last hill, I honestly didn't think I could get the gold medal...
In the last stretch I told myself I had to seize my chance.

Sur la dernière côte, je ne pensais honnêtement pas pouvoir gagner la médaille d'or. Dans la dernière partie, je me suis dit qu'il fallait saisir l'occasion.

Jason Lamy Chappuis

NORDIC COMBINED
COMBINÉ NORDIQUE

●　DAITO TAKAHASHI

FLY LIKE AN EAGLE, SKI LIKE A JACKRABBIT

Powerful legs, a lean, thin body and a superhuman heart are what athletes need to succeed in Nordic combined. The sport brings together a ski jumping competition and a cross-country race, marrying two very different sports in one exciting event.

Introduced at the Chamonix 1924 Olympic Winter Games, this unique sport received unprecedented North American attention at Vancouver 2010 thanks to a stellar showing by the Americans. The US team won its first-ever Olympic medals in the sport, taking home almost half the available hardware with a gold in the individual events and a silver in the team event.

Before the 2010 Winter Games, American gold and silver medallist Bill Demong shared his thoughts about the upcoming competition: "I was amazed at the beauty of the Callaghan Valley, where the Nordic venue lay. . . . As I toured the state-of-the-art ski jumps and cross-country courses, I envisioned myself flying down the landing hill of the jump and attacking the huge climbs of the cross-country course. I daydreamed of the moments that shall pass there." But only in his wildest dreams could he have imagined the results that awaited he and his teammates.

VOLER COMME UN AIGLE, SKIER COMME UN LIÈVRE

Des jambes puissantes, un corps fin et maigre et un cœur surhumain sont tout ce dont les athlètes ont besoin pour réussir au combiné nordique. Le sport rassemble une compétition de saut à ski et une course de ski de fond en mariant deux sports très différents en une seule épreuve emballante.

Présenté pour la première fois aux Jeux olympiques d'hiver de 1924 à Chamonix, ce sport unique a reçu une attention nord-américaine sans précédent à Vancouver 2010 en raison des performances stellaires des Américains. L'équipe américaine a gagné ses toutes premières médailles olympiques pour le sport, en remportant presque la moitié des médailles : une médaille d'or aux épreuves individuelles et une médaille d'argent à l'épreuve par équipe.

Avant les Jeux d'hiver de 2010, le médaillé d'or et d'argent américain Bill Demong a fait part de ses réflexions au sujet de la compétition à venir : « J'étais étonné par la beauté de la vallée Callaghan, où se trouve le site nordique. Pendant ma visite des tremplins et des parcours de ski de fond à la fine pointe, je me voyais dévaler la colline d'atterrissage du tremplin et attaquer les immenses montées du parcours de ski de fond. J'ai rêvé tout éveillé des moments qui s'y passeraient ». Cependant, jamais dans ses rêves les plus fous aurait-il pu imaginer les résultats que lui et ses coéquipiers obtiendraient.

Johnny Spillane of the US looks over his shoulder as France's Jason Lamy Chappuis narrows the gap. Spillane's silver medal ended his country's 86-year drought in the event.

L'Américain Johnny Spillane regarde par-dessus son épaule tandis que le Français Jason Lamy Chappuis resserre l'écart. La médaille d'argent de M. Spillane a mis fin à la sécheresse de 86 ans de son pays à l'épreuve.

TWO JUMPS AND A WILD SPRINT TO THE LINE

Jason Lamy Chappuis, an American-born Frenchman, slid to the finish line in a thrilling conclusion to the Nordic combined individual normal hill 10-kilometre race. Although the 23-year-old Lamy Chappuis ripped down the in-run of the smaller of Whistler Olympic Park's two ski jumps, earning a respectable 124 points, he entered the cross-country segment of the competition in fifth place. During the 10-kilometre freestyle cross-country race, he came from behind, gaining serious ground over race favourite Johnny Spillane of the US.

"On the last hill, I honestly didn't think I could get the gold medal," said Lamy Chappuis. "But then he slowed down a little bit entering the stadium, and I had really good skis, so my glide was a little bit better . . . I knew I had the power to pass him."

Sprinting past Spillane in the final stretch, Lamy Chappuis won by a mere four-tenths of a second.

The US response to Lamy Chappuis's win came from Dave Jarrett, coach of the US team: "He is always welcome to change his citizenship to the US, and join our team."

DEUX SAUTS ET UN SPRINT FOU JUSQU'À LA LIGNE D'ARRIVÉE

Jason Lamy Chappuis, un Français né aux États-Unis, a glissé jusqu'à la ligne d'arrivée pour offrir une conclusion palpitante aux spectateurs à la course de 10 kilomètres de l'épreuve de tremplin normal individuel du combiné nordique. Bien que M. Lamy Chappuis, âgé de 23 ans, ait dévalé à toute vitesse la piste d'élan du plus petit des deux tremplins du Parc olympique de Whistler, pour s'emparer de 124 respectables points, il a débuté le segment de ski de fond de la compétition en cinquième position. Pendant la course de ski de fond de 10 kilomètres, en style libre, il a remonté le peloton et s'est sérieusement rapproché du favori de la course, l'Américain Johnny Spillane.

« Sur la dernière côte, je ne pensais honnêtement pas pouvoir gagner la médaille d'or », a fait remarquer M. Lamy Chappuis. « Mais il a ralenti un peu en entrant dans le stade et j'avais de très bons skis, donc je glissais un peu mieux... c'est à ce moment-là que j'ai su que j'avais ce qu'il fallait pour le dépasser. »

Après avoir sprinté pour dépasser M. Spillane dans la partie finale, M. Lamy Chappuis a gagné par tout simplement quatre dixièmes de seconde.

« Il peut toujours changer sa citoyenneté pour devenir Américain et se joindre à notre équipe », a déclaré Dave Jarrett, entraîneur de l'équipe américaine, au sujet de la victoire de M. Lamy Chappuis.

@ Jason Lamy Chappuis: champion Olympique en combine nordique! Formidable! 2eme medaille d'or pour la France. @ktdeoliveira 14 h 20, le 14 févr.

133

BERNHARD GRUBER

BILL DEMONG

Bill Demong :

It's an exciting sport and I hear more and more people — not just because we're doing well — coming out to watch and saying, "Holy crap, this thing is awesome, I love this sport."

Il s'agit d'un sport dynamique et j'entends que de plus en plus de gens viennent nous voir – pas nécessairement parce que nous effectuons de bonnes courses – et disent : « Ce sport est super trippant. J'adore ce sport ».

I am on the edge of my seat - for Nordic Combined? @UnstableIsotope 2:09 PM Feb 14

▇ JOHNNY SPILLANE

US SKIERS TAKE GIANT STRIDES IN NORDIC COMBINED

When American Bill Demong came from behind (in sixth place) to take gold in the large hill Nordic combined at Whistler Olympic Park, he joined the ranks of the sport's most powerful performers. Dark horse Demong confidently skied past his competition — including teammate Johnny Spillane, who took home his third medal of the Games (a silver).

"I don't think either of us really cared which one was first or second," said Demong, after winning the 10-kilometre, cross-country leg of the event in 25 minutes, 32.9 seconds.

Bernhard Gruber, who had taken the lead several times throughout the taut, well-run race, ended up with bronze.

The first part of the event was harrowing due to the wind, snow and rain that caused the ski jumping component of the event to be delayed two-thirds of the way through. But by afternoon, blue skies once again prevailed, the temperature was crisp and the Callaghan Valley was in full, sunlit splendour — perfect conditions for cross-country racing.

The gold-medal win in Nordic combined (large hill) was a first for Team USA.

LES AMÉRICAINS SURVOLENT LA COMPÉTITION EN COMBINÉ NORDIQUE

Lorsque l'Américain Bill Demong a remonté au classement (il était en sixième position) pour gagner la médaille d'or à l'épreuve de grand tremplin du combiné nordique au Parc olympique de Whistler, il s'est joint aux rangs des athlètes les plus puissants du sport. « Dark horse Demong » a dépassé avec assurance ses concurrents — notamment son coéquipier Johnny Spillane, qui a gagné sa troisième médaille des Jeux (la médaille d'argent).

« Je ne pense pas que nous ayons été préoccupés par qui de nous deux allait terminer premier ou deuxième », a dit M. Demong, après avoir gagné la course de ski de fond de 10 kilomètres de l'épreuve en 25 minutes, 32,9 secondes.

Bernhard Gruber, qui a pris la tête plusieurs fois pendant la course serrée et bien exécutée, a gagné la médaille de bronze.

La première partie de l'épreuve était atroce en raison du vent, de la neige et de la pluie qui ont fait retarder la composante de saut à ski de l'épreuve, à un tiers de la fin. Cependant, en après-midi, le ciel bleu était de nouveau au rendez-vous, la température était fraîche et la vallée Callaghan était inondée de soleil — des conditions idéales pour les courses de ski de fond.

Il s'agissait de la première médaille d'or de l'équipe américaine en combiné nordique (grand tremplin).

Nordic combined athletes use wide and long skis to assist in flight during jumps, with maximum ski lengths (up to 2.5 metres) dictated by the athlete's height and weight. Cross-country skis are much lighter and are all about gliding speed; they can be a mere five centimetres across at their narrowest point, roughly one-third the width of jump skis.

Les athlètes de combiné nordique utilisent des skis larges et longs afin de les aider au vol pendant les sauts. La longueur des skis, imposée par la taille et le poids du skieur, peut aller jusqu'à 2,5 mètres. Les skis de fond sont beaucoup plus légers et misent le tout pour le tout sur la vitesse de glisse; ils peuvent ne mesurer que cinq centimètres au point le plus étroit, ce qui représente environ un tiers de la largeur des skis de saut à ski.

Thanks to Johnny Spillane and Bill Demong (far right), the US won four of a possible nine medals in Nordic combined, a discipline usually dominated by Scandinavians and Europeans.

Grâce à Johnny Spillane et Bill Demong (ci-dessus), les Américains ont gagné quatre des neuf médailles possibles en combiné nordique, une discipline normalement dominée par les Scandinaves et les Européens.

CROSS-COUNTRY
SKI DE FOND

It's going to take a while to understand what I've done at these Olympics. I dreamed of taking one gold and now I have five medals, three golds.

Ça va prendre du temps à comprendre ce que j'ai réalisé à ces Jeux olympiques. J'ai rêvé de gagner une seule médaille d'or et j'ai gagné cinq médailles, dont trois d'or.

Marit Bjoergen

A SPORT WITH PREHISTORIC ROOTS
UN SPORT AUX RACINES PRÉHISTORIQUES

As long as there has been snow, humans have wanted to glide across it. Evidence of prehistoric cross-country skiing, popularly known today by the initials XC, has been found in cave etchings circa 4000 BC throughout what is now Norway, Sweden and Finland. Cross-country skiing was both a form of transportation and an essential mode of travel for winter hunting.

Norwegian and Swedish immigrants introduced cross-country skiing to North America in the mid-19th century. In Canada, one of the pioneers of this strenuous winter sport was Herman "Jackrabbit" Smith-Johannsen. Born outside of Oslo in 1875, he came to Canada in 1907, settled in Quebec's Laurentian Mountains, and began laying the foundation for Canadians to participate in cross-country skiing at the Olympic level. In 1932, at the age of 55, he not only coached, but also skied on the same training schedule as Canada's Olympic team.

While "Jackrabbit" passed away in 1988, his legacy lives on. Today, thousands of people across Canada participate in family-oriented Jackrabbit clubs named in honour of Johannsen.

Depuis le début des temps, l'être humain ne peut s'empêcher de vouloir glisser sur la neige. On a même découvert des dessins sur les murs de cavernes qui démontrent les souches préhistoriques du ski de fond, sport dont le code sportif est « XC ». On a trouvé ces dessins, qui datent de 4 000 ans avant Jésus-Christ, partout dans les territoires que l'on connaît aujourd'hui comme la Norvège, la Suède et la Finlande. Le ski de fond était à la fois un mode de transport et un moyen de déplacement essentiel pour la chasse hivernale.

Au 19ᵉ siècle, les immigrants norvégiens et suédois ont introduit le ski de fond en Amérique du Nord. Parmi les pionniers de ce sport d'hiver exigeant au Canada, notons Herman « Jackrabbit » Smith-Johannsen. Né près d'Oslo en 1875, il est arrivé au Canada en 1907, s'est installé dans les Laurentides, au Québec et a commencé à frayer la voie à la participation canadienne aux compétitions olympiques en ski de fond. En 1932, à l'âge de 55 ans, il a été entraîneur et s'est entraîné selon le même horaire que celui de l'équipe olympique canadienne.

Même si le « Jackrabbit » est décédé en 1988, sa légende perdure. Aujourd'hui, des milliers de personnes partout au Canada sont membres de clubs Jackrabbit, des clubs de ski de fond créés en l'honneur de M. Smith-Johannsen.

My plan was to stay in the group and attack on the last hill. I knew that if I stayed with him [Teichmann] I could beat him in the stadium.

Norway's Petter Northug

J'avais prévu rester avec le groupe et attaquer sur la dernière colline. Je savais qui si je restais collé à lui [Teichmann], je pouvais le battre dans le stade.

Le Norvégien, Petter Northug

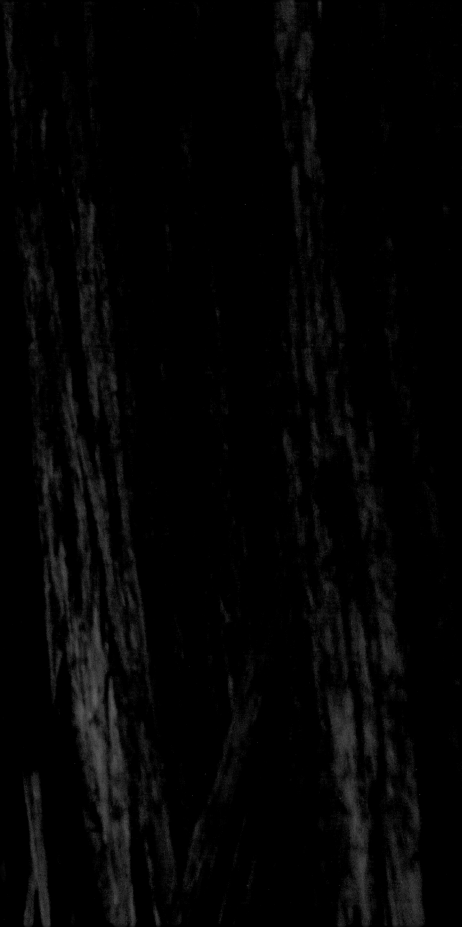

➕ MARCUS HELLNER

🇨🇦 DEVON KERSHAW

➕ DARIO COLOGNA

➕ JENS FILBRICH

AFTER SO LONG, SO CLOSE

In the end, what kept Canadian cross-country skier Devon Kershaw from a place on the podium was a mere six-tenths of a second. The 27-year-old athlete from Sudbury, Ontario had mixed feelings about his fifth-place finish in the men's mass start 50-kilometre classic.

I accomplished everything, and more than I would have hoped. But I was 1.6 seconds from being Olympic champion. After racing two hours plus and being 1.6 seconds out, it stings."

Ultimately, what the Canadian cross-country team achieved was astounding: seven top-10 finishes in an event long dominated by the Nordic countries. To receive one of those finishes, in one of the most gruelling Nordic events, was the icing on the cake.

The 50-kilometre race is the Winter Games equivalent of the marathon. Unlike the road race, the cross-country ski event often ends in a gut-wrenching sprint. And the race at Whistler Olympic Park was no exception. The thrilling final seconds of the race saw Norway's Petter Northug and Germany's Axel Teichmann battling it out for the gold medal. The stadium exploded with thunderous cheers and equally loud groans as Northug pushed past Teichmann in the final straightaway, with a winning time of 2:05.35.5.

As in the women's mass start 30-kilometre classic; all that separated gold and silver winners was 0.3 seconds.

A second later, amid a joyous cacophony of cowbells, Johan Olsson glided across the finish line to claim a bronze medal for Sweden.

APRÈS SI LONGTEMPS... SI PROCHE

En bout de ligne Devon Kershaw, skieur de fond canadien, n'est pas monté sur le podium en raison de six dixièmes de seconde. L'athlète de 27 ans, originaire de Sudbury, en Ontario, était ambivalent après avoir terminé en cinquième position à l'épreuve masculine de 50 mètres style classique, départ groupé.

« J'ai réalisé tout ce que j'aurais pu espérer, et bien plus. Mais je me trouve à 1,6 seconde du titre de champion olympique. Après plus de deux heures de course, ça fait mal de terminer avec 1,6 seconde de retard. »

Finalement, les exploits réalisés par l'équipe canadienne de ski de fond ont été épatants : sept classements parmi les 10 premiers à une épreuve qu'ont longtemps dominée les pays nordiques. Le fait d'avoir terminé parmi les 10 premiers à la plus difficile des épreuves nordiques a été la cerise sur le sundae.

On appelle la course de 50 kilomètres de ski de fond le marathon des Jeux olympiques d'hiver. Contrairement à la course sur rue, la course de ski de fond se termine souvent par un sprint épuisant. La course qui a eu lieu au Parc olympique de Whistler n'a pas fait exception à la règle. Au cours des dernières secondes de la course, le Norvégien Petter Northug et l'Allemand Axel Teichmann se sont livrés à une bataille spectaculaire pour la médaille d'or. Les cris d'encouragement de la foule ont retenti tout comme les cris d'élan de M. Norghug lorsqu'il a dépassé M. Teichmann pendant l'étape finale de la course avec un chrono de 2:05.35.5.

Tout comme à l'épreuve féminine de 30 kilomètres style classique, départ groupé, il n'y avait que 0,3 seconde entre l'or et l'argent.

Une seconde plus tard, parmi la cacophonie de cloches à vache et de cris d'encouragement, Johan Olsson a franchi la ligne d'arrivée pour remporter la médaille de bronze au nom de la Suède.

MENS' INDIVIDUAL SPRINT CLASSIC SPRINT INDIVIDUEL CLASSIQUE, HOMMES ◾● NIKITA KRIUKOV ◾● ALEXANDER PANZHINSKIY ⊞● PETTER NORTHUG

LUNGE TO THE LINE IS ALL THAT SEPARATES RUSSIAN ROOMATES

Call them the Rushing Russians. Two first-time Olympians, Alexander Panzhinskiy, 20, and teammate Nikita Kriukov, 24, had cross-country spectators on their feet in the stands during the men's individual sprint.

As the two racers battled it out against a brilliant Callaghan Valley afternoon in spring-like conditions, Norway's four-time Olympic medallist, Petter Northug, moved into position for the bronze. Northug ultimately wound up nine seconds behind Kriukov's winning time of three minutes and 36.33 seconds.

Though Panzhinskiy had been the favourite, entering the race in first position, he was finally edged out by Kriukov, his roommate at the Olympic Village Whistler, in a photo finish.

LADIES' 30 KM, MASS START CLASSIC 30 KM DÉPART GROUPÉ CLASSIQUE, DAMES ◾● JUSTYNA KOWALCZYK ⊞● MARIT BJOERGEN ✚● AINO-KAISA SAARINEN

IN A LEAGUE OF THEIR OWN

Norway's Marit Bjoergen had been hoping to add another gold to her fistful of medals won at Whistler Olympic Park, but took silver in the mass start 30-kilometre cross-country classic event. Poland's Justyna Kowalczyk grabbed gold in a photo finish that had the stadium shaking with excitement as she bested the newly crowned "Queen of the Olympics." Throughout the ladies' cross-country events, the pair had been the ones to watch.

"It feels good to be number one," said Kowalczyk, of winning Poland's only gold at Vancouver 2010. "I don't even remember the last 200 metres. But this is the Olympics, you must fight."

Despite the day's persistent rain, spectator spirits refused to be dampened in the final minutes of the race. Kowalczyk's compatriots enthusiastically bellowed their national anthem, and a forest of Norwegian flags waved in the breeze as Kowalczyk and Bjoergen dashed to the finish. With a winning time of 1:30:33.7, Kowalczyk was less than one-third of a second ahead of the race favourite.

While the gold and silver medallists caught their breath, Finnish fans cheered on bronze medallist Aino-Kaisa Saarinen as she skied the final stretch just over a minute after her competitors.

UNE FENTE VERS LA LIGNE D'ARRIVÉE EST TOUT CE QUI SÉPARE LES COLOCATAIRES RUSSES

On pourrait les surnommer les « Russes rapides ». Alexander Panzhinskiy (20 ans) et son coéquipier Nikita Kriukov (24 ans), tous les deux olympiens pour la première fois, ont su enchanter les foules au cours de l'épreuve de ski de fond, sprint individuel, 1,4 kilomètre.

Tandis que les deux skieurs se livraient à une bataille spectaculaire dans la vallée Callaghan, dans des conditions quasi-printanières, Petter Northug, médaillé olympique à quatre reprises, s'est propulsé vers une médaille de bronze. Enfin M. Northug a terminé la course avec un retard de neuf secondes derrière les 3 minutes, 35:36 secondes obtenues par le vainqueur, M. Kriukov.

Bien que M. Panzhinskiy ait été le favori puisqu'il est entré en course en première position, c'est M. Kriuskov, son compagnon de chambre au Village olympique de Whistler, qui a franchi la ligne d'arrivée en premier, tel que l'indique la photo d'arrivée.

UNE LIGUE BIEN À ELLES

La Norvégienne Marit Bjoergen espérait ajouter une autre médaille d'or aux médailles qu'elle avait déjà remportées au Parc olympique de Whistler, mais elle a remporté l'argent à l'épreuve de ski de fond 30 kilomètres style classique, départ groupé. La Polonnaise Justyna Kowalczyk a détrôné la « Reine des Jeux olympiques » en décrochant l'or après qu'une photo d'arrivée a confirmé la victoire devant une foule en délire au stade. Les deux skieuses étaient les favorites pour toutes les épreuves féminines de ski de fond.

« C'est fantastique d'être la meilleure au monde », a affirmé Mme Kowalczyk après avoir remporté la seule médaille d'or de la Pologne aux Jeux olympiques d'hiver de 2010 à Vancouver. « Je ne me souviens plus des 200 derniers mètres, mais ici, aux Jeux olympiques, on doit se battre jusqu'à la fin. »

Malgré la pluie qu'a connue la journée, l'enthousiasme des spectateurs a su se faire sentir jusqu'aux dernières minutes de la course. Les compatriotes de Mme Kowalczyk ont fièrement chanté leur hymne national et une forêt de drapeaux norvégiens qui branlaient dans le vent a accueilli Mmes Kowalczyk et Bjoergen lorsqu'elles se sont propulsées vers la ligne d'arrivée. Avec un temps de 1:30:33.7, Mme Kowalczyk a remporté la course avec moins d'un tiers de seconde d'avance sur la médaillée d'argent.

Tandis que les médaillées d'or et d'argent reprenaient leur souffle, les partisans de la Finlande ont encouragé la médaillée de bronze, Aino-Kaisa Saarienen pendant qu'elle parcourait le dernier segment de la course, environ une minute après les meneuses.

Sweden's Marcus Hellner (in white) held a strong position throughout the men's cross-country 30-kilometre pursuit, but broke away in the race's final 800 metres to take the lead — and the gold medal.

Le Suédois Marcus Hellner (dossard blanc) a tenu une forte position tout au long de l'épreuve masculine de poursuite de 30 kilomètres en ski de fond, mais a pris les devants sur les 800 derniers mètres de la course afin de prendre la tête — et de décrocher la médaille d'or.

MENS' 30 KM PURSUIT 30 KM POURSUITE, HOMMES ■■ ● MARCUS HELLNER ■ ● TOBIAS ANGERER ■■ ● JOHAN OLSSON

GOLD WITH LITTLE DIAMONDS

The ladies' 10-kilometre cross-country race is gruelling at the best of times. Considering the pressure the sport puts on an athlete's respiratory system, the fact Petra Majdic completed the race with only one fully functioning lung is amazing — the fact she medalled, astounding.

Recognizing her feat, Majdic said that, in her eyes, the bronze was "gold with little diamonds."

The Slovenian skier, the second-most successful sprinter in World Cup history, had been expected to take gold. However, warming up for the race, Majdic slid off the course, falling three metres over a bridge into an icy Callaghan Valley stream.

"At that moment I was thinking, 'It's over,'" said Majdic. "I couldn't walk, move or breathe."

Volunteers dragged her out of the gully. Miraculously, she recovered enough to race. What neither she, nor her coaches

knew was that she had fractured four ribs and suffered a collapsed lung. Throughout the day's heats, Majdic competed in escalating pain. Her commitment was inspiring.

"I was screaming in pain at the track. I think it was the first time all the national coaches were cheering for me; they could hear how much pain I was in," she said.

Presenters assisted Majdic to the podium at both the Flower Ceremony and the Victory Ceremony later that evening. At the end of the Games, she and figure skater Joannie Rochette were jointly awarded the Vancouver 2010 Terry Fox Award for their determination and humility in the face of adversity. This award was created especially to honour an Olympian, or in this case, Olympians, who touched the world with courage, humility and extraordinary athletic abilities during the Games — a fitting tribute to Majdic and her sheer determination.

(Above) Petra Majdic of Slovenia doubles over in pain as she takes bronze in the individual sprint classic, despite competing with four fractured ribs and a collapsed lung.

(Ci-dessus) La Slovénienne Petra Majdic se tord de douleur lorsqu'elle gagne la médaille de bronze à l'épreuve individuelle de sprint classique, malgré le fait qu'elle a concouru avec quatre côtes fêlées et un poumon collabé.

Petra showed true grit . . . She performed in pain knowing her country and family were counting on her to win Slovenia's first medal at the Games — and she did with a bronze-medal finish.

Vancouver 2010 CEO John Furlong, on Petra Majdic receiving the Vancouver 2010 Terry Fox Award

@ Crazy!! I have no words for what Petra Majdic has just done. When I grow up, I wanna be like her... :) :) @markobaloh 2:22 PM Feb 17

Betty and Rolly Fox flank Terry Fox Award winners Petra Majdic and Joannie Rochette.

Betty et Rolly Fox se tiennent aux côtés des gagnantes du prix Terry Fox, Petra Majdic et Joannie Rochette.

OR ET PETITS DIAMANTS

L'épreuve féminine de ski de fond, 10 kilomètres est toujours une épreuve difficile. Puisque le sport met beaucoup de pression sur le système respiratoire d'un athlète, il est d'autant plus étonnant que Petra Majdic ait terminé la course malgré un poumon collabé; et le fait qu'elle ait remporté une médaille en plus est tout simplement spectaculaire.

En se rendant compte de son exploit, Mme Majdic a déclaré qu'à ses yeux, le bronze n'était que de « l'or avec de petits diamants ».

La skieuse de Slovénie est la deuxième sprinteuse la plus établie de l'histoire de la Coupe du monde et on s'attendait à ce qu'elle remporte l'or. Par contre en s'échauffant avant la course, elle est sortie du parcours sur un pont et est tombée dans un ruisseau glacé de la vallée Callaghan, une chute de trois mètres.

« À ce moment, j'ai pensé : C'est fini », a affirmé Mme Majdic. « Je ne pouvais ni marcher, ni bouger, ni respirer. »

Les bénévoles l'ont aidée à sortir de la tranche. Comme par miracle, elle est arrivée à poursuivre la course. Ni elle ni ses entraîneurs ne se sont rendu compte qu'elle avait quatre côtes fracturées et un poumon collabé. Au cours de chaque manche, la douleur de Mme Majdic augmentait. Sa détermination était une inspiration.

« J'ai poussé des cris de douleur sur la piste. Je pense qu'il s'agissait de la première fois que tous les entraîneurs nationaux m'encourageaient en même temps. Ils pouvaient entendre que j'éprouvais beaucoup de douleur », a-t-elle déclaré.

Des présentateurs ont aidé Mme Majdic à monter sur le podium à la cérémonie de remise des bouquets et à la cérémonie des vainqueurs qui a eu lieu plus tard en soirée. À la fin des Jeux, on lui a décerné le Prix Terry Fox de Vancouver 2010 en compagnie de Joannie Rochette, patineuse artistique. Le Prix Terry Fox de Vancouver 2010 est décerné à un athlète ayant fait preuve de détermination et d'humilité en situation d'adversité. On l'a créé pour rendre hommage à un athlète olympique, ou dans ce cas deux olympiennes, qui ont su inspirer le monde entier en faisant preuve de courage et d'humilité et ayant réalisé des exploits athlétiques extraordinaires durant les Jeux — un hommage qui souligne vraiment la détermination de Mme Majdic.

Petra a fait preuve de grande détermination. Elle a continué malgré la douleur, inspirée par sa famille et son pays qui l'ont encouragée à remporter la première médaille des Jeux pour la Slovénie – en bout de ligne elle a réussi en remportant la médaille de bronze.

John Furlong, directeur général de Vancouver 2010, en parlant de Petra Majdic, lauréate du Prix Terry Fox de Vancouver 2010.

Okay, Petra Majdic. If you can fall in a ditch, shake it off and still take Bronze, I can take this trash downstairs. @sethmeyers21 (Seth Meyers) 2:03 PM Feb 17

Rounding a curve on Whistler Olympic Park's cross-country course in a tight pack, the skiers in the men's 4 x 10-kilometre relay fight heavy snow and the competition in an event that saw Sweden take gold.

En prenant la courbe du parcours de ski de fond du Parc olympique de Whistler dans un peloton serré, les skieurs du relais masculin de 4 x 10 kilomètres affrontent beaucoup de neige et une grande compétition à une épreuve où la Suède a gagné la médaille d'or.

M 15 km Free	**M** Individual Sprint Classic	**M** 30 km Pursuit	**M** 50 km, Mass Start Classic	**M** Team Sprint Free	**M** 4x10 km Relay Classic/Free
H 15 km libre	*H* Sprint individuel classique	*H* Poursuite 30 km	*H* Départ groupé classique 50 km	*H* Sprint par équipe libre	*H* Relais 4 x 10 km classique/libre
DARIO COLOGNA	NIKITA KRIUKOV	MARCUS HELLNER	PETTER NORTHUG	NORWAY | NORVÈGE	SWEDEN | SUÈDE
COTTRER PIETRO PILLER	ALEXANDER PANZHINSKIY	TOBIAS ANGERER	AXEL TEICHMANN	GERMANY | ALLEMAGNE	CZECH REPUBLIC | RÉPUBLIQUE TCHÈQUE
LUKAS BAUER	PETTER NORTHUG	JOHAN OLSSON	JOHAN OLSSON	RUSSIAN FEDERATION | FÉDÉRATION RUSSE	

W 10 km Free	**W** Individual Sprint Classic	**W** 15 km Pursuit	**W** 30 km, Mass Start Classic	**W** Team Sprint Free	**W** 4x5 km Relay Classic/Free
F 10 km libre	*F* Sprint individuel classique	*F* Poursuite 15 km	*F* Départ groupé classique 30 km	*F* Sprint par équipe libre	*F* Relais 4 x 5 km classique/libre
CHARLOTTE KALLA	MARIT BJOERGEN	MARIT BJOERGEN	JUSTYNA KOWALCZYK	GERMANY | ALLEMAGNE	NORWAY | NORVÈGE
KRISTINA SMIGUN-VAEHI	JUSTYNA KOWALCZYK	ANNA HAAG	MARIT BJOERGEN	SWEDEN | SUÈDE	GERMANY | ALLEMAGNE
MARIT BJOERGEN	PETRA MAJDIC	JUSTYNA KOWALCZYK	AINO-KAISA SAARINEN	RUSSIAN FEDERATION | FÉDÉRATION RUSSE	FINLAND | FINLANDE

THE BLUE JACKETS
LES MANTEAUX BLEUS

They were affectionately known as the "blue jackets," "Smurfs" or simply "Vollies." If athletes were the heart of the Games, the Vancouver 2010 volunteers were undeniably the soul.

Often unnoticed, but never unappreciated, the 25,000 members of the volunteer workforce were a veritable United Nations, from every corner of the globe. All Canadian provinces and territories were represented, along with 60 languages, from Farsi to Finnish to Tagalog.

Their backgrounds were as varied as their mother tongues — parents of athletes, coaches, teachers and business owners, skilled labourers and jacks of all trades, local retired couples and international exchange students. Many volunteers were veterans of other large-scale events. For others, Vancouver 2010 was their first time on the world stage.

While the vast majority of volunteers were from the Vancouver area, over 1,000 came from around the world, flying in at their own expense for the chance to take tickets, mend uniforms, do laundry, drive cars, flip pancakes, give directions or perform one of the thousand other essential and often menial tasks required every day to stage the Olympic and Paralympic Games.

Why give up a paycheque, vacation and family time to be here? Many volunteers spoke of their love of the Olympic Games, of meeting people from around the world, or the lifelong friendships formed working in the trenches. But perhaps Jack Bell, a volunteer — and a veteran of all three Olympic Games held on Canadian soil — summed it up best: "This country has been good to me. I'm just giving back."

On les a affectueusement

appelés « manteaux bleus », « Schtroumphs » ou tout simplement « Vollies ». Si les athlètes étaient le cœur des Jeux, les bénévoles de Vancouver 2010 en étaient sans doute l'âme.

Souvent inaperçus, mais toujours reconnus, les 25 000 membres de la main-d'œuvre bénévole constituaient véritablement les Nations Unies puisqu'ils sont venus de tous les coins du globe. Toutes les provinces et tous les territoires canadiens étaient représentés, ainsi que 60 langues, allant du farsi et du finnois au tagal.

Leurs antécédents étaient aussi variés que leur langue maternelle — des parents d'athlètes, des entraîneurs, des enseignants et des propriétaires d'entreprises, des travailleurs qualifiés et des hommes à tout faire, des couples retraités locaux et des étudiants d'échange internationaux. Bon nombre des bénévoles avaient déjà participé à d'autres événements d'envergure. Pour les autres, Vancouver 2010 était leur entrée sur la scène mondiale.

Tandis qu'une grande majorité des bénévoles venaient de la région de Vancouver, plus de 1 000 venaient de partout dans le monde. Ils ont défrayé les coûts de leurs déplacements pour avoir la chance de prendre des billets, de réparer des uniformes, de laver du linge, de conduire des voitures, de faire sauter des crêpes, de donner des indications ou d'effectuer l'une des mille autres tâches essentielles, et souvent considérées inférieures, nécessaires tous les jours à l'organisation des Jeux olympiques et paralympiques d'hiver.

Pourquoi abandonner un chèque de paie, des vacances et du temps avec la famille pour être ici? Bon nombre des bénévoles ont souvent parlé de leur amour pour les Jeux olympiques, pour la rencontre de personnes de partout dans le monde ou pour les amitiés qui se forment dans les tranchées et qui ne s'éteignent jamais. Mais peut-être que c'est Jack Bell, bénévole — qui a donné de son temps aux trois Jeux olympiques qui se sont déroulés en sol canadien — qui récapitule le mieux : « Ce pays me traite bien. Je veux tout simplement lui redonner quelque chose ».

WORKFORCE — VENUE
MAIN-D'ŒUVRE — SITE

Date	FEB 2 8 2010	Blue Bleu
Venue Site	VHQ	
Style	Lunch	

A workforce meal voucher. Volunteers and staff could count on up to three cafeteria-style meals, depending on their shift and venue.

Un bon de repas de la main-d'œuvre. Les bénévoles et les employés pouvaient s'attendre à jusqu'à trois repas de cafétéria par jour, selon le quart de travail et le site.

CLUB 99
vancouver 2010

Club 99 volunteers commuted from Vancouver to Whistler and back every day.

Les bénévoles de Club 99 ont fait la navette de Vancouver à Whistler tous les jours.

25 000 VOLUNTEERS BÉNÉVOLES   **77 000** APPLICATIONS RECEIVED CANDIDATURES REÇUES   **18 100** FROM BRITISH COLUMBIA DE LA COLOMBIE-BRITANNIE   **15** FROM NUNAVUT DU NUNAVUT

Big thumbs up to Olympic volunteers. All the ones I've run into have been awesome and super nice. They win gold in my book. @joanchang 1:38 pm Feb 14

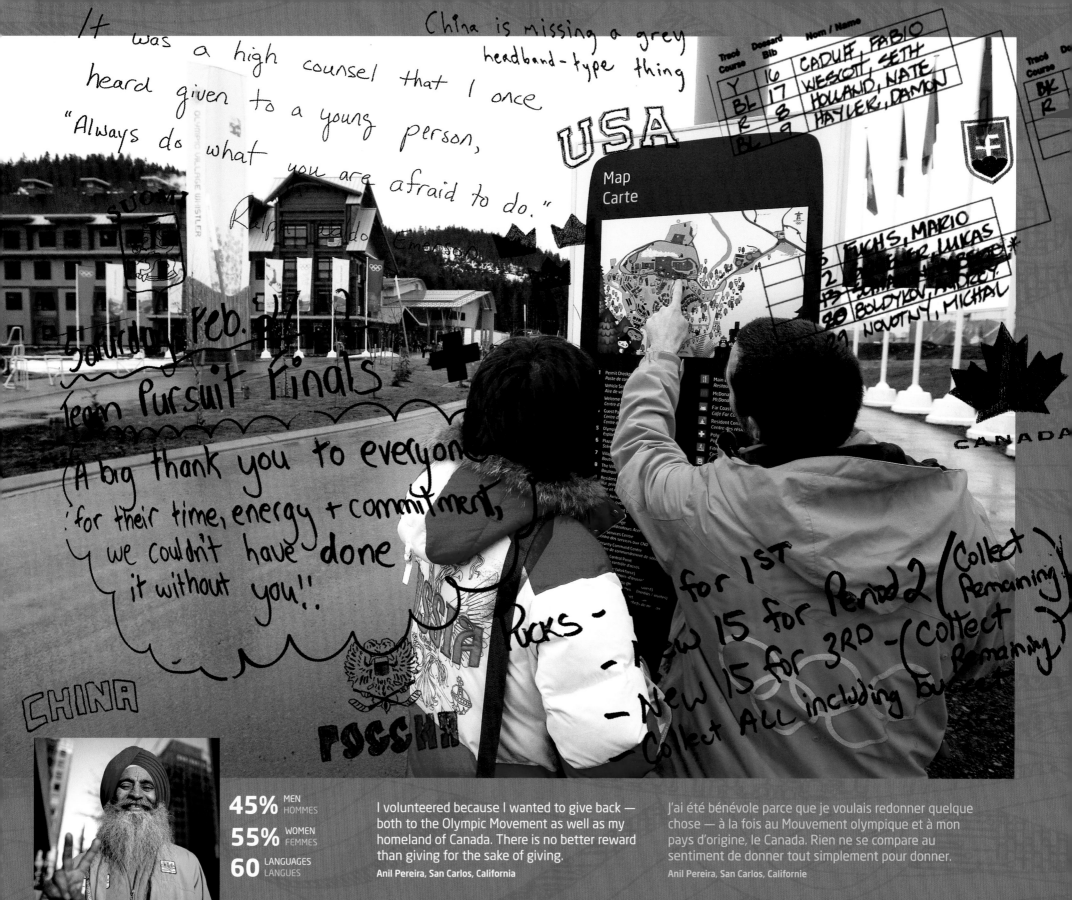

I volunteered because I wanted to give back — both to the Olympic Movement as well as my homeland of Canada. There is no better reward than giving for the sake of giving.

Anil Pereira, San Carlos, California

J'ai été bénévole parce que je voulais redonner quelque chose — à la fois au Mouvement olympique et à mon pays d'origine, le Canada. Rien ne se compare au sentiment de donner tout simplement pour donner.

Anil Pereira, San Carlos, Californie

45% MEN HOMMES

55% WOMEN FEMMES

60 LANGUAGES LANGUES

Bonjour pins identified French-speaking volunteers and workforce members.

Des épinglettes « Bonjour » ont identifié les bénévoles et les membres de la main-d'œuvre francophones.

The best part about being a volunteer was asking the players if they need or want anything and being told, "It's perfect."

Rick Amann, Team Host to Germany, North Vancouver, BC

La meilleure chose lorsqu'on est bénévole est de demander aux joueurs s'ils ont besoin de quelque chose ou s'ils veulent quelque chose et de se faire répondre que «tout est parfait».

Rick Amann, hôte de l'équipe allemande, North Vancouver, C.-B.

People from all over the world would approach the volunteers and express with pleasure the amazing job that we were doing . . . I can't count how many times our photo was taken because we were wearing our blue jackets. Lots of hugs and high-fives.

Pat McDonald, Nanaimo, BC

Des personnes de partout dans le monde approchaient les bénévoles et exprimaient avec plaisir combien elles trouvaient que le travail qu'ils faisaient était incroyable... Je peux compter combien de photos on a prises de nous parce que nous portions notre manteau bleu. Beaucoup de calins et de tapes dans les mains.

Pat McDonald, Nanaimo, C.-B.

As a retiree it really stretched me, having to take seven courses and put in long hours over 29 shifts. But it was a highlight to meet all the great and interesting folks I did.

Jack Bell, Vancouver, BC

I volunteered because I am a true believer in the Olympic Movement and the power of sport to unite, to heal and to inspire.

Julia Fan Li, Vancouver, BC

J'ai été bénévole parce que je crois sincèrement au Mouvement olympique et au pouvoir du sport pour unir, guérir et inspirer.

Julia Fan Li, Vancouver, C.-B.

It was the most exciting volunteer experience ever and it made me so proud to be Canadian.

Joan Young, Richmond, BC

C'était l'expérience de bénévole la plus captivante de ma vie et elle m'a rendue tellement fière d'être Canadienne.

Joan Young, Richmond, C.-B.

Comme retraité, ça m'a vraiment beaucoup demandé — j'ai dû suivre sept cours et travailler de longues heures pendant 29 quarts de travail. Cependant, j'ai rencontré des personnes incroyables et intéressantes et c'est ce dont je me souviendrai.

Jack Bell, Vancouver, C.-B.

The best part of volunteering was doing my little task — rearranging some furniture, picking up some SIM cards, driving to some reception — and feeling proud because I was contributing to something much bigger.

David Chiu, Vancouver, BC

La meilleure chose de mon bénévolat a été d'effectuer ma petite tâche — de réorganiser des meubles, de ramasser des cartes SIM, de conduire jusqu'à une réception — et de me sentir fier parce que je contribuais à quelque chose de beaucoup plus grand.

David Chiu, Vancouver, C.-B.

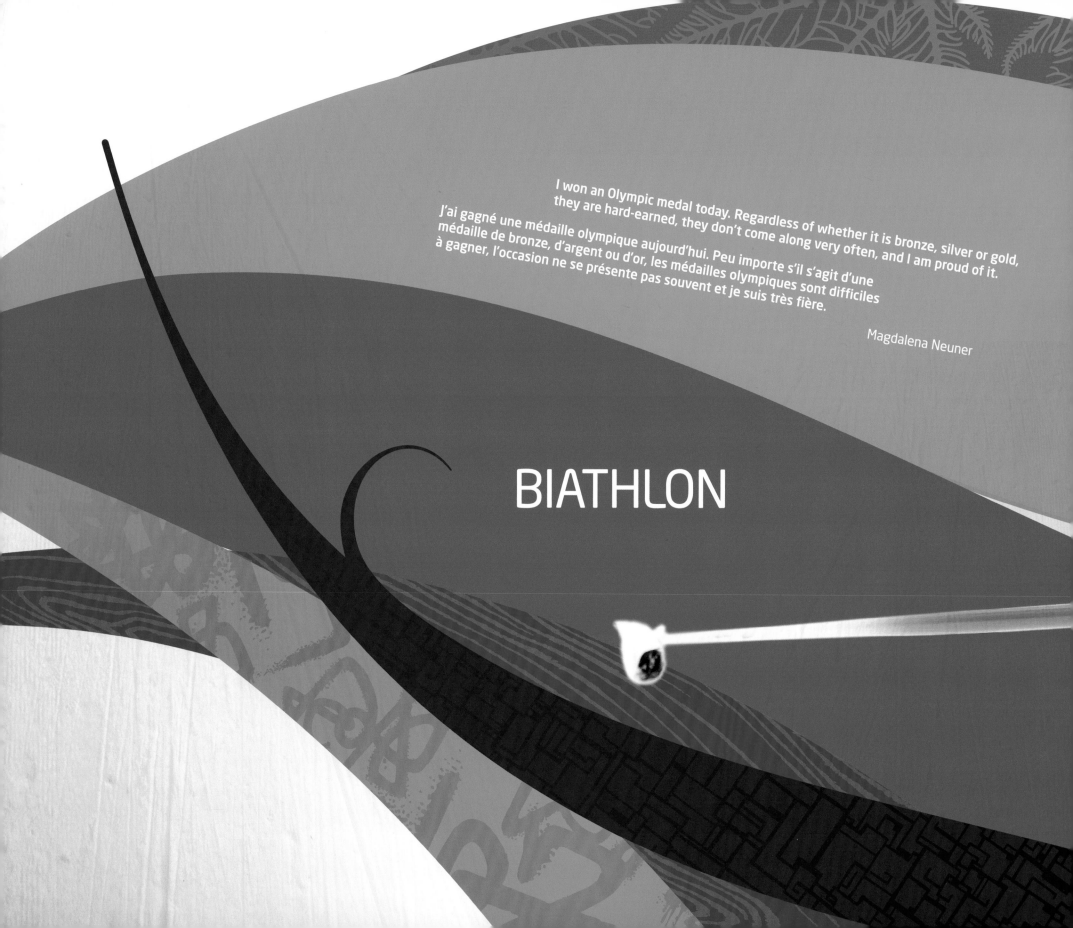

I won an Olympic medal today. Regardless of whether it is bronze, silver or gold, they are hard-earned, they don't come along very often, and I am proud of it.

J'ai gagné une médaille olympique aujourd'hui. Peu importe s'il s'agit d'une médaille de bronze, d'argent ou d'or, les médailles olympiques sont difficiles à gagner, l'occasion ne se présente pas souvent et je suis très fière.

Magdalena Neuner

BIATHLON

Arnd Peiffer of Germany shoots during the men's biathlon relay on February 26, at Whistler Olympic Park's cross-country stadium. Peiffer and his teammates finished in fifth place.

L'Allemand Arnd Peiffer tire pendant le relais de biathlon des hommes le 26 février au stade de ski de fond du Parc olympique de Whistler. M. Peiffer et ses coéquipiers ont terminé en cinquième position.

NERVES STEADY HEART READY

NERFS CALMES, CŒUR PRÊT

Like most Nordic sports, North America's least understood winter sport — biathlon — was introduced in the mid-16th century as a Scandinavian military exercise. Literally meaning two sports, biathlon has come to be recognized as the combination of cross-country skiing and rifle shooting.

Imagine: your legs trembling with exhaustion after racing kilometres through the snow, and then you have to accurately hit a target approximately the diameter of a McDonald's cheeseburger (115 millimetres) from a distance of 50 metres. And the next time you lap the course, you'll have to take a shot with your belly against the snow, the target a mere 45 millimetres across — and then ski again like your life depends on it.

Nicknamed "Buns 'N' Guns" by some — the guns part referring as much to the rifle as to the athletes' upper arms — biathlon requires perfectly balanced upper and lower body musculature, steady hands and nerves of steel. The skills of a cross-country athlete and a sharpshooter are tested twofold: on skiing speed and on the accuracy of the 10 shots fired in any biathlon competition. Part of the Olympic sport program since the 1924 Winter Games, biathlon has long been a hit in Europe. But its appeal was discovered by North American fans in an instant at the 2010 Winter Games.

Was it because its greatest fans toast each competition with a mid-morning beer? Or was it the athletes themselves? It was impossible not to marvel at their exertion, revealed in every expansion of their collective ribcages as they recovered after a race, either bent over their skis or splayed on the snow in exhaustion. To see the sport played as it had been at its inception, in beautifully forested wilderness, provided a window into the history of this most underrated Olympic sport. And everyone seemed to love the view.

Comme la majorité des sports nordiques, le sport d'hiver le plus incompris en Amérique du Nord, le biathlon, est apparu au milieu du 16e siècle à titre d'exercice militaire scandinave. Littéralement, le terme biathlon signifie deux sports, mais on l'a éventuellement reconnu comme une combinaison du ski de fond et du tir à la carabine.

Imaginez : vos jambes tremblent d'une fatigue intense après avoir parcouru à toute vitesse des kilomètres dans la neige, puis vous devez ensuite viser exactement une cible de la taille d'un cheeseburger de chez McDonald's (115 millimètres) placée à une distance de 50 mètres devant vous. Et la prochaine fois que vous effectuerez la boucle du parcours, vous devrez ensuite tirer en position couchée dans la neige avec la cible d'environ 45 millimètres de l'autre côté du champ, avant de reprendre la course et de skier comme si votre vie en dépendait.

Surnommé « fesses d'acier et canons » (Buns 'N' Guns) par certains, la partie des canons faisant référence autant à la carabine même qu'aux bras de l'athlète, le biathlon requiert un équilibre parfait entre la musculature du bas et du haut du corps, des mains stables et des nerfs d'acier. On teste les habiletés d'un athlète de ski de fond et d'un franc tireur selon deux aspects : la vitesse en ski et la précision des dix tirs effectués dans toutes les compétitions de biathlon. Le biathlon, qui fait partie du programme des sports olympiques depuis les Jeux olympiques d'hiver de 1924, est très populaire en Europe depuis de nombreuses années. Pourtant, il n'a fallu qu'un instant pour que les partisans nord-américains découvrent un intérêt pour ce sport aux Jeux d'hiver de 2010.

Était-ce parce que ses plus grands partisans se permettaient de lever un verre de bière matinal après chaque compétition? Ou était-ce pour les athlètes? Il était impossible de ne pas s'émerveiller devant leurs efforts, révélés à chaque ampliation de leur cage thoracique pendant leur récupération après la course; certains étaient penchés sur leurs skis, d'autres étaient étendus au sol, épuisés. De voir le sport pratiqué tel qu'à ses débuts, dans un décor boisé sauvage magnifique, a peint une image de l'histoire de ce sport olympique le plus sous-apprécié. Tout le monde semblait ravi par la vue.

START EARLY, STAY STRONG

Brilliant shooting and an early start number resulted in a surprise win in the men's 10-kilometre biathlon sprint. Twenty-four-year-old French biathlete Vincent Jay marked his Olympic debut by winning gold with a time of 24:07.8.

At the beginning of the race, conditions were clear — ideal. But a mere 10 minutes later, Whistler Olympic Park saw the first snowflakes of the Games begin to fall. Soon after, heavy snow mixed with driving rain quickly created a fierce racing environment, softening the track, increasing resistance and reducing speeds.

This was the race where Norway's Ole Einar Bjoerndalen, the world's greatest biathlete, was expected to earn his tenth Olympic medal — possibly another gold, to add to his existing five. But Bjoerndalen and fellow favourites, Austrian Dominik Landertinger, German Michael Greis and Simon Fourcade (Jay's teammate), were all kept off the podium.

Bjoerndalen, also known as the "King of the Biathlon," wasn't blaming the weather for his performance.

"I was very bad at the first shooting," said Bjoerndalen, who came in 17th. "It was not because of the conditions. It was my own mistake. It just wasn't my day . . ."

While Jay happily gave partial credit to Mother Nature for his winning race, he also reminded the world that, ultimately, Olympic victory comes down to skill.

"I was very lucky as for the weather conditions," said Jay, who started sixth of 88 racers. "But the shooting was all my doing, and had nothing to do with the climate."

COMMENCER TÔT, RESTER FORT

Des tirs exemplaires et un départ précoce ont été couronnés par une victoire inattendue à l'épreuve masculine de biathlon, 10 km sprint. Vincent Jay, biathlète français de 24 ans, a souligné ses débuts aux Jeux olympiques d'hiver en remportant la médaille d'or avec un chrono de 24:07.8.

Au début de la course, les conditions étaient claires, idéales. Mais à peine 10 minutes plus tard, les premiers flocons de neige des Jeux se sont mis à tomber sur le Parc olympique de Whistler. Peu après, une neige abondante mêlée à une pluie torrentielle ont rapidement créé un parcours de course difficile; la neige ramollissait, ce qui augmentait la résistance et ralentissait la vitesse.

Cette course devait être celle durant laquelle le Norvégien Ole Einar Bjoerndalen, le plus grand biathlète du monde, devait vraisemblablement mettre la main sur sa dixième médaille olympique, possiblement une autre médaille d'or à ajouter à sa collection qui en comprend déjà cinq. Mais M. Bjoerndalen, et les autres favoris, l'Autrichien Dominik Landertinger, l'Allemand Michael Greis et le Français Simon Fourcade (coéquipier de M. Jay), sont tous demeurés à côté du podium plutôt wque d'en grimper les marches.

M. Bjoerndalen, que l'on appelle aussi « roi du biathlon », n'a pas blâmé la température pour expliquer sa performance.

« J'ai très mal fait à la première séquence de tirs », a-t-il mentionné après avoir terminé 17e. « Les conditions météorologiques n'ont rien à voir avec ma performance. Je suis le seul à blâmer. Ce n'était pas ma journée... »

Bien que Vincent Jay ait vivement expliqué que dame nature avait contribué à sa victoire, il a aussi rappelé au monde entier qu'en tout premier lieu, les habiletés menaient aux victoires olympiques.

« J'ai été très chanceux côté température », a expliqué M. Jay qui a commencé en sixième place parmi les 88 concurrents. « Mais pour ce qui est des tirs, c'est moi qui les ai réussis; les conditions climatiques n'ont eu aucun impact sur ma performance. »

MEN'S 10 KM SPRINT 10 KM SPRINT, HOMMES
VINCENT JAY • EMIL HEGLE SVENDSEN • JAKOV FAK

IVAN TCHEREZOV

VINCENT JAY

JEAN-PHILIPPE LEGUELLEC

OLE EINAR BJOERNDALEN

SVETLANA SLEPTSOVA

OLGA ZAITSEVA

RUSSIAN WOMEN KISS RELAY FIELD GOODBYE

One of the most competitive events at Whistler Olympic Park was the ladies' 4 x 6-kilometre biathlon relay. Russia, France and Germany exchanged the lead several times as they charged along the 1.5-kilometre track. But it was not until Russia opened up a definitive lead at the first shooting range in the third leg that a Russian win became a certainty.

Olga Zaitseva, who had helped the Russian team take gold at Torino 2006, brought the race home, building on the strong lead her teammates had forged. As she skied across the finish line, it seemed the 31-year-old member of the Russian Army was the only one sure of her win. No one would give her a Russian flag to wave in victory! At least, that's what Zaitseva joked after her win. More likely, spectators were stunned by how easily the Russian team seemed to earn its victory.

Zaitseva was quick to forgive the lack of immediate celebration. "But already when I was crossing the bridge [into the stadium] I was blowing kisses," she said.

MARIE DORIN

MARIE LAURE BRUNET

LES RUSSES LAISSENT LE PELOTON DE RELAIS DANS LA POUSSIÈRE

L'épreuve féminine de relais 4 x 6 km au biathlon a été l'une des épreuves les plus compétitives du Parc olympique de Whistler. La Russie, la France et l'Allemagne ont mené à tour de rôle au cours du parcours intense de 1,5 km. Mais ce n'est pas avant que la Russie ait vraiment pris une avance à la première séquence au champ de tir du troisième segment que la victoire de la Russie est devenue évidente.

Olga Zaitseva, qui a aidé l'équipe de la Russie à gagner l'or à Turin en 2006, a assuré la victoire en augmentant la solide avance que sa coéquipière avait déjà cumulée. Tandis qu'elle franchissait la ligne d'arrivée, il semblait que la membre de l'armée russe, âgée de 31 ans, était la seule à avoir assuré sa victoire. Personne ne lui donnerait de drapeau russe à brandir en l'honneur de sa victoire! Du moins, c'est ce que Mme Zaitseva a dit à la blague après sa victoire. Plus vraisemblablement, les spectateurs étaient ébahis par la facilité qu'a démontrée l'équipe russe en remportant cette victoire.

Mme Zaitseva a vite passé par-dessus le manque de célébration immédiat. « Mais déjà quand je traversais le pont (dans le stade) j'envoyais des baisers », a-t-elle mentionné.

mais vraiment je suis fière de Marie Dorin qui a eu une bronze, aller continue comme sa on te support on est tous avec toi !!!! aller aller @riomarmccartney 14 h 40, le 13 févr.

I don't think I would be here if it weren't for [Ole Einar] Bjoerndalen. I train with him every day and I try to copy everything he does.

Norway's Emil Hegle Svendsen, who won two golds and a silver in Whistler, paying tribute to his 36-year-old teammate. Bjoerndalen (left) won gold and silver at Vancouver 2010, bringing his total medal count to 11, making him the most successful biathlete — and the second most-decorated Winter Olympian in history.

Je ne pense pas que je serais ici si ce n'était de [Ole Einar] Bjoerndalen. Je m'entraîne avec lui tous les jours et j'essaie de copier tout ce qu'il fait.

Emil Hegle Svendsen de la Norvège, qui a gagné deux médailles d'or et une médaille d'argent à Whistler et qui voulait rendre hommage à son coéquipier de 36 ans. M. Bjoerndalen, (à gauche), a gagné des médailles d'or et d'argent à Vancouver 2010, ce qui lui donne un nombre total de médailles de 11 et fait de lui le biathlète le plus accompli — et le deuxième olympien d'hiver le plus décoré de l'histoire.

Biathlon is the coolest event of the Olympics. Nordic skiing and guns! The only way to improve is if the targets were moving. @trevorbacque 3:02 PM Feb 13

THE TARGETS Paper targets such as the one below were used for training, to help biathletes set and test the sights on their guns. In competition, the targets flip from black to white when hit, allowing both athlete and spectators to track each shot. The targets are 50 metres away — and they are small: for shooting from the standing position, the target's diameter is 115 millimetres; for prone shooting, targets are a mere 45 millimetres across.

LES CIBLES On a utilisé des cibles de papier, comme celle ci-dessous, pour l'entraînement afin d'aider les biathlètes à configurer et tester la mire de leur carabine. En compétition, les cibles passent de noir à blanc lorsqu'elles sont atteintes, ce qui permet à la fois à l'athlète et aux spectateurs de suivre chaque tir. Les cibles se trouvent à 50 mètres de distance — et elles sont petites : pour le tir en position debout, le diamètre de la cible est de 115 millimètres; pour le tir en position couchée, le diamètre de la cible n'est que de 45 millimètres.

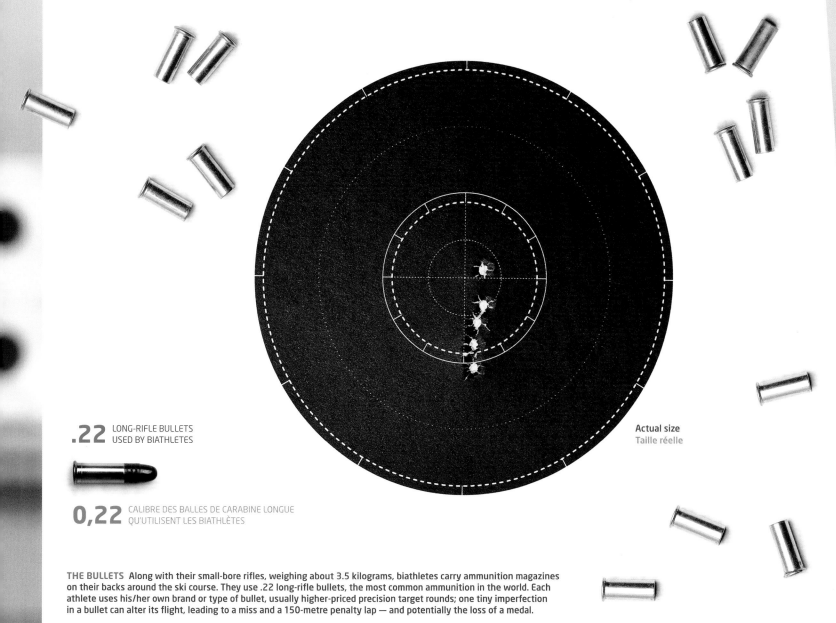

.22 LONG-RIFLE BULLETS USED BY BIATHLETES

Actual size
Taille réelle

0,22 CALIBRE DES BALLES DE CARABINE LONGUE QU'UTILISENT LES BIATHLÈTES

THE BULLETS Along with their small-bore rifles, weighing about 3.5 kilograms, biathletes carry ammunition magazines on their backs around the ski course. They use .22 long-rifle bullets, the most common ammunition in the world. Each athlete uses his/her own brand or type of bullet, usually higher-priced precision target rounds; one tiny imperfection in a bullet can alter its flight, leading to a miss and a 150-metre penalty lap — and potentially the loss of a medal.

LES BALLES Avec leur carabine de petit calibre, qui pèse environ 3,5 kilogrammes, les biathlètes transportent des cartouches de munitions sur leur dos tout au long du parcours de ski. Ils utilisent des balles de carabine longue de calibre 0,22, la munition la plus populaire au monde. Chaque athlète utilise sa propre marque ou son propre type de balle, normalement des rondes pour cible de précision plus coûteuses; une toute petite imperfection dans une balle peut altérer sa trajectoire, ce qui pourrait mener à une cible ratée et une boucle de pénalité de 150 mètres — et possiblement la perte d'une médaille.

OLE EINAR BJOERNDALEN

LUKAS HOFER

MARC-ANDRE BEDARD

ZINA KOCHER

ANNA CARIN OLOFSSON-ZIDEK

Eye patches allow biathletes to aim with both eyes open, avoiding squinting, and provide a canvas for some creative expression.

Des caches-œil permettent aux biathlètes de viser les deux yeux ouverts, sans qu'ils aient à plisser les yeux, et servent de toile pour de l'expression créative.

WOMEN'S 10 KM PURSUIT POURSUITE 10 KM, FEMMES
- MAGDALENA NEUNER   ● ANASTAZIA KUZMINA   ●● MARIE LAURE BRUNET
WOMEN'S 7.5 KM SPRINT SPRINT 7,5 KM, FEMMES
- ANASTAZIA KUZMINA   MAGDALENA NEUNER   ●● MARIE DORIN
WOMEN'S 12.5 KM MASS START DÉPART EN LIGNE 12,5 KM, FEMMES
- MAGDALENA NEUNER   OLGA ZAITSEVA   SIMONE HAUSWALD

A CHAMPION ACT OF GENEROSITY

Germany's most famous biathlete decided three medals were enough to take home from her Olympic debut. After matching Canadian Myriam Bedard's 1994 accomplishment with two gold-medal wins, Magdalena Neuner made the surprising announcement that she would not participate in the relay event.

"That was my last run — I am finished with the Olympic Games," she said after winning the women's 12.5-kilometre mass start event. She'd received her first gold for winning the 10-kilometre individual pursuit. "It was my decision. But I think that the other girls are all on form and want to secure a medal."

In addition to the two gold medals, 23-year-old Neuner took silver, placing second to Anastazia Kuzmina. Kuzmina's unexpected win in the 7.5-kilometre individual sprint event gave Slovakia its very first Olympic Winter Games gold medal.

Neuner's withdrawal from competition allowed her friend Martina Beck to take her place in the 4x6-kilometre relay. Beck and her fellow biathletes went on to win the bronze medal for Germany.

L'ACTE DE GÉNÉROSITÉ D'UNE CHAMPIONNE

L'athlète de biathlon allemande la plus célèbre a décidé que trois médailles étaient suffisantes pour une première expérience aux Jeux olympiques d'hiver. Après avoir égalisé la réalisation de la Canadienne Myriam Bédard en 1994, avec deux médailles d'or au cou, Magdalena Neuner a, à la grande surprise de tous, annoncé qu'elle ne participerait pas à l'épreuve du relais.

« C'était ma dernière course, j'ai terminé mon travail aux Jeux olympiques », a-t-elle dit après avoir remporté l'épreuve féminine de 12,5 km en départ groupé. Elle a reçu sa première médaille d'or à l'épreuve de poursuite individuelle 10 km. « C'était ma décision. Mais je pense que les autres filles sont toutes prêtes et veulent une médaille. »

En plus de ses deux médailles d'or, Mme Neuner, âgée de 23 ans, a mis la main sur une médaille d'argent en se classant deuxième derrière Anastazia Kuzmina. La victoire inattendue de Mme Kuzmina à l'épreuve de sprint individuel 7,5 km a donné à la Slovaquie sa toute première médaille d'or des Jeux olympiques d'hiver.

Le retrait de la compétition de Mme Neuner a permis à son amie Martina Beck de la remplacer à l'épreuve de relais 4 x 6 km. Mme Beck et ses compatriotes ont tout donné au cours de l'épreuve, pour finalement remporter la médaille de bronze pour l'Allemagne.

Women's biathlon final - done. Great atmos from swedes and germans, cow bells aplenty & fab taches. Oh, and serious stamina from the girls @Zextmagazine 3:00 PM Feb 13

OKSANA KHVOSTENKO

M 10 km Sprint *H Sprint 10 km*	**M** 12.5 km Pursuit *H Poursuite 12,5 km*	**M** 20 km Individual *H 20 km individuel*	**M** 15 km Mass Start *H Départ en ligne 15 km*	**M** 4 x 7.5 km Relay *H Relais 4 x 7,5 km*
VINCENT JAY	BJORN FERRY	EMIL HEGLE SVENDSEN	EVGENY USTYUGOV	NORWAY | NORVÈGE
EMIL HEGLE SVENDSEN	CHRISTOPH SUMANN	OLE EINAR BJOERNDALEN	MARTIN FOURCADE	AUSTRIA | AUTRICHE
JAKOV FAK	VINCENT JAY	SERGEY NOVIKOV	PAVOL HURAJT	RUSSIAN FEDERATION | FÉDÉRATION RUSSE
W 7.5 km Sprint *F Sprint 7,5 km*	**W** 10 km Pursuit *F Poursuite 10 km*	**W** 15 km Individual *F 15 km individuel*	**W** 12.5 km Mass Start *F Départ en ligne 12,5 km*	**W** 4 x 6 km Relay *F Relais 4 x 6 km*
ANASTAZIA KUZMINA	MAGDALENA NEUNER	TORA BERGER	MAGDALENA NEUNER	RUSSIAN FEDERATION | FÉDÉRATION RUSSE
MAGDALENA NEUNER	ANASTAZIA KUZMINA	ELENA KHRUSTALEVA	OLGA ZAITSEVA	FRANCE
MARIE DORIN	MARIE LAURE BRUNET	DARYA DOMRACHEVA	SIMONE HAUSWALD	GERMANY | ALLEMAGNE

LUGE

I came here to win and I made it... it's a dream.
Je suis venue ici pour gagner et je l'ai fait... c'est un rêve.
Tatjana Huefner

It was a tough run today, for sure. For me, personally,
I really felt like I was sliding with Nodar today.
Canadian luger Sam Edney

Il va sans dire que la descente d'aujourd'hui a été difficile.
Personnellement, j'ai vraiment senti la présence de Nodar lorsque j'ai glissé.
Samuel Edney, lugeur canadien

Nodar Kumaritashvili

Olympic Luger, 1988–2010
Lugeur olympique, 1988–2010

Luge is fast, so fast. It is one the fastest of the sliding sport events, and the only one to be measured in thousandths of a second. It was the sport that Nodar Kumaritashvili loved. Competing for his country — Georgia — Kumaritashvili's passion for luge had been handed down to him from his father David, president of the Georgian luge federation, and his cousin Felix — the team's coach. It was nourished by his surroundings; he grew up in the mountain village and ski resort of Bakuriani, Georgia, a town of 2,500, where winter athletes trained in the Soviet era. In 2009, the 21-year-old was ranked 44th in World Cup standings.

Kumaritashvili said he wanted to make his parents proud at the Games. He died after crashing in the last corner of the course during training at The Whistler Sliding Centre on February 12, 2010, hours before the Opening Ceremony. An anguished John Furlong (Vancouver 2010 CEO) said: "He came here to feel what it's like to be able to call himself an Olympian. We are heartbroken beyond words."

Flowers and tributes to Georgia's "fallen comrade" were laid near the Olympic Rings in Whistler Village, a popular gathering spot during the Winter Games. The track crew wore black armbands and venue staff work black ribbons. On February 15, a memorial service was held in Vancouver, and two days later, the body of Nodar Kumaritashvili, Olympic luger, went home.

The memory of Kumaritashvili lives on after the Games. Members of the US luge team autographed the sliding suit of athlete Tony Benshoof and auctioned it off to raise funds for the Kumaritashvili family. "The luge community is a tight-knit group of people, and everyone knows everyone else," said Fred Zimny, manager of the US luge team. "Nodar was part of that family and he will be missed by all."

La luge est rapide, très rapide. Il s'agit d'une des épreuves de glisse les plus rapides et la seule que l'on mesure au millième de seconde. Et il s'agit du sport qu'aimait Nodar Kumaritashvili. Représentant son pays, la Géorgie, M. Kumaritashvili a hérité de sa passion pour la luge de son père David, président de la fédération de luge géorgienne, et de son cousin Felix, entraîneur de l'équipe. Sa passion a été nourrie par son environnement. Nodar Kumaritashvili a grandi dans le village montagnard et station de villégiature de Bakuriani, en Géorgie, un village de 2 500 habitants, où les athlètes d'hiver s'entraînaient pendant l'ère soviétique. En 2009, à 21 ans, Nodar Kumaritashvili se classait au 44ᵉ rang au classement de la Coupe du monde.

M. Kumaritashvili avait dit qu'il voulait que ses parents soient fiers de lui, aux Jeux. Il est décédé après une collision, dans la dernière courbe du parcours, pendant son entraînement au Centre des sports de glisse de Whistler, le 12 février 2010, quelques heures avant la cérémonie d'ouverture. « Il est venu ici pour savoir ce que c'est que de se faire appeler olympien. Il est impossible de décrire jusqu'à quel point nous sommes déchirés », a déclaré John Furlong (directeur général de Vancouver 2010), très angoissé.

On a placé des fleurs et des hommages au « compagnon tombé » de la Géorgie près des anneaux olympiques à Whistler Village, un lieu de rassemblement populaire pendant les Jeux olympiques d'hiver. L'équipe de piste a porté un brassard noir et le personnel du site portait un ruban noir. Le 15 février, on a tenu un service à sa mémoire à Vancouver, et deux jours plus tard, le corps de Nodar Kumaritashvili, lugeur olympique, est retourné chez lui.

La mémoire de M. Kumaritashvili vit après les Jeux. Des membres de l'équipe américaine de luge ont autographié le costume de glisse de l'athlète Tony Benshoof et l'ont vendu aux enchères afin d'amasser des fonds pour la famille Kumaritashvili. « La communauté de luge est un groupe très uni et tout le monde se connaît », a dit Fred Zimny, gestionnaire de l'équipe américaine de luge. « Nodar faisait partie de cette famille et il nous manquera tous.

The team from Georgia and the track crew at The Whistler Sliding Centre all wore black armbands. A black ribbon accompanied the Georgian flag at the Opening Ceremony. And black ribbons were worn by venue staff. On the most difficult day of the Games, the Olympic community came together in mourning.

L'équipe de la Georgie et l'équipe d'entretien de la piste du Centre des sports de glisse de Whistler ont tous porté un brassard noir. Le personnel sur place a porté un ruban noir tandis qu'un ruban noir a accompagné le drapeau de la Georgie à la cérémonie d'ouverture. En cette journée qui a été la plus difficile des Jeux, la communauté olympique s'est rassemblée pour vivre un deuil commun.

24.000 KGS
52.910 LBS
1.940 KGS
4.280 LBS
22.060 KGS
48.630 LBS

After completing four runs in the men's singles, Felix Loch (top) and David Moeller (above) of Germany took gold and silver. Germany's domination in the sport was confirmed with gold- and bronze-medal wins in the women's singles by Tatjana Huefner and Natalie Geisenberger respectively.

Après avoir effectué quatre descentes à l'épreuve masculine, simple, les Allemands Felix Loch (haut) et David Moeller (ci-dessus) ont remporté l'or et l'argent. On a confirmé la domination allemande en luge lorsque Tatjana Huefner et Natalie Geisenberger ont remporté les médailles d'or et de bronze, respectivement, à l'épreuve féminine, simple.

Talk to the hand! Canadian Regan Lauscher salutes her grandparents at the final of the women's luge singles. She finished 15th.

Salut, salut! La Canadienne Regan Lauscher salue ses grands-parents à la finale de l'épreuve féminine de luge, simple. Elle a terminé au 15ᵉ rang.

GERMANY TAMES THE TRACK

L'ALLEMAGNE DOMPTE LA PISTE

The tragic death, in training, of Georgian luger Nodar Kumaritashvili deeply affected the emotional tenor of the first days of the 2010 Winter Games, charging the energy and exhilaration of athletes and organizers with shock and grief. With consideration of the emotional well-being of the athletes competing the next day, the International Luge Federation subsequently lowered the starting points of the luge races for competition. The men's start dropped 176 metres, down to the women's start; the women's and doubles' events moved 245 metres down, to the junior starting point. The altered course was said to favour the Germans, known to explode from the gates.

Still, on the damp evening of February 13, the men's singles race got underway, and there were two good, fast, clean heats, with speeds reaching 147 kilometres per hour. Sure enough, after the race, the field was led by Germany's Felix Loch, the 2008 and 2009 World Champion, and teammate David Moeller. On the second day, the day of the medal-deciding third and fourth runs, the sun broke out above The Whistler Sliding Centre and a party broke out among fans. As a high-spirited crowd of about 8,000 roared support along the course, the pall blanketing the track seemed to lift. And when Felix Loch won gold, at 20 — the youngest slider ever to do so — his pure, childlike joy, the joy of an athlete who has slid faster than anyone in the world, was especially poignant. "It was so great . . .," he said. "I think it'll take two hours, three hours, I don't know . . . to sink in, it was unbelievable. It's so great to win here."

Le décès tragique du lugeur géorgien Nodar Kumaritashvili pendant son entraînement a profondément influencé la teneur émotive des premiers jours des Jeux d'hiver de 2010, en chargeant de choc et de douleur l'énergie et l'exaltation des athlètes et des organisateurs. Par considération pour le bien-être émotif des athlètes qui concouraient le lendemain, la Fédération internationale de luge a subséquemment descendu les points de départ des courses de luge pour les compétitions. Le départ des hommes a descendu de 176 mètres jusqu'au départ des femmes; l'épreuve double et l'épreuve féminine ont toutes les deux commencé 245 mètres plus bas qu'à l'habitude, du point de départ des athlètes juniors. On a dit du parcours modifié qu'il favorisait les Allemands, reconnus pour leurs départs explosifs.

Pourtant, le 13 février, par une soirée de pluie, les hommes ont pris le départ de l'épreuve simple et on a assisté à deux bonnes manches rapides et propres, avec des vitesses atteignant 147 kilomètres-heure. Et effectivement, après la course, l'Allemand Felix Loch, champion du monde de 2008 et de 2009 et son coéquipier de David Moeller étaient en tête du classement. Au deuxième jour, jour des troisième et quatrième descentes qui allaient déterminer les médailles, le soleil s'est montré au-dessus le Centre des sports de glisse de Whistler et les partisans se sont mis à faire la fête. Tandis qu'une foule pleine d'esprit d'environ 8 000 personnes criait tout le long de la piste, le voile qui couvrait la piste a semblé se soulever. Et lorsque Felix Loch, 20 ans, a gagné la médaille d'or — il est le plus jeune glisseur à remporter l'or — sa joie pure et enfantine, la joie d'un athlète qui a descendu la piste plus vite que n'importe qui d'autre, était particulièrement émouvante. « C'était incroyable ... », a-t-il fait remarquer. « Je pense que ça me prendra deux heures, trois heures, je ne sais pas... avant d'y croire. C'était tellement incroyable. C'est excellent de gagner ici. »

GET A GRIP Luge races begin with athletes seated between start handles, which they use to propel themselves down a ramp. They use gloves with small spikes on the fingertips to push themselves along the ramp before they get into position, lying on the sled, feet first, on their backs.

À VOS CRAMPONS Au départ des courses de luge, les athlètes sont assis entre les poignées de départ qu'ils utilisent afin de se propulser sur la rampe. Ils utilisent des gants dotés de petits crampons sur le bout des doigts pour se pousser sur la piste avant de se mettre en position sur la luge, allongés sur le dos, pieds devant.

▬■ TATJANA HUEFNER

▬■ NINA REITHMAYER

▬● NATALIE GEISENBERGER

▬● WOLFGANG AND/ET ANDREAS LINGER

BREAKTHROUGH

German women proved as successful as their male counterparts from the altered start line: Tatjana Huefner and Natalie Geisenberger took gold and bronze, and Nina Reithmayer of Austria took silver, the only non-German to claim an Olympic medal in the women's singles luge this century.

DÉCOUVERTE

Les Allemandes ont réussi aussi bien que les Allemands depuis la ligne de départ modifiée : Tatjana Huefner et Natalie Geisenberger ont gagné les médailles d'or et de bronze et Nina Reithmayer de l'Autriche a gagné la médaille d'argent, la seule personne non allemande à gagner une médaille olympique à l'épreuve simple féminine de luge de ce siècle.

BROTHERS WIN BIG

Austrian brothers Wolfgang and Andreas Linger won gold in the doubles luge event at The Whistler Sliding Centre, just as they did in Torino four years earlier. It was Austria's first gold medal at the venue. A pensive 28-year-old Andreas Linger said: "If you think about what happened over the last couple of days, the fight for hundreds or thousands of a second is not that important any more. There are some simple things that become more important." Brothers Andris and Juris Sics of Latvia won silver, with Patric Leitner and Alexander Resch of Germany winning bronze. Canadian brothers Chris and Mike Moffat finished seventh.

DEUX FRÈRES GAGNENT GROS

Les frères autrichiens, Wolfgang et Andreas Linger, ont gagné la médaille d'or à l'épreuve double de luge au Centre des sports de glisse de Whistler, tout comme ils l'avaient fait à Turin quatre ans plus tôt. Il s'agissait de la première médaille d'or que gagnait l'Autriche au site. Andreas Linger, âgé de 28 ans, a fait remarquer pensivement : « Si vous pensez à ce qui est arrivé au cours des quelques derniers jours, la lutte aux millièmes de seconde n'est plus importante. Ce sont les choses les plus simples qui deviennent les plus importantes. » Les frères Andris et Juris Sics de la Lettonie ont gagné la médaille d'argent et Patric Leitner et Alexander Resch ont gagné la médaille de bronze. Les frères canadiens Chris et Mike Moffat ont terminé en septième position.

Gravity supplies the brakes at The Whistler Sliding Centre; the finishing chute climbs uphill.

La gravité sert de freins au Centre des sports de glisse de Whistler; au lieu de descendre, le segment d'arrivée monte.

SKELETON

I lost my mind when I saw the .07 come up.
It was like I had stuck my finger in a light socket.

J'ai perdu la tête quand j'ai vu .07. C'était comme si je
m'étais mis les doigts dans une douille d'ampoule.

Jon Montgomery

I haven't had an opportunity to do anything but brush my teeth and comb my hair. Well, I didn't actually comb my hair.

Jon Montgomery, the day after winning gold and painting Whistler red into the wee hours.

Je n'ai pas eu l'occasion de faire autre chose que de brosser mes dents et de me coiffer. À vrai dire, je ne me suis même pas coiffé.

Jon Montgomery, le lendemain de sa victoire olympique, après avoir remporté l'or et célébré jusqu'aux petites heures dans les rues de Whistler.

MONTGOMERY'S PASSION
LA PASSION DE MONTGOMERY

The Whistler Sliding Centre curves, drops and winds down its 1,450 metres as athletes negotiate corners with names like Shiver, 50/50, Gold Rush and Thunderbird — all in a day's work for a world-class slider. But on February 19, 2010, the track became a rollercoaster of emotion for Canadians, bestowing a bitter lash of defeat and a golden kiss of victory within hours of each other.

Torino bronze medallist and reigning world champion Mellisa Hollingsworth, favoured to win gold in the women's event, made an error in her final run — one that landed her in fifth place. Her grief was public and profound. "I feel like I've let my entire country down," she apologized, during a tearful press conference. "I wanted to do everybody proud. I wanted to stand on top of that podium."

Then Jon Montgomery, ranked second in the world in 2009, took the podium by storm, beating Latvia's Martins Dukurs by 7/100ths of a second in a four-run combined time of 3:29:73. After winning Canada's first medal at The Whistler Sliding Centre, the fiery-haired, bearded Manitoban became an irresistible, swaggering pied piper in Whistler Village, leading an impromptu victory parade, swigging straight from a pitcher of beer, kissing his helmet, signing autographs and demonstrating his vocal talents (he's an auto auctioneer by trade) — much to the delight of fans. His exuberance was total and infectious; his swagger seemed to give everyone permission to be loud and proud. "It feels . . . is stupendous a word?" he asked. "It's outrageous, unbelievable, all those things rolled into a big ball."

The next evening, at the Victory Ceremony in Whistler, Montgomery pounced on the podium, singing the Canadian national anthem with crowd-pleasing gusto. "You have to get out there and have a little zest in life," said the native of Russell, Manitoba, who could also be seen hamming it up, shirtless, on the CTV Olympics website. "You have to find things and seek out new challenges and push yourself — and that's when you find something that piques your interest and makes you passionate. That's how I found skeleton."

Le Centre des sports de glisse de Whistler offre de tout aux athlètes de glisse de calibre mondial : une piste de 1 450 mètres qui comporte des courbes sinueuses comme Shiver, 50/50, Gold Rush et Thunderbird. Mais le 19 février 2010, la piste s'est transformée en montagnes russes; des montagnes russes d'émotions partagées par tous les Canadiens tandis qu'ils ont connu la déception de la défaite et l'euphorie de la victoire à un intervalle de quelques heures seulement.

Mellisa Hollingsworth, médaillée de bronze à Turin et championne du monde en titre, était la favorite pour remporter l'or à l'épreuve féminine. Malheureusement, elle a commis une erreur au cours de sa dernière descente pour terminer en cinquième position. Sa déception a été très publique et son chagrin évident lorsqu'elle elle a présenté des excuses en pleurant à une conférence de presse après l'épreuve : « Je me sens comme si j'avais laissé tomber mon pays. Je voulais que le Canada soit fier de moi. Je voulais tellement monter au sommet du podium. »

Plus tard, Jon Montgomery, classé au deuxième rang mondial en 2009, a conquis le podium en battant le chrono obtenu par Martins Dukurs de la Lettonie avec une différence de sept centièmes de seconde et un temps combiné pour ses quatre descentes de 3:29:73. Ayant remporté la première médaille d'or pour le Canada au Centre des sports de glisse de Whistler, le Manitobain barbu aux cheveux de feu est tout de suite devenu un personnage connu et, comme un joueur de fifre, il a mené un défilé de victoire avec ses amateurs, ne s'arrêtant que pour prendre une gorgée de bière d'un pichet, bécoter son casque, offrir des autographes et démontrer ses talents d'encanteur (il est encanteur automobile de métier). Grâce à son exubérance et sa démarche confiante, Jon Montgomery a su faire vibrer la foule en lui donnant la permission de crier fort et de démontrer sa fierté. « Je me sens... est-ce que fantasmagorique est un mot », a-t-il demandé? « C'est tout à fait extraordinaire, incroyable, toutes ces émotions en même temps. »

Le lendemain soir, à la cérémonie des vainqueurs qui a eu lieu à Whistler, M. Montgomery a bondi à pieds joints sur le podium et a fièrement chanté l'hymne national du Canada accompagné par la foule en délire. « Dans la vie, il faut sortir de sa coquille et faire preuve d'un peu de joie de vivre », a affirmé l'athlète originaire de Russell, au Manitoba, que l'on a pu voir sans chandail dans le site Web olympique de CTV. « Il faut trouver des choses qui vous font vibrer et qui sont intéressantes pour faire ressortir la passion qui dort à l'intérieur. C'est ce que j'ai trouvé lorsque j'ai découvert le skeleton. »

(Top to bottom) An inconsolable Mellisa Hollingsworth after her fall from favourite to fifth. At the finish line, Jon Montgomery's family takes in his winning time. Bronze medallist Alexander Tretyakov, of Russia, embraces the moment.

(De haut en bas) Mellisa Hollingsworth, déçue et inconsolable après avoir obtenu la cinquième position. À l'arrivée, la famille de Jon Montgomery prend connaissance du temps gagnant. Alexander Tretyakov de la Russie, profite du moment après avoir remporté la médaille de bronze.

@ Skeleton gold for Jon Montgomery! #Van2010 #Olympics Melissa Hollingsworth, Canada is still proud of you. @carinaaaaa 8:56 PM Feb 19

177

Whistler had to wait until Day 7 for its first Canadian gold, so Jon Montgomery's win touched off an explosion of joy. Montgomery set the party pace, clowning for the finish-line crowd with fellow medallists Alexander Tretyakov and Martins Dukurs of teams Russia and Latvia. But it was Montgomery's march through Whistler Village with a pitcher of beer that earned him instant Canadian-idol status. At the Victory Ceremony, he belted out *O Canada*, loudly and proudly, saying of the anthem: "It never gets old. That's a song you can sing all day."

Puisqu'il a fallu 7 jours avant que Whistler ne connaisse sa première médaille d'or remportée par un Canadien, la victoire de Jon Montgomery a su animer l'enthousiasme des foules. M. Montgomery a parti le bal en faisant le clown devant les spectateurs à la ligne d'arrivée en compagnie des autres médaillés, Alexander Tretyakov de la Russie et Martins Dukurs de la Lettonie. Mais c'est la promenade de M. Montgomery dans les rues de Whistler, pichet de bière en main, qui a gagné le cœur des Canadiens. Le lendemain, il a fièrement chanté l'hymne national, au sommet du podium. « J'aime toujours l'entendre », a-t-il déclaré en parlant de l'hymne iconique. « C'est une chanson que l'on peut chanter tous les jours, toute la journée. »

▶ JON MONTGOMERY

🍁 MELLISA HOLLINGSWORTH

🇯🇵 KAZUHIRO KOSHI

▬ KATIE UHLAENDER

🍁 JEFF PAIN

TURTLE POWER

Odd that in a sport devoted to speed a turtle could be an athlete's "power animal." But it sure worked for Jon Montgomery. The story goes that a sports psychologist told the Canadian team to look inside themselves and find their inner-spirit animal. Montgomery had the turtle and a thunderbird painted on his helmet in traditional style by First Nations artist Phil Gray. "I thought it was fitting to pay respect to the First Nations people, and apparently their folklore states that the thunderbird lives up behind Blackcomb Mountain," Montgomery says, referring to The Whistler Sliding Centre site. "It's a powerful animal. I thought it would be good to honour the people here and have my spirit animal guide me down the track."

For headfirst sliders, helmets are more than protection — they're an opportunity to express a state of mind, display national colours or recall fond memories. Mellisa Hollingsworth's helmet (top right) has a horse skull in gold and stencilled pictures of her and her family. "It's a bit of home," she says. Fellow Canadian Jeff Pain (bottom right), who pioneered helmet-painting for the Canadian team, has the Raging Beaver, while Jon Montgomery displays the now-famous turtle and thunderbird.

LA VITESSE DE LA TORTUE

Dans un sport qui se veut si rapide, il est bizarre qu'une tortue puisse représenter l'animal fétiche d'un athlète de skeleton. Mais cela a bien fonctionné pour Jon Montgomery. Il paraît qu'un psychologue du sport aurait recommandé aux membres de l'équipe canadienne de faire de l'introspection et de trouver leur animal fétiche. M. Montgomery a demandé à Phil Gray, artiste des Premières nations, de peindre l'image traditionnelle d'une tortue et de l'oiseau-tonnerre sur son casque. « J'ai trouvé qu'il serait approprié de rendre hommage aux peuples des Premières nations et selon la légende, l'oiseau-tonnerre habite sur Blackcomb Mountain (domicile du Centre des sports de glisse de Whistler) », a expliqué M. Montgomery. « Il s'agit d'un animal puissant. J'ai pensé qu'il serait bon de rendre hommage aux gens d'ici et de me laisser guider par mon animal fétiche pour chaque descente. »

Pour les athlètes de skeleton, le casque n'est pas qu'un simple dispositif de protection. Il s'agit aussi d'une toile vierge sur laquelle on peut exprimer son état d'esprit, afficher ses couleurs nationales ou peindre un souvenir cher. Le casque de Mellisa Hollingsworth est orné de l'image d'un crâne de cheval doré auquel on a ajouté des photos de l'athlète et de sa famille et les mots « It's a bit of home » (un peu de chez-nous). Pour sa part, Jeff Pain, athlète canadien qui a été le premier de l'équipe à décorer son casque, porte l'image du castor ou « Raging Beaver » tandis que le célèbre casque de Jon Montgomery est orné de l'image de la tortue et de l'oiseau-tonnerre.

ANJA HUBER

MELISSA HOAR

WOMEN'S SKELETON SKELETON, FEMMES 🇬🇧 ● AMY WILLIAMS 🇩🇪 ● KERSTIN SZYMKOWIAK 🇩🇪 ● ANJA HUBER

Time flies when you're on the track, and crawls when you're waiting. Canada's Michelle Kelly (left, 13th) and Switzerland's Maya Pedersen (9th) prepare for their race.

Le temps file à toute vitesse lorsqu'on descend la piste de glace et le temps s'arrête lorsqu'on attend quelque chose. La Canadienne Michelle Kelly (à gauche, 13e position) et la Suisse Maya Pederson (9e position) se préparent à participer à une course historique.

TIONETTE STODDARD

FOLLOW THAT SLED!

There are countries where sliding sports are shared national passions, the sports everyone practiced, grew up with, watched together and celebrated.

Canada is not one of those countries.

So it took some spectators at The Whistler Sliding Centre time to fully understand the sliding sports. The learning curve begins with the first racers down, which elicits a burst of disbelieving laughter as the dazzling, almost blinding speed is absorbed and understood by spectators. Slowly, as the eye learns to follow the blur around a corner, bystanders gain courage, ready their cameras to capture the impossible quickness. Many frames of vacant ice ensue. Eventually, though, with experience, spectators learn to make 140 kilometres an hour stand still. At last, they have won the race.

SUIVRE L'ACTION

Pour certains pays, les sports de glisse viennent animer la passion nationale. Ils représentent les sports pratiqués par l'ensemble de la nation, ceux que l'on a regardés en grandissant et qu'on a célébrés partout au pays.

Ce n'est pas le cas pour le Canada.

Il est donc normal que les spectateurs au Centre des sports de glisse de Whistler aient mis un certain temps à bien comprendre les sports de glisse. Dès la première descente, on peut entendre des rires de surprise tandis que les spectateurs observent la vitesse éblouissante des descentes. Lentement, au fur et à mesure que l'on s'habitue à suivre des yeux le mouvement des engins, les spectateurs prennent de la confiance et préparent leur appareil photo pour tenter de capter cette vitesse incroyable. Cependant, de nombreuses photos n'affichent qu'un fond de glace blanc. Peu à peu, les spectateurs gagnent de l'expérience et s'améliorent. Ils arrivent à capter les engins de glisse qui défilent devant eux à 140 kilomètres-heure. Finalement, ils ont gagné la course.

QUICK BRIT

With her surprise win in women's skeleton, slider Amy Williams gave Great Britain its first individual Olympic Winter Games gold since figure skater Robin Cousins won gold at Lake Placid in 1980. Teamed with a sled she calls "Arthur," Williams broke the Whistler track record with a time of 53.83 seconds in her first run, then broke her own record with a 53.68-second finish in her third of four runs. Williams gave credit where it was due. "Arthur was great. We bonded, we did well together; he behaved himself," she told Britain's *Daily Mail*. "He was a bit cheeky on my first run today, nearly tipping me off. I've got on really well in my sliding. Arthur and Amy did very well today."

FUSÉE BRITANNIQUE

La victoire de la Britannique Amy Williams au skeleton féminin a non seulement été une grande surprise, mais a aussi représenté la première médaille individuelle pour son pays remportée à des Jeux olympiques d'hiver depuis celle qu'avait gagnée le patineur artistique Robin Cousins aux Jeux olympiques d'hiver de 1980 à Lake Placid. Ne faisant qu'un avec son engin de glisse qu'elle a nommé « Arthur », Mme Williams a fracassé le record établi de la piste de Whistler avec un temps de 53,83 secondes pour sa première descente. Elle a ensuite fracassé son propre record en obtenant un temps de 53,68 secondes à sa troisième descente, l'avant-dernière descente. Mme Williams n'a pas hésité à reconnaître les exploits de son partenaire préféré. « Arthur a été formidable. Nous avons vraiment formé des liens solides. Nous avons bien performé ensemble et il est arrivé à demeurer sage », a-t-elle déclaré au journal britannique Daily Mail. « Il a été un peu rebelle ce matin à ma première descente lorsqu'il m'a presque jeté de mon engin. J'ai bien réussi aujourd'hui. Arthur et Amy ont bien réussi aujourd'hui. »

1948 // **2002**

Skeleton became an Olympic sport at the St. Moritz Olympic Winter Games

Le skeleton a fait son entrée aux Jeux olympiques d'hiver à Saint-Moritz

Skeleton event is held again in St. Moritz

Les épreuves de skeleton ont lieu encore à Saint-Moritz

The sport was reintroduced at the Salt Lake City Olympic Winter Games

Le skeleton est revenu au programme olympique aux Jeux olympiques d'hiver à Salt Lake City.

BOBSLEIGH

When times are tough, you forget what you're doing this for.
We do it because we love to be fast. And we do it because
we're proud to wear the Maple Leaf.

Quand les temps sont difficiles, nous oublions pourquoi nous faisons du bob.
Nous faisons du bob parce nous aimons aller vite. Et nous en faisons parce
que nous sommes fières de porter la feuille d'érable.

Kaillie Humphries

Kaillie Humphries and Heather Moyse show the form that got them the gold (above), and celebrate in front of a throng of well-wishers at the finish (below).

Kaillie Humphries et Heather Moyse démontrent la forme qui leur a valu l'or (ci-dessus) et célèbrent devant une foule de spectateurs enthousiastes à l'arrivée (ci-dessous).

Helen Upperton and Shelley-Ann Brown ride a roller coaster of emotion after their silver-medal win, and later party onstage with feature band The Roots at the Victory Ceremony.

Helen Upperton et Shelley-Ann Brown vivent une variété d'émotions après avoir remporté la médaille d'argent et plus tard, au cours de la cérémonie des vainqueurs, elles ont fai t la fête sur la scène en compagnie du groupe The Roots.

VERS LA GLOIRE, VERS LA VICTOIRE
DRIVING FOR GLORY

Luge and skeleton are lightning swift and whisper quiet, but bobsleigh is the high-speed freight train of the sliding world: big, noisy and irresistible to watch.

For the Canadians, the most satisfying sights and sounds came on Day 18 when the women took two of the podium's three spots, winning both silver and gold in their four-heat event. Kaillie Humphries of Calgary and Heather Moyse of Summerside, PEI finished 85/100ths of a second faster than Canadians Helen Upperton and Shelley-Ann Brown. Two days later, there was a third Canadian team on the podium when the four-man racers won bronze — led by Lyndon Rush.

Humphries, a relative rookie pilot, tore up the track with the help of Moyse, a powerful fullback with Canada's national rugby team. Though she's only been driving three years, Humphries knows the bobsleigh from both the back and front seats. She also knows what it's like to be on top of the podium and on the sidelines: she was a brakeman in Helen Upperton's sled until just before Torino 2006, when Moyse took her place. Upperton and Moyse finished fourth at those Games, and Humphries, devastated but determined, entered driving school. The former ski racer found her place there. Moyse became Humphries's full-time brakeman a year ago, and the partnership flourished.

Over the four heats, Upperton and Brown climbed from fifth to silver. "I didn't want to play it safe," said Upperton. "I really wanted to put it all out there and not regret anything."

Lyndon Rush, who crashed in the two-man event, came back with Chris Le Bihan, David Bissett and Lascelles Brown to win the four-man bronze — missing silver by an excruciating 1/100th of a second to bobsleigh legend Andre Lange of Germany. The gold went to Steven Holcomb and his American teammates, ending a 62-year medal drought in bobsleigh for the US.

Les engins de glisse utilisés pour la luge et le skeleton sont rapides comme l'éclair et ne font presque aucun bruit tandis qu'on considère le bob comme le TGV du monde des sports de glisse.

Pour les Canadiens, le plus grand moment de gloire est survenu au Jour 18 lorsque les femmes sont montées sur deux des trois marches du podium, ayant remporté la médaille d'argent et la médaille d'or à l'issue de l'épreuve composée de quatre manches. Kaillie Humphries de Calgary et Heather Moyse de Summerside, à l'Île-du-Prince-Édouard, ont terminé la course avec une avance de 85 centièmes de seconde sur leurs coéquipières canadiennes Helen Upperton et Shelley-Ann Brown. Deux jours plus tard, une troisième équipe canadienne est montée sur le podium lorsque l'équipe de bob à quatre des hommes, menée par Lyndon Rush, a décroché la médaille de bronze.

Kaillie Humphries, jeune pilote plutôt fraîche, a descendu la piste avec l'aide de Heather Moyse, puissante joueuse arrière de l'équipe nationale canadienne de rugby. Bien qu'elle ne soit pilote que depuis trois ans, Mme Humphries connaît les rouages du bobsleigh pour le siège avant et le siège arrière. Elle sait aussi quel est le sentiment associé à la victoire... et à la mise de côté. Elle a été freineuse pour Helen Upperton jusqu'à peu avant les Jeux olympiques d'hiver de 2006 à Turin, moment à partir duquel elle a été remplacée par Mme Moyse. Ce duo nouvellement formé a terminé en quatrième place et Kaillie Humphries, démolie mais déterminée, s'est inscrite à des cours de pilotage. L'ancienne skieuse de course a enfin trouvé sa niche et, il y a un an, Mme Moyse est devenue sa freineuse à temps plein, un partenariat qui a porté fruit.

Au cours des quatre manches, Mmes Upperton et Brown sont passées de la cinquième à la deuxième place. « Je voulais risquer le tout pour le tout », a déclaré Mme Upperton. « Je voulais vraiment donner le meilleur de moi-même et n'avoir aucun regret. »

Lyndon Rush, qui a dérapé durant l'épreuve de bob à deux, a fait une remontée en compagnie de Chris Le Bihan, de David Bissett et de Lascelles Brown pour remporter la médaille de bronze de l'épreuve de bob à quatre, à un centième de seconde près de décrocher la médaille d'argent qui a été accordée au légendaire Andre Lange de l'Allemagne. On a remis la médaille d'or à Steven Holcomb et ses coéquipiers américains, permettant ainsi à des athlètes de ce pays de monter sur la première marche du podium d'une épreuve de bobsleigh pour la première fois en 62 ans.

L'or et l'argent pour le Canada au bobsleigh féminin! Wow! Trosième et quatrième médailles de la journée! @vince_fortier 19 h 06, le 24 févr.

187

SILVER AND GOLD BEFORE I GO

At Vancouver 2010, German Andre Lange became the most decorated bobsledder in Olympic history, adding a gold in the two-man and a silver in the four-man to the three golds he collected at the Salt Lake 2002 and Torino 2006 Winter Games. "Lyndon's team calls Andre 'The Great One,'" said Canadian coach Tuffy Latour. "To be only 1/100th behind him — we'll take that."

Vancouver was Lange's last Winter Games, so his team wore "Thanks Andre" T-shirts when they attended press conferences. "He's been a great competitor," said four-man gold medallist Steven Holcomb of the US. "He's made me chase him and get better. It'll be a different bobsled tour without him around." Said Lyndon Rush: "Andre is good. It's frustrating how good he is. I saw him in the two-man. He was awesome. He can be struggling and still get the silver medal."

L'OR ET L'ARGENT AVANT DE QUITTER

À Vancouver 2010, l'Allemand Andre Lange est le bobeur le plus décoré de l'histoire des Jeux olympiques d'hiver. Il a ajouté une médaille d'or, bob à deux, et une médaille d'argent, bob à quatre, aux trois médailles d'or qu'il a gagnées à Salt Lake 2002 et à Turin 2006. « L'équipe de M. Lyndon a surnommé Andre The Great One (la légende) », a expliqué l'entraîneur canadien Tuffy Latour. « Un centième de seconde de retard derrière lui — ça nous va. »

M. Lange a participé à sa dernière édition des Jeux olympiques d'hiver, à Vancouver, et durant les conférences de presse, son équipe a revêtu des t-shirts sur lesquels on pouvait lire « Thanks Andre ». « Andre Lange a été un concurrent hors pair... », a avoué l'Américain Steven Holcomb, médaillé d'or au bob à quatre. « J'ai dû aller à sa poursuite, ce qui m'a permis de m'améliorer. La saison de compétition sera bien différente sans lui ». Lyndon Rush a déclaré : « Andre est talentueux; à un point tel que s'en est fâchant. Je l'ai vu participer à l'épreuve de bob à deux. Il a été splendide. Il peut avoir de la difficulté à effectuer une descente et tout de même remporter la médaille d'argent. »

When I stepped out of the sled today, I had to take a deep breath and tears came to my eyes. It feels like a huge burden has been lifted. A new life begins, a normal life, and it's scary.

Andre Lange

Aujourd'hui, lorsque je suis sorti du bob, j'ai dû respirer profondément et retenir mes larmes. Je sens qu'on m'a enlevé un énorme fardeau. Une nouvelle vie commence, une vie normale et cela m'effraie un peu.

MEN'S TWO-MAN BOB À DEUX, HOMMES 🇩🇪 ● GERMANY 1 🇩🇪 ● GERMANY 2 🇷🇺 ● RUSSIAN FEDERATION
MEN'S FOUR-MAN BOB À QUATRE, HOMMES 🇺🇸 ● UNITED STATES 1 🇩🇪 ● GERMANY 1 🇨🇦 ● CANADA 1

(Facing page) Lange rips around Thunderbird as he takes gold in the two-man. (Below) Lange kisses his sled and bids his teammates and racing career an emotional goodbye.

(Page précédente) M. Lange navigue la courbe Thunderbird pour remporter l'or à l'épreuve de bob à deux. (Ci-dessous) M. Lange fait ses adieux à son bob, à ses coéquipiers et à sa carrière de compétition, un moment chargé d'émotions.

189

Ice meister, Tracy Seitz
Maître de la glace, Tracy Seitz

THE PERFECT ICE

The labour-intensive task of managing the track's ice fell to ice meister Tracy Seitz, track ice operations manager, and his 17-member crew — which included his brother Tyler, who competed for Canada in luge at Nagano 1998 and Salt Lake 2002, and served as refrigeration plant manager. "The crew hand waters the track, hand scrapes it and hand planes it," said Tracy Seitz, who has 21 years of experience maintaining tracks.

During the Games, the track crew could be seen raising and lowering blinds to protect the track from the sun, and scraping, planing and sweeping the 2.5-centimetre-thick ice walls after sled runners clawed the ice. The goal? A perfect, consistent surface on every square centimetre of ice covering the 1,450-metre track, translating to the fairest possible field of play. "The team was phenomenal," said Craig Lehto, director of The Whistler Sliding Centre and Vancouver 2010 Sliding Sports. "They were extremely experienced and took their jobs very seriously. And they did their job with joy." For them, the icing on the cake was seeing Canadians win four medals on their track. After years of striving for perfection, their nation's pride in those four medals was the greatest possible reward.

LA GLACE PARFAITE

La tâche ardue de gérer la glace de la piste est revenue au maître de la glace Tracy Seitz, gestionnaire de l'exploitation de la glace de la piste, et à son équipe de 17 membres, dont son frère Tyler qui a participé aux épreuves masculines de luge hommes pour le Canada à Nagano en 1998 et à Salt Lake City en 2002 et qui pour Vancouver 2010, était gestionnaire de l'usine de réfrigération. « L'équipe arrose la piste à la main, la racle à la main et la plane à la main », a déclaré M. Seitz qui compte 21 ans d'expérience à entretenir des pistes.

Pendant les Jeux, on a pu voir l'équipe de piste monter et baisser des stores pour protéger la piste contre le soleil. Elle a également racler, planer et balayer les parois de glace épaisses de 2,5 centimètres après que les patins des engins de glisse ont mordu dans la glace. Le but? Une surface parfaite et uniforme pour chaque centimètre carré de glace qui couvrait la longue de 1 450 mètres pour assurer le terrain de jeu le plus équitable possible. « L'équipe a été phénoménale », a déclaré Craig Lehto, directeur du Centre des sports de glisse de Whistler et des sports de glisse de Vancouver 2010. « Ses membres possèdent beaucoup d'expérience et prennent leur travail très au sérieux. Et ils ont fait leur travail dans la joie ». Pour eux, la cerise sur le sundae a été de voir les Canadiens remporter quatre médailles sur leur piste. Après avoir passé des années à chercher la perfection, l'équipe a reçu la plus belle récompense possible : la fierté de la nation pour ces quatre médailles.

LOOPS AND BOUNDS

The Whistler Sliding Centre curves all have names, a tradition dating back to the sport's earliest days, when British tourists christened the curves of the world's first sliding track in St. Moritz, Switzerland.

COURBES ET CASCADES

Les courbes du Centre des sports de glisse de Whistler portent toutes un nom, une tradition qui perdure depuis les débuts du sport lorsque les touristes britanniques ont nommé les courbes de la première piste de glisse au monde, à Saint-Moritz, en Suisse.

WEDGE named after Wedge Mountain in Whistler.
nommée en l'honneur de Wedge Mountain à Whistler.

LUEDERS' LOOP
after Pierre Leuders, Canada's winningest bobsleigh athlete.
en l'honneur de Pierre Leuders, l'athlète de bobsleigh le plus décoré du Canada.

LYNX The straight between curves 9 and 10 is named Lynx, after the wildcat spotted around the track.
La ligne droite entre les courbes 9 et 10 s'appelle Lynx en l'honneur du chat sauvage que l'on a aperçu autour de la piste.

SHIVER
for the reaction of athletes as they negotiate it for the first time.
en raison de la réaction des athlètes alors qu'ils le négocient pour la première fois.

■ KEVIN KUSKE

50/50
Steve Holcomb named it after seeing half the sliders turn over here in training.
Steve Holcomb l'a nommée ainsi après avoir vu les athlètes faire des tonneaux à cet endroit pendant l'entraînement.

FINISH LINE
LIGNE
D'ARRIVÉE

GOLD RUSH TRAIL
Curves 12 to 15 are the Gold Rush Trail as racers head to the finish seeking gold.
Les courbes 12 à 15 s'appellent Gold Rush Trail puisque les concurrents se dirigent vers la ligne d'arrivée dans l'espoir de gagner la médaille d'or.

THUNDERBIRD
for the roar the sleds make at peak speed as athletes fly toward the finish.
en raison du grondement que font les engins à leur vitesse maximale tandis que les athlètes « volent » vers la ligne d'arrivée.

We worked hard on getting our equipment just right and tried many permutations after getting here, pulling out a top speed of 151 kilometres per hour along the way, which is impressive.
German driving titan Andre Lange, after winning gold in the two-man event.

Nous avons travaillé fort à ajuster notre équipement, peaufiner nos techniques et tenter différentes stratégies après notre arrivée et nous avons même atteint une vitesse de 151 kilomètres-heure, un exploit impressionnant.
Andre Lange, pilote allemand célèbre, après avoir remporté l'or à l'épreuve masculine de bob à deux.

PUSH POWER

Bobsledders don't look like other Olympic Winter Games athletes. Many of them, recruited from track and field or football for the power they bring to the crucial start of the races, are stocky and heavily muscled — perfect for sprinting out of the gates, pushing a 180-kilogram sled. Each step, in specialized shoes for maximum traction, can mean the difference between winning and losing: a tenth of a second gained or lost at the top of the track turns into three-tenths of a second by the finish. After 50 metres of all-out pushing, it's time to load those big bodies into the sled in a synchronized sequence, and it's up to the driver to take advantage of a good start — or make up for a bad one.

LE POUVOIR DE L'IMPULSION

Les bobeurs ne ressemblent pas aux autres athlètes des Jeux olympiques d'hiver. La plupart d'entre eux sont d'anciens concurrents d'épreuves d'athlétisme ou encore joueurs de football, recrutés en raison de la puissance qu'ils peuvent apporter au départ, un moment crucial, avec leur corps massif et musclé, une combinaison parfaite pour sortir des portes à toute vitesse en poussant un bob de 180 kilogrammes. Chaque pas, exécuté à l'aide de chaussures à crampons spéciales, peut avoir un impact sur la course et déterminer le gagnant : un dixième de seconde perdu au départ peut occasionner un retard de trois dixièmes de seconde à l'arrivée. Après 50 mètres de poussée puissante, il faut faire entrer ces corps massifs dans le bob, en séquence synchronisée. Et il incombe au pilote de maximiser l'avantage d'un bon départ ou de corriger un mauvais départ.

Department of appropriate snacks: "bobs in a sleigh," a fitting meal for Whistler Sliding Centre fans.

Service de collations appropriées : des « bob in a sleigh », un repas approprié pour les partisans au Centre des sports de glisse de Whistler.

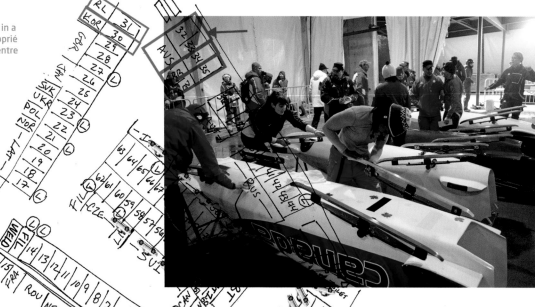

Silver medallist Shelley-Ann Brown tends to her sled's runners in the bobsleigh parking lot, which saw a whole lot of traffic at Games time. (Assigned spots are shown in the sketch on the left.)

Shelley-Ann Brown, médaillée d'argent, s'occupe des patins de son bob dans l'aire d'entreposage; un endroit très occupé pendant les Jeux. (Les places assignées sont illustrées à gauche.)

(Left to right) Steven Holcomb, Justin Olsen, Curtis Tomasevicz and Steve Mesler of Team USA.

De gauche à droite : Steven Holcomb, Justin Olsen, Curtis Tomasevicz et Steve Mesler de l'équipe américaine.

GOLDEN BEAR OF THE TRACK

Steven Holcomb may be the teddy bear of Olympic champions. First of all, he does a little jig — the Holcy Dance — at tracks all over the world. And, with his team of former football players, the bearded four-man gold medallist is shaped, according to *The New York Times*, "more like a drinking buddy — compact and rounded — than an Olympian."

Olympian he definitely is, though. Holcomb — with teammates Steve Mesler, Curtis Tomasevicz and Justin Olsen — held off Germany's Andre Lange, the four-time gold medallist and bobsleigh titan, setting two course records en route to winning in their sleek, black, Nascar-designed sled called Night Train.

It hasn't been an easy slide for the former ski racer, though. The pilot of USA 1 nearly went blind from keratoconus, a degenerative eye disease, which made him a pilot who relied more on "feel" than fellow competitors. When he had laser eye surgery last year, he had to adapt his driving style; now he dirties his visor so he doesn't lose touch with his sensory feel for the track. How does it all come together? "A lot of what I do comes from my ski-racing background," said Holcomb. "You inspect the course before a race, and I developed the skill of being able to anticipate and correct. And I just drive."

L'OURS DORÉ DE LA PISTE

De tous les champions olympiques, il se pourrait que Steven Holcomb soit celui que l'on pourrait le mieux qualifier d'ours. Tout d'abord, il exécute une petite danse, le Holcy, sur les pistes de glisse du monde entier. De plus, en compagnie de son équipe d'anciens joueurs de football, le barbu médaillé d'or de l'épreuve de bob à quatre a, selon The New York Times, « plutôt la carrure d'un compagnon de boisson — compacte et ronde — que celle d'un olympien ».

Pourtant, il est bel et bien olympien. M. Holcomb et ses coéquipiers — Steve Mesler, Curtis Tomasevicz et Justin Olsen — ont su tenir à l'écart

l'Allemand Andre Lange, médaillé d'or à quatre reprises et légende du bobsleigh, par l'établissement, en route vers une victoire, de deux records de piste à bord du Night Train, leur engin de glisse noir et lisse conçu par Nascar.

Toutefois, la descente n'a pas été facile pour l'ancien champion de ski. Le pilote du bob USA 1 a presque perdu la vue en raison du kératocône, une maladie dégénérative de l'œil qui l'a transformé en un pilote se fiant plus aux « sensations » que les autres. L'an dernier, après une chirurgie oculaire au laser, il a dû

adapter son style de conduite. Aujourd'hui, il salit par exprès sa visière afin de ne pas perdre ses capacités sensorielles quant à la glisse. Comment s'y prend-t-il? « Beaucoup de mes habitudes sont dérivées de mes antécédents de skieur », affirme-t-il. « On évalue le parcours avant la course, puis je développe des habiletés quant à l'anticipation et la correction. Et puis, après, je conduis tout simplement. »

IN THE STREETS
DANS LES RUES

Robson Square

15 000 FREE ZIPLINE RIDES OVER ROBSON SQUARE
« TOURS » DE ZIPLINE GRATUITS AU-DESSUS DE ROBSON SQUARE

1.5% DECLINE IN TOTAL CRIME RATE
RÉDUCTION TOTALE DU TAUX DE CRIMINALITÉ

1.6 million

daily transit riders in Vancouver,
third highest in North America

de passagers de transport
public chaque jour à Vancouver,
la troisième plus importante
circulation en Amérique du Nord

What possesses someone to stand seven hours in the rain to hold an Olympic medal in their hands for a few short moments? Why would anyone line up all day for a 30-second zipline ride over Robson Square? Or don a giant red wig, paint a maple leaf on his or her torso and wander through downtown Vancouver singing *O Canada* at the top of their lungs? Call it pride or patriotism, there was no denying an entire population was intoxicated with the Olympic Spirit.

Canadians are usually modest and reserved when it comes to displaying their emotions. However, the arrival of the Olympic Torch Relay seemed to trigger a supernova of Canadian spirit that lasted the entire Games. Some revellers compared the energy in the city to the heady days of Expo '86, while others used Calgary 1988 or the 1972 Canada-Soviet Summit Series as benchmarks. Regardless, the outpouring of patriotism was unprecedented and, for many, completely unexpected.

In the stands and on the streets there was a real sense that this moment was both special and fleeting. People would do anything to capture the experience, walking through the crowd with mobile phones or cameras held high, trying to capture the magic of the moment to enjoy later. But no lens was wide enough, no video camera high-definition enough, to capture the sprawling mass of pure, unbridled joy that filled our streets, stadiums and neighbourhoods. In the words of one local columnist, it was "deliciously happy."

dwntwn Olympic Vancouver laid back and friendly today - lots of happy volunteers/security/police, lots of Canadians in RED! Go Canada go!! @oddlybuoyant 5:40 PM Feb 16

Granville Street
Rue Granville

5 000+ ITEMS TURNED INTO THE VANCOUVER 2010 LOST AND FOUND
NOMBRE D'ARTICLES RAPPORTÉS AU SERVICE D'OBJETS TROUVÉS DE VANCOUVER 2010

4 000+ UNCLAIMED ITEMS AUCTIONED OFF FOR CHARITY
NOMBRE D'ARTICLES NON RÉCLAMÉS VENDUS AUX ENCHÈRES POUR DES ŒUVRES DE BIENFAISANCE

Qu'espère celui qui se tient debout pendant sept heures sous la pluie pour tenir, l'instant d'un moment, une médaille olympique entre ses mains? Pourquoi quelqu'un voudrait-il faire la file toute une journée pour une descente de 30 secondes avec une tyrolienne le long de Robson Square? Revêtir une perruque rouge géante? Se peindre une feuille d'érable sur le torse et se promener au centre-ville de Vancouver en chantant O Canada à pleins poumons? Que ce soit par fierté ou patriotisme, on ne peut nier le fait que toute la population était enivrée par l'esprit olympique.

Les Canadiens sont généralement modestes et réservés lorsqu'il s'agit de montrer leurs émotions. Cependant, l'arrivée du relais de la flamme olympique a semblé déclencher une explosion dans l'esprit canadien pendant toute la durée des Jeux. Certains fêtards ont comparé l'énergie dans la ville aux beaux jours de l'exposition internationale de 1986, tandis que d'autres ont utilisé les Jeux olympiques de 1988 à Calgary ou la Série du siècle de 1972 entre le Canada et la Russie comme points de repère. Malgré tout, le débordement de patriotisme était sans précédent et, pour beaucoup, tout à fait inattendu.

Dans les estrades et dans les rues, on comprenait que ce moment était à la fois spécial et éphémère. Les gens faisaient n'importe quoi pour saisir l'instant présent et marchaient à travers la foule avec des téléphones portables ou des caméras qu'ils tenaient au-dessus de leur tête pour essayer de capter la magie du moment afin d'en profiter plus tard. Cependant, aucun objectif n'avait un angle suffisamment grand, aucune caméra vidéo n'avait une définition suffisamment haute pour photographier la foule remplie de joie pure et démesurée qui remplissait les rues, les stades et les quartiers. Dans les mots d'un chroniqueur local, c'était « délicieusement heureux. »

150 000+

PEOPLE STROLLED, AT NO CHARGE, THROUGH THE VANCOUVER ART GALLERY
NOMBRE DE PERSONNES SE QUI SONT PROMENÉES, GRATUITEMENT, DANS LA VANCOUVER ART GALLERY

Vancouver Art Gallery

Whistler Village

The Aboriginal Pavilion
Pavillon autochtone

The Olympic Cauldron
La vasque olympique

The Royal Canadian Mint Pavilion
Le pavillon de la Monnaie royale canadienne

Downtown Vancouver
Centre-ville de Vancouver

Pacific Coliseum

Whistler Village

Downtown Vancouver
Centre-ville de Vancouver

3 500 000+ ATTENDED CELEBRATION SITE EVENTS
NOMBRE DE PERSONNES QUI SE SONT PRÉSENTÉES AUX SITES DE CÉLÉBRATIONS

Granville Street
Rue Granville

Evan Lysacek, USA House

Whistler Village

Downtown Vancouver
Centre-ville de Vancouver

Whistler Village

Granville Street
Rue Granville

at the biggest party on the planet in downtown Vancouver...GO CANADA!!! @KasiaRachfall 9:59 PM Feb 26

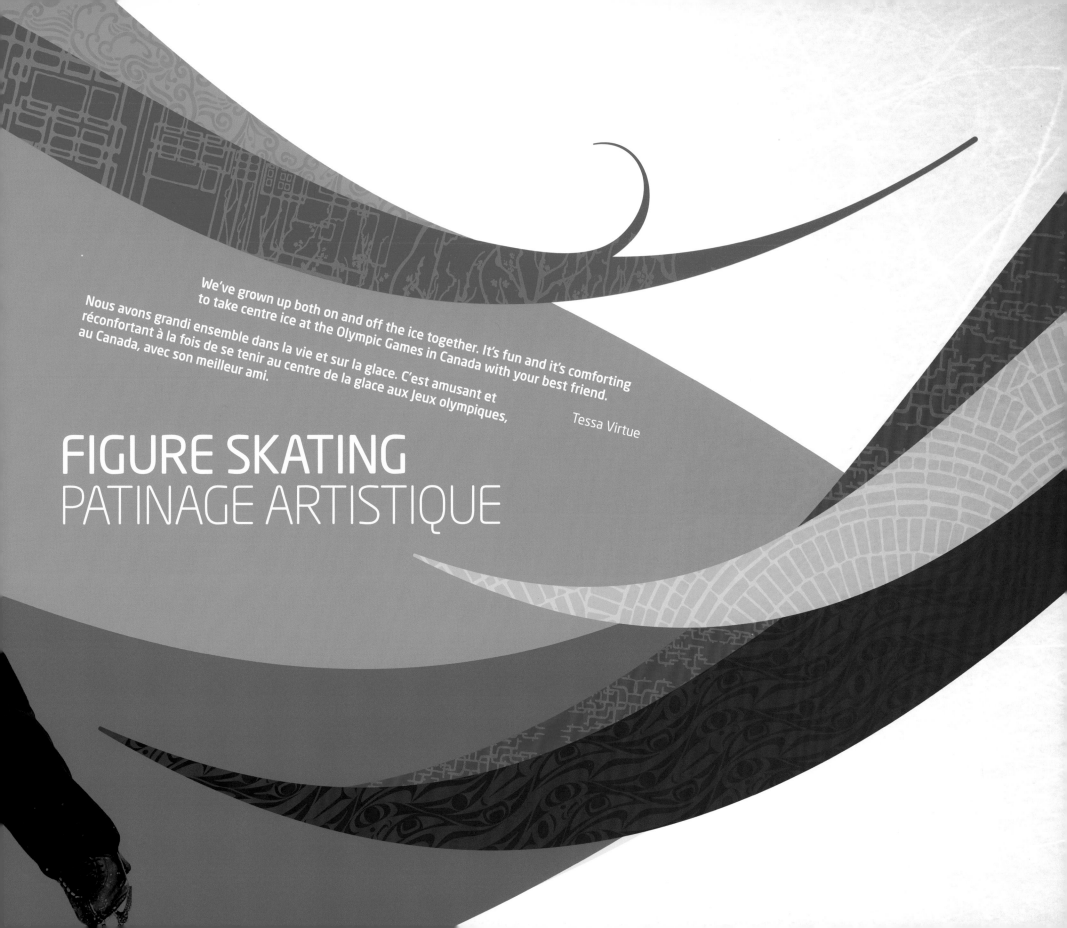

We've grown up both on and off the ice together. It's fun and it's comforting to take centre ice at the Olympic Games in Canada with your best friend.

Nous avons grandi ensemble dans la vie et sur la glace. C'est amusant et réconfortant à la fois de se tenir au centre de la glace aux Jeux olympiques, au Canada, avec son meilleur ami.

Tessa Virtue

FIGURE SKATING
PATINAGE ARTISTIQUE

Stacey Kemp and David King of Great Britain perform during the pairs short program at the Pacific Coliseum on Valentine's Day, February 14.

Stacey Kemp et David King de la Grande-Bretagne pendant le programme court en couple à Pacific Coliseum à la Saint-Valentin, le 14 février.

ONE FOR THE AGES

The best figure skaters allow viewers to forget that Olympic glory is on the line. They encourage us to become mesmerized by their gravity-defying lifts, jumps and holds. They combine explosive power with elegant beauty as they seamlessly weave in a host of required elements while covering all areas of the ice. Gold-medal programs aren't dreamed up overnight. Two to four and a half minutes of ice time at the Olympic Games may take months or years of careful planning and training.

At Vancouver 2010, skaters of this rare quality came from a greater spectrum of international contenders than in previous Games. Fans were treated to a number of rivalries and performances that will be remembered as some of the greatest ever seen. Despite all the pressure of competing at the world's biggest competition, the athletes rose to the occasion, performing at a level that will undoubtedly inspire generations of new figure skaters and fans from every corner of the planet.

MOMENTS INOUBLIABLES

Les meilleurs patineurs artistiques permettent aux téléspectateurs d'oublier que la gloire olympique est en jeu. Ils nous encouragent à être captivés par leurs portés, leurs sauts et leurs prises qui défient la gravité. Ils combinent une puissance explosive et une beauté élégante lorsqu'ils exécutent avec aisance toute une liste d'éléments obligatoires tout en parcourant chaque pouce de la patinoire. Les programmes dignes d'une médaille d'or ne se conçoivent pas en une nuit. De deux à quatre minutes et demie sur la glace aux Jeux olympiques d'hiver peuvent nécessiter des mois ou des années de planification et d'entraînement minutieux.

À Vancouver 2010, les patineurs possédant cette rare qualité provenaient d'une plus grande gamme de concurrents internationaux que celle des Jeux précédents. Les amateurs ont eu droit à plusieurs rivalités et performances dont les gens se souviendront comme étant les meilleures de l'histoire. Malgré toute la pression qu'ils ont ressentie pour leur participation à la plus importante compétition au monde, les athlètes ont été à la hauteur de la situation et ont performé à un niveau qui inspirera sans doute les générations de nouveaux patineurs artistiques et d'amateurs aux quatre coins de la planète.

vancouver 201

(Left) Rochette had a moving reunion with her father, Normand, after receiving her bronze medal.

(À gauche) Des retrouvailles émouvantes pour Mme Rochette et son père, Normand, après avoir reçu sa médaille de bronze.

@ Allez, Joannie! Nous patinons avec vous, toujours. @darklingknight 17 h 04, le 23 févr.

PAIN, COURAGE AND REWARD

PEINE, COURAGE ET RECONNAISSANCE

When Canada's Joannie Rochette stepped onto the ice for the ladies' free program — her final attempt at winning an Olympic medal in her home country — viewers held their collective breath. Knowing Rochette lost her mother, Thérèse, to a heart attack just two days before the ladies short program, figure skating fans and casual viewers alike were gripped by emotion as Rochette gave the world a lesson in composure and tenacity.

Shortly after the announcement of her mother's death, Rochette's sport psychologist Wayne Halliwell told media that the 24-year-old from Quebec wanted to compete in honour of her mom. Halliwell's approach: "We'll do this not only for your mom, but with your mom."

Skating through an emotionally charged performance in the short program on Day 12, Rochette landed herself in third position, close behind gold-medal favourites Yu-Na Kim of Korea and Mao Asada of Japan.

Going into the free program two days later, as the second-to-last skater, the tension was palpable as Rochette took to the ice with a pre-competition exchange of hand slaps with coach Manon Perron. Despite unimaginable emotion, Rochette skated powerfully, with a near flawless program. But the bronze wouldn't be hers until the last skater competed. It was almost certain that Yu-Na Kim had the gold and Mao Asada the silver, but when the scores went up for the last skater — American Mirai Nagasu — they weren't enough to overtake Rochette. And so, on Day 14 of the Games, Rochette became the first Canadian woman to win a medal in figure skating since Elizabeth Manley's silver-medal performance at Calgary 1988.

Lorsque la Canadienne Joannie Rochette est montée sur la glace pour le programme libre des dames — sa chance de remporter une médaille olympique dans son pays d'origine — les téléspectateurs ont tous retenu leur souffle. Sachant que Mme Rochette avait perdu sa mère, Thérèse, à la suite d'une crise cardiaque seulement deux jours avant le programme court des dames, les amateurs de patinage artistique tout comme les téléspectateurs occasionnels ont tous été saisis d'émotions lorsque la patineuse a donné au monde entier une leçon de sang-froid et de ténacité.

Peu après l'annonce du décès de la mère de Mme Rochette, Wayne Halliwell, psychologue sportif de Joannie Rochette, a dit aux médias que l'athlète québécoise de 24 ans voulait participer en l'honneur de sa mère. L'approche de M. Halliwell était la suivante : « Nous le ferons non seulement pour ta mère, mais avec ta mère ».

Après avoir présenté son programme court plein d'émotions au Jour 12, Joannie Rochette s'est classée en troisième position, pas loin derrière les favorites pour gagner la médaille d'or : Yu-Na Kim de la Corée et Mao Asada du Japon.

Deux jours plus tard, à l'occasion du programme libre où Mme Rochette allait patiner en avant-dernière position, la tension était palpable lorsqu'elle est entrée sur la patinoire et a tapé les mains de son entraîneuse Manon Perron – leur routine porte-bonheur avant la compétition. Malgré les émotions inimaginables, Mme Rochette a patiné avec puissance un programme libre presque parfait. Toutefois, la médaille de bronze n'était pas encore la sienne, puisque la dernière patineuse n'avait pas encore la patiné. Il était presque certain que Yu-Na Kim remportait la médaille d'or et que Mao Asada remportait la médaille d'argent, mais lorsque les points de la dernière patineuse, l'Américaine Mirai Nagasu, ont été affichés, ils n'étaient pas suffisants pour devancer Mme Rochette. Et donc, en ce Jour 14, Joannie Rochette est devenue la première Canadienne à remporter une médaille en patinage artistique depuis la médaille d'argent d'Elizabeth Manley à Calgary en 1988.

Supported by skating fans and coach Manon Perron (above), Canada's Joannie Rochette delivered a powerful performance — and an emotional finish — mere days after the death of her mother.

Soutenue par les amateurs de patinage et son entraîneuse Manon Perron, la Canadienne Joannie Rochette (ci-dessus) a présenté une solide performance et une finale des plus émotives quelques jours à peine après le décès de sa mère.

Wow, really inspired by Joannie Rochette. She really honored her mother w/ her performance. Most touching moment of Games. @Jerry_Brewer 8:34 PM Feb 23

207

A BEAUTIFUL BATTLE FOR GOLD LA PLUS BELLE BATAILLE POUR LA MÉDAILLE D'OR

Yu-Na Kim, the pride of Korea, and reigning world figure skating champion, went into Vancouver 2010 as the clear favourite to win the women's Olympic gold medal. And did she ever deliver! Kim's on-ice perfection defied any hint of pressure, until the moment she completed her free skate — her eyes welling up with tears as she cupped her mouth in a show of joy mixed with unimaginable relief. By winning gold, Kim became her country's first Olympic figure skating champion.

When Kim first arrived in Vancouver, she and her Canadian coach — Olympic silver medallist Brian Orser — were greeted by some 300 media waiting to interview the Korean superstar. The 19-year-old promised to do her best. But back in Asia, the showdown between rivals "Queen Yu-Na" and "Queen Mao" — Asada, 19, of Japan — was going to be the event to watch. In the previous two seasons, Kim had only lost twice, both times to Asada and Asada's triple Axel. As a result, Asada faced the same amount of celebrity and pressure in figure-skating-crazy Japan.

But on Day 14, it was Kim's night. As she glided onto the ice for the free program, pausing for a moment as the music began, she then launched into a crowd-thrilling triple-Lutz and triple-toe combination. It would be the first of 11 spectacular jumps that would showcase her breathtaking grace and technical excellence. Throughout Kim's performance, Korean flags waved in the stands of the Pacific Coliseum as the crowd reacted to Kim's astounding record-breaking score of 228.56.

Asada skated immediately following Kim and nailed two triple Axels; however, a few mistakes later in the program confirmed that Kim would be the reigning queen of the night. For Brian Orser, it was also a crowning moment. Twenty-two years after his silver-medal finish at Calgary 1988, he finally got his gold. Orser was bursting with pride as he described Kim's performance. "She was skating with her heart. I just wanted her to have an Olympic moment. I wanted it to be Olympic and not cautious, not hold back, just go out and embrace the space, and the Olympic Games."

Yu-Na Kim, fierté de la Corée et championne du monde en titre de patinage artistique, était la favorite pour remporter la médaille d'or olympique de l'épreuve des dames à Vancouver 2010. Et quelle réussite! La perfection de Mme Kim sur la glace a défié toute indication de pression, jusqu'au moment où elle a terminé son programme libre — ses yeux se sont remplis de larmes quand elle s'est mis la main sur la bouche pour démontrer sa joie, mêlée à un soulagement inimaginable. En remportant la médaille d'or, Yu-Na Kim est devenue la première championne olympique de patinage artistique de son pays.

Lorsque Mme Kim est arrivée à Vancouver, elle et son entraîneur canadien Brian Orser — médaillé d'argent olympique — ont été accueillis par quelque 300 membres des médias qui souhaitaient avoir un entretien avec la vedette coréenne. La patineuse de 19 ans a promis de faire de son mieux. Mais en Asie, la bataille décisive entre les deux rivales, « Reine Yu-Na » et « Reine Mao Asada », 19 ans du Japon, allait constituer l'événement à regarder. Au cours des deux saisons précédentes, Yu-Na Kim n'avait perdu que deux fois, et ces deux fois contre Mao Asada et son triple axel. Par conséquent, Mme Asada a fait face à la même célébrité et pression au Japon, où les Japonais sont de grands amateurs de patinage artistique.

Mais au Jour 14, la soirée a appartenu à Yu-Na Kim. Après s'être avancée élégamment sur la patinoire pour exécuter son programme libre, elle a fait une légère pause quand la musique a commencé, puis elle s'est lancée dans une combinaison triple lutz-triple boucle piqué qui a été un moment des plus palpitants pour les spectateurs. Il s'agissait du premier des 11 sauts spectaculaires qui présenteraient sa grâce époustouflante et son excellence technique. À Pacific Coliseum, les drapeaux coréens flottaient dans les gradins pendant la performance de Mme Kim et à la suite de son étonnant pointage de 228,56 qui a brisé les records.

Mao Asada a patiné immédiatement après Yu-Na Kim et elle a réussi ses deux triples axels, cependant les quelques erreurs qu'elle a faites pendant son programme ont confirmé que Mme Kim serait la reine de la soirée. Pour Brian Orser, il s'agissait aussi d'un moment de triomphe. Vingt-deux ans après avoir remporté sa médaille d'argent à Calgary en 1988, il a finalement remporté sa médaille d'or. M. Orser éclatait de fierté quand il a décrit la performance de Yu-Na Kim : « Elle a patiné avec son cœur. Tout ce que je voulais c'est qu'elle ait un moment olympique, sans prudence ni retenue, et qu'elle saisisse tout l'espace, ainsi que les Jeux olympiques ».

Yu-Na Kim's performance in the free skate, set to the music of Gershwin, earned the Korean the highest point total of any woman under figure skating's new scoring system, in place since 2006.

La performance de Yu-Na Kim au programme libre, sur la musique de Gershwin, a permis à la Coréenne de remporter le plus grand nombre de points chez les dames, du jamais vu depuis l'introduction du nouveau système de notation du patinage artistique, en place depuis 2006.

Mao Asada of Japan (left) landed two triple Axels to solidify her hold on the silver medal, but solid was not good enough to catch Yu-Na Kim. The Korean's speed, poise and grace won the night, and the gold.

En rouge, la Japonaise Mao Asada (à gauche) a réussi deux triples axels, pour resserrer son emprise sur la médaille d'argent. Mais cela malheureusement à été insuffisant pour dépasser Yu-Na Kim. La vitesse, l'équilibre et la grâce de la Coréenne lui ont permis de rafler l'or.

A WISH COMES TRUE

On Day 5 of the Games, 12-year-old Madison Wilson-Walker retrieves flowers for the men's short program. She made her wish to take part in the Games through the children's Make-A-Wish Foundation of Ontario. At age three, Wilson-Walker contracted meningitis and lost both her legs below the knee. But this hasn't kept her from becoming an avid athlete: Wilson-Walker enjoys a busy life of figure skating, horseback riding and cross-country running.

UN RÊVE SE RÉALISE

Au Jour 5 des Jeux, Madison Wilson-Walker, âgée de 12 ans, a recueilli les fleurs après le programme court des hommes. Elle avait fait comme souhait de prendre part aux Jeux auprès de la Fondation Rêves d'enfants de l'Ontario. À l'âge de trois ans, Mlle Wilson-Walker a contracté la méningite et a perdu ses deux jambes sous les genoux. Cela ne l'a pas empêchée de devenir une athlète passionnée : elle mène une vie bien remplie de patinage artistique, d'équitation et de course cross country.

(Facing page, left to right) All eyes were on the three medal winners — Joannie Rochette, Yu-Na Kim and Mao Asada — during and after the free skate at the Pacific Coliseum. Kim was the toast of South Korea, where she graced the front page of every major paper for winning that country's first figure skating gold. Daily activity across Asia came to a halt as millions watched her showdown with Japan's Asada as it unfolded live; it was broadcast in the early afternoon, with Kim's skate transfixing lunch-hour travellers in Seoul (top) at 1:20 p.m.

(Page précédente de gauche à droite) Tous les yeux étaient rivés sur les trois médaillées, Joannie Rochette, Yu-Na Kim et Mao Asada, pendant et après le programme libre à Pacific Coliseum. Mme Kim est devenue la chouchoute de la Corée du Sud, où elle a fait la couverture de tous les principaux journaux après avoir gagné la première médaille d'or de son pays en patinage artistique. Les activités quotidiennes à travers l'Asie ont été interrompues tandis que des millions de personnes ont regardé en direct la prestation de la Japonaise Mao Asada. La compétition a été diffusée en début d'après-midi et la performance de Mme Kim, à 13 h 20, a paralysé l'heure du dîner à Séoul (haut).

PERFECTION AND ARTISTRY EARN GOLD

In figure skating, there's no single mould for a champion. That's what keeps the sport fresh. Vancouver 2010 was the second Olympic Games since the International Skating Union revamped its judging rules in favour of a more objective system. It was a welcome change for many skaters, but for some, the system doesn't reward technical difficulty as highly as they might like. As competition got underway in Vancouver, the pursuit of men's Olympic gold reignited the debate about how best to push the sport forward; namely, whether to prize perfection and artistry over powerful jumps that boldly venture beyond what's required.

Evgeni Plushenko had returned to figure skating after a three-season hiatus — a remarkable feat for a sport that's ever-evolving and requires year-round intensive training. Despite the long break, Plushenko's confidence and athletic prowess were well intact for Vancouver 2010, having perfected the quadruple toe loop, which earned him the nickname "Quadchenko."

Meanwhile, along came Evan Lysacek of the United States — reigning World Champion and two-time US champion. Lysacek didn't have the quad in his arsenal of jumps, but he didn't need it. Dressed in a sleek black designer costume, and having the 6'2" build of a model, Lysacek executed an exquisite free skate with clean jumps. Plushenko nailed his quad, but his skate was not perfect. The result: gold for Lysacek, who finished with a career-best 257.67, 1.31 ahead of silver medallist Plushenko.

Quad or not, at Vancouver 2010, several men pushed the sport forward. Among them, Japan's beloved Daisuke Takahashi, who won bronze, becoming the first Japanese man to win a figure skating medal at an Olympic Games. Takahashi lost points when he fell on his opening quadruple toe loop, but for a skater who missed the previous season recovering from knee surgery, his rise to the podium was inspiring.

It's sad that it's come to an end — it's been a dream . . . The greatest skaters in the world are skating as one.

Evan Lysacek, US gold medallist

C'est triste que ce soit terminé, c'était un rêve... Les meilleurs patineurs au monde ont patiné comme s'ils ne faisaient qu'un.

Evan Lysacek, médaillé d'or des États-Unis

En parlant aux médias après avoir terminé deuxième derrière l'Américain Evan Lysacek, le Russe Evgeni Plushenko n'a pas hésité à exprimer sa déception et à donner son opinion sur l'importance du saut quadruple à tous ceux qui voulaient l'entendre.

Talking to the media after finishing a close second to American Evan Lysacek, Russia's Evgeni Plushenko was not shy about expressing his disappointment, sharing his opinion on the importance of the quad jump with all who would listen.

LA PERFECTION ET LE TALENT ARTISTIQUE REMPORTENT L'OR

En patinage artistique, il n'existe pas un seul moule pour un champion. C'est ce qui permet au sport de rester à jour. À Vancouver 2010, il s'agissait des deuxièmes Jeux olympiques d'hiver depuis que l'Union internationale de patinage a modifié ses règlements pour les juges en faveur d'un système plus objectif. Cette modification a été bien accueillie par de nombreux patineurs, mais pour certains, le système ne récompense pas la difficulté technique autant qu'ils aimeraient. Quand la compétition a commencé à Vancouver, la quête de la médaille d'or olympique chez les hommes a relancé le débat sur la meilleure manière de faire évoluer le sport, notamment s'il faut privilégier la perfection et le talent artistique par rapport aux sauts puissants qui vont bien au-delà de ce qui est requis.

Evgeni Plushenko était revenu au patinage artistique après une pause de trois saisons — un exploit remarquable pour le sport qui est en évolution constante et qui nécessite un entraînement intensif à l'année. Malgré cette longue pause, la confiance et la prouesse athlétique de M. Plushenko étaient bien intactes pour Vancouver 2010, car il a perfectionné son quadruple boucle piqué, raison pour laquelle on le surnomme maintenant « Quadchenko ».

En même temps est arrivé l'Américain Evan Lysacek — champion du monde en titre et deux fois champion des États-Unis. M. Lysacek n'avait pas le quadruple dans son arsenal de sauts, mais il n'en avait pas besoin. Vêtu d'un costume designer noir élégant et avec la stature d'un mannequin de 6 pi 2 po, M. Lysacek a exécuté un programme libre exquis avec des sauts sans erreurs. M. Plushenko a réussi son quadruple, mais n'a pas exécuté son programme de façon parfaite. Le résultat : la médaille d'or pour M. Lysacek, qui a terminé avec 257,67 points, le meilleur pointage de sa carrière, soit 1,31 point de plus que M. Plushenko, qui a remporté la médaille d'argent.

Quadruple ou pas, plusieurs hommes ont fait évoluer le sport aux Jeux olympiques d'hiver de 2010 à Vancouver. Parmi eux : Daisuke Takahashi, le bien-aimé du Japon qui a remporté la médaille de bronze, est devenu le premier Japonais à remporter une médaille en patinage artistique aux Jeux olympiques. M. Takahashi a perdu des points lorsqu'il est tombé à son premier saut, le quadruple boucle piqué. Pour un patineur qui a manqué la saison précédente parce qu'il récupérait à la suite d'une opération chirurgicale au genou, son ascension au podium a été inspirante.

Nice finish to men's figure skating. Exciting! It's official. I'm addicted to the Olympics. @romymcmaster 9:07 PM Feb 18

213

EVGENI PLUSHENKO ▬ SHORT PROGRAM, PROGRAMME COURT

JOHNNY WEIR ▬ FREE PROGRAM, PROGRAMME LIBRE

PATRICK CHAN 🇨🇦 FREE PROGRAM, PROGRAMME LIBRE

EVAN LYSACEK 🇺🇸 SHORT PROGRAM, PROGRAMME COURT

ALL IN THE FAMILY

Since 1960, no Russian or Soviet team has failed to win gold in the pairs event. But in 2010, that streak — of nearly 50 years — came to an end when China took both gold and silver.

Going into Vancouver, China's Xue Shen, 31, and Hongbo Zhao, 36, were certainly gold-medal contenders. But the pair wasn't favoured to beat Germany's Aliona Savchenko and Robin Szolkowy. For the married couple, Shen and Zhao, Olympic gold had fallen just out of reach for years and Vancouver 2010 would be their fourth consecutive Olympic Games since 1998. They won bronze at Salt Lake 2002 and again at Torino 2006. In 2007, thinking their best years were behind them, Shen and Zhao retired after winning their third world title. But a few seasons later, they still dreamed of Olympic gold.

Returning to figure skating in time for Vancouver 2010, Shen and Zhao showed they still had it, breaking their own world record in the short program on the evening of Chinese New Year. As the night's first skaters, they watched in anticipation as pair after pair failed to topple their best score of 76.66. One night later, all the pairs struggled to skate a clean performance in the free program, but Shen and Zhao were superb, maintaining their lead. Savchenko and Szolkowy's shaky free skate dropped them to the bronze-medal position, making room for China's Qing Pang and Jian Tong to skate their way to the silver medal, to the tune of *The Impossible Dream*.

A proud day for China left figure skating aficionados wondering whether Russia's stranglehold on the event was over for good. Did Vancouver 2010 set the stage for a new era in Olympic figure skating? The answer could come in Sochi 2014.

China's Xue Shen gets her ankle taped and warms up by throwing a football with partner and husband Hongbo Zhao prior to their gold-medal-winning free skate at the Pacific Coliseum.

La Chinoise Xue Shen se fait bander les chevilles et s'échauffe en lançant un ballon de football à son partenaire et conjoint Hongbo Zhao avant leur programme libre qui leur a permis de remporter l'or à Pacific Coliseum.

(Below left) China's Shen and Zhao, who thrilled the crowd with daring throws during the free skate, react to their scores. They came out of retirement and landed on the middle of the podium alongside compatriots and silver medallists Qing Pang and Jian Tong and Germany's Aliona Savchenko and Robin Szolkowy.

(Ci-dessous, à gauche) Les Chinois Shen et Zhao, qui ont enchanté la foule avec leurs lancers audacieux au cours du programme libre, réagissent devant leurs résultats. Ils sont sortis de leur retraite pour monter sur la plus haute marche du podium, aux côtés de leurs compatriotes et médaillés d'argent Qing Pang et Jian Tong, ainsi que les Allemands Aliona Savchenko et Robin Szolkowy.

TOUS DE LA MÊME FAMILLE

Depuis 1960, c'est une équipe russe ou soviétique qui a remporté toutes les médailles d'or à l'épreuve par couples. Mais en 2010, cette période de victoires — vieille de presque 50 ans — a pris fin lorsque la Chine a remporté les médailles d'or et d'argent.

À l'approche de Vancouver 2010, Xue Shen, 31 ans, et Hongbo Zhao, 36 ans, de la Chine aspiraient certainement à la médaille d'or, mais personne ne pensait qu'ils pourraient battre le couple allemand composé d'Aliona Savchenko et de Robin Szolkowy. Pour le couple marié de Mme Shen et M. Zhao, la médaille d'or olympique a été hors de portée pendant des années. À Vancouver 2010, ils en étaient à leurs quatrièmes Jeux olympiques d'hiver consécutifs depuis 1998. Ils ont remporté la médaille de bronze à Salt Lake City en 2002 et encore à Turin en 2006. En 2007, pensant que leurs meilleures années étaient terminées, Mme Shen et M. Zhao ont pris leur retraite après avoir remporté leur troisième titre mondial. Quelques saisons plus tard, ils rêvaient toujours de remporter la médaille d'or olympique.

En faisant leur retour au patinage artistique à temps pour Vancouver 2010, Mme Shen et M. Zhao ont montré qu'ils n'avaient rien perdu en battant leur propre record du monde au programme court le soir du Nouvel An chinois. Comme premier couple de la soirée sur la patinoire, Mme Shen et M. Zhao ont regardé chaque autre couple avec anticipation, mais aucun n'a pu battre leur meilleur pointage de 76,66. Une soirée plus tard, tous les couples ont eu de la difficulté à exécuter leur programme libre sans erreurs, sauf Xue Shen et Hongbo Zhao qui ont été superbes, ce qui leurs a permis de rester en tête. Le programme libre incertain d'Aliona Savchenko et de Robin Szolkowy les a fait baisser en troisième place et ils ont remporté la médaille de bronze, ce qui a permis à Qing Pang et à Jian Tong de la Chine de remporter la médaille d'argent, au son de The Impossible Dream.

Après cette fière journée pour la Chine, les amateurs de patinage artistique en sont restés à se demander si la suprématie de la Russie à cette épreuve était finie pour de bon. Est-ce que Vancouver 2010 a ouvert la voie à une nouvelle ère en patinage artistique olympique? La réponse à cette question nous sera révélée à Sochi en 2014.

I was moved almost to tears by the gold medal-winning Chinese figure skating performance. @WillSloanEsq 8:56 PM Feb 15

As Virtue and Moir skated, they seemed two bodies expelling one long, sensuous breath.

Dance critic Gia Kourlas, in *The New York Times*

Quand Virtue et Moir patinaient, ils ressemblaient à deux corps expulsant un long souffle sensuel.

Gia Kourlas, critique de danse, *The New York Times*

Canada's Tessa Virtue and Scott Moir dazzle during their free skate, a performance that drew comparisons to British ice-dance legends Jayne Torvill and Christopher Dean.

Les Canadiens Tessa Virtue et Scott Moir ont ébloui pendant leur programme libre, une performance qui a permis de les comparer aux légendes britanniques de danse sur glace Jayne Torvill et Christopher Dean.

A CONNECTION WITH HISTORY

There are certain performances that become etched in the memories of all who witness them. Canadian ice dancers Tessa Virtue and Scott Moir delivered just such a performance as they finished a charmed Olympic competition with a free-skate program that could well go down in figure skating legend. Having skated together since the ages of seven and nine, their connection was so natural and spellbinding that they captured the country's heart. Even rough-and-tumble hockey fans were glued to the screen as Virtue and Moir took to the ice. When they won gold, Canada erupted in celebration, and fans across the country waxed on about the victory at office water coolers the next day.

The two young Canadians became the first ice dancers from North America to stand atop an Olympic ice dance podium by earning a whopping 221.57 points overall. Aged 20 and 22, Virtue and Moir also went into the record books as the youngest Olympic ice dance champions.

The silver went to the American ice dance duo of Meryl Davis and Charlie White, with 215.74 points. Like Virtue and Moir, Davis and White grew up in the same neighbourhood and have been skating together since childhood. In fact, Davis and White have much in common with their Canadian friends and rivals: they also share coaches and train at the same Michigan facility.

Oksana Domnina and Maxim Shabalin of Russia won ice dance bronze, after facing criticism over their original dance costumes and components, drawn from Australia's Aboriginal culture. Their final skate reminded those watching why they were world champions.

The media and public embraced Virtue and Moir as overnight sensations, but for the skaters, it was the result of years of hard work. "It's been 13 years of skating together. What a journey," said Virtue, reflecting on their win. "It's been so many ups and downs, so many sacrifices. We've grown up together. We're best friends. It's just so amazing to share this together."

UNE RELATION DE LONGUE DATE

Certaines performances sont gravées dans la mémoire de tous ceux qui en sont témoin. C'est ce à quoi nous avons eu droit quand Tessa Virtue et Scott Moir, couple canadien de danse sur glace, ont terminé la compétition olympique enchantée avec une danse libre qui pourrait bien faire partie des légendes du patinage artistique. Puisqu'ils patinent ensemble depuis qu'ils touché sept et neuf ans, leur lien est si naturel et envoûtant qu'ils ont touché le cœur de tous les Canadiens. Même les amateurs de hockey, plus robustes, avaient les yeux fixés sur l'écran quand Mme Virtue et M. Moir sont montés sur la glace. Lorsqu'ils ont remporté la médaille d'or, le pays entier était en fête, et le lendemain, les amateurs de tout le pays parlaient de leur victoire.

Ces deux jeunes Canadiens sont devenus le premier couple de danse sur glace nord-américain à monter au sommet du podium olympique en remportant un très bon pointage total de 221,57. Tessa Virtue et Scott Moir, âgés respectivement de 20 et de 22 ans, ont également inscrit un autre record à titre de plus jeunes champions olympiques en danse sur glace.

Le couple de danse américain composé de Meryl Davis et de Charlie White a remporté la médaille d'argent, avec un pointage de 215,74. Comme Mme Virtue et M. Moir, Mme Davis et M. White ont grandi dans le même quartier et patinent ensemble depuis leur enfance. En fait, ils ont beaucoup en commun avec leurs amis et rivaux canadiens : ils partagent le même entraîneur et s'entraînent au même endroit dans le Michigan.

Les Russes Oksana Domnina et Maxim Shabalin ont remporté la médaille de bronze en danse sur glace, après avoir reçu des critiques quant à leurs costumes et aux composantes de leur danse originale inspirée de la culture autochtone australienne. Leur programme libre a rappelé aux spectateurs pourquoi ils étaient champions du monde.

Les médias et le public ont immédiatement adopté Tessa Virtue et Scott Moir comme nouvelles vedettes de danse sur glace, mais pour les patineurs, il s'agissait du résultat de bien des années de dur travail : « Cela fait 13 ans que nous patinons ensemble. Quel cheminement », a déclaré Mme Virtue, en pensant à leur victoire. « Il y a eu beaucoup de hauts et de bas, et tellement de sacrifices. Nous avons grandi ensemble. Nous sommes meilleurs amis. C'est absolument incroyable de partager cela ensemble. »

ICE DANCE DANSE SUR GLACE 🇨🇦 ● TESSA VIRTUE, SCOTT MOIR 🇺🇸 ● MERYL DAVIS, CHARLIE WHITE ● OKSANA DOMNINA, MAXIM SHABALIN

219

Moir and Virtue react to their final marks with coaches Igor Shpilband and Marina Zoueva, who also coach US skaters Meryl Davis and Charlie White, the silver medallists (top).

M. Moir et Mme Virtue réagissent à leurs résultats finaux avec leurs entraîneurs Igor Shpilband et Marina Zoueva, qui sont aussi entraîneurs pour les patineurs américains Meryl Davis et Charlie White, les médaillés d'argent (haut).

(Facing page) Moir leaps to embrace his two brothers at the Pacific Coliseum.

(Page suivante) À Pacific Coliseum, M. Moir bondit pour embrasser ses deux frères.

After we were done skating . . . we got a chance to see our
family and spend some time with our support group, and it was
very special to be able to share this with them and let them
hold a medal that they have been such a big part of.

Scott Moir

Après avoir terminé la compétition, nous avons eu la chance
de voir notre famille et de passer du temps avec nos partisans.
C'était très spécial de pouvoir partager cela avec eux et de leur
laisser toucher une médaille qu'ils nous ont aidés à gagner.

2010

vancouver 2010

SHORT TRACK
SPEED SKATING
PATINAGE DE VITESSE
SUR PISTE COURTE

History has been made by the Chinese team . . .
I have now achieved all my Olympic dreams.

L'équipe chinoise a marqué l'histoire...
J'ai maintenant réalisé tous mes rêves olympiques.

Meng Wang

FOLLOW THE LEADER

Short track speed skaters are stealth and power in one. It's a race to the finish line that demands constant jockeying for position. On an indoor ice track that's 111.12 metres around, skaters compete four to six in a race, often within centimetres of each other. Body contact is not allowed, but when the pack gets tight racers often graze skate blades or shoulders — sometimes resulting in crashes that can take out several skaters in a split second. No wonder the sport is often described as roller derby on ice.

At the Pacific Coliseum, the sport had fans screaming and cheering at the top of their lungs, decked out in the colours of many of the sport's most dominant countries: Canada, China, Korea and the United States. The rowdy atmosphere contrasted sharply with the more refined rapture displayed by fans at the figure skating competition, held in the same venue.

In short track, whenever a country other than "the big four" wins gold, it's a momentous occasion. Of the 24 medals awarded in Vancouver, only one medal went to another country, thanks to Italy's Arianna Fontana and her bronze-medal performance in the 500-metre event. However, that didn't mean the results were predictable. Living up to its reputation, short track offered many surprises and upsets as leaders toppled, followers took over and fans flipped out.

Tornade à l'horizon : les athlètes de patinage de vitesse sur piste courte se préparent avant la course de quart de finale de 500 mètres, le 26 février, à Pacific Coliseum, à Vancouver.

Quiet before the maelstrom: short track competitors congregate prior to the men's 500-metre quarter-finals on February 26 at Vancouver's Pacific Coliseum.

À LA QUEUE LEU LEU

Les patineurs de vitesse sur piste courte sont à la fois furtifs et puissants. Il s'agit d'une course jusqu'à la ligne d'arrivée qui exige une lutte incessante pour se tailler une position. Sur une piste de glace intérieure d'une circonférence de 111,12 mètres, de quatre à six concurrents s'affrontent à l'occasion d'une course où seuls quelques centimètres les séparent les uns des autres. Les contacts physiques sont interdits, mais lorsqu'une course est serrée, on remarque souvent des effleurements de lames ou d'épaules qui causent parfois des chutes pouvant en quelques secondes faire tomber plusieurs patineurs. Il n'est donc pas surprenant d'apprendre que l'on compare souvent ce sport à une course de patins à roulettes sur glace.

À Pacific Coliseum, les rebondissements ont suscité de fortes acclamations de la foule majoritairement vêtue des couleurs de certains des pays dominants à ce sport : le Canada, la Chine, la Corée et les États-Unis. L'ambiance très animée des compétitions de patinage de vitesse sur piste courte s'opposait à celle des compétitions de patinage artistique, présentées au même site, où l'on trouvait plutôt une foule en extase.

En patinage de vitesse sur piste courte, lorsqu'un pays autre que les quatre nommés ci-haut remporte une médaille d'or, il s'agit d'une occasion à ne pas manquer. Des 24 médailles remises en patinage de vitesse sur piste courte à Vancouver, une seule n'a pas été attribuée à l'un des quatre pays dominants et ce, grâce aux efforts de l'Italienne Arianna Fontana qui lui ont valu une médaille de bronze au 500 mètres. Les résultats des compétitions n'étaient pas pour autant prévisibles. Fidèle à sa réputation, le sport a offert bon nombre de surprises et de revirements; on a vu des patineurs en tête tomber avant d'être dépassés par des concurrents de derrière, au son des cris assourdissants des partisans.

In short track, racers stay low and push sideways to generate speed and hug the corners, but it takes time to get the body to buy in (facing page). Those tight corners also explain the modified equipment: cut-resistant gloves with hard tips (below right) and skate blades offset to the left allow for greater lean and pushing power in turns.

En patinage de vitesse sur piste courte, il faut rester près de la glace et effectuer des poussées latérales pour prendre de la vitesse et bien naviguer les virages, mais cela peut prendre du temps à maîtriser (page précédente). Ces virages sont parmi les raisons pour lesquelles on a modifié l'équipement : des gants résistants aux coupures (ci-dessous, à droite) et des lames de patins décalées vers la gauche pour assurer une poussée puissante et une inclinaison prononcée à l'exécution des virages.

A LEGEND SKATES INTO THE SUNSET

I love it that I've been here this long and I'm still very competitive. I take a lot of pride in that because our sport has such a high turnover.
Apolo Anton Ohno

Apolo Anton Ohno arrived at Vancouver 2010 with five Olympic medals in his collection — two from Salt Lake 2002 and three from Torino 2006. Going into his third Olympic Games at age 27, he was considered past the prime age to compete. But that didn't prevent Ohno from becoming the most decorated winter Olympian in American history.

In Vancouver, Ohno added one silver and two bronze medals to his haul. On Day 2, Korean Jung-Su Lee won gold in the men's 1,500-metre race, but Ohno and US teammate J.R. Celski took silver and bronze respectively after Koreans Ho-Suk Lee and Si-Bak Sung brushed and ended up sliding into the mats. With his silver-medal win, Ohno became the most decorated Olympian in short track speed skating, surpassing Korean skater Lee-Kyung Chun.

In the men's 1,000 metres, Ohno added a bronze medal to his collection after finishing behind South Koreans Jung-Su Lee (gold) and Ho-Suk Lee (silver). And finally, on Day 15, Ohno earned another bronze as the anchor of the US men's relay team, his eighth career Olympic medal.

At one point, Ohno thought he had also won silver in the 500-metre final. But he was disqualified for interfering with Canada's François-Louis Tremblay, who ended up receiving the bronze. Ohno drew the third starting position on the start and characteristically raced from behind until the final turn when he tried to move past Tremblay on the inside. During his passing attempt, he and Tremblay made contact, causing Tremblay to fall. Canada's Charles Hamelin won the race, Ohno crossed the line in second place and Tremblay got up to cross the finish line, while Korea's Si-Bak Sung slid through. Ohno called out the Canadian referee after being disqualified, but it was no use. The relay later that evening would be Ohno's last race of the Games and his final shot at an eighth Olympic medal. Team USA took bronze in the 5,000-metre relay, under the eyes of US swimming sensation Michael Phelps, arguably the most accomplished Olympian of all time with 16 medals.

After 15 years of competitive short track speed skating, the speculation was that Vancouver 2010 would be Ohno's last Olympic Games. Ohno posted these words to his Facebook page before his final competitions in the men's 500-metre race and the relay: "It's time. Heart of a lion," he wrote. "I will give my all — heart, mind and spirit today. This is what it's about! All the way until the end! No regrets."

Ohno leads South Korea's Jung-Su Lee (middle) and US teammate J.R. Celski in the men's 1,500-metre final on February 13. Jung-Su Lee passed the American star to take gold.

Apolo Anton Ohno mène le peloton devant Jung-Su Lee de la Corée (au centre) et son coéquipier américain J.R. Celski pendant la finale de 1 000 mètres, le 13 février. Jung-Su Lee a dépassé la vedette américaine pour remporter l'or.

LE DERNIER TOUR DE PISTE D'UNE LÉGENDE

Même s'il y a longtemps que je pratique le sport, j'aime bien le fait que je suis toujours compétitif. Je suis très fier de cela puisque notre sport connaît un roulement élevé.
Apolo Anton Ohno

Apolo Anton Ohno est arrivé à Vancouver 2010 avec cinq médailles olympiques en poche — deux gagnées à Salt Lake 2002 et trois à Turin 2006. Le patineur de 27 ans en était à sa troisième participation aux Jeux olympiques et en raison de son âge, on considérait ses beaux jours derrière lui; ce qui ne l'a pas empêché de devenir l'athlète olympique de sport d'hiver le plus décoré de toute l'histoire américaine.

À Vancouver, Apolo Anton Ohno a ajouté une médaille d'argent et deux médailles de bronze à son actif. Au Jour 2, le Coréen Jung-Su Lee a remporté l'or à l'épreuve de 1 500 mètres des hommes tandis que M. Ohno et son coéquipier américain J.R. Celski ont respectivement décroché la deuxième et la troisième place, à la suite d'un effleurement entre les Coréens Ho-Suk Lee et Si-Bak Sung qui a entraîné les deux hommes dans une glissade vers les matelas de protection. Cette médaille d'argent a permis à M. Ohno d'être reconnu comme l'athlète de patinage de vitesse sur piste courte le plus décoré, surpassant même le patineur Coréen Lee-Kyung Chun.

À l'occasion de l'épreuve de 1 000 mètres chez les hommes, M. Ohno a reçu une médaille de bronze pour avoir traversé la ligne d'arrivée après les Coréens Jung-Su Lee (or) et Ho-Suk Lee (argent). Finalement, au Jour 15, M. Ohno a gagné une autre médaille de bronze comme membre de l'équipe américaine masculine de relais; il s'agissait de sa huitième médaille olympique en carrière.

M. Ohno a même pensé pendant un instant avoir remporté la médaille d'argent de la finale du 500 m. Toutefois, il a été disqualifié pour avoir fait obstruction à la course du Canadien François-Louis Tremblay qui a finalement gagné la médaille de bronze. Au tirage, M. Ohno a reçu le troisième départ et, comme d'habitude, a participé à la course en demeurant à l'arrière du peloton jusqu'au tout dernier virage dans lequel il a tenté de dépasser M. Tremblay par l'intérieur. Au cours de cette manœuvre, un contact est survenu entre les deux patineurs, contact qui a causé la chute de M. Tremblay ainsi que du Coréen Si-Bak Sung. Le Canadien Charles Hamelin a été le premier à traverser la ligne d'arrivée, suivi de M. Ohno et tandis que M. Tremblay se relevait pour franchir cette même ligne, M. Sung la traversait en glissant. M. Ohno s'est opposé à la décision de l'arbitre, mais en vain. Le relais prévu en soirée allait être la dernière course d'Apolo Anton Ohno ainsi que sa dernière chance de remporter une huitième

médaille olympique. L'équipe des États-Unis a décroché la médaille de bronze du relais 5 000 m, sous le regard du grand champion américain de natation Michael Phelps que l'on pourrait aisément décrire comme l'athlète olympique le plus accompli de tous les temps en raison de ses 16 médailles.

Après 15 ans de compétitions en patinage de vitesse sur piste courte, les conjectures semblaient indiquer que Vancouver 2010 serait la dernière édition des Jeux à laquelle participerait M. Ohno. Avant ses dernières compétitions, le 500 m et le relais 5 000 m, il a affiché ces mots dans sa page Facebook : « Le temps est venu; cœur de lion. Aujourd'hui, je donnerai tout — cœur, corps et âme. Voilà l'essence du sport! J'irai jusqu'au bout! Sans regret. » [traduction libre]

Ohno celebrates his third Vancouver 2010 medal, a bronze in the men's 5,000-metre relay. It was his eighth Olympic medal, making him the most decorated US athlete in Olympic Winter Games history.

M. Ohno célèbre sa troisième médaille de Vancouver 2010, une médaille de bronze remportée au relais 5 000 mètres, hommes. Il s'agit de sa huitième médaille olympique, ce qui fait de M. Ohno l'athlète américain le plus décoré de l'histoire des Jeux olympiques d'hiver.

I just feel like I've been eating dessert the whole time. This is more icing. Anything more for me just makes this whole experience even sweeter.
Apolo Anton Ohno to NBC reporters of his 2010 Olympic experience.

J'ai l'impression de déguster un dessert depuis le début. Maintenant j'en suis à savourer le glaçage. Rien d'autre ne pourrait rendre cette expérience encore plus délicieuse.
a déclaré Apolo Anton Ohno, en parlant de son expérience olympique de Vancouver 2010 à des journalistes du réseau NBC.

🇰🇷 JUNG-SU LEE

🇺🇸 APOLO ANTON OHNO

🇰🇷 HO-SUK LEE

Ohno warms up before the men's 1,000-metre quarter-final on February 20. The 27-year-old American said he was "in the best shape of my life" for Vancouver, using a strict diet and three-a-day workouts to drop nine kilograms (20 pounds) from his race weight in 2002.

M. Ohno s'échauffe avant la course de quart de finale du 1 000 mètres, le 20 février. Selon l'Américain, âgé de 27 ans, sa forme était « meilleure qu'elle ne l'a jamais été » en préparation pour Vancouver 2010 grâce à un régime alimentaire rigoureux et trois séances de conditionnement physique par jour. Pour réduire son poids de course de 2002, il a perdu neuf kilogrammes (20 livres).

I knew I [couldn't] make the same mistake again, so I was really careful.

Ho-Suk Lee after winning silver in the 1,000 metres. His collision with a teammate in the 1,500-metre event prevented a Korean podium sweep.

Je savais que je ne devais pas commettre la même erreur deux fois, donc j'ai fait très attention.

Ho-Suk Lee après avoir remporté l'argent à l'épreuve de 1 000 mètres. Sa chute avec un coéquipier à la finale du 1 500 mètres a empêché la Corée de s'emparer des trois marches du podium.

In the men's 1,000-metre final on February 20, Canadian brothers Charles and François Hamelin took an early lead, but Koreans Jung-Su Lee and Ho-Suk Lee, with Apolo Anton Ohno in their slipstream, passed the home favourites to take gold, silver and bronze respectively.

Le 20 février, à la finale du 1 000 mètres des hommes, les frères canadiens Charles et François Hamelin ont tôt pris la tête dans la compétition, mais Jung-Su Lee et Ho-Suk Lee de la Corée et l'Américain Apolo Anton Ohno ont su dépasser les favoris de la foule et remporter les médailles d'or, d'argent et de bronze, respectivement.

🇰🇷 JUNG-SU LEE

🇨🇦 FRANÇOIS HAMELIN

🇨🇦 CHARLES HAMELIN

🇰🇷 HO-SUK LEE

🇺🇸 APOLO ANTON OHNO

It was one of the most exciting and controversial finishes at the Games. Apolo Anton Ohno was disqualified for pushing Canada's François-Louis Tremblay, and Korea's Si-Bak Sung tangled with Canadian Charles Hamelin in the final corner: Hamelin showed amazing balance, finishing on his feet to win gold.

On s'en souviendra comme l'un des résultats les plus controversés des Jeux : Apolo Anton Ohno a été disqualifié pour avoir poussé le Canadien François-Louis Tremblay tandis que Si-Bak Sung de la Corée est tombé et a touché le Canadien Charles Hamelin dans le dernier virage. M. Hamelin a su garder son sang froid et a maintenu l'équilibre pour franchir la ligne d'arrivée sur ses deux patins et remporter l'or.

MEN'S 500 M 500 M, HOMMES 🇨🇦 • CHARLES HAMELIN 🇰🇷 • SI-BAK SUNG 🇨🇦 • FRANÇOIS-LOUIS TREMBLAY

@ Bravo Charles Hamelin!!!

Tonight he put his rage, fear and speed together and it worked.

Yves Hamelin, on his son Charles. Charles had a disappointing first week but ended the Games with an individual gold in the 500 metres and a team gold in the 5,000-metre relay, which he won alongside his brother François.

▪ CHARLES HAMELIN

▪ MARIANNE ST-GELAIS

Ce soir, il a amalgamé sa rage, sa peur et sa vitesse et a trouvé une combinaison gagnante.

Yves Hamelin, au sujet de son fils Charles. La première semaine de compétition de Charles Hamelin a été décevante, mais son séjour s'est terminé par une médaille d'or à l'épreuve de 500 m et une autre au relais 5 000 m, remportée en compagnie de son frère François.

Une médaille d'or en patinage de vitesse sur piste courte - 500 m hommes. On est super fier de toi! @cyrke 20 h 36, le 26 févr.

Korea's silver medallists celebrate with the Canadian champions at the medal ceremony for the men's relay. "Our strategy was called 'Operation Cobra,'" said Canada's Charles Hamelin. "François-Louis [Tremblay] had one minute and 10 seconds' rest before he did the last two laps — and the last two laps were very good."

Les médaillés d'argent, de la Corée, célèbrent avec les champions olympiques, du Canada, à la cérémonie des vainqueurs pour l'épreuve masculine de relais. « Notre stratégie s'appelait "Opération Cobra" », a déclaré Charles Hamelin. « François-Louis [Tremblay] a pu se reposer pendant une minute, 10 secondes avant les deux derniers tours de piste — et les deux derniers tours de piste ont été très bons. »

@ Je suis ravi pour l'équipe piste courte d'hommes dans le relais 5000m! Medaille d'Or!!! @coconut_corner 21 h 14, le 26 févr.

Je suis tres fiere! Merci pour medaille d'or les gars patinage sur courte piste!!! @StarryDreamer01 20 h 19, le 27 févr.

❖ FRANÇOIS HAMELIN

❖ CHARLES HAMELIN

CANADA'S SHORT TRACK FAMILY

With their father Yves Hamelin as team leader, Canadian short track speed skaters Charles, 25, and François Hamelin, 23, receive sound advice for every race. Yves knows their strengths and unique abilities like no one else, and he almost always watches them compete live.

"They are quite different," said Yves of his two sons from Lévis, Quebec. "It's two types of attitudes.

"François is technically and tactically more refined. He will make a smart move. If there is a small hole in the pack, François will see it and get in it.

"Charles is more of a hard guy, and is really strong. He gets strong acceleration and then goes outside," said Yves of his older son, who took individual gold in the men's 500 metres.

Yves was convinced the Canadian men could contend for gold in the 5,000-metre relay, regardless of what others were saying about the powerful Korean and American teams. He was right. And he couldn't have felt more pride than when his sons stood side by side on the men's relay podium with François-Louis Tremblay, Guillaume Bastille and Olivier Jean.

LA FAMILLE CANADIENNE DE PISTE COURTE

Avec comme chef d'équipe leur père Yves Hamelin, les patineurs de vitesse sur piste courte canadiens Charles (25 ans) et François (23 ans) Hamelin reçoivent de bons conseils pour chaque course. M. Hamelin connait comme nul autre les forces et les habiletés uniques de chacun de ses fils et il regarde presque toujours leurs compétitions en direct.

« Ils sont très différents », a déclaré Yves Hamelin, en parlant de ses garçons originaires de Lévis, au Québec. « Ils représentent deux types d'attitude. »

« La technique et la stratégie utilisées par François sont beaucoup plus raffinées. Il sait se positionner de façon intelligente. S'il se forme un trou au sein du peloton, il le verra assurément et y prendra place. »

« Charles est plus du type fonceur et est très puissant. Il prend beaucoup de vitesse et se place ensuite dans le corridor extérieur », a affirmé Yves Hamelin au sujet de son fils aîné médaillé d'or après l'épreuve de 500 m chez les hommes.

M. Hamelin était convaincu que les hommes canadiens pouvaient potentiellement remporter la médaille d'or au relais 5 000 m, peu importe l'opinion des autres en ce qui a trait à la puissance des équipes coréenne et américaine. Il avait raison et était plus que fier lorsque ses deux fils se sont trouvés côte à côte sur le podium olympique du relais masculin, en compagnie de François-Louis Tremblay, de Guillaume Bastille et d'Olivier Jean.

The Korean men's relay team, the defending gold medallists, salute their fans and the crowd after finishing second in 5,000-metre relay final on February 26. The top four teams finished less than a half-second apart.

Les membres de l'équipe coréenne masculine de relais, champions olympiques en titre, saluent leurs partisans et la foule après avoir terminé au deuxième rang à la finale du relais 5 000 mètres, le 26 février. Les quatre premières équipes ont terminé la course à un intervalle de moins d'une demi-seconde.

Eight skaters started the women's 1,500-metre final on February 20 after crash-marred semifinals resulted in several automatic advancements. China's Yang Zhou (114) broke away from the crowded field to win. "I told myself a few days ago 'Zhou, you can do this,'" the 18-year-old Olympic rookie said.

HA-RI CHO

TANIA VICENT

KATHERINE REUTTER

YANG ZHOU

EVGENIA RADANOVA

EUN-BYUL LEE

ERIKA HUSZAR

SEUNG-HI PARK

LADIES' 1,500 M   1 500 M, DAMES   ● YANG ZHOU   ● EUN-BYUL LEE   ● SEUNG-HI PARK

Le 20 février, huit patineuses ont participé à la finale de 1 500 mètres, après une demi-finale tumultueuse qui a permis de nombreux avancements automatiques. La Chinoise Yang Zhou (114) a dépassé le peloton pour remporter la course. « Il y a quelques jours je me suis dit "Zhou tu es capable" », a déclaré la jeune olympienne, âgée de 18 ans.

EVERYBODY MENG WANG TONIGHT

Chinese short track speed skater Meng Wang came very close to keeping her promise at the 2010 Olympic Winter Games. She intended to win four gold medals, one in each event.

"Unless I make mistakes, no one else will have any chance to win," Wang told media in Beijing, just before travelling to Canada.

Going into the 2010 Winter Games, Wang had been dominant. Individually, she won the 500-metre and 1,000-metre races and the overall titles at the 2009 World Championships. And she was the top-ranked short track speed skater for the 2009–10 World Cup season in the 500-metre and 1,000-metre events. Unquestionably, Wang was the skater to beat.

In Vancouver, Wang easily defended her Olympic title in the 500-metre race. She went on to win the women's 1,000-metre race and share victory with her Chinese teammates in the 3,000-metre relay in a world-record time of 4:06.610. Winning the women's relay at an Olympic Winter Games was a first for China.

The only Vancouver 2010 gold missing for the 24-year-old skater was in the women's 1,500 metres; however, Wang fell in the heats and was disqualified. Her Chinese teammate, Yang Zhou, went on to win.

Wang 's journey to the top was not without its setbacks. Following the sixth Asian Winter Games, held in 2007, she was expelled from the national team for half a year for criticizing China's short track speed skating head coach, Yan Li. She learned to become more careful with her words, but Wang's nickname, Ginger Spice, seemed to stick — referring both to her dyed orange hair and fiery personality.

With her strategy of getting a strong lead and keeping it, Wang did not disappoint. In a sport full of bumps and falls, she steered clear of her competitors and ended up with a gold-medal hat trick.

À moins d'erreurs de ma part, personne d'autre n'aura la chance de gagner.
Meng Wang

Unless I make mistakes, no one else will have any chance to win.

In the wild celebration after Korea was disqualified and China was awarded the gold in the women's relay, Meng Wang's skate (112) accidentally cut the face of teammate Hui Zhang (113).

Parmi le chaos des célébrations après qu'on a disqualifié la Corée et attribué l'or à la Chine au relais chez les dames, la lame du patin de Meng Wang (112) a accidentellement coupé le visage de sa coéquipière Hui Zhang (113).

DANSONS LE MENG WANG

La Chinoise Meng Wang, patineuse de vitesse sur piste courte, est passée à deux doigts de tenir sa promesse relative aux Jeux olympiques d'hiver de 2010 à Vancouver, soit de remporter quatre médailles d'or, une pour chaque épreuve.

« À moins d'erreurs de ma part, personne d'autre n'aura la chance de gagner », avait affirmé Mme Wang aux médias à Pékin, peu avant son départ vers le Canada.

À l'approche des Jeux d'hiver de 2010, Mme Wang dominait le circuit. Elle a remporté les épreuves individuelles de 500 m et de 1 000 m ainsi que le titre de championne des Championnats du monde de 2009. Pour la saison de la Coupe du monde 2009-2010, elle se trouvait au sommet du classement de patinage de vitesse sur piste courte aux épreuves de 500 m et de 1 000 m. Il allait sans dire, Meng Wang était la patineuse à battre.

Aux Jeux olympiques d'hiver de 2010 à Vancouver, Mme Wang a aisément défendu son titre olympique au 500 m. Plus tard, elle a aussi remporté l'épreuve du 1 000 m chez les dames et a partagé une victoire avec ses coéquipières chinoises à l'occasion du relais 3 000 m, tout en établissant un nouveau record du monde, soit un chrono de 4:06.610.

Il s'agissait de la première fois que la Chine montait sur la première marche du podium olympique pour l'épreuve de relais des dames.

À ce moment-là, la seule médaille d'or de Vancouver 2010 qui manquait à la jeune patineuse de 24 ans était celle du 1 500 m chez les dames. Mme Wang a toutefois été disqualifiée à la suite d'une chute au cours des manches éliminatoires. Sa coéquipière Yang Zhou a remporté la course.

Meng Wang a rencontré plusieurs obstacles sur son chemin vers le sommet du classement. Après les sixièmes Jeux asiatiques d'hiver, qui ont eu lieu en 2007, elle a été expulsée de l'équipe nationale pendant six mois pour avoir critiqué Yan Li, arbitre en chef de patinage de vitesse sur piste courte de la Chine. Elle a ainsi appris à bien peser ses mots avant de parler; toutefois, son surnom, Ginger Spice, semble lui coller à la peau — ce titre fait à la fois référence à ses cheveux teints orange et à sa personnalité plutôt fougueuse.

La patineuse avait comme stratégie de se positionner en tête et d'y rester. À cet effet, elle a tenu sa promesse. Au sein d'un sport rempli de contacts et de chutes, Mme Wang a navigué entre ses adversaires et terminé la course avec un trio de médailles d'or.

(Above) US speed skater Shani Davis congratulates Meng Wang after her gold-medal performance in the women's 1,000 metres.

(Ci-dessus) Shani Davis, patineur de vitesse américain, félicite Meng Wang après sa victoire à l'épreuve féminine de 1 000 mètres.

China's peerless Meng Wang won the 1,000-metre final on February 26, putting Chinese skaters atop the podium in each of the four women's events. It was the first time a country swept the women's Olympic titles since the sport made its debut in 1992.

Le 26 février, la patineuse chinoise Meng Wang a remporté l'or à la finale de 1 000 mètres; les patineuses chinoises sont montées sur la marche supérieure du podium pour chacune des quatre épreuves chez les dames. Il s'agit de la première fois qu'un pays remporte l'or à l'ensemble des épreuves féminines depuis les débuts olympiques du sport, en 1992.

(Right) Wang and St-Gelais celebrate winning gold and silver respectively in the 500-metre event on February 17. Victory was especially sweet for St-Gelais, her friends and fans, being that it was also her 20th birthday. "I don't think I could have felt better if it was me winning the medal," boyfriend Charles Hamelin said of St-Gelais's race.

(À droite) Meng Wang et Marianne St-Gelais célèbrent leur victoire, l'or et l'argent respectivement, à l'épreuve de 500 mètres qui a eu lieu le 17 février. La victoire de Mme St-Gelais a été particulièrement spéciale puisqu'elle célébrait aussi ses 20 ans en compagnie de ses amis et ses partisans. « Je ne pourrais me sentir plus heureux si c'était moi qui avais remporté la médaille », a déclaré Charles Hamelin, en parlant de la course de sa petite amie.

Wang (left) fell in the 1,500-metre heats and was disqualified.

Meng Wang (à gauche) est tombée pendant les manches de qualification pour l'épreuve de 1 500 mètres et a été disqualifiée.

MARIANNE ST-GELAIS

MENG WANG

We had the best relay of our life. We had a Canadian record. We always reach for gold — that was our objective. We wanted to leave it all out there and never look back.

Canada's Tania Vicent after her team's silver-medal win

Nous avons patiné le meilleur relais de notre vie. Nous avons obtenu un record canadien. Nous visons toujours l'or — c'était notre objectif. Nous voulions miser le tout pour le tout, sans jamais regarder derrière.

La Canadienne Tania Vicent, après avoir remporté la médaille d'argent avec son équipe

Athletes fresh from the consolation final in the women's 3,000-metre relay watch a dominant Chinese team win gold in the medal race on February 24 at the Pacific Coliseum.

Les athlètes, immédiatement après la finale de consolation de l'épreuve féminine de relais de 3 000 mètres, regardent l'équipe chinoise dominer la compétition et remporter l'or le 24 février, à Pacific Coliseum.

Félicitations à Gregg, Roberge, St-Gelais et Vicent - médaille d'argent en piste courte! @DougSalz 19 h 38, le 24 févr.

I was lucky: it's my birthday today and I got a huge, huge present for myself.

Tae-Bum Mo

J'ai été chanceux : c'est mon anniversaire aujourd'hui et je me suis fait un très très gros cadeau.

SPEED SKATING
PATINAGE DE VITESSE

FORM AND FUNCTION
FORME ET TECHNIQUE

Even before the Games had begun, the Richmond Olympic Oval itself was clearly a winner. Athletes and spectators alike lauded the Oval as the most spectacular venue of its kind anywhere in the world.

The design was inspired by the concept of fight, flight and fusion. Its massive scale is awe-inspiring; the Oval can accommodate four jumbo jets wing tip to wing tip. And its local First Nations artwork and influences imbue the structure with an aura that seems to inspire everyone who passes through its doors.

Then there's the roof, which covers more than two hectares and uses more than one million board feet of wood salvaged from British Columbia's devastating pine beetle infestation. Combined with the steel, concrete and glass of the rest of the Oval, it makes for a striking combination of leading-edge sustainable design and timeless beauty.

"The Richmond Oval is the benchmark by which all future ovals will be measured," said principal architect Bob Johnston. "There's no way to know for sure, but maybe the beauty of this place will help elevate the athletes in some small way."

Bien avant le début des Jeux, l'Anneau olympique de Richmond était déjà un champion en soi. Tant les athlètes que les spectateurs ont acclamé l'Anneau comme l'emplacement le plus impressionnant au monde dans sa catégorie.

Sa conception s'est inspirée du concept du combat, de l'envol et de la fusion. Ses dimensions massives sont inspirantes : on pourrait y faire entrer jusqu'à quatre gros-porteurs, aile à aile. De plus, l'art et les attraits des Premières Nations influencent et imprègnent la structure d'une aura qui semble inspirer tous ceux qui franchissent ses portes.

Puis vient le toit, qui s'étend sur plus de deux hectares et utilise plus de un million de pieds-planches de bois récupéré après l'infestation dévastatrice au dendoctrone du pin qu'a subi la Colombie-Britannique. Combiné à l'acier, au béton et au verre du reste de l'Anneau, il s'agit d'une combinaison saisissante de conception durable et de beauté intemporelle.

« L'Anneau olympique de Richmond sera le point de référence pour tous les autres anneaux... », a indiqué l'architecte principal Bob Johnston. « Il est impossible d'en avoir la certitude absolue, mais peut-être que la beauté de cet édifice aidera les athlètes à s'élever d'une certaine façon. »

(left) A piece of salvaged wood, with two pine beetles (not actual size). The beetle infestation has killed 620-million cubic metres of BC timber, an area four times the size of Vancouver Island.

(À gauche) Un morceau de bois récupéré, avec deux dendroctones du pin (non pas à la taille réelle). L'infestation du dendroctone du pin a tué 620 millions de mètres cubes de bois d'œuvre en Colombie-Britannique, ce qui représente une région de quatre fois la taille de l'île de Vancouver.

Shiho Ishizawa of Japan (outside lane) and China's Fei Wang race in the ladies' 3,000 metres at the Richmond Olympic Oval on February 14. For the Games, the Oval housed a 400-metre speed-skating track and seated 8,000, with space for four full hardwood basketball courts in the middle of the ice.

La Japonaise Shiho Ishizawa (couloir extérieur) et la Chinoise Fei Wang participent à l'épreuve féminine de 3 000 mètres à l'Anneau olympique de Richmond, le 14 février. Pendant les Jeux, l'Anneau a été le domicile d'une piste de patinage de vitesse de 400 mètres où l'on a pu accueillir 8 000 spectateurs à la fois. L'aire au centre de la piste peut aussi accueillir quatre terrains de basketball.

GALINA LIKHACHOVA

MONIQUE ANGERMULLER

LAUREN CHOLEWINSKI

PARADE OF NATIONS

Athletes from one or two countries often dominate a sport, but at Vancouver 2010, speed skating belonged to the world as athletes from 11 different countries reached the podium. There were the usual powerhouses like the Dutch, who won seven medals; the Canadians, who won five; and the US and Germany, each taking four. But Korea surprised everyone when it reached the podium — not just once, but five times, including three gold-medal wins.

A force in short track speed skating, Korea had never won gold at an Olympic Winter Games in any other sport before Vancouver. However, the Koreans made their presence felt early on when Seung-Hoon Lee won silver on the first day of competition in the men's 5,000 metres.

Two days later, Tae-Bum Mo went on to win gold in the men's 500-metre race. Coming into Vancouver, Mo was ranked 14th in the world and was not expected to be a contender. That he not only surprised the field but went on to win the race — and on his 21st birthday — made the victory that much sweeter. "It's my best present, and it's my present to Koreans," said Mo.

Mo would go on to win silver in the 1,000 metres, with Lee taking gold in the 10,000-metre event. On the ladies' side, Sang-Hwa Lee won gold in the 500 metres. The three athletes all attend the Korea National Sport University and often train together.

"I hear, because of the medals, that the popularity of the long track has gone up suddenly in Korea," said Mo. If he's right, it may be Korea that leads all nations in the sport at Sochi 2014.

Seung-Hoon Lee

Sven Kramer

Christine Nesbitt

Tae-Bum Mo

KOREA

DÉFILÉ DES NATIONS

Les athlètes d'un pays ou deux dominent souvent un sport, mais à Vancouver 2010, le patinage de vitesse appartenait au monde entier, tandis que des athlètes de 11 pays différents ont grimpé sur le podium. On a vu les champions traditionnels comme les Néerlandais, qui ont gagné sept médailles, puis les Canadiens, qui en ont gagné cinq, de même que les Américains et les Allemands qui en ont gagné quatre. La Corée a surpris tout le monde en montant sur le podium non pas une, mais cinq fois, dont trois fois sur la plus haute marche.

Une puissance en patinage de vitesse sur piste courte, la Corée n'avait jamais gagné l'or aux Jeux olympiques d'hiver dans aucune discipline avant Vancouver. Toutefois, les Coréens ont tôt fait de faire sentir leur présence lorsque Seung-Hoon Lee a remporté l'argent le premier jour de compétition au 5 000 mètres masculin.

Deux jours plus tard, Tae-Bum Mo remportait l'or au 500 mètres masculin. À son arrivée à Vancouver, M. Mo était 14e au monde et ne semblait pas être prétendant au podium. Il n'a pas seulement étonné tout le monde, il a gagné la course, et ce, le jour de son 21e anniversaire. La victoire n'en fut que plus belle. « C'est le meilleur cadeau que je pouvais recevoir et c'est le cadeau que je fais aux Coréens », a soutenu M. Mo.

M. Mo a également gagné l'argent au 1 000 mètres tandis que M. Lee a gagné l'or au 10 000 mètres. Du côté des dames, Sang-Hwa Lee a gagné l'or au 500 mètres. Les trois athlètes sont tous inscrits à la Korea National Sport University et s'entraînent souvent ensemble.

« J'ai entendu dire que la popularité du patinage de vitesse sur piste longue est maintenant à la hausse en raison des médailles », a affirmé M. Mo. S'il a raison, il se peut que la Corée devienne la puissance de ce sport à Sochi 2014.

CZECH MARK

In a sport where the margins of victory have become so thin they have started to measure times in thousandths of a second, winning multiple events has become increasingly rare. American Shani Davis and the Netherlands's Sven Kramer were favoured to win multiple gold medals at Vancouver 2010, but it was Martina Sablikova of the Czech Republic whose star shone brightest in Richmond.

Sablikova won gold in both the ladies' 3,000 metres and 5,000 metres, and bronze in the 1,500 metres, making her the only skater to win three medals in the men's or ladies' competition. She also became the first Czech athlete ever to win two gold medals at an Olympic Winter Games.

L'OR TCHÈQUE

Dans un sport où l'écart entre la victoire et la défaite est devenu si mince qu'il faut maintenant chronométrer le 500 mètres au millième de seconde, il est rare qu'un athlète remporte plusieurs compétitions. L'Américain Shani Davis et le Néerlandais Sven Kramer étaient les favoris pour remporter plusieurs médailles d'or à Vancouver 2010, mais c'est l'étoile Martina Sablikova de la République tchèque qui a le plus brillé à Richmond.

Mme Sablikova a gagné l'or au 3 000 mètres et au 5 000 mètres, ainsi que le bronze au 1 500 mètres, ce qui en fait la seule patineuse à gagner trois médailles en compétition masculine ou féminine. Elle est également devenue la première athlète tchèque à remporter deux médailles d'or aux Jeux olympiques d'hiver.

LADIES' 3,000 M 3000 M, DAMES 🥇 MARTINA SABLIKOVA 🥈 STEPHANIE BECKERT 🥉 KRISTINA GROVES

LADIES' 1,500 M 1500 M, DAMES 🥇 IREEN WUST 🥈 KRISTINA GROVES 🥉 MARTINA SABLIKOVA

LADIES' 5,000 M 5000 M, DAMES 🥇 MARTINA SABLIKOVA 🥈 STEPHANIE BECKERT 🥉 CLARA HUGHES

RECORD JOY AND HEARTBREAK

In victory there is elation. In defeat, disappointment. In victory and disqualification, a feeling that cannot be expressed in words.

Dutch speed skating star Sven Kramer came to Vancouver, his sights set on not one but three gold medals. He struck early, setting an Olympic record and winning gold in the very first event, the 5,000 metres. With the weight of a country's expectations finally lifted from his shoulders, Kramer ran from the infield, across the ice, and leapt into the stands where he was embraced by his girlfriend — and what felt like a hug from 8,000 spectators.

However, 10 days later, that jubilation would turn to agonizing heartbreak in the 10,000-metre event. Kramer appeared to set another Olympic record and win gold. But then, after the race — before most in the stands could grasp exactly what

had happened — he was disqualified because his coach had mistakenly directed him to change lanes in the 17th lap of the gruelling 25-lap race.

"I definitely have to carry the responsibility of this decision on my shoulders," said Kramer's coach Gerard Kemkers. "Sven has been undefeated for four years and he would still be undefeated right now if yesterday hadn't happened."

Kramer's disqualification gave Korea's Seung-Hoon Lee the gold and lifted Russian skater Ivan Skobrev to silver, with Kramer's teammate Bob de Jong taking bronze.

"Sven, he's a leader. He's one of the best skaters ever," said Skobrev, who raced with Kramer. "As an athlete, he does deserve gold. But in sports, anything can happen."

EXALTATION ET CŒURS BRISÉS

La victoire vient avec l'exaltation; la défaite, avec la déception. Dans la victoire et dans la disqualification, il y a un sentiment qui ne peut s'exprimer en mots.

Sven Kramer, vedette néerlandaise du patinage de vitesse, est arrivé à Vancouver en ne visant rien de moins que trois médailles d'or. Il a frappé tôt en établissant un record olympique et en gagnant l'or à sa première course, le 5 000 mètres. Un poids en moins sur ses épaules, M. Kramer a traversé la glace à la course et a sauté dans l'assistance où sa copine l'a enlacé, ce qui lui a semblé être une accolade des 8 000 spectateurs.

Malheureusement, dix jours plus tard, l'exaltation s'est transformée en immense chagrin au 10 000 mètres. M. Kramer était en piste et semblait près de fracasser un autre record olympique et de remporter l'or. Toutefois, après la course et avant que la plupart des gens ne puissent

comprendre ce qui venait de se passer, il a été disqualifié à la suite d'une directive de son entraîneur lui ordonnant de changer de couloir au 17e des 25 longs tours de piste.

« Il faudra que je porte le poids de cette décision sur mes épaules », a observé l'entraîneur Gerard Kemkers. « Sven est invaincu depuis quatre ans et il le serait toujours si la journée d'hier ne s'était pas passée ainsi. »

La disqualification de M. Kramer a permis à Seung-Hoon Lee de la Corée du Sud de remporter l'or, au patineur russe Ivan Skobrev de gagner l'argent et au coéquipier de M. Kramer, Bob de Jong, de décrocher le bronze.

« Sven est un leader. Il est parmi les meilleurs patineurs de l'histoire », a témoigné M. Skobrev, qui patinait contre M. Kramer. « Comme athlète, il mérite l'or. Toutefois, tout peut arriver à une épreuve sportive. »

ORANGE CRUSH

While Canadian fans coloured Vancouver red and white, Richmond also bloomed orange as the Dutch love of speed skating rivals Canada's passion for hockey. Of the 34 athletes representing the Netherlands in 2010, all were speed skaters save for two snowboarders and a pair of bobsled teams. And the "Dutchies" were out in full force to cheer them all on, dressed in a variety of orange outfits and costumes.

"Orange is our national colour. Wearing it says that we can go crazy and party," said Freek de Wette, spokesman for Holland House, the official home of the Dutch Olympic Committee at Vancouver 2010. "But only when it's an international competition like the Olympics."

L'AMOUR ORANGÉ

Tandis que les admirateurs canadiens peignaient Vancouver de rouge et de blanc, l'orangé déferlait sur Richmond tandis que l'amour des Néerlandais pour le patinage de vitesse rivalisait avec la passion du Canada pour le hockey. Des 34 athlètes qui représentaient les Pays-Bas en 2010, tous étaient des patineurs de vitesse, sauf deux planchistes et deux équipes de bobsleigh. Les « Dutchies » sont donc venus en grand nombre pour les encourager, tous vêtus d'orangé.

« L'orangé est notre couleur nationale. Quand on revêt cette couleur, cela veut dire qu'on peut lâcher notre fou et faire la fête », a confié Freek de Wette, porte-parole de la Maison des Pays-Bas, la maison officielle du Comité olympique néerlandais à Vancouver 2010. « Mais seulement lorsqu'il s'agit d'une compétition internationale comme les Jeux olympiques. »

■ MARK TUITERT

■ IREEN WUST

🛼 MEN'S 1,500 1 500 M, HOMMES ■ ● MARK TUITERT ■ ● SHANI DAVIS ✚ ● HAVARD BOKKO

IT'S GOOD TO BE KING

The 1,500-metre event is considered the "Race of Kings" by speed skaters. With American world-record-holder Shani Davis competing, the Netherlands's Mark Tuitert was shocked when he beat Davis by more than half a second to win gold, becoming the first Dutch speed skater to win the race in 38 years.

"I knew if everything came together, it might be possible," said Tuitert after the race. "These are the Olympic Games, and at the Olympic Games anything is possible."

In the ladies' 1,500-metre competition, Dutch skater Ireen Wust repeated her Torino 2006 gold-medal performance. It was the first time since 1964 that speed skaters representing the same country won both the men's and ladies' 1,500-metre events.

IL EST BON D'ÊTRE ROI

Les patineurs de vitesse considèrent le 1 500 mètres comme la « course des rois ». Puisque l'Américain Shani Davis, détenteur du record du monde, était de la compétition, quelle ne fut la surprise du Néerlandais Mark Tuitert lorsqu'il a battu M. Davis par plus de une demi-seconde pour remporter l'or et ainsi devenir le premier patineur de vitesse néerlandais à gagner la course en 38 ans!

« Je savais que lorsque tous les éléments en place, tout serait possible », a déclaré M. Tuitert après la course. « Il s'agit des Jeux olympiques, et aux Jeux olympiques, tout est possible. »

Au 1 500 mètres féminin, la patineuse néerlandaise Ireen Wust a répété son exploit de Turin 2006 en remportant la médaille d'or. Pour la première fois depuis 1964, des patineurs de vitesse d'un même pays ont gagné le 1 500 mètres masculin et féminin.

THE INTERNATIONAL LANGUAGE

The track at the Richmond Olympic Oval was dedicated to the athletes, but the sidelines were home to international performances of a very different variety.

Dressed in colourful Dutch folk clothing and traditional wooden shoes, the Kleintje Pils brass band delighted capacity crowds between races with its diverse repertoire, ranging from traditional Dutch songs to Neil Diamond and Queen. The 11-member amateur band (whose name means "half a lager") from Sassenheim in the Netherlands, became as much a feature of Olympic speed skating competitions as zany Dutch fans festooned in orange. Vancouver marked Kleintje Pils's sixth appearance at an Olympic Games.

On Day 2 of the Games, they snuck in an unofficial rendition of the Dutch national anthem following countryman Sven Kramer's win in the men's 5,000 metres. They later played *O Canada* following Christine Nesbitt's gold-medal performance in the women's 1,000-metre event.

"We are proud to play not just for the Dutch, but all nations," said band leader Ruud Bakker. "That's what the Olympics are all about."

LA LANGUE INTERNATIONALE

La piste de l'Anneau olympique de Richmond a été dédiée aux athlètes, mais les activités secondaires ont donné place à des performances internationales d'une tout autre variété.

Vêtus des vêtements hollandais traditionnels et chaussés des sabots de bois traditionnels, les musiciens de l'orchestre de cuivres Kleintje Pils ont charmé la foule entre les compétitions avec leur répertoire varié, allant des chansons hollandaises traditionnelles à Neil Diamond et Queen. Le groupe amateur de onze membres de Sassenheim aux Pays-Bas, dont le nom signifie « une demie blonde », est vite devenu aussi connu que les Néerlandais qui festoyaient, vêtus de leurs survêtements orangés. À Vancouver, il s'agissait de la sixième fois que le groupe se produisait à des Jeux olympiques.

Au deuxième jour des Jeux, ils ont discrètement joué une version non officielle de l'hymne national néerlandais après la victoire de leur compatriote Sven Kramer au 5 000 mètres. Plus tard, ils ont joué le O Canada pour souligner la victoire de Christine Nesbitt au 1 000 mètres.

« Nous sommes fiers de jouer pour les Néerlandais, mais aussi pour toutes les nations », a révélé Ruud Bakker, chef du groupe. « C'est ça, l'essence des Jeux olympiques. »

Oh no. Oh no, no, no. I thought I messed up for the team.

Anna Friesinger-Postma of Germany, in the semifinals of the women's team pursuit, fell and slid 25 metres towards the finish line on her stomach, moving her arms and legs as if she were swimming. She lay facedown — not moving — until a glance at the scoreboard revealed her flailing blade had crossed the line .23 seconds ahead of the last American skater. In the final, the Germans, with Friesinger-Postma watching from the sidelines, held off Japan by .02 seconds to win their second consecutive Olympic title.

Non! Non, non, non. Je pensais avoir raté les chances de mon équipe.

Pendant la demi-finale de l'épreuve féminine de poursuite par équipe, l'Allemande Anna Friesinger-Postma est tombée et a glissé sur le ventre sur 25 mètres vers la ligne d'arrivée, en agitant les bras et les jambes comme si elle nageait. Elle était couchée, sans mouvement, jusqu'à ce qu'elle aperçoive le tableau qui lui a confirmé que la lame de son patin avait franchi la ligne d'arrivée 0,23 seconde avant la dernière patineuse américaine. À la finale, Mme Friesinger-Postma est restée en bordure de piste et a regardé ses coéquipières concourir et remporter la course 0,2 seconde devant le Japon. Il s'agit de la deuxième médaille d'or olympique consécutive pour l'Allemagne à cette épreuve.

▬ ANNA FRIESINGER-POSTMA

LADIES' TEAM PURSUIT POURSUITE PAR ÉQUIPE, DAMES   ▬ ● GERMANY | ALLEMAGNE   ◉ JAPAN | JAPON   ▬ ● POLAND | POLOGNE

LUCAS MAKOWSKY

DENNY MORRISON

MATHIEU GIROUX

MEN'S TEAM PURSUIT POURSUITE PAR ÉQUIPE, HOMMES ● CANADA ● UNITED STATES | ÉTATS-UNIS ● NETHERLANDS | PAYS-BAS

Heading into the last day of skating at the Oval on February 27, Canadian women had won four medals, but the Canadian men had been shut out. On their final try, Mathieu Giroux, Lucas Makowsky and Denny Morrison won a thriller of a race against the US team, earning gold in the team pursuit by .021 seconds. Afterwards, Morrison reflected on the win: "It is a weight off the shoulders. It is not an individual race. It is representing Canada."

Au 27 février, les Canadiennes avaient remporté quatre médailles en patinage de vitesse tandis que l'équipe des hommes n'avait toujours rien gagné. En cette dernière journée de compétition à l'Anneau, Mathieu Giroux, Lucas Makowsky et Denny Morrison ont misé le tout pour le tout au cours d'une course extraordinaire contre les États-Unis. L'équipe canadienne a remporté l'or à l'épreuve de poursuite par équipe en franchissant la ligne d'arrivée 0,21 seconde devant l'équipe américaine. Après la victoire, M. Morrison a déclaré : « Le fardeau est levé. Il n'est pas question de course individuelle, mais bien de représenter le Canada. »

MEDAILLE DOR EN PATINAGE DE VITESSE LONGUE PISTEEEEE!!VIVE LE CANADA!! @Jolyane_djodjo 16 h 58, le 27 févr.

257

The 1,500 metres, you kind of go all out. You can taste blood in your lungs sometimes. That's how I would describe it.

Canadian Kristina Groves after her silver-medal win in the 1,500 metres

Pour le 1 500 mètres, il faut miser le tout pour le tout. On peut parfois goûter du sang dans ses poumons. C'est ainsi que je décrirais le sentiment.

La Canadienne Kristina Groves, après avoir remporté l'argent au 1 500 mètres

🍁 KRISTINA GROVES

🇺🇸 STEPHEN COLBERT

Stephen Colbert, "assistant sports psychologist" for the US team.

Stephen Colbert, « psychologue sportif adjoint » pour l'équipe américaine.

AMERICAN BILLBOARD THIGHS

In November 2009, Stephen Colbert, host of *The Colbert Report*, announced that his comedy talk show would become the new primary sponsor of the US speed skating team. Rather than donating his own money, Colbert asked viewers to donate to the cause online. His rallying call garnered more than $300,000 USD for the short and long track speed skating teams. Of course that meant the US speed skaters were pulled into the comedy fold and donned the Colbert Nation logo on their "billboard thighs" in the months leading up to Vancouver 2010. "We've got to step up and make sure it is America's 38-inch thighs on that medal platform!" Colbert shouted during a taping of the show.

AUX ÉTATS-UNIS, DES CUISSES EN GUISE DE PANNEAUX-RÉCLAMES

En novembre 2009, Stephen Colbert, animateur de l'émission The Colbert Report, a annoncé que son émission comique d'interviews-variété était le nouveau commanditaire principal de l'équipe de patinage de vitesse américaine. Au lieu de donner son propre argent, M. Colbert a demandé à ses téléspectateurs de faire un don en ligne pour la cause. Son appel de ralliement a porté fruit : la collecte a amassé plus de 300 000 $ pour les équipes de patinage de vitesse et de patinage de vitesse sur piste courte. Bien sûr, cela signifiait que les patineurs de vitesse américains faisaient maintenant partie du monde de la comédie et ils ont donc arboré le logo de la Colbert Nation sur leurs cuisses qui ont servi de panneaux-réclames au cours des mois qui ont précédé Vancouver 2010. « Nous devons relever le défi et nous assurer que ce sont les cuisses américaines de 38 pouces qui montent sur la plate-forme des médailles! » a crié M. Colbert pendant le tournage de son émission.

Speed skater Shani Davis ended his turn at Vancouver 2010 by replicating his Torino 2006 results: gold in the 1,000 metres and silver in the 1,500 metres. Looking ahead to Sochi 2014, the allure of gold in the 1,500, his favourite race, could keep the American in the medal hunt. Said Davis: "I am sure it is going to keep me in the sport . . . I always wanted to win that medal."

Shani Davis, patineur de vitesse, a terminé sa performance à Vancouver 2010 en répétant ses exploits de Turin 2006 : l'or au 1 000 mètres et l'argent au 1 500 mètres. À l'approche de Sochi 2014, la possibilité de remporter une médaille d'or au 1 500 mètres pourrait bien séduire l'athlète américain et le convaincre de participer à sa course préférée. « Je suis certain que cela me donnera raison de rester dans le sport. J'ai toujours voulu cette médaille », a-t-il déclaré.

▰ SHANI DAVIS

◉ TAE-BUM MO

MEN'S 1,000 1 000 M, HOMMES ▰● SHANI DAVIS ◉● TAE-BUM MO ▰● CHAD HEDRICK

ADIEU

The Canadian team acknowledged speed skater Clara Hughes's incredible achievements by selecting her to be the country's flagbearer at the Opening Ceremony. Hughes acknowledged them by winning bronze in the ladies' 5,000 metres, making her Olympic medal total an even half-dozen.

"I lived my dream again today by earning a medal on home soil, and I hope this medal goes from coast to coast in this wonderful country," said Hughes, who, at age 37, had previously announced Vancouver 2010 would mark the beginning of her retirement. Hughes is the only athlete to ever win multiple medals in both Olympic Winter and Summer Games.

ADIEU

L'équipe canadienne a salué les performances incroyables de la patineuse de vitesse Clara Hughes en la nommant porte-drapeau du pays pour la cérémonie d'ouverture. Mme Hughes a remercié les membres de l'équipe en obtenant le bronze au 5 000 mètres féminin, élevant son nombre de médailles olympiques à six.

« Aujourd'hui, j'ai de nouveau réalisé mon rêve en gagnant une médaille en terre natale et j'espère que cette médaille voyagera d'un océan à l'autre dans ce magnifique pays », a conclu Mme Hughes qui, à 37 ans, a indiqué que Vancouver 2010 sonnerait le début de sa retraite. Clara Hughes est la seule athlète à avoir remporté plus d'une médaille aux Jeux olympiques d'hiver et d'été.

CLARA HUGHES

It just made me want to dance on my blades.
On the straightaways, it just propelled me forward . . . .
It was beautiful.

Clara Hughes, Canada's flagbearer for the Opening Ceremony, describing the cheering crowds during her final Olympic races.

Je voulais tout simplement danser sur mes lames. Lorsque j'ai patiné sur les segments lignes droites, les cris de la foule m'ont propulsée vers l'avant... C'était magnifique.

Clara Hughes, porte-drapeau du Canada pour la cérémonie d'ouverture des Jeux, décrit les foules en délire qui l'ont encouragée pendant les dernières courses olympiques de sa carrière.

Clara Hughes. go canada ... if she doesn't inspire you, nothing ever will. @anastasure (Anastasia Bucsis) 2:45 PM Feb 24

261

M 5,000 m
H 5000 m

≡ ● SVEN KRAMER
◯ ● SEUNG-HOON LEE
■ ● IVAN SKOBREV

W 3,000 m
F 3000 m

● MARTINA SABLIKOVA
■ ● STEPHANIE BECKERT
🍁 ● KRISTINA GROVES

M 500 m
H 500 m

◯ ● TAE-BUM MO
● ● KEIICHIRO NAGASHIMA
● ● JOJI KATO

W 500 m
F 500 m

◯ ● SANG-HWA LEE
≡ ● JENNY WOLF
■ ● BEIXING WANG

M 1,000 m
H 1000 m

🇺🇸 ● SHANI DAVIS
◯ ● TAE-BUM MO
■ ● CHAD HEDRICK

W 1,000 m
F 1000 m

🍁 ● CHRISTINE NESBITT
≡ ● ANNETTE GERRITSEN
● ● LAURINE VAN RIESSEN

M 1,500 m
H 1500 m

- MARK TUITERT
- SHANI DAVIS
- HAVARD BOKKO

W 1,500 m
F 1500 m

- IREEN WUST
- KRISTINA GROVES
- MARTINA SABLIKOVA

M 10,000 m
H 10000 m

- SEUNG-HOON LEE
- IVAN SKOBREV
- BOB DE JONG

W 5,000 m
F 5000 m

- MARTINA SABLIKOVA
- STEPHANIE BECKERT
- CLARA HUGHES

M Team Pursuit
H Poursuite par équipe

- CANADA
- UNITED STATES | ÉTATS-UNIS
- NETHERLANDS | PAYS-BAS

W Team Pursuit
F Poursuite par équipe

- GERMANY | ALLEMAGNE
- JAPAN | JAPON
- POLAND | POLOGNE

YEVGENY LALENKOV

LOOK OF THE GAMES
IDENTITÉ VISUELLE DES JEUX

The 2010 "Sea to Sky" colour palette and overall aesthetic drew from the Host Region's dramatic geography and progressive culture.

La gamme de couleurs « Sea to Sky », que l'on a créée pour les Jeux d'hiver de 2010, et l'ensemble des éléments esthétiques représentent les paysages dramatiques et la culture progressive de la région hôte.

☐ **Powder** *Poudre*   ☐ **Peak** *Sommet*   ☐ **Sky** *Ciel*   ☐ **Mist** *Bruine*

You don't give the world's greatest party and not get dressed up for it.

John Moore, marketing director, Sydney 2000

Transformation. It happens at every Olympic and Paralympic Games. Dreams are transformed into reality. Athletes are transformed into heroes. Volunteers are transformed into ambassadors. And the Host City is transformed into an Olympic city.

At Vancouver 2010, transformation was also the underlying concept behind the modern and fantastical "Look of the Games" that converted city streets, vehicles and venues into one spectacular Olympic and Paralympic theatre. Inspired by the energy, diversity and connection between Canada's land and people, the Vancouver 2010 design team created a signature graphic identity that was eventually applied to everything, from souvenir pins to athlete bibs to rink boards and building wraps. Over more than three years, tens of thousands of Vancouver 2010 elements were designed to create a unified, uniquely Canadian experience that would excite athletes and fans alike.

"The Look was about something as simple as [saying], 'Hello, my name is Vancouver . . . Hello, my name is Canada,'" said Leo Obstbaum, Vancouver 2010 design director. "It was made with Canadian spirit."

1300 BANNERS *BANNIÈRES*   **5 000** DECALS *DÉCALCOMANIES*   **63 km** OF FENCE FABRIC *DE RECOUVREMENT POUR CLÔTURES*   **126** IN-ICE GRAPHICS *IMAGES DANS LA GLACE*

Inutile d'organiser la plus grande fête au monde si vous ne vous habillez pas en conséquence.

John Moore, directeur du marketing pour Sydney 2000

La transformation. Voilà un concept qui se manifeste à tous les Jeux olympiques et paralympiques. Les rêves deviennent réalité, les athlètes se transforment en héros, les bénévoles deviennent ambassadeurs et la ville hôte se transforme en ville olympique.

Aux Jeux d'hiver de 2010, l'idée de transformation se trouvait aussi au cœur de la création de l'identité visuelle des Jeux, une vision qui a su marier le moderne et le fantastique. Grâce à cette identité unique, on a transformé les rues de la ville ainsi que les véhicules et les sites des

Jeux, afin de créer l'atmosphère parfaite pour les Jeux olympiques et paralympiques d'hiver de 2010 à Vancouver. En s'inspirant de l'énergie, de la diversité et de la relation entre le Canada et son peuple, les membres de l'équipe de conception de Vancouver 2010 ont créé une identité visuelle unique que l'on apposerait éventuellement à toute une gamme d'articles, y compris des épinglettes-souvenirs, les dossards des athlètes, les bandes des patinoires et des revêtements d'édifices. Pendant plus de trois ans, cette équipe a créé des dizaines de milliers d'éléments pour les Jeux d'hiver de 2010 afin d'offrir une expérience uniforme et typiquement canadienne qui saurait animer l'esprit des athlètes et des partisans.

« L'identité visuelle des Jeux devait être simple; simple comme bonjour. "Bonjour, je m'appelle Vancouver ou Bonjour, je m'appelle Canada" », a affirmé Leo Obstbaum, directeur de la conception, Vancouver 2010. « Nous avons créé l'identité visuelle des Jeux en y mettant de l'esprit canadien. »

1000 BUS GRAPHICS
GRAPHIQUES POUR AUTOBUS

20000 FLEET VEHICLE GRAPHICS
GRAPHIQUES POUR LE PARC AUTOMOBILE

3 YEARS IN DEVELOPMENT
ANS D'ÉLABORATION

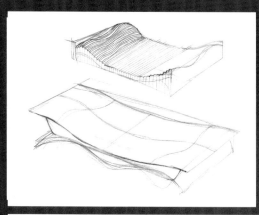

Elements of the Victory Ceremony highlighted contemporary West Coast design through a fusion of organic and man-made materials and forms. The striking medal trays and podiums — developed by Vancouver 2010 design director Leo Obstbaum and local industrial designer James Lee — used wood from British Columbia forests, and the podiums were shaped like Vancouver Island. Medal-bearer costumes — by fashion boutique Aritzia — married sportswear with high fashion, while bouquets were modern, sculptural arrangements of plants indigenous to BC.

Pour présenter un concept contemporain typique de la côte Ouest, on a conçu les éléments des cérémonies des vainqueurs en fusionnant des matériaux biologiques et des structures fabriqués par l'homme. Les plateaux pour médailles et les podiums spectaculaires — élaborés par le directeur de conception de Vancouver 2010 Leo Obstbaum et le concepteur industriel local James Lee — ont été fabriqués de bois récupéré des forêts de la Colombie-Britannique et les podiums avaient la forme de l'île de Vancouver. Les costumes des porteuses de médailles — conçus par la boutique de mode Aritzia — ont su marier le style sportif et la toute dernière mode, tandis que les bouquets, composés de plantes indigènes de la Colombie-Britannique, présentaient des formes modernes semblables à des sculptures.

vancouver 2010

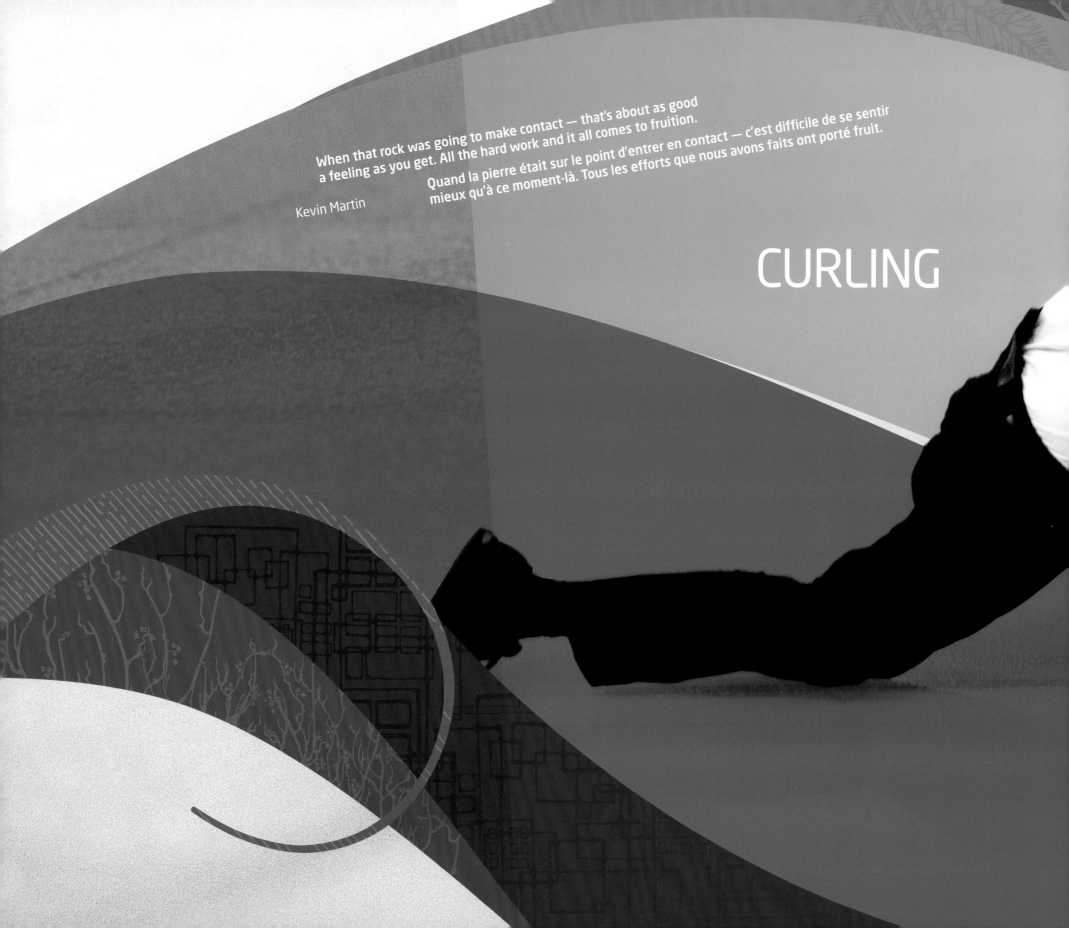

When that rock was going to make contact — that's about as good a feeling as you get. All the hard work and it all comes to fruition.

Quand la pierre était sur le point d'entrer en contact — c'est difficile de se sentir mieux qu'à ce moment-là. Tous les efforts que nous avons faits ont porté fruit.

Kevin Martin

CURLING

Women's round-robin curling at the
Vancouver Olympic Centre on February 17.

Tournoi de curling à la ronde des femmes
au Centre olympique de Vancouver le 17 février.

CANADA ROCKS THE HOUSE

In a country whose culture and pride are inextricably linked to winter sport, expectations for Canada's curling teams were the same as they were for hockey. Although the media spotlight may not have been quite as intense, Canada's curlers knew that anything less than gold would be a disappointment. And with a highly competitive international field, winning gold was far from guaranteed.

But when it came to the spectators, those at the Vancouver Olympic Centre were clearly in a league of their own. Players often had to resort to using hand signals as the cheers, chants, chuckles and waves made it, at times, nearly impossible to communicate.

"You know in golf, you have those guys who hold up signs that say 'Ssshhh.' I don't know if we'll ever have that in curling, but it's a small building and it's loud," said US women's skip Debbie McCormick. "In 2003, in Winnipeg, in the final, there were 12,000 people and it was not this loud. Not even close."

I'm not crazy if I'm shouting at the TV and clapping despite being the only one home, right? ;) Yay curling @mirandal (Miranda Lievers) 4:04 PM Feb 27

LE CANADA PREND POSSESSION DE LA MAISON

Dans un pays dont la culture et la fierté sont inextricablement liés aux sports d'hiver, on s'attendait aux mêmes résultats des équipes canadiennes de curling et de hockey. Tandis que l'attention des médias n'était pas aussi intense, les curleurs canadiens savaient qu'un résultat tout autre que la médaille d'or serait une déception. Et à une épreuve internationale grandement compétitive, la médaille d'or était loin d'être garantie.

Cependant, en ce qui concerne les spectateurs, ceux qui étaient au Centre olympique de Vancouver se trouvaient dans une ligue à part. Les joueurs devaient souvent recourir aux signaux de main puisqu'il leur était parfois presque impossible de communiquer autrement en raison des cris, des chants, des gloussements et des vagues.

« Vous savez au golf, certaines personnes brandissent des pancartes qui disent "Ssshhh". Je ne sais pas si l'on se rendra jusque là en curling, mais l'édifice est petit et c'est très bruyant », a fait remarquer Debbie McCormick, capitaine de l'équipe américaine féminine. « En 2003, à Winnipeg, à la partie finale, il y avait 12 000 personnes et ce n'était pas aussi bruyant que ça. Vraiment pas aussi bruyant. »

ANNA LE MOINE

CHERYL BERNARD

Sweden and Canada's women's teams were captained, respectively, by 43-year-olds Anette Norberg and Cheryl Bernard. But Vancouver 2010 was Norberg's third Games, while Bernard, forced to qualify out of a deep field of Canadian curlers, was a Games rookie.

Anette Norberg, capitaine de l'équipe suédoise, et Cheryl Bernard, capitaine de l'équipe canadienne, sont toutes les deux âgées de 43 ans. Tandis que Vancouver 2010 a représenté la troisième participation olympique pour Mme Norberg, Mme Bernard a dû affronter un grand nombre de curleuses canadiennes pour assurer sa première participation aux Jeux.

It's still sinking in, and we are coming off a hard loss. You know when you come off a hard loss and then your mom comes in and gives you a hug? It's like that — times a million.
Canadian third Susan O'Connor

NORBERG STEALS GOLD, BERNARD STEALS HEARTS

The ceremonial bagpipers had already begun warming up outside the venue as the Canadian women held the hammer and a 6–4 lead over Anette Norberg and her Swedish rink in the final end of the gold-medal match. But with Canadian skip Cheryl Bernard missing a seemingly routine double takeout with her last rock, the Swedes stole two, forcing the game into an extra end, where they would steal one more to win their second consecutive Olympic gold medal.

"It felt like an easy shot for Cheryl Bernard, but she missed. We thought, 'Oh well, we'll get silver', but then we won," said Swedish second Cathrine Lindahl.

Norberg agreed: "That's the way curling is, especially in an Olympic gold-medal final. You can't compare it. You can't describe the feeling and the pressure when playing those rocks."

For the Canadians, it was a heartbreaking loss — one that left the thousands of fans who had come to cheer them on momentarily stunned. "We wanted to win so bad, first for us and second for our country, our fans and our friends," said Bernard. "Eventually, silver is going to feel really great. But right now, the gold was close."

But Bernard's strong play throughout the tournament and her telegenic smiles won the hearts of curling fans both at home and abroad. One spectator went so far as to wave a sign asking Bernard to marry him — Bernard's common-law husband informed him she was already spoken for. Further afield, the tournament developed a cult following in such unexpected places as Wall Street, where many traders followed CNBC's coverage of the afternoon matches at the end of each trading day. But in the end, it was Bernard's family and fans in the stands at the Vancouver Olympic Centre who were closest to her heart.

"You can take the crowd as pressure or as support. We chose support," said Bernard. "We'll never experience something like this again. It was the chance of a lifetime."

C'est difficile à croire, et nous venons de subir une énorme défaite. Vous savez, quand vous subissez une grande défaite et que votre mère vient vous faire un gros calin? C'est comme ça, mais fois un million.
Susan O'Connor, troisième, Canada

TANDIS QUE MME NORBERG REMPORTE LA MÉDAILLE D'OR, MME BERNARD GAGNE DES CŒURS

Les cornemuseurs de cérémonie avaient déjà commencé à s'échauffer à l'extérieur du site tandis que les Canadiennes avaient le marteau et une avance de 6–4 sur Anette Norberg et son équipe suédoise à la manche finale du match pour la médaille d'or. Cependant, lorsque la capitaine canadienne Cheryl Bernard a manqué une double sortie apparemment routinière avec sa dernière pierre, les Suédoises ont volé deux points, ce qui a forcé une manche supplémentaire au cours de laquelle elles voleraient un autre point pour gagner leur deuxième médaille d'or olympique consécutive.

« Ça semblait être un lancer facile pour Cheryl Bernard, mais elle l'a manqué. Nous avons pensé, "eh bien, nous allons gagner la médaille d'argent", mais nous avons gagné la médaille d'or », a remarqué Cathrine Lindahl, deuxième de l'équipe suédoise.

Mme Norberg était d'accord : « C'est ça, le curling, surtout lorsqu'il s'agit du match final pour la médaille d'or olympique. Impossible de comparer. Impossible de décrire la sensation et la pression lorsqu'on joue ces pierres. »

Pour les Canadiennes, la défaite a brisé le cœur — une défaite qui a momentanément étonné des milliers de partisans qui étaient venus les encourager. « Nous voulions tellement gagner, premièrement pour nous et deuxièmement pour notre pays, nos partisans et nos amis », a déclaré Mme Bernard. « Plus tard, nous serons très contentes d'avoir gagné la médaille d'argent, mais pour le moment... nous étions si près de la médaille d'or. »

Cependant, le puissant jeu de Mme Bernard au cours du tournoi et ses sourires télégéniques ont gagné le cœur des partisans de curling au Canada et à l'étranger. Un spectateur est allé jusqu'à agiter une pancarte sur laquelle il demandait à Mme Bernard de l'épouser — après quoi le conjoint de fait de Mme Bernard l'a informé qu'elle avait déjà quelqu'un dans sa vie. Plus loin, le tournoi a révélé un grand nombre de partisans dans des endroits inattendus comme Wall Street, où de nombreux négociateurs ont suivi la couverture à la chaîne CNBC des matchs de l'après-midi à la fin de chaque journée de bourse. Mais finalement, ce sont la famille et les partisans de Mme Bernard dans les gradins au Centre olympique de Vancouver qui ont été le plus près de son cœur.

« On peut considérer la foule comme de la pression ou de l'appui. Nous avons choisi l'appui », a dit Mme Bernard. « Nous ne vivrons plus jamais rien de tel. C'était la chance de notre vie. »

China's women's team came to Vancouver as the reigning World Champions and had high expectations. They were the only curlers to beat the Canadian women in round-robin play, but then they lost to Russia the next day, one of the weaker teams in the field. In the end, they raised their game and won a decisive 12–6 victory over Switzerland to take home the bronze.

"We were going through a lot of emotions," said China's third, Yin Liu. "We won and lost matches, had ups and downs, so we are very happy we have a bronze medal for our efforts."

contre la Russie, une des équipes les plus faibles à participer à la compétition. À la fin du tournoi, l'équipe chinoise avait amélioré son jeu et a gagné une victoire décisive de 12–6 contre la Suisse pour remporter la médaille de bronze.

« Nous avons vécu beaucoup d'émotions », a fait remarquer Yin Liu, troisième de l'équipe chinoise. « Nous avons gagné et perdu des matchs, nous avons vécu des hauts et des bas, donc nous sommes heureuses d'avoir gagné la médaille de bronze pour nos efforts. »

FANCY PANTS

Curlers or clowns? That was the question on everyone's lips after the Norwegian men's team came to play in red, white and blue harlequin pants. Unlike the World Championships, where teams are required to wear black pants, the Olympic Games have no regulations when it comes to attire.

"It was like four clowns coming up and down the ice," said Swedish skip Niklas Edin. "It's a fun thing to do, but we probably wouldn't do it."

The pants soon had the whole world talking as more than 600,000 people signed up as fans on a Facebook page dedicated to "The Norwegian Olympic Curling Team's Pants."

"I think they're starting to look pretty cool," said Norwegian skip Thomas Ulsrud. "The chicks dig them, but the guys, they're more doubtful."

DES PANTALONS DE FANTAISIE

Curleurs ou clowns? C'est ce que tout le monde se posait comme question après que l'équipe norvégienne masculine est venue jouer son premier match vêtue de pantalons arlequins rouge, blanc et bleu. Contrairement aux Championnats du monde où les équipes doivent porter des pantalons noirs, il n'y a aucun règlement quant aux vêtements à porter aux Jeux olympiques.

« On aurait dit quatre clowns qui se déplaçaient sur la glace » a dit le capitaine suédois Niklas Edin. « C'est une chose amusante à faire, mais nous ne le ferions probablement pas. »

Le monde entier s'est tôt mis à parler des célèbres pantalons tandis que 600 000 personnes se sont inscrites comme partisans dans la page Facebook dédiée aux « The Norwegian Olympic Curling Team's Pants (Les pantalons de l'équipe norvégienne de curling olympique) ».

« Je pense qu'ils commencent à être très cool », a déclaré le capitaine norvégien Thomas Ulsrud. « Les filles les aiment beaucoup, mais les gars, ils doutent encore un peu. »

Comment puis-je me procurer des pantalons de l'équipe norvégienne de curling? @KarlBelanger 20 h 12, le 16 févr.

Members of the Triumph Street Pipe Band provided marching music before each curling match.

Les membres du Triumph Street Pipe Band ont joué de la musique de marche avant toutes les parties de curling.

An insulated blanket covers curling stones between games, to maintain a consistent temperature. The curling stones weigh 19.1 kilograms (42 pounds) and are made of granite from Scotland, where the game originated.

On couvre les pierres de curling entre les parties pour conserver leur température. Les pierres de curling pèsent 19,1 kilogrammes (42 livres) et sont fabriquées de granite de l'Écosse, lieu d'origine du jeu.

Ice technician Hans Wuthrich "pebbles" the ice at the Vancouver Olympic Centre. When frozen, these tiny water droplets provide just enough friction to make the stones curl.

Hans Wuthrich, technicien de la glace, applique des gouttelettes sur la surface de la glace pour la faire perler. Lorsque les gouttelettes sont glacées, elles créent la surface idéale pour faire glisser les pierres de curling.

ULRIK SCHMIDT

BO JENSEN

LARS VILANDT

The Canadian men's team enjoys a quiet moment backstage before taking to the ice to play against Switzerland on February 19. Canada won 10–3, adding legs to its unbeaten streak.

L'équipe canadienne masculine profite de quelques moments de répit en coulisses avant de monter sur la glace pour le match contre la Suisse, le 19 février. Le Canada a ajouté un autre triomphe à sa série de victoires en remportant la partie avec un pointage final de 10–3.

CLEAN SWEEP

Kevin Martin and the men's Canadian curling team came to Vancouver as favourites, but no one could have predicted they would go undefeated from end to end in the tournament.

"We probably met one of the best teams in the history of curling," said Norwegian coach Pal Trulsen after Norway's 6–3 loss to Canada in the gold-medal game. At Salt Lake 2002, Trulsen skipped Norway to a 6–5 victory over Martin in the gold-medal final. Martin rebuilt his team, and this time it was his turn to celebrate.

"The Olympics are very special. Ever since 2002, when I got a taste of it, I really wanted to get back," said Martin. "It's so good to be a part of. Make it as difficult as you want. It's worth it."

No team on either the women's or men's side has ever gone undefeated since curling became an official Olympic sport in 1998. But for Martin, winning gold was all that mattered.

"It feels so good to have this gold medal that I don't think it makes much of a difference to go undefeated," said Martin. However, the undefeated play of the Canadian men certainly made an impression on their opponents.

"He's legitimately the Michael Jordan of curling. [He] has been for 20 years," said US skip John Shuster of Martin. Norwegian skip Thomas Ulsrud agreed, saying (perhaps only half jokingly) that he hopes Martin will retire before the next Olympic Games.

"I'm not retiring yet," Martin said after the victory. "We're going to keep playing with this team for a few years. What I do know is that I'll be the first one off this team. I just don't know when that will be."

BALAYAGE COMPLET

Kevin Martin et l'équipe canadienne masculine sont arrivés favoris à Vancouver, mais personne n'aurait prédit qu'ils seraient invaincus, du début à la fin, pendant le tournoi.

« Nous avons probablement rencontré l'une des meilleures équipes de l'histoire du curling », a déclaré Pal Trulsen, entraîneur de l'équipe norvégienne, après la défaite de 6–3 de la Norvège contre le Canada au match pour la médaille d'or. À Salt Lake City en 2002, M. Trulsen a mené l'équipe norvégienne à une victoire de 6–5 contre M. Martin pendant le match pour la médaille d'or. M. Martin a rebâti son équipe et cette fois, c'était à son tour de célébrer.

« Les Jeux olympiques sont très spéciaux. C'est depuis 2002, quand j'y ai goûté, que j'ai vraiment eu envie d'y revenir. C'est tellement satisfaisant d'en faire partie. L'expérience peut être aussi difficile qu'on le souhaite. Ça vaut la peine », a dit M. Martin. Aucune équipe féminine ou masculine n'a jamais été invaincue depuis que le curling est devenu un sport olympique en 1998. Mais pour M. Martin, l'important, c'était de remporter la médaille d'or.

« On se sent tellement bien d'avoir cette médaille d'or qu'il m'importe peu que nous ayons été invaincus », a fait remarquer M. Martin. Cependant, le jeu si réussi des Canadiens a certainement laissé une impression sur leurs adversaires.

« Il est légitimement le Michael Jordan du curling. Et ça fait 20 ans qu'il l'est », a déclaré John Shuster, capitaine américain, au sujet de Kevin Martin. Le capitaine norvégien Thomas Ulsrud était d'accord et a dit (peut-être à moitié à la blague) qu'il espérait que M. Martin prenne sa retraite avant les prochains Jeux olympiques d'hiver.

« Je ne prends pas encore ma retraite », a dit M. Martin après sa victoire. « Notre équipe continuera de jouer pendant quelques années. Tout ce que je sais est que je serai le premier à quitter l'équipe. Mais je ne sais pas quand. »

La joute de curling entre Canada et la Grande Bretagne était intense. Pour encouragé Martin et son équipe, la foule chantaient O' Canada @lucippersiel 22 h 13, le 20 févr.

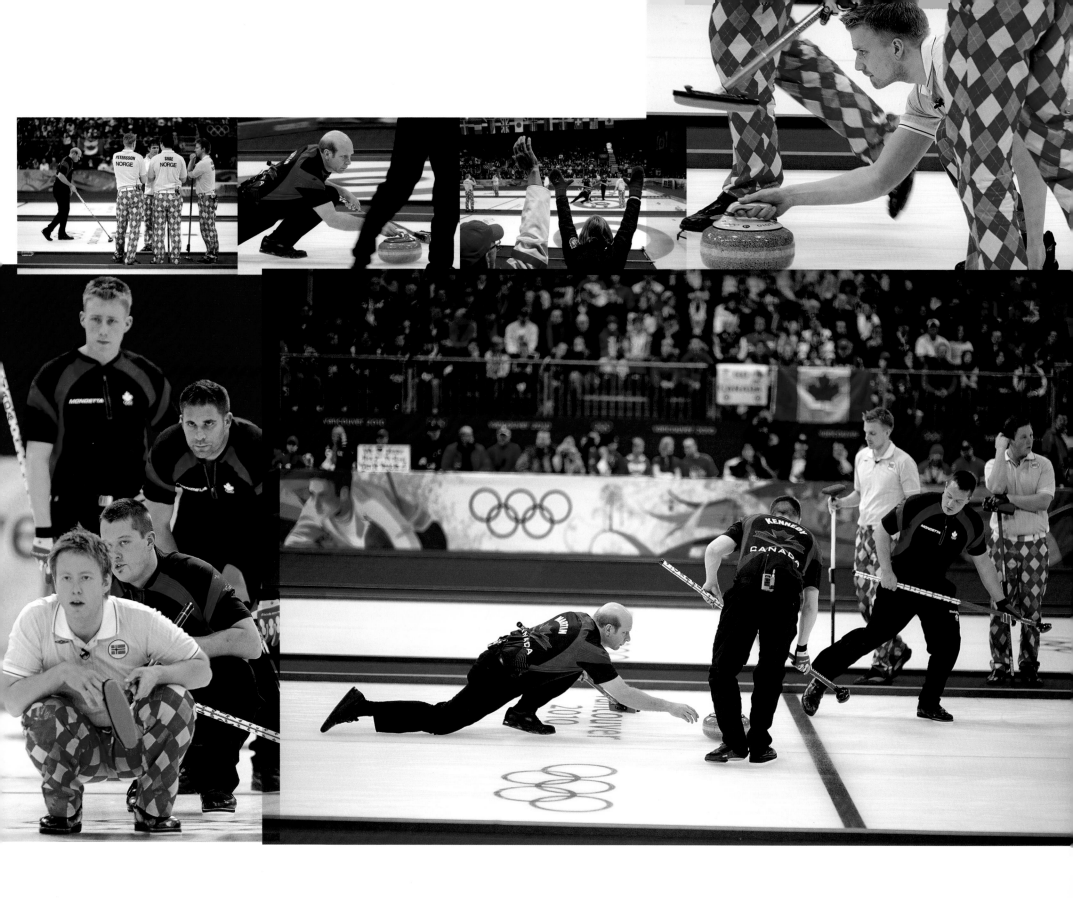

Our sport has changed a lot over the last 10 years. You need to be young, you need to be strong, and in order to be sharp at the end of the week, you have to be in shape. So we built this team around that, the premise of hard on-ice and off-ice work.

Canadian skip Kevin Martin, 43, who recruited a new generation of curlers to capture gold: third John Morris, 31; second Marc Kennedy, 28; lead Ben Hebert, 27; and alternate Adam Enright, 26.

Notre sport a beaucoup changé au cours des dix dernières années. Il faut être jeune, fort et, pour rester à son meilleur jusqu'à la fin de la semaine, il faut être en forme. Pour former cette équipe, nous nous sommes laissés guider par cette idée d'entraînement d'ensemble.

Kevin Martin, capitaine d'Équipe Canada, 43 ans, a recruté une nouvelle génération de curleurs pour remporter l'or : John Morris, troisième, 31 ans; Marc Kennedy, deuxième, 28 ans; Ben Hebert, premier, 27ans; et Adam Enright, joueur substitut, 26 ans.

It must be something to play in front
of a crowd and a country like this.

A comment from Norwegian skip Thomas Ulsrud to Canada's Kevin Martin as the
crowd spontaneously sang *O Canada* in the tenth end of their gold-medal final.

Cela doit être spécial de jouer au curling devant une
foule comme celle-ci et un pays comme celui-ci.

Commentaire de Thomas Ulsrud, capitaine de l'équipe norvégienne, en parlant à Kevin Martin lorsque la foule
s'est mise à chanter l'hymne national au cours de la dernière manche de la finale pour la médaille d'or.

It's a dream come true. To have a chance to score in overtime, here in Canada, it doesn't get much better than that.

C'est un rêve devenu réalité. D'avoir l'occasion de marquer un but en période supplémentaire, ici au Canada, c'est difficile de faire mieux que ça.

Sidney Crosby

ICE HOCKEY
HOCKEY SUR GLACE

OUR GAME
NOTRE JEU

You can't talk about Canada without talking about hockey. And you can't talk about hockey without talking about Canada. It's on our ponds. It's in our arenas. It's in our backyards and in our living rooms. It's in our nation's greatest memories and in our children's wildest dreams. Such is the connection between Canadians and our national sport. Hockey is in our blood.

And so, not surprisingly, the pressure on Team Canada to deliver more heroes and more history was beyond compare. The idea of winning Olympic hockey gold on home soil was like a special version of Canadian nirvana. The unspeakable alternative made Canadians collectively shudder.

Before the Games, one journalist said: "Silver would be an insult. Bronze would be a huge insult. And not winning a medal at all would bring about a summit to fix hockey." Another news story finished with the words: "So the unspoken agreement is this: this is the hockey tournament of their lifetimes, right here. And they had better win." Another emphatically stated: "This is Canada, and if the Sidney Crosby-led hockey team fails to win gold, we wonder if these Games will really be deemed a success."

For 21 women and 23 men, the pride and joy of their country was on the line.

"This is our game. We believe that as a nation," said Mike Babcock, the Canadian men's coach. Eighteen other men's and women's hockey teams were there to prove him wrong.

Il est impossible de parler du Canada sans parler de hockey, tout comme on ne peut parler de hockey sans parler du Canada. Le hockey est sur nos étangs, dans nos arénas, dans nos cours, dans nos salons. Il fait partie des plus grands souvenirs de notre nation et des rêves les plus fous de nos enfants. Tel est le lien entre les Canadiens et leur sport national. Le hockey, nous l'avons dans le sang.

Ainsi, il n'est pas surprenant que la pression qui reposait sur Équipe Canada afin de produire encore plus de héros et de réécrire l'histoire était sans précédent. L'idée de gagner une médaille d'or olympique au hockey en sol canadien représentait la version canadienne du paradis. D'envisager tout autre résultat faisait trembler tous les Canadiens.

Avant les Jeux, un journaliste a déclaré : « L'argent serait une insulte. Le bronze serait une plus grande insulte et l'idée de ne gagner aucune médaille entraînerait la tenue d'un sommet pour réparer ce qui ne fonctionne pas avec le hockey ». Une autre nouvelle se terminait ainsi : « Voici ce qui se dit tout bas : il s'agit du plus grand tournoi de hockey de leur vie, ici. Ils sont mieux de gagner ». Une autre source déclarait énergétiquement : « ... On est au Canada et si l'équipe de hockey menée par Sidney Crosby ne gagne pas l'or, on se demandera si ces Jeux pourront réellement être qualifiés de succès ».

Pour 21 femmes et 23 hommes, c'est la fierté de leur nation qui était en jeu.

« C'est notre sport. Nous le croyons en tant que nation », a indiqué Mike Babcock, entraîneur de l'équipe masculine canadienne. Dix-huit autres équipes féminines et masculines de hockey étaient là pour prouver qu'il avait tort.

You have to believe it's going to happen. It's going to take work but you have to believe.

Canada's Scott Niedermayer after a 5–3 loss to Team USA in the preliminary round

Il faut croire que ça va arriver. Il va falloir travailler, mais il faut y croire.

Scott Niedermayer d'Équipe Canada après la défaite de 5–3 contre les États-Unis

After years of preparations, the world's best hockey players converge on Vancouver. On February 15, the Canadian women's locker room is quiet prior to their game against Switzerland (above); Team Canada men's coach Mike Babcock draws up a play during the squad's first official practice (facing page, top left); and Pittsburgh Penguins teammates Evgeni Malkin of Russia and Sidney Crosby of Canada trade final pre-competition pleasantries (top right).

Après des années de préparation, les meilleurs joueurs de hockey du monde convergent à Vancouver. Le 15 février, le vestiaire des Canadiennes est tranquille avant leur match contre la Suisse (ci-dessus); Mike Babcock, entraîneur de l'équipe canadienne masculine, élabore un jeu pendant la première séance d'entraînement officielle de l'équipe (page suivante, coin supérieur gauche); et Evgeni Malkin de la Russie et Sidney Crosby du Canada, coéquipiers des Penguins de Pittsburgh, plaisantent avant le début de la compétition (coin supérieur droit).

EVGENI MALKIN

SIDNEY CROSBY

MIKE BABCOCK

TOEWS
16

CROSBY

Every step we took, every pass we made, every shot we took, every save that Shannon [Szabados] made was for the people of Canada.

Melody Davidson, head coach of the Canadian women's team.

Chaque pas que nous avons fait, chaque passe que nous avons faite, chaque tir que nous avons lancé, chaque arrêt qu'a fait Shannon [Szabados], a été pour les gens du Canada.

Melody Davidson, entraîneuse-chef de l'équipe canadienne féminine

Vancouver 2010 marked the fifth and final Olympic Winter Games for 39-year-old Finnish superstar Teemu Selanne (left). The "Finnish Flash" picked up two assists, becoming the all-time leading scorer in Olympic ice hockey history with 37 points.

À Vancouver 2010, il s'agissait des cinquièmes et derniers Jeux olympiques d'hiver pour la super-vedette finlandaise de 39 ans Teemu Selanne (à gauche). Le « Finnish Flash » a récolté deux assistances et est devenu le meilleur marqueur de l'histoire du hockey sur glace olympique avec 37 points.

I've never thought about not coming. My son would want me to be here. I was asked to do a job here and I'm going to do it.

Brian Burke, general manager of the US men's hockey team, on taking part in the Games days after his 21-year-old son Brendan died in a car accident.

Je n'ai jamais pensé ne pas venir. Mon fils voudrait que je sois ici. On m'a demandé de faire un travail ici et je le ferai.

Brian Burke, directeur général de l'équipe de hockey américaine masculine au sujet de sa participation aux Jeux quelques jours après que son fils de 21 ans, Brendan, est décédé dans un accident de voiture.

Playing the USA is a good way for us to learn to be better.

Hannu Juhani Saintula, the Chinese women's coach, after his team's 12–1 loss to the US.

Jouer contre les États-Unis représente une bonne manière d'apprendre comment mieux jouer.

Hannu Juhani Saintula, entraîneur de l'équipe chinoise féminine après la défaite de son équipe par une marque de 12–1 contre les États-Unis.

They scored the goal. That hurts. That hurts me the most.

Jaromir Jagr, on a punishing mid-ice hit by Russia's Alexander Ovechkin (#8, left) that resulted in a turnover and a goal in the Czech Republic's 4–2 preliminary-round loss. Jagr got up quickly, but missed most of the next game.

Ils ont marqué le but. Ça fait mal. C'est ce qui me fait le plus mal.

Jaromir Jagr, au sujet d'un coup cuisant que lui a infligé le Russe Alexander Ovechkin (n° 8, à gauche) au milieu de la patinoire et qui a provoqué un revirement des choses et un but au cours du match que la République tchèque a perdu 4–2 en ronde préliminaire. M. Jagr s'est rapidement

vancouver 2010

Player / Joueur	GP/JP	G/B	A/A	PTS	+/-
1 Pavol Demitra (SVK)	7	3	7	10	0
2 Marian Hossa (SVK)	7	3	6	9	0
3 Zach Parise (USA)	6	4	4	8	+4
4 Brian Rafalski (USA)	6	4	4	8	+7
5 Jonathan Toews (CAN)	7	1	7	8	+9

TOURNAMENT ALL STARS / ÉTOILES DU TOURNOI

G Ryan Miller (USA), D Brian Rafalski (USA),
D Shea Weber (CAN), F Jonathan Toews (CAN),
F Zach Parise (USA), F Pavol Demitra (SVK)

WOMEN'S SCORING LEADERS / MEILLEURES MARQUEUSES

Player / Joueuse	GP/JP	G/B	A/A	PTS	+/-
1 Meghan Agosta (CAN)	5	9	6	15	+14
2 Jayna Hefford (CAN)	5	5	7	12	+15
3 Stefanie Marty (SUI)	5	9	2	11	+4
4 Jenny Potter (USA)	5	6	5	11	+8
5 Natalie Darwitz (USA)	5	4	7	11	+6

TOURNAMENT ALL STARS / ÉTOILES DU TOURNOI

G Shannon Szabados (CAN), D Angela Ruggiero (USA),
D Molly Engstrom (USA), F Meghan Agosta (CAN),
F Jenny Potter (USA), F Marie-Philip Poulin (CAN)

A total of five brother combinations played together at Vancouver 2010: Sweden's Henrik Sedin (#20, left) with twin Daniel; Latvia's Mikelis and Krisjanis Redlihs; Mikko and Saku Koivu and Tuomo and Jarkko Ruutu of Finland; and Marian and Marcel Hossa of Slovakia. The latter three sets of siblings played in the Finland-Slovakia bronze-medal game.

En tout, il y avait cinq couples de frères qui ont joué ensemble à Vancouver 2010 : Henrik Sedin (n° 20, à gauche) et son jumeau Daniel de la Suède; Mikelis et Krisjanis Redlihs de la Lettonie; Mikko et Saku Koivu et Tuomo et Jarkko Ruutu de la Finlande; et Marian et Marcel Hossa de la Slovaquie. Ces trois derniers couples ont joué à l'occasion du match pour la médaille de bronze au cours duquel la Finlande et la Slovaquie se sont affrontées.

Pavol Demitra (#38, left) thought he had scored the tying goal for Slovakia in the dying seconds of its semifinal with Canada, but goalie Roberto Luongo made a lunging save. Shaking hands after the game, Demitra told his Vancouver Canucks teammate: "That was me, you know." Luongo laughed in surprise.

Pavol Demitra (n° 38, à gauche) pensait avoir marqué le but égalisateur pour la Slovaquie au cours des dernières secondes du match de demi-finale contre le Canada, mais le gardien de but Roberto Luongo avait bondi pour arrêter la rondelle. En se serrant la main après le match, M. Demitra a dit à son coéquipier des Canucks de Vancouver : « C'était moi, tu sais ». M. Luongo a ri, étonné.

I wouldn't say I hate them, but Canadians expect to win gold and anything else is not good enough.
Ryan Kesler (#17, left) of Team USA

Je ne peux pas dire que je les haïs, mais les Canadiens s'attendent à gagner la médaille d'or et rien de moins que la victoire ne sera suffisant.
Ryan Kesler (n° 17, à gauche) d'Équipe USA

Despite entering the tournament ranked first by the International Ice Hockey Federation and boasting two of the game's brightest stars in Alexander Ovechkin and Evgeni Malkin, Russia finished a disappointing sixth in the 12-team Olympic tournament.

Malgré son arrivée au tournoi classée au premier rang par la Fédération internationale de hockey sur glace et le fait qu'elle pouvait se vanter de pouvoir compter sur deux des plus grandes vedettes du sport, Alexander Ovechkin et Evgeni Malkin, la Russie a terminé en sixième position, un résultat décevant, au tournoi olympique qui comptait 12 équipes.

Slovakia has roughly five per cent of the number of registered hockey players as Canada, but, led by Pavol Demitra and goalie Jaroslav Halak (of the Montreal Canadiens), the Slovakian men upset both Russia and Sweden en route to a fourth-place finish at the Games, their best-ever finish.

La Slovaquie ne compte environ que cinq pour cent du nombre de joueurs de hockey inscrits au Canada, cependant, avec à leur tête Pavol Demitra et le gardien de but Jaroslav Halak (des Canadiens de Montréal), les hommes slovaques ont battu la Russie et la Suède pour terminer en quatrième position aux Jeux, leur meilleur classement.

With an assist Teemu Selanne has broken the Olympics' point record. Congratulations to the Finnish Flash on another amazing accomplishment! @ALLDUCKS 10:14 PM Feb 19

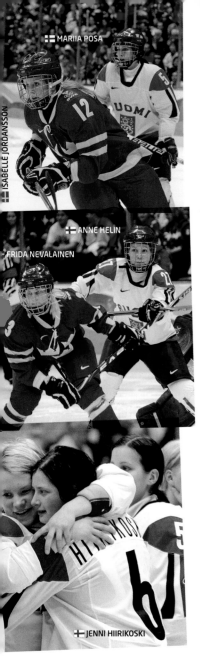

Photo labels: MARIIA POSA · ISABELLE JORDANSSON · ANNE HELIN · FRIDA NEVALAINEN · JENNI HIIRIKOSKI

Photo labels: TEEMU SELANNE · JOZEF STUMPEL · ANDREJ SEKERA · SAKU KOIVU · JAROSLAV HALAK

A BRONZE AGE FOR FINLAND

In the end, the roads that Finland's ice hockey teams took to their 2010 bronze-medal finishes went through neighbouring Sweden, albeit in very different stages of their respective journeys. →

L'ÈRE DE BRONZE POUR LA FINLANDE

Finalement, le chemin pris par les équipes finlandaises de hockey pour atteindre la médaille de bronze en 2010 a fait un détour chez leur voisin, la Suède, bien que les étapes aient été bien différentes pour chacun des parcours. →

She was our biggest fan, even before in Salt Lake City. That's why the whole team went towards her and sang the national anthem.

Pekka Hamalainen, head coach of Finland's women's team, on the squad's close relationship with Finnish president Tarja Halonen (above).

Elle a été notre plus grande partisane, même avant, à Salt Lake City. C'est pourquoi toute l'équipe s'est approchée d'elle pour chanter l'hymne national.

Pekka Hamalainen, entraîneur-chef de l'équipe finlandaise féminine, au sujet de l'étroite relation de l'équipe avec la présidente de la Finlande, Tarja Halonen (ci-dessus).

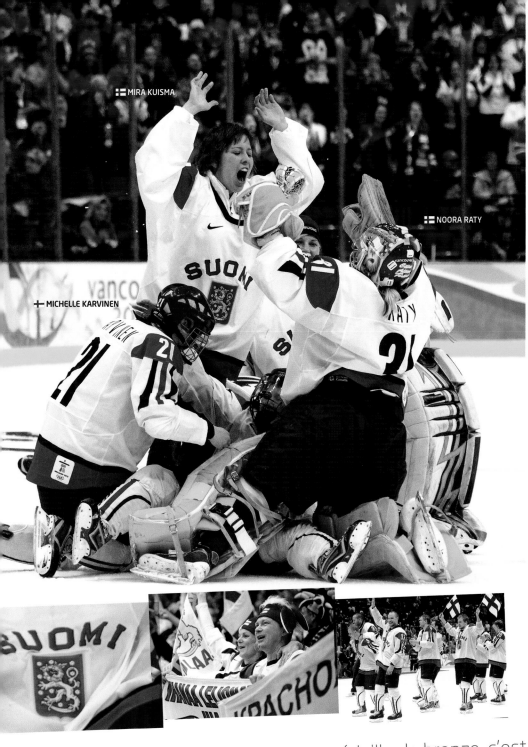

MIRA KUISMA

NOORA RATY

MICHELLE KARVINEN

SUOMI

On the women's side, the matchup took place, as predicted, in the bronze-medal final, with Finland prevailing 3–2 in an overtime nail-biter. Prior to the game, the team presented its greatest fan, President Tarja Halonen, with a Finnish jersey with her name on it, and the number "10," signifying the 2010 Winter Games. The president leapt to her feet when Karoliina Rantamaki scored at 2:33 in overtime, giving the Finns their second Olympic medal since Finland won bronze in the inaugural women's tournament at Nagano 1998.

On the men's side, Sweden — defending gold medallist — handed Finland a 3–0 loss in the preliminary round, but were later edged out 4–3 by the gritty underdogs from Slovakia in a quarter-final match. Having already handed the top-ranked Russians a 2–1 loss in the preliminary round, the Slovaks continued to defy the odds, coming within a hair's breadth of advancing to the gold-medal game in a 3–2 semifinal loss to Canada.

The Slovaks then met Finland in the bronze-medal final, buoyed by the prospects of winning their first Olympic medal. Led offensively by Vancouver Canuck Pavol Demitra and brilliant goaltending from Jaroslav Halak, Slovakia scored three unanswered goals in the second period, taking a 3–1 lead. Finland responded with three third-period goals in less than four minutes, including tying and winning goals that came exactly two minutes apart — and were both scored by Olli Jokinen of the NHL's New York Rangers. With just 11 seconds remaining, Valtteri Filppula sealed the 5–3 win, scoring into an empty net.

In the minutes that followed, there were tender moments for Finnish hockey fans. Posing for centre-ice photos, and surrounded by admiring teammates, were Mikko Koivu and older brother Saku. Saku, who had just played the last Olympic hockey game of his career, was a fan favourite in Montreal where he played for the Canadiens. A big farewell also went up for five-time Olympian and all-time Olympic Games scoring champion Teemu Selanne.

By all appearances, it was a fulfilling moment for the Finns, who expressed their appreciation to fans with a long skate around the arena — and to a popular president, who, for a second time, joyfully waved the blue-and-white flag of her country.

Du côté des femmes, l'affrontement s'est déroulé tel que prévu en finale pour le bronze, lorsque la Finlande l'a emporté 3–2 à la suite d'une prolongation enlevante. Avant la partie, l'équipe a offert à sa plus grande admiratrice, la présidente Tarja Halonen, un chandail de la Finlande, arborant son nom et le numéro 10, pour représenter les Jeux d'hiver de 2010. La présidente a sauté de joie lorsque Karoliina Rantamaki a marqué à 2:33 en prolongation, donnant ainsi aux Finlandaises leur deuxième médaille olympique depuis le premier tournoi de hockey féminin à Nagano en 1998.

Du côté des hommes, la Suède, qui défendait sa médaille d'or, a battu la Finlande 3–0 en ronde préliminaire, pour ensuite être éliminée par la marque de 4–3 en quart de finale contre la Slovaquie qui n'était pas favorite pour l'emporter. Après avoir battu les Russes 2–1 en ronde préliminaire, les Slovaques ont continué à déjouer les pronostics, venant à un poil d'accéder à la grande finale, pour finalement s'incliner 3–2 en demi-finale contre le Canada.

Les Slovaques ont alors affronté la Finlande en finale pour le bronze, portés par la possibilité de gagner leur première médaille olympique. Avec Pavol Demitra des Canucks de Vancouver et le gardien Jaroslav Halak, la Slovaquie a compté trois buts sans riposte en deuxième période, prenant ainsi les devants 3–1. La Finlande a répondu en inscrivant trois buts en moins de quatre minutes en troisième période, y compris le but égalisateur et le but gagnant, qui ont été marqués à deux minutes d'intervalle par Olli Jokinen des Rangers de New York. Avec 11 secondes à faire, Valtteri Filppula a scellé la victoire de 5–3 en comptant dans un filet désert.

Au cours des minutes qui ont suivi, les partisans de hockey finlandais ont eu droit à des moments touchants. Photographiés au centre de la glace, entourés de leurs coéquipiers en admiration, se trouvaient Mikko Koivu et son frère aîné, Saku. Ce dernier, qui venait tout juste de jouer le dernier match olympique de sa carrière, était le chouchou de la foule lorsqu'il jouait pour les Canadiens de Montréal. On a également fait des adieux émouvants à Teemu Selanne, olympien à cinq reprises et meilleur marqueur de tous les temps aux Jeux olympiques.

De toute évidence, il s'agissait d'un moment important pour les Finlandais, qui ont remercié leurs partisans en patinant autour de la glace, et pour une présidente populaire qui, pour la deuxième fois, brandissait fièrement le drapeau blanc et bleu de son pays.

SUOMI

KPACHO...

To win the bronze is huge, especially for a small country like Finland.

Teemu Selanne

Gagner une médaille de bronze, c'est énorme, plus particulièrement pour un petit pays comme la Finlande.

Teemu Selanne

HOLD ON Ticketholders head toward a Canada vs. USA hockey showdown, passing through security checkpoints and waiting for a previous game to be completed. There were elaborately costumed supporters throughout the Games, but "superfan" syndrome built to a fever pitch for hockey games featuring the North American neighbours.

ATTENDEZ Des détenteurs de billets se dirigent vers un affrontement entre le Canada et les États-Unis, en passant par les points de contrôle de sécurité et en attendant que le match précédent se termine. Certains partisans ont porté des costumes élaborés pendant les Jeux, mais le syndrome de « superfan » a atteint un tout autre niveau pour les matchs de hockey au cours desquels les voisins nord-américains se sont affrontés.

I looked up in the stands and saw a sign that said "Proud to be Canadian," and that's what I am today.

Shannon Szabados, Team Canada goalie

J'ai regardé dans les estrades et j'ai vu une pancarte qui disait, "Proud to be Canadian (Fier d'être Canadien)", et c'est ce que je suis aujourd'hui.

Shannon Szabados, gardienne de but, Équipe Canada

SHE DID WHAT? What a flailing glove stop by Szabados! @HockeyCanada 4:48 PM Feb 25

GOLDEN THREE-PEAT
TROIS FOIS L'OR

The scene at the close of the gold-medal women's hockey game could hardly have been more Canadian. At one end of the ice were jubilant Canadian players wildly celebrating their third consecutive Olympic victory. At the other end, a colour guard of Royal Canadian Mounted Police in ceremonial red serge began to escort a procession of medal-bearers. And in every corner of the stadium a sea of red-clad humanity swelled with pride at the sight of 21 cherished daughters triumphant in the nation's game.

With trademark Canadian politeness, head coach Melody Davidson hustled her distracted players together to remind them they had guests — a devastated American team that had fought hard and was already lined up, awaiting the post-game handshake.

At Vancouver 2010, the route to victory ended up as predicted, with the Canadians and Americans widely outscoring opponents in both the preliminary rounds and the semifinals, propelling both teams to a much-anticipated showdown with their long-time cross-border rivals.

Despite a depth of experience on Canada's side, it was youth who dropped the hammer in the 2–0 finale for Canada. The performance of Olympic rookie goaltender Shannon Szabados bordered on art, as the 23-year-old turned away 28 shots and helped deny six attempts by the most potent power play in the tournament. Meanwhile, 18-year-old forward Marie-Philip Poulin joined Szabados on the tournament all-star team after scoring a pair of jaw-dropping markers in the first period, finishing the tournament tied for first place in goals scored with five.

Another roar went up as the Finnish players walked onto the ice to receive their bronze medals, but it wasn't until the Americans received their silver medals that the Canadian crowd demonstrated their unrelenting respect and sportsmanship by joining their American neighbours in the familiar chant: "U-S-A! U-S-A!"

And when at last it was Canada's turn, the loudest ovation was reserved for the great Hayley Wickenheiser, whose record as the all-time Olympic scoring leader represented the historic contributions of the team's veterans. That roar was followed closely by raucous salutes for Szabados and Poulin, whose presence spoke to an even brighter future for Team Canada.

La scène qui s'est déroulée immédiatement après la finale pour la médaille d'or en hockey féminin aurait difficilement pu être plus canadienne. À une extrémité de la surface glacée, les joueuses canadiennes jubilaient en célébrant leur troisième victoire olympique consécutive. À l'autre extrémité, un membre de la Gendarmerie royale du Canada, en tunique rouge cérémoniale, a commencé à escorter le cortège des porteuses de médaille. À chaque coin du stade, une mer rouge d'humanité s'est gonflée de fierté en voyant les 21 filles chéries triompher à leur sport national.

Selon la politesse canadienne qui fait la renommée du pays, l'entraîneuse Melody Davidson a regroupé ses joueuses distraites afin de leur rappeler qu'elles avaient des invitées, une équipe américaine dévastée, qui s'était battue fièrement pour finalement subir une défaite serrée et qui faisait déjà la file pour la traditionnelle poignée de main d'après-match.

À Vancouver 2010, le chemin vers la victoire s'est terminé tel que prévu; les Canadiennes et les Américaines ont largement dominé au pointage pendant les rondes préliminaires et les demi-finales, ce qui a propulsé les deux équipes rivales depuis longtemps en confrontation ultime.

En dépit de toute l'expérience du côté du Canada, c'est la jeunesse qui a tranché au cours de la finale qui s'est terminée avec une marque de 2–0 en faveur du Canada. La performance de la gardienne recrue Shannon Szabados a frôlé la perfection : l'athlète de 23 ans a repoussé 28 lancers et a freiné six avantages numériques à l'occasion du tournoi. Pendant ce temps, Marie-Philip Poulin, attaquante de 18 ans, a retrouvé Mme Szabados au sein de l'équipe étoile du tournoi après avoir compté deux buts époustouflants en première période pour terminer à égalité en première place du tournoi au titre des buts marqués : cinq.

La foule s'est également fait entendre lorsque l'équipe finlandaise est arrivée sur la glace pour y chercher sa médaille de bronze, mais pas autant que pour les Américaines, qui ont reçu leurs médailles d'argent devant une foule canadienne qui a démontré son esprit sportif et son respect sans égal en se joignant à ses voisins américains en scandant le chant si familier : « U-S-A! U-S-A! ».

Lorsque le tour du Canada est arrivé, c'est pour la grande Hayley Wickenheiser, détentrice du record olympique de tous les temps au titre des buts marqués, que la foule avait réservé l'ovation la plus bruyante. Le rugissement de la foule a été suivi par des salutations bruyantes pour Mmes Szabados et Poulin, dont la présence faisait état d'un avenir encore plus brillant pour Équipe Canada.

Szabados had "FLM," for "Fight Like Matt," inscribed on the back of her helmet to honour former teammate and sledge hockey player Matt Cook, who had his Paralympic dream derailed by bone cancer. Cook died in April of 2010, at the age of 22.

Sur l'arrière du casque de Mme Szabados, on peut lire l'acronyme « FLM » qui signifie « Fight Like Matt » en l'honneur de son ancien coéquipier et joueur de hockey sur luge Matt Cook, dont le rêve paralympique a déraillé en raison du cancer des os. M. Cook est décédé en avril 2010 à l'âge de 22 ans.

hockey, three Olympic gold medals in a row. That's 75% of all gold medals for Women's hockey ever. @beatonna 6:58 PM Feb 25

Hockey feminin: Yesssssss medaille d'or Canada. bravo les filles!!! @ DenisCoderre 17 h 34

Hayley Wickenheiser's son Noah (left) gave her a Princess Leia figurine as a good-luck charm and the star forward kept it in her locker.

Le fils d'Hayley Wickenheiser, Noah (à gauche) a donné à sa maman une figurine de Princesse Leia comme porte-bonheur et l'attaquante vedette l'a gardée dans son casier au vestiaire.

Woohoo, thank you Canada for all of your incredible support!! I am sooo happy right now! This is your medal too. @wick_22 (Hayley Wickenheiser) 8:19 PM Feb 25

Huge noise at LiveCity Downtown! Women's hockey gold!! @livecity2010

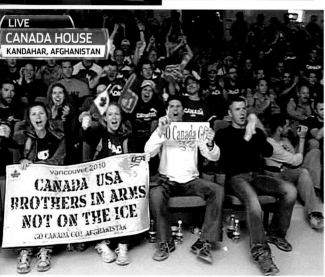

On February 28, Canadian soldiers watch the men's final in New Canada House at Kandahar Airfield, Afghanistan.

Le 28 février, des soldats canadiens regardent le match final à New Canada House au terrain d'aviation à Kandahar, en Afghanistan.

A DREAM FINALE UNE FINALE DE RÊVE

An hour's drive south of Vancouver stands a giant marble archway that marks one of the busiest border crossings between Canada and the US. The phrase "Children of a Common Mother" is inscribed near the top of the monument to symbolize a commitment to peace between two nations that share the world's longest unprotected border. But, as any mother knows, sibling rivalries of one form or another are inevitable.

For the past half-century or so, the friendly feuding between the US and her sister to the north has grown steadily more contentious on ice rinks both sides of the border, resulting in classic contests dating back to the first US victory over Canada at the Squaw Valley 1960 Olympic Winter Games. But even the keenest hockey observers would likely agree that no previous Canada-US matchup could equal the one that took place in 2010 — or the pressure on the home team to win at its own game on home soil.

Less than 72 hours after Canada's women's team had won gold over the US, the men's team took to the ice before another supercharged partisan crowd at Canada Hockey Place. Across the country, more than 26.5 million Canadians — nearly 80 per cent of the population — tuned in for the game. The national excitement and nervous energy was inescapable.

Despite a fifth-place ranking going into the 2010 Olympic tournament, Team USA went undefeated in the preliminary round, including a 5–3 win over second-ranked Canada that forced an extra qualifying game for the Canadians against Germany. Many agreed, however, that Team Canada's roster of extraordinary talents could use the extra game to find its chemistry and confidence. This theory seemed to prove accurate as the team progressed through the three next games. But the biggest test would come in the final game, on the final day of the Games.

Twenty-one-year-old phenom Jonathan Toews drew first blood for Canada on a rebound at 12:50 of the first period, followed by a goal by teammate Corey Perry seven minutes into the second. Six minutes later, US forward Patrick Kane fired a shot that Ryan Kesler deflected past his NHL Vancouver Canuck teammate, goalie Roberto Luongo. With the Canadians on their heels trying to preserve a 2–1 win, the Americans used an extra attacker to force overtime in the dying seconds of the third period, with Zach Parise's tying goal coming with just 25 seconds to spare. It was a gut-wrenching turn of events for the Host Country. →

À une heure de route au sud de Vancouver, on trouve une arche géante faite de marbre qui surplombe l'un des postes frontaliers les plus achalandés entre le Canada et les États-Unis. La phrase « Children of a Common Mother » (Enfants d'une même mère) est inscrite près de la cime du monument afin de symboliser l'entente de paix entre les deux nations qui partagent la frontière non protégée la plus longue au monde. Mais, comme toute mère le sait, les rivalités entre frères et sœurs sont inévitables.

Pendant plus d'un demi-siècle, la rivalité amicale entre les États-Unis et sa sœur du Nord est graduellement devenue plus conflictuelle sur la glace qu'à la frontière, ce qui a provoqué des affrontements classiques datant de la première victoire des États-Unis contre le Canada aux Jeux olympiques d'hiver de 1960 à Squaw Valley. Par contre, même les plus grands observateurs de hockey s'entendraient pour dire qu'aucun match ne peut rivaliser avec celui qui s'est déroulé en 2010 et que rien ne peut rivaliser avec la pression qui repose sur les épaules de l'équipe hôte de gagner dans son pays.

Moins de 72 heures après la victoire en finale de l'équipe féminine du Canada devant les États-Unis, l'équipe masculine a sauté sur la glace devant une foule de partisans électrisés réunis à la Place Hockey du Canada. Partout au Canada, plus de 26,5 millions de Canadiens, soit près de 80 pour cent de la population, ont regardé la partie. L'exaltation et la nervosité étaient palpables d'un océan à l'autre.

En dépit d'une cinquième position au classement du tournoi olympique de 2010, Équipe USA est demeurée invaincue pendant toute la ronde préliminaire, y compris une victoire de 5–3 contre les Canadiens qui étaient en deuxième position, ce qui a forcé la tenue d'un match de qualification entre le Canada et l'Allemagne. Toutefois, plusieurs étaient d'accord pour dire que les membres talentueux d'Équipe Canada pouvaient se servir de cette partie supplémentaire pour retrouver leur chimie et leur confiance. Cette théorie s'est avérée juste puisque l'équipe a progressé à la suite des trois parties suivantes. Néanmoins, le plus grand test viendrait lors du match final se tenant le dernier jour des Jeux.

Le Canadien Jonathan Toews, phénomène à 21 ans, a ouvert les hostilités en profitant d'un rebond à 12:50 à en première période. Son coéquipier Corey Perry lui a emboîté le pas à sept minutes à en deuxième. Six minutes plus tard, l'attaquant américain Patrick Kane a effectué un tir qui a été dévié par Ryan Kessler et qui a pénétré dans le filet de son coéquipier des Canucks de Vancouver, Roberto Luongo. Les Canadiens ont alors joué d'une manière plus défensive afin de conserver leur avance de 2–1, mais les Américains ont retiré leur gardien pour profiter de l'apport d'un attaquant supplémentaire et ainsi forcer la tenue d'une prolongation au cours des dernières secondes de la troisième période grâce au but égalisateur de Zach Parise avec seulement 24 secondes à faire. La partie prenait une tournure dramatique pour le pays hôte. →

26 500 000
CANADIANS TUNED IN FOR THE GAME
NOMBRE DE CANADIENS QUI ONT REGARDÉ LA PARTIE

Canada vs USA Ice Hockey Final - Obama has a beer bet on it, do you? @pintbet 12:25 PM Feb 28

PERIOD / PÉRIODE 1 🇨🇦 1 🇺🇸 0
GOAL/BUT: JONATHAN TOEWS (MIKE RICHARDS)

PERIOD / PÉRIODE 2 🇨🇦 2 🇺🇸 0
GOAL/BUT: COREY PERRY (RYAN GETZLAF, DUNCAN KEITH)

PERIOD / PÉRIODE 2 🇨🇦 2 🇺🇸 1
GOAL/BUT: RYAN KESLER (PATRICK KANE)

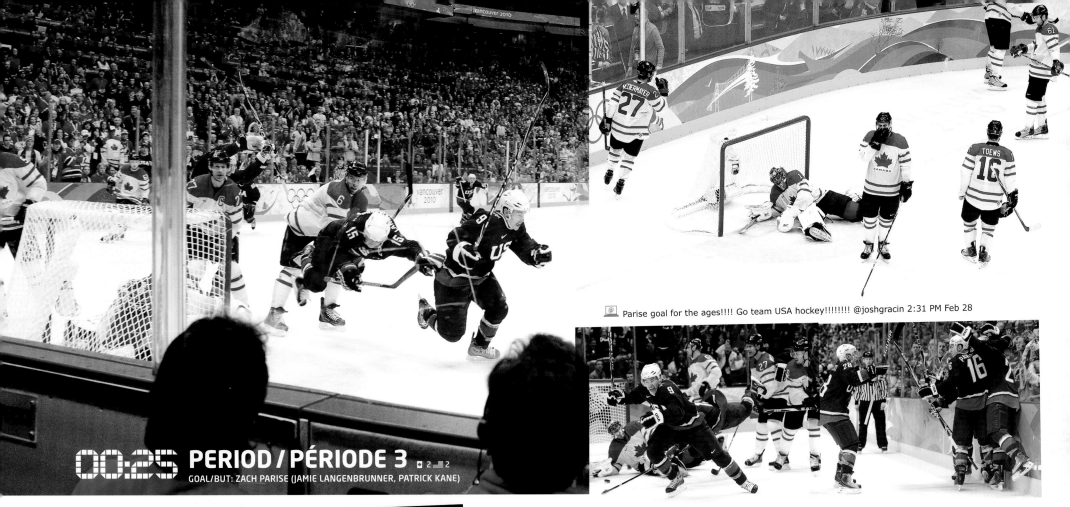

00:25 PERIOD / PÉRIODE 3 · 2 ⌐ 2
GOAL/BUT: ZACH PARISE (JAMIE LANGENBRUNNER, PATRICK KANE)

But Canada's fairytale ending was not to be sidelined. Seven minutes into overtime, Cole Harbour, Nova Scotia's Sidney Crosby took a pass from Jarome Iginla and blindly whistled in a shot past US goalie Ryan Miller that triggered instant euphoria in the streets and hearts of a nation.

From coast to coast to coast, the ensuing celebration was like a party for 33 million family members. In the arena, 19,300 predominantly Canadian fans gave a long and loud ovation for the outstanding American players, who appeared shattered, even as they received their silver medals. International Olympic Committee President Jacques Rogge presented the final medal to Sidney Crosby. Sensing the rarity of the moment, the president paused and smiled, gesturing to an adoring crowd and eliciting one final roar of approval before finally draping the ribbon around the beaming 22-year-old's neck.

With the Closing Ceremony of the XXI Olympic Winter Games just hours away, the crowd finally began to wend its way toward the exits, seemingly reluctant to leave the scene of what had to be one of the greatest hockey battles in history, and one played between two of its greatest teams.

Toutefois, le dénouement a été des plus heureux pour le Canada. À la septième minute de prolongation, Sidney Crosby, de Cole Harbour en Nouvelle-Écosse, a accepté une passe de Jarome Iginla et a frappé la rondelle qui a glissé derrière le gardien américain Ryan Miller, ce qui a instantanément déclenché l'euphorie dans les rues et les cœurs de toute une nation.

D'un océan à l'autre, la célébration qui a suivi avait des allures de fête pour 33 millions de membres d'une seule et même famille. Dans l'aréna, les 19 300 partisans, majoritairement canadiens, ont offert une longue ovation debout aux joueurs américains qui semblaient démolis, même lorsqu'ils ont reçu leur médaille d'argent. Le président du Comité olympique international, Jacques Rogge, a présenté la dernière médaille à Sidney Crosby. Devant le caractère unique de ce moment, le président a fait une pause et souri à une foule conquise afin d'obtenir d'elle une dernière ovation, avant d'accrocher le ruban au cou du jeune de 22 ans.

À quelques heures de la cérémonie de clôture des XXIes Jeux olympiques d'hiver, la foule a commencé à se diriger vers la sortie, semblant plutôt réticente à quitter la scène de l'un des plus grands duels de l'histoire du hockey, disputé entre deux de ses plus grandes équipes.

USA Hockey!!! OVERTIME!!!! @ DancinBrandin 2:30 PM Feb 28

TORONTO

VANCOUVER

WHAT A GOAL! USA! USA! USA! @ aurapolisher 2:29 PM Feb 28

MONTRÉAL

USA TIES IT UP WITH 25 sec left in 3rd, goal by Parise!!! We're going to OT hockey fans!!! @spikeranchsusan Feb 28

Toews and nash start the OT. Crowd here wild, chanting, now nervous and quiet. @mayormiller 2:45 PM Feb 28

FAITES DU BRUIT

FAITES DU BRUIT

2 20:00 2
TO OVERTIME TO

DES PLUS BRILLANTS EXPLOITS | WITH GLOWING HEARTS

Wow. How big has Patrick Kane been today? Don't think my heart can take OT. @SidSeixeiro 2:31 PM Feb 28

Allez équipe canadienne de hockey!! nous avons besoin un autre médaille d'or! :) @natashalerousse 14 h 41, le 28 févr.

VANCOUVER

Total man-crush for Toews. Do it son! @ jbristowe 2:27 PM Feb 28

Time for an OT winner, NO shootout! @whfrank 2:36PM Feb 28

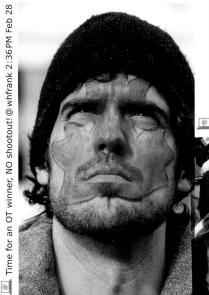

USA! I believe in Miracles! It doesn't get better than this! ;-) @ marcmantoo

SAMSUNG

VANCOUVER

OTTAWA

MONTRÉAL

CROSBY 87

vancouver

OVERTIME / PROLONGATION 3 — 2
GOAL/BUT: SIDNEY CROSBY (JAROME IGINLA)

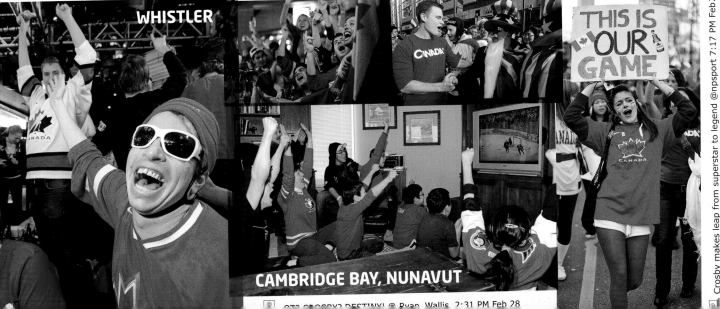

WHISTLER

THIS IS OUR GAME

CANADA

CAMBRIDGE BAY, NUNAVUT

TORONTO

Crosby over the line... Sidney Crosby he can't bust in... up with it again, he's on the ice with Iginla.... Crosby scores!... Sidney Crosby, the golden goal... and Canada has a once-in-a-lifetime Olympic gold.

Play-by-play sportscaster Chris Cuthbert's call of Sidney Crosby's game-winning goal

Crosby, entouré de 4 chandails bleus, veut se faufiler, il n'y parvient pas mais il reprend dans le coin. Crosby, derrière à Iginla, Iginla vers Crosby et c'est le buuuuuuuuuuuuuuut!

Description du commentateur sportif Pierre Houde lorsque Sidney Crosby a marqué le but gagnant

One of the most famous six ounces of hard rubber in hockey history: the gold-medal puck was donated to the Hockey Hall of Fame in Toronto by Vancouver 2010 and the International Ice Hockey Federation.

Un des plus célèbres objets de six onces en caoutchouc dur de l'histoire du hockey : Vancouver 2010 et la Fédération internationale de hockey sur glace ont fait don de la rondelle qui a marqué le but gagnant de la partie pour la médaille d'or au Temple de la renommée du hockey à Toronto.

▮◆▮ JAROME IGINLA

▮≡▮ RYAN SUTER

▮◆▮ SCOTT NIEDERMAYER

BRIAN RAFALSKI

RYAN MILLER

SIDNEY CROSBY

ZACH PARISE

We were saying after the third period that somebody would come through for us and it was no coincidence that he did.

Canada's Jonathan Toews on teammate Sidney Crosby

Après la troisième période, nous avons dit que quelqu'un y arriverait pour nous et ce n'est pas par hasard qu'il l'a fait.

Jonathan Toews, Canada, au sujet de son coéquipier Sidney Crosby

After the game on February 28, also the final sport competition of the Vancouver 2010 Olympic Winter Games, the scene on Granville Street in downtown Vancouver was repeated in both large cities and small towns across Canada. It was a day of high-fives with strangers, celebrations with friends and family, and swirling flags taped to hockey sticks.

Après le match du 28 février, qui était également la dernière compétition sportive des Jeux olympiques d'hiver de 2010 à Vancouver, la scène à laquelle on a assisté sur la rue Granville au centre-ville de Vancouver s'est répétée dans les grandes villes comme dans les petites villes partout au Canada. C'était un jour pour célébrer avec les étrangers tout comme avec les amis et la famille et faire tourbillonner des drapeaux accrochés à des bâtons de hockey.

FLAME OUT, PARTY ON

Looking back, it was definitely more of a party than a ceremony. The day before the show, the team at the Vancouver 2010 Organizing Committee announced the closing would "shatter a few myths and leave no doubt as to who Canadians are." And with the country still partying in the streets after Team Canada's gold medal in men's hockey, the buzz in the stadium reflected the euphoric spirits everywhere else.

The tone for the evening was set straight off the top, as a hapless mechanic helped raise the fourth leg of the Olympic Cauldron in a self-deprecating nod to the stubbornness it displayed at the Opening Ceremony. Minutes later, the capacity crowd of 60,000 erupted when Joannie Rochette walked into the stadium as the Canadian team's flagbearer. In the intermingled swirl of colours and humanity of the Athletes' Parade, the world saw the true spirit of the Games.

At 6:55 pm Vancouver time, IOC President Jacques Rogge declared the XXI Olympic Winter Games closed. For many, the night's crowning moment came next as Neil Young, standing alone in the spotlight on the stadium floor, delivered a sparse, poignant, acoustic version of *Long May You Run* as the Olympic Flame behind him faded to darkness. With the flame extinguished, the Vancouver 2010 Olympic Winter Games officially passed into history.

After 17 days of drama, in which virtually every human emotion was touched, it fell to an unexpected cross-section of Canadian talent to bring it all home. The program that followed was an unabashed, irreverent and deliberately self-effacing look at the Canadian psyche, as seen through the quirky lens of some of our best-loved international entertainment exports, including William Shatner, Catherine O'Hara and Michael J. Fox.

> Nothing is so endearing — and rare — as an Olympic host that can laugh at itself.
>
> S.L. Price, *Sports Illustrated*

> Il n'y a rien de plus adorable — et rare — qu'un hôte olympique qui peut rire de lui-même.
>
> S.L. Price, *Sports Illustrated*

BC Place then turned into Canada's biggest club, with star talent such as Nickelback, Avril Lavigne and Alanis Morissette alternating performances at each end of the stadium. As the opening chords of *Burn It to the Ground* thundered around them, 2,600 of the world's best athletes spilled from their seats and filled the infield. The Games were over, but the party had just begun.

In many ways, Canada's dramatic hockey overtime win — just a few hours earlier — may have turned out to be the perfect fairy-tale ending to the Games, but not even the most optimistic fans could have predicted the arc of the story that had been written over the previous two weeks.

Somewhere between the Four Host First Nations welcome in the Opening Ceremony and Michael Bublé's jazzed-up version of *The Maple Leaf Forever* at the closing, Canada seemed to turn a corner as a country. Vancouver 2010 CEO John Furlong captured the sentiment in an emotional closing speech that ended with the entire stadium rising in a spontaneous standing ovation to honour the athletes and the spectacular Games they created.

"I believe we Canadians tonight are stronger, more united, more in love with our country and more connected with each other than ever before. These Olympic Games have lifted us up. If the Canada that came together on opening night was a little mysterious to some, it no longer is."

@ Thank you Canada for one of the best memories of my life. @bradcspence (Brad Spence) 1:33 PM Mar 1

LA FLAMME EST ÉTEINTE,
MAIS LA FÊTE CONTINUE

Avec le recul, il s'agissait davantage d'une fête que d'une cérémonie. Le jour précédant le spectacle, l'équipe du comité d'organisation de Vancouver 2010 a annoncé que la clôture « briserait quelques mythes et ne laisserait aucun doute sur l'identité des Canadiens ». Le pays encore en fête dans les rues après la médaille d'or d'Équipe Canada au hockey masculin, le bourdonnement dans le stade reflétait l'humeur euphorique qui régnait partout ailleurs.

Le ton de la soirée a rapidement été donné lorsqu'un malheureux mécanicien a aidé à élever le quatrième pilier de la vasque olympique dans un signe d'autodérision envers l'obstination dont avait fait preuve le pilier à la cérémonie d'ouverture. Quelques minutes plus tard, la foule toute entière, au nombre de 60 000 personnes, a explosé lorsque Joannie Rochette, porte-drapeau de l'équipe canadienne, est entrée dans le stade. Dans un tourbillon de couleurs et d'humanité de ce défilé des athlètes, le Monde a pu constater le véritable esprit des Jeux.

*À 18 h 55, heure de Vancouver, le président du CIO Jacques Rogge a annoncé la clôture des XXIes Jeux olympiques d'hiver. Pour beaucoup, le moment culminant de la soirée est venu ensuite lorsque
Neil Young, seul sous un projecteur orienté sur le sol du stade, a présenté une version acoustique poignante de Long May You Run, tandis que la flamme olympique disparaissait derrière lui dans les ténèbres. La flamme éteinte, les Jeux olympiques d'hiver de 2010 à Vancouver sont officiellement entrés dans l'histoire.*

Après 17 jours de drame, qui ont donné droit à des montagnes russes d'émotions, voilà qu'on comptait sur des talents canadiens de toutes sortes pour couronner le tout. La programmation qui a suivi a été une image imperturbable, irrévérencieuse et délibérément modeste de la psyché canadienne, comme on l'a vue à travers la lentille biscornue de certaines de nos meilleures exportations en divertissement international, y compris William Shatner, Catherine O'Hara et Michael J. Fox.

BC Place s'est ensuite transformée en une grande boîte de nuit canadienne, avec des vedettes de talent comme Nickelback, Avril Lavigne et Alanis Morissette qui ont joué en alternance à chaque extrémité du stade. Une fois les accords initiaux de Burn It To The Ground entendus autour d'eux, 2 600 des meilleurs athlètes du monde ont quitté leur siège et envahi le terrain. Les Jeux étaient terminés, mais la fête venait de commencer.

À bien des égards, la spectaculaire victoire en temps supplémentaire du Canada en hockey masculin, survenue quelques heures plus tôt seulement, s'est possiblement révélée être l'ultime conte de fée des Jeux, mais pas même les admirateurs les plus optimistes n'auraient pu prédire le pan d'histoire que l'on venait d'écrire au cours des deux semaines précédentes.

Quelque part entre le mot de bienvenue des quatre Premières nations hôtes à la cérémonie d'ouverture et la version jazzée de The Maple Leaf Forever de Michael Bublé à la cérémonie de clôture, le Canada a semblé tourner une page comme pays. Le directeur général du COVAN, John Furlong, a communiqué le sentiment dans un discours de clôture émouvant qui a pris fin lorsque le stade entier s'est levé pour saluer d'une ovation spontanée les athlètes et les Jeux spectaculaires qu'ils avaient créés.

« Ce soir, je crois que nous, Canadiens, sommes plus forts, plus unis, plus amoureux de notre pays et plus connectés que jamais les uns aux autres. Ces Jeux olympiques nous ont soulevés. Si la réunion du Canada lors de la soirée d'ouverture a été un peu mystérieuse pour certains, elle ne l'est plus. »

Finally, with a little help from Québécois clown and mime Yves Dagenais, Catriona Le May Doan lights the Olympic Cauldron at BC Place during the Closing Ceremony.

Finalement, avec un peu d'aide du clown et mime québécois Yves Dagenais, Catriona Le May Doan allume la vasque olympique à BC Place pendant la cérémonie de clôture.

This is such a big honour because, during this whole Olympic experience, I've been carried by so many Canadians.

Figure skater Joannie Rochette, on carrying the Canadian flag at the Closing Ceremony.

The Vancouver 2010 Olympic Winter Games passed into history as Canadian rock legend Neil Young, standing alone at the base of the Olympic Cauldron, performed an acoustic version of *Long May You Run*. There were few dry eyes in the crowd of 60,000 as the Olympic Flame was extinguished.

Les Jeux olympiques d'hiver de 2010 à Vancouver sont passés à l'histoire tandis que le célèbre artiste de rock canadien Neil Young, debout seul à la base de la vasque olympique, a interprété une version acoustique de sa chanson *Long May You Run*. Presque toutes les personnes de la foule, au nombre de 60 000, avaient la larme à l'œil pendant l'extinction de la flamme olympique.

Il s'agit d'un honneur très important, car pendant toute cette expérience olympique, j'ai été portée par tellement de Canadiens.

Joannie Rochette, patineuse artistique, au sujet du fait qu'elle a porté le drapeau du Canada à l'occasion de la cérémonie de clôture.

Tant d'expériences vécues ensemble.
Coffrets de souvenirs à venir.
Sous la tempête, toujours ensemble.
Toujours plus loin.

Neil Young, *Long May You Run* [Traduction libre]

We've been through some things together.
With trunks of memories still to come.
We found things to do in stormy weather.
Long may you run.

Neil Young, *Long May You Run*

The Olympic Flag was passed from Vancouver Mayor Gregor Robertson to IOC President Jacques Rogge and then to Anatoly Pakhomov, mayor of Sochi, Russia (top, right to left). The Sochi 2014 delegation gave the world a taste of what's to come with dancers from the Bolshoi and Kirov ballets (above), opera and symphony music, and "zorbs," transparent plastic orbs encasing performers.

Le maire de Vancouver Gregor Robertson a passé le drapeau olympique au président du CIO M. Jacques Rogge qui l'a ensuite passé à Anatoly Pakhomov, maire de Sotchi, en Russie (haut, de droite à gauche). La délégation de Sochi 2014 a donné au monde un avant-goût de ses Jeux grâce à des danseurs des ballets Bolshoi et Kirov (ci-dessus), de l'opéra et de la musique symphonique et des « zorbs » ou globes de plastique transparents encapsulant les artistes.

MICHAEL BUBLÉ

MARIE-MAI

CATHERINE O'HARA

MICHAEL J. FOX

WILLIAM SHATNER

Japanese figure skater Mao Asada signs an autograph for a Closing Ceremony performer.
La patineuse artistique japonaise Mao Asada signe un autographe pour une artiste de la cérémonie de clôture.

Australian snowboarders Scott James, at age 15 the youngest male competitor at the Games, and Torah Bright, the women's half-pipe gold medallist.

Les surfeurs de neige australiens Scott James, qui à 15 ans a été le plus jeune participant des Jeux, et Torah Bright, médaillée d'or à l'épreuve de demi-lune des dames.

THANK YOU CANADA!

2 500+ artists were involved in the Cultural Olympiad, from every province and territory in Canada and 22 countries around the world

Nombre d'artistes qui ont participé à l'Olympiade culturelle, provenant de chaque province et territoire du Canada et de 22 pays de partout dans le monde

WITH GLOWING ARTS
LES PLUS BRILLANTES ŒUVRES D'ART

TRANSE EXPRESS

Making connections.
That is what a great event does: it brings people together — all kinds of people, from here, there and everywhere. It gives them the opportunity to experience everything that encompasses human nature, in themselves and each other.

Sport, with thrilling exploits on ice and snow, connects people. And so does the sharing of ideas and insights through art and popular culture.

That is why the Games of Olympia, in ancient Greece, included both the best athletes and the best artists of the day, and why Baron Pierre de Coubertin, when he founded the modern Olympic Movement in 1894, made culture the second pillar of Olympism: he believed art could promote a deeper level of cultural understanding and, ultimately, peace among nations.

The Vancouver 2010 Cultural Olympiad was the forum for millions of connections, large and small, personal and shared. Among the largest art and popular culture festivals in Canadian history, it also set new standards for Olympic and Paralympic Games.

Organized in partnership with Canada's arts community, it packed 60 days — before and during the 2010 Winter Games — with over 650 performances and exhibitions featuring artists from every province and territory in Canada and a host of international stars. It filled public spaces with music and visual art; stages with song, dance and theatre; and galleries with bold and challenging exhibitions. Even the skies over Vancouver's English Bay were full of massive choreographed lights, programmed by online participants who were able to take part in the Games from afar in wholly new ways.

In short, a good time was had pretty much by all. And by the time it was over, Vancouver Mayor Gregor Robertson would call the Cultural Olympiad the Winter Games "secret to our success, bringing crowds out, celebrating downtown and adding more depth to the whole event."

The French street arts company Transe Express creates living sculptures high above viewers' heads. Its percussionists, in their human mobiles, became crowd favourites at Place de la Francophonie on Granville Island.

La compagnie d'art de rue française Transe Express crée des sculptures vivantes bien au-dessus de la tête des spectateurs. Ses percussionnistes, dans leurs mobiles humains, sont devenus des favoris de la foule à la Place de la francophonie sur l'île Granville.

Je suis a la place de la francophonie. La belle musique de Lennie Gallant. officialnatjay (Nat Jay) 23 h 00, le 18 févr.

3 FULL FESTIVALS
FESTIVALS COMPLETS

In 2008, 2009 and 2010 made the Cultural Olympiad the first multi-year showcase of arts and popular culture for a Winter Games

en 2008, 2009 et 2010 ont fait de l'Olympiade culturelle la première exposition pluriannuelle d'arts et de la culture populaire des Jeux d'hiver

650 events and exhibitions in Cultural Olympiad 2010
spectacles et expositions au cours de l'Olympiade culturelle 2010

TINARIWEN

JAMMING THE NETWORKS

K'NAAN

BUFFY SAINTE-MARIE

LUNARFEST

TONO: A RED SKY PRODUCTION

TRIMPIN: SHENG HIGH

FLORENCE K

TRACING NIGHT (ED PIEN)

GET OUT OF THE WAY

THE FOLLOWER (MAKIKO YOSHI, JAY POZO)

SEEN (DAVID ROKEBY)

Établir des liens. C'est ce qu'un grand
événement doit faire : rassembler les gens, toutes sortes de gens d'ici, d'ailleurs et de partout, en leur donnant l'occasion de découvrir tout ce qui touche la nature humaine, en eux-mêmes et pour chacun d'eux.

Le sport, avec ses exploits emballants sur la neige comme sur la glace, rassemble les gens. Tout comme le fait le partage des idées et des connaissances à travers l'art et la culture populaire. C'est pourquoi les Jeux d'Olympie, en Grèce antique, comprenaient à la fois les meilleurs athlètes et les meilleurs artistes du moment, et pourquoi le baron Pierre de Coubertin, lorsqu'il a fondé le Mouvement olympique moderne en 1894, a fait de la culture de deuxième pilier de l'olympisme. Il croyait que l'art pouvait atteindre un niveau plus poussé de la compréhension culturelle et, éventuellement, la paix entre les nations.

L'Olympiade culturelle de Vancouver 2010 a été le forum de millions de connexions, des petites comme des grandes, autant personnelles que partagées. Parmi les plus grands festivals d'art et de culture populaire de l'histoire canadienne, elle a également établi de nouvelles normes pour les Jeux olympiques et paralympiques.

Organisée en partenariat avec la communauté artistique du Canada, elle a duré soixante jours, avant et pendant les Jeux d'hiver de 2010, et a présenté plus de 650 spectacles et expositions mettant en vedette des artistes de chaque province et territoire du Canada, ainsi qu'une multitude de vedettes internationales. Elle a rempli les espaces publics de musique et d'arts visuels, les scènes de chansons, de danse et de théâtre, les galeries d'expositions audacieuses et ambitieuses. Même le ciel au-dessus d'English Bay à Vancouver était rempli d'énormes lumières synchronisées, programmées par des participants en ligne qui ont été en mesure de prendre part aux Jeux, malgré la distance, par de nouveaux moyens.

Bref, tous ont vécu un bon moment. Lorsqu'elle s'est terminée, le maire de Vancouver Gregor Robertson a décrit l'Olympiade culturelle comme « le secret de notre succès, une belle façon de faire sortir les gens, de célébrer notre centre-ville et d'ajouter plus de profondeur à l'événement dans son ensemble ».

5 800 000+
experienced some part of the Cultural Olympiad online or in person. In the Games region, performances and exhibitions were held at over 60 venues, including free events at celebration sites, the 2010 Aboriginal Pavilion and Place de la Francophonie.

Nombre de personnes qui ont fait l'expérience de l'Olympiade culturelle en ligne ou en personne. Dans la région des Jeux, on a tenu des spectacles et des expositions à plus de 60 sites, notamment des événements gratuits aux sites de célébration, au Pavillon autochtone de Vancouver 2010 et à la Place de la francophonie.

This is the effingest most beautiful place we have ever played. And you are the most beautiful crowd.

Thomas Mars, Phoenix lead singer, to the audience at the Vancouver Orpheum on January 22

Il s'agit du plus bel endroit où nous avons donné un spectacle. Et vous êtes la plus belle foule.

Thomas Mars, chanteur du groupe Phoenix, en parlant à l'auditoire au Orpheum Theatre de Vancouver le 22 janvier

CURTAIN RAISES

The Cultural Olympiad's opening-night concert on January 22, headlined by Phoenix, a super-hot dance-rock band from France, offered a preview of the outpouring of energy ahead. A wave of emotion rolled through Vancouver's Orpheum with the first burst of lights and guitars. The band put on an electric show and the night ended with hundreds of dancers overtaking the stage. They chanted for the hit song *1901* and got it — the band all but invisible in the midst of bouncing bodies. Later that night, dozens posted photos and videos of the moment online. Across town, Alberta Ballet performed *Joni Mitchell's The Fiddle and the Drum*, a stunning ballet choreographed to Mitchell's songs, visuals and political commentary, earning a standing ovation. World-premiere plays started their runs, visual arts exhibitions opened, and the 2010 Cultural Olympiad — and the emotionally charged Winter Games experience — was underway.

ON LÈVE LE RIDEAU

Le concert d'ouverture de l'Olympiade culturelle qui a eu lieu le 22 janvier, mettant en vedette Phoenix, un groupe danse-rock super-hot de la France, a présenté un avant-goût du déluge d'énergie qui allait suivre. Une vague d'émotions a déferlé au Orpheum Theatre de Vancouver, dès les jets de lumières et les premières notes de guitare. Le groupe a présenté un spectacle électrique et la soirée s'est terminée avec une centaine de danseurs qui ont envahi la scène. L'auditoire a crié pour que le groupe chante le tube *1901* et n'a pas été déçu — le groupe était tout sauf invisible au cœur des corps bondissants. Plus tard, des dizaines de personnes ont diffusé des photos et des vidéos du moment en ligne. À l'autre bout de la ville, l'Alberta Ballet a interprété *The Fiddle and the Drum* de Joni Mitchell, un ballet impressionnant chorégraphié au son des chansons de Mme Mitchell et sur des images et un commentaire politiques, ce qui lui a valu une ovation debout. Des pièces de théâtre en primeur mondiale ont débuté, des expositions visuelles ont ouvert et l'Olympiade culturelle de 2010 — ainsi que l'expérience des Jeux d'hiver chargée d'émotions — s'est mise en branle.

☐ ☐ METCALFE/LEWIS: IKONS

☐ JONI MITCHELL'S THE FIDDLE AND THE DRUM (ALBERTA BALLET)

☐ KAMP

☐ THE EDWARD CURTIS PROJECT

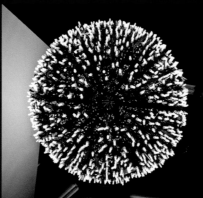

ARTIFICIAL MOON (WANG YUYANG)

☐ SPIRIT OF UGANDA

Over 3,500 handmade puppets were used in *KAMP*, the Dutch theatre group Hotel Modern's sublime recreation of a day and night at the Auschwitz concentration camp.

On a utilisé plus de 3 500 marionnettes faites à la main dans *KAMP*, la recréation sublime d'un jour et d'une nuit au camp de concentration d'Auschwitz par le groupe de théâtre néerlandais Hotel Modern.

Thank you for sharing your smiles with us.

Faith Kansiime, 16, told the audience after Spirit of Uganda's show at the Orpheum.

Merci de nous faire part de vos sourires.

A dit Faith Kansiime, 16 ans, à l'auditoire après le spectacle de Spirit of Uganda au Orpheum Theatre.

Spirit of Uganda's young performers, many of them orphans of AIDS and civil war, charmed the crowd during and after their rousing concert of East African dance and song on February 15, with nine-year-old performer Donatina Nakimuli (above) holding court in the theatre lobby as the crowd went out into the night.

Les jeunes artistes de Spirit of Uganda, dont la plupart sont des orphelins du SIDA et de la guerre civile, ont enchanté la foule pendant et après leur spectacle épatant de danse et de chanson est-africaines, le 15 février. L'artiste Donatina Nakimuli, 9 ans (ci-dessus), est entourée de sa cour dans le hall de réception tandis que la foule quitte après le spectacle.

🖥 J'ai bien hâte de voir les comédiens québécois au Gala Juste pour rire ce soir. Et j'ai bien le goût de rire! #culturalolympiad @DeirdraMcC 18 h 52, le 20 févr.

CHROMEO

KID KOALA

CODE is . . . online art direct to your computer screen, an online national "blueprint" developed to welcome the world to the Games, a pan-Canadian film series and — lovin' it — the 18-day, multiple-location concert and visual art exhibition. It's huge.

Stuart Derdeyn, writing in *The Province* newspaper, on CODE, the first full program of digital and online engagement for an Olympic and Paralympic Games.

CODE c'est... de l'art en ligne directement sur votre écran d'ordinateur, un « plan détaillé » national en ligne créé afin d'accueillir le monde aux Jeux d'hiver, une série de films pancanadiens et — j'aime ça — les concerts et les expositions d'arts visuels à divers endroits pendant 18 jours. C'est énorme.

A rédigé Stuart Derdeyn dans le journal *The Province*, au sujet de CODE, le premier programme complet de participation numérique et en ligne pour des Jeux olympiques et paralympiques.

20 000+ designs submitted by online participants to choreograph Montreal-based artist Rafael Lozano-Hemmer's *Vectorial Elevation* — some of the brightest lights in the world, visible from kilometres away in the skies over English Bay.

Nombre de conceptions soumises en ligne par des participants afin de créer des chorégraphies de lumière pour l'œuvre de Rafael Lozano-Hemmer, artiste de Montréal, intitulée *Vectorial Elevation* — certaines des lumières les plus brillantes du monde, visibles dans le ciel au-dessus d'English Bay.

Elizabeth [Streb] does video replays, like a sports coach, and we analyze every stunt and fall. We obsess over every moment of the performance.

Jackie Carlson, one of artistic director Elizabeth Streb's "extreme action dancers."

Elizabeth [Streb] fait des relectures vidéo, comme un entraîneur sportif, et nous analysons chaque acrobatie et chute. Nous obsédons à propos de chaque moment du spectacle.

Jackie Carlson, une des « danseuses d'action extrême » de la directrice artistique Elizabeth Streb.

STREB: RAW

RAIN (CIRQUE ÉLOIZE)

MOON WATER (CLOUD GATE DANCE THEATRE OF TAIWAN)

GET PHYSICAL

Long days and nights training body and mind to perform seemingly impossible feats, and to do so gracefully, effortlessly: Olympic and Paralympic athletes were not alone in displaying their dedication and extraordinary physical gifts at Vancouver 2010. STREB, a New York dance company, brought its mix of wild stunts and extreme choreography to Vancouver's Roundhouse; Cloud Gate Dance Theatre of Taiwan mixed tai chi, exquisitely controlled movements and modern dance in *Moon Water*; Cirque Éloize's modern circus *Rain* had feats of strength and powerful women rappelling down shimmering banners; and Bill Shannon, a hip-hop dance artist, showed the Kickstart Disability Arts and Culture gala why his nickname is "Crutchmaster."

ALLEZ, BOUGEZ

De longs jours et de longues nuits passés à s'entraîner le corps et l'esprit pour réaliser des exploits apparemment impossibles, et le faire avec élégance et sans efforts : les athlètes olympiques et paralympiques n'ont pas été les seuls à montrer leur dévouement et leurs extraordinaires talents physiques à Vancouver 2010. STREB, compagnie de danse de New York, a transporté son mélange de folles acrobaties et de chorégraphie extrême au Roundhouse de Vancouver; le Cloud Gate Dance Theatre of Taiwan a mélangé le tai-chi, des mouvements délicatement contrôlés, et la danse moderne dans *Moon Water*; dans *Rain*, le cirque moderne du Cirque Éloize a présenté des femmes puissantes qui descendaient des bannières chatoyantes et des exploits de force; et Bill Shannon, artiste de danse hip-hop, a démontré au gala Kickstart Disability Arts and Culture pourquoi on le surnomme « Crutchmaster. »

To tell the story of a hero being heroic is one thing, but the story we really should know is the creation myth, the story of how that person became who they are.
Playwright Dennis Foon on *Rick: The Rick Hansen Story*.

Raconter l'histoire d'un héros héroïque est une chose, mais l'histoire que nous devrions vraiment connaître est le mythe de création, l'histoire à savoir comment cette personne est devenue ce qu'elle est. **Dramaturge Dennis Foon au sujet de *Rick: The Rick Hansen Story*.**

⚑ ▶ ANTHONY BRAXTON'S SONIC GENOME PROJECT

🍁 RICK: THE RICK HANSEN STORY

⚑ ▶ EMILY HAINES (HAL WILLNER'S NEIL YOUNG PROJECT

Anthony Braxton loved the idea of *Sonic Genome*, an eight-hour music experiment with an intergenerational mix of 60 musicians, taking over the Roundhouse Community Arts and Recreation Centre. First, the renowned composer loves trains; the Roundhouse is a former switching station. And second: this project created so many relationships, seeds for a musical community and projects branching off in all directions.

Anthony Braxton aimait l'idée de *Sonic Genome*, une expérience musicale de huit heures qui se composait d'un mélange intergénérationnel de 60 musiciens qui ont envahi le Roundhouse Community Arts and Recreation Centre. Premièrement, le compositeur renommé aime les trains; le Roundhouse est une ancienne station d'aiguillage. Deuxièmement, ce projet a créé de très nombreuses relations, a semé de très nombreuses graines pour une communauté musicale et des projets pouvant aller dans toutes les directions.

The biographical play *Rick: The Rick Hansen Story*, written by Dennis Foon, was a hit with audiences of all ages during the Paralympic Winter Games and marked the 25th anniversary of Hansen's Man In Motion World Tour.

La pièce de théâtre biograpique *Rick: The Rick Hansen Story*, rédigée par Dennis Foon, a fait fureur auprès des auditoires de tous les âges pendant les Jeux paralympiques d'hiver et a marqué le 25e anniversaire de la tournée mondiale « Man In Motion » de M. Hansen.

Canadian musician and writer Dave Bidini, in *The National Post*, provided a behind-the-scenes glimpse of *Hal Willner's Neil Young Project*: "After the first evening — there were two performances in total — both Lou Reed and Elvis Costello pulled Metric's Emily Haines aside to tell her, in Jason Collett's words: 'when you sing, the light shines on you.'"

Dans *The National Post*, Dave Bidini, musicien et écrivain canadien, a offert un coup d'œil des coulisses du *Hal Willner's Neil Young Project*: « Après la première soirée— il y a eu deux spectacles en tout — Lou Reed et Elvis Costello ont pris Emily Haines de Metric à part pour lui dire, dans les mots de Jason Collett, "quand vous chantez, la lumière vous éclaire". »

That sounds like a good place to stand over there.
A *Sonic Genome* listener, on the mind-bending experimental music piece that filled Vancouver's Roundhouse.

On dirait un bon endroit où se tenir debout, là.
Un membre de l'auditoire au spectacle de *Sonic Genome*, au sujet de la pièce de musique expérimentale époustouflante qui a rempli le Roundhouse de Vancouver.

I hope that people have got back into the habit of going out. I don't just mean to performances — I mean walking in the streets and the parks. I really felt that people came out and did stuff. People were out filling the streets and filling the theatres.

Heather Redfern, executive director of the Vancouver East Cultural Centre, as told to *The Vancouver Sun's* **Kevin Griffin.**

🇮🇪 🇨🇦 THE CANDAHAR

🇨🇦 📷 LUNARFEST

The Candahar was part theatre and event space, part artistic recreation of a Belfast pub, complete with Irish bartenders: "Real barmen, but they're also unscripted performers playing themselves," artist Theo Sims told *The New York Times*. This second-storey getaway on Granville Island became a focal point for nightly events and critical discussions.

The Candahar était en partie pièce de théâtre et espace d'événement et en partie recréation artistique d'un pub de Belfast, barmans irlandais compris : « De vrais barmans, mais qui sont également des artistes sans script qui jouent leur propre personnage », a fait remarquer l'artiste Theo Sims au journal *The New York Times*. Cette escapade de deuxième étage à l'île Granville est devenue un point de mire pour les événements en soirée et les discussions critiques.

It feels like you're sitting in a bar in Belfast, and then you walk outside of it and you're suddenly staring at this plywood box.

Artist Theo Sims on *The Candahar*

On dirait que nous sommes assis dans un bar à Belfast, puis nous en sortons et nous fixons soudainement cette boîte en contreplaqué. **L'artiste Theo Sims au sujet de** *The Candahar*

J'espère que les personnes se sont réhabituées à sortir. Je ne veux pas tout simplement dire aller assister à des spectacles — je veux dire se promener dans les rues et les parcs. J'ai vraiment senti que les gens étaient sortis pour faire des choses. Ils remplissaient les rues et les théâtres.

A déclaré Heather Redfern, directrice administrative du Vancouver East Cultural Centre, à Kevin Griffin du journal *The Vancouver Sun.*

SLEEP COUNTRY (SUSAN DOBSON)

FOUNDING FATHERS (ELIZABETH ZVONAR)

APHRODITE (ADAD HANNAH)

FIRE WITH FIRE (ISABELLE HAYEUR)

Endlessly Traversed Landscapes placed work by 18 Canadian visual artists throughout Vancouver on spaces usually reserved for advertising: billboards, bus shelters and Canada Line trains and platforms.

Endlessly Traversed Landscapes a installé les œuvres d'art de 18 artistes visuels canadiens partout à Vancouver dans des espaces normalement réservés pour de la publicité : des panneaux d'affichage, des abribus et des trains et des plate-formes de la Canada Line.

Montreal artist Isabelle Hayeur's *Fire with Fire* sent images flickering out through the windows of a Downtown Eastside building, connecting conditions in the neighbourhood today to its fiery past.

Fire with Fire de l'artiste montréalaise Isabelle Hayeur a transmis des images papillotantes hors des fenêtres d'un bâtiment du quartier Downtown Eastside, pour faire le lien entre les conditions du quartier d'aujourd'hui et son passé enflammé.

X PARALYMPIC WINTER GAMES

LES Xes JEUX PARALYMPIQUES D'HIVER

SPARK BECOMES FLAME DE L'ÉTINCELLE NAÎT LA FLAMME

A pair of red mittens worn by Paralympic Torchbearer Carla Olson. The maple leaf on the palm is rubberized and pebbled to help grip the 1.6-kilogram torch.

La paire de mitaines rouges qu'a portée la porteuse du flambeau paralympique Carla Olson. Sur la paume, la feuille d'érable est caoutchoutée et en relief pour permettre aux porteurs de bien empoigner le flambeau de 1,6 kilogramme.

It began on a crisp morning when the local First Nations communities of the Algonquins of Pikwàkanagàn and Kitigan Zibi Anishinabeg came together on Ottawa's small Victoria Island. In a special ceremony, Aboriginal fire keepers created and blessed the first-ever Canadian Paralympic Flame. Paralympian Arnold Boldt was the first torchbearer to carry the flame using the ice-blue torch.

This magical beginning to the Vancouver 2010 Paralympic Torch Relay was replayed by the local Aboriginal communities, according to their customs, on each morning of the 10-day journey leading up to the 2010 Paralympic Winter Games. The relay visited 11 communities in Ontario, Quebec and British Columbia, and was welcomed by crowds of proud Canadians ready for another reason to celebrate.

And there was much to celebrate in the 600 torchbearers, including 57-year-old Phil Chew.

Chew, something of a legend among legends in the sports mecca of Whistler, his home for 27 years, skied with the Paralympic Flame from Whistler Mountain's summit to its base, grinning the entire way. Of the torch, Chew said: "It had a good weight to it. I've been skiing a long time, but it wasn't easy."

A three-time Paralympian in alpine skiing and a Canadian flagbearer at Albertville 1992, Chew became head coach of the BC Para-Alpine Ski Team in 1993, where his enormous talent and heart helped get five athletes ready for the Vancouver 2010 start gates.

Tout a commencé par un matin frisquet à Ottawa, lorsque les communautés locales des Premières Nations, les Algonquins de Pikwàkanagàn et les Anishinabeg de Kitigan Zibi, se sont réunies sur la petite île Victoria. Par le biais d'une cérémonie spéciale, les gardiens honoraires autochtones de la flamme ont créé et béni la première flamme paralympique canadienne. L'athlète paralympique Arnold Boldt a été le premier à porter la flamme au bout d'un flambeau bleu glacé.

Ce début magique du relais de la flamme paralympique de Vancouver 2010 a été répété par les communautés autochtones locales, selon leurs propres coutumes, chaque matin du périple de dix jours qui a précédé les Jeux paralympiques d'hiver de 2010. Le relais s'est rendu dans 11 communautés, soit en Ontario, au Québec et en Colombie-Britannique, et a été accueilli par une foule de fiers Canadiens, à qui l'événement donnait une autre raison de célébrer.

Et il y en avait beaucoup à célébrer chez les 600 porteurs de flambeau, dont Phil Chew, âgé de 57 ans.

M. Chew, une sorte de légende parmi les légendes de la mecque des sports à Whistler, où il réside depuis 27 ans, a skié avec la flamme paralympique du sommet de Whistler Mountain jusqu'à la base, souriant pendant toute la descente. M. Chew a affirmé, en parlant du flambeau : « Il est lourd. Je skie depuis longtemps, mais ça n'a pas été facile. »

M. Chew, qui est médaillé paralympique en ski alpin à trois reprises et qui a porté le drapeau canadien à Albertville en 1992, est devenu l'entraîneur-chef de l'équipe de ski para-alpin de la Colombie-Britannique en 1993, où son cœur et son immense talent ont aidé cinq athlètes à se rendre à Vancouver 2010.

Hard to feel the cold 2day at Paralympic Torch Relay kickoff on the Hill. It was so moving and heart warming! @MichelleSimson 11:26 AM Mar 3

I moved here full-time in 1983 to train and put a lot of effort into showing other people what I experienced through the national ski team, to make it better in the future. And that all came together with carrying the torch, which was so fantastic. On a human level, I think the Games will be a catalyst in this valley, to make things more inclusive and more accessible.

Phil Chew

Je suis déménagé ici en 1983 pour m'entraîner et redoubler d'efforts afin de montrer à d'autres ce que j'ai moi-même vécu grâce à l'équipe nationale de ski et pour faire encore mieux que les années précédentes. De voir tout le monde réuni au relais de la flamme a été un moment fantastique.Sur le plan humain, je pense que les Jeux seront un catalyseur dans cette vallée, afin de rendre les choses plus inclusives et plus accessibles.

Phil Chew

"Man In Motion" Rick Hansen proudly carries the Paralympic Flame in sunny Victoria.

« L'homme en mouvement » Rick Hansen porte fièrement la flamme paralympique à Victoria par une journée ensoleillée.

MY DADDY IS CARRYING THE TORCH

A huge crowd waited around Robson Street in downtown Vancouver to greet torchbearer and captain of the NHL's Vancouver Canucks, Roberto Luongo, rivalling the numbers — and the enthusiasm — of Olympic Torch Relay events.

Une grande foule attendait aux alentours de la rue Robson, au centre-ville de Vancouver, pour rencontrer Roberto Luongo, porteur du flambeau et capitaine des Canucks de Vancouver de la LNH, et pour presque égaler le nombre de personnes — et l'enthousiasme — des événements du relais de la flamme olympique.

It is you who redefine what is possible.

Sir Philip Craven, International Paralympic Committee President

Never give up on your dreams.

Rick Hansen

ONE INSPIRES MANY

The nicknames were the first clue. From the moment hip-hop dancer Luca "Lazylegz" Patuelli shocked the sellout crowd of 60,000 by using his arm braces to perform impossible aerial hip-hop moves, to when Aaron "Wheelz" Fotheringham performed a full flip in the air — in his wheelchair — it was clear that this Opening Ceremony and these Paralympic Winter Games were going to redefine the way we look at people with so-called disabilities.

"One inspires many" was the theme of the night, played out by a cast of more than 5,000 performers — including a large number of children and youth who were clearly having the time of their lives. The Parade of Athletes dashed any fears about having to reignite local spirits after such epic Olympic Games. The crowd gave a thunderous ovation as athletes from 44 countries walked or wheeled into BC Place.

The ceremony finished with the extraordinary stories of Rick Hansen and Terry Fox — two Canadian heroes who totally revolutionized our perceptions of human ability and heart. Hansen took centre stage to share his story, which was brought to life by projected footage of his legendary Man In Motion wheelchair tour around the world. Broadcaster Lloyd Robertson narrated a moving tribute to Terry Fox, which concluded with Fox's parents, Betty and Rolly, carrying the Paralympic Flame into the stadium together before passing it to a circle of 40 torchbearers surrounding the Paralympic Cauldron. Fifteen-year-old aspiring athlete Zach Beaumont of Delta, BC, had the honour of lighting the cauldron.

The excited audience left BC Place with a greater understanding of the Paralympic Movement and a deeper connection to its athletes. Over the 10 days that followed, this connection would be strengthened with a sense of awe and pride.

C'est vous qui redéfinissez ce qui est possible.

Sir Philip Craven, président du Comité international paralympique

Ne renoncez jamais à vos rêves.

Rick Hansen

UN ESPRIT QUI INSPIRE

Les surnoms nous ont fourni le premier indice. À partir du moment où le danseur hip-hop Luca « Lazylegz » Patuelli a renversé les 60 000 spectateurs en utilisant ses prothèses aux bras pour effectuer d'impossibles mouvements hip-hop aériens, ou lorsque l'athlète de sport extrême Aaron « Wheelz » Fotheringham a effectué un tour complet dans les airs à même son fauteur roulant, il était évident que cette cérémonie d'ouverture et ces Jeux paralympiques d'hiver allaient redéfinir le regard que nous posons sur les personnes ayant un handicap.

« Un esprit qui inspire », tel était le thème de la soirée, présenté par une troupe de plus de 5 000 artistes, dont un grand nombre d'enfants et de jeunes qui ont vécu l'un des plus beaux moments de leur vie. Le défilé des athlètes a dissipé tous les craintes quant à l'impossibilité de réveiller l'esprit des gens après les Jeux olympiques incroyables qui venaient de se terminer. La foule a réservé une ovation tonitruante aux athlètes des 44 pays qui ont foulé, à pied ou sur roues, le sol de BC Place.

La cérémonie s'est terminée avec l'extraordinaire histoire de Rick Hansen et de Terry Fox, deux héros canadiens qui ont totalement révolutionné notre perception du cœur et du talent humains. M. Hansen s'est approprié le centre de la scène pour partager son histoire, laquelle était animée par les images de la tournée mondiale « Man in Motion » de la légende en fauteuil roulant. L'animateur Lloyd Robertson a présenté un émouvant témoignage à Terry Fox, lequel s'est terminé lorsque Betty et Rolly Fox, les parents de Terry, ont porté ensemble la flamme paralympique dans le stade avant de la remettre à un cercle de 40 porteurs de flambeau autour de la vasque paralympique. Zach Beaumont, espoir athlétique de 15 ans, de Delta, en Colombie-Britannique, a eu l'honneur d'allumer la vasque.

Le public enthousiaste a quitté BC Place avec une meilleure compréhension du Mouvement paralympique et un lien plus étroit avec ses athlètes. Au cours des dix jours qui ont suivi, ce lien a été renforcé par un sentiment de respect et de fierté.

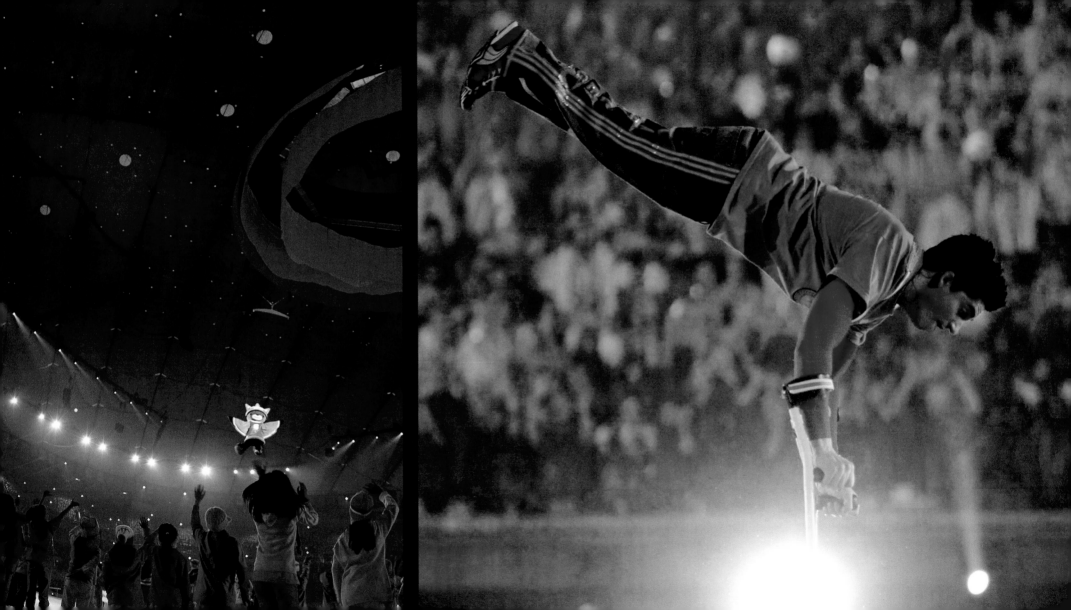

Carrying the flame has meant so much to both of us because we were carrying it for Terry — not for us or our family, but for our son.
Betty Fox

Porter la flamme a beaucoup signifier pour nous deux, parce que nous la portions pour Terry, pas pour nous ou notre famille, mais pour notre fils.
Betty Fox

Betty and Rolly Fox carry the Paralympic torch into BC Place (facing page, right). Their son Terry, a native of Port Coquitlam, BC, ran a marathon each day during his cross-Canada trek to raise money and awareness for cancer research.Terry was honoured in an emotional final segment (facing page, left). "I couldn't think of a more appropriate tribute to Terry's legacy than having his mom and dad here, representing the spirit of his story," Rick Hansen told reporters later. The Paralympic Flame was then passed to alpine skier Daniel Wesley, basketball gold-medallist Marni Abbott-Peter and 15-year-old snowboarder Zach Beaumont, who lit the cauldron as the

Betty et Rolly Fox ont porté le flambeau paralympique à BC Place (page précédente, à droite). Leur fils Terry, qui est né à Winnipeg, au Manitoba, mais qui a grandi à Port Coquitlam en Colombie-Britannique, a couru un marathon tous les jours pendant sa traversée pancanadienne pour recueillir des fonds et sensibiliser envers la recherche contre le cancer. On a honoré Terry à l'occasion d'un segment fort en émotions (page précédente, à gauche). « Je n'aurais jamais pensé à un hommage plus approprié au legs de Terry que d'avoir sa mère et son père ici, pour représenter l'esprit de son histoire », a fait remarquer Rick Hansen plus tard aux journalistes. La flamme a été transmise au skieur alpin Daniel Wesley, à la médaillée d'or en basketball en fauteuil roulant Marni Abbott-Peter ainsi qu'à l'athlète de 15 ans de surf des neiges, Zach Beaumont, qui a allumé la vasque

ALPINE SKIING
SKI ALPIN

It's always a thrill to be going over a hundred kilometres an hour. I don't have a driver's licence since I'm blind, but I travel in my job faster than most people drive to work.

Chris Williamson, Canadian alpine skier

C'est toujours exaltant d'aller à plus de cent kilomètres-heure. Je n'ai pas de permis de conduire, étant donné que je suis aveugle, mais je me déplace plus rapidement à l'occasion de mon emploi que la plupart des gens qui conduisent pour se rendre au travail.

Chris Williamson, skieur alpin canadien

NICK CATANZARITE

Gerd Schonfelder (right), of Germany, is known as the Big Train of adaptive skiing, partly because he lost his arm in a train accident and partly because he's unstoppable. "I never get tired of winning," says the 39 year old, who has won 22 medals in Paralympic alpine events since Albertville 1992. At Vancouver 2010, Schonfelder added an impressive haul to his collection: gold in giant slalom, downhill, Super-G and super combined, and silver in slalom.

Dans le monde ski adapté on connaît l'Allemand Gerd Schonfelder (à droite) sous le nom de « Big Train », en partie parce qu'il a perdu son bras après un accident de train et en partie parce que personne ne peut l'arrêter. « Gagner n'est jamais ennuyant », a affirmé l'athlète de 39 ans qui a remporté 22 médailles aux épreuves paralympiques depuis Albertville 1992. Au cours des Jeux paralympiques d'hiver de 2010 à Vancouver, M. Schonfelder a ajouté un nombre impressionnant de médailles à sa collection : l'or aux épreuves de slalom géant, de descente, de super G et de super combiné ainsi que l'argent à l'épreuve de slalom.

● AKIRA KANO

MITSUFUMI YAMAMOTO

Others who have accidents later in life have to overcome that, then have to relearn how to do everything . . . it may be harder for them.

Lauren Woolstencroft explaining why she was lucky to be born the way she was, with no limbs below the knee and no arm below her left elbow.

Les personnes qui ont des accidents plus tard dans la vie doivent les vaincre, puis réapprendre comment tout faire... c'est peut-être plus difficile pour elles.

Après avoir gagné l'or et l'argent à Turin 2006, Mme Woolstencroft a expliqué pourquoi elle était si chanceuse d'être née comme elle est née, et ce, sans membre sous le genou et sans bras sous le coude gauche.

Betty and Rolly Fox carry the Paralympic torch into BC Place (facing page, right). Their son Terry, a native of Port Coquitlam, BC, ran a marathon each day during his cross-Canada trek to raise money and awareness for cancer research.Terry was honoured in an emotional final segment (facing page, left). "I couldn't think of a more appropriate tribute to Terry's legacy than having his mom and dad here, representing the spirit of his story," Rick Hansen told reporters later. The Paralympic Flame was then passed to alpine skier Daniel Wesley, basketball gold-medallist Marni Abbott-Peter and 15-year-old snowboarder Zach Beaumont, who lit the cauldron as the crowd roared (above).

Betty et Rolly Fox ont porté le flambeau paralympique à BC Place (page précédente, à droite). Leur fils Terry, qui est né à Winnipeg, au Manitoba, mais qui a grandi à Port Coquitlam en Colombie-Britannique, a couru un marathon tous les jours pendant sa traversée pancanadienne pour recueillir des fonds et sensibiliser envers la recherche contre le cancer. On a honoré Terry à l'occasion d'un segment fort en émotions (page précédente, à gauche). « Je n'aurais jamais pensé à un hommage plus approprié au legs de Terry que d'avoir sa mère et son père ici, pour représenter l'esprit de son histoire », a fait remarquer Rick Hansen plus tard aux journalistes. La flamme a été transmise au skieur alpin Daniel Wesley, à la médaillée d'or en basketball en fauteuil roulant Marni Abbott-Peter ainsi qu'à l'athlète de 15 ans de surf des neiges, Zach Beaumont, qui a allumé la vasque paralympique sous les fervents encouragements de la foule (ci-dessus).

ALPINE SKIING
SKI ALPIN

It's always a thrill to be going over a hundred kilometres an hour. I don't have a driver's licence since I'm blind, but I travel in my job faster than most people drive to work.

Chris Williamson, Canadian alpine skier

C'est toujours exaltant d'aller à plus de cent kilomètres-heure. Je n'ai pas de permis de conduire, étant donné que je suis aveugle, mais je me déplace plus rapidement à l'occasion de mon emploi que la plupart des gens qui conduisent pour se rendre au travail.

Chris Williamson, skieur alpin canadien

NICK CATANZARITE

Gerd Schonfelder (right), of Germany, is known as the Big Train of adaptive skiing, partly because he lost his arm in a train accident and partly because he's unstoppable. "I never get tired of winning," says the 39 year old, who has won 22 medals in Paralympic alpine events since Albertville 1992. At Vancouver 2010, Schonfelder added an impressive haul to his collection: gold in giant slalom, downhill, Super-G and super combined, and silver in slalom.

Dans le monde ski adapté on connaît l'Allemand Gerd Schonfelder (à droite) sous le nom de « Big Train », en partie parce qu'il a perdu son bras après un accident de train et en partie parce que personne ne peut l'arrêter. « Gagner n'est jamais ennuyant », a affirmé l'athlète de 39 ans qui a remporté 22 médailles aux épreuves paralympiques depuis Albertville 1992. Au cours des Jeux paralympiques d'hiver de 2010 à Vancouver, M. Schonfelder a ajouté un nombre impressionnant de médailles à sa collection : l'or aux épreuves de slalom géant, de descente, de super G et de super combiné ainsi que l'argent à l'épreuve de slalom.

● AKIRA KANO

■ MITSUFUMI YAMAMOTO

Others who have accidents later in life have to overcome that, then have to relearn how to do everything . . . it may be harder for them.

Lauren Woolstencroft explaining why she was lucky to be born the way she was, with no limbs below the knee and no arm below her left elbow.

Les personnes qui ont des accidents plus tard dans la vie doivent les vaincre, puis réapprendre comment tout faire... c'est peut-être plus difficile pour elles.

Après avoir gagné l'or et l'argent à Turin 2006, Mme Woolstencroft a expliqué pourquoi elle était si chanceuse d'être née comme elle est née, et ce, sans membre sous le genou et sans bras sous le coude gauche.

3 kg

At 576 grams each, Woolstencroft's five gold medals amounted to almost three kilograms of metal around her neck.

Au total, ce sont presque trois kilogrammes qui pendent au cou de Lauren Woolstencroft qui a remporté cinq médailles d'or de 576 grammes chacune.

QUEEN OF THE HILL
REINE DE LA PENTE

There seemed to be a "Reserved" sign on the top step of the women's alpine podium at these Paralympic Winter Games — a sign with Lauren Woolstencroft's name was on it. Canada's Golden Girl swept all five of her Paralympic alpine events, from the harrowing downhill to the technical slalom, and everything in-between. With such a dominant record, Woolstencroft also became a fixture in Games headlines and cover stories, winning many of her gold medals by such wide margins that she left the rest of the world to battle for silver and bronze.

Woolstencroft's gold-medal sweep put her in the same company as two other exceptional Canadian athletes: only wheelchair racer Chantal Petitclerc and swimmer Stéphanie Dixon have won five gold medals at any single Paralympic Games, Winter or Summer. When asked about the accomplishment, Woolstencroft answered with her usual self-effacing manner:

"That was never my target. I'm not a big-record person. I don't think that way. It's more about pushing myself and being competitive in the alpine world. But to be among those athletes is a huge accomplishment . . . It's pretty cool."

Lauren Woolstencroft lit up the mountain in more ways than one. As an electrical engineer at BC Hydro, she worked on the infrastructure to get electricity to the 2010 mountain venues.

Lauren Woolstencroft a illuminé la montagne de plus d'une façon. Comme ingénieure électrique chez BC Hydro, elle a aussi travaillé à la mise en œuvre de l'infrastructure électrique aux sites en montagne des Jeux d'hiver de 2010.

Au cours de ces Jeux paralympiques d'hiver, on aurait dit que la marche supérieure du podium des épreuves alpines féminines avait été réservée pour une personne : Lauren Woolstencroft. La « femme en or » du Canada a remporté l'ensemble des cinq épreuves paralympiques alpines auxquelles elle a participé, de la descente au slalom. Grâce à ses exploits dominants, Mme Woolstencroft s'est taillé une place dans l'histoire de ces Jeux, en faisant la une de nombreux quotidiens et en remportant bon nombre de ses médailles d'or avec un écart important, laissant ses adversaires se livrer bataille pour les médailles d'argent et de bronze.

Grâce à sa série de victoires, Mme Woolstencroft se trouve maintenant en compagnie de deux autres athlètes canadiennes extraordinaires. Seules deux autres athlètes ont remporté cinq médailles d'or au cours d'une même édition des Jeux paralympiques, qu'il s'agisse des Jeux d'hiver ou d'été : Chantal Petitclerc, athlète de course en fauteuil roulant et Stéphanie Dixon, nageuse. Lorsqu'on lui a demandé de commenter son exploit, Mme Woolstencroft a répondu de manière qui lui est typique :

« Cela n'a jamais été un de mes buts. Je ne suis pas une personne qui tient aux records. Je ne pense pas ainsi. Pour moi, il est plutôt question de pousser plus loin et d'être une athlète de calibre mondial dans le monde alpin. Par contre, le fait de me retrouver parmi ces athlètes est un exploit important... C'est pas mal cool. »

ANITA FUHRER

MARINA PERTERER

LINDSAY DEBOU   VIVIANE FOREST

FOREST TAKES FIVE

A visually impaired skier. A sighted guide. It's a unique athletic symbiosis, one that boosted Montrealer Viviane Forest through injury to five medals in the Paralympic alpine events. "I feel like we're doing it together," Forest says of guide Lindsay Debou. "It's like synchronized [swimming]." Spectators could hear Debou's encouraging words to Forest, who focused on the "moving dot" of her guide to block out a painful groin injury that her physiotherapists worked on between races. Forest took home gold in the downhill, silver in slalom, Super-G and super combined, and bronze in the giant slalom.

CINQ POUR FOREST

Une skieuse ayant une déficience visuelle. Une guide sans déficience visuelle. Il s'agit d'un synchronisme unique entre athlètes, une relation qui a permis à Viviane Forest de Montréal de poursuivre ses rêves malgré les blessures pour remporter cinq médailles paralympiques aux épreuves alpines. « Pour moi, nous réalisons ces exploits ensemble », a affirmé Mme Forest, en parlant de sa guide Lindsay Debou. « C'est un peu comme la nage synchronisée. » Pendant la course, les spectateurs ont pu entendre Mme Debou offrir des mots d'encouragement à Mme Forest. Pour sa part, l'athlète se concentrait sur le « point en mouvement » devant elle (Mme Debou) pour éviter de penser à la douleur qu'elle ressentait en raison d'une blessure qu'elle a subie à l'aine, une blessure qu'ont traitée ses physiothérapeutes entre les courses. Mme Forest a remporté la médaille d'or à l'épreuve de descente, la médaille d'argent aux épreuves de slalom, de super G et de super combiné et la médaille de bronze à l'épreuve de slalom géant.

I can't believe how wicked-fast this is. Currently watching Para-Alpine, women's, visually impaired @miss604 10:57 AM Mar 18.

CROSS-COUNTRY SKIING
SKI DE FOND

Competitors in the one-kilometre visually impaired sprint classic get ready for a semifinal on the last day of the 2010 Winter Games, March 21. Canada's Brian McKeever (#1) and his guide and brother Robin won their third Paralympic gold medal in the final.

Les athlètes qui participent à l'épreuve de un kilomètre en style classique, dans la catégorie pour athlètes ayant une déficience visuelle, se préparent pour une course de demi-finale au dernier jour des Jeux d'hiver de 2010, le 21 mars. Les Canadiens Brian McKeever (nº 1) et Robin, son guide et son frère, ont remporté leur troisième médaille d'or paralympique à la finale.

ROBIN McKEEVER

BRIAN McKEEVER

> It would be great if every skier could get this attention at the Paralympic Games. We're doing that. We're helping the Paralympic Movement grow.
>
> Brian McKeever, Canadian triple gold medallist in cross-country skiing

> Il serait super si tous les skieurs recevaientce genre d'attention aux Jeux paralympiques.Nous le vivons en ce moment. Nous contribuons à la croissance du Mouvement paralympique.
>
> Le Canadien Brian McKeever, triple médaillé d'or en ski de fond

HAT TRICKS FOR THE McKEEVERS

Canadian cross-country skier Brian McKeever bounced back from his profound disappointment at not being selected to compete at the 2010 Olympic Winter Games to win three gold medals at the Paralympic Winter Games at Whistler Paralympic Park. The visually impaired athlete had also qualified for the Olympic team and would have been the first athlete to compete in both the Olympic and Paralympic Winter Games, but the success of his four teammates in the rest of their Olympic events left him on the sidelines as an alternate for the 50-kilometre race.

After winning Canada's first-ever Paralympic home gold in the 20-kilometre race for the visually impaired, McKeever was charged. "That was the one we were waiting to win, and that's the one we really wanted."

"We" includes McKeever's guide, brother Robin. Together, the two have won 10 Paralympic medals: seven gold, two silver and one bronze.

But all those wins haven't stopped the duo from setting their sights on competing at an Olympic Winter Games. On his way to the Closing Ceremony, Robin had three words for sports fans: "Look out Sochi!"

TOUR DU CHAPEAU POUR LES McKEEVERS

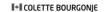

Le skieur de fond canadien Brian McKeever s'est remis de sa déception profonde après ne pas avoir été choisi pour participer aux Jeux olympiques d'hiver de 2010 en gagnant trois médailles d'or aux Jeux paralympiques d'hiver au Parc paralympique de Whistler. L'athlète ayant une déficience visuelle s'était également qualifié pour l'équipe olympique et aurait été le premier athlète à participer à la fois aux Jeux olympiques et paralympiques d'hiver. Cependant, le succès de ses quatre co-équipiers à leurs autres épreuves olympiques l'a relégué au poste de remplaçant pour la course de 50 kilomètres.

Après avoir gagné la toute première médaille d'or paralympique chez nous au Canada à la course de 20 kilomètres pour les athlètes ayant une déficience visuelle, M. McKeever était chargé à bloc. « C'était celle que nous attendions de gagner et celle que nous voulions vraiment. »

Le « nous » comprend le guide de M. McKeever, son frère Robin. Ensemble, ils ont gagné 10 médailles paralympiques, c'est-à-dire sept médailles d'or, deux médailles d'argent et une médaille de bronze.

Mais toutes ces victoires n'ont pas mis fin à l'idée du duo de participer à des Jeux olympiques d'hiver. En route vers la cérémonie de clôture, Robin avait trois mots pour les partisans : « Faites attention Sochi! »

THE PARALYMPIC SPIRIT PERSONIFIED

Colette Bourgonje (right) has competed in nine Paralympic Games, collecting 10 medals in both wheelchair racing and para-Nordic skiing. She also earned the distinction of winning Canada's first Paralympic medal on home soil.

The 48-year-old Saskatchewan elementary school teacher, who took silver in the 10-kilometre sit-ski event and bronze in the five-kilometre event, was recognized at the Closing Ceremony for her incredible achievements. The former nationally ranked cross-country runner, who sustained a spinal-cord injury at the age of 20, received the prestigious Whang Youn Dai Achievement Award, recognizing elite athletes who have overcome adversity through sport.

L'ESPRIT PARALYMPIQUE EN PERSONNE

Colette Bourgonje (à droite) a participé à neuf Jeux paralympiques et a gagné 10 médailles à des courses en fauteuil roulant et en ski para-nordique. Elle a également gagné la distinction de première médaillée paralympique canadienne en sol canadien.

On a reconnu la Saskatchewanaise de 48 ans qui enseigne au niveau élémentaire et qui a remporté la médaille d'argent à l'épreuve de ski sur luge de 10 kilomètres et la médaille de bronze à l'épreuve de 5 kilomètres, à la cérémonie de clôture pour ses réalisations incroyables. L'ancienne coureuse de fond nationale, qui a subi un traumatisme médullaire à l'âge de 20 ans, a reçu le prestigieux prix Whang Youn Dai Achievement Award qui reconnaît les athlètes d'élite qui ont vaincu l'adversité par l'intermédiaire du sport.

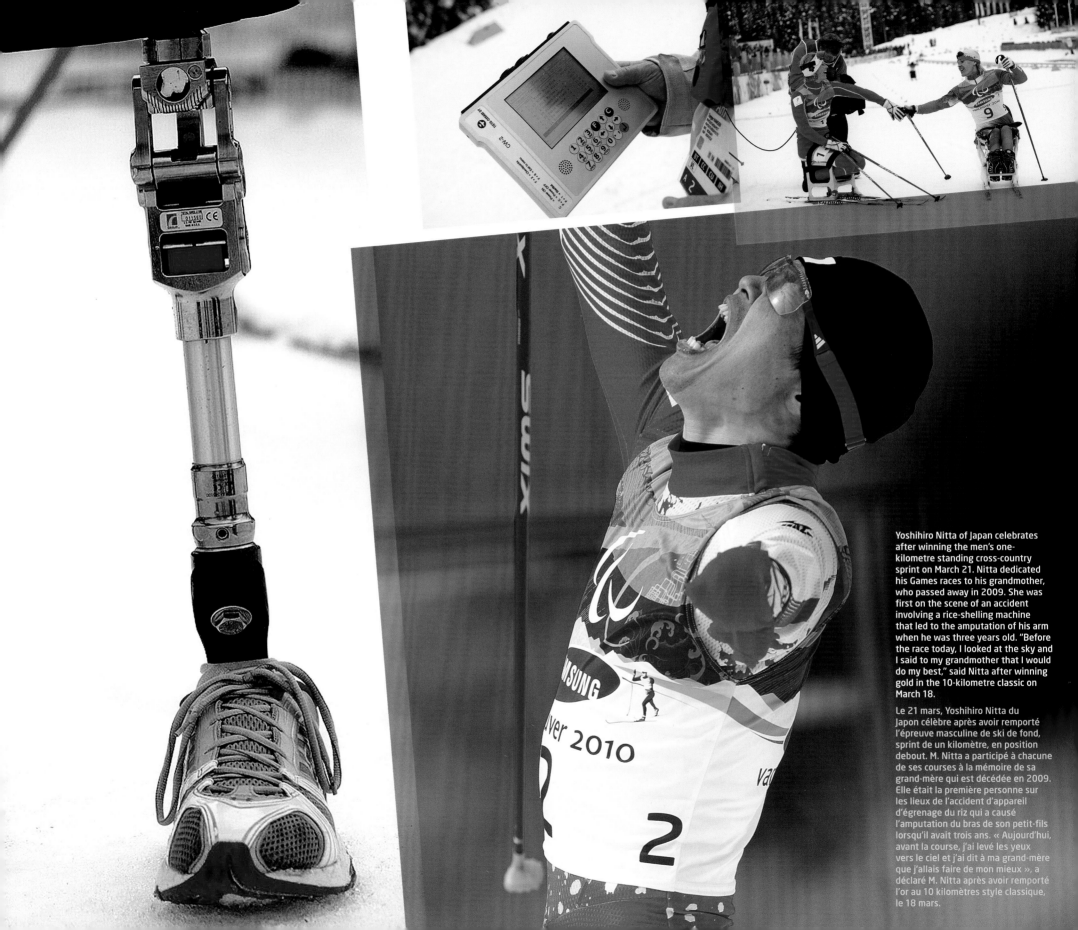

Yoshihiro Nitta of Japan celebrates after winning the men's one-kilometre standing cross-country sprint on March 21. Nitta dedicated his Games races to his grandmother, who passed away in 2009. She was first on the scene of an accident involving a rice-shelling machine that led to the amputation of his arm when he was three years old. "Before the race today, I looked at the sky and I said to my grandmother that I would do my best," said Nitta after winning gold in the 10-kilometre classic on March 18.

Le 21 mars, Yoshihiro Nitta du Japon célèbre après avoir remporté l'épreuve masculine de ski de fond, sprint de un kilomètre, en position debout. M. Nitta a participé à chacune de ses courses à la mémoire de sa grand-mère qui est décédée en 2009. Elle était la première personne sur les lieux de l'accident d'appareil d'égrenage du riz qui a causé l'amputation du bras de son petit-fils lorsqu'il avait trois ans. « Aujourd'hui, avant la course, j'ai levé les yeux vers le ciel et j'ai dit à ma grand-mère que j'allais faire de mon mieux », a déclaré M. Nitta après avoir remporté l'or au 10 kilomètres style classique, le 18 mars.

BIATHLON

■ YANNICK BOURSEAUX

Sports have been fantastic for me. For anyone facing a disability,
life goes on and there is still a lot of living left to do.

Andy Soule, Team USA, bronze in men's 2.4-kilometre pursuit, sitting

Les sports ont été fantastiques pour moi. Pour toute personne ayant
un handicap, la vie continue et il reste toujours beaucoup de vie à vivre.

Andy Soule, membre de l'équipe américaine, médaillé de bronze à l'épreuve masculine de
2,4 kilomètres poursuite, position assise

● YOSHIHIRO NITTA

■ THOMAS FRIEDRICH

■ VERENA BENTELE

■ VITALII SYTNYK

■ JOSEF GIESEN

FIVE FOR FIVE

German biathlete and cross-country skier Verena Bentele was invincible in all five of her events at Whistler Paralympic Park, bringing her career medal count to a remarkable 10 golds, two silvers and one bronze.

The 2010 Winter Games were the fourth for the 28 year old, who competes in the visually impaired class. She began her Paralympic career at the age of 16, at Nagano 1998. She's been the one to beat ever since. However, Bentele said she didn't make things easy on herself in the 12.5-kilometre event.

"I can't believe it," Bentele said. "The race was very stressful for me because my shooting was really bad. I nearly can't believe I got it, I'm that happy."

CINQ SUR CINQ

La biathlète allemande et skieuse de fond Verena Bentele a été invincible à ses cinq présences au Parc paralympique de Whistler, ce qui a porté son total de médailles en carrière à dix médailles d'or, deux d'argent et une de bronze.

Les Jeux d'hiver 2010 ont été les quatrièmes pour l'athlète de 28 ans, qui fait partie de la classe ayant une déficience visuelle. Elle a commencé sa carrière paralympique à l'âge de 16 ans, à Nagano en 1998. Elle est celle qu'on veut battre depuis. Toutefois, Mme Bentele a indiqué qu'elle ne s'était pas facilité les choses à la course de 12,5 kilomètres.

« Je n'arrive pas à y croire », a déclaré Mme Bentele. « La course a été très stressante pour moi parce que j'ai été très mauvaise au tir. Je n'arrive pratiquement pas à croire que j'y suis arrivée, je suis tellement heureuse. »

■ IRINA POLYAKOVA

■ TOMMY TERRAZ

■ THOMAS CLARION

■ JODY BARBER

"LIFE IS 10 PER CENT WHAT HAPPENS TO YOU"

Canadian Jody Barber's motto is one that could be applied to the Paralympic Movement as a whole: "Life is 10 per cent what happens to you, and 90 per cent how you respond to it."

In 2006, the 45-year-old former triathlete (left) from Smithers, British Columbia, was run over by a car while cycling. At that point she thought competitive sports were no longer an option.

"When I had my accident, I was told I wouldn't ever be able to do this sort of thing," said Barber. Her "thing" turned into four top-10 finishes in the Vancouver 2010 Paralympic biathlon and cross-country events.

« DANS LA VIE, CE QUI VOUS ARRIVE COMPTE POUR 10 POUR CENT »

La devise personnelle de la Canadienne Jody Barber pourrait être valide pour le Mouvement paralympique dans son ensemble : « Dans la vie, ce qui vous arrive compte pour 10 pour cent et votre réaction à ce qui vous arrive compte pour 90 pour cent ».

En 2006, l'ex-triathlète de 45 ans (à gauche) de Smithers, en Colombie-Britannique, a été renversée par une voiture pendant qu'elle était à vélo. À ce moment-là, elle pensait que le sport de compétition n'était plus une option.

« Quand j'ai subi mon accident, on m'a dit que je ne serais plus capable de faire ce genre de chose », a souligné Mme Barber. Sa « chose » s'est transformée en quatre résultats parmi les 10 meilleures aux épreuves de ski de fond et de biathlon paralympiques à Vancouver 2010.

YURIE KANUMA

ANNE-METTE BREDAHL

Someone just hit all five targets in the #biathlon despite having no arms. #Paralympics athletes impress me so much. @avatar81 2:02 PM Mar 13

GATHERING PLACES
LIEUX DE RASSEMBLEMENT

1200
ATHLETES AND OFFICIALS
ATHLÈTES ET OFFICIELS

housed at the Paralympic Village Whistler

athlètes et officiels hébergés au Village paralympique de Whistler

350
ATHLETES AND OFFICIALS
ATHLÈTES ET OFFICIELS

called the Paralympic Village Vancouver home

se sont sentis à domicile au Village paralympique de Vancouver

The Villages for the Paralympic Winter Games —

the same facilities used for the Olympic Winter Games — offered Vancouver 2010 athletes a home away from home. The Villages were places where the athletes could prepare for intense races, then recuperate afterwards. But they offered more than just a place to sleep. The Villages also served as places where the athletes could unwind and connect, and share their stories and experiences with one another.

Most athletes were housed at the Paralympic Village Whistler, nestled in the natural beauty of Cheakamus Valley, just minutes from the Whistler competition venues. The Paralympic Village Vancouver was more like a hamlet, providing an intimate atmosphere and lively meeting place for ice sledge hockey players and wheelchair curlers.

Both villages showcased universal design elements, such as wider doorways and hallways and stairs that were easily adapted for complete accessibility.

Les villages pour les Jeux paralympiques

d'hiver — les mêmes installations utilisées pour les Jeux olympiques d'hiver — ont offert aux athlètes de Vancouver 2010 un second chez soi. Les villages étaient des endroits où les athlètes pouvaient se préparer pour des courses intenses, puis ensuite récupérer. Ils ont cependant offert plus qu'un simple endroit où dormir. Les villages ont également servi d'endroits où les athlètes pouvaient se détendre et nouer des liens, et faire part de leurs histoires et de leurs expériences à d'autres.

La plupart des athlètes ont séjourné au Village paralympique de Whistler, blotti dans la beauté naturelle de la vallée Cheakamus, à quelques minutes des sites de compétition de Whistler. Le Village paralympique de Vancouver a plutôt ressemblé à un hameau, offrant une atmosphère intime et un lieu de rencontre animé pour les joueurs de hockey sur glace et les curleurs en fauteuil roulant.

Les deux villages ont mis en valeur des éléments de conception universels, comme des entrées de porte plus larges et des corridors et des escaliers facilement adaptés pour offrir une accessibilité totale.

It was nice to have the opportunity to chat with a few of my competitors . . . We have a lot of respect for each other, and it was nice to discuss life outside of competition.

Canada's Colette Bourgonje, silver and bronze medallist, cross-country skiing

J'ai bien aimé avoir eu l'occasion de bavarder avec quelques-uns de mes adversaires… Nous nous respectons beaucoup les uns les autres et c'était bien de discuter de la vie à l'extérieur des compétitions.

Colette Bourgonje, Canada, médaillée d'argent et de bronze en ski de fond

450

ACCESSIBLE BEDS AT THE
ATHLETES' VILLAGE IN WHISTLER
LITS ACCESSIBLES AU VILLAGE
DES ATHLÈTES À WHISTLER

 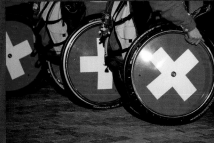   

J'avoue que la dernière soirée passée au village a été magique, car sans la pression des compétitions, qui elles se terminaient, nous avons tous discuté, dansé, rigolé les uns avec les autres, et ce avec tout handicap et pays confondus. Il n'y avait plus de frontière, juste des personnes qui partagent la même passion du sport et de la vie, et qui savaient qu'elles venaient de vivre une incroyable aventure.

Nathalie Tyack, skieuse alpine, France

I have to admit that the last night I spent at the Village was magic, because without the pressure of competitions, we were all able to talk, dance and laugh, with any disability and from any country. There were no borders, only people who shared the same passion for sport and life and who knew that they had just experienced an incredible adventure.

Alpine skier Nathalie Tyack of France

One of my absolute favourite memories from the Paralympic Village was my first time in the [Nintendo] Wii room . . . . When I saw an athlete from Argentina playing the drums to The Beatles: Rock Band game, I asked if I could join him and play the guitar. It was so cool because we could only speak a couple of words that each of us could understand, but we ended up hanging out for a couple of hours playing music.

Alana Nichols, an alpine skier with Team USA, who won four medals at the Games

L'un de mes souvenirs préférés du Village paralympique a été ma première visite au salon Wii [Nintendo]… Quand j'ai vu un athlète argentin jouer de la batterie au son de The Beatles: Rock Band, je lui ai demandé si je pouvais ne joindre à lui et jouer de la guitare. C'était super parce que nous ne pouvions parler que quelques mots que nous comprenions tous les deux, mais nous avons quand même passé quelques heures à jouer de la musique ensemble.

Alana Nichols, skieuse alpine d'Équipe USA, qui a remporté quatre médailles aux Jeux

WHEELCHAIR CURLING
CURLING EN FAUTEUIL ROULANT

JIM ARMSTRONG

 CANADA | KOREA | CORÉE | SWEDEN | SUÈDE

HOME-ICE ADVANTAGE

While nine other teams travelled to Vancouver from around the world to compete in wheelchair curling, the Canadian team was right at home at the Vancouver Paralympic Centre venue.

Skip Jim Armstrong and teammates Darryl Neighbour, Ina Forrest and Sonja Gaudet all live in British Columbia and had thousands of fans, from local schoolchildren to Canada's prime minister, cheering them on during the tournament.

Canada placed first in round-robin play with a record of 7–2 and then defeated Sweden 10–5 in the semifinal to advance to the gold-medal final. Korea beat the US 7–5 in their semifinal to advance. After Canada had built an 8–1 lead, the Koreans stormed back and the match ended up being decided with the very last rock, as Armstrong made a hit to seal an 8–7 victory and win the gold medal.

This game showed that the best part of wheelchair curling is that no lead is safe. You can't beat winning, but winning at home is something special.

Jim Armstrong

INA FORREST

JOUER À DOMICILE

Tandis que les neuf autres équipes ont dû voyager à travers le monde pour se rendre à Vancouver pour participer au curling en fauteuil roulant, l'équipe canadienne était à la maison au Centre paralympique de Vancouver.

Le capitaine Jim Armstrong et ses coéquipiers Darryl Neighbour, Ina Forrest et Sonja Gaudet vivent tous en Colombie-Britannique et des milliers d'admirateurs, des écoliers de la région au premier ministre du Canada, sont venus les applaudir à l'occasion du tournoi.

Le Canada s'est classé premier du tournoi à la ronde avec une fiche de 7–2 et a ensuite battu la Suède 10–5 en demi-finale pour ainsi accéder à la finale pour la médaille d'or. La Corée a battu les États-Unis 7–5 en demi-finale pour ainsi accéder à la finale. Après que le Canada s'est construit une avance de 8–1, les Coréens ont pris le match d'assaut et tout s'est décidé avec la dernière pierre. M. Armstrong a réussi son coup pour sceller une victoire 8–7 et remporter la médaille d'or.

Cette partie a démontré que la meilleur chose du curling en fauteuil roulant est que le premier n'est jamais à l'abri de rien. Rien ne se compare à une victoire, mais une victoire à la maison, c'est quelque chose de spécial.

 L'équipe de curling a gagné de médaille d'or! Félicitations! Canada était fier de ton succès, c'est vraiment un inspiration pour tous! @geliee 12 h 13, le 21 mars

YANGHYUN CHO   MISUK KANG   MYUNGJIN KIM

The Koreans not only left Vancouver with the silver medal, but many new friends and fans. Before the Games, they spent nine days practising at the Mission Granite Curling Club, just outside Vancouver. Many of the club's members travelled to Vancouver, joining a large contingent of boisterous Koreans in cheering on the team.

Les Coréens ont non seulement quitté Vancouver avec la médaille d'argent, mais aussi avec beaucoup de nouveaux amis et admirateurs. Avant les Jeux, ils avaient passé neuf jours à s'entraîner au Mission Granite Curling Club, juste à l'extérieur de Vancouver. Beaucoup de membres du club ont voyagé jusqu'à Vancouver et se sont joints à un large contingent de Coréens bruyants pour encourager l'équipe.

ANETTE WILHELM

Sweden defeated the US 7–5 in the bronze-medal game, despite losing fourth Glenn Ikonen, who was suspended after testing positive for a banned substance — the result of blood-pressure medication Ikonen's doctor had prescribed.

La Suède a défait les États-Unis 7–5 au cours de la partie pour la médaille de bronze, malgré la perte du quatrième Glenn Ikonen qui a été suspendu après la découverte d'une substance interdite à la suite d'un contrôle antidopage, un médicament pour la pression artérielle prescrit par le médecin de M. Ikonen.

ICE SLEDGE HOCKEY
HOCKEY SUR LUGE

This is the gold-medal game for all the marbles. It is four years summed up in 45 minutes. Kojin Nakakita, coach of Team Japan, prior to the gold-medal game against the US

Il s'agit du match pour la médaille d'or et on mise le tout pour le tout. Ce sont quatre ans qui se résument en 45 minutes.

Kojin Nakakita, entraîneur de l'équipe japonaise, avant le match pour la médaille d'or contre les États-Unis

US STRIKES HOCKEY GOLD AT LAST LES ÉTATS-UNIS REMPORTENT ENFIN L'OR EN HOCKEY

After losing 6–0 to the US in its final preliminary game, Japan did not appear to be a likely contender for an appearance in the 2010 ice sledge hockey gold-medal final. But despite a lack of size and experience, not to mention being the tournament's oldest team with an average age of 37, Japan rebounded from the humiliating loss and proceeded to end Canada's dream of a third hockey gold medal, with a scrappy and stunning 3–1 semi-final victory.

And, as fate would have it, the unrelenting Japanese returned to UBC Thunderbird Arena to again face the top-ranked Americans — who just happened to be the youngest team in the tournament and had yet to give up a single goal in four games.

Backed again by the goaltending of 20-year-old Steve Cash, the Americans appeared confident, with Alexi Salamone scoring on a power-play scramble early in the first period. But as a large and predominantly Canadian crowd cheered both teams, the Japanese rallied around goalie Mitsuru Nagase, who denied a barrage of American snipers until Taylor Lipsett finally added a power-play insurance marker with just over a minute left.

As the Americans celebrated becoming the only team in ice sledge hockey history to win a second Paralympic Winter Games gold medal, the Japanese appeared almost equally jubilant for having won their country's first-ever ice hockey medal, and for making an indelible mark in their nation's sporting history.

Après avoir perdu 6–0 contre les États-Unis à leur dernière partie de la ronde préliminaire, le Japon ne semblait pas être un candidat probable à la finale pour la médaille d'or de hockey sur luge en 2010. En dépit d'un manque de taille et d'expérience, sans oublier le fait qu'il s'agit de l'équipe la plus âgée du tournoi avec une moyenne d'âge de 37 ans, le Japon a rebondi après la défaite humiliante et a mis fin au rêve du Canada de remporter une troisième médaille d'or en hockey, avec une victoire étonnante de 3–1 en demi-finale.

Comme le destin l'a voulu, le Japon est retourné à UBC Thunderbird Arena pour faire de nouveau face aux Américains, l'équipe qui, au sommet du classement, était la moins âgée du tournoi et qui n'avait pas encore accordé un seul but en quatre parties.

Soutenus par le nouveau gardien de but de 20 ans, Steve Cash, les Américains semblaient confiants; Alexi Salamone a compté au cours d'un jeu de puissance au début de la première période. Tandis que la foule nombreuse et essentiellement canadienne encourageait les deux équipes, les Japonais se sont ralliés autour du gardien de but Mitsuru Nagase. Celui-ci a arrêté les tirs des Américains jusqu'à ce que Taylor Lipsett marque enfin un but d'assurance en avantage numérique avec un peu plus d'une minute à jouer.

Tandis que les Américains célébraient, devenant la seule équipe de l'histoire du hockey sur luge à gagner une seconde médaille d'or aux Jeux paralympiques d'hiver, les Japonais semblaient presque aussi jubilants d'avoir gagné la première médaille de leur pays en hockey et de faire une marque indélébile dans l'histoire du sport de leur pays.

WAY TO GO TEAM JAPAN FOR THE SILVER IN SLEDGE HOCKEY!!!! @kwamenbo 12:55 PM Mar 20

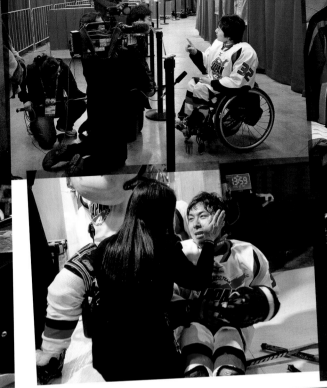

I knew Canada. If we played them a 1,000 times, we're going to lose 999 [times]. But not this one.

Coach Kojin Nakakita after Japan upset the Canadian favourites and captain Jean Labonté (right).

Je connaissais l'équipe canadienne. Si nous jouons contre eux 1 000 fois, nous perdrons 999 [fois]. Mais pas cette fois-ci.

Kojin Nakakita, entraîneur, après que le Japon a gagné contre l'équipe favorite canadienne, et le capitaine Jean Labonté (droite).

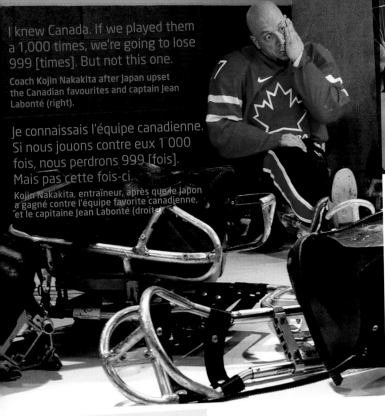

Team USA's Alexi Salamone (right) was born in the town of Briansk, Ukraine, 14 months after the 1986 nuclear accident in the nearby city of Chernobyl. Due to radioactive fallout from the disaster, Salamone was born with severely twisted legs, which were eventually amputated just below the knees. He discovered ice sledge hockey after being adopted in 1992 by Joseph and Susan Salamone of Buffalo, New York, and, at age 18, was the leading scorer for the US in its bronze-medal finish at Torino 2006. Salamone reached even greater heights in Vancouver, scoring the winning goal in the US's gold-medal triumph and serving (again) as the team's scoring leader, with eight points on four goals and four assists.

Alexi Salamone (à droite) de l'équipe américaine est né dans la ville de Briansk, en Ukraine, 14 mois après l'accident nucléaire catastrophique de 1986 dans la ville avoisinante de Chernobyl. En raison des retombées radioactives, M. Salamone est né avec des jambes gravement tournées, qu'on lui a éventuellement amputées immédiatement sous les genoux. Il a découvert le hockey sur luge après avoir été adopté en 1992 par Joseph et Susan Salamone de Buffalo, dans l'État de New York, et, à l'âge de 18 ans, il a été le meilleur marqueur de l'équipe américaine au cours du match qui lui a valu la médaille de bronze à Turin 2006. M. Salamone a atteint des buts encore plus importants à Vancouver, en marquant le but gagnant qui a valu à l'équipe la médaille d'or et en étant (encore une fois) le meilleur marqueur de l'équipe américaine, avec quatre buts et quatre assistances.

Celebrating my son's birthday by taking him to Paralympic Sledge Hockey- great energy here... @flyinrhino 9:49 AM Mar 13

Daisuke Uehara of Japan (left) and Korea's Hae-Man Lee dig for the puck in a hard-fought preliminary-round game on March 14 at UBC Thunderbird Arena. Team Japan, which would ultimately go on to win the silver medal, defeated Korea 5–0.

Le Japonais Daisuke Uehara (à gauche) et le Coréen Hae-Man Lee cherchent la rondelle au cours d'un match de ronde préliminaire très bien défendu le 14 mars à UBC Thunderbird Arena. L'équipe japonaise, qui allait gagner la médaille d'argent à l'issu du tournoi, a défait la Corée 5–0.

On their way to the Paralympic Closing
Ceremony, athletes paraded through
cheering supporters lining Whistler's
Village Stroll.

En route vers la cérémonie de clôture
paralympique, les athlètes ont défilé
parmi des partisans qui les encourageaient
le long de Village Stroll, à Whistler.

THE TORCH IS PASSED

Midway through the Vancouver 2010 Paralympic Winter Games Closing Ceremony, when Chantal Kreviazuk sang "Today is the greatest day," it was hard to argue. Canada finished the Games with an all-time best performance of 10 gold medals, 85 per cent of events were filled to capacity and record audiences tuned in around the world. There was much to celebrate.

Quebec's La Bottine Souriante opened the show, playing as the Parade of Athletes wound its way through Whistler Village and into the Medals Plaza. Lauren Woolstencroft, who won five gold medals at the Games, carried the flag as the Canadian team travelled through streets lined with cheering fans.

The ceremony featured an array of performers, from Inuit throat singer Tanya Tagaq to dancers from Soul Funktion, a Whistler-based dance studio. Whistler's Ali Milner and the Sea to Sky Chorus sang O Canada as a giant Canadian flag was unfurled above the crowd. A procession of 125 skiers carrying red flares "painted" the slopes of Whistler Mountain in a downhill torch parade. World champion hoop dancer Alex Wells, from the Lil'wat Nation, was joined by his daughter in a traditional dance that celebrated the creation of life.

The Games ended as they began: with a group of youth from the region passing the Paralympic Flame to a group of youth from Sochi, Russia. Andrew Allen's Amazing played as the Paralympic Cauldron softly flickered, then extinguished. After 145 days — counting back to the beginning of the Olympic Torch Relay, the party had, at long last, come to an end.

For many in the audience who had worked with the Organizing Committee and for the bid to host the Games, the closing heralded the last mile of an intense and emotional journey. Tears and hugs were everywhere as fireworks lit up the skies over Whistler Village, signalling the end of one of the greatest celebrations of sport, culture and spirit ever experienced in this part of the world.

LE FLAMBEAU EST PASSÉ

À mi-parcours de la cérémonie de clôture des Jeux paralympiques d'hiver de 2010 à Vancouver, quand Chantal Kreviazuk a chanté « Today is the greatest day » (Aujourd'hui, c'est le plus beau jour), il aurait été difficile d'affirmer le contraire. Le Canada a terminé les Jeux avec sa meilleure performance de tous les temps : 10 médailles d'or, 85 pour cent des lieux des épreuves ont été remplis à pleine capacité et un auditoire record était à l'écoute partout dans le monde. Il y avait beaucoup à célébrer.

Le groupe québécois La Bottine Souriante a ouvert le spectacle et a joué pendant que les athlètes ont défilé dans Whistler Village pour se rendre jusqu'à la Place des médailles. Lauren Woolstencroft, médaillée d'or à cinq reprises, a porté le drapeau du Canada tandis que l'équipe canadienne défilait dans les rues bordées d'admirateurs en liesse.

La cérémonie a mis en vedette des artistes comme la chanteuse gutturale inuite Tanya Tagaq et les danseurs de Soul Funktion, un studio de danse de Whistler. Ali Milner de Whistler et le Sea to Sky Chorus ont chanté l'hymne national du Canada pendant qu'on déployait un drapeau canadien géant sur la foule. Un cortège de 125 skieurs transportant des fusées éclairantes rouges a éclairé les pentes de Whistler Mountain dans un défilé de flamboyant. Le champion du monde de danse du cerceau Alex Wells, de la nation Lil'wat, s'est fait accompagner par sa fille pour présenter une danse traditionnelle qui célébrait la création de la vie.

Les Jeux se sont terminés comme ils ont commencé : un groupe de jeunes de la région a passé la flamme paralympique à un groupe de jeunes de Sotchi, en Russie. La chanson « Amazing » d'Andrew Allen jouait pendant que la vasque paralympique vacillait doucement, puis s'est éteinte. Après 145 jours, depuis le tout début du relais de la flamme olympique, la fête prenait fin.

Pour plusieurs dans la foule qui avaient travaillé avec le comité d'organisation et pour la candidature afin d'accueillir les Jeux, la cérémonie de clôture annonçait les derniers instants d'un voyage intense et fort en émotions. Les larmes et les étreintes fusaient de toutes parts tandis que des feux d'artifice ont illuminé le ciel au-dessus de Whistler Village, pour marquer la fin de l'une des plus grandes célébrations du sport, de la culture et de l'esprit jamais connue dans cette région du monde.

THE HEART OF THE GAMES

OLYMPIC MEDAL COUNT MÉDAILLES OLYMPIQUES

🇺🇸 UNITED STATES OF AMERICA ÉTATS-UNIS D'AMÉRIQUE	● 9	● 15	● 13*
🇩🇪 GERMANY ALLEMAGNE	● 10	● 13	● 7
🇨🇦 CANADA	● 14	● 7	● 5**
🇳🇴 NORWAY NORVÈGE	● 9	● 8	● 6
🇦🇹 AUSTRIA AUTRICHE	● 4	● 6	● 6
🇷🇺 RUSSIAN FEDERATION FÉDÉRATION DE RUSSIE	● 3	● 5	● 7
🇰🇷 REPUBLIC OF KOREA RÉPUBLIQUE DE CORÉE	● 6	● 6	● 2
🇨🇳 PEOPLE'S REPUBLIC OF CHINA RÉPUBLIQUE POPULAIRE DE CHINE	● 5	● 2	● 4
🇸🇪 SWEDEN SUÈDE	● 5	● 2	● 4
🇫🇷 FRANCE	● 2	● 3	● 6
🇨🇭 SWITZERLAND SUISSE	● 6	● 0	● 3
🇳🇱 NETHERLANDS PAYS-BAS	● 4	● 1	● 3
🇨🇿 CZECH REPUBLIC RÉPUBLIQUE TCHÈQUE	● 2	● 0	● 4
🇵🇱 POLAND POLOGNE	● 1	● 3	● 2
🇮🇹 ITALY ITALIE	● 1	● 1	● 3
🇯🇵 JAPAN JAPON	● 0	● 3	● 2
🇫🇮 FINLAND FINLANDE	● 0	● 1	● 4
🇦🇺 AUSTRALIA AUSTRALIE	● 2	● 1	● 0
🇧🇾 BELARUS BÉLARUS	● 1	● 1	● 1
🇸🇰 SLOVAKIA SLOVAQUIE	● 1	● 1	● 1
🇭🇷 CROATIA CROATIE	● 0	● 2	● 1
🇸🇮 SLOVENIA SLOVÉNIE	● 0	● 2	● 1
🇱🇻 LATVIA LETTONIE	● 0	● 2	● 0
🇬🇧 GREAT BRITAIN GRANDE-BRETAGNE	● 1	● 0	● 0
🇪🇪 ESTONIA ESTONIE	● 0	● 1	● 0
🇰🇿 KAZAKHSTAN	● 0	● 1	● 0

* Most medals won at a single Winter Games. ** Most gold medals won at a single Winter Games. * Plus grand nombre de médailles remportées à une seule édition des Jeux olympiques d'hiver. ** Plus grand nombre de médailles d'or remportées à une seule édition des Jeux olympiques d'hiver.

LE CŒUR
DES JEUX

PARALYMPIC MEDAL COUNT MÉDAILLES PARALYMPIQUES

RUSSIAN FEDERATION FÉDÉRATION DE RUSSIE ● 12 ● 16 ● 10

GERMANY ALLEMAGNE ● 13 ● 5 ● 6

CANADA ● 10 ● 5 ● 4

UKRAINE ● 5 ● 8 ● 6

UNITED STATES OF AMERICA ÉTATS-UNIS D'AMÉRIQUE ● 4 ● 5 ● 4

SLOVAKIA SLOVAQUIE ● 6 ● 2 ● 3

AUSTRIA AUTRICHE ● 3 ● 4 ● 4

JAPAN JAPON ● 3 ● 3 ● 5

BELARUS BÉLARUS ● 2 ● 0 ● 7

ITALY ITALIE ● 1 ● 3 ● 3

FRANCE ● 1 ● 4 ● 1

NORWAY NORVÈGE ● 1 ● 3 ● 2

AUSTRALIA AUSTRALIE ● 0 ● 1 ● 3

SPAIN ESPAGNE ● 1 ● 2 ● 0

SWITZERLAND SUISSE ● 1 ● 2 ● 0

FINLAND FINLANDE ● 0 ● 1 ● 1

SWEDEN SUÈDE ● 0 ● 0 ● 2

NEW ZEALAND NOUVELLE-ZÉLANDE ● 1 ● 0 ● 0

REPUBLIC OF KOREA RÉPUBLIQUE DE CORÉE ● 0 ● 1 ● 0

CZECH REPUBLIC RÉPUBLIQUE TCHÈQUE ● 0 ● 0 ● 1

POLAND POLOGNE ● 0 ● 0 ● 1

THE CANADA THAT WAS, AND THE CANADA THAT NOW IS …

It was a celebration we didn't know we needed.

But when it happened, we were ready, with hearts and arms open to the world. The quiet passion that had burned inside Canadians for years burst forth in an unprecedented display of national pride. Writer Christie Blatchford called it a "shocking love of country." A new voice emerged, one we hadn't heard before, and almost didn't recognize. "Is this even the same country we knew?" asked one Victoria columnist. Never before were we so happy to be Canadian.

As the Games unfolded, something shifted; rose up inside us. The mood was palpable and unstoppable. It was as if Alexandre Bilodeau's gold-medal win had lifted a massive weight off our national shoulders. From that first ecstatic moment forward, our spirits, and our athletes, soared. Their victories made us all feel like champions. Strangers became family, one big smiling, hugging, high-fiving Canadian family. Our athletes' disappointments brought us profound pride as well. We saw how much they wanted to give us cause to celebrate, and how much it hurt when they fell short.

And in the midst of the euphoric whirl of colour and sound that filled our lives during the Games, one undeniable truth was apparent: *nothing else can make you feel like this.*

Nothing else can make you feel every human emotion at its extreme, in unison with the entire country. Nothing else can make you feel so patriotic, while also feeling so connected with the rest of the world. These Games didn't change us; they revealed us. What was always on the inside simply came out, in full voice and full colour, all at once, all together.

For 27 days, all of Canada's hearts were beating as one. And the glow lit up the world.

LE CANADA D'HIER, ET LE CANADA D'AUJOURD'HUI

Nous avons eu droit à une célébration que nous ne pensions pas nécessaire.

Par contre, quand le moment est arrivé, nous étions prêts, le cœur et les bras ouverts sur le monde. La passion tranquille qui brûlait dans l'âme des Canadiens depuis plusieurs années a éclaté dans une manifestation sans précédent de la fierté nationale. La rédactrice Christie Blatchford l'a qualifiée de « consternante preuve d'amour du pays ». Une nouvelle voix s'est fait entendre, une que nous n'avions jamais entendue auparavant et que nous avons bien failli ne pas reconnaître. « Était-ce vraiment le même pays que nous connaissions? », a demandé une chroniqueuse de Victoria. Jamais auparavant nous n'avons été aussi heureux d'être Canadiens.

Lorsque les Jeux ont été amorcés, quelque chose a changé et s'est levé à l'intérieur de nous. La tension était palpable, infernale. Comme si la médaille d'or d'Alexandre Bilodeau avait enlevé un poids énorme sur les épaules de notre nation. À partir de ce moment, nos esprits et nos athlètes se sont échauffés. Leurs victoires nous ont donné le sentiment d'être des champions. De personnes étrangères, nous sommes passés

à membres d'une même et grande famille canadienne, des membres qui s'embrassent, se tapent dans les mains et se sourient. Les déceptions de nos athlètes nous ont aussi apporté une profonde fierté. Nous avons vu combien ils voulaient nous donner une raison de célébrer et à quel point ils souffraient s'ils n'y réussissaient pas.

Au milieu du tourbillon euphorique des couleurs et des sons qui ont rempli nos yeux et nos oreilles durant les Jeux, une chose était sûre : rien d'autre ne peut vous faire sentir ainsi.

Rien d'autre ne peut vous faire vivre toutes les émotions à l'extrême, en même temps avec l'ensemble du pays. Rien d'autre ne peut vous donner un tel sentiment de patriotisme, tout en vous donnant le sentiment d'être connecté avec le reste du monde. Ces Jeux ne nous ont pas changés, ils nous ont révélés. Ce qui se cachait en nous depuis toujours a simplement émergé, fort et coloré, tout à la fois et pour nous tous en même temps.

Pendant 27 jours, les exploits ont touché tous les Canadiens au plus profond du cœur et ont fait briller le monde.

Le monde a besoin de plus d'événements comme celui-ci; de plus de liens qui tiennent le Canada ensemble comme nation. Il représente l'espoir pour un monde plus collaborateur, plus uni.

Colin McKerracher, Vancouver

The world needs more of this. More of the bonds that hold Canada, as a nation, together. It represents hope for a more collaborative, unified world.

Colin McKerracher, Vancouver

It's been eight years since I moved from Tokyo to Vancouver, my favourite city on this planet. The past two weeks again convinced me that I picked the right place. And I'm happy now; there seem to be more fans of Vancouver and Canada, like me, all over the world.

Miwa Kato, Vancouver

Huit ans se sont écoulés depuis que je suis déménagée de Tokyo à Vancouver, ma ville préférée sur la planète. Les deux dernières semaines m'ont à nouveau convaincue d'avoir choisi le bon endroit. Je suis heureuse; il semble y avoir plus d'admirateurs de Vancouver et du Canada, comme moi, partout dans le monde.

Miwa Kato, Vancouver

Your Games have inspired me to volunteer for my own . . . Hope I get in.

Charlotte Wright, Essex, UK

Vos Jeux m'ont incitée à devenir bénévole à mon tour… j'espère être choisie.

Charlotte Wright, Essex, R.-U.

We are left with memories — a legacy of who we are as a people and a country. It was more than the Olympics being hosted in Vancouver, it was felt in every part of the country . . . .

Holly and David MacDonald, Vancouver 2010 volunteers

Nous avons la tête remplie de souvenirs… un héritage de qui nous sommes comme peuple et comme pays. Nous avons eu droit à plus que le simple fait que les Jeux olympiques avaient lieu à Vancouver; c'est ce qu'on a ressenti dans toutes les régions du pays…

Holly et David MacDonald, bénévoles à Vancouver 2010

Try to imagine Pegasus mating with a unicorn and the creature that they birth. I somehow tame it and ride it into the sky in the clouds and sunshine and rainbows. That's what it feels like.

US snowboarder Graham Watanabe on being part of Vancouver 2010

THANK YOU to all Vancouver 2010 Olympic volunteers! Without you, there would be no Games! @iRunNation 6:59 AM Mar 1

That's it, Vancouver 2010 THANK YOU! @ akselsvindal (Aksel Lund Svindal) 12:48 AM Mar 1

The legacy, as I'm sure you know well, is not just the bricks and mortar of stadiums and facilities but the awareness of what we can do when we are intentional about something.

Russ and Barb Quinn

L'héritage, comme vous le savez si bien, ce n'est pas seulement les briques et le mortier des stades et des installations, mais aussi la prise de conscience de ce que nous pouvons faire lorsque nous avons l'intention de le faire.

Russ et Barb Quinn

I wore my red mittens every day in Toronto and they have now been retired. I'll keep them as my own personal trophies forever. I've never felt so proud to be part of this majestic country.

Lydia Allain, Toronto

J'ai porté mes mitaines rouges tous les jours à Toronto et je viens de les enlever. Je vais toujours les garder comme un trophée personnel. Je ne me suis jamais sentie aussi fière de faire partie de ce majestueux pays.

Lydia Allain, Toronto

Pendant les Jeux, ma mère de 86 ans a dû être examinée plus souvent par le personnel infirmier parce qu'elle encourageait si bruyamment le Canada (sa terre d'adoption) et la Hollande (sa terre natale).

Joan Aird

During the Games, my 86-year-old mother had to be checked on more frequently by nursing staff because she was cheering so loudly for Canada (her adopted homeland) and for Holland (her country of birth).

Joan Aird

My favourite part of the Olympics was when Canada entered the Olympic Opening Ceremony, because it made me so proud to be Canadian.

Trinity De Simone, 10 years old, Richmond Hill, Ontario

Mon moment préféré des Jeux olympiques a été lorsque le Canada a fait son entrée à la cérémonie d'ouverture olympique, parce que cela m'a rendue très fière d'être Canadienne.

Trinity De Simone, 10 ans, Richmond Hill, Ontario

Essayez d'imaginer une union entre Pégase et une licorne et la créature qui naîtrait de cette union. D'une certaine manière, je la dompte et la monte dans le ciel dans les nuages et vers le soleil et des arcs en ciel. C'est comme ça que je me sens.

Graham Watanabe, États-Unis, surfeur des neiges, au sujet de sa participation à Vancouver 2010

MEDALLISTS BY OLYMPIC SPORT
MÉDAILLÉS PAR SPORT OLYMPIQUE

ALPINE SKIING
SKI ALPIN

M Downhill
H Descente
- 🇨🇭 DIDIER DEFAGO
- 🇳🇴 AKSEL LUND SVINDAL
- 🇺🇸 BODE MILLER

W Downhill
F Descente
- 🇺🇸 LINDSEY VONN
- 🇺🇸 JULIA MANCUSO
- 🇦🇹 ELISABETH GOERGL

M Giant Slalom
H Slalom géant
- 🇨🇭 CARLO JANKA
- 🇳🇴 KJETIL JANSRUD
- 🇳🇴 AKSEL LUND SVINDAL

W Giant Slalom
F Slalom géant
- 🇩🇪 VIKTORIA REBENSBURG
- 🇸🇮 TINA MAZE
- 🇦🇹 ELISABETH GOERGL

M Slalom
H Slalom
- 🇮🇹 GIULIANO RAZZOLI
- 🇭🇷 IVICA KOSTELIC
- 🇸🇪 ANDRE MYHRER

W Slalom
W Slalom
- 🇩🇪 MARIA RIESCH
- 🇩🇪 MARLIES SCHILD
- 🇨🇿 SARKA ZAHROBSKA

M Super Combined
H Super combiné
- 🇺🇸 BODE MILLER
- 🇭🇷 IVICA KOSTELIC
- 🇨🇭 SILVAN ZURBRIGGEN

W Super Combined
F Super combiné
- 🇩🇪 MARIA RIESCH
- 🇺🇸 JULIA MANCUSO
- 🇸🇪 ANJA PAERSON

M Super-G
H Super G
- 🇳🇴 AKSEL LUND SVINDAL
- 🇺🇸 BODE MILLER
- 🇺🇸 ANDREW WEIBRECHT

W Super-G
F Super G
- 🇦🇹 ANDREA FISCHBACHER
- 🇸🇮 TINA MAZE
- 🇺🇸 LINDSEY VONN

BIATHLON

M 10 km Sprint
H Sprint 10 km
- 🇫🇷 VINCENT JAY
- 🇳🇴 EMIL HEGLE SVENDSEN
- 🇸🇰 JAKOV FAK

W 7.5 km Sprint
F Sprint 7,5 km
- 🇷🇺 ANASTAZIA KUZMINA
- 🇩🇪 MAGDALENA NEUNER
- 🇫🇷 MARIE DORIN

M 12.5 km Pursuit
H Poursuite 12,5 km
- 🇸🇪 BJORN FERRY
- 🇦🇹 CHRISTOPH SUMANN
- 🇫🇷 VINCENT JAY

W 10 km Pursuit
F Poursuite 10 km
- 🇩🇪 MAGDALENA NEUNER
- 🇷🇺 ANASTAZIA KUZMINA
- 🇫🇷 MARIE LAURE BRUNET

M 20 km Individual
H Individuel 20 km
- 🇳🇴 EMIL HEGLE SVENDSEN
- 🇳🇴 OLE EINAR BJOERNDALEN
- 🇷🇺 SERGEY NOVIKOV

W 15 km Individual
F 15 km individuel
- 🇳🇴 TORA BERGER
- 🇰🇿 ELENA KHRUSTALEVA
- 🇧🇾 DARYA DOMRACHEVA

M 15 km Mass Start
H 15 km Départ en ligne
- 🇷🇺 EVGENY USTYUGOV
- 🇫🇷 MARTIN FOURCADE
- 🇸🇰 PAVOL HURAJT

W 12.5 km Mass Start
F 12,5 km Départ en ligne
- 🇩🇪 MAGDALENA NEUNER
- 🇷🇺 OLGA ZAITSEVA
- 🇩🇪 SIMONE HAUSSWALD

M 4 x 7.5 km Relay
H Relais 4 x 7,5 km
- 🇳🇴 NORWAY | NORVÈGE
  HALVARD HANEVOLD
  EMIL HEGLE SVENDSEN
  OLE EINAR BJOERNDALEN
  TARJEI BOE
- 🇦🇹 AUSTRIA | AUTRICHE
  SIMON EDER
  DANIEL MESOTITSCH
  DOMINIK LANDERTINGER
  CHRISTOPH SUMANN
- 🇷🇺 RUSSIAN FEDERATION | FÉDÉRATION DE RUSSIE
  IVAN TCHEREZOV
  ANTON SHIPULIN
  MAXIM TCHOUDOV
  EVGENY USTYUGOV

W 4 x 6 km Relay
F Relais 4 x 6 km
- 🇷🇺 RUSSIAN FEDERATION | FÉDÉRATION DE RUSSIE
  ANNA BOGALIY-TITOVETS
  OLGA MEDVEDTSEVA
  OLGA ZAITSEVA
  SVETLANA SLEPTSOVA
- 🇫🇷 FRANCE
  MARIE LAURE BRUNET
  SYLVIE BECAERT
  MARIE DORIN
  SANDRINE BAILLY
- 🇩🇪 GERMANY | ALLEMAGNE
  ANDREA HENKEL
  KATI WILHELM
  SIMONE HAUSSWALD
  MARTINA BECK

BOBSLEIGH

M Two-Man
H Bob à deux
- 🇩🇪 GERMANY 1 | ALLEMAGNE 1
  ANDRE LANGE
  KEVIN KUSKE
- 🇩🇪 GERMANY 2 | ALLEMAGNE 2
  THOMAS FLORSCHUETZ
  RICHARD ADJEI
- 🇷🇺 RUSSIAN FEDERATION | FÉDÉRATION DE RUSSIE
  ALEXSANDR ZUBKOV
  ALEXEY VOEVODA

W
F
- 🇨🇦 CANADA 1
  KAILLIE HUMPHRIES
  HEATHER MOYSE
- 🇨🇦 CANADA 2
  HELEN UPPERTON
  SHELLEY-ANN BROWN
- 🇺🇸 UNITED STATES 1 | ÉTATS-UNIS 1
  ERIN PAC
  ELANA MEYERS

M Four-Man
H Bob à quatre
- 🇺🇸 UNITED STATES 1 | ÉTATS-UNIS 1
  STEVEN HOLCOMB
  STEVE MESLER
  CURTIS TOMASEVICZ
  JUSTIN OLSEN
- 🇩🇪 GERMANY 1 | ALLEMAGNE 1
  ANDRE LANGE
  ALEXANDER ROEDIGER
  KEVIN KUSKE
  MARTIN PUTZE
- 🇨🇦 CANADA 1
  LYNDON RUSH
  CHRIS LE BIHAN
  DAVID BISSETT
  LASCELLES BROWN

CROSS-COUNTRY SKIING
SKI DE FOND

M 15 km Free
H 15 km libre
- 🇨🇭 DARIO COLOGNA
- 🇮🇹 COTTRER PIETRO PILLER
- 🇨🇿 LUKAS BAUER

W 10 km Free
F 10 km libre
- 🇸🇪 CHARLOTTE KALLA
- 🇪🇪 KRISTINA SMIGUN-VAEHI
- 🇳🇴 MARIT BJOERGEN

M Individual Sprint Classic
H Sprint individuel classique
- 🇷🇺 NIKITA KRIUKOV
- 🇷🇺 ALEXANDER PANZHINSKIY
- 🇳🇴 PETTER NORTHUG

W Individual Sprint Classic
F Sprint individuel classique
- 🇳🇴 MARIT BJOERGEN
- 🇵🇱 JUSTYNA KOWALCZYK
- 🇸🇮 PETRA MAJDIC

M 30 km Pursuit
H Poursuite 30 km
- 🇩🇪 MARCUS HELLNER
- 🇩🇪 TOBIAS ANGERER
- 🇸🇪 JOHAN OLSSON

W 15 km Pursuit
F Poursuite 15 km
- 🇳🇴 MARIT BJOERGEN
- 🇸🇪 ANNA HAAG
- 🇵🇱 JUSTYNA KOWALCZYK

M Team Sprint Free
H Sprint par équipe libre
- 🇳🇴 NORWAY | NORVÈGE
  OEYSTEIN PETTERSEN
  PETTER NORTHUG
- 🇩🇪 GERMANY | ALLEMAGNE
  TIM TSCHARNKE
  AXEL TEICHMANN
- 🇷🇺 RUSSIAN FEDERATION | FÉDÉRATION DE RUSSIE
  NIKOLAY MORILOV
  ALEXEY PETUKHOV

W Team Sprint Free
F Sprint par équipe libre
- 🇩🇪 GERMANY | ALLEMAGNE
  EVI SACHENBACHER-STEHLE
  CLAUDIA NYSTAD
- 🇸🇪 SWEDEN | SUÈDE
  CHARLOTTE KALLA
  ANNA HAAG
- 🇷🇺 RUSSIAN FEDERATION | FÉDÉRATION DE RUSSIE
  IRINA KHAZOVA
  NATALIA KOROSTELEVA

M 4 x 10 km Relay Classic/Free
H Relais 4 x 10 km classique/libre
- 🇸🇪 SWEDEN | SUÈDE
  DANIEL RICHARDSSON
  ANDERS SOEDERGREN
  MARCUS HELLNER
  JOHAN OLSSON
- 🇳🇴 NORWAY | NORVÈGE
  MARTIN JOHNSRUD SUNDBY
  ODD-BJOERN HJELMESET
  LARS BERGER
  PETTER NORTHUG
- 🇨🇿 CZECH REPUBLIC | RÉPUBLIQUE TCHÈQUE
  MARTIN JAKS
  LUKAS BAUER
  JIRI MAGAL
  MARTIN KOUKAL

W 4 x 5 km Relay Classic/Free
F Relais 4 x 5 km classique/libre
- 🇳🇴 NORWAY | NORVÈGE
  VIBEKE W SKOFTERUD
  KRISTIN STOERMER STEIRA
  MARIT BJOERGEN
  THERESE JOHAUG
- 🇩🇪 GERMANY | ALLEMAGNE
  KATRIN ZELLER
  EVI SACHENBACHER-STEHLE
  MIRIAM GOSSNER
  CLAUDIA NYSTAD
- 🇫🇮 FINLAND | FINLANDE
  PIRJO MURANEN
  VIRPI KUITUNEN
  RIITTA-LIISA ROPONEN
  AINO-KAISA SAARINEN

M 50 km, Mass Start Classic
H 50 km Départ groupé classique
- 🇳🇴 PETTER NORTHUG
- 🇩🇪 AXEL TEICHMANN
- 🇸🇪 JOHAN OLSSON

W 30 km, Mass Start Classic
F 30 km départ groupé classique
- 🇵🇱 JUSTYNA KOWALCZYK
- 🇳🇴 MARIT BJOERGEN
- 🇫🇮 AINO-KAISA SAARINEN

CURLING

M
H
- 🇨🇦 CANADA
  ADAM ENRIGHT
  BEN HEBERT
  MARC KENNEDY
  JOHN MORRIS
  KEVIN MARTIN
- 🇳🇴 NORWAY | NORVÈGE
  THOMAS LOEVOLD
  HAAVARD VAD PETERSSON
  CHRISTOFFER SVAE
  TORGER NERGAARD
  THOMAS ULSRUD
- 🇨🇭 SWITZERLAND | SUISSE
  TONI MUELLER
  SIMON STRUEBIN
  MARKUS EGGLER
  JAN HAUSER
  RALPH STOECKLI

W
F
- 🇸🇪 SWEDEN | SUÈDE
  KAJSA BERGSTROEM
  ANNA LE MOINE
  CATHRINE LINDAHL
  EVA LUND
  ANETTE NORBERG
- 🇨🇦 CANADA
  KRISTIE MOORE
  CORI BARTEL
  CAROLYN DARBYSHIRE
  SUSAN O'CONNOR
  CHERYL BERNARD
- 🇨🇳 CHINA | CHINE
  JINLI LIU
  YAN ZHOU
  YUE QINGSHUANG
  YIN LIU
  BINGYU WANG

FIGURE SKATING
PATINAGE ARTISTIQUE

MW Pairs
HF Couples
- 🇨🇳 XUE SHEN
  HONGBO ZHAO
- 🇨🇳 QING PANG
  JIAN TONG
- 🇩🇪 ALIONA SAVCHENKO
  ROBIN SZOLKOWY

MW Ice Dance
HF Danse sur glace
- 🇨🇦 TESSA VIRTUE
  SCOTT MOIR
- 🇺🇸 MERYL DAVIS
  CHARLIE WHITE
- 🇷🇺 OKSANA DOMNINA
  MAXIM SHABALIN

M Individual
H Individuel
- 🇺🇸 EVAN LYSACEK
- 🇷🇺 EVGENI PLUSHENKO
- 🇯🇵 DAISUKE TAKAHASHI

W Individual
F Individuel
- 🇰🇷 YU-NA KIM
- 🇯🇵 MAO ASADA
- 🇨🇦 JOANNIE ROCHETTE

FREESTYLE SKIING
SKI ACROBATIQUE

M Moguls
H Bosses
- 🇨🇦 ALEXANDRE BILODEAU
- 🇦🇺 DALE BEGG-SMITH
- 🇺🇸 BRYON WILSON

W Moguls
F Bosses
- 🇺🇸 HANNAH KEARNEY
- 🇨🇦 JENNIFER HEIL
- 🇺🇸 SHANNON BAHRKE

M Ski Cross
H Ski Cross
- 🇨🇭 MICHAEL SCHMID
- 🇦🇹 ANDREAS MATT
- 🇳🇴 AUDUN GROENVOLD

W Ski Cross
F Ski Cross
- 🇨🇦 ASHLEIGH McIVOR
- 🇳🇴 HEDDA BERNTSEN
- 🇫🇷 MARION JOSSERAND

M Aerials
H Sauts
- 🇷🇺 ALEXEI GRISHIN
- 🇺🇸 JERET PETERSON
- 🇨🇳 ZHONGQING LIU

W Aerials
F Sauts
- 🇦🇺 LYDIA LASSILA
- 🇨🇳 NINA LI
- 🇨🇳 XINXIN GUO

ICE HOCKEY
HOCKEY SUR GLACE

M
H
- 🇨🇦 CANADA
  PATRICE BERGERON
  DAN BOYLE
  MARTIN BRODEUR
  SIDNEY CROSBY
  DREW DOUGHTY
  MARC-ANDRÉ FLEURY
  RYAN GETZLAF
  DANY HEATLEY
  JAROME IGINLA
  DUNCAN KEITH
  ROBERTO LUONGO
  PATRICK MARLEAU
  BRENDEN MORROW
  RICK NASH
  SCOTT NIEDERMAYER
  COREY PERRY
  CHRIS PRONGER
  MIKE RICHARDS
  BRENT SEABROOK
  ERIC STAAL
  JOE THORNTON
  JONATHAN TOEWS
  SHEA WEBER
- 🇺🇸 UNITED STATES | ÉTATS-UNIS
  DAVID BACKES
  DUSTIN BROWN
  RYAN CALLAHAN
  CHRIS DRURY
  TIM GLEASON
  ERIK JOHNSON
  JACK JOHNSON
  PATRICK KANE
  RYAN KESLER
  PHIL KESSEL
  JAMIE LANGENBRUNNER
  RYAN MALONE
  RYAN MILLER
  BROOKS ORPIK
  ZACH PARISE
  JOE PAVELSKI
  JONATHAN QUICK
  BRIAN RAFALSKI
  BOBBY RYAN
  PAUL STASTNY
  RYAN SUTER
  TIM THOMAS
  RYAN WHITNEY
- 🇫🇮 FINLAND | FINLANDE
  NIKLAS BACKSTROM
  VALTTERI FILPPULA
  NIKLAS HAGMAN
  JARKKO IMMONEN
  OLLI JOKINEN
  NIKO KAPANEN
  MIIKKA KIPRUSOFF
  MIKKO KOIVU
  SAKU KOIVU
  LASSE KUKKONEN
  JERE LEHTINEN
  SAMI LEPISTO
  TONI LYDMAN
  ANTTI MIETTINEN
  ANTERO NIITTYMAKI
  JANNE NISKALA
  VILLE PELTONEN
  JONI PITKANEN
  JARKKO RUUTU
  TUOMO RUUTU
  SAMI SALO
  TEEMU SELANNE
  KIMMO TIMONEN

W
F
- 🇨🇦 CANADA
  MEGHAN AGOSTA
  GILLIAN APPS
  TESSA BONHOMME
  JENNIFER BOTTERILL
  JAYNA HEFFORD
  HALEY IRWIN
  REBECCA JOHNSTON
  BECKY KELLAR
  GINA KINGSBURY
  CHARLINE LABONTÉ
  CARLA MACLEOD
  MEAGHAN MIKKELSON
  CAROLINE OUELLETTE
  CHERIE PIPER
  MARIE-PHILIP POULIN
  KIM ST-PIERRE
  COLLEEN SOSTORICS
  SHANNON SZABADOS
  SARAH VAILLANCOURT
  CATHERINE WARD
  HAYLEY WICKENHEISER
- 🇺🇸 UNITED STATES | ÉTATS-UNIS
  KACEY BELLAMY
  CAITLIN CAHOW
  LISA CHESSON
  JULIE CHU
  NATALIE DARWITZ
  MEGHAN DUGGAN
  MOLLY ENGSTROM
  HILARY KNIGHT
  JOCELYNE LAMOUREUX
  MONIQUE LAMOUREUX
  ERIKA LAWLER
  GISELE MARVIN
  BRIANNE MCLAUGHLIN
  JENNY SCHMIDGALL-POTTER
  ANGELA RUGGIERO
  MOLLY SCHAUS
  KELLI STACK
  KAREN THATCHER
  JESSIE VETTER
  KERRY WEILAND
  JINELLE ZAUGG-SIERGIEJ
- 🇫🇮 FINLAND | FINLANDE
  ANNE HELIN
  JENNI HIIRIKOSKI
  VENLA HOVI
  MICHELLE KARVINEN
  MIRA KUISMA
  EMMA LAAKSONEN
  ROSA LINDSTEDT
  TERHI MERTANEN
  HEIDI PELTTARI
  MARIIA POSA
  ANNINA RAJAHUHTA
  KAROLIINA RANTAMAKI
  NOORA RATY
  MARI RÄSANEN
  SAIJA SIRVIO
  NINA TIKKINEN
  MINNAMARI TUOMINEN
  SAARA TUOMINEN
  LINDA VALIMAKI
  ANNA VANHATALO
  MARJO VOUTILAINEN

LUGE

M Singles
H Simple
- 🇩🇪 FELIX LOCH
- 🇩🇪 DAVID MOELLER
- 🇮🇹 ARMIN ZOEGGELER

W Singles
F Simple
- 🇩🇪 TATJANA HUEFNER
- 🇩🇪 NINA REITHMAYER
- 🇩🇪 NATALIE GEISENBERGER

M Doubles
H Double
- 🇦🇹 ANDREAS LINGER
  WOLFGANG LINGER
- 🇱🇻 ANDRIS SICS
  JURIS SICS
- 🇩🇪 PATRIC LEITNER
  ALEXANDER RESCH

NORDIC COMBINED
COMBINÉ NORDIQUE

M Individual NH/10 km CC
H Individuel NH/10 km
- 🇫🇷 JASON LAMY CHAPPUIS
- 🇺🇸 JOHNNY SPILLANE
- 🇮🇹 ALESSANDRO PITTIN

M Team/4 x 5 km CC
H Relais par équipe/4 x 5 km
- 🇦🇹 AUSTRIA | AUTRICHE
  BERNHARD GRUBER
  FELIX GOTTWALD
  MARIO STECHER
  DAVID KREINER
- 🇺🇸 UNITED STATES | ÉTATS-UNIS
  BRETT CAMEROTA
  TODD LODWICK
  JOHNNY SPILLANE
  BILL DEMONG
- 🇩🇪 GERMANY | ALLEMAGNE
  JOHANNES RYDZEK
  TINO EDELMANN
  ERIC FRENZEL
  BJOERN KIRCHEISEN

M Individual LH/10 km CC
H Individuel LH/10 km
- 🇺🇸 BILL DEMONG
- 🇺🇸 JOHNNY SPILLANE
- 🇦🇹 BERNHARD GRUBER

SHORT TRACK
SPEED SKATING
PATINAGE DE VITESSE
SUR PISTE COURTE

M 1,500 m
H 1500 m
- 🇰🇷 JUNG-SU LEE
- 🇺🇸 APOLO ANTON OHNO
- 🇺🇸 J.R. CELSKI

W 1,500 m
F 1500 m
- 🇨🇳 YANG ZHOU
  OR 2:16.993
- 🇰🇷 EUN-BYUL LEE
- 🇰🇷 SEUNG-HI PARK

M 1,000 m
H 1000 m
- 🇰🇷 JUNG-SU LEE
  OR 1:23.747
- 🇰🇷 HO-SUK LEE
- 🇺🇸 APOLO ANTON OHNO

W 1,000 m
F 1000 m
- 🇨🇳 MENG WANG
- 🇺🇸 KATHERINE REUTTER
- 🇰🇷 SEUNG-HI PARK

M 500 m
H 500 m
- 🇨🇦 CHARLES HAMELIN
- 🇰🇷 SI-BAK SUNG
- 🇨🇦 FRANÇOIS-LOUIS TREMBLAY

W 500 m
F 500 m
- 🇨🇳 MENG WANG
- 🇨🇦 MARIANNE ST-GELAIS
- 🇮🇹 ARIANNA FONTANA

M 5,000 M Relay
H Relais 5000 m
- 🇨🇦 CANADA
  GUILLAUME BASTILLE
  CHARLES HAMELIN
  FRANCOIS HAMELIN
  OLIVIER JEAN
  FRANCOIS-LOUIS TREMBLAY
- 🇰🇷 KOREA | CORÉE
  YOON-GY KWAK
  SEOUNG-IL KIM
  HO-SUK LEE
  JUNG-SU LEE
  SI-BAK SUNG
- 🇺🇸 UNITED STATES | ÉTATS-UNIS
  J.R. CELSKI
  SIMON CHO
  TRAVIS JAYNER
  JORDAN MALONE
  APOLO ANTON OHNO

W 3,000 M Relay
F Relais 3000 m
- 🇨🇳 CHINA | CHINE
  WR 4:06.610
  LINLIN SUN
  MENG WANG
  HUI ZHANG
  YANG ZHOU
- 🇨🇦 CANADA
  JESSICA GREGG
  KALYNA ROBERGE
  MARIANNE ST-GELAIS
  TANIA VICENT
- 🇺🇸 UNITED STATES | ÉTATS-UNIS
  ALLISON BAVER
  KIMBERLY DERRICK
  ALYSON DUDEK
  LANA GEHRING
  KATHERINE REUTTER

SKELETON

M
H
- 🇨🇦 JON MONTGOMERY
- 🇱🇻 MARTINS DUKURS
- 🇷🇺 ALEXANDER TRETYAKOV

W
F
- 🇬🇧 AMY WILLIAMS
- 🇩🇪 KERSTIN SZYMKOWIAK
- 🇩🇪 ANJA HUBER

SKI JUMPING
SAUT À SKI

M NH Individual
H Individuel NH
- 🇨🇭 SIMON AMMANN
- 🇵🇱 ADAM MALYSZ
- 🇦🇹 GREGOR SCHLIERENZAUER

M LH Individual
H Individuel LH
- 🇨🇭 SIMON AMMANN
- 🇵🇱 ADAM MALYSZ
- 🇦🇹 GREGOR SCHLIERENZAUER

M Team
H Équipe
- 🇦🇹 AUSTRIA | AUTRICHE
  WOLFGANG LOITZL
  THOMAS MORGENSTERN
  GREGOR SCHLIERENZAUER
  ANDREAS KOFLER
- 🇩🇪 GERMANY | ALLEMAGNE
  MICHAEL NEUMAYER
  ANDREAS WANK
  MARTIN SCHMITT
  MICHAEL UHRMANN
- 🇳🇴 NORWAY | NORVÈGE
  ANDERS BARDAL
  TOM HILDE
  JOHAN REMEN EVENSEN
  ANDERS JACOBSEN

SNOWBOARD
SURF DES NEIGES

M Snowboard Cross
H Snowboard cross
- 🇺🇸 SETH WESCOTT
- 🇨🇦 MIKE ROBERTSON
- 🇫🇷 TONY RAMOIN

W Snowboard Cross
F Snowboard cross
- 🇨🇦 MAELLE RICKER
- 🇫🇷 DEBORAH ANTHONIOZ
- 🇨🇭 OLIVIA NOBS

M Halfpipe
H Demi-lune
- 🇺🇸 SHAUN WHITE
- 🇫🇮 PEETU PIIROINEN
- 🇺🇸 SCOTT LAGO

W Halfpipe
F Demi-lune
- 🇦🇺 TORAH BRIGHT
- 🇺🇸 HANNAH TETER
- 🇺🇸 KELLY CLARK

M Parallel Giant Slalom
H Slalom géant parallèle
- 🇨🇦 JASEY JAY ANDERSON
- 🇦🇹 BENJAMIN KARL
- 🇮🇹 MATHIEU BOZZETTO

W Parallel Giant Slalom
F Slalom géant parallèle
- 🇳🇱 NICOLIEN SAUERBREIJ
- 🇷🇺 EKATERINA ILYUKHINA
- 🇦🇹 MARION KREINER

SPEED SKATING
PATINAGE DE VITESSE

M 5,000 m
H 5000 m
- 🇳🇱 SVEN KRAMER
  OR 6:14.60
- 🇰🇷 SEUNG-HOON LEE
- 🇷🇺 IVAN SKOBREV

W 3,000 m
F 3000 m
- 🇨🇿 MARTINA SABLIKOVA
- 🇩🇪 STEPHANIE BECKERT
- 🇨🇦 KRISTINA GROVES

OR: OLYMPIC RECORD OR : RECORD OLYMPIQUE   WR: WORLD RECORD WR : RECORD DU MONDE

M 500 m
H 500 m
- TAE-BUM MO
- KEIICHIRO NAGASHIMA
- JOJI KATO

W 500 m
F 500 m
- SANG-HWA LEE
- JENNY WOLF
- BEIXING WANG

M 1,000 m
H 1000 m
- SHANI DAVIS
- TAE-BUM MO
- CHAD HEDRICK

W 1,000 m
F 1000 m
- CHRISTINE NESBITT
- ANNETTE GERRITSEN
- LAURINE VAN RIESSEN

M 1,500 m
H 1500 m
- MARK TUITERT
- SHANI DAVIS
- HAVARD BOKKO

W 1,500 m
F 1500 m
- IREEN WUST
- KRISTINA GROVES
- MARTINA SABLIKOVA

M 10,000 m
H 10000 m
- SEUNG-HOON LEE OR 12:58.55
- IVAN SKOBREV
- BOB DE JONG

W 5,000 m
F 5000 m
- MARTINA SABLIKOVA
- STEPHANIE BECKERT
- CLARA HUGHES

M Team Pursuit
H Poursuite par équipe
- CANADA
MATHIEU GIROUX
LUCAS MAKOWSKY
DENNY MORRISON
- UNITED STATES | ÉTATS-UNIS
BRIAN HANSEN
CHAD HEDRICK
JONATHAN KUCK
TREVOR MARSICANO
- NETHERLANDS | PAYS-BAS OR 3:39.95
JAN BLOKHUIJSEN
SVEN KRAMER
SIMON KUIPERS
MARK TUITERT

W Team Pursuit
F Poursuite par équipe
- GERMANY | ALLEMAGNE
DANIELA ANSCHUTZ THOMS
STEPHANIE BECKERT
ANNA FRIESINGER-POSTMA
KATRIN MATTSCHERODT
- JAPAN | JAPON
MASAKO HOZUMI
NAO KODAIRA
MAKI TABATA
- POLAND | POLOGNE
KATARZYNA BACHLEDA-CURUS
KATARZYNA WOZNIAK
LUIZA ZLOTKOWSKA

MEDALLISTS BY PARALYMPIC SPORT
MÉDAILLÉS PAR SPORT PARALYMPIQUE

ALPINE SKIING
SKI ALPIN

M Downhill — Visually Impaired
H Descente — Personnes ayant une déficience visuelle
- JON SANTACANA MAIZTEGUI
- MARK BATHUM
- GERD GRADWOHL

W Downhill — Visually Impaired
F Descente — Personnes ayant une déficience visuelle
- VIVIANE FOREST
- HENRIETA FARKASOVA
- DANELLE UMSTEAD

M Downhill — Sitting
H Descente — Position assise
- CHRISTOPH KUNZ
- TAIKI MORII
- AKIRA KANO

W Downhill — Sitting
F Descente — Position assise
- ALANA NICHOLS
- LAURIE STEPHENS
- CLAUDIA LOESCH

M Downhill — Standing
H Descente — Position debout
- GERD SCHONFELDER
- MICHAEL BRUGGER*
- MARTY MAYBERRY*

W Downhill — Standing
F Descente — Position debout
- LAUREN WOOLSTENCROFT
- SOLENE JAMBAQUE
- ANDREA ROTHFUSS

M Super-G — Visually Impaired
H Super G — Personnes ayant une déficience visuelle
- NICOLAS BEREJNY
- JAKUB KRAKO
- MIROSLAV HARAUS

W Super-G — Visually Impaired
F Super G — Personnes ayant une déficience visuelle
- HENRIETA FARKASOVA
- VIVIANE FOREST
- ANNA KULIKOVA

M Super-G — Sitting
H Super G — Position assise
- AKIRA KANO
- MARTIN BRAXENTHALER
- TAIKI MORII

W Super-G — Sitting
F Super G — Position assise
- CLAUDIA LOESCH
- ALANA NICHOLS
- ANNA SCHAFFELHUBER

M Super-G — Standing
H Super G — Position debout
- GERD SCHONFELDER
- VINCENT GAUTHIER-MANUEL
- HUBERT MANDL

W Super-G — Standing
F Super G — Position debout
- LAUREN WOOLSTENCROFT
- MELANIA CORRADINI
- ANDREA ROTHFUSS

M Super Combined Slalom — Visually Impaired
H Super combiné slalom — Personnes ayant une déficience visuelle
- JAKUB KRAKO
- GIANMARIA DAL MAISTRO
- MIROSLAV HARAUS

W Super Combined Slalom — Visually Impaired
F Super combiné salom — Personnes ayant une déficience visuelle
- HENRIETA FARKASOVA
- VIVIANE FOREST
- DANELLE UMSTEAD

M Super Combined Slalom — Sitting
H Super combiné slalom — Position assise
- MARTIN BRAXENTHALER
- JURGEN EGLE
- PHILIPP BONADIMANN

W Super Combined Slalom — Sitting
F Super combiné slalom — Position assise
- STEPHANI VICTOR
- CLAUDIA LOESCH
- ALANA NICHOLS

M Super Combined Slalom — Standing
H Super combiné slalom — Position debout
- GERD SCHONFELDER
- VINCENT GAUTHIER-MANUEL
- CAMERON RAHLES-RAHBULA

W Super Combined Slalom — Standing
F Super combiné slalom — Position debout
- LAUREN WOOLSTENCROFT
- SOLENE JAMBAQUE
- KAROLINA WISNIEWSKA

M Giant Slalom — Visually Impaired
H Slalom géant — Personnes ayant une déficience visuelle
- JAKUB KRAKO
- JON SANTACANA MAIZTEGUI
- GIANMARIA DAL MAISTRO

W Giant Slalom — Visually Impaired
F Slalom Géant — Personnes ayant une déficience visuelle
- HENRIETA FARKASOVA
- SABINE GASTEIGER
- VIVIANE FOREST

M Giant Slalom — Sitting
H Slalom géant — Position assise
- MARTIN BRAXENTHALER
- CHRISTOPH KUNZ
- TAKESHI SUZUKI

W Giant Slalom — Sitting
F Slalom géant — Position assise
- ALANA NICHOLS
- STEPHANI VICTOR
- KUNIKO OBINATA

M Giant Slalom — Standing
H Slalom géant — Position debout
- GERD SCHONFELDER
- ROBERT MEUSBURGER
- VINCENT GAUTHIER-MANUEL

W Giant Slalom — Standing
F Slalom géant — Position debout
- LAUREN WOOLSTENCROFT
- ANDREA ROTHFUSS
- PETRA SMARZOVA

M Slalom — Visually Impaired
H Slalom — Personnes ayant une déficience visuelle
- JAKUB KRAKO
- JON SANTACANA MAIZTEGUI
- GIANMARIA DAL MAISTRO

W Slalom — Visually Impaired
F Slalom — Personnes ayant une déficience visuelle
- SABINE GASTEIGER
- VIVIANE FOREST
- JESSICA GALLAGHER

M Slalom — Sitting
H Slalom — Position assise
- MARTIN BRAXENTHALER
- JOSH DUECK
- PHILIPP BONADIMANN

W Slalom — Sitting
F Slalom — Position assise
- CLAUDIA LOESCH
- STEPHANI VICTOR
- KUNIKO OBINATA

M Slalom — Standing
H Slalom — Position debout
- ADAM HALL
- GERD SCHONFELDER
- CAMERON RAHLES-RAHBULA

W Slalom — Standing
F Slalom — Position debout
- LAUREN WOOLSTENCROFT
- ANDREA ROTHFUSS
- KAROLINA WISNIEWSKA

BIATHLON

M 3 km Pursuit — Visually Impaired
H 3 km Poursuite — Personnes ayant une déficience visuelle
- VITALIY LUKYANENKO
- NIKOLAY POLUKHIN
- VASILI SHAPTSIABOI

W 3 km Pursuit — Visually Impaired
F 3 km Poursuite — Personnes ayant une déficience visuelle
- VERENA BENTELE
- LIUBOV VASILYEVA
- MIKHALINA LYSOVA

M 2.4km Pursuit — Sitting
H 2,4 km Poursuite — Position assise
- IREK ZARIPOV
- IURII KOSTIUK
- ANDY SOULE

W 2.4km Pursuit — Sitting
F 2,4 km Poursuite — Position assise
- OLENA IURKOVSKA
- MARIA IOVLEVA
- LYUDMYLA PAVLENKO

M 3 km Pursuit — Standing
H 3 km Poursuite — Position debout
- KIRILL MIKHAYLOV
- NILS-ERIK ULSET
- GRYGORII VOVCHYNSKYI

W 3 km Pursuit — Standing
F 3 km Poursuite — Position debout
- ANNA BURMISTROVA
- MAIJA LOYTYNOJA
- ALENA GORBUNOVA

M 12.5 km — Visually Impaired
H 12,5 km — Personnes ayant une déficience visuelle
- WILHELM BREM
- NIKOLAY POLUKHIN
- VITALIY LUKYANENKO

W 12.5 km — Visually Impaired
F 12,5 km — Personnes ayant une déficience visuelle
- VERENA BENTELE
- LIUBOV VASILYEVA
- MIKHALINA LYSOVA

M 12.5 km — Sitting
H 12,5 km — Position assise
- IREK ZARIPOV
- VLADIMIR KISELEV
- ROMAN PETUSHKOV

W 10 km — Sitting
F 10 km — Position assise
- MARIA IOVLEVA
- OLENA IURKOVSKA
- ANDREA ESKAU

M 12.5 km — Standing
H 12,5 km — Position debout
- NILS-ERIK ULSET
- GRYGORII VOVCHYNSKYI
- JOSEF GIESEN

W 12.5 km — Standing
F 12,5 km — Position debout
- OLEKSANDRA KONONOVA
- ANNA BURMISTROVA
- IULIIA BATENKOVA

CROSS-COUNTRY SKIING
SKI DE FOND

M 15 km — Sitting
H 15 km — Position assise
- IREK ZARIPOV
- ROMAN PETUSHKOV
- ENZO MASIELLO

W 10 km — Sitting
F 10 km — Position assise
- LIUDMILA VAUCHOK
- COLETTE BOURGONJE
- OLENA IURKOVSKA

M 20 km, Free — Visually Impaired
H 20 km, libre — Personnes ayant une déficience visuelle
- BRIAN McKEEVER
- NIKOLAY POLUKHIN
- VASILI SHAPTSIABOI

W 15 km, Free — Visually Impaired
F 15 km, libre — Personnes ayant une déficience visuelle
- VERENA BENTELE
- LIUBOV VASILYEVA
- YADVIHA SKORABAHATAYA

M 20 km, Free — Standing
H 20 km, libre — Position debout
- KIRILL MIKHAYLOV
- NILS-ERIK ULSET
- VLADIMIR KONONOV

W 15 km, Free — Standing
F 15 km — Position debout
- ANNA BURMISTROVA
- IULIIA BATENKOVA
- KATARZYNA ROGOWIEC

M 10 km, Classic — Visually Impaired
H 10 km, classique — Personnes ayant une déficience visuelle
- BRIAN McKEEVER
- HELGE FLO
- NIKOLAY POLUKHIN

W 5 km, Classic — Visually Impaired
F 5 km, classique — Personnes ayant une déficience visuelle
- VERENA BENTELE
- MIKHALINA LYSOVA
- TATIANA ILYUCHENKO

M 10 km, Classic — Sitting
H 10 km, classique — Position assise
- IREK ZARIPOV
- ENZO MASIELLO
- DZMITRY LOBAN

W 5 km, Classic — Sitting
F 5 km, classique — Position assise
- LIUDMILA VAUCHOK
- ANDREA ESKAU
- COLETTE BOURGONJE

M 10 km, Classic — Standing
H 10 km, classique — Position debout
- YOSHIHIRO NITTA
- KIRILL MIKHAYLOV
- GRYGORII VOVCHYNSKYI

W 5 km, Classic — Standing
F 5 km, classique — Position debout
- OLEKSANDRA KONONOVA
- IULIIA BATENKOVA
- LARYSA VARONA

M 1 km Sprint, Classic — Visually Impaired
H 1 km sprint, classique — Personnes ayant une déficience visuelle
- BRIAN McKEEVER
- NIKOLAY POLUKHIN
- ZEBASTIAN MODIN

W 1 km Sprint, Classic — Visually Impaired
F 1 km sprint, classique — Personnes ayant une déficience visuelle
- VERENA BENTELE
- MIKHALINA LYSOVA
- LIUBOV VASILYEVA

M 1 km Sprint, Classic — Standing
H 1 km sprint, classique — Position debout
- YOSHIHIRO NITTA
- KIRILL MIKHAYLOV
- ILKKA TUOMISTO

W 1 km Sprint, Classic — Standing
F 1 km sprint, classique — Position debout
- OLEKSANDRA KONONOVA
- SHOKO OTA
- ANNA BURMISTROVA

M 1 km Sprint — Sitting
H 1 km sprint — Position assise
- SERGEY SHILOV
- IREK ZARIPOV
- VLADIMIR KISELEV

W 1 km Sprint — Sitting
F 1 km sprint — Position assise
- FRANCESCA PORCELLATO
- OLENA IURKOVSKA
- LIUDMILA VAUCHOK

M Relay 1 x 4 km + 2 x 5 km
H Relais 1 x 4 km + 2 x 5 km
- RUSSIAN FEDERATION 1 | FÉDÉRATION DE RUSSIE 1
KIRILL MIKHAYLOV
NIKOLAY POLUKHIN
SERGEY SHILOV
- UKRAINE 1
IURII KOSTIUK
VITALIY LUKYANENKO
GRYGORII VOVCHYNSKYI
- NORWAY 1 | NORVÈGE 1
VEGARD DAHLE
TRYGVE TOSKEDAL LARSEN
NILS-ERIK ULSET

W Relay 3 x 2.5 km
F Relais 3 x 2,5 km
- RUSSIAN FEDERATION 1 | FÉDÉRATION DE RUSSIE
MARIA IOVLEVA
MIKHALINA LYSOVA
LIUBOV VASILYEVA
- UKRAINE 1
IULIIA BATENKOVA
OLENA IURKOVSKA
OLEKSANDRA KONONOVA
- BELARUS 1 | BÉLARUS 1
YADVIHA SKORABAHATAYA
LIUDMILA VAUCHOK
LARYSA VARONA

ICE SLEDGE HOCKEY
HOCKEY SUR LUGE

M *H*
- UNITED STATES | ÉTATS-UNIS
MIKE BLABAC
STEVE CASH
TAYLOR CHACE
JIMMY CONNELLY
BRAD EMMERSON
JOE HOWARD
TIM JONES
NIKKO LANDEROS
TAYLOR LIPSETT
ADAM PAGE
JOSH PAULS
ALEXI SALAMONE
GREG SHAW
BUBBA TORRES
ANDY YOHE
- JAPAN | JAPON
MIKIO ANNAKA
TAKAYUKI ENDO
SHINOBU FUKUSHIMA
NAOHIKO ISHIDA
NORITAKA ITO
MAKOTO MAJIMA
TOMOHIKO MARUO
EIJI MISAWA
MITSURU NAGASE
TOSHIYUKI NAKAMURA
SATORU SUDO
KAZUHIRO TAKAHASHI
DAISUKE UEHARA
ATSUYA YAGUCHI
MAMORU YOSHIKAWA
- NORWAY | NORVÈGE
OLE BJARTE AUSTEVOLL
AUDUN BAKKE
HELGE BJORNSTAD
KISSINGER DENG
ESKIL HAGEN
THOMAS JACOBSEN
LOYD REMI JOHANSEN
ROGER JOHANSEN
KNUT ANDRE NORDSTOGA
ROLF EINAR PEDERSEN
TOMMY ROVELSTAD
KJELL VIDAR ROYNE
STIG TORE SVEE
MORTEN VAERNES

WHEELCHAIR CURLING
CURLING EN FAUTEUIL ROULANT

MW *HF*
- CANADA
JIM ARMSTRONG
INA FORREST
SONJA GAUDET
DARRYL NEIGHBOUR
BRUNO YIZEK
- KOREA | CORÉE
YANGHYUN CHO
MISUK KANG
HAKSUNG KIM
MYUNGJIN KIM
KILWOO PARK
- SWEDEN | SUÈDE
PATRIK BURMAN
JALLE JUNGNELL
PATRIK KALLIN
ANETTE WILHELM

* Tied in silver medal Égalité pour la médaille d'argent

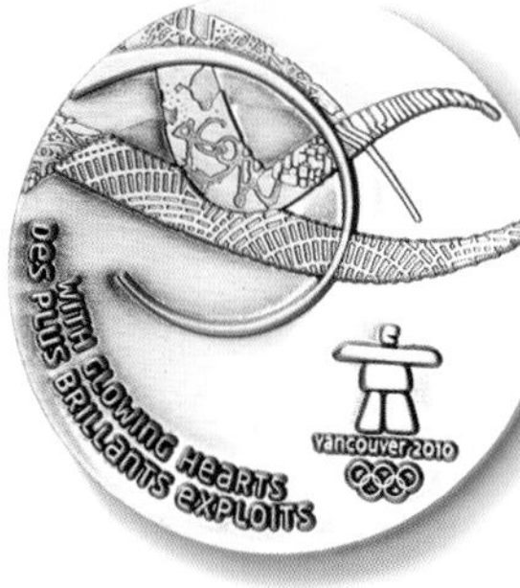

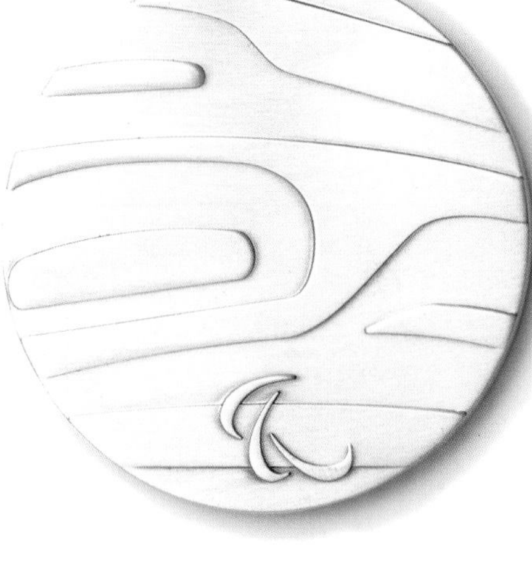

The Vancouver 2010 Olympic Winter Games participation medallion (right) and Paralympic Winter Games athlete participation medallion (above).

Le médaillon de participation (à droite) des Jeux olympiques d'hiver de 2010 à Vancouver et le médaillon de participation (ci-dessus) des Jeux paralympiques d'hiver de 2010 à Vancouver.

WORKFORCE MAIN-D'ŒUVRE Karen Aagaard · John Aalberg · Rachel Aaron · Bill Aarts · Cynthia Abah · Ernan Abanilla · Nataly Abanto · Zenaida Abanto · Charlene Abaquin · Billy Abbassi · Kathleen Abbey · Nicole Abbey · Emily Abbott · Gail Abbott · Gary Abbott · Howard Abbott · Jonathan Abbott · Marlene Abbott-Peter · Mohamed Abdi · Yasmin Abdirasool Kassam · Nizar Abdulla · Riza Abdulmennanov · Ayako Abe · Janet Abe ·
Matthew Abe · Yuki Abe · Lance Abel · Wade Abel · Marc Abend · Julius Abengoza · Susan Abercrombie · Tammy Abercromby · Rebecca Abernethy · Amithra Abeykone · Stella Ablett · Margret Ablitt · Marvin Ablog · Alexander Abramov · Terry Abrams · Harry Abramson · Leonida (Nida) Abulail · Darius Abulencia · Zina Aburegeba · Jamila Abu-Sharife · Alana Accardo · Ronald Accili · Maddalena Acconci ·
Catherine Ace-Hamm · Charles Achampong · Andrew Acherman · Dale Acheson · John Acheson · Olga Achiardi · Rowchan Achraf · Christine Achtem · Carol Achtemichuk · Lisa Achter · Brady Achtymichuk · Douglas Achtymichuk · James Acker · Gordon Ackerman · Melvyn Ackerman · Anne-Katrin Ackermann · Johann Ackermann · Craig Ackland · Sonia Acorn · Jonathon Acthim · Patricia Acthim · Peter Acton · Christopher Adachi ·
Reiko Adachi · Robyn Adair · Shelley Adair · Brian Adam · Ian Adam · Lora Adam · Patricia Adam · Kluane Adamek · Rubinah Adamjee · Alan Adams · Anne Adams · Barry Adams · Beverley Adams · Cathryn Adams · Christina Adams · Christine Adams · Connor Adams · Douglas Adams · Dylan Adams · Edwin Adams · Elysia Adams · Helika Adams · Kyla Adams · Lori Adams · Marc Adams · Myrna Adams · Penelope Adams ·
Sherri Adams · Timothy Adams · Vincent Adams · Frank Adamski · Adele Adamson · Dawn Adamson · Jessica Adamson · Valerie Adamson · David Adanac · Stephanie Adanac · Seema Adatia · Chona Adato · Christopher Addario · Gordon Addison · Kathleen Addison · Michael Addy · Ethan Adeland · Holly Adems · Janice Adie · Chuks Adimibe U · Wendy Adjoury · Catherine Adkin · Laura Adkin · Simon Adkins · Ryan Adlam ·
Shirley Adlam · Frank Adler · Shiela Adler · Maria Adlersberg · Dekker Adriaan · Maria Adversalo · Adam Advocaat · Reginald Advocaat · Ewan Affleck · Segun Afolabi · Asana Afshar Ghotly · Ekaterina Agafanova · Neculai Agapescu · Diana Agar · Kim Agar · Louis Agassiz · Karen Agbayani · Gillian Ager · Jane Agg · Maurice Agha · Arta Aghajanzadeh Ahrabi · Aydin Aghajanzadeh Ahrabi · Jordan Agnew · Diego Agosti ·
Alex Agranovich · Nisha Agrawal · Aberra Agueguehu · Kathleen Aguilar · Edna Aguinaga · Deborah Aguirre · Youngrok Ah · Jameel Ahamed · Fathima Ahamed Fahim · Zarif Ahasan · Rajinder Ahira · Balinder Ahluwalia · Rashpal Ahluwalia · Maryam Ahmad · Mohamed Ahmed · Qudsia Ahmed · Sami Ahmed · Sanjana Ahmed · Joonsoo Ahn · Elsie Ahrend · Irfan Ahsan · Nitin Ahuja · Yvan Ah-Yu · Andrew Aichholz · Alice Elizabeth Aicken ·
John Aiello · Nada Aiello · Areeba Aijaz · Patrick Aikens · MarlEne Aikins · Shelley Ail · Genia Ainsworth · Andrew Aird · Douglas Airey · Neil Aisenstat · J'Anna Aitchison · David Aitken · John Aitken · Laura Aitken · Maryanne Aitken · Wendy Aitken · Steven Aitkin · Yuji Aizawa · Marie Akam · William Akam · Christian Akamp · Amin Akbari Sedigh · Alevtina Akbulatova · Mary Akeroyd · Ilhan Akgul · Sabriye Akgul ·
Mohammad Akhlaghi · Jason Akkak · Robert Akkerman · Sungur Aktug · Mohamed Al Kindi · Cristina Alabado · Amir Alagheband · Phillip Alain · Simon Alaire · David-Alexandre Alarie · Franz Patrick Albana · Richelle Albany · Joseph Albert · Bengt Albinsson · Janis Albrecht · Phyllis Alcantara · Rhea Alcantara · Dale Alcock · Kerry Alcock · Nicanor Alcorroque · Shelley Aldana · Danielle Aldcorn · Robert Aldcorn ·
Stefanie Aldenrath · Patricia Alder · Christopher Alderman · James Alderman · Stuart Aldred · Moira Aldridge · Qayed Alefi · Adam Konstanty Aleksander · Maksim Aleksandrov · Nebojsa Aleksic · Alan Aleksich · John Aleksich · Daniel Aleman · Devon Alesi · Deborah Alessa · Al Alexander · Arlene Alexander · Elizabeth Alexander · Janet Alexander · Kathryn Alexander · Malcolm Alexander · Raymond Alexander ·
Richard Alexander · Scott Alexander · Sheree Alexander · Steacy Alexander · Tara Alexander · Alexandros Alexiadis · Gregory Alexis · Kimberly Alexis · Roula Alexopoulos · Maria Alfaro · Marc Alfaro Maso · Augusta Alfier · Darla Alford · Cori Alfreds · Lisa Alguire · Shari Alguire · Abdurahman Ali · Amal Ali · Falisha Ali · Halima Ali · Joyhab Ali · Shams Ali · Shareen Ali · Tahzi Ali · Yasmin Alibhai · Deborah Aliff · Brenda Alindogan ·
Minoo Alipour · Bryan Alix · Amineh Alizadehasl · Karen Allaby · Julie Alladice · Kevin Alladin · Eva Allaire · Ian Allan · John Allan · Kristin Allan · Nancy Allan · Owen Allan · Patrick Allan · Peter Allan · Ryan Allan · Wade Allan · Peter Allard · Mark Allas · Darryn Allegretto · Amy Allen · Angela Fisher Allen · Barbara Allen · Carl Allen · Chelsey Allen · Doug Allen · Elizabeth Allen · Emmily Allen · Eric Allen · Heather Allen ·
Jason Allen · Krista Allen · Luke Allen · Neil Allen · Norman Allen · Robert Allen · Rosemary Allen · Sandra Allen · Scott Allen · Siobhan Allen · Stephanie Allen · Steven Allen · Terence Allen · Bronwen Allen-Symmons · Michelle Allerton · Douglas Alley · Jane Alley · Terrance Alleyn · Jason Alleyne · Karim Allibhai · Dolores Allin · Michael Allina · Leah Allinger · Keith Allingham · Marion Allingham · Linda Allinott · James Allison ·
Karen Allison · Peter Allison · Toban Allison · Todd Allison · Marilyn Allston · Edwin Alm · Margaret Almas · Earl Almeida · Jeanine Almeida · David Almond · Antonio Alonso · Richard Alpe · Huda Alshikh Deeb · Reid Alsop · Debora Alston · Greg Alston · Elise Altham · Ronald Alto · James Altomare · Wendy Altomare · Abigail Alty · Yenny Alvarado · Kimberley Alves · Roberto Alves · Sheila Alwell · Naif Alyamani · Richard Amann ·
Marie Chris Amante · Iqra Amanullah · Tonia Amaral · Vienna Amato · Jean Ambeault · Benjamin Ambrose · Cody Ambrose · Gregory Ambrose · Carla Ambrosini · Ashley Ambrosio · Anne Ambroziewicz · Maya Ambroziewicz · Megan Amedeo · Kwadzo Amenyogbe · Jason Amer · Samia Amer · Janet Ames · Lisa Ames · Zachary Ames · Abdel Munem Amin · Naeem Amin · Tarek Amin · Asar Aminpour · Monir Amjadi ·
Alym-Amyn Amlani · Ashraf Amlani · Katrina Ammer · Carl Amon · Crystal Amos · Mary Amos · Robert Amos · Diana Amundson · Anne Amyotte · Lorraine Amyotte · Roy Amyotte · Changmae An · Jaehyun An · Niyi An · Oleg Anakovskiy · Nozomi Anazawa · Ray Ancheta · Colin Ancrum · John Ancrum · Wendy Ancrum · Hilary Anderle · Aaron Andersen · Denis Andersen · Erik Andersen · Felicitas Heidi Andersen · Mark Andersen ·
Nicole Andersen · Anthony Anderson · Ashley Anderson · Beatrice Anderson · Brian Anderson · Caitlin Anderson · Casey Anderson · Charles Anderson · Charlotte Anderson · Cole Anderson · Dallas Anderson · Dallas Anderson · Danielle Anderson · Darcee Anderson · David Anderson · David Anderson · Deborah Anderson · Deborah Anderson · Diane Anderson · Ellen Anderson · Grant Anderson · Gregory Anderson ·
Helen Anderson · Henry Anderson · James Anderson · James Anderson · Jane Anderson · Jane Anderson · Jason Anderson · Jennifer Anderson · Jennifer Anderson · Jillian Anderson · John Anderson · John Anderson · John Anderson · Juanita Anderson · Judith Anderson · Kenneth Anderson · Kenneth Anderson · Kimberly Anderson · Larry Anderson · Maureen Anderson · Megan Anderson · Murray Anderson · Nancy Anderson ·
Patricia Anderson · Patrick Anderson · Phyllis Anderson · Rebecca Anderson · Robert Anderson · Robert Anderson · Robert Anderson · RobIn Anderson · Robin Anderson · Rolande Anderson · Rose Marie Anderson · Samantha Anderson · Scott Anderson · Sharon Anderson · Sheila Anderson · Stacey Anderson · Susan Anderson · Teresa Anderson · Maria Andersson · Sara Andersson · Tom Andersson · Viktoria Andersson ·
Grayson Andjelic · Emiko Ando · Glorina Andrada · Egon Andre · Teira Andreeff · Betty Andres · Peter Andres · Andreas Andresen · William Andreucetti · Andrew Andrew · Ellen Andrew · Erik Andrew · Gregory Andrew · Carole Andrews · Edward Andrews · Gayle Andrews · Gerald Andrews · Gordon Andrews · James Andrews · James Andrews · Kathy Andrews · Katie Andrews · Laura Andrews · Patricia Andrews ·
Sasha Andrews · Steven Andrews · William Andrews · Jason Andrich · Cori Andrichuk · Nadine Andrie · Panagiota Potoula Andrikopoulos · Michelle Androsoff · Melissa Andruff · Ian Andrukow · Roberta Andrus · Maryna Andrushko · Sergiy Andrushko · Susan Andrykew · Jacques Anema · Jennifer Anema · Karen Aney · Eddie Han San Ang · Freddie Ang · Lisa Ang · Marie Ang · Georgia Angelakis Liakakes · Eduardo Angeles ·
Lindsey Angell · Michael Angell · Sharon Angell · Lindsay Angelo · Maxine Angoo · Elizabeth Angst · Bruce Angus · Daniel Angus · Michael Angus · Monica Angus · James Anhorn · Ante Anicic · Annie Aningmiuq · Holly Annand · Susan Annand · Tracy Annand-Robichaud · Barbara Annas · Anita Anoya · James Anson · Lian Anson · Paul James Answerth · Diana Antalek · Philippe Antes · Guillaume Anthoine · Mark Anthony ·
Robert Anthony · Russell Anthony · Kimberly Antifaeff · Eric Antoine · Olin Anton · Nikolaos Antonakis · Daniel Antoni · Michael Antonio · Miguel Antonio · Kenneth Antoniuk · Wendy Antoniuk · Ekaterina Antonova · Galina Antonova · Carl Antonson · Marja Antturi · Outi Antturi · Pia Antturi · Dwight Anunciado · David Ao · Xue Ao · Leanne Ao-Yeong · Alissa Apa · Ella May Apedaile · Leonard Apedaile · Matthew Apedaile ·
Elsie Apel · Kirsten Apel · Solomon Apfelbaum · Cristina Apolonia · Donald Appelle · Johannes Appelman · Mark Appelman · Michael Apperley · David Appleton · Kimberly Appleton · Laura Appleton · Maryl Appleton · David Apps · Gordon Apps · Nicole April · Verna Aquash · Rowena Aquino · Aemelia Aragon · Maria Aragon · Rafael Aragon · Gordon Arai · Siranush Arakelyan · Samuel Araki · Tamene Ararso · Sieglinde AraszewSki ·
Claudio Arato · Yasaman Arbabian · Leonardo Arbelaez · Alana Arblaster · Audra Arbuckle · Caleigh Arbuckle · Gisele Arcand · Joanne Arcardo · Pascal Archambault · Yves Archambault · Christopher Archer · Cindy Archer · Sydney Archer · Yvonne Archer · Jose Arches · Robert Archibald · Margaret Arcomano · Nicolas Ardanaz · Margaret Arding · Shelley Arding · Aileen Arduin · Dee Arduini · David Argento · Carol Argue ·
John Argue · Manuel Arguelles Guerra · Elizabeth Argus · Josephine Arias · Adelheid Arikan · Andreea Arion · Scott Arkwell · William Arlotta · Ilse Armanini · Robert Armitage · Susan Armitage · Christine Armour · Donald Armour · Adam Armstrong · Barry Armstrong · Brandon Armstrong · Carrie Armstrong · Chelsea Armstrong · Cynthia Armstrong · Donald Armstrong · Edward Armstrong · Gordon Armstrong ·
Jacqueline Armstrong · Jennifer Armstrong · Joel Armstrong · Kenneth Armstrong · Krista Armstrong · Larry Armstrong · Lauren Armstrong · Leanne Armstrong · Oliver Armstrong · Peter Armstrong · Sean Armstrong · Tania Armstrong · Trisha Armstrong · Veronica Armstrong · James Arnason · Adolf Arndt · Martin Arnesen · Christina Arneson · Lawrence Arneson · Paula Arno · Bradley G. C. Arnold · Christine Arnold ·
Daniel Arnold · Donald Arnold · Joshua Arnold · Kathleen Arnold · Michael Arnold · Niki Arnold · Ronny Arnold · William Arnold · Rafe Arnott · Janet Arnston · Kimberly Arntson · Paul Arntson · Jane Arny · Rati Arora · Denhsack Arounnothai · Eric Arrouze · Erin Arrowsmith · Craig Arsenault · Fernand Arseneau · Colin Arseneault · Tamra Arseneault · Omer Arshad · Carolyn Arthur · Gordon Arthur · Michelle Arthur · Skye Arthur-Banning ·
Liam Arthurs · Nanine Artup · Lynn Arychuk · Mihoko Asami · Marijka Asbeek-Brusse · Jill Asbell · Markus Aschauer · Anthony Ascough · Wendy Ash · John Ashbridge · Cora Ashburner · Cally Ashby · Chadrick Ashby · Malcolm Ashford · Heather Ashley · Carly Ashmore · Sandra Ashmore · Arnold Ashton · Deborah Ashton · Erin Ashton · Paul Ashton · Carol Ashwell · Jay Ashworth · Jordi Ashworth · Karen Ashworth · Talha Asif ·
Nick Asistio · Leeland Askew · Michelle Askew · John Askin · Nancy Askin · Hafsa Aslam · Daryl Aspacio · Susan Aspinwall · Sharon Asprey · Ian Assang · Celia Asselin · Claude Asselin · Mary Asselin · Peter Assigal · Peggy Assinck · Bruce Assman · Wayne Astill · Judy Astle · Patricia Astles · Tony Astles · Emma Astley · Catherine Astofooroff · Andria Astorino · Leonardo Astorino · Pompeyo Asuan · Sahar Atashband ·
Lindsey Ataya · Albert Ateng · Arda Ates · Anna-Marie Atherton · Murray Atherton · Milinda Athulathmudali · Kristoffer Atienza · Patricia Atkey · Daniel Atkin · Stephen Atkin · Charles Atkins · Georgette Atkins · Jeremy Atkins · Kaitlin Atkins · Linda Atkins · Lori Atkins · Margaret Atkins · Marilyn Atkins · Rosemary Atkins · Carl Atkinson · Craig Atkinson · Douglas Atkinson · Joan Atkinson · Kelsie Atkinson · Maureen Atkinson ·
Wilfred Atkinson · Barbara Atnikov · Deon Attard · Mark Attard · Carol Attenborrow · Paul Atterton · Jessica Attig-Wiebe · Sally Atton · James Attridge · Kerri Attwell · Rjinder (Ginger) Atwal · Elizabeth Atwill · Dana Atwood · Alan Au · Albert Ka Ming Au · Anna Au · Chun Kiu Au · Edison Au · Iris Au · Ka Au · Lenita Au · Terence Au · Teresa Au · Roceau Au Yeung · Simon Au Young · Katherine Aube · Deborah Aubin · Jean-Philippe Aubin ·
John Aucoin · Catherine Audet · Joseph Audet · Mary-Ethel Audley · Richard Auer · Thomas Auer · Linda Aug · Birute Augaitis · Adele August · Jesse August · Vincent Augustine · Balwinder Aujla · Teena Aujla · Satpaul Aujla · Catriona Auld · Tansino Aulia · Louis-Philippe Aumais · Denise Aura · Phillip Ausborn · Catherine Ausmus · Heather Aussem · Brenda Austin · Elizabeth Austin · Gail Austin · Nancy Austin · Patricia Austin ·
Thomas Austin · Sara Austin-Tammaro · Heather Austman · Leonard Austman · Jamille Austrial · Arne Austring · Alberto Autino · Brittany Auvinen · Christopher Au-Yeung · Arun Avasthi · Oxana Avdasseva · Boris Avdeyev · Norman Ave · Laura Aveledo · Jonathan AvendAno · Jessica Averiss · Margaret Avery · Noreen Avery · Ronald Avery · Kathy Avery-Wilson · Wendy Avis · Miriam Avitan · Antonios Avraam ·
Constance Awino · Patricia Awmack · Shaun Axani · Josephine Axelsen · Walter Ayala Ramiez · Gloria Ayat · Tanis Ayers · Afifa Ayeva · Arnold Aylen · Bennett Ayling · Carina Ayriss · Caroline Ayriss · Venkat Lakshmi Aysola · Ehtesham Azad · Saminder Azad · Mina Azarkeivan · Alexander Azhogin · Alia Azim Garcia · Rashid Aziz · Jon Azpiri · Ashkan Azrahimi Hamedani · David Azuelos · Marlon Azurdia · Gayle Azyan ·
Deanna Azzara · Angela Azzi · Angela Baardman · Khadijah Baasit · Sumiyyah Baasit · Demetrios Babalos · Roldan Babar · Adekunmi Babatunde · Richard Babcock · Vicki Babcock · Chantal Babensee · Ellen Babers · Jessica Babic · Louise Babin · George Babinger · Devin Babiuk · Kerry Babiuk · Orrie Babiuk · Douglas Bacala · Benjamin Bach · Brett Bachelu · Markus Anton Bachler · Gerald Bachmayer · Peter Bachmayer ·
Alannah Bachynski · Christopher Back · Gordon Back · Pauline Back · Emilie Backer · Katherine Backman · Carmen Backs · Richard Backus · Jakub Baclawski · Alison Bacon · Douglas Bacon · Robert Bacon · Sanja Bacon · Claude Bacque Dion · Colin Badali · Rebecca Baden · Malikah Bader · Sharon Bader · Amandeep Amy Badesha · Baldeep Badhan · Sumeet Badhan · Ushna Badiani · Lauren Badyk · Eung Chang Bae ·
Hyun Sun Bae · Young Bae · Marissa Baerg · Daniela Baernthaler-Campbell · Gordon Bagan · Francine Bagdanov · Kenneth Bagshaw · Julie Bagshaw · Maria Baharustani · Dennis Baher · Gurdip Bahia · Arvin Bahrabadi · Bahram Bahrami · Xiaoyu Bai · Denise Baier · Patrick Baier · Scott Baier · Jie le Baik · Sang-Oh Baik · Neil Bailes · Andrea Bailey · Bradly Bailey · Constance Bailey · Dorenda Bailey · Genevieve Bailey · James Bailey ·
Jennifer Bailey · Joe Bailey · Lea Bailey · Marnie Bailey · Michael Bailey · Michael Bailey · Michelle Bailey · Neil Bailey · Robyn Bailey · Sandra Bailey · Scott Bailey · Shannon Bailey · Lorna Bailie · Harriet Baillie · Amelia Bain · Andre Bain · Christine Bain · Penny Bain · Roberta Bain · Sandra Bain · Suzanne Bain · Brendan Baines · Heather Baines · Premica Baines · Ajay Bains · Darin Bains · Gurjinderpal Bains ·
Harmandip Bains · Herbans Bains · Jasmine Bains · Kaleb Bains · Lisa Bains · Manjit Bains · Manmohan Bains · Pal Bains · Parminder Bains · Paula Bains · Ricky Bains · Rishpal Bains · Edward Bairstow · Joe Bajan · Valeria Bajan · Alena Bajkov · Amandeep Bajwa · Harneet Bajwa · Manveer Bajwa · Sukhpreet Bajwa · Susie Bakajic · Shirley Bakaway · Amy Baker · Charles Baker · Christine Baker · Christopher Baker ·
Constance Baker · Devon Baker · Dianne Baker · Erin Baker · Eugene Baker · Evan Baker · Glen Baker · Karla Baker · Kenneth Baker · Kenneth Baker · Margaret Baker · Maria Baker · Matthew Baker · Neil Baker · Patrick Baker · Paul Baker · Robert Baker · Scott Baker · Stephen Baker · Suzanne Baker · Tara Baker · Valerie Baker · Brian Bakewell · Kia Bakhtiyar Sanjabi · Mohamed Bakir · Beverley Bakka · Christine Bakke ·
Bruce Bakker · Jane Bakker · Laurens Bakker · Matthew Bakker · Teresa Bakony · Merissa Bakos · Silvia Bakovic · Tuhin Bakshi · Lukas Bakule · Andrey Bakushev · Carol Balakshin · Thomas Balakshin · Sara Balanuik · Collin Balba · James Balcom · Nancy Balcom · Marjorie Balderson · Maria Baldesancho · Rolando Baldessarini · Isaiah Baldissera · Mark Baldock · Alan Baldwin · Cheryl Baldwin · Jordan Baldwin · Marlene Baldwin ·
Vernon Baldwin · Brock Balfour · John Balfour · Nicholas Balfour · Patricia Balfour · Ruth Balfour · Andrei Balint · Lyndon Balisky · Philippe Balit · Alan Ball · Alfred Ball · Jean Ball · Jolyne Ball · Michelle Ball · Robin Ball · Sarah Ball · Sharon Ball · Valerie Ball · Tara-Mae Balla · Sadie Ballance · Dagmar Ballard · Tamara Ballard · Nazmie Balle · Teresa Ballentine · Brian Ballingall · Tracey Balogh · Pesi Balsara · Zubin Balsara ·
Marie Baluk · Irina Balykina · George Balzer · Mathew Bambilla · Diane Bambury · Carol Bamford · Liudmila Banchuk · Sarath Bandara · Susan Bando · Dirk Bandringa · Maria Bandringa · Evelin Banfi · Donna Banfield · John Banfield · Richard Banfield · Murthy Bangalore Srinivas · Jasminder Bangar · Edith Bangayan · Fritz Bango · Martin Bangratz · Bernice Banguis · Maria Banhaw · Ariko Banks · Darrell Banks · David Banks ·
Donald Banks · Brendan Bannan · Craig Bannerman · Leisa Bannerman · Gregory Bannister · Janita Bannister · Jaimi Bannon · Melissa Banovich · Natalie Banville · Gurpreet Banwait · Kevin Baptie · Roy Baptiste · Zoltan Barabas · Charles Baragar · Gerald Baragar · Sujan Baral · Lorena Baran · Peter Baran · Camilo Baratto · Maylan Barazzuol · Peter Barazzuol · Cristina Barbata · Brenda Lee Barber · Kristin Barber ·
Kristy Nicole Barber · Margo Barber · Marina Barber · Diego Barbosa Bonilla · Christian Barbour · Ellen Barbour · Helen Barbour · William Barbour · Amanda Barchuk · Janice Barclay · Jillian Barclay · Krista Barclay · Margaret Barclay · Neil Barclay · Robert Barclay · Robert Barclay · Stephen Barclay · Jessica Bardosh · Alan Bardsley · Fardin Barekat · Mary Lee Barham · Rodolf Baria · Joseph Barich · Francois Baril ·
Carmen Barisan · Robert Barisan · Marc Bariteau · Viktor Barkar · Ben Barker · Bruce Barker · Carol Barker · Daniel Barker · Dennis Barker · Dianne Barker · Joanne Barker · John Barker · Matthew Barker · Michael Barker · Patricia Barker · Petronella Barker · Richard Barker · Sheryl Barker · Teresa Barker · Vanessa Barker · Brittany Barkow · Richard Barlee · Amanda Barlow · Heidi Barlow-Lee · Cyrille Barnabe · Heather Barnabe ·
Wesley Barnaby · Troy Barnard · Andrew Barnes · Anthony Barnes · Brenda Barnes · Cameron Barnes · Dawn Barnes · Donna Barnes · Henry Barnes · John Barnes · Joseph Barnes · Paul Barnes · Shannon Barnes · Sharole Barnes · Daniel Barnetson · Amy Barnett · Jessica Barnett · Joseph Barnett · Kenneth Barnhouse · Joanne Barnum · Brent Baron · Deneen Baron · Alexa Barone · Christin Barone · Jessica Barone ·
Cynthia Baroud · Carla Barr · Cathryn Barr · Christine Barr · Darryl Barr · Jenna Barr · Kaitlin Barr · Kimberly Barr · Lynda Barr · Patricia Barradas · Kim Barrager · Pauline Barratt · Victoria Barratt · Anne Barreaud · Sebastian Barret-Boisbertrand · Doug Barrett · Kathleen Barrett · Milton Barrett · Ronan Barrett · Céline Barrette · Amy Barrington · Ashley Barrington · Timothy Barrington · Victor Barrios-Mata · Alvin Barron ·
Catherine Barron · Patti-Lou (Lou) Barron · Amanda Barros · Natasha Barrow · Chera Barrowman · Crystal Barry · Declan Barry · Gilbert Barsky · Brittany Barsness · Irene Barsukevich · Raymond Bartas · Manfred Bartel · Gregory Bartels · Jack Barter · John Barter · Hanspeter Barth · Michelle Bartleman Loscher · Nathalie Bartleson · Amanda Bartlett · Andrea Bartlett · Ellen Bartlett · Jenifer Bartlett · Lisa Bartlett ·
Rowan Bartlett · John Bartnik · Kristen Bartok · Bernard Barton · Colin Barton · Eva Barton · John Barton · Joseph Barton · Kelvin Barton · Patti BaRton · Ted Barton · Ashley Barton-Bridges · Brad Bartz · Brittany Barwick · Reid Barwick · John Barwise · Susan Barzo · Ines Basa · Karen Basara · Chelsea Basarab · Beverley Basaraba · Karin Basaraba · Maria Basaraba · Bimbo Basco · John Bascom · Wasila Baset · Debra Basham ·
Amandeep Basi · Ayesha Basi · Rovin Basi · Selena Basi · John Basigin · Emelita Basilan · Paul Basile · Maureen Basnicki · Charanjit Basran · Gurpreet Basran · Nance Bass · Craig Bassett · Michael Bassett · Daniel Bassetto · Diljot Bassi · Harman Bassi · Peter Bassin · William Bassin · Bertus Bast · Miguel Bastarrachea · Isabelle Bastien · Shirley Bastien · Gonzalo Bastillo · Janice Batac · Durian Batara · Mario Batara ·
Lana Batcheller · Luella Bate · Breanne Bates · Carole Bates · Jeannie Bates · Marshall Bates · Rick Bates · Susan Bates · William Bates · Margo Bates Froese · Ajit Bath · Monica Bath · Stephen Bath · Charlotte Bathurst · Brenda Batke-Hirschmann · Luke Batley · Christian Batscheider · David Batson · Jill Batson · Amandeep Batth · Damanjot Batth · Kerstin Battie · Daniel Battista · David Battistella · Mariah Battiston ·
David Battle · Jeffrey Battle · Nomin-Erdene Batzorig · Lawrence Bau · Patricia Bau · Stanislav Baudash · Kristin Bauder · Louis Baudoin · Dominik Bauer · Glenna Bauer · Melvin Bauer · Harpreet Baughan · Keith Baulk · Marlene Baulk · David Bauman · Shannon Bauman · Kenneth Baumann · Robert Baumann · Marlene Baumbusch · Terrea Baumfalk · Michelle Bavington · Paul Bavington · Craig Bavis · Meera Bawa ·
Betty-Ann Baxter · Bitte Baxter · Derek Baxter · Gregory Baxter · Jeremy Baxter · Lori Baxter · Nicholas Baxter · Roger Baxter · Gregory Bay · Jennifer Bay · Lise Bayard · Bayasgalan Bayarsaikhan · Baxter Bayer · Anya Bayley · Gemma Bayley · Philip Bayley · John Baylis · Karen Baylis · Sean Baylis · Carol Bayliss · Glenn Bayliss · James Bayliss · Sandra Bayliss · Teri Bayliss · Andrea Bayly · Jordan Bayly-Jones · Dylan Bayne ·
Randall Bayne · Alice Bazdikian · Svetlana Bazhanova · Sandra Bazley · Suzanne Bazso · Catherine Beach · Kimberly Beach · Bette Beacom · Richard Beadon · Bonita Beaman · James Beamish · Jack Bean · Kevin Bean · Patricia Beard · Wayne Beard · Vivienne Bearder · Ann Beardsell · Carol Beardsley · Christopher Beardsmore · Angela Bearman · Tabitha Beasley · Cindy Beatch · Etheleen Beaton · James Beaton ·
Ronald Beaton · Brad Beattie · Debbora Beattie · Gillian Beattie · Grant Robert Beattie · John Beattie · Kyle Beattie · Cynthia Beatty · Danna Beatty · Gary Beatty · Harold Beatty · Nicholas Beatty · Robert Beatty · Samara Beatty · Amanda Beaty · Erin Beaubien · Louis Beaubien · William Beaubien · Arianne Beauchamp · Aude Beauchamp · Christine Beauchamp · Richard Beauchamp · Richard Beauchamp · Marc Beauchemin ·
Claudette Beauchesne · Diane Beaudet · Paul Beaudet · Sebastien Beaudet · Eve-Léa Beaudoin · Shawn Beaudoin · Debra Beaudreau · Christian Beaudrie · Carol Beaudry · Charissa Beaudry · Marie-Claude Beaudry · Ronald Beaudry · Toni Beaulac · Francois Beaulé · Annie Beaulieu · Emmanuelle Beaulieu · Jean-Guy Beaulieu · Sabrina Beaulieu · Vincent Beaulieu-Demers · Kathleen Beaumont · Paul Beaumont ·
Rodney Beaumont · Claude Beaupre · Evan Beaupre · Yvonne Beaupre · Mark Beaupré · Bastien Beaurage · Esther Beauregard · Jerry Beauregard · Audrey Beausejour · Gisele Beavers · Dawn Beavon · Grant Bebee · Anna Bebekha · Norma Bebluk · Judith Beca · Mahamat Bechier · Doreen Bechtle · Anthony Beck · Barbara Beck · Irene Beck · Jaime Beck · Matthew Beck · Roberta Beck · Benjamin Becker · Jennifer Becker ·
Kelly Becker · Krista Becker · Myrna Becker · Natasha Becker · Leonard Beckerman-Rodau · Jeremy Beckett · Jordan Beckett · Loretta Beckett · Holly Beckinsale · Kelly Beckman · April Beckmann · Dirk Beckmann · Katharina Beckmann · Beau Beckner · Mark Becott · Jeneane Becu · Eva Beda · Josee Bedard · Mark Bedenbender · Judith Bedford · Laurel Bedford · Peggy Bedford · Russel Bedford · John Bedingfield ·
Michael Bednar · Ricci Bedry · Bruce Bedwell · Linda Bedwell · Sheila Bedwell · Gavin Bee · Charles Beebe · Reginald Beebe · Christina Beehler · Robert Beer · Angela Beers · Emily Beers · Mark Beese · Aaron Beeson · Elizabeth Beeson · Paul Beeson · Thomas Befurt · Rosanna Begaso-Vernon · Ann Begert · Stephen Begert · Donna Begg · Martina Begg · Jessica Begin · Tanzin Begum · Jessica Behmoiras · Parisa Behnamfar ·
Lawrence Behnsen · Nancy Behnsen · Jacqueline Behr · Stephen Behrisch · Delainee Behrns · Kym Behrns · Farnaz Behzadmehr · Kelvin Bei · Robert Beiersdorfer · Bruce Beil · Donna Beilhartz · John Beimers · Christopher Beith · Jennifer Beith · Jesus Bejarano Zavala · Jody Beke · Paul Bekken · Janis Bekkering · Olga Bekmemeteva · Anthony Beks · Laila Belabbas · Rene Beland · Valancia Béland · Gabrielle Béland Mainguy ·
Jason Belanger · Jennifer Belanger · Peter Belanger · Valerie Belanger · Jean-François Bélanger · Vasudeo Belani · Leslie Beleski · Justin Belford · Franklin Belfry · Grant Belfry · Mamoun Belghiti · Clifford Belgica · Paul Belhumeur · Wendy Belisle · Eric Belkin · Blaine Bell · Bruce Bell · Carol Bell · Colin Bell · Colleen Bell · David Bell · David Bell · Debra Bell · Gavin Bell · Gina Bell · Ian Bell · JacqUeline Bell · Jasmin Bell ·
John Bell · John Bell · John Bell · Jonathan Bell · Julianne Bell · Karen Bell · Kristine Bell · Lizette Bell · Martin Bell · Oliver Bell · Richard Bell · Roberta Bell · Sarah Bell · Stephanie Bell · William Bell · Daniel Bella · Helen Bellamy · Jocelyne Bellavance · Nathalie Bellavance-Desrosiers · Gareth Bellchambers · John Bellefeuille · Annie Bellemare · Marie-Pier Bellemare · Irma Belleza · Shari Bellin · Lisa Belliveau · Maureen Belliveau ·
Rita Bellon · Liubov Belochkina · Iona Belous · David Beltran · Rafael Beltran · Michael Belus · Marie Belway · Carrie Belyea · Ross Belyea · Romy Belzile-Maguire · Wayne Bembridge · Ahmed Ben Halim · Frederick Benallick · John Benbow · Kayla Benbow · Kerrie Benbow · Darren Bencharski · Douglas Bencze · Thomas Bend · Aaron Benda · Darcy Bender · Graham Bender · Marion Bender · John Bender Jr. ·
Frederique Bendjelloul · Sascha Bendt · Heather Benedet · Anthony Benel · Richard Benevento · Eileen Bengert · Rebecca Bengtsson · Tor Bengtsson · Leslie Benisz · Eduardo Benitez · Julia Beniusis · Terry Benjamin · Mohammed Benlefquih · Arlan Benn · Thomas Benn · Ruth Benna · Jordan Bennee · Brian Bennett · Chad Bennett · Christina Bennett · Christopher Bennett · Diana Bennett · Garth Bennett · Jean-Marc Bennett ·
Jeffrey Bennett · Jodi Bennett · Judith Bennett · Katie Bennett · Kevin Bennett · Lorraine Bennett · Mary Bennett · Michael Bennett · Michael Bennett · Rodney Bennett · Ryan Bennett · Sarah Bennett · Susan Bennett · Warren Bennett · William Bennett · Ryan Bennetts · Diane Benoit · Erika Benson · Jake Benson · Ryan Benson · Scott Benson · Theodore Benson · Vanessa Benson · Karen Benstead · Jennifer Bent Richard ·
Marisha Ben-Tchavtchavadze · Stella Benteau · Andrew Bentley · Kristy Bentley · Tammy Bentley · John Bento · Dianne Bentz · James Benum · Christine Benz · Kathleen Benz · Randy Benz · Parmjeet Berar · Nicole Berard · Carl Berardo · Bryant Bercasio · Tamara Bercht · Kevin Berdusco · Ilona Beres · Bradley Bereziak · Marianne Bereziak · Solene Bereziat · Anastasia Berezina · Elizabeth Berezowsky · Frederick Berg ·
Kenneth Berg · Dawn Bergen · Peter Bergen · Benjamin Berger · Jean-Pierre Berger · Alain Bergeron · Dave Bergeron · Émilie Bergeron · Linda Bergeron · Marie-Soleil Bergeron · Marissa Bergeron · Sophie Bergeron · Christopher Bergestad · Susan Bergin · Catherine Berglund · Rochelle Bergman · Krista Bergmann · Nathalie Bergon · Irina Bergqkvist · Clayton Bergquist · Sandra Bergum · Johanna Bergunder · John Beriault ·
Dusan Berka · Teresa Berka · Anna Berke · Eric Berkefeld · Leslie Berkey · Duncan Berkshire · Francisco Berlanga · Jeffrey Berlette · Aaron Berman · Gary Berman · Karen Berman · Jessica Bermingham · Lois Bermudez · Sandra Bernaerts · Roela Bernal · Valerie Bernal · Delphine Bernard · Lorie Bernard · Luc Bernard · Paolo Bernardi · Angelica Bernardo · Sacha Bernasconi · Janet Bernat · Luigi Bernava · Caitlin Berndt ·

Kelly Berndt · Krista Berndt · Miranda Berney · Anne Bernhardt · Julia Bernhardt · Robert Bernhardt · Susan Bernhardt · Sigrid Bernhoerster · Andrew Bernier · Claude Bernier · Guylaine Bernier · Michel Bernier · Shawna Bernier-Jude · Lindsay Bernrot · Benjamin Bernstein · Frank Bernstein · David Berreth · Sophia Berrey · Gregory Berridge · Julia Berridge · John Berringer · Rowena Berringer · Marie-Sophie Berruex · Connor Berry · Dawnell Berry · Jacqueline Berry · Jennifer Berry · Linda Berry · Maureen Berry · Micheline Berry · Myriam Berry · Ruth Berry · Simon Berry · Susanne Berry · Tara Berry · William Berry · Ayla Berson · Guy Bernard Berthiaume · Michel Berthoud · Carlos Bertin · Deborah Berto · Stephen Bertoia · Thomas Bertram · Amelie Bertrand · Jean-Philippe Bertrand · John Bertrand · Ronald Bertrand · Carole Bertuzzi Luciani · Bruno Berube · Johanne Berube · Michelle Berube · Dorothy Berwick · Hugh Berwick · Jillian Berwick · Mihai Beschea · Vitalii Besporstov · Marni Besser · Natalia Bessette · Lee-Anne Bessie · Martin Bessmann · Andre Besson · Cari Best · Kathleen Best · Wayne Bester · Marlin Beswetherick · Paul Beswetherick · Monet Beswick · Gina Bethell · Anne Bethune · Gavin Betker · Sharon Betker · Stefan Betkowski · Alison Betts · Nathan Betts · Jana Beuthner · Callum Beveridge · Hayley Beveridge · Alexander Bevin · Kate Bevin · Andrew Bevis · Richard Bevis · Gillian Bexton · Marian Bexton · Scott Bexton · Stewart Bexton · Michael Beza · Ivan Bezhyn · Andrea Beznaczuk-Smyrnew · John Bezzasso · Kam Bhachu · Paramjeet(Pam) Bhachu · Bharatkumar Bhaga · Roneesha Bhagat · Ujjwala Seetha Bhagavatula · Kalpesh Bhakta · Jennifer Bhambra · Jasmine Bhandar · Amrit Bhangoo · Jason Bhangoo · Jamil Bhanji · Kersasp Bharucha · Manish Bhatara · Parshila Bhatia · Louise Bhavsar · Marilyn Bhebhe · Alnoor Bhimji · Jatinder Bhoonpaul · Nalini Bhui · Ravinder Bhui · Mohammad Bhuiyan · Amandeep Bhullar · Amritpal Bhullar · Tom Biagi · Karina Biagioni · Diana Bianchin · Brian Bianco · Anthony Biasioli · Gianmarco Biasone · Drew Bibby · Sandra Bicego · Shira Bick · Thomas Bickerdike · Penny Bickerton · Sean Bickerton · Cynthia Bicknell · Lan Biddlecombe · Margaret Biddlecombe · Karlen Bidwell · Joseph Bie · Paul Bieman · Barbara Bierhaus · Sam Bigelow · Barton Bigford · Anna Biggin · Moira Biggin-Pound · Alexander Biggs · Jeffrey Biggs · Kevin Biggs · Susan Biggs · Branden Bigras · Hubert Karl Bihler · Ali Bikhan · Monica Bilan · Caroline Bilich · Faustin Bilikano · Jagdev Bilkhu · Laurel Bill · Ian Biller · Rory Biller · Jagdeep Billing · Mandeep Billing · Lindsay Billingsley · Michael Bilodeau · Nicole Bilodeau · Linda Bily · Lara Bindi De Oliveira · Helene Binet · Harjinder Bining · Porter Binks · Guy Binner · Shelley Binning · Jennifer Binnington · Matthew Binnington · Stephanie Binnington · Cathy Binstead · Luke Bintner · Susan Birak · Tuncay Birben · Jordan Birch · Patrick Birch · Amanda Bird · Christine Bird · Cora Bird · Daniel David Bird · Delores Bird · Denise Bird · Gillian Bird · Jane Bird · John Bird · Lian Ee Bird · Mary Bird · Matthew Bird · Michael Bird · Robert Bird · William Bird · Nicholas Birger · Noorita Biring · Vikram Biring · Nimrat Birk · Thomas Birk · Jane Birkeland · Carl Birmingham · Caroline Louise Birnie · Michal Biros · Ronald Birtch · Brenda Birtig · Steven Birtwistle · Dzaray Bisanz · Diane Bisaro · Jason Bischke · René Bischof · Neil Bischoff · Majid Bisheh · Brent Bishop · Chris Bishop · Greta Bishop · Jill Bishop · Keri Bishop · Michael Bishop · Steven Bishop · Valerie Bishop · Palwinder Bisla · Lindsay Bisschop · Irene Bissell · Jason Bissell · Mike Bissell · William Bisset · Andre Bisson · Christian Bisson · Geneviève Bisson · Stephane Bisson · Collin Bissondatt · Dennis Bittel · Jennifer Bitz · Maureen Bjorklund · Aron Bjornson · Ann Helen Bjornstad · Jessica Blaak · John Peter Blaber · Kenneth Blace · Alice Black · Brian Black · Catherine Black · Danielle Black · David Black · David Black · Donald Black · Elizabeth Black · Evi Black · Joyce Black · Kerry Black · Lloyd Black · Marilyn Black · Phelycia Black · Rachel Black · Stephen Black · Teresa Black · Nicole Blackall · Alanna Blackburn · Constance Blackburn · Eva Blackham · Kyla Blackie · Robert Blackie · Anna Blackledge · Anthony Blackman · Ewart Blackmore · Mark Blackmore · William Blacknik · Jesse Blackstaffe · Donna Blackstock · Denise Blackwell · Kelly Blacquiere · Darcy Blades · Roman Blaha · Silvia Blahovcova · James Blain · Amanda Blair · Claudia Blair · Jillian Blair · Lindsay Blair · Marnie Blair · Shirley Blair · Susan Blair · Trisha Blair · Guillaume Blais · Stephanie Blais · Angela Blake · Kathleen Blake · Martin Blake · Robert Blake · Kim Blakely · James Blakemore · Jason Blakeney · Christopher Blakey · Susan Blakney · Jose Blancarte · Sheree Blanch · Anne Blanchard · Jacques Blanchard · Nicole Blanchard · Alexandre Blanchet · Christine Blanchette · Joel Blanchette · Karen Blanchette · Mark Blanco · Sepand Blank · Stephan Blank · Suzanne Blankenstein · Stewart Blaser · Michael Blasiak · David Blatz · Howard Blaustein · Joanne Blaxland · John Blaylock · Karen BlaylocK · Leonard Blayney · Benjamin Bleackley · John Bleakney · Kelsey Bleakney · Gaby Bleckmann · Ulla Bleckmann · Cecil Bleiker · Tanis Blench · Katharine Blessin · Hansrudolf Bleuler · Yvonne Bleuler · Caroline Blewett · Emma Blewett · Desmond Bliek · Stephanie Blight · Arnold Blinn · David Bliss · Patricia Bliss · Sharon Bliss · Heinz Blisse · Peter Blitz · Brittany Blize · Sarah Blizzard · Mary Blochlinger · Cynthia Block · Janet Block · Jarrett Block · Kendall Block · Robert Block · Jennifer Blodgett · Cathryn Blom · Patricia Blomberg · Treena Blomquist · Sophie Blondel · Heidi Bloomfield · Jennifer Bloomfield · Rita Blosmanis · Darryl Blott · Linda Bloudoff · Marianne Bloudoff · Thomas Blouin · Arlene Blount · Nicole Bloxom · Gordon Blue · James Blue · Scott Blue · Donalda Blunden · Andrea Blunt · Kay Blunt-Clayden · Mona Blusson · Alexander Blyth · Brett Boadway · Richard Boak · Judy Board · Christina Boase · Philip Boase · Melanie Bob · Tamara Bob · Kirsten Bobbie · Marcel Boberg · Laura Bock Blumes · Murray Bockhold · Anthony Bocquentin · Terry Bodaly · Thomas Bodammer · Paul Boden · Brandon Bodie · Mary Angela (Jill) Bodkin · Richard Bodlaender · Brandon Bodnar · Calvin Bodnar · Michael Bodnarchuk · Raymond Bodnaruk · Lincoln Bodner · Steven Bodovinitz · Crystal Boehm · Jeffrey Boehm · Michelle Boender · Lambert Boenders · Anthony Boerkamp · Eleanor Boersma · Derek Boessenkool · David Boettcher · Hazel Boettcher · Janet Boeur · Brian Bogdanovich · Christina Bogdanow · Alexander Boggie · Doreen Bogie · Timothy Bogle · Marjolaine Boilard · Stephanie Boileau · Louise Boily · Roland Boily · Simon Boisclair · Randy Boissonnault · Céline Boisvenue · Barrett Boitson · Sharon Boitson · Stellan Boivie · Amie Bolvin · Michael Boivin · Sophie Boizard · Mélissa Boizot-Roche · Christy-Lee Bojarski · Christie Bokor · Donna Boky · Christine Boland · Daniel Boland · Dianne Boland · Anthony Bolante · Jeyme Bolck · Diane Bolduc · Francine Bolduc · Johanne Bolduc · Nathalie Bolduc · Tinwai Bolen · David Boles De Boer · Julie-Mary Boles De Boer · Katherine Boles De Boer · Mariana Bolivar · Kalyn Bolland · Arnoud Bolle · Martina Bollin · Susan Bolseng · Derek Bolt · Beverley Bolton · Byron Bolton · Emily Bolton · Kathleen Bolton · Mary Bolton · Nicholas Bolton · Sara Bolton · Wayne Bolzan · Michele Bolzonello · William Bombardier · Angelo Bonamin · Olinda Bonamis · Louise Bonar · Michael Bon-Bernard · Brett Bond · Eric Bond · Ian Bond · Janet Bond · John Bond · Kristy Bond · Lauren Bond · Robert Bond · William Bond · Amanda Bondar · Vic Bondoc · Mark Bondyra · Alexandra Bone · John Bonell · Cynthia Bonenfant-Lingat · Joanna Bones · Matthew Bongiorno · Angelo Boni · Graziella Boni · Catherine Boniface · Lise Bonneau · Anne Bonner · Ashley Bonnett · Richard Bonnett · Lindsay Bonnetta · Simone Bonneville · Melissa Bonnier · Sonia Bonnor · Deborah Bonny · Russell ChArles Bonny · Kyle Bonnyman · Glenn Bonsall · Caroline Bonshor · Janet Boodoo · Dana Boogerd · Justine Bookbinder · Jay Booker · Timothy Booker · Kyle Boon · Tess Boon · Christian Boone · Kristy-Leigh Boone · Lucas Boone · Warut Boonyaleephun · Steven Boorne · Christopher Booth · Michael Booth · Stephen Booth · Trevor Booth · Regard Booy · Lorna Boquist · Darwin Borason · Miguel Borason · Milynne Borason · Christopher Borchert · Laurie Borden · Nikol Borelli · Gordon Borg · Ilse Borgen · Diogo Borges · James Borges · Alexander Borgstrom · Nikolay Borisov · James Bornholdt · Shelley Bornholdt · Charles Borodistky · Peter Borowski · Mauricio Borquez · John Borrell · Clifford Borromeo · Cassie Borsky · Robert Borsoff · Cindy Borsoi · Debbie Bortoletto · Miriam Borys · Shelby Borys · Mark Borzecki · Maria Bose · Crystalene Boser · Alfred Bosinger · Peter Bosinger · Christina Boskovich · Joseph Boskovich · Charran Bosma · Jonathan Bosnick · Terrence Boss · David Bosse · Isabelle Bossuyt · Jacqueline Bostock · Brian Boswell · Sarah Boteler · Sylvia Botelho · Keary Bott · Lindsey Bott · Matthew Bottineau · Matteo Bottini · Hans-Georg Bottler · Susan Bottrill · Maria Boublil · Alexe Bouchard · Lili-Anne Bouchard · Nancy Bouchard · Teresa Bouchard · Yves Bouchard · Hugo Bouchard-Beaulieu · Francois Boucher · Guillaume Boucher · Jacqueline Boucher · Jennifer Boucher · Marjorie Boucher · Michel Boucher · Nancy Boucher · Bernard Bouchey · Riad Boudjok · Alain Boudreau · Reginald Boudreau · Marie-France Boudreault · Martin-Dion Bouffard · Myriam Bouffard · Kevin Boughner · William Boughner · Hicham Boukili · Hugues Boulanger · Stéphane Boulanger · David Boulay · Bruce Boulding · Marilou Boulerice · Victor Boulos · D'Arcy Boulton · Diana Boulton · Jillian Boulton · Kelcie Bourassa · Stephen Bourdeau · Carole Bourdon · Francois Bourdon · Kathryn Bourdon · Fanny Bourel · Michel Bourgault · Stephane Bourgeault · Robert Bourgeois · Adrienne Bouris · Margaret Bouris · Michael Bouris · Susan Bourjeaurd · Benjamin Bourne · Gary Bourne · Bobby Bourque · Marc Bourque · Rebecca Bourque · Robert Bourque · Hugo-Olivier Bourque Cleary · Yousra Boussahoul · Steven Bout · Sophie Boutet · Rudy Boutet-Auclair · Sally Boutilier · Shane Boutilier · Frédéric Boutin · Yolanda Bouwman · James Bovard · Sean Bovelsky · Alison Bowcock · Corine Bowden · Garrett Bowden · Mary Bowden · Tammy Bowen · Marsha Bower · Christine Bowers · James Bowers · Judith Bowers · Roberta Bowers · John Bowes · Leanne Bowes · Emma Bowie · Keith Bowler · Christina Bowles · Kristen Bowles · William Bowles · Gareth Bowley · Holly Bowling · Catherine Bowman · Janet Bowman · Lyle Bowman · Pamela Bowman · Ronald Bowman · Christopher Bowness · Jesse Bowness · Frederick Box · Paul Boxall · Judith Boxler · Robert Boyar · Christiane Boyce · Donald Boyce · David Boychuk · Kathi Boychuk · Anthony Boyd · Asha Boyd · Billie Boyd · Catherine Boyd · Colin Boyd · Danielle Boyd · Evelyn Boyd · Hazel Boyd · John Boyd · Moira Boyd · Richard Boyd · Ryan Boyd · Stephanie Boyd · Thomas Boyd · Tim Boyd · Trevis Boyd · Wilson Boyd · Nate Boyda · Pamela Boyde · Amy Boyer · Brad Boyer · Dory Boyer · Elizabeth Boyer · John Boyer · Mathew Boyer · Susan Boyer · Christopher Boyes · Tyler Boyes · Tannis Boyko · Debora Ann Boylan · Alexander Boyle · Andrea Boyle · Brian Boyle · Damian Boyle · Kyle Boyle · Nancy Boyle · Paul Boyle · Sean Boyle · Melissa Bozh · Sonia Bozzi · Andre Braacx · Dennis Braam · Beverly Braaten · Torgeir Braaten · Nicola Brabyn · Robert Braccia · Patricia Bracey · Nina Brachmann · Jane Bracken · Peter Brackett · Alex Bradbeer · Gary Bradbury · Lesley Bradbury · Malcolm Bradbury · Wanda Bradbury · Sonja Braddock · Catherine Bradford · Emily Bradford · Marilyn Bradford · Cheri Bradish · Casey Bradley · Catherine Bradley · Gary Bradley · Graham Bradley · James Bradley · Jennifer Bradley · Reuben Bradley · Tammy Bradley · Wayne Bradley · Wilfred Bradley · Christopher Bradshaw · Franklin Bradshaw · Jeannine Bradshaw · Mark Bradshaw · Barbara Brady · Catherine Brady · Gayle Brady · Jessica Brady · Lawrence Braes · Amandip Brah · Parmdeep Brah · Amanjit Braich · Jagdeep Braich · Manpreet Braich · Keith Braid · Elizabeth Braidwood · Sharon Brailsford · Carol Brain · Douglas Brain · Zabrina Braithwaite-Kelso · Lenore Brajcich · Debra Bramley · Trish Bramley · Alexander Brand · Erik Brand · Patrick Brand · Alena Branda · Colin Brander · Gunnel Brandkvist · Jan Brandkvist · Dannielle Brandon · Freda Gail Brandrick · Susan Brandridge · Carol Brandt · David Brandt · Jason Brandt · Sylvia Brandt · Jennifer Brannan · Shelby Brannlund · Paulo Branquinho · Leonard Branscombe · Alan Bransdon · Grinder Brar · Gurinderpaljit Brar · Jaspal Brar · Karendeep Brar · Mandeep Brar · Mandeep Brar · Permeet Brar · Seema Brar · Sukhbir Brar · Adam Brash · Jade Brass · Lance Brass · Heather Brasset · Heidi Brassington · Rod Brathwaite · Meredith Bratland · Anna Bratslavskaya · Marilyn Bratzer · Herbert Brauch · Karin Brauch · Harvey Brauer · Susan Brauer · Niklas Bräuer · Alexandre Brault · Clara Braun · Helen Braun · Wilfried Braun · Gregory Bray · Lynn Braz · Robert Brazeau · George Brazier · Penny Breadon · Andrew Brearley · Nicole Breau · Kevin Brechin · Alexandra Charlson Bredehoft · Sietse Breedijk · Riley Breen · Zoe Breen · Breikhna Breikhna · Uwe Breitig · Kiyo Breiting · Jim Breivik · Benedikt Bremer · Elaine Bremer · Joanne Bremer · Cameron Bremner · Kathleen Bremner · Beverly Brendon · Clodagh Brennan · Connor Brennan · David Brennan · Ellen Brennan · Philip Brennan · Thomas Brennan · Laura-Lee Brenneman · Amy Brenner · Christopher Brereton · Patrick Bresnahan · Corinna Brest Van Kempen · Elise Breton · Karen Brett · Cassidy Brettler · Donald Bretzlaff · Anne Brevig · Leslie Brewer · Michael Brewer · James Brewington · Benjamin Brewster · Janet Brewster · Joanna Brewster · Lonnie Brezina · Alison Bricco · Tracey Brice-Nicolson · Tammy Bricker · David Brickner · Renee Brickner · Valerie Brickner · Michael Bridal · Peter Bridge · Stephen Bridge · Nadia Bridgelal · Catherina Bridgens · William Bridger · Hoyt Bridges Jr. · Melanie Bridle · Lauren Briel · Helen Brien · Jean-Sebastien Briere · Randy Briere · Katie Brierley · Anna Brietzke · Christopher Briggs · Donna Briggs · Robert Briggs · Taylor Briggs · Sharon Brindley · Bruce Brink · James Brinnen · Donald Brinton · Daniel Brisbin · Ann Barbara Brisebois · Barry Brisebois · Dyan Brisebois · Melanie Brisebois · Robert Brisebois · David Bristow · Kristopher Britch · Mark Britch · Marla Britton · Spencer Britz · Mark Brkic · Vicky Brkich · Clive Broadbent · Erik Brochmann · Clay Brock · Jennifer Brock · Deborah Henrietta Brockenshire · David Brocklebank · Charlotte Brocklesby · Lynda Broddle · Kathleen Broderick · Kevin Broderick · Chris Brodeur · Michelle Brodeur · Veronique Brodeur · Yves Brodeur · Andrea Brodie · Kenneth Brodie · Jonathan Brodkin · Judy Brodoway · Frank Broeders · Hayley Broker · Brenda Bromley · David Bromley · Patricia Bromley · Thomas Broneski · Stephane Bronsard · Murray Cameron Brook · Brian Brooke · Jennifer Brooke · Judith Brooke-Green · Cheryl Brookes · Vera Brookes · Janice Brooking · Allison Brooks · Andrea Brooks · Charlene Brooks · David Brooks · Geoffrey Brooks · James Brooks · Jody Brooks · Linda Brooks · Lynn Brooks · Marilyn Brooks · Paul Brooks · Stephanie Brooks · Ursula Brooks · Alexandra Brooks-Hill · Frederick Brooks-Hill · Priscilla Brooks-Hill · Robert Brooks-Macintosh · Romain Broseus · Matthew Brosseau · Paul Brosseau · Racheal Brosseau · Patricia Brosseau-Liard · Melanie Brothers · Anne Brothwell · Robert Brough · David Brougham · Lisa Brougham · Henry Broughton · Sandra Broughton · Simon Broughton · Athanasios Broumas · Duane Brousmiche · Marie-Claude Brousseau · Jane Brouwer · Morton Broverman · Adam Brown · Adam Brown · Alison Brown · Alistair Brown · Andrew Brown · Anthony Brown · Barbara Brown · Brenda Lea Brown · Brian Brown · Brittney Brown · Casey Brown · Catherine Brown · Cayley Brown · Charles Brown · Christopher Brown · Claire Brown · Colleen Brown · Dana Brown · Darren Brown · David Brown · Deborah Brown · Denis Brown · Denise Brown · Donald Brown · Donald Brown · Elaine Brown · Elizabeth Brown · Elizabeth Brown · Elizabeth Brown · Emilia Brown · Emma Brown · Emma Brown · Erika Brown · Erin Brown · Felicity Brown · Frank Brown · Gail Brown · Gail Brown · Gavin Brown · Gerald Brown · Geraldine Brown · Gillian Brown · Grahame Brown · Helen Brown · Ian Brown · James Brown · Jay Brown · Jennifer Brown · Joan Brown · Judith Brown · Karen Brown · Kelly Brown · Kenneth Brown · Kenneth Brown · Kerry Brown · Lachlan Brown · Linda Brown · Marilyn Brown · Mark Brown · Martin Brown · Mary Brown · Mckuen Brown · Megan Brown · Michelle Brown · Nancy Brown · Paul Brown · Penny Brown · Raymond Brown · Rebecca Brown · Richard Brown · Robert Brown · Robyn Brown · Rosalee Brown · Roy Brown · Russell Brown · Ryan Brown · Sara Brown · Sarah Brown · Sheldon Brown · Shelley Brown · Sherry-Lyn Brown · Shirley Brown · Simon Brown · Susan Brown · Susan Brown · Susan Brown · Jacqueline Brown-Barone · Catherine Brown-Calverley · Gary Browne · Ian Browne · Mackenzie Browne · Melanie Browne · Robert Browne · Ruairi Browne · Simone Browne · Margaret Browne Smyth · Debra Browning · Heidi Browning · Alisa Brownlee · Christopher Brownlee · Jason Brownlee · Mindy Brownlee · Ryan Brownless · Colleen Brownlie · Jane Brownrigg · Marjorie Brown-Watts · Timothy Broxup · Danielle Brubacher · Dianne Brubaker · Daniel Bruccilieri · Brooke Bruce · Charlie Bruce · Douglas Bruce · Gordon Bruce · Grant Bruce · Katherine Bruce · Kathleen Bruce · Kyla Bruce · Lisa Bruce · Michelle Bruce · Morley Bruce · Tiffany Bruce · Julian Bruckner · Nancy Bruemmer · Cathal Brugha · Cathal Brughal · Jessica Bruhn · Wolfgang Bruhs · Lydia Bruington · Robert Bruington · Claude Brule · Marilyn Brulhart · Justin Brumelle · Christine Brummitt · Christopher Brumwell · Kristine Brundell · Kylie Brundell · Anne Bruneau · Kevin Bruneau · Marie-Claude Bruneau · Tracy Bruneau · Claude Brunelle · Sandra Brunham · William Brunke · Linda Brunn · Helen Brunner · Michael Brunschwiler · Bastiaan Brusche · Christopher Brush · Eric Brusse · Linda Brussee · Aaron Bryan · Karen Bryan · Kelly Bryan · Leslie Bryan · Mark Bryan · Tyler Bryan · Ann Bryant · Jennifer Bryant · Kirk Bryant · Edith Bryce · George BrycE · Scott Bryce · Regan Bryde · Lori Bryerton · Alexander Bryson · Krista Bryson · Dmitry Bryukhanov · Yanqing Bu · Rajan Bubbar · John Bubbs · Irma Bublitz · James Bucci · Jill Buchan · Charles Buchanan · Deborah Buchanan · Jennings Buchanan · Julie Buchanan · Leslie Buchanan · Molly Buchanan · Thomas Buchanan · Tanya Buchegger · Corinne Bucher · Stephanie Bucher · Peter Buchholz · Alfred Buchi · Reginald Buchignani · Sally Buchignani · Dorothy Buchner · Christina Bucholtz · Kimberly Bucholtz · Danya Buchowski-Monnin · David Buck · Judith Buck · Elizabeth Buckingham · Joel Buckle · Glen Buckler · Greta Buckler · Shirley Buckler · Heather Buckley · Larisa Buckley · Patricia Buckley · Tommy Buckley · Lorelei (Lori) Buckoll · Graeme Buckrell · Lorraine Buckrell · Danielle Budd · Floyd Budd · Gregory Budd · Kevin Budd · Koriena Budd · Ronald Budd · William Budd · Jacqueline Buddle · John Buddle · Jasmin Budge · Elizabeth Budgell · Andrius Budrikis · Maria Bueno · Jennifer Buensuceso · Greger Buer · Madeleine Buergler · Sara Buffel · Todd Buffett · Catherine Buffham · Salvatore Bugliarisi · Marcus Bugoy · Kenneth Buhler · Mason Buhler · Maxwell Buhler · Kay Buhlinger · Le Bui · Nguyen Bui · Byron Buie · Helen Buikema · Caroline Bujold · Tasha Bukovnik · Inna Bulanova · Kelly Bulat · Stephen Bulat · Margrit Buletti-Halter · Marianne Bulger · Ante Bulic · Bjanka Bulic · Petar Bulic · Denise-Lynn Bull · Jacqueline Bull · Steven Bull · Elise Bulla · Cameron Bulloch · Natalie Bullock · Nancy Bullus · Erica Bulman · Elaine Bulmer · Sheila Bulmer · Christian Bulota · Angelee Bulsara · Ariel Bultz · Bradley Bumstead · Lady Bunagan · Hubert Bunce · Augustina Bunch · Madalene Bundic · Daniela Bunescu · Danielle Buntain · David Buntan · Gregory Bunyan · Michelle Buonassisi · Alyshia Burak · Hans Joachim Burba · Geraldine Burbee · Herbert Burbee · James Burbee · Susan Burbidge · Andrew Burchartz · Patricia Burchynsky · Francis Burden · Keith Burdett · Debra Burdikin · Robert Burford · Susan Burford · Michael Burgart · Nicola Burgener · Diana Burgess · Kenneth Burgess · Maureen Burgess · Scott Burgess · Samantha Burgess-Allen · Sharon Burhoe · Sixto Burias · Marta Burka · Alan Burke · Ashley Burke · Brenda Burke · Chantelle Burke · Cillian Burke · John Burke · Oliver Burke · Terrence Burke · Richard Burkett · William Burkett · Melissa Burkholder · Carol Burkitt · Simon Burley · Ruthie Burlin · Jennifer Burling · Michelle Burlock · Robbie Burma · Sarah Burn · Gregory Burnell · Judy Burnell · Oliver Burnell · Angela Burnett · Robert Burnett · Kelly Burnham · Fern Burning · Aglaia Burns · Bradley Burns · Brian Burns · Bruce Burns · Curtis Burns · Ewan Burns · Frederick Bruce Burns · Lesley Burns · Mary Lee Burns · Sharilyn Burns · Sue Ann Burns · Wayne Burns · Heather Burpee · Rob Burpee · Lawrence Burr · Ruth Burr · Bill Burrell · Amber Burridge · Steven Burridge · Brian Burrill · Timothy Burris · Perry Burritt · Anna Burroughs · Gordon Burrows · Liam Burrows · Sandra Burrows · Michael Burry · Keenan Bursey · Courtney Burt · Matthew Burt · Zac Burt · Cynthia Burton · Jane Burton · Jessica Burton · Kelly Burton · Lyndsey Burton · Lynn Burton · Maria Burton · Shauna Burton · Susan Burton · Judith Burwash · Brian Bury · Carla Bury · Barbara Busalacchi · Nancy Busby · Marcel Busch · Kelsi Busche · Benjamin Buschke · Mark Busenius · Mary Busey · Geoffrey Bush · Kim Bush · Kirby Bush · Ryan Bush · Terrance Bush · Wade Bush · Christine Buss · Richard Busse · Jayna Bussiere · Jodi Bussiere · Julie Bussiere · David Buston · Guillermo Bustos · Tiberius Busu · Nosipho Buthelezi · Amanda Butler · Catharine Butler · Darilynn Butler · Debra Butler · Donna Butler · Eliza Butler · Lisa Butler · Michael Butler · William Butler · Madeleine Butschler · Bridgette Butt · Farida Butt · Nicola Butt · Sheila Butt · Andrew Buttar · Kevin Buttar · Sandra Butterfield · Nathalie Butters · Lisa Button · Heather Butts · Ruth Buzzard · Michael Buzzelle · Eileen Byart · Adam Byas · Borys Bychkov · Walter Bycio · Alicia Bye · Braden Bye · Katherine Bye · Andrew Byers · Darcy Byers · Edward Byers · Laura-Jean Byers · Lea Byers · Jeffrey Byington · Kelsey Bylenga · Chad Bylsma · Bria Byman · Leticia Byrch · Loryn Byres · Andrea Byrne · Ashton Byrne · Barbara Byrne · Dorothy Byrne · Gary Byrne · Michael Byrne · Barbara Byrom · Jasmine Byron · Vanessa Byron-Stanley · Ingmari Bysse · Debra Bywater · Susana Caballero · John Cabana · Justin Cabatuando · Michael Cabral · Elsa Myriam Cabrera · Michael Cabrita · Stephanie Cabrita · Lindsay Caballos · Ximena Cacho · Ana Marie Caday · Mark Caddick · Jackelyn Cade · Thula Cade GoldsMith · Fred Cadham · Jun Cadiente · Julie-Anne Cadieux · Brenda Cadman · David Cadman · Nigel Cadogan · Cecile Caer · Jose Caetano · Steven Cafferkey · Renato Cagampan · Melvin Cagandahan · Venus Cahill · Chi Chi Cai · Yu Cai · Jillian Cail · Anthony Cailes · John Cain · Margot Cain · Sarah Cain · Blaine Cairns · Joanne Cairns · Jody Cairns · Robyn Cairns · Luz Cajucom · James Cake · Sara Calabrese · Jodie Calabrigo · Vanessa Calayan · Dianne Calder · Ellisa Calder · John Calder · Ryan Calder · Tess Calder · Alejandro Calderon · Darrell Caldwell · Gordon Caldwell · Jan Caldwell · Kathy Caldwell · Susan Caley · Jill Calkin · Ellen Callaghan · James Callaghan · Liam Callaghan · Patricia Callaghan · Stephanie Callaghan · Elizabeth Callahan · Jeanette Callahan · Haleigh Callison · Terry Callon · Lars Callsen · Abigail Calverley · Eric Calverley · John Calvert · Matthew Calvert · Lung Cam · Jillian Cambidge · Lynda Cambly · Alastair Cameron · Barry Cameron · Beverley Cameron · Brenda Cameron · Brian Cameron · Cynthia Cameron · Dale Cameron · Jason Cameron · Jennifer Cameron · Jessie Lee Cameron · Matthew Cameron · Michael Cameron · Richard Cameron · Robert Cameron · Robert Cameron · Ronald Cameron · Samantha Cameron · Sandra Cameron · Sherri Cameron · Brianne Camilleri · Elaine Camirand · John Cammarata · Zachary Camozzi · John Camp · Clara Campagnolo · Cristina Campanelli · Alastair Campbell · Andrea Campbell · Barbara Campbell · Caroline Campbell · Catherine Campbell · Christopher Campbell · Dana Campbell · Daniel Campbell · David Campbell · David Campbell · Devon Campbell · Diane Campbell · Diane Campbell · Donna May Campbell · Douglas Campbell · Gerard Campbell · Glen Campbell · Glennie Campbell · Helena Campbell · Ian Campbell · Ian Campbell · James Campbell · Jean Campbell · Jeffery Campbell · Joanne Campbell · John Campbell · Jon Campbell · Kathleen Campbell · Kent Campbell · Kimberly Campbell · Laurie Campbell · Lee Campbell · Lisa Campbell · Lorna Campbell · Lynn Campbell · Marie Campbell · Melissa Campbell · Michael Campbell · Neil Campbell · Noreen Campbell · Patrick Campbell · Scott Campbell · Steven Campbell · Terrence Campbell · Tom Campbell · Trevor Campbell · Virginia Campbell · Wendi Campbell · William Campbell · Roger Johannes Campbell-Crawford · Susan Campbell-Fournel · Sasha Campbell-Mongeon · Raul Jefte Campos · Dino Camposilvan · Rachelle Camsusa · Joel Canero · Verena Canins · Marianne Cankovic · Benjamin Cann · David Cann · Nicole Cann · Ryan Cann · William Cann · Lynda Cannell · Shannon Canning · Debra Cannon · John Cannon · Karen Cannon · Melanie Cannon · Mitzi Cannon · Todd Cannon · Matteo Cantagallo · Anne Canter · Tatiana Cantillo · Francois Cantin · Claudia Cantoral · Elizabeth Cantwell · Lee Canty · Caryl Canzius · David Cao · Gerry Cao · Steve Cao · Zhi Cao · Maxime Caouette · Biagio Capobianco · Jennifer Capes · Mario Capistrano · Findlay Caplan · Johan Cappelen · Stephane Cappellini · Julien Capraro · Pietro Capuano · Marko-Aleksandar Car · Jean-Pierre Caravan · Shelby Caravetta · Corinne Carbery · Jay Carbon · Louise Card · Michelle Card · Simon Card · Sharon Card Iles · Jennifer Carda · Nathalie Cardinal · Mary Cardle · Margarida Cardoso · Nicholas Cardwell · Lois Carefoot · Kenneth Carew · Beverly Carey · Charlotte Carey · Michael Carey · Samuel Carey · Melissa Caria · Kristi Carignan · Arman Carino · Elmo Carino · Noel Carino · Ofelia Carino · Nancy Carino-Johnson · Beverly Carl · Mikael Carlberg · François Carle · Daniela Carleo · Wayne Carleton · Toshi Carleton Gaines · Janet Carley · Sharon Carley · Stephen Carley · Joan Carlile · Thomas Carlile · Shelley Carlin · Sarah Carlos · Allison Janice Carlson · Arvid Carlson · Berendina Carlson · Douglas Carlson · Megan Carlson · Patricia Carlson · Susan Carlson · Samanthi Carlsson · James Carlton · Robert Carlyle · Sabrina Carment · Alison Carmichael · Barbara Carmichael · Brent Carmichael · Charlotte Carmichael · Erin Carmichael · Ian Carmichael · Jessie Carmichael · Malcolm Carmichael · Debra Carnaby · Jennifer Carnaby · Andrew Carney · Christopher Carney · Owen Carney · Katharine Carol · Agostino Carollo · Lynda Caron · Melanie Caron · Raphael Caron · Ronald Carozza · Aden Carpenter · Kristin Carpenter · Peter Carpenter · Chris Carr · David Carr · David Carr · Dianna Carr · Geoffrey Carr · Gordon Carr · Marcia Carr · Claudette Carracedo · Michael Carragher · Nadia Carraro · Eleni Carras · Scott Carrell · Eduardo Carreon · Dawn Carrick · Roger Carrie · Marcelo Carriel-Moreno · David Carrier · Lise Carrière · Emma Carroll · Marianne Carroll · Marion Carroll · Nicola Carroll · Robert Carroll · Sylvia Carroll · Diane Carruthers · Pierce Carruthers · Shirley Carruthers · Emma Carscadden · Gary Carsen · Carson Carson · Elissa Carson · James Carson · Jessica Carson · Keith Carson · Kelly Carson · Megan Carson · Michael Carson · Susan Carson · Tracy Carson · Evan Carson-Huggins · Cornel Carstea · Daniel Carswell · Janet Carswell · Jessica Carswell · John Carswell · Kaiva Carten · Alexandra Carter · Angela Carter · Bradley Carter · Cedric Carter · Cheryl Carter · Colby Carter · Emily Carter · Naomi Carter · Rodney Carter · Sheelagh Carter · Jane Cartmel · John Cartmel · Alexandria Cartwright · Pauline Cartwright · Christa Caruk · Gordon Carver · Debra Carveth · Michelle Casado · Sara Casallas Ramirez · Jacqueline Casano · Julie Casanova · Roberto Casanova · Michelle Casavant · Gordie Case · Jennifer Case · Frederick Caselberry · David Caseley · Donald Casey · Kieran Casey · Phillip Casey · Terence Casey · Stephen Cash · Dawn Cashen · David Cashmore · Wesley Cashwell · Jose Luis Casio · Matilde Casirati · Flora Caskey · James Caspersen · Ashley Casperson · Jeanette Caspick · Deborah Cass · Simon Cass · Grace Cassar Torreggiani · Erin Casselman · Timothy Casselman · Richard Cassels · Pamela Casserly Reynolds · Joe Cassetta · Lori Cassetta · Brian Cassidy · Brighid Cassidy · Cynthia Cassidy · Elisabeth Cassidy · Kathleen Cassidy · Kevin Cassidy · Michael Cassidy · Jeanene Casson · Matthew Casson · Richard Casson · Linda Castagna · Jennifer Casteel · Elisa Castelli · Raymond Castelli · Frank Castien · Amelia Castillo · Cliff Castillo · Felipe Castillo · Guillermo Castillo · Katherine Castle · Sheila Castledine · Jennie Castleton · CamiLa Castro · Joanne Castro · Barry Caswell · Francis Catedral · Jennifer Caterino · Robert Cates · Allan Cathcart · Dana Cathcart · Lea Cathcart · Christopher Cathers · Margot Catizzone · Robyn Caton · Claudia Caudillo Lozoya · James Caudle · Robert Caulfield · Mandy Causer · David Cavasin · Douglas Cave · Sandra Caverly · Giovanni Caverzan · Owen Caves · Douglas Cavey · Jacqueline Cavill · Lisa Cawley · Meagan Cawley · William Cawley · Diana Cawood · Brittany Cawson · Isabelle Cayer · Chris Cayford · Richard Cazeau · Jack Ceaser · Dwayne Cebryk · Viorel Cecan · Mary-Frances Ceccato · Ellen Cecchin · Maria Cecutti · Anthony Ceh · Richard Celebrini · Eric Celentano · Angela Celenza · Denise Celestino · Hannah Celinski · Thomas Cenci · Slavica Cengic · Vicente Jr Centeno · Michael Ceolin · Javier Cepeda · Ludmila Cermakova · Umberto Cerminara · Jessica Cerna Hurtado · Elisa Cernicchiaro · Elena Cernicka · Cristina Cerqueira · Margaret Cerqueira · Rodolfo Cervantes · Samuel Cervantes · Rozalia Cervenan · Rose Cervenko · Douglas Cesarin · Angela Cescon · Kaitlyn Cey · Deborah Cha · Myongho Cha · Na Cha · Claude Chabot · Ken Chadcock · Nishant ChaDha · Connor Chadsey · Emma Chadsey · Jane Chadwick · Shannon Chadwick · Denyse Chagnon · Anchaljit Chahal · Anthony Chahal · Gurpreet Chahal · Maninder Chahal · Grant Chaisson · William Chaisson · Denise Chak · Nikolaos Chaldaios · Jacques Chalifoux · Alison Chalke · Barbara Chalmers · Coral Chalmers · Dennis Chalmers · Donn Chalmers · Lynda Chalmers · Lawson Cham · Emily Chamberlain · Katherine Chamberlain · Robert Chamberlain · Cory Chamberland · Jacqueline Chamberland · Paul Chamberland · Andrea Chambers · Conor Chambers · Jeffrey Chambers · Julie Chambers · KathleeN Chambers · Peter Chambers · Richard Chambers · Sperril Chambers · Theresa Chambers · Sylvain Chambon · Ravil Chamgoulov · Alain Champagne · Denise Champagne · Marco Champagne · Stephanie Champagne · William Champion · Jean Champoux · Julie Champoux · Linda Chamut · Alexander Chan · Allen Chan · Alvictor Chan · Amos Chan · Amy Chan · Andrea Chan · Andrew Chan · Anita Chan · Anthea Chan · Belinda Chan · Beverley Chan · Calvin Chan · Carolyn Chan · Caron Chan · Carter Chan · Catherine Chan · Catherine Chan · Charles Chan · Cheryl Chan · Cheryl Chan · Chi Chan · Ching Chan · Ching Chan · Christopher Chan · Clara Chan · Darren Chan · David Chan · David Chan · Derek Chan · Dominic Chan · Donna Chan · Doris Chan · Elmira Chan · Emily Chan · Emily Chan · Erico Chan · Evonne Chan · Helen Chan · Houston Chan · Irene Chan · Janice Chan · Jeffrey Chan · Jennifer Chan · Jennifer Chan · Jenny Chan · Jenny Chan · Jonathan Chan · Joshua Chan · Ka Chun Kenneth Chan · Kai Hoi Chan · Karen Ka Yan Chan · Kelly Chan · Kevin Chan · King-Yi Chan · Lap Tak Chan · Larry Chan · Leslie Chan · Mable Chan · Macy Chan · Magdalene Chan · Manfred Chan · Marian Chan · Mary Chan · Monica Chan · Oi Ting Chan · Oson Chan · Pearl Chan · Peggy Chan · Phoebe Chan · Pui Kei Chan · Raymond Chan · Richele Chan · Robert Chan · Selina Chan · Shuk Chan · Siu Him Chan · Stephanie Chan · Stephen Chan · Teresa Chan · Ting Ting Chan · Van Chan · Venus Ching Yuen Chan · Wai Yin Chan · Wally Chan · William Chan · Winnie Chan · Winsy Chan · Yee Ching Chan · Yin Bing Chan · Yiu Chan · Yue Wang Nelson Chan · Zenbia Chan · Manda Chan · Carine Chan Lai Woon · Mary Chan Yip · Amarpreet Chana · Hardeep Chana · Manpreet Chana · Mohan Chana · Shelley Chanas · Andria Chancey · Melissa Chancey · Anita Chand · Rita Chand · Alexandre Chandeze · Anita Chandi · Danielle Chandler · John Chandler · Nicoleta Chandler · Rohan Chandler · Ravina Chandra · Bai Chang · Chin Sem Chang · Christine Chang · Chun-Wei Chang · Elaine Chang · Grace Chang · Hsiao-Chun Chang · Hung-Hao Chang · Jae Chang · Jessica Chang · Jessica Chang · Kevin Change · Lily Chang · Maxwell Chang · Mike Chang · Olivia Chang · Robert Chang · San Czi Chang · Stanley Chang · Trisha Chang · Victoria Chang · Virginia Chang · Voon Qian Chang · Ya Chang · Lori Chang-Foidl · Pio Changlwan · Sandra Channer · James Channing · Rosa Chan-Schupbach · Susie Chant · Chiung-Sung Chao · Hsiang-Rey Chao · Mabel Chao · Steven Chao · Darcy Chapchuk · Adrienne Chapell · Alexander Chapell · Catherine Chapell · Shawn Chapell · Jessica Chapelski · Ward Chapin · Adam Chapman · Britton Chapman · Christopher Chapman · Constance Chapman · Darlene Chapman · Grierson Chapman · Mark Chapman · Nesta Chapman · Claude Charbonneau · Edith Charbonneau · Geneviève Charbonneau · Monique Charbonneau · Noel Charchuck · Clinton Chard · Naomi Chard · Suzanne Charest · Robert Charette · Gemma CharKo · Ken Charko · Stephen Charko · James Charlebois · Michele Charlebois · Philippe Charlebois · Anderson Charles · Glenn Charles · Henry Charles · Natalie Charles · Edward Charlesworth · Kimberley Charlesworth · Corinna Charlton · Hester Charneski · Audrey Charney · William Charnock · Marika Charpentier · Nicholas Charrette · Erika Charron · Paul Charron · Rhona Charron · Fonda Charters · Lynda Charters · Gaëtan Chartier · Carlene Chartrand · Mario Chartrand · Monique Chartrand · Michelle Charuk · Casey Chase · Douglas Chase · Maurice Chassé · Jillian Chateauneuf · Alain Chatigny · Carrie Chattell · Valerie Chatterley · Farin Chatur · Lauren Chatwin · Pat Chatzoglou · Brian Chau · Carol Chau · Shafiq Chaudhry · Tejash Chauhan · Paul Chauvin · Osvaldo Chavarria · Marcial Jr Ii Chavez · Tessa Chaworth-Musters · Gerald Che Atoh · Chi-Ly Chea · Graeme Cheadle · Patrick Cheatley · Michael Checko · Navjot Cheema · Stephen Cheeseman · Lloyd Cheesman · Laura Cheevers · Alissa Cheifot · Tatiana Chekhter · Michael Chelada · Vittorio Cheli · Adela Chen · Bei Bei Chen · Cecillia Chen · Cheng Chen · Cherry Z Chen · Chien Yu Chen · Chih-Hung Chen · Christopher Chen · Chung-Kuang Allen Chen · Chya-Wei Chen · Daixizi Chen · Daniel Chen · En-Tien Chen · Feifei Chen · Gen Chen · Haixuan Chen · Henry Chen · Hong Chen · Howard Chen · Hua Chen · Jenny Chen · Jessica Chen · Jia Chen · Jie Xin Chen · Jing Ting Chen · Juan Chen · Kelly Chen · Keqin Chen · Ko-Chien Chen · Lan Chen · Li Yan Chen · Li Chen · Li Chen · Lindsay Chen · Lizhi Chen · Luke Chen · Mingxia Chen · Paulina Chen · Qianyu Chen · Qin Chen · Raymond Chen · Sandy Geye Chen · Selina Chen · Shihui Chen · Simon Chen · Stephanie Chen · Terry Chen · Ting Chen · TzU Yun Chen · Weiliang Chen · Wen Yu Chen · Yanxia Chen · Yicent Chen · Ying-Shan Chen · You-Rong Chen · Zhi Yun Chen · Zhuo Chen · Guy Chenard · Sandra Chenard · Eric Chene · Sharon Cheney · Andrea Cheng · Corey Cheng · Daniel Cheng · Dilyn Lok Ting Cheng · Edwin Cheng · Yun Hua Cheng · Ho-Ming Cheng · Jianmin Cheng · Jinjin Cheng · Ju Cheng · Kai-Sheng Cheng · Kathleen Cheng · Kevin Cheng · Kin Ning Cheng · Lawrence Cheng · Lin Cheng · Mavis Cheng · Nickolas Cheng · Patrick Cheng · Qian Hong Cheng · Shan Ning Cheng · Stephanie Cheng · Terry Cheng · Warren Cheng · Wendy Cheng · Ya Feng Cheng · Zhiyong Cheng · Suzanne Chenier · Sabrina Chen-See · John Chepil · Natalia Chernata · Margarita Chernenko · Judith Chernis · Peter Chernis · Donna Chernoff · Isabel Chernoff · Robert Chernuka · Barbara Cherry · Bert Cherry · Sandra Cherry · Natallia Cherwonka · Richard Chesham · Diane Chesley · Robert Chesney · Talitha Chester · Arnold Chestnut · Sally Chestnut · William Cheston · Ryan Chetty · Seshen Chetty · Alvin Cheung · Benjamin Cheung · Brian Cheung · Chris Cheung · Colin Cheung · Donerica Cheung · Edmond Cheung · Hing Tong Cheung · Jackie Cheung · Jacquie Cheung · Janis Cheung · Janny Cheung · Jason Cheung · Ka Hong Cheung · Kelvin Cheung · Michael Cheung · Pak Keung Cheung · Pat Cheung · Petty Cheung · Serena Cheung · Stephen Cheung · Wai Cheung · Yau Man Cheung · Vanessa Chevalier Boname · Guylaine Chevarie-Mcnicoll · Faye Cheveldave · Desmond Chew · Vanessa Chex · Danielle Cheyne · Robert Cheyne · Thea Cheyne · Jayan Chhanabhai · Thomas Chhun · Tung-Kuang Chi · Hong Leng Chiam · Avery Chiang · Derrick Chiang · Haylee Chiang · Martin Chiang · Nicole Chiang · Peter Chiang · Ricky Chiang · Yen-Wen Annie Chiang · Renzo Chiapolini · Sara Chiapolini · Ann Chiasson · Jonathan Chicas-Cabanas · Igor Chichkin · Elaine Chick · Hsiao Wen Chien · Yu-Shan Chien · Elvio Chies · Daniele Chiesa · Eloise Chiew · Melissa Chiew · Eric Child · Matthew Childers · Whitney Childers · Anthony Chin · Bennett Chin · Charles Chin · Elaine Chin · Erika Chin · Min-Kong Chin · Patrick Chin · Samuel Chin · Shau Chin · Wilson Chin · Harry Ching · Ka-Lai Kelly Ching · Brenda Chinn · Ronald Chinn · Anne Chippendale · Liz Chiquillan Palomino · Neculai Chirila · Liviu Chis · Anthea Chisholm · CamerOn Chisholm · Heather Chisholm · Janice Chisholm · Leroy Chisholm · Linda Chisholm · Lucille Chisholm · Mary Chisholm · Paul Chisholm · Vivvianna Chisholm · Sandra Lee Chislett · Ryan Chittle · Alex Chiu · Andrew Chiu · Ariel Chiu · Celia Yea-Min Chiu · David Chiu · Edmond Chiu · Gary Chiu · Grace Chiu · Harvey Chiu · Heman Chiu · Johnny Chiu · Kai-Jen Chiu · Karen Chiu · Nathan Chiu · Norman Chiu · Simon Chiu · Tiffanie Chiu · Travis Chiu · Wan Shan Chiu · Wei-Han Chiu · Aleta Chivas · James Chivas · Alan Chivers · Cindy Chivers · Allan Chizek · Cindy Chizek · Carolyn Chmiel · RicHard Chmiel · Anthony Cho · Betty Cho · Chiu Cho · Chun Cho · Cindy Cho · Ha Duck (Paul) Cho · Jack Cho · Joon Cho · Kayla Cho · Patricia Cho · Renate Cho · Simon Cho · Wei Cho · Andrew Chobaniuk · Shakuntala Chockalingam · Rajinder Kaur Chohan · Rano Chohan · Byung Won Choi · Han Sung Choi · Hyowon Choi · Jeong Ju Choi · Jung-In Choi · Jung-Un Choi · Kelly Choi · Kin Choi · Kyung Jin Choi · Kyung Sun Choi · Nuri Choi · Yongseok Choi · Yoon Choi · Daniel Cholewa · Apinya Cholsaipan · Glen Choma · Lorraine Chomechko · Marian Chomlack · Kin Lung Chong · Kulwinder Chong · Melissa Chong · Toy Chong · Yeit Chong · Yolande Chong · Jesse Choo · Leslie Choo · Rubina Chooti · Pierre Choquette · Inna Chorna · Debbie Chou · Huai-En Chou · Li Chou · Raymond Chou · Steve Chou · Ta-Wei Chou · Josee Chouinard · Amy Chow · Andrew Chow · Angela Chow · Benny Chow · Christine Chow · Christopher Chow · Corrie Chow · Daniel Chow · Edmund Chow · Hong Chow · Irene Chow · Jackie Chow · Jason Chow · Jeff Kin Tung Chow · Jennifer Chow · Karen Chow · Ken Chow · Linda Chow · Maggie Chow · Martin Chow · Molina Chow · Norman Chow · Pamella Chow · Raymond Chow · Ruby Chow · Samuel Chow · Shun Jan Chow · Sin Yu Chow · Susan Chow · Wendy Chow · William Chow · Timothy Chowen · David Choy · Natalie Choy · Thomas Choy · Melanie Christen · Berit Christensen · Cheryl Christensen · Cindi Christensen · Daniel Christensen · Gregory Christensen · Megan Christensen · Janet Christenson · Theodonus Christiaanse · Yvonne Christiaens · Cheryl Christian · Barbara Christiansen · Peter Christiansen · Steven Christiansen · Darre Christianson · Bonnie Christie · Donald W. Christie · Kaisa Christie · Kathlyn Christie · Leah Christie · Mary Christie · Zachary Christie · Louie Christodoulidis · Peter Christoff · Mogens Christoffersen · Linda Christofotou · Nancy Christopher · Loukas Christopoulos · Daniel Christos · Julianne Christy · Allan Chrumka · Angela Chu · Catherine Chu · Charlene Chu · Edward Chu · Gordon Chu · How Chu · Jennifer Chu · Josephine Chu · Julia Chu · Kenneth Chu · Lana Chu · Mei Chu · Myomi Chu · Tiffany Chu · Wei Yen Chu · Zhihong Chu · Gaily Chua · Helen Chua · Wellington Chua · Chih Jie Chuang · Junior Chuang · Josephine Chubaty · Jo Ann Chubb · Kevin Chuc · Hiu Ling Chui · Hok MiNg Chui · Leong Wing Chui · Martin Chui · Yuk Ming Chui · Hector Chu-Joy · Phyllis Chuly · Geoffrey Chum · Anna Chumakova · Grace Chun · Hye-Jung Chun · Nora Chun · Anthony Chung · Jaewook Chung · Jennifer Chung · Jin Chung · John Chung · Ken Chung · May Chung · Patrick Chung · Seihurn (Trevor) Chung · Steven Chung · Szeman Shirley Chung · Yoojung (Sharon) Chung · Youna Chung · Young Han Chung · Didier Chunlaud · Amber Church · Dawson Church · Murray Church · Derek Churchill · Erin Churchill · Gordon Churchill · Jennifer Churchill · Brian Chute · Colin Chuter · Stuart Chutter · Jaskirat Chutti · Kamalpreet Chutti · Robert Chwalczyk · Christina Chysyk · Carlo Ciarallo · Anthony Ciardullo · Jamie Ciardullo · Luisa Ciarniello · Simon Cicak · Genevieve Ciebien · Helena Cienciallova · Carlos Cifuentes · Elena Cigliutti · Bartholomew Cima · Carlee Cindric · Dianne Cindric · Linda Cindrich · Sandra Ciparis · Mercedes Ciprut · Christine Cirelli · Gabriella Cirelli · Walter Cirillo · Isabel Cirka · Constance Cirkony · Tammie Citak · Alfonso Ciulla · Jana Civanova · John Clack · Devlin Clancy · Mark Clancy · Shane Clancy · Rosemary Clapham · John Clapp · Antonio Clar · Darius Clar · Jo-Ann Clar · Margaret Clare · Sidney Clare · Barbara Claridge · Philip Claridge · Barbara Clark · Benjamin Clark · Bill Clark · Bradley Clark · Brian Clark · Caralyn Clark · Cassandra Clark · Catherine Clark · Christopher Clark · Daren Clark · David Clark · Dorothy Clark · Doug Clark · Dustin Clark · Elizabeth Clark · Gavin Clark · George Clark · Gregory Clark · Guyle Clark · Jamieson Clark · Janet Clark · Karen Clark · Kevin Clark · Lorna Clark · Marcia Clark · Marguerite Clark · Mathew Clark · Melissa Clark · Michael Clark · Rich Clark · Robert Clark · Ronald Clark · Russell Clark · Sandra Clark · Sarah Clark · Scott Clark · Stuart Clark · Susan Clark · Terrence Clark · Toni Clark · William Clark · Anne Clarke · Ariana Clarke · Damian Clarke · Darlene Clarke · Donna Patricia Clarke · Douglas Clarke · Elsie Clarke · Frances Clarke · Heather Clarke · Helen Clarke · James Clarke · James Clarke · James Clarke · Judith Clarke · Karen Clarke · Lauren Clarke · Linda Clarke · Margaret Clarke · Midori Clarke · Nicole Clarke · Paul Clarke · Peter Clarke · Robert Clarke · Robert Clarke · Sandra Clarke · Sarah Clarke · Sharon Clarke · Sidney Clarke · Stephen Clarke · Theresa Clarke · Thomas Clarke · Trenna Clarke · Trent Clarke · William Clarke · William Clarke · Bruce Clarkson · David Clarkson · Janet Clarkson · Jennifer Clarkson · Megan Clary · Tory Class · Jurgen Claudepierre · Antonio Claudio · Cassie Clausen · Cheryl Clausen · Tracey Clausen · Vladi Clausen · Benjamin Claussell · Daniel Clavet · Geneviève Clavet · Nicola Claxton · Greg Clay · David Claydon · Wendy Clayford · Marilyn Clayton · Michelle Clayton · Nancy Clayton · Nicola Clayton · Marc Clayton-Carroll · William Lee Cleair · Tracy Cleall · Audrey Clearie · Cedric Cleary · Dawna Cleary · Shannon Cleary · April-Marie Cleaver · Michael Clee · Pamela Cleeve · Emily Clegg · Jeffrey Clegg · Trevor Clegg · Graham Cleghorn · Dan Clemens · Sabine Clemens · Diane Elaine Clement · Dominique Clement · Douglas Bruce Clement · Julie Clement · Suzanne Clement · Thomas Clement · Garry Clements · Jackie Clements · Rick Clements · Jeanette Clementson · William Clementson · Katherine Clendenan · Robert Clendenan · Nathen Clerici · Pierre Clermont · Keray Cleve · James Cleveland · Jennifer Cleveland · MeganN Cleveland · Nora Clevenger · Anne Cliff · Heather Clifford · Mark Lambert Clifford · Heather Clifton · Richard Cline · Michael Cloet · Beverly Close · Stephanie Close · Megan Clothier · Stephen Clough · Nicole Clouthier · Elisabeth Cloutier · Gérard Cloutier · Huguette Cloutier · Jean-Francois Cloutier · Jean-Philippe Cloutier · Kathleen Cloutier · Marie-Andree Cloutier · Victoria Cloutier · Judy Clower · James Clowers · Carole Clubb · Kathryn Clubb · Carol Cluff · Duane Clutesi · Krystle Co · Steven Co · Andrew Coady · Yvonne Coady · Charles Coates · Erin Coates · Janice Coates · Kirk Coates · Natalie Coates · Samantha Coates · Stephanie Coates · Danielle Coats · Nicole Coatta · Margaret Cobb · Dave Cobb · Moreen Cobb · Allan Cobbett · Gary Coblenz · Susan Coburn · Steven Coccimiglio · John Cochran · Stephen Cochran · Andrea Cochrane · Tara Cochrane · Wayne Cochrane · Aamir Cockar · Stephanie Cockwell · Jesse Cody · Rachel Cody · Emma Coe · George Coelho · Jonathan Coelho · Christo Coetzee · Brendan Coffey · Lorraine Coffey · Lynanne Coffey · Stephen Coffey · Barbara Cofield · Richard Cogan · Christine Cogger · Nicholas Cogger · Donald Coggins · Evelyn Coggins · Laura Coggles · Joanne Coghill · Asha Coghlan · Casey Coghlan · Alana Cohen · Amanda Cohen · Anita Cohen · Charles Cohen · Gary Cohen · Gloria Cohen · Joanna Cohen · Linda Cohen · Tom Cohen · Roald Cohen-Marais · Susan Coker · Melissa Colatosti · Matthew Colautti · Christopher Colbeck · Camille Colbert · Hazen Colbert · Robert Colbourne · Scott Colbourne · Frederick Colburn · Lawrence Colcy · Deborah Cole · Francesca Cole · Frances Cole · George Cole · Jamie Cole · Stacy Cole · Steven Cole · Thomas Cole · Timothy Colebourn · Cheryl Coleman · Corey Coleman · Dalton Coleman · Elizabeth Coleman · Gwen Coleman · Irene Coleman · Jeffrey Coleman · Jerry Coleman · Kathryn Coleman · Marilyn Coleman · Bradley Coles · Vittorio Coletta · Bruce Coley · Luke Coley · Kathrine Coll · Paul Collard · Claire Colle · Richard Colledge · Michelle Collens · Wayne Collett · Francine Collette · Ada Collier · Heather Collier · Ian Collier · Antone Collins · Brittney Collins · Darrell Collins · David Collins · David Collins · Deborah Collins · Elaine Collins · Erin Collins · Glen Collins · Jeremy Collins · Joseph Collins · Katherine Collins · Linda Collins · Richard Collins · Tawny Collins · Yvonne Collinson · Ellen Collison · Marc Colman · Sarah Colman · Alison Colpitts · Shea Colpitts · Chrystal Colquhoun · William Colquhoun · Carol Colton · David Colton · Francesca Colussi · Beverley Colvin · John Colvin · Gheorghe Coman · Gordon Comeau · Margaret Comeau · Dominic Comerford · Brian Comey · Patrick Comey · Teresa Comey · Carol Comfort · Alice Comi · Garry Commodore · Brian Commons · Tyson Compton · Nathan Comstock · Ada Con · Linda Conacher · Willy Conard · Edmund Conaway · Jane Conaway · Eamon Concannon · Karen Concannon · Leslie Conde-Mathot · Caesar Condino · Francis Condon · Nadia Condotta · Conrad Cone · Shamim Confortin · Christopher Congdon · Mary Conibear · Timothy Conklin · Benjamin Conlan · Robert Conley · Mark Conlin · Rose Conlin · Malcolm Conly · Patricia Conn · Andrew Connaris · Kyoko Conne · Grace Connell · Alan Connelly · Danielle Connelly · Gillian Connelly · Keith Connolly · Patrick Connolly · Sarah Connolly · Tara Connolly · Trisha Connolly · Zachary Connolly-Single · Sarah Connor · Gwen Connors · Heidi Connors · Peggy Connors · Terrence Connors · Wayne Connors · Conrad Conrad · Jolyne Conrad · Michael Conrad · Tony Conrad · David Conroy · Gregory Constable · Sharon Constable · Troy-Anne Constable · Brody Constantine · Kristin Constantinoff · Maria Constantinou · Camille Consunji · Ivan Contramaestre-Luces · Nadia Contreras · Ian Convey · Jemma Coogan · Alexandra Cook · Amanda Cook · Andrew Cook · Andrew Cook · Brian Cook · Byron Cook · Chad Cook · Daniel Cook · Deborah Cook · Diana Cook · Freda Cook · Gloria Cook · James Cook · James Cook · Janice Cook · Judith Cook · Juliet Cook · Kathleen Cook · Kathleen Cook · Lonni Cook · Lyle Cook · Margaret Cook · Michael Cook · Nicole Cook · Nicole Cook · Robert Cook · Sara Cook · Thomas Cook · Valerie Cook · Arthur Cooke · Christopher Cooke · Gregory Cooke · Kathryn Cooke · Louis Cooke · Marilyn Cooke · Matthew Cooke · Stephanie Cooke · William Cooke · Janis Cookson · Jessica Cool · Yoshua Coomans · Matthew Coombes · Kathryn Coombs · Aleta Cooney · Bradley Cooper · Brittany Cooper · Chad Cooper · Harold Cooper · Joshua Cooper · Julie Cooper · Kevin Cooper · Leo Cooper · Linda Cooper · Lynette Cooper · Michael Cooper · Nadine Cooper · Robert Cooper · Sharon Cooper · Sheena Cooper · Stella Cooper · Tamlin Cooper · William Cooper · William Cooper · Peter Cooperberg · Christopher Cooper-Parkinson · David Coopersmith · Jonas Cope · Lisa Cope · Janice Copeland · Larry Copeland · Marya Copeland · Yannick Copery · Steven Copland · Victoria Copland · Christopher Coppage · Samuel Coppage · Christopher Coppin · Sandy Copping · Samuel Corado · Edwin Corah · Zeljka Corak · Leah Coray · Kathleen Corbeil · Maude Corbeil · Richard Corbeil · Alexandra Corbet · Norah Corbet · Caitriona Corbett · David Corbett · Gary Corbett · George Corbett · Glen Corbett · Linda Corbett · Marilyn Corbett · Patricia Corbett · Scott Corbett · Wilma Corbett · Janet Corby · Leonard Corcoran · Brittany Cordeau · Fernando Cordeiro · Linda Cordesco · Jolo Cordice · Yana Cordice · Deborah Cordiner · Karen Cordiner · Beau Cordingley · Shandia Cordingley · Stefan Cordova · Nikkie Cordy · Salvatore Corea · Vittoria Corea · Elizabeth Coret · Michael Corey · William Corker · Monica Corkran · Peter Corkran · Brian Corkum · Diane Corkum · Mackenzie Corlett · Susan Cormie · Fiona Cormier · Joseph Cormier · Stephen Cormier · Brian Cornelis · Jana Cornelis · David Cornelius · Brett Cornell · Bruce Cornell · David Cornell · Danica Cornes · Kevan Cornes · Sean Corney · Alan Cornford · Kurt Cornies · Sylvia Corning · Ashley Cornish · Elizabeth Cornish · James Cornish · Stephanie Cornish · Betsy Cornwall · Oliver Cornwall · Tom Cornwall · Zachary Cornwall · Samantha Corpuz · Sherwin Corpuz · Dermott Corr · Heather Corra · Kiersten Corradetti · John Corradi · Kristina Correa · Fernanda Correia · Oi Peng Correia · Shannon Corrie · John Corrigan · Mary Corrigan · Tom Corrigan · Eugenia Corsi · Elizabeth Cortez · Maria JoAn Corvera · Andrea Cosentino · Russell Cosier · Jacqueline Cosman · Laurence Cosman · Mary Jean Cosman · Pierre Cosnard · Olivier Cossette · Paulo Costa · Cherilyn Costack · Jillian Costas · Carmen Costea · Katherine Costello · Nicole Costello · Nichola Coster · Carie Costin-Woolford · Tabita Cota · Andrew Cote · Danielle Cote · Jessica Cote · John Cote · Nadia Cote

Stephane Cote · Jessica Côté · Nikita Côté · Marie-Eve Côté Bouvette · Cindy Cote-Colisson · Gregorie Cote-Dejardins · Dumitru Cotfas · Mary Lou Cotiangco · Dean Coton · Dale Cotter · Elizabeth Cotter · Gerald Cotter · Joan Cotter · Rebecca Cotter · Shari Cotter · Christopher Cottier · Thomas Cottingham · Angela Cottrell · Derek Coueffin · Laura Coueffin · Cayley Coulbourn · Renee Coull · Rebecca Coulson · Sandra Coulson
Elaine Coulter · Jacqueline Coulter · Jennifer Coulter · Graham Coulthard · John Coulthard · Allison Coupal · Holly Coupey · Ronald Coupland · Erin Courage · Robin Courcelles · Sharon Courneya-Angus · Daniel Courneyea · Kristina Court · Jason Courtepatte · Michelle Courtepatte · Jeffrey Courtice · Michael Courty · Robert Cousin · Marc Cousineau · Virginie Cousineau · Todd Cousins · Maria Emilia Coutinho · Darcy Couto
Alyce Coutts · Carolyn Coutts · Donna Coutts · Glen Coutts · Lucy Coutts · Paula Coutts · Robert Coutts · Wendy Coutts · Elsbeth Couture · Leslie Couture · Luke Couture · Nicole Couture · Sylvain Couture · Brennan Covey · Blake Cowan · Graeme Cowan · Halina Cowan · Sigrun Cowan · Dale Coward · Dena Coward · Korlene Coward · Jennifer Cowden · Robert Cowden · Lynne Cowe Falls · Simon Cowell
Sylvia Cowhey · Bruce Cowie · Laureen Cowie · Sharon Cowie · Eric Cowieson · Tamara Cowin · Cecile Cowley · Elizabeth Cowley · Jayme Cowley · Michael Cowley · Vanessa Cowley · James Cowling · Taryn Cowling · April Cox · Bridget Cox · Dean Cox · Deanna Cox · Gerald Cox · James Cox · Kelli Cox · Lachlan Cox · Mary Craig · Michael Craig · Nancy Craig · Stacey Craig · Andrew Craigen · Krystina Craig-Havern · Christine Cramer · Stella Crampton
Makeala Coyle · Meghan Coyle · Michael Coyle · Catherine Coyne · Derrin Cozart · Alexis Crabbe · Colin Crabbe · Edward Craddock · Kevin Cragg · Allan Craig · Bradley Craig · Christina Craig · Dan Craig · Darryl Craig · Donald Craig · Douglas Craig · Jane Craig · Kelli Craig · Lachlan Craig · Mary Craig · Michael Craig · Nancy Craig · Stacey Craig · Andrew Craigen · Krystina Craig-Havern · Christine Cramer · Stella Crampton
Roberta Cran · Althea Crane · Margaret Beth Crane · Megan Crane · Theresa Crane · Heather Cranston · Lionel Crasto · J. Michelle Crasto · Judi Crasto · Michael Crasto · Sarah Crauder · Susan Craven · Aaron Crawford · Andrew Crawford · Ann Crawford · Brian Crawford · Judith Crawford · Kenneth Crawford · Mark Crawford · Patricia Crawford · Sarah Crawford · Michael Crawford · Leanne Crawford-Spinner · Susan Crawford-Vanderburg
Valerie Crawley · Allyn Crawshaw · Robert Cray · Nenna Craythorne · Patricia Creamer · Timmy Creed · Sean Cregen · Barbara Creighton · Merilea Creighton · Carol Cremin · Douglas Cresswell · Mark Cresswell · Susan Creswell · Cindy Creteau-Miller · Aurelie Cretin · David Crewson · Scott Crichton · Chermine Crick · Dallas Cristofoli · Robert Cristofoli · Peter Cristoforo · Colleen Critchley · Franjo Crnkovic · Keith Crochiere
Geoffrey Crocker · Martin Crocker · Rosalind Crocker · Carrie Croft · Sue Ann Croft · Pauline Crofts · Ross Crogan · Laura Croin · Julia Crombach · Mary Crombie · Andrew Crome · Brenda Crompton · Jessica Crompton · Thomas Crompton · Carla Cronier · Carlton Cronin · Carl Cronmiller · Joyce Cronmiller · Peter Crooks · Richard Crooks · John Crosbie · Diana Crosby · Grace Crosby · Paul Crosby
John Cross · John Cross · Joseph Cross · Karen Cross · Nathaniel Cross · Peter Cross · Reginald Cross · Sophia Cross · Tasha Cross · Tracy Cross Gauthier · Susan Crossan · Ernestine Crossfield · Ann Crossland · Paul Crossley · Robert Crossthwaite · Paul Croteau · Sarah CroTeau · Erna Crouch · Lesley Croucher · Alida Crowe · Ben Crowe · Kiersten Crowe · Monica Crowe · William Crowe
Christopher Crowley · Kara Crowley · Mark Crowley · Robyn Crowley · Judith Crowston · Melanie Crowston · Marie Crowther · Noal Crowther · David Cruickshank · Krista Cruickshank · John Crumlish · Richard James Crutchley · Cynthia Cruz · Elizabeth Cruz · Jessica Cruz · John Cruz · Mario Cruz · Maylene Cruz · Marian Csabak · David Csizmadia · Richard Cua · Anna Cuccione · Adrien Cuchet · Lesley Cuddington
Jason Cuddy · Alice Cudmore · Lois Cudmore · Keith Cuenta · Wei Cui · Zhenyu Cui · Lori Ann Culhane · Carol Cull · John Cull · Amelia Cullen · Angela Cullen · Angela Cullen · Christopher Cullen · John Cullen · Mary Elizabeth Cullen · Charles Cullinane · Robert Cullum · Sandra Culpitt · Bruce Culver · Marcus Culver · Pamela Culver · Jasmine Cumberland · Laura Cumin · Bradley Cummer · James Cummine
Andrew Cumming · Deborah Cumming · Donald Cumming · Patricia Cumming · Daniel Cummings · Leslie Cummings · Marie Cummings · Marie Cummings · Robert Cummings · Samantha Cummings · Sean Cummings · Andrew Cummins · Neil Cummins · Cynthia Cunneyworth · Mary Cunningham · Rebecca Cunningham · Sibylle Cunningham · William Cunningham · Alex Cunnington · Jacqueline Cupples · Shannon Cupskey
Gina Curatolo · Carol Cutforth · James Cuthbert · Kerry Cuthbert · Peter Cuthbert · William Cuthbert · Bronwyn Cuthbertson · Mark Cutler · Stephen Cutler · Charles Cutter · Debra Cutting · Jennifer Cutting · Lindsay Cutting · Ryan Cutting · Cindy Cutts · Jeff Cutts · Alfonsina Cuzzetto · Alain Cyr · Jean Cyr · Lori Cyr · Peter Czerny · Monika Czyz · Natasha Da Camara · Stephen Da Costa · Linsey Da Silva · Maria Dadiotis
Allison Dafoe · Joy Dafoe · Edward Dagan · Hannah Dagenais · Patricia Dagg · Deborah Dahl · Kenneth Dahl · Linda Dahl · Michelle Dahl · Mitchell Dahl · Sharon Dahl · Kyle Dahlgren · John Dahlgren · Grant Dahling · Sebastian Dahlstrom · Anna Dahonick · Argon Dai · Rong Dai · Angela Daigle · Maxim Daigle · Coleman Daigler · Jean-Pierre Daigneault · Michael Dain · Christopher Dain · David Dairon · Patricia Dairon · Jessica Dakers
Christine Cutajar · Carol Cutforth · James Cuthbert · Kerry Cuthbert · Peter Cuthbert · William Cuthbert · Bronwyn Cuthbertson · Mark Cutler · Stephen Cutler · Charles Cutter · Debra Cutting · Jennifer Cutting · Lindsay Cutting · Ryan Cutting · Cindy Cutts · Jeff Cutts · Alfonsina Cuzzetto · Alain Cyr · Jean Cyr · Lori Cyr · Peter Czerny · Monika Czyz · Natasha Da Camara · Stephen Da Costa · Linsey Da Silva · Maria Dadiotis
Peira Dakha · Douglas Dakin · John Dakin · Zbigniew Dakiniewicz · Bianca Dal Santo · Emma Dal Santo · Cynthia Dale · Elizabeth Dale · Gurdeep Dale · Marilyn Dale · Timothy Dale · Robert Dalessandro · Cora D'Alfonso · Alexandra Bridget Dalgleish · Barbara Dalgleish · John Dalgleish · Calvin Daling · Turker Dalkilic · Robert Dall · Mario Dalla Pace · Cristiana Dalla Zonca · Michael Dallaire · Andrew Dallas · Keith Dallas
Carrie Dallaway · Patricia Dallin · Barry Dalton · Amelia Daly · Andrew Daly · David Daly · Erin Daly · Richard Daly · Roberta Daly · Steven Daly · Helen Dalziel · Donna Damberger · Doug Damberger · Gail Damberger · Joseph Damberger · Kenneth Damberger · Janine Dame · Andrew Dames · Mark Damstrom · Véronique Damy · Frank Dan
Karen Danard · Corene Dance · Ian Dance · Kathleen Dance · Jeanette Dandrea · Matthew D'Andrea · Soudabeh Daneshmand Kashani · Khiet Dang · Quan Dang · Thinh Dang · Gerard D'Angela · Bruce Dangerfield · Kurt Dangerfield · Heng Danh · Brian Daniel · Hannah Daniel · Tracey Daniel · Joanne Daniell · Karl Daniells · Carolyn Daniels · Jessie Daniels · Karen Daniels · Samantha Daniels · Sean Daniels · Tiffany Danielsen
Anatoly Danilkov · Artem Danilov · Susan Daniels · Natasha Danschisko · Andree Dansereau · Fausto D'Antonio · Marianne Danyluk · Jeanne D'Aoust · Michael Dar · Emily Darby · Michel D'Artois · Kyle Darvasi · Timothy Darvell · Laurie Darvill · Maureen Daschuk · Maryam Dashti Asi · Alexandra Dashwood · Leilani Dasilva · Maryam Dastpak · Adrian Dastur · Zarine Dastur · Karolina Daszuta · Rodolfo Datoc · Adrian D'Atri-Guiran
Teresa Dattolo · Fiona Daubaras · Carolyn Daubeny · Carol Daugharty · Carolynn Daugherty · Judith Daughney · Adam Daunais · Roxanne Dauncey · Paulah Dauns · Amanda Dauphinee · Sarah Dauphinee · Foad Davani · Christopher Davenport · Robert Davenport · Ryan Davenport · Amber Davey · Elizabeth Davey · Jaymie Davey · Laraine Davey · Vida Davey · Danielle David · Oliver David · Stefanie Davidowitz
Alexander Davidson · Anne Davidson · Aryn Davidson · Catherine Davidson · Cathy Davidson · Diana Davidson · George Davidson · Gillian Davidson · Joanna Davidson · John Davidson · Karen Davidson · Keltie Davidson · Linda Davidson · Lindsay Davidson · Lynda Davidson · Marcia Davidson · Nikki Davidson · Philip Davidson · Phillip Davidson · Adrienne Davies · David Davey · Jaymie Davey · Laraine Davey · Vida Davey · Danielle David · Oliver David · Stefanie Davidowitz
Christina Davies · Heather Davies · James Davies · Jamin Davies · John Davies · Michelle Davies · Nicholas Davies · Reginald Davies · Richard Davies · Skye Davies · Tina Davies · Gerard D'Avino · Brendan Davis · Bryan Davis · Cecile Davis · Debra Davis · Donald Davis · Frances Davis · Gareth Davis · Gloria Davis · Harry Davis · Heather Davis · Jackie Davis · Jacqueline Davis · Allan John Davies · Johanna Davis
Justin Davis · Leigh-Ann Davis · Mark Davis · Marnie Davis · Meaghan Davis · Monica Davis · Patricia Davis · Robert Davis · Sophie Davis · Tanum Davis · Teri-Rose Davis · Trevor Davis · Tyler Davis · Brian Davis Md · Laurie Davison · Paul Davison · Robert Davison · Claire Davy · Lynette Dawa · Kathie Dawe · Arunish Dawit · Gordon Dawkins · Courtney Daws · Carol Dawson · Craig Dawson · Derek Dawson · Heather Dawson
Janice Dawson · Lois Dawson · Matthew Dawson · Michael Dawson · Nicholas Dawson · Rhiannon Dawson · Robert Dawson · Robert Dawson · Alex Day · Jacqueline Day · Karen Day · Kathy Day · Michael Day · Timothy Day · Howard Dayfoot · Albert Dayrit · Mark Dayton · D'Angelo De Asis · Chantal De Bellefeuille · Roberto De Boda · Ann De Boeck · Andrew De Burgh Whyte · Michelle De Cotiis · Angela De Cotiis
Velia De Cotiis · Emilie De Crombrugghe · Alessandro De Franzoni · Santella De Frenza · Hilda De Haan · Marianne De Jesus · Daniel De Jong · Denis De Jong · Hendrik De Jong · Linda De Jongh · Benjamin De Jourdan · Francesca De Joya · Patricia De La Durantaye · Ricardo De La Garza · Cheryl De Leeuw · Gerard De Leeuw · Romeo De Leon · Martin De Levie · Barry De Marco · Carol De Marco · Laura De Mare · Linda De Michele
Heidi De Moor · Vivianne De Pass · Robin De Phelam · Courtnay De Ruyter · Fabiana De Rosa · Alice De Roth · Whitney De Ruiter · Marianella De Sola · Rodrigo De Souza · Jennifer De Torres · Raul De Torres · Raulito De Torres · Herme De Vera · Chee De Visser · Barbara De Vos · Lienke De Vries · Richard De Vries · William De Vries · Akiyo De Vroome · Stuart De Vroome · Thomas De Wilde · Peter De Witt
Jennifer Dea · Anne Deacon · Sara Deacon · Brian Deady · Melissa Deally · Christopher Dean · Darren Dean · Hazel Dean · Jaimud Dean · Jennifer Dean · John Dean · Mary Dean · Michael Dean · Nancy Dean · Nazleen Dean · Pamela Dean · Robert Dean · Shirley Dean · Susan Dean · William Dean · Zayn Dean · Jody Deane · Sally Deangelis · Susan Deans · Heather Dearborn
Nancy Deba · Christine Debenedetti · Florent Debicki · Simon Debisschop · Dianna Deblaere Ladicos · Magalie Debost · Joan Decarie · Margaret Dech · Jeremy Decell · Norma Dechene · Ray Dechene · Katerina Deckert · Miroslava Dedinska · Elizabeth Dee · Bentley Deegan · Jessica Deegan · Michael Deegan · Douglas Deeks · Robert Deeks · Sukhwinder Deepak · Michael Deepwell
Michael Deer · Patria Deer · Leah Deery · Burton Deeter · Teresa Defreitas · Francis Degagne · Mary Degrasse · Judith Degroot · Klyde Degroot · Oleg Degtyarenko · Pierre Dehaut · Yvette Dehn · Martina Dehner · Naomi Deildal · Brie Deimling · Carol Deimling · Jerome Deis · Janet Deisley · Charlotte Deitch · Robin Deitch · Sarah Deitch · Patricia Dekens · Olga Dekhtyarenko · Cynthia Dekker · Marko Dekovic · Barbara Dekur
Marjorie Del Mundo · Roxana Del Rio-Gastelum · Stephanie Dela Pena · Edgardo Dela Rea · Rachelle Dela Rosa · Anne Delage · Jessica Delaney · Kevin Delaney · Alexandra Dashwood · Maryam Dashti Asi · Frank Delbaere · Kayla Delcourt · Gary Dell · John Dell · Amelia Dellamotte · Joseph Delligio · Enrico D'Elia · Slobodan Delic · Catherine Delisle · Jessica Delisle · Sheryn Delisle
Debbie Delisser · Albert Dell · Sean Della Vedova · Michael Della-Paolera · Nadia Delledonne · Sheri Delmaestro · Samantha Delnegro · Gloria Delong · Mark Delong · Paula Delorey · Margot Delorme · Brett Deluca · Ryan Deluca · Danielle Delves · Kayleigh Delves · Mico Delvo · Bradley Demarco · Eileen Demarco · Douglas Demarzo · Michael Dembenski · Debra Demchuk · SuSan Demchuk · Bernadette Demens
Timothy Demerjian · Kyla Demers · Emma-Jeanne Demers Bouchard · Carelle Demers Raymond · Peter Demille · Joan Demiri · Sara Demmitt · Trevor Demoskoff · Ashley Dempsey · Cecilia Dempsey · Gerald Dempsey · Paul Dempsey · Edward Dempster · Shannon Dempster · Jack Denault · Yvonne Denault · Zabir Dendoo · Anne Denham · Joanna Denham · David Denham · Harold Denham · Rebecca Denham
Benoit Deniger · Floriane Denis · Marc Denis · Sheila Denis · Denis Deniscuk · Jessica Denison · Stephanie Denison · Ivanna Denisova · Kyla Denisuik Dickey · Colleen Denman · Todd Dennett · Wayne Dennien · Carmen Dennis · Daniel Dennis · Jean Dennis · Scott Dennis · Gregory Dennis · Leanne Dennis · Nicole Dennis · Scott Denny · Gina Denoni · Rebecca Denoroche
Dorothy Denroche · Peter Denroche · Alison Dent · Debora Dent · Caley Denton · Derek Denton · Philip Denton · Scott Denton · Jean-Pierre D'Entremont · Patrick D'Entremont · Phyllis D'Entremont · James Denyar · Matthias Denys · Kinder Deo · Amandeep Deol · Jeavan Deol · Palvir Deol · Sharmila Deol · Michele D'Eon · Carol Depaoli · Joseph Depardon · Suzanne Depencier · Mariele Depeuter · Andrew Depner · John Depoe
Alan Deppiesse · Thomas Deprophetis · Maureen Deptuck · Chen Der · Jeanie Der · Judith Der · Lenora Der · Les Der · Mary Der · Zachary Der · Barbara Derby · Winton Derby · Brenda Dercach · Cameron Derdak · Scott Dergousoff · Catherine Derham · Sebastian Derham · Sharon Derk · Bonnie Derkatz-Olson · Danny Derksen · Jeremy Derksen · Jerry Derksen · Tilia Derminskova · Nichole Dermon · Tyler Derraugh
Shawne Dery · Denzil Desa · Ronil Desai · Sarjak Desai · Maryse Desaulniers · Paula Desautels · Emilie Desautels Tremblay · Julie Desbecquets · Angela Descalzi · Pierre Deschamps · Meghan Deschenes · Thomas Deschutter · Kathleen Desequera · Emilie Desforges · Corine Deshaies · Alexa Desjardins · Genevieve Desjardins · Joanne Desjardins · Dennis Deslauriers · Trudy Deslauriers · David Desnoyers-Zorko
Patricia Despatis · Angele Desrochers · Kim Desrochers · Marc-Andre Desrochers · Paul Desrochers · Chantal Desrosiers · Claude Desrosiers · Pauline Desrosiers · Patrick Dessaulles · Rodolphe Destombes · Jonathan Deutscher · Lorraine Deverall · Jonathan Devere-Ellery · Peter Devere · Lisa Devine · Mary Devine · Shaheed Deuji · Andrew Devlin · Brittany Devlin · Catharine Devlin · Jessica Devlin
Kimberley Devlin · Robert Devlin · John Devlin · Ingrid Devos · Nancy Devries · Paul Devries · Wilma Devries · Jeremy Dewaard · Bradley Dewar · Kalab Dewar · Kristina W. Dewar · Tammy Dewar · James Henry DeWeerd, Jr. · Anthony Dewell · Doreen Dewell · Malcolm Dewell · Joshua Dewey · James Dewinetz · Robert Dewingaerde · Antoinetta Dewit · Stephen Dewolf · Zahra Dewshi · Nasrat Deyab · Frank Deyell
Laura Deyell · Jonathan Deyoung · Nimratpal Dhadda · Jaspreet Dhadwal · Denise Dhalian · Ammanpreet Dhaliwal · Arman Dhaliwal · Balraj Dhaliwal · Deirdre Dhaliwal · Hardeep Dhaliwal · Harpreet Dhaliwal · Jatinder Dhaliwal · Maninder Dhaliwal · Navjit Dhaliwal · Pardeep Dhaliwal · Sandeepinder Dhaliwal · Shivdeep Dhaliwal · Tapinder Dhaliwal · Nashreen Dhalla · Harjeet Dhinjal · Neil Dholakia
Amberdip Dhami · Amrit Dhanda · Akber Dhanjee · Navneet Dhanoa · Robin Dhanoa · Ammanjit Dharni · Bobby Dhaul · Amanpreet Dhesi · Hardeep Dhesi · Mandeep Dhesi · Sandeep Dhesi · Dally Dhillon · Hanbir Dhillon · Hari Dhillon · Jagwinder Dhillon · Jaswant Dhillon · Navneet Dhillon · Poonam Dhillon · Ramandeep Dhillon · Raykha Dhillon · Shivinder Dhillon · Sumanpal Dhillon · Harjeet Dhinjal · Neil Dholakia
Pravinder Dhollivar · Siwen Di · Scott Di Domenico · Ferdinando Di Lorenzo · Angelo Di Placito · Jessica Di Tomaso · Francis Diakow · Asmaou Diallo · Alysha Diamond · Nicole Diamond · Deborah Dias · Henrique Dias · Thomas Dias-Jayasinha · Andy Diaz · Anthony Diaz · Robert Karl Diaz · Natalia Diaz Martin · Angel Diaz Tello · Suzette Dib · Deborah Dibble · Norman Dibnah · Agnes Dicastri · Michelle Dice · Robyn Dicesare
David Dick · Ruth Dick · Sandra-Mae Dick · Kristy Dickenson · Christopher Dickerson · Darren Dickey · Jonathon Dickey · John Dickie · Samuel Dickie · Beverley Dickinson · Robert Dickinson · Catherine Dickinson · Alison Dickman · Anita Dickson · Carol Dickson · Caroline Dickson · David Dickson · Glen Dickson · John Dickson · Margaret Dickson · Mary Dickson · Nancy Dickson
Nathan Dickson · Patrick Dickson · Richard Dickson · Teresa Dickson · Josef Dics · Nicholas Didlick · Miguel Dieguez · Bruce Diemert · Anh-Tuan Diep · Kathryn Diercke · Julian Diesel · Anne Delage · Jessica Delaney · Kevin Delaney · Lorraine Deverall · Jonathan Devere-Ellery · Peter Devere · Lisa Devine · Mary Devine · Shaheed Deuji · Andrew Devlin · Brittany Devlin · Catharine Devlin · Jessica Devlin
Heinz Dill · Carey Dillen · Corey Dilley · Carel Dillon · David Dillon · Christianne Dilloway · Andrew Dills · Constancia Dimaluta · Dianne Dimozantos · Katherine Dinelle · Leonard Diner · Georgi Dinev · Ah Yen Ding · Shuyi Ding · Carol Dinger · Karen Dingman · Stasy Dinh · Debra Dinon · Melanie Dion · Pierre Dion · Danny Dionne · Elaine Dionne · Marc Dionne · Alicia Diotte · Elizabeth Dipasquale
Paolo Dipersico · Moira Rachel Diprose · Justin Dirk · Maureen Dirksen · Michael Disalvo · Sukdave Disanjh · Douglas Dittmer · Mia Divac · Heather Dix · Anthony Dixon · Benjamin Dixon · Carol Dixon · Douglas Dixon · Erin Dixon · Marc Dixon · Marco Dixon · Margaret Dixon · Matthew Dixon · Neil Dixon · Richard Dixon · Sheila Dixon · Thomas Dixon · Denise Diy · Ed Jean Dizon · Ndonoji Djemateco · Ilija Djukic · Davor Djuric
Milijan Djuricic · Sladjana Djuricic · Nebojsa Djurkic · Phillip Djwa · Dagmar Dlab · Seneliswe Dlamini · Danielle D'Lima · Dominik Dlouhy · Larissa Dmytriw · Matthew Do · Nova Do · Thomas Do · Thuy-Trang Do · Tony Do · Michael Doak · Beverley Doan · Jennifer Doan · Kazuya Dobashi · Amanda Dobbie · Deborah Dobby · Peter Dobesch · Stephanie Dobler · Simona Dobreva · Helen Dobrovolny
Daniel Dobson · Ronald Dobson · Muriel Docking · Patricia Docking · Thomas Docking · Eric Doctor · Matthew Doctor · Christopher Dodd · Danielle Dodd · Joel Dodd · Judi Dodd · Nadina Dodd · Amanda Dodds · Peter Dodds · Jordana Dodek · James Dodge · Susan Dodge · Diana Dodyk · Margaret Doehler · Brieanne Doerksen · Gordon Doerkson · Arif Dogan · Nichole Doggett · Robert Doggett · David Doherty · Christine Doherty
Eugene Doherty · Jessica Doherty · Mark Doherty · Winston Doherty · Robert Dohnalek · Joanne Doidge · Anita Doig · Pamela Doig · Warren Doire · Debra Doiron · Jo-Anne Doiron · Katherine Doiron · Michel Doiron · Sherry Doiron · James Dolan · Luke Dolan · Lucie Dolbec · William Dolcetti · Veronica Dolenc · Kateryna Dolga · Ines Dolic · Jayson Doll · Ute Doll · Susan Dollmont · Katherine Dolmage · Robert Dolphin
E. Bruce Dolsen · Scott Dolson · Sharon Domaas · Gordon Doman · Matthew Domanski · Antonio Domdom · Darcie Domes · Krystyna Domes · Elizabeth Domingo · Tarra Dominguez · Sarah Domino · Brian Domney · Karen Donaghy · Elizabeth Donahoe · Cathy Donald · Helen Donald · Barry Donaldson · Mary Ann Donaldson · Ross Donaldson · Sven Donaldson · Tanya Donaldson · Toby Donaldson · Wendy Donaldson
Roland Donaleshen · Simon Donato · Luanne Doner · Huan Dong · Kelly Dong · Mengwen Dong · Shuo Dong · Tricia Dong · Zhao Dong · Gregory Donis · Tammi Donison · Tammy-Lee Donison · Myrna Donk · D'Andrea Donnell · Glenda Donnelly · Stephen Donnelly · Roscaila Donovan · Danielle Donville
Darlene Doogan-Smith · Holly Doolan · Melanie Dooley · Susan Dooley · Terrance Dooley · John Dooling · Leo Dooling · Lisa Dooling · Stewart Doonan · Christopher Doornbos · Amanda Dopson · Kelsey Dopson · Ken Doraty · Guy Dorchester · Mark Dore · Shane Dore · Nicolas Doré · Claude Dorey · Linda Dorey · Janelle Dorion-Forde · Nicola Dorken · Nancy Dorman · Stephen Dormer · Bonnie Dormuth
Wendy Dorn · Marjorie Dornan · Alexandra Doroshenko · Maureen Dorotich · Stephanie Dorsch · Landry Dorsett · Hilary Dorst · Nicole Dorval · Douglas Dorward · Robert Dorward · Angie Dosanjh · Shanda Dosanjh · Kristen Dostie · Debra Dotschkat · Jonathan Dotto · Philip Doty · Timothy Doty · Doreen Dotzler · Rodger Dotzler · Magda Doubkova · Joseph Doucet · Kevin Doucet · Patricia Doucet · Andrea Doucette
David Doucette · David Doucette · Kerry Doucette · James Dougan · Cheryl Dougherty · Robin Douglas · Bentley (Ben) Douglas · Charlotte Douglas · Chloé Douglas · Craig Douglas · Crystal Douglas · Dawn Douglas · James Douglas · Jeanne Douglas · Jenni Douglas · Julie Douglas · Kevin Douglas · Maureen Douglas · Patricia Douglas · Randall Douglas
Ryan Douglas · Steven Douglas · Suzanne Douglas · Sylvia Douglas · Taylor Douglas · Peter Douglas · Bryan Douglass · Rabindra Douglass · Jenny Dovichak · Devon Dow · Derek Dow · Donald Dow · Nellie Dow · Timothy Dow · Brent Dowdall · Roxanne Dowlatyaridowladtooost · Ashley Dowling · Nancy Downes · Deborah Downey · Mark Downey
Martin Downey · Patrick Downey · Scott Downey · Thomas Downey · Joan Downie · Natalie Downie · Elizabeth Downing · Ellie Downing · Kent Downing · Laura Downs · Christian Doyle · Christopher Doyle · Christopher Doyle · Joyce Doyle · Dan Doyle · Kathleen Doyle · Linda Doyle · Neil Doyle · Sheila Doyle · Steve Doyle · Sylvie Doyon · Yoko Dozono
Radu Dragan · Maria Drage · Steven Dragicevic · Francis Dragojevich · Mona Dragon · Constance Drake · John Drake · Todd Drake · Trisha Drake · William Drake · Brenda Draney · Jane Draney · Robert Draney · Bernice Draper · Naomi Drayton · Dawn Draper · Michelle Draper · Jeffrey Dressehuis · Jeremy Dressehuis · Jeremy Drew · Kate Drew · Matthew Drew · Sapphire Drew · Laura Drewery
Ronald Drewry · Deborah Driediger · Jeremy Drimer · Suzanne Drimmie · Richard Alexander Driscoll · Megan Driver · Roy Driver · Michal Drohme · Diane Drolet · Donal Dromey · Patrick Droste · Colleen Drost · Maire-Paule Drouin · Marie Drugeovoki · Nolan Drumm · Angel Drummond · Brenda Drummond · Paul Drummond
Robert Drummond · Taylor Drury · Peter Druskin · Heidi Drygas · Kristin Drygas · Donna Drynan · Derek Drysdale · Jesse Drzewiecki · Andrew D'Souza · Erubina D'Souza · Hannah D'Souza · Henry D'Souza · Joseph D'Souza · Melissa D'Souza · Rita D'Souza · ROhan D'Souza · Tricia D'Souza · Hoa Du · Jin Du · Le-Ming Du · Linda Du · Petrus Du Toit · John Dub · Lindsey Dubas · Ivan Dube · Sophie Dube · Elizabeth Dubeck
Courtney Dubienski · Philip Dubienski · Stephen Dubienski · Jeffrey Dubis · Audrey Dubois · Bradley Dubois · Denise Dubois · Gael Dubois · Mark Dubois · John Dubreuil · Daniel Dubreuil · Andrew Ducharme · Isabelle Ducharme · Kevin Ducharme · Clay Duchene · Sarah Duchesne-Trestle · Radek Duchon · Allison Duck · Daniel Duck · David Duck · Sandra Duck · Stephen Duck · Lorraine Duclos
SuZanne Duclos · Francoise Ducret · George Dudas · Lessia Dudas · Randolph Dudding · Jason Dudek · Brenda Dudfield · Frank Dudfield · Daniel Dudgeon · Brian Dudley · Claire Dudley · David Dudley · Rosemary Dudley · Tomas Dudley · Luther Dueck · Roselin Dueck · Rocio Duenas · Markus Duenzkofer · Bruce Duff · Jason Duff · Cara Duffield · Laura Duffin · Ann Duffy · Caitlin Duffy · John Duffy · Patrick Duffy · Susan Duffy
Pierre Duflon · Isabelle Duford · Julie Dufour · Leslie Dufour · Melanie Dufour · Patrice Dufour · Thomas Dufour · Kristine Dufrane · Jocelyn Dufresne · Heather Dufty · Karen Dufty · Ruth Dufva · John Dugan · Svetlana Dugan · Karin Duggan · Theresa Duggan · Jackoline Dugger · Catherine Dugoni · Francois Duguay · Grant Duguay · Slavisa Dujakovic · Amanda Duke · Anne Duke · Gary Jane Duke · Mary Jane Duke · Andrew Dukcan
Terry Dulaba · Inderjit Dulay · Jacqueline Dumaine · Edgar Dumandan · Johanna Dumas · Darren Dumba · Frederick Dumbleton · Gordon Dumbrell · Karen Dumlao · Paulino Dumlao · Alexandre Dumond · Judy Dumont · Michel Dumont · Tyler Dumont · Claude Dumontier · Yvan Dumoulin · Emma Dumrique · Ramona Dunahee · Heidi Dunbar · Kellie Dunbar · Sarah Dunbar · Andrew Duncan
Christopher Duncan · Graham Duncan · Heather Duncan · James Duncan · Jeremy Duncan · Joshua Duncan · Lindsay Duncan · Michael Duncan · Robert Duncan · Robert Duncan · William Duncan · Karen Dunfee · Charles Dunfield · Susan Dunfield · Peter Dung · Cheryl Dunham · William Dunlap · Samuel Dunleavy · Andrew Dunlop · Dugald Dunlop · Jeanne Dunlop · John Dunlop · Rachelle Dunlop · Brent Dunsford
Catharine Dunn · Gregory Dunn · Johnny Dunn · Margit Dunn · Mary Dunn · Max Dunn · Patricia Dunn · Patrick Dunn · Randall Dunn · Richard Dunn · Shaunee Dunn · Stephanie Dunn · Alan Dunne · Genevieve Dunne · Jeffrey Dunne · Katy Dunnet · Margo Dunnet · Robert Dunnet · Karen Dunnicliff · Eric Dunning · Sandra Dunning · Marcus Dunningham · Caitlyn Dunphy · Paul Dunphy · Andrew Dunsmore · Brent Dunsford
Farley Dunsmuir · Lisa Duong · Antoine Dupent · Mark Duperreault · Susan Duperreault · Peter Duyker · William Duyker · Jennifer Dwyer · Lisa Dwyer · Lissa Dwyer · Mary Dwyer · Catherine Dy · Mari Chris Dy · Rachel Dybenko · Heather Dybenko · Robert Dyck · Melanie Dutkiewicz · Ross Dutkiewicz · Andrew Dutot · Sylviane Dutrisac
Gordon Durocher · Janice Durocher · Patricia Durose · Daniel Durst · Perry Durrant · Gregory Durrell · Corinne Durso · Donald Durward · Lawrence Dushenski · Laureen Dusk · Michelle Dusio · Angela Duso · Vickie Dutcher · Lauren Dutchyn · April Dutheil · Claire Duthie · Terrie Duthie · Igor Dutina · Marek Dutkiewicz · Melanie Dutkiewicz · Ross Dutkiewicz · Andrew Dutot · Sylviane Dutrisac
Kathryn Dykeman · Steve Dykes · Arthur Dykstra · Carolyn Dymond · Renee Dymus · Robert Dynes · Michelle Dyrgas · Timothy Dyrgas · Vaughn Dyrland · Karen Dyson · Peter Dyson · Patricia Dziewior · Mikhail Dzuba · Tanis Eacott · Meredith Eadie · Kathleen Eagan · Tim Eager · Amanda Eagleson · Brett Eagleson · Sofhy Eam · Alexis Eapen · William Eaim · Brian Earle · Laurie Earle · Keri Earnshaw · Susan Earnshaw
Tronni Earnshaw · Anne Earthy · Richard Earthy · Kim Easdale · Matt Easler · Derrick East · John Eastman · Brenda Easton · Jason Easton · Nigel Easton · Carson Eastvold · John Eastwood · Brian Eaton · Stella Eaton · Candice Eb · Herbert Ebersbach · Anthony Eberts · Brian Eberts · Dale Ebner · Naazia Ebrahim · Sameie Ebrahim · Andrea Eby · Sophie Eby · Cynthia Ecclestone · Dan Ecklund · Deanna Eckstein
Elizabeth Eclancher · Tina Economopoulos · Sandra Eddie · Carolyn Eddy · Donald Eddy · Gordon Eddy · Heather Ede · Daniel Eden · Florian Eder · Gerhard Eder · Lee Ederer · Carey Ederman · Diane Edgar · Graham Edge · Darlene Edgell · Heather Edgerly Sward · Douglas Edgerton · Casey Edgeton · Jaci Edgeworth · Linda Edginton · Michael Editor · Mohamed Edmiston Iii · Nancy Edmonds · Tara Edmonds
Cheryl Edmondson · David Edmondson · Elaine Edmondson · John Edmondson · Timothy Edmunds · Beverley Edwards · BEverly Edwards · Bill Edwards · Charles Edwards · Christopher Edwards · Claire Edwards · David Edwards · Edward Edwards · Erin Edwards · Jeremy Edwards · John Edwards · Kaya Edwards · Marita Edwards · Mark Edwards · Michael Edwards · Michael Edwards · Pamela Edwards
Patricia Edwards · Penelope Edwards · Robert Edwards · Sandra Edwards · Shawn Edwards · Tammie Edwards · Victoria Edwards · William Edwards · Tiffany Edwardson · Johnny Edwin · Adele Eeckhout · Lisa Eeckhout · Erik Eeg · Elizabeth Effa · Tatiana Efimova · Valeriya Efimova · John Egan · Melissa Egan · Niall Egan · Patricia Egan · Patrick Egan · Ronald Egan · Monika Egger · Nigel Eggers
Gregory Eggert · Cary Eggertson · Thomas Egli · Brady Ehler · Katja Ehlers · Cinthia Ehmann · Ralph Ehrlich · James Eichenberg · Stacey Eichenberger · Brendan Eidse · Vidar Eilertsen · Don Eisele · Janice Eisele · Kurt Eiselt · Martin Eisenring · Renate Eisinger · George Eisler · John Eisma · Nur Eisma · Maja Eklund · Kathleen Ekroth · Emilio Ekuba · George Eland · Omar El-Assaad · Shahera Elbarbari · Cheryl Elborne
Jenee Elborne · Kristine Elborne · Lorne Elder · Lorne Elder · Susan Elder · Anna Eldredge · Zolzaya Eldev-Ochir · Dillon Eldredge · Dylan Elfert · Jeanette Elgas · Andrew Elias · David Elias · Carol Eliasson · Evangelia Eliopoulos · Charlene Elkas · Christopher Elkie · Ashley Elkin · Adam Ell · Madeline Ell · Matthew Ellam · Linda Ellenberger · Elizabeth Ellery
Matthew Elleway · Nihat Elli · Carolynn Elliot · Craig Elliot · James Elliot · Adrienne Elliott · Barry Elliott · Caitlin Elliott · Catherine Elliott · Donald Elliott · Geoffrey Elliott · Heather Elliott · James Elliott · James Elliott · Kathryn Elliott · Kendra Elliott · Martin Elliott · Pamela Elliott · Patricia Elliott · Virginia Elliott · Anna Ellis · Brenna Ellis · Brian Ellis · Cameron Ellis · David Ellis · Guy Ellis · Heather Ellis · James Ellis
Janet Ellis · Karl Ellis · Kenneth Ellis · Margaret Ellis · Mary Ellis · Michael Ellis · Peter Ellis · Rory Ellis · Shelley Ellis · Stephen Ellis · Damian Ellis-Clarke · Norman Ellis · Barbara Ellsworth · Gordon Ellwood · Kathleen Ellwood · Samer Elmasry · Joyce Elmore · Barbara Elms · Richard Elrick · Peter Elsaesser · John Elson · Rebecca Elvin · Nathan Elvins · Monika Elwert · Caroline Emanuel · Dmitry Emelyanov · Igor Emelyanov
Gail Emerick · Benjamin Emerson · Laure Emery · Bijoud Emilcar · Michael Emin · Giuseppe Emmanuele · Leah Emmott · Allen Emond · Christopher Emond · Rock Emond · Allison Empey · Shain Empey · Justin Endaya · Melville Endelman · Heather Enders · Scott Enders · Georgina Enderson · Anthony Endrizzi · Carol Endrizzi · John Enever · Lars Olof Enfeldt · David Eng · Dora Eng · Elaine Eng · Harry Eng
Jonathan Eng · Kelly Eng · Lolita Eng · Nancy Eng · Rita Eng · Sylvia Anne Enga · Christine Engel · Susan Engelbrecht · Peter Enghoim · Denise Engiand · Evelyn Englehartson · Britta Engljahringer · Allyson English · Brenda English · Janet English · Nakia English · Tod English · Natalie Englmann · Jason English
Christie Englouen · Huey Englouen · Dianne Engman · Peter Engquist · David Engstrom · Cheryl Ennis · Susan Ennis · Jeffrey Ennis · William Enns · Heather Enns · Henry Enns · Jeffrey Enns · William Enns · Mayumi Enokimura · Susan Enright · Christely Enriquez · Michael Enriquez · Brandon Ensom · Holly Ensom · Alison Ensworth · Aho Entesarian · Richard Entwisle · Robert Entwistle · John Enwright · Ilze Epners · Vilnis Epners
Maria Epondulan · Arlene Epp · Brenda Bear Epp · Brian Epp · Jamie Epp · Karyn Epp · Rudolf Epp · Shannon Epp · Susan Epp · Wendy Epp · Sandra Lynn Epplett · Georgeta Epuran · Doreen Erb · Myles Erb · Andrew Erdely · Christopher Erdmann · Warren Erhart · Rudi Ericksen · Arnold Erickson · Dean Erickson · Aldona Eriksson · Aldona Eriksson · Heinz Erlam · Alyssa Erlicksman-Wayman · Eleanor Erickson
Peter Erksen · Dale Erikson · Kristian Eriksson · Maria Espiritu · Deborah Esselting · Robin Esseltine · Andrea Esson · Catharine Esson · Yull Estby · Jason Esteban · Lamieh Esteghlalian · Hilary Estergaard · Omer Esteron · Andrea Esteves · Lilian Estevez-Cabezas · James Estey · Joere Estremadura · Sumie Etani · Jennifer Etherington · Corinne Ethier · Richard Etkin · Madeline Eto · Christopher Etsell · Kim Ettinger
Heidi Eugster · Alison Eustache · Kevin Evanovici · John Evanochko · Cameron Evanoff · Carol Evans · Catherine Evans · Cheryl Evans · Christine Evans · David Evans · Dianna Evans · Heather Evans · Jack Evans · Jeanette Evans · Jordann Evans · Katharine Evans · Keith Evans · Kelly Evans · Laura Evans · Robert Evans · Russell Evans · Sherri Evans · Simon Evans · Stefan Evans · Tanya Evans · Tessa Evans · Williams Evans
Heather Evens · Earl Everall · Walter Everall · Michelle Everets · Andrew Everett · Janna Everett · Marilyn Everett · Timothy Everett · Victoria Everett · William Everett · Kimberly Evering · Richard Evers · Annemarie Eversmeyer · Steven Eversmeyer · Sean Eves · Letitia Evison · Rhiannon Evison · Kelly Evjen · Mark Evjen · Caroline Ewald · Matthew Ewan · Robert Ewanuk · Christina Ewart · Gregory Ewart · Patricia Ewart
Alastair Ewen · Paul EwEn · Zara Ewert · Wallace Ewert · Jennifer Ewing · Noriko Ewing · Suzanne Ewing · Lindsay Exley · Julie Eyers · Albert Ezaki · Christine Ezard · Leonids Ezerins · Alexandre Fabel · Hendrika Faber · Kyra Faber · Marc Faber · Tina Fabiano · Kent Fabian · Alistair Fabius · Elena Facchin · Danny Facella · Colby Fackler · Jacqueline Fackoury · Brian Fader · Justine Fafard · Thomas Fagan · Lynda Fahrmann
Sarah Fahrmann · Muriel Faienza · Anna Fainberg · Charmeine Faiola · Christopher Fair · Cynthia Fair · David Fairbairn · Leslie Fairbairn · Colin Fairbank · Shea Fairbanks · Victoria Fairhurst · Katherine Fairley · Linda Fairley · Pauline Fairley · Brendan Fairs · Jan Fajth · Renata Falanque · Francesco Falco · Jason Falco · Cameron Falconer · Mary Falconer · Sandra Falconer · Deborah Fales · Jason Fales · Rachel Fales
Marlene Falk Skowronski · Ryan Falkenberg · Cori-Lynn Falkins · Janice Falkner · Noel Falkner · Barbara Fallis · Stephanie Fallis · Agnes Fallon · Jamie Fallon · Karen Fallon · Mary Fallon · Robert Falls · Ryan Falls · Diana Fan · Hao Fan · Jun Fan · Li Fan · Wei Fan · Edward Fang · Kai Fang · Elizabeth Fanning · Michael Fanning · Shaghayegh FannizaDeh · Paolo Fantoni · Beverly Fanzega · Jasmine Farah · Paolo Faraone · Murray Farbridge
Nelly Fargeon · Andrew Faria · Jennifer Farinha · Sharon Farinha · Claudette Farion · Andrea Farley · Harriet Farley · Patrick Farley · Danielle Farmer · Michael Farnden · Stephen Farnden · Kathrine Farnell · Elizabeth Farnham · Fay Farnworth · Verian Farnsworth · Edmundo Farolan · Kyla Farquhar · Lisa Farquhar · Brian Farrance · Margaret Farrand · Guy Farrell · Henrietta Farrell · Lisa Farrell · Lizanne Farrell · Matthew Farrell
Stephen Farrell · Irene Farrelly · Patricia Farrelly · Janet Farrier · Janet Fraser · Janet Fraser · Karen Fraser · Rashidali Fatehali · Gary Faubert · Philip Faubert · Jean-Philippe Faucher · David Faucher · Eric Faulkner · Susan Fauquier · Leo Faure · Christopher Fauret · Brenda Faux · Colleen Faux · John Faux · Andrew Fawcett · Bryan Fawcett · Judith Fawcett · Kelly Fawcett · Briony Fay · Lauree Fay · Christian Fazackerley · Maria Fazackerley · Nadia Fazal · Fareed Fazeloni · Fiorella Fazi · Sheila Fea · Terry Feagan · Jordan Fearis · Blair Fearey · Shelley Fearnley · Robert Featherstone · Gina Fedalto · Gina Fedor · Gillian Fedechko · Timothy Fedel · Bradley Federal
Janice Federal · Patricia Federer · Carole Federico · Enzo Federico · Nancy Fedeyko · Gail Fedyk · Joanna Fedjur · John Fedoruk · Matthew Fedoruk · John Alexander Fedy · Larry Fedyk · Carol Fee · Pacifica Fee · William Fee · Stuart Feener · James Feeney · Patrick Feeney · Heidi Feerstra · Mark Feehan · Heidi Fee · Sylvia Curtis · Chris Cusano · Susan Cush · John Cushing · Peta Cussell · Marie-Elaine Cusson
Stefan Feldmann · Ulrike Felgenhauer · Kathryn Feliks · Gerich Fellermann · Larissa Felli · Gwendolyn Fellowes · Harvey Fellowes · Christopher Fellows · Matthew Fellows · Dana Felske · April Fennelly · Gail Fenneman · Warren Fennell · Jennifer Fenn · Michael Fenn · Jacqueline Fenn · Mathilde Fenn · Valerie Fennn · Paul Fennessey · Jason Fentiman
Connie Fenton · Patricia Fenton · Robyn Fenton · Sharon Fenton · Thomas Fenton · William Fenton · James Fenyedi · Marilyn Fera · Shannon Fera · Dexter Fergie · Brittany Ferguson · Conor Ferguson · David Ferguson · Elizabeth Ferguson · Emily Ferguson · Eng Cheng Jane Ferguson · Frances Ferguson · Gordon Ferguson · Heather Ferguson · Roberta Dallin · Barry Dalton · Amelia Daly · Andrew Daly
Michelle Ferguson · Patricia Ferguson · Randall Ferguson · Stuart Ferguson · Tanya Ferguson · Timothy Ferguson · Joannie Ferland · Paul Ferley · Charmaine Fernandes · Clinton Fernandes · Joseph Fernandes · Kara Fernandes · Keith Fernandes · Marisabel Fernandes · Alleen Fernandez · Daniel Fernandez · Diana Fernandez · Guillermo Fernandez · Daniel Fernandez · Diana Fernandez · Fernando Fernandez · Lynn Ferguson
Valerie Fernandez · Fredrick Fernholt · Alida Fernhout · Marco Ferrari · Theodore Ferrato Iii · Michael Ferreira · Nicola Ferri · Sandra Fesiuk · Una Fester · Jason Fesyk · Eric Fettes · Mario Feuerbach · Matthew Fevens · Maxime Fevre · Patricia Fiala · Ana Maria Fialho De Araujo · Andrew Peter Fickling · Carly Fiddler · Djuna Field · Janine Field · Nicholas Field · Patricia Field · Ronda Field · Stephen Field
Teresa Field · Matthew Field · Margaret Fielden · Aleczander Fielding · David Fielding · Terry Fielding · Juan Fierro Bueno · Alistair Fife · Helen Fifield · Alan Figot · Michael Figueroa · Nenelo Figueroa · Patricia Filan · Pasqualina Filenzi · Christine Filer · Diana Filer · Rachel Filiatrault · Claude Filion · Jean-Francois Filion · Cindy Filipenko · Jason Fillatre · Alexander Filler · Francis Fillion · Graham Finch
Janet Finch · Peter Finch · Elise Finch · Carol Anne Finch-Noyes · Kai Findeisen · Richard Findlater · David Findlay · Jody Findlay · Natasha Findlay · Shanna Findlay · Sheldon Findlay · Elizabeth Findlay-Shiras · Cheryl Finder · Nicole Findley · Vladimir Findra · Maryvir Fines · Daniel Fingerhut · Ian Fingler · Elizabeth Finkenwirth · Josef Finkler · Carolyn Finlayson · Natalia Finlayson · Brian Finley · Bruce Finley · Judy Finley
Peter Finley · Jeremy Finn · Cynthia Finnamore · Sean Finnan · D'Arcy Finnegan · Neysa Finnie · Cameron Finnigan · Iveta Finnson · Sally Finora · Loreen Finsten · Enrico Fionda · Francesca Fionda · Michael Fiore · Tony Fiorentino · Bugra Firat · Steven Firlotte · Beata Fischer · Christian Fischer · Gabriel Fischer · Gertrud Fischer · Joanne Fischer · Jodi Fischer · Kristina Fischer · Marshal Fischer
Michelle Fischer · Milan Fischer · Leander Fischler · Julie Fiset · Christopher Fish · Tanya Fish · Brian Fishbook · Brett Fisher · Carrie Fisher · Christopher Fisher · David Fisher · Debra Fisher · Devon Fisher · Elizabeth Fisher · Gillian Fisher · Hilary Fisher · Iain Fisher · Jesse-Jo Fisher · John Fisher · Kelly Fisher · Lois Fisher · Renee Fisher · Richard Fisher · Robert Fisher · Sharon Fisher · Sharon Fisher
Patricia Fitz-Patrick · Guy Fitz · Irene Fix · Andrea Fixa · Jack Fizer · Katherine Flad · Talguia Flake · Reagan Flaherty · Niamh Flanagan · Catherine Flanagan · Darryl Flasch · Lucille Flavelle · Charles Fleck · Patricia Flecks · Brenda Fleeton · Ann Flegel · Bruce Fleming · Christina Fleming · Christine Fleming · James Fleming · Jeff Fleming · Justin Fleming · Kyoko Fleming
Mackenzie Fleming · Tyler Fleming · Arthur Flemmer · Jeanette Flemmer · Delwin Flesch · Sarah Flesch · Christopher Fletcher · Frederick Fletcher · Jacqueline Fletcher · Joanna Fletcher · Lorne Fletcher · Michael Fletcher · Nina Fletcher · Robert Fletcher · Ronald Fletcher · Dale Flewer · Lynn Flewwelling · Alesia Flint · Clinton Flint · Rosa Flinton-Brown · David Flitton · Brett Flodin · Gregory Flock · Madeline Flood · Nancy Flood
Sonya Flood · Madeline Florczak · Joel Florecki · Christine Florence · Johnny Flores · Jonathan Flores Alpirez · John Florin · Margaret Florio · Charles Flowers · Richard Floyd · Michael Flaen · Dan Fleng · Nu Neng · Dan Feng · Phillip Feng · Anne Flynn · Kevin Flynn · Yvette Flynn · Martin Fobe · Catherine Focht · Susan Fockler · Dorritta Fode · Sandra Fodor · Janis Foerster · Dmitri Fofonoff · Joan Fogarty · Jay Fogel
Nicole Fok · Jonathan Foley · Tanya Foley · Gaye Folker · Mats Folkesson · John Folland · Stacey Follis · Mariagrazia Follo · Marcela Foltanova · Murray Foltyn · Elena Fominykh · Kim Fong · Michael Fong · Ariella Fong · Daphne Fong · Jason Fong · Jennifer Fong · Jo Ann Fong · John Fong · Katherine Fong · Kingsley Fong · Matthew Fong · Kelly Fong · Stephen French · Terra Fox · Wendy Fox · Carly Fox
Patrick Fong · Paul Fong · Pineby Fong · Raewyn Fong · Rosanna Fong · Wynne Fong · Vicki Fong · Alessia Fonsatti · Diane Fontaine · Francis Fontaine · Judy Fontaine · Marianne Fontaine · Nicole Foofat · Sabina Foofat · Alison Foot · Alicia Foote · Claire Foran-Swinkels · Barrie Forbes · Brian Forbes · Cathy Forbes
David Forbes · Mathieu Forcier · Amy Ford · Anita Ford · Caray Ford · Christopher Ford · Cynthia Ford · Diane Ford · Donald Ford · Erin Ford · Marianne Ford · Veronica Ford · Edwina Fordyce · Allison Foreman · Jolene Foreman · Nancie Foreman · Lisette Forestell · Joan Forewell · Michelle Forge · Dino Forlin · Brett Forman · Katerina Formosa · Jocelyn Formosa · Massimo Fornasier
Leonard Fornell · Neil Forney · Christine Fornier · Ian Fornshell · Shirin Foroutan · Charles Forrest · Krystal Forrest · Laura Forrest · Michael Forrest · Virginia Forrester · Debbie Forsey · Maridy Forsey · Brittney Forslund · Darrien Forst · Melanie Forst · William Forsyth · Beata Forsyth · Margaret Fry · Nadyia Fry · Carly Fryer · Elyse Fryer · Mary Frymoyer · Robert Frymoyer · Alice Fryzuk · Christopher Fu · Guangong Fu · Megan Fu · Christophe Fudge
Denis Fortin · Gregoire Fortin · Lawrence Fortino · Catherine Fortin-Plante · Lindsay Fortner · Desiderio Fortunato · Eileen Forward · Melissa Forziat · Patricia Fosbrook · Kirsten Fosli · Ed Foss · Karen Foss · Andrea Foster · Barbara Foster · Ben Foster · Chiquita Foster · Della Foster · Heather Foster · Karen Foster · Katie Foster · Kayla Foster · Kristina Foster · Mason Fulton · Nancy Fulton · Sarah Fulton
Tara Foster · Tracy Foster · Judith Foster · Judith Fothergill · Shelley Fotsch · Emanuel Foucault · Achilles Foufoulas · Robert FoulkeS · Brad Foulkes · Douglas Foulkds · Robert FoulkeS · Kimberly Fournel · Claude Fournier · Gilda Fournier · Mariel Fournier · Alison Fournogerakis · Kara Fowkes · Carol Fowler · Marc Fowler · Joanne Fox · Joann Fox · Laurie Fox · Linda Fox · Nicholas Fox · Rosemary Fox · Sara Fox · Warren Fox · Will Fox · Courtney Foxgord
Kyle Fowler · Lucas Fowler · Malcolm Fowler · Mallory Fowler · Mary Fowler · Mary-Ann Fowler · Meredith Fowler · Neil Fowler · Paula Fowler · Emma Fowler-Jobo · Dianne Fowlie · James Fowlie · Charles Fox · Deborah Fox · Eugene Fox · Jarrod Fox · Jennifer Fox · Jill Fox · Joanne Fox · Joann Fox · Laurie Fox · Linda Fox · Nicholas Fox · Rosemary Fox · Sara Fox · Warren Fox · Will Fox · Courtney Foxgord
Meredith Foxgord · Christopher Foxon · Patrick Fraenkel · Chris Fralin · Deborah Fral · Stephanie Fralic · Chris Frampton · Marco Francacio · Valerie Frances · Jessica Franchi Roszak · Alysia Francis · Anne Francis · Eugene Francis · Grace Francisco · Joel Francisco · Nestor Franco · Yvonne Francisco · Gregg Franco · Milena Franco · Cindy Francico · Jessica Franco · Nicole Francoeur · Tricia Francis
Jodi Francks · Donna Franco · Denise Francoeur · Carmel Frank · Justin Frank · Paula Frank · Susan Frank · Robert Franke · Craig Franklin · Becky Franklyn · Chris Franks · Naomi Franks · Paul Franks · Amanda Frantz · Kristian Frantzen · Ole Frantzen · Delores Franz Los · Luisa Franzke · Julie Frappier · Alan Fraser · Angus Fraser · Christopher Fraser · Debra Fraser
Debra Fraser · Joy Fraser · Jonathan Freeman · Hannah Freeman · James Freeman · Jeremy Freeman · Jude Freeman · Kevin Freeman · Mark Freeman · Nicole Freeman · Petra Freeman · Harold Frederiks · Anna-Lisa Frederiksen · Michelle Frederete · Cassandra Frederick · Andrew Free · Jennifer Free · Laura Freedahl · Betty Mae Freedman · Lisa Freedman · Amy Freedman · Allan French · Bruce French · Kevin French · Mary French · Sheila French · Stephen French · Terra Fox
George Freer · Kenneth Freestone-Swallow · Barbara Freeze · Victor Frei · Philip Freiberger · Maurice Freitag · Soha Frem · Celine Fremeau · Eric Fremont · Sebastien Fremont · Elsie Frempona · Allan French · Bruce French · Kevin French · Mary French · Sheila French · Stephen French · Jude Freeman · Kevin Freeman · Mark Freeman · Nicole Freeman · Petra Freeman · Rachel Freeman
Verner Frick · Murray Frid · Shelley Fridfinnson · Michael Friedman · Randy Friedman · Tanya Friedman · John Friesel · George Friesen · Greg Friesen · Randy Friesen · Sharron Friesen · Shoriko Friesen · Diane Friend · Debra Friendly · Carlie Friesen · David Friesen · Dwayne Friesen · Erica Friesen · Gordon Friesen · Ilana Friesen · Margo Friesen · Matthew Friesen · Thomas Frith
Matthew Friesen · Tim Friesen · Lionel Friess · Jill Friis · Aila Frisman · Toby Frisk · Silvana Friske · Logan Frison · John Friswell · George Frith · Shelagh Frith · Walter Frith · Jennifer Fritz · Marcus Fritz · Joseph Frizzell · Scott Frizzell · Deborah Frketich · Frank Frketich · Katherine Froats · Bruce Froberg · Charles Froehlich · Sylvia Froescul · Amanda Frose · Ernest Frose · Courtenay Frosh · Thomas Frosh
Elizabeth Fromhold · Marius Froissart · Anne Fronteddu · Scott Froom · Hal Froot · Adam Frost · Christina Frost · Martina Frostad · Karl Frostrup · Peter Frumento · Cory Fry · Deborah Fry · Margaret Fry · Nadyia Fry · Carly Fryer · Elyse Fryer · Mary Frymoyer · Robert Frymoyer · Alice Fryzuk · Christopher Fu · Guangong Fu · Megan Fu · Christophe Fudge
Karla Fuentes-Rivera · Brian Fugard · Leslay Fugeta · Lynda Fugger · Jeffrey Fuhrman · Ken Fujimori · Midori Fujino · Kimberley Fujisawa · Nobuyuki Fujisawa · Ninji Fukuhara · Emiko Fukui · Heather Fulcher · Karin Fulcher · Kay Fulford · Alexis Fulks · Sally Fullbrook · Sam Fullbrook · John Fuller · Benjamin Fullerton · Karl Fulton · Ellen Fulton · Kimberly Fulton · Mason Fulton · Nancy Fulton · Sarah Fulton
Thomas Funch · Darrell Fundytus · Alice Fung · Carlen Fung · Christine Fung · Daniel Fung · Darrel Fung · Eric Fung · Hing Ling Fung · Kathryn Fung · Kenneth Fung · Kristin Fung · Leo Fung · Michelle Fung · Pui Yin Fung · Ryan Fung · Stanley Chung Wei Fung · Tilak Fung · Esther Fung · Fyten · Nikhil Gaba · Monica Gabec · Ryan Gabel · David Gabel · Ruby Gabonia · Audrey Gabi · Emily Gable · Andreas Gabor
Robin Furfy · Patrick Furey · Crystal Furgala · Devon Furgala · George Furgala · Kelsey Furk · John Furlong · Matt Furlot · Matthew Furney · Bev Furniss · Gerry Furseth · Debbie Furtado · Barbara Fus · Veronika Fus · Lisa Fussell · Stacey Fussell · Ryan Fussey · Thomas Fydell · Blair Fyten · Nikhil Gaba · Monica Gabec · Dena GaBBassova · David Gabel · Ruby Gabonia · Audrey Gabi · Emily Gable · Andreas Gabor
Jonathan Gabriel · Raffaele Gabriele · Stephanie Gabriel-Ryan · Brynna Gabrielson · Mia Gabrielson · Lisa Gach · Ihor Gadacz · Irene Gadacz · Yves Gadbois · Michelle Gadd · Diane Gaddie · Leona Gadey · Lynn Gadsby · Kevin Gaehm · Shari Gaerber · Myriam Gaertner · Kevin Gaetz · Carolyn Gaff · Catherine Gage · Darlene Gage · John Gage · Susan Gage · Utta Gagel · Carissa Gagne · Cynthia Gagne · Henry R Gagne
Sylvain Gagne · Catherine Gagné · Louis Gagné · Sébastien Gagné · Guillaume Gagne-Emond · Sherry Gagnier · Arthur Gagnon · Daphne Gagnon · Denis Gagnon · Donald Gagnon · Enrick Yvon Gagnon · Hervé Gagnon · Matthew Gagnon · Monika Gagnon · Robert Gagnon · Lee Gahr · Patricia Gahr · Emma Gaiger · Anthony Gaigg · Bradley Gainer · Lecettia Gainer · James Gaines · Sharleen Gairdner · Carol Gairns

Eric Gaisford · Lynda Gaisson · Clarissa Gajadhar · Vana Gala · Benjamin Galambos · Debra Galandzy · Ryan Galang · Katrina Galas · Michael Galasso · Valerie Galat · Bernardo Galaz · Daniel Galbraith · Karen Galbraith · Tricia Galbraith · Alexis Galdamez · Leanne Galdamez · Hannah Gale · Matthew Gale · Wendy Gale · April Galenzoski · Lilia Galeon · Jorge Galindo · Sylvie Galipeau Lapierre · Karissa Gall · Robert Gall ·
Rosa Gallacher · Audrey Gallagher · Benjamin Gallagher · Robert Gallagher · Susan Gallagher · Kevin Gallant · Lynda Jeanette Gallant · Philippe Gallant · Pierre Gallant · Aubry Gallant · Dan Gallaugher · Jane Galley · Margaret Galley · Ronald Gallinger · Maria Gallo · Emerenciana Galo · Gregory Galpin · Rosemary Galte · Jan Galvez · Marvin Galvez · Allan Gamble · Colleen Gamble · Dorothy Gamble ·
Lisa Gamble · Susan Gamble · Richard Gammer · Catherine Gan · Necitas Ganal · Mairee Gandera · Anjena Gandham · Roshankumar Gandhi · Tracey Ganert · Amanda Gangoso · Gary Gann · Kimberly Gannon · William Gannon · George Gans · Hertha Gans · Mackenzie Gans · Lawrence Ganson · Sridevi Ganti · Melissa Ganzeveld · Jing Gao · Qing Gao · Xiang Peng Gao · Pierre Garand · Stephanie Garant-Jones ·
Stephanie Garbaczewski · Shandra Garbe · Philipp Andreas Garber · Kristy Garbutt · Giuseppe Garcea · Jasbir Garcha · Jasmine Garcha · Navpreet Garcha · Anthony Garcia · Carlene Garcia · Deborah Garcia · Emmanuel Garcia · Frances Garcia · Jessica Garcia · Jessica Garcia · Kathryn Garcia · Richard Garcia · Susana Garcia · Zenaida Garcia · Norma Garcia Villamizar · Kristen Gardam · Simon Gardam · Jane Garden · Nicole Garden ·
Alison Gardiner · Anthony Gardiner · Anthony Gardiner · David Gardiner · Deborah Gardiner · Debra Gardiner · Gary Gardiner · Ian Gardiner · Kyle Gardiner · John Gardiner · Jonathan Gardiner · Laura Gardiner · Lynne Gardiner · Patrick Gardiner · Bonnie Gardner · Caryn Gardner · Cecile Gardner · Glenn Gardner · Karen Gardner · Karen Gardner · Penny Gardner · Peter Gardner · Robert Gardner · Annie Gareau · Robert Garf ·
Sandra Garfinkel · Arun Garg · Pooja Garg · Raphael Gariepy · James Garland · John Garland · Tanya Garland · Betony Louise Garner · Charlene Garnett · Ryan Garnett · Tyler Garnham · Giselle Garnier-Collins · Vernon Garraway · Avery Garrett · Brenda Garrett · Karina Garrett · Linda Garrett · Phillip Garrett · Robert Garrett · Corina Garriock · Irma Garriock · Robin Garriock · Shane Garrity · Scott Garrod · Shauna Garside ·
Amy Garthwaite · Pamela Garton · Christine Gartshore · Julie Garvey · Jennifer Garvie · Robert Garvie · Benjamin Gaski · Carrie Gaskin · Dorita M. Gaspar · Jenny Gasparini · Marcel Gasparovic · Elizabeth Gass · Rodney Gass · Edward Gassman · Gina Gassman · Ian Gastonguay · Janice Gatenby · Clifford Gates · David Gates · Janet Gates · Lynda Gates · Mary Gates · Joseph Gatien · Patrick Gatien · Akshay Gattani ·
Mariana Gatzeva · Brian Gaudet · Curtis Gaudet · Jacqueline Gaudet · Ronald Gaudette · Judith Gaudin-Riese · Ghislain Gaudreault · Marc Gaudreault · Tyler Gaudry · Glenn Gaukel · Helen Gault · Niall Gault · Alana Gaumont · Catherine Gaunt · Allan Gauthier · Christian Gauthier · Jean-Francois Gauthier · John Gauthier · Julie Gauthier · Louise Gauthier · Michelle Gauthier · Mike Gauthier · Nicole Gauthier · Richard Gauthier ·
Nancy Gauthier-Ouellet · Martin Gautrey · Ryan Gauvin · Staci Gauvreau · Irina Gavala · Rylan Gavan · Roy Gaviola · Gorana Gavrilov · Anna Gavrilova · Benjamin Gaw · Elyse Gawley · Anna Gawlowska · Julie Gay · Megan Gayda · Timothy Gayda · Michael Gaylie · Cori Gayton · Penny Gayton · Paul Gaze · Janis Gazley · Juliet Gazzi · Gerald Gbardy · Danjuan Ge · Wenzhen Ge · Christopher Gear · Ida Geary · Andrew Geddes ·
Colin Geddes · Maria Theresa Geddes · Paul Geddes · Robert Geddes · Stacy Geddes · Timothy Geddes · Vanessa Geddes · Rodney Geddis · Oksana Gedz · Carlton Gee · Melanie Gee · Richard Gee · Sandra Gee · Shirley Gee · Penelope Geer · Renea Geers · Michael Gegg · Kristi Gehon · Kari Geier · Daryl Geisheimer · Barbara Geisler · Katharina Geisser · Anja Geithner · Nancy Gelin · Derrick Gelinas · Michel Gelinas ·
Danielle Gelineau · Colleen Gellatly · John Geller · Florence Gelly · Rocky Gelomio · Alice Gelormino · Gino Gemma · Ramazan Gencay · Chloe Gendron · Linda Gendron · Verna Gene · Michael Genereux · Yannick Gentes · Lesley Geoghegan · Martin George · Michele George · Pearl George · Peter George · Tammy George · Timberly George · Sheila George Moozhayil · Iavor Georgeff · Daniel Georges · Mihai Georgescu ·
Janice Georgy · Leonhard Gerds · Regina Gerds · Judith Gerein · Raymond Gerein · Antje Gereke · Christine Gergich · Gerald Gerhardt · Marc Gerin · Carling Gerlinsky · Lauralee Germain · Angela Germann · Aurélie Germann · Pagona Gerosideri · Jaxon Gerrard · Lorraine Gerrard · Marc Gerrard · Angelika Gerry · Jordan Gerster · Sherry Gerstl · Michelle Gerstman · Jacqueline Gert · Marlene Gervais · Monica Gervais ·
Richard Gervais · Giuseppina Gerwin · Elisa Geselev · Jean Gettle · Ronald Gettling · Patricia Getty · Patricia Getzie · Thomas Getzie · Jim Gevers · Parmvir Ghag · Subaig Ghag · Pouria Ghahari · Pamela Gharbians · Azadeh Ghassemi · Savijt Ghataurah · Taimur Ghaznavi · Orod Ghazvini · Vlad Ghelesel · Shilan Gherezghiher-Tekie · Stefan Gherghinoiu · Dianne Ghersini · Manoosh Gheyssen · Stefania Ghezzi ·
Natalie Ghobrial · Masood Ghofraniha · Michael Ghorayeb · Katelin Ghormley · Dilpreet Ghtaura · Lori Giacoletto · Paula Giammarino · François Gianada · Guendalina Gianfranchi · Michele Giannelli · Thomas Giannelli · Giorgio Giannotti · Patrick Giasson · Raegan Gibb · Beryl Gibbings · Agatha Gibbons · David Gibbons · Albert Gibbons · Emma Gibbons · Katherine Gibbons · Kathleen Gibbons · Patrick Gibbons · Stephanie Gibbs · Kristin Giblett ·
Aaron Gibson · Aldred Gibson · David Gibson · David Gibson · Debbie Gibson · Deborah Gibson · Jemma Gibson · John Gibson · Laura Gibson · Margaret Gibson · Michael Gibson · Michelle Gibson · Ruth Gibson · Sandra Gibson · Sandra Gibson · Sean Gibson · Sean Gibson · Vera Gibson · Jasraj Gidda · Tarvinder Gidda · David Giddings · Henry Giegerich ·
Bradley Giesbrecht · Gregory Giesbrecht · Jeannette (Jean) Giesbrecht · Juanita Giesbrecht · Levi Giesbrecht · Peter Giesbrecht · Hazel Giese · Karl-Heinz Gieseler · Amanda Giesler · Lyle Giffin · Damon Gignac · Andre Giguere · Michael Gilbert · Aimee Gilbert · John Gilbert · Lois Gilbert · Madeleine Gilbert · Marit Gilbert · Sylvie Gilbert · Heather Gilbert · John Gilbreath · Alexandra Gilchrist · Angus Gilchrist · Donna Gilchrist ·
Mark Gilchrist · Murray Gilchrist · Nancy Gilchrist · Peter Gilchrist · Wayne Gilchrist · Jillian Gilday · Brenda Gilding · Gwen Gildroy · Donald Giles · Jennifer Giles · Justin Giles · Linda Giles · Michaela Giles · Richard Giles · Roxie Giles · Tristan Giles · Maureen Gilgunn · Kimberly Gill · Adam Gill · Amanda Gill · Balbir Gill · Dave Gill · Davinder Gill · Devinder Gill · Gaganjit Gill · Gurpreet Gill · Imran Gill ·
Jagdip Gill · James Gill · James Gill · Jennifer Gill · Karleen Gill · Kathleen Gill · Kirsti Gill · Narinder Gill · Raman Gill · Raveena Gill · Rupinder Gill · Sharandeep Gill · Sunjyot Gill · Surgit Gill · Talminder Gill · Tara Gill · Norma Gillan · Jennifer Gillard · Catherine Giller · Jennifer Gilles · Christene Gillespie · Karen Gillespie · Pam Gillespie · Patrick Gillespie · Katrina Gillett ·
Marion Gillett · Ann Gillies · Bruce Gillies · Cindy Gillies · Mary Ann Gillies · Michelle Gillies · Susan Gillies · Timothy Gillies · Crystal Gillingham · David Gillis · Dianne Gillis · John Gillis · Lori Gillis · Melinda Gillis · Sherry Gillis · Dana Gillman · Daniel Gillmore · Segun Gilloh · Wilbur Gilmore · Alexander Gilmour · Barbara Gilmour · Amanda Gill · Balbir Gilmour · Matthew Gillespie · Pam Gillespie · Patrick Gillespie · Troy Gimbel ·
Daniela Gimenez · Jose Gimeno Raga · Susan Gimse · Jack Gin · Stephanie Gin · Eric Gindlesperger · Linda Gines · Sharon Ginetz · Pamela Ginger · Isabella Gingles · Christian Gingras · Leandre Gingras · Margaret Gingras · Jared Ginter · Laura Ginter · Rachel Giovanoli · Carmen Girard · Catherine Girard · Daniel Girard · Silvano Girard · Vincent Girardin · Ralph Girdis · Sonia Girn · Pierre-Adrien Giroguy · Linda Girotto · Cheryl Giroux ·
Dianna Glanous · Etienne Giroux · Genevieve Giroux · Renald Giroux · Jeff Girvan · Tamara Gisem · Carolina Gislason · Elin Gismondi · Michael Gismondi · Christos Gitersos · Linda Giusti · Bart Given · Carol Gives · Percival Gives · Clarence Gjesdal · Gail Gjos · Richard Gjos · Anya Glad · Irina Gladkikh · Ella Gladstone · Melita Glanville · Elizabeth Glaser · William Glaspey · Hugh Glass · Irina Glass · Niall Glass · Marylee Glassford ·
James Glasson · Daniel Glavind · Matthew Glavind · Anthony Glazebrook · Priscilla Glazier · Ulla Glazier · Daniel Gleadle · Bridget Gleave · Andrew Gleeson · Emma Gleeson · John Gleeson · Mary Gleeson · Michelle Glees-Lem · Sherry Glen · Dana Glessner · Daniel Glon · Joseph Gloria · Lilia Gloria · Chava Glouberman · Ben Glover · Margot Glover · Meghan Glover · Christine Glowa · Jennifer Glowa · Alexander Glua · Wilbert Gluck ·
Jane Glueckler · Jennifer Glumpak · Tony Glumpak · Vojislava Glusac · Douglas Glussich · Barbara Glynes · Byron Go · Charles Go · Lloyd Go · Sharon Go Kek Ling · NeLson Goad · Daniele Gobbini · Richard Gobeil · Loyd Goch · Shane Gock · Rena Godard · Stephanie Godber · Veronique Goddard · Barbara Goddard · Catherine Goddard · Joyce Goddard · Ralph Goddard · Curtis Godding · Leslie-Ann Godding · Carol Godfrey ·
Cole Godfrey · Harley Godfrey · Isabella Godin · Julie Godin · Linda Godin · Mario Joseph Godin · Michelle Godin · Paul Godin · Lisa Godlinski · David Godwin · Ruby Doreen Godwin · Brenda Goehring · Adriana Goepel · Jennifer Goepel · Michael Goerz · Frances Goeree · Laurie Goetting · Naomi Goffman · Anthony Goglin · Hong Goh · Isadora Goh · Madeline Goh · Ashfaq Gohar · Thorsten Gohl · Gary Gohrn ·
Negar Golab · Donald Gold · Rudolph Gold · Stephanie Goldberg · Adam Goldblatt · Krista Golden · Alexander Golder · Eldad Goldfarb · Ian Goldie · Jeffrey Goldie · Donna Golding · James Golding · Jason Goldist · Claudia Goldman · Shari Goldman-Lutsky · Reginald Goldsbury · Bruce Goldsmid · Glenn Goldsmid · Karine Goldsmid · Anthony Goldsmith · Andrea Goldson · Daniel Goldstein · Calvin Goldyear ·
Kirsten Goll · Mark Gollner · Cheryl Golub · Cirill Golob · Jenne Gomes · Carlos Gomez · Jorge Gomez · Martha Gomez · Inaki Gomez-Goroztieta · Normand Gonthier · Bianca Gonzales · Axel Gonzalez · Maria Gonzalez · Rosa Gonzalez · Carlos Gonzalez Garza · Manuel Gonzalez Solis · Sooyeon Goo · Melinda Good · Patricia Good · Ryan Good · Anne Goodacre · Rachel Goodall · Yvonne Gooder · Barbara Goodfellow ·
Michael Goodfellow · Neil Goodings · Aaron Goodis · Adam Goodman · Corinna Goodman · Darcie Goodman · Dayle Goodman · Gordon Goodman · Gregory Goodman · Janet Goodman · Mary Goodman · Peter Goodman · Randall Goodman · Sarah Goodrick · Cole Goodwin · Helen Goodwin · John Goodwin · Marianne Goodwin · Tammy Goodwin · Ulla Goodwin · Robert Goody · Elaine Goodliaeff · Philippe Goora · Erin Goosen ·
James Goosen · Gregory Gopal · Baboo Gopaul · Charandeep Goraya · Charandeep Goraya · Brandon Gordoski · Alexandra Gordin · Barry Gordon · Brian Gordon · Dagmar Gordon · Dionne Gordon · John Gordon · Karl Gordon · Kimberley Gordon · Laura Gordon · Lois Gordon · Peggy Gordon · Matthew Gore · Robin Gore · Benjamin Gorgan · Danielle Gorgerat · Arthur Gorham · Graeme Gorham ·
Lee Ann Gosvig · Besso Gotsadze · Christopher Gottaas · Gabrielle Gottschalk · Leonard Gottselig · Nicole Gottselig · Lana Gotzy · Camile Goudreau · Deirdre Goudriaan · Lee Goudzwaard · Priscilla Gough · Roger Gough · Lorraine Gouin · Rhyzlene Gouriah · Don Gould · Harrison Gould · Jean Gould · Joanna Gould · Simon Gould · Goulet · Eric Grabenis · Anna Graham · Anne Graham · Barbara Graham · Brett Graham · Candice Graham · Chester Graham ·
Christopher Graham · Courtney Graham · Derek Graham · Douglas Graham · Gail Graham · Jennifer Graham · John Graham · Kathryn Graham · Katrin-Liis Graham · Kevin Graham · Leonard Graham · Margaret Graham · Mary Ellen Graham · Mary Graham · Mervyn Graham · Natasha Graham · Oona Graham · Rebecca Graham · Richard Graham · Robert Graham · Sandra Graham · Sean Graham ·
Tammy Graham · Tom Graham · Vicki Graham · Kimberly Grahame · Christopher Grahn · Stacie Grahn · Madison Graie · Emily Grainger · Linda Grainger · Desislava Gramatikova-Dineva · Blanca Granados · Joss Granatier · Tanya Grand · Vincenza Grandinetti · David Grandoni · Candice Grandy · Debra Granger · William Granger · Benjamin Grant · Carolyn Grant · Christopher Grant · Clarabel Grant · David Grant ·
Donna Grant · Ellie Grant · Gillian Grant · James Grant · Janice Grant · Joan Grant · Joan Grant · John Grant · Kathryn Grant · Kristy Grant · Lauren Grant · Laurie Grant · Liza Grant · Margaret Grant · Marie Grant · Michael Grant · Nelson Grant · Nicholas Grant · Paul Grant · Peter Grant · Rebecca Grant · Roneil Grant · Ian Grantham · Arthur Grass · Carolyn Grass · Roberto Grassi ·
Harald Gratenau · Judy Grattan · Breedon Grauer · Jana Graul · Jean-Marc Gravel · Nathalie Gravel · Paul Gravel · Alec Gravel-Lacroix · Robyn Gravelle · Carrie Graves · David Graves · Peter Graves · Adam Gray · Alexa Gray · Colin Gray · Colin Gray · Diana Gray · John Gray · Kathleen Gray · Kevin Gray · Laura Gray · Mark Gray · Mary Gray · Melanie Gray · Michael Gray · Michelle Gray · Nathan Gray ·
Nicolas Gray · Rejeanne Gray · Richard Gray · Shannon Gray · Sylvia Gray · Terry Gray · Annette Graydon · Riley Graydon · Michael Greyeyes · Brett Grayston · Lorenzo Graziani · Elaine Greaves · Sandra Greaves · Amanda Greco · Angela Greco · Cosimo Greco · Addie Green · Antonia Green · Barbara Green · Christopher Green · Daniel Green · Diane Green · Donna Green · Frances Green · Georgie Green · Gordon Green · Hilary Green ·
James Green · Janis Green · Jennifer Green · Katherine Green · Linda Green · Mark Green · Mary Willa Green · Rina Green · Samuel Green · Solana Green · Sophia Green · Stephen Green · Thomas Green · Victor Green · Harry Greenberg · Karen Greenberg · Harper Greene · Harvey Greene · James Greene · Melodie Greene · Michael Greene · Richard Greene · Sandra Greenhalgh · Alden Greenhouse ·
Jackie Greening · Susan Greening · Andrew Greenlaw · Alena Greensill · Frances Greenslade · Andrew Greenway · Diane Greenwell · Dean Greenwood · Eric Greenwood · Gloria Greenwood · Jocelyn Greenwood · Judith Greenwood · Mark Greenwood · Paula Greenwood · Samantha Greenwood · Sean Greenwood · Joanna Greenwood-Fraser · Brittany Greer · Bronwyn Greer · Carolyn Greer · Colin Greer · Deborah Greer ·
Gerald Greer · Hannah Greer · Margaret Greer · Sandra Lynn Greer · Maria Gregg · Karen Gregg · Merle Greggain · Jean-Yves Grégoire · Amanda Gregor · Stephen Gregory · Renee Gregorio · Shireen Gregorius · Ekaterina Gregory · Samuel Gregory · Terrance Gregory · Tracy Gregory · Nicholas Gregory-Roberts · Kathryn Gregson · Kelly Grehan · Robin Greig · Stephen Greig · Norbert Greimacher · Yuri Gremyachev ·
Angele Grenier · Francis Grenier · William Grenier · Cody Grenkow · Walter Grenkow · Gordon Grenon · Erin Grenville · Rene Grenville · Christine Grenzer · Kaitlyn Greschner · Britta Gretzmacher · Jaspreet Grewal · Kuldeep Grewal · Rowena Grewal · Simrat Grewal · Sukhbir Grewal · Navjot Grewall · Cecilia Greyson · Kevin Grierson · Lorne Grierson · Ruth Grierson · Suzanne Grierson · Sylvie Grierson · Beverly Grieve ·
Stephen Grieves · Laura Grifferty · Matthew Griffin · Sandra Griffin · Geertje Griffioen · Walter Griffioen · Beverly Griffith · Derek Griffith · Jacob Griffith · Colin Griffiths · Constance Griffiths · Heather Griffiths · Michelle Griffiths · Nicola Griffiths · Steven Griffiths · Vaughan Griffiths · Alexander Grigg · Marius Grigore · Delia Grigoriu · Russell Hagyard · Adam Hahn · Edgar Hahn ·
Spencer Grimm · Karen Grimsey · Paul Grimsey · Ingvar Grimsmo · Donald Grimway · Jochem Grin · Pamela Grinevitch · Justin Gringras · Roy Grinshpan · Jeffrey Grisold · Randy Grixti · Lian Groberman · Maria Groberman · Hendrik Grobler · Sheila Grocott · Veronica Grocott · Ivan Groe · Simon Groen · Daniel Groenewald · Regina Groeneveld · Rupkumar Grogan · Caetan Gronbach · Matthew Gronow · Hendrik-Jan Groot ·
Lucas Groot · Joelene Gropp · Mitchell Gropper · Celine Grosperrin · Cory Gross · Meghan Gross · Kelly Grossert · Pam Grossman · Garry Grosso · Debora Grosso · Dominic Guay · Eddy Guay · Michel Guay · Rachel Guay · Richard Guay · Ann Cathrina Gubatan · Nellya Gudantseva · Sergiy Gudz · Saba Guebezai · Nikolas Guemos · Channing Guenther ·
Darrel Gruenig · Gary Grulich · Larry Grulich · Helmut Gruntorad · Iain Grunwell · George Gruszczynski · Liubov Gruzinova · Keri Gryschuk · Edmund Gu · Jessica Guajardo · Yi Guan · Arnold Guanco · Barry Guarino · Okego Guasso · Dominic Guay · Eddy Guay · Michel Guay · Rachel Guay · Richard Guay · Ann Cathrina Gubatan · Nellya Gudantseva · Sergiy Gudz · Saba Guebezai · Nikolas Guemos · Channing Guenther ·
Janine Guenther · Robert Guenther · Katherine Guerin · Johanny Guerra · Jacques (Alix) Guerra · Edgar Guerrero · Lucia Guerrero Rodriguez · Linda Guerriero · Rocco Guerriero · Vincenzo Guerriero · Janet Guggins · John Guggins · Anelia Guguchev · Maurice Guibord · Joan Guido · Antonio Guidotti · Kristin Guihenneuc · David Guilbride · Patrick Guilfoy · Luciano Guilherme · Daniel Guillamot · Marilyn Guilla · Thomas Guillemaud ·
Raphael Guilmin · Jean-Pierre Guimond · Lisa Guiney · Adele Guiotto · Don Gumption · Martha Gulzar · Lisa Gulley · Carlene Gullstrom · Lily Gully · Katelin Gumley · Linda Gumley · Silke Gumplinger · Amanda Gunawan · Thusitha Gunawardane · Rostislav Gunba · David Gundy · Jenn Gundersen · Eva Gunka · Carol Gun-Munro · Adriana Gunn · Donald Gunn · Joann Gunn · John Gunn · Miriam Gunn · Gordon Gunn ·
Lisa Gunnlaugson · Lynette Gunraj · Jessica Gunter · Alexander Gunther · Dan Gunther · Helen Gunther · Jasmine Gunther · Rachel Gunther · Winston Guo · Zhixun Guo · Nadya Gupta · Hugh Gurd · Marjorie Gurjar · Natalie Gurney · Rachel Gurney · Brianne Gurniak · David Guscott · Branko Gusic · Wanda Gust · Catherine Gustafson · Columba Gustafson · Kristyna Gustavson · Tammie Guszozwaty · Gary Guthrie · Joan Guthrie · John Guthrie ·
Karl Guthrie · Steven Guthrie · Todd Guthrie · Horacio Gutierrez · Miguel Gutierrez · Erika Gutierrez De Baumbach · Samuel Gutman · Christina Gutmanis · Akiko Gutmann · Moritz Gutmann · Brendan Guy · Gregory Guy · Paola Guzman · Tamara Gvelesiani · Nathan Gyetvai · Gayle Gyles · Carl Gyllenstein · Trudie Gysbers · Leigh-Ann Gytri · Jong Hyun Ha · Michael Ha · Tan Ha · Tien Ha · Michelle Haaf · Robert Haak ·
Kristen Haakons · Niina Haaslahti · Connor Haberl · Jaslyn Haberl · Kevin Haberl · Vicki Haberl · Michael Haberstock · Sadeed Habib · Clement Habiyakare · Doreen Habkirk · Serge Hache · Cheryl Hachey · Erin Hack · Stanley Hack · Ian Hacker · Bronwyn Hackett · Douglas Hackett · Georgina Hackett · Graydon Hackett · Marya Hackett · William Hadaway · Darlene Haddad · Kris Hadikin · Susan Hadikin · Ion Hadjihambi ·
Zach Hadjirousev · Jason Hadland · Glen Hadley · Frazer Hadwin · Sandra Hadzimusic · Carl Haering · Klaus Haernel · Karl Haerthe · David Haet · Melissa Hafting · Robin Hafting · John Hagan · Fraser Hagen · Nelson "Hager, Ms, Md" · Bruce Hagerman · Daniel Haggart · Lucia Haggart · Timothy Haggerty · Bena Haggland · Brad Hagkull · Kenneth Hague · Lutgardo Hagus · Russell Hagyard · Adam Hahn · Edgar Hahn ·
Laura Hahn · Lisa Hahn · Na Hahn · Rebecca Hahn · Stefan Hahn · Jose Haidenblit · Lorinda Haider · Henry Haiduk · Diane Haigh · Julian Haigh · Frederick Haight · Timothy Hailwood · Atakilt Haimanot · Denis Hainault · Claudia Hainc · Joan Hainer · David Haines · Lorne Hains · Mariette Hains · Melody Hainsworth · Robert Hainsworth · Steven Hainsworth · Philip Hairay · Anastasiya Hajduk · Hajir Hajian ·
Minasadat Hajiseyedhosseinifard · Christine Hajsan · Henryka Hak · Awara Hakami · Aida Hakirevic · Anita Hakkila · Christine Hall · Damion Hall · Dawn Hall · Doug Hall · Emile Hall · Erin Hall · Frederick Kenneth Hall · James Hall · Jana Hall · Judith Hall · Lisa Hall · Lola Hall · Michelle Hall · Pamela Hall · Raymond Joseph Hall · Scott Hall · Scott Hall · Sharon Hall · Shawna Hall · Stefanie Hall · Susan Hall · Tannis Hall ·
Trevor Hall · Catherine Halladay · Gervin Halladay · William Hallam · Victoria Hallas · Jon Halldorson · Kenneth Halldorson · Tuuli Halle · Chad Haller · Lisa Halleran · James Hallett · Paul Halley · Katherine Halliday · Nicola Halfitza · Fiona Hallewell · Jessica Halperin · Linda Halperin · Michael Hamakawa · Nicole Haman · Sonyia Hambrook · Mamiko Hamel · Cathy Hamel · Gilles Hamel · David Hamelin · Michel Hamelin · Gary Hamer · Jeanette Hamer · Stephen Hamer · Judith Hamill ·
Trisha Halpenny · Jonathan Halperin · Claire Halpern · Colin Halsall · Yuriy Halushchenko · Katherine Lynn Halverson · Matthew Halverson · Terrence Halverson · Della Halvorson · Kyle Ham · Yuka Hama · Michael Hamakawa · Nicole Haman · Sonyia Hambrook · Mamiko Hamel · Cathy Hamel · Gilles Hamel · David Hamelin · Michel Hamelin · Gary Hamer · Jeanette Hamer · Stephen Hamer · Judith Hamill ·
Alexander Hamilton · Bonnie Hamilton · Brian Hamilton · D'Arcy Hamilton · Emily Hamilton · Gillian Hamilton · Gregory Hamilton · Heather Hamilton · Jason Hamilton · Jimmy Hamilton · Linda Hamilton · Michael Hamilton · Nancy Hamilton · Sabrina Hamilton · Scott Hamilton · Sharon Hamilton · Annah Hamilton-Simard · Janette Hammel · Charl Hammer · Keith Hammermeister · Sarah Hammerton ·
Christopher Hamming · David Hammond · Melissa Hampton · Deirdre Hamstead · Joseph Hamstead · Amimohosen Hamzehali · Christi Han · Grace Han · Jeung Sun Han · Ji Im Han · Junghyun Han · Kyung Mi Han · Sang-Do Han · Wei Han · Xuan Han · Yiwei Han · You Han · Yu Han · Diane Hanano · Clive Hanbury · Katherine Hanbury · Kheyann Hance · Andrew Hancharyk · Christopher Hancock · Elizabeth Hancock ·
Sarah Hancock · Stephen Hancock · Lynda Hand · Stephen Handelsman · Stephanie Handler · Judith Handley · Tara Handyside · Vincent Hanemayer · Brian Hang · Matt Hanger · Melanie Hanger · Alec Hanham · Errol Hanham · Salome Hanham · Zain Hanif · Ellen Hanley · Linda Hanlon · Blake Hanna · Brooke Hanna · Dianne Hanna · Jane Hanna · Kelly Hanna · Lois Hanna · Mark Hanna · Robert Hanna · Kenneth Hannah ·
Laddie Hannam · James S Hannay · Alan Hannebauer · Katherine Hanney · Vanessa Hänni · Jody Hanninen · Beverley Hannington · Jessica Hannivan · Sean Hannon · Dilreet Hans · Vivian Hansberry · Kuno Hanselmann · Amanda Hansen · Dawn Hansen · Fredrik Hansen · Jenny Hansen · Joanne Hansen · Matt Hansen · Richard Hansen · Rodney Hansen · Sarah Hansen · Sarah Hansen ·
Timothy Hansen · Wayne Hansen · Torny Hansen-Bubnick · Monica Hanser · Frederick Hansford · Jena Hanson · Marcel Hanson · Richard Hanson · Suzanne Hanson · Cheryl Hanterman · Magnus Hanton · John Hanus · Vicky Hao · Yifei Hao · Zhenxing Hao · Tara Happy · Yoko Harada · Katarina Haramincic · Deborah Harasym · Mohamad Harb · Lindsay Harbers · Souad Harbi · Bruce Harborne ·
Constance Harborne · Dane Harbottle · Brenda Harcott · Laryssa Harczan · Bent Harder · Catalina Harder · David Harder · Jennifer Harder · Keith Harder · Melissa Harder · Timothy Harder · Alan Hardie · Eva Harding · Imbi Harding · James Harding · Marie Harding · Myles Harding · Richard Harding · Ron Harding · Stephen Harding · Susan Harding · Kenneth Hardisty ·
Bruce Hardy · Caroline Hardy · David Hardy · Elizabeth Hardy · Elizabeth Hardy · James Hardy · Kathleen Hardy · Mary Ellen Hardy · Mikaila Hardy · Montgomery Hardy · Sandra Hardy · Sharlene Hardy · Sheila Hardy · Taylor Hardy · Valerie Hardy · William Hardy · Yvonne Hardy · Alistair Hardy-Poirier · Ronald Hare · Suzanne Hare · Warwick Hare · Jennifer Harfield · Patricia Hargrave · Azita Haririan · Colin Harivel · Tiiu Harkies ·
Kenneth Harkness · Jeffrey Harley · Helen Harlos · Ross Harlow · George Harman · Jessica Harman · Ronald Harman · Stacey Harman · Willi Harmel · Daryl Harmer · Joan Harmer · Jeffrey Harms · Matthew Harmsworth · Michael Harmsworth · Laura Harney · Natalie Harney · Jazmin Haro · Marnie Harold · Sharoun · Alison Harper · Irene Harper · Ivan Harper · Karen Harper · Krista Harper · Mona Harper · Courtney Harpur ·
Frances Harriman · Christopher Harrington · Dennis Harrington · Gregory Harrington · Michael Harrington · Patricia Harrington · Richard Harrington · Suzanne Harrington · Alana Harris · Angela Harris · Antony Harris · Barbara Harris · Beverley Harris · Boyd Harris · Bruce Harris · Cecilia Harris · Christine Harris · Debra Harris · Derek Harris · Frederick Harris · Gillian Harris · Glen Harris ·
Helen Harris · Inge Harris · Jennifer Harris · Jessica Harris · Kiyomi Harris · Lesley Harris · Lynda Harris · Mary Harris · Michelle Harris · Nancy Harris · Patricia Harris · Paul Harris · Randy Harris · Robert Harris · Ruth Harris · Shirley Harris · Stephen Harris · Thomas Harris · Todd Harris · Yvonne Harris · Jane Harrison · Caroline Hart · Carolyn Hart · Elizabeth Hart · Francis Hart · John Hart ·
David Harrison · Donnette Harrison · Gale Harrison · Graham Harrison · Jean Harrison · Karen Harrison · Linda Harrison · Marcy Harrison · Max Harrison · Nick Harrison · Robert Harrison · Taylor Harrison · Valerie Harrison · Victor Harrison · Patricia Harrold · Richard Harron · James Hartman · Ingrid Hartmann · Lisa Hartmann · Patrick Hartney · Dennet Hartt · Shauna Hartwell ·
Keith Hart · Kenneth Hart · Mary Hart · Mitchell Hart · Thomas Hart · Megan Hartel · Peter Hartel · Brittany Harteveld · Theresa Hartill · Mary Hartley · Stephen Hartley · Jody Hartley · Leah Hartley · Neil Hartley · Patricia Hartley · Sharon Hartley · Hannah Hartman · Ingrid Hartmann · Lisa Hartmann · Patrick Hartney · Dennet Hartt · Shauna Hartwell ·
Paul Hartwig · Tanya Hartz · Daniel Harvey · David Harvey · Erich Harvey · Kenneth Harvey · Kristen Harvey · Laura Harvey · Leonard Harvey · Linda Harvey · Margaret Harvey · Peter Harvey · Robin Harvey · Sandra Harvey · Gary Harvie · Kathryn Harwood · Silvana Harwood · Lara Alin Hasagic · Brian Haseldine · Ram Hashemi · Bradley Hasedine · Kana Hashimoto · Cheryl Haskins · Karen Haskins · Daniel Haslam ·
Donna Hasle · Ryan Hatfield · Joanne Hathaway · James Hathazi · Christian Hatt · Angela Hatten · Sharon Hatten · Arlene Hatto · Brian Hatton · George Hatton · Mark Hatton · Maureen Hatton · Stephen Hatton · Jacqueline Hattwich · Sarah Hau · Christine Haubrick · Harmony Hauff · Nadine Hauff · Rachel Haug · Kirsten Haugen · Tore Haugen · Andrew Haughian · Kimberly Haughian · Kathleen Hauk ·
Gary Haukeland · Robert Hauser · Wolfgang Hauser · Klaus Haussener · Michelle Hauswirth · Erin Havard · Thomas Havard · Hans Havas · Elizabeth Havayek · Pamela Havens · Marlene Haviland · Petra Havlova · Michael Hawes · Laura Hawke · Susan Hawk · Gail Hawke · Tanya Hawke · William Hawke · Elizabeth Hawkes · Geoffrey Hawkes · Troy Hawkes · Eldon Hawkins · Lucy Hawkins · Teresa Hawkins ·
Norma Hawkinson · Lucy Hawksbee · Bruce Hawkshaw · Alexandra Hawley · Melissa Hawley · David Hawrish · Aidan Hawrysh · Matthew Hawthorne · Alexander Hay · Ashly Hay · Harriet Hay · Laura Hay · Pamela Hay · Simon Hayama · Kevin Hayashi · Lucy Hayashi · Shinya Hayashi · Kelly Hayashida · Mary Hayden · Chantal-Louise Haydon · Elizabeth Haye ·
Frederick Hayes · Frederick Hayes · Judy Hayes · Larissa Hayes · Nancy Hayes · Paul Hayes · Richard Hayes · Ricky Hayes · Sally Hayfron · Joyce Hayne · Aaron Haynes · Sarah Haynes · Timothy Haynes · Mason Hays · Yuka Hayter · Cynthia Hayto · John Hayto · Cynthia Hayton · Elizabeth Hayward · Brock Haywood · Keri Haywood · Trudy Haywood · William Hazelman · Michael Hazelton · Wade Hazelton · Gayle Hazen ·
Lesley Hazon · Samir Hazon · Paula White Hazzard · Chang He · Huang He · Si Qin He · Yuer He · Ricka Hea · Katherine Head · Leonard Head · Larry Heald · Allison Healey · Bruce Healey · Dan Healey · Eric Healey · Joan Healey · Oliver Healy · Dan Heaman · Katherine Heaman · James W Hearn · Shawn Hearn · Victoria Hearn · Rodney Heater ·
James Heath · Margaret Heath · Patricia Heath · Sarah Heath · Bevin Heath Ansley · Todd Heaton · Meghed Hebert · Angela Hebert · Meghan Hebert · Peter Hebert · Nicola Heck · Benjamin Hecker · Donald Hecker · Barbara Heckrodt · Roger Heckrodt · Elizabeth Hedalen · Tommy Hedekar · Frances Hedley · Scott Hedstrom · Jatinder Heer · Christina Heeren · Catherine Heffernan · Sean Heffernan · Steven Heggie ·
David Hegner · Nathalie Heiberg-Harrison · Fox Heide · Kevin Heidke · George Heidrich · Antoine Heidsieck · Glenna Heidt · Michael Heifferon · Randy Heighton · Lynell Heikkila · Andrea Heilemann · Abbey Heilig · Mark Heilig · Anne Heimbecher · Alice Heimerl · David Heimerl · Georaldine Heinen · Joel Heinevik · Claudia Heiney · Denis Heinrichs · Martha Heintzman ·
Joerg Heinzelmann · Charlotte Heinzemann · J Heisch · Dustin Heise · Nancy Heisler · Bryan Heisner · Sherry Heisterman · Elaine Heitner · Howard Heitner · Tamara Heitner · Joel Hejcman · Matthias Helbig · Jennifer Held · Karen Held · Ingrid Helfrich · Illugi Helgason · Kristjana Helgason · Eric Helgren · Katherine Heliotis · Greg Heller · Lara Heller · Mason Heller · Frank Hellerman · Ceiliah Henderson · Donald Henderson ·
Gabriele Helmig · Diana Helmy · Marc Helsen · Karl Helyar · Damian Heman · Amanda Hemingway · Scott Hemmerling · Timothy Hemming · Cade Hempel · Mary Hempel · Paul Hempel · Irene Hemphill · Lorraine Henderson · Margaret Henderson · Mark Henderson · Maria Henderson · Parker Henderson · Richard Henderson · Scott Henderson · Shirley Anne Henderson · Amy Hendricks · Scott Hendrickson · Cynthia Hendrix ·
Donna-Mae Henderson · Earl Henderson · Gillian Henderson · Jason Henderson · Karen Henderson · Kevin Henderson · Lody Henderson · Lori Henderson · Lorraine Henderson · Margaret Henderson · Mark Henderson · Maria Henderson · Parker Henderson · Richard Henderson · Scott Henderson · Shirley Anne Henderson · Amy Hendricks · Scott Hendrickson · Cynthia Hendrix ·
Anngret Hendry · Jerrod Hendry · Jenny Hendry · Deanna Henry · Kirk Henry · Linda Henry · Lorraine Henry · Oliver Henry · Renald Henry · Jessica Hensel · Linda Hensel · Helena Hensley · Ole Henson · Thomas Henrich · Michele Henze · Jeffrey Hepburn · Maxine Heppell · Joanne Heppner · James Heppner · Harchand Heran · Georgia Heraty · Paul Heraty · Kristy Herauf · Kyle Herba ·
Margaret Herba · Andrea Herbert · Anthony Herbert · Wendy Herbert · Anne Herbert-Grouchy · Diana Herbst · Douglas Herchmer · Hilda Herdman · Patrick Herlihy · Beverley Herman · Annemari Hermans · Jan-Evert Hermans · Josephine Hermans · Kyle Hermansen · Candace Hermsen · Shanine Hermsen · Christopher Hernandez · Daniel Hernandez · Jonathon Hernandez · Harold Hernandez · Yetlanezy Hernandez Juarez ·
Lizeth Hernandez Pina · Jennifer Hero · Anja Herr · Kanwar Herr · Monica Herrera · Edward Herrington · Richard Herrington · Ann Herrmann · Wendy Herrmann · Ramzi Maxime Herro · Rebeka Herron · Shelley Herron · Dustin Hersee · Aaron Hersog · Frederick Hertkorn · Isabelle Hertz · Nicole Heryet · Caroline Heshdahl · Robert Hesketh · Terrence Hesketh · Linnette Heslop · Patrick Heslop · Nigel Hess ·
Rufina Hess · Sandra Hess · Scott Hess · Thomas Hess · Lisa Hessels · Clara Hesson · David Hessong · Mark Hetherington · Tania Hetmanczuk · Justin Hettinga · Dominic Heuscher · Eeno Heuscher · Roberta Hewat · Anthea Hewett · Randy Hewgill · Bret Hewitt · Heather Hewitt · Kenneth Hewitt · Geoffrey Hewitt-Hartley · Montana Hewlett · Ronald Hewlett · Claire Hewson · Barbara Hewton ·
Jessica Heyes · Murray Heyes · Sharon Hey-Montgomery · Christopher Heywood · Robert Hiatt · Margaret Hibbard · Katherine Hick · Brett Hickenbottom · Brea Hickey · Jessica Hickey · Kyle Hickey · Stephen Hickey · Tyler Hickey · Ryan Hickman · Shawn Hickman · Aaron Hicks · Kenneth Hicks · Kyla Hicks · Marguerite Hicks · Terrence Hicks · Wayne Hickson · Bryan Hidi · Janos Hidi · Erik Hidle ·
Anthony Hidson · Kari Hiebert · Peter Hiebert · Yumiko Hiebert · Kristin Hierck · David Hiest · Petteri Hietanen · Judith Higginbotham · Lisa Higginbottom · Allan Higgins · Brian Higgins · Bruce Higgins · Craig Higgins · James Higgins · Joel Higgins · Kevin Higgins · Linda Higgins · Luke Higgins · Marjorie Higgins · Norma Higgins · Andrew Higginson · Keith Higginson · Kimberley Higginson · Angela Higgs ·
James Higgs · Levi Higgs · Stephen Higgs · Thomas Higgs · Jeffrey Highfield · Michael Highmoor · Brian Hikisch · Evan Hilchey · Deidre Hildebrand · Eleanor Hildebrandt · Jennifer Hildebrandt · Wilhelmina Hildering · Zaid Hilfi · Allison Hill · Amanda Hill · Anthony Hill · Brianna Hill · Bronwen Hill · Cyle Hill · Craig Hill · Darrell Hill · David Hill · Douglas Hill · Eliza Hill ·
Heather Hill · James Hill · Leah Hill · Nancy Hill · PetEr Hill · Robert Hill · Susan Hill · Debra Hillary · Evelyn Hillhouse · Glen Hillhouse · Moya Hilliam · Antony Hilliard · Christina Hilliard · Barbara Hillier · Judith Hillier · Stuart Hillier · Valerie Hillier · Amanda Hillis · Christine Hillis · James Hillis · Beverly Hillman · Bernice Hills · Kyle Hills · Susan Hills · Kathleen Hillstrom · Frederick Hillyard · James Hilton ·
Keven Hilton · Laura Hilton · Blake Hiltz · Linda Hiltz · Steven Hilts · Melissa Hiltz · Warwick Himalayan · Masao Himemiya · Michael Himer · Alan Hincks · Charles Hind · Jennifer Hinde · Robert Hinde · Valerie Hindle · Arthur Hindmarch · Jason Hindocha · Jennifer Hindocha · Scott Hings · Bradley Hingston · Brian Hinkley · Nicola Hinkofer · Wesley Hinman · Gordon Hitchman ·
Rafael Hinojosa · Timothy Hinschberger · Norman Hinsley · Lesley Hinton · Jill Hintze · Brenda Hinz · Jenny Hippel · Justin Hipwell · Chika Hirai · Yuriko Hirai · Gary Hirakida · Yoshiaki Hiraoka · Tomoko Hirata · Mumtaz Hirjee · Aliya Hirji · Navroz Hirji · Daniel Hirmer · Kapene Hiroti · Gail Hirsch · Graham Hiscocks · Kelley Hiscoe · Barbara Hislop · Donald Hislop · Nicola Hitchcock · Vivian Hitchman · Gordon Hitsman ·
Kerry Hittinger · Matthew Hives · Christopher Hlady · Nicholas Hlady · Melissa Ho · Betty Ho · Beverly Ho · Dennis Ho · Derek Ho · Eddie Ho · Elinda Ho · Felix Ho · Gordon Ho · Grace Ho · Herman Ho · Jenny Ho · Judy Ho · Judy Ho · Karmen Ho · Len Ho · Lily Ho · Mark Ho · Melvin Ho · Monica Ho · Nadine Ho · Nancy Ho · Raina Ho · Raymond Ho · Rong Ho · Sam Ho · Shu-Jen Ho · Stephanie Ho ·
Sum Yee Sammy Ho · Terry Ho · Timothy Ho · Vincent Ho · Wai Han Pamie Ho · Wendy Ho · Wing Ho · Ya-Pei Ho · Yuan Man Ho · Jhun Lai (John) Hoang · Karen Hoang · Sue Ann Hoang · Thu Thu Thuy Hoang · Melanie Hoar · Stephanie Hoarau · Jane Hobart · Audrey Hobbs · Brenda Hobbs · Brett Hobbs · Dona Hobbs · Donna Hobbs · Gerald Hobbs · Brandy Hobden · Marilyn Hobson · Nonie Hodgson · Valerie Hodson ·
Richard Hobson · Rowan Hobson · Julia Hoch · Michael Hoch · Todd Hochban · Danielle Hockey · Thomas Hockley · Kevin Hodder · Terry Hodder · David Hodgdon · Vanessa Hodge · Bryon Hodges · Dominique Hodges · Charles Hodgins · Patricia Hodgins · Robert Hodgins · Benjamin Hodgkins · Frances Hodgkins · Geoffrey Hodgson · Marilyn Hodgson · Nonie Hodgson · Valerie Hodson ·
Elizabeth Hodkin · Victoria Hodson · Larry Hoe · Edgar Hoefner · Nadine Hoehne · Christian Hoenneke · Petra Hoerrmann · Carl Hofbauer · Marion Hofbauer · Michelle Hofer · David Hoff · Samuel Hoff · Susan Hoff · Koen Hoffer · Colin Hoffman · Jane Hoffman · Margaret Hoffman · George Hoffmann · Justin Hoffmann · Linda Hofmeister · Anja Hoiss · Gloria Hokazono · Marshall Hoke · Darryl Hol ·
Kathleen Hofstad · Ryan Hoft · Celia Hogan · Edgar Hogan · Heather Hogan · Kamaljit Hogan · Laurie Hogan · Linda Hogan · Brent Hogarth · Jennifer Hogeboom · Erin Hogg · Kevin Hogg · Sharon Hogg · David Hoggard · Louise Hoggard · Marie Hoggard · Stephen Hoh · Frances Hohm · Roger Hohm · Michelle Hohne · Stanley Hohnholz · Debbie Hoisington · Maria Hoiss · Gloria Hokazono · Marshall Hoke · Darryl Hol ·
Meaghan Holahan · Bryce Holbech · Richard Holbech · Valerie Holberton · Anthony Holbrook · Cay Holbrook · John Holbrook · Derek Holbrook · Mark Holden · Sarina Holden · Susan Holden · Cheri Holder · Lachlan Holder · Rueben Holdysz · Maureen Hole · William Hole · Raffaela Holenstein · Michael Holierhoek · Kelsey Holkestad · Anne Holland · Caroline Holland · Christopher Holland · Craig Holland · Darrani Holland ·
Elizabeth Holland · James Holland · Mairi Holland · Marie-Claire Holland · Mary Holland · Matthew Holland · Raymond Holland · Shane Holland · Wayne Holland · Sandra Hollenberg · Denny Hollick · Brady Holliday · Bruce Holliday · Cody Holliday · Deirdre Holliday · Laura Hollingberry · Pamela Hollingshead · Ben Hollingsworth · Robert Hollingsworth · Cynthia Holloway · Pamela Hollington ·
Judy Hollis · Tim Hollman · Pavol Hollosy · Allison Holloway · Christopher Holloway · Mark Hull · Christopher Hulme · Crystal Huls · Ben Hulse · Joanne Hulse · Derek Holme · Joanne Holme · Gertraude Holmes · John Holmes · Lois Darlene Holmes · Paul Holmes · Joshua Holmer · Matthew Holzer · Peggy Homan ·
Daragh Holohan · Kelvin Holovach · Lance Holst · Gregory Holsworth · Anastasia Holt · Brett Holt · Brian Holt · Catherine Holt · Claire Holt · Kirsten Holt · Samuel Holt · Sheena Holt · Susan Holt · Caren Holtby · Gillian Holter · Peter Holterman · Steven Holtom · Ronald Holton · Jennifer Holtz · Barbara Holuboff · Michele Holwell · Charles Holzer · Joanna Holzer · Matthew Holzer · Peggy Homan ·
Delilah Homeniuk · Valerie Homeniuk · Sandra Homenuk · Karen Homer · Dinner-Dixon · Astrid Homet · Kosuke Homma · Rie Homma · Kin-Lai Hon · Jennifer Honey · Brian Honeywell · Diane Hong · Jia Yeon Hong · Larrie-Angelique Hong · Song Hong · Susie Hong · Timothy Hope · Sarah Hope · Dawn Hope · Karen Hope · Kenny Hope · Paul Hope · Stephanie Hope · Frances Hopkins · Jessica Hopkins · Lens Hopkins ·
Myrla Hopkins · Patricia Hopkins · Sidney Hopkins · Kellie Hoppe · Lori Hoppe · George Hopson · Karen Hopson · Lindsay Horchuk · Brian Horricks · Marjorie Horsell · Robert Horsman · Lisa Hort · Douglas Horswill · Melanie Horton · Ryan Horton · Scott Horvath · Joseph Horvath · Athena Horvathova · Claudine Hort · Kwangseop Hong · Kenny Hong · Lara Hopkins · Maxwell Horner ·
Russell Horner · Terence Horner · George Hornstein · Fritz Hornung · Alexandre Horodynsky · Lindsay Horochuk · Brian Horricks · Marjorie Horsell · Robert Horsman · Lisa Hort · Douglas Horswill · Melanie Horton · Ryan Horton · Scott Horvath · Joseph Horvath · Andrea Horvathova · Claudine Hort · Ann Horvath · Joseph Horvath · Athena Horvathova · Guy Hotte · Mélanie Hotte ·
Jennifer Hosford · Mark Hoshowski · Amanda Hoskin · Barbara Hoskins · Philip Hoskins · Stephanie Hoskins-Ranstead · Seth Hosko · Cordy Hosler · Jakub Hospodka · Ashshita Hossain · Kishwar Hossain · Stefanie Hostettler · Peter Hostinsky · Charles Hotel · Veda Hotel · Jason Hotell · Lyndsey Hotell · Rosemary Hotell · Paul Hothersall · Davinder Hothi · Nicole Hothi · Gillian Hotston · Guy Hotte · Mélanie Hotte ·
Rui Ang Hou · Yu Hou · Juhan Houang · John Hough · Edward Houghton · Ivan Houghton · Patrick Houghton · Elaine Houle · Ericka Houle · Anthony Hourd · Mohammad Houssaini · Seyed Houssaini · Jean Houston · Neil Houston · Alain-Pierre Hovasse · Pearl Howard · Deborah Howell · Ken Hovgaard · Stanislava Hovorka · Brenda Howard ·
Carol Howard · Darryl Howard · Julie Howard · Karla Howard · Kendra Howard · Krystal Howard · Stephanie Howard · Tracy Howard · Roberta Howard-Muir · Christopher Howat · Elizabeth Howat · Alison Howat · Tara Howat · Teary Howat · Jason Howe · Kimberly Howe · Lesley Howe · Linda Howe · Sharene Howe · Deborah Howell · Earl Howard · Janet Howell · Robert Howell · Shane Howell ·
Geoffrey Howes · Janet Howes · Michael Howey · Pamela Howie · Bradley Howie · Melissa Howie · Bradley Howie · Douglas Howland · Riley Howlett · Andrew Hoy · Asia Hoy · Liza Hoy · Ole Hoyer · Grace Hoyrup · Linda Hoyt · Tatiana Hozzova · Lisa Hrabec · Sharlene Hrabec · Subha HrbiNic · Edward Hrechuk · Ivan Hristov ·
Christine Hruszczyky · Elizabeth Hrynew · Emilie Hrysio · Hsiang-Ru Hsiao · Hsien Chi Hsieh · Pei Hsien Hsieh · Shu-Ming Hsieh · Yi Chen Hsieh · Amy Hsieh Cuzzetto · Amy Hsu · Chia-Wei Hsu · Henry Hsu · Hsu-Chun Hsu · Li Huang Hsu · Nicholas Hsu · Roy Hsu · Shih-Chang Hsu · Sophy Hsu · Yu-Chen Hsu · Yu-Hsuan Hsu · Winnie Hsu · Banny Hu · Jia-li Hu · Junjie Hu · Maria Hu ·
Suiting Hu · Xiang-Yun Hu · Lily Hua · Ally Huang · Andy Huang · Chih Huang · Fang Huang · Hsin Yi Huang · Hsing-Chan Huang · Huei-Chung Huang · Jie Lan Huang · James Huang · Kun Huang · Ling Huang · Silvia Huang · Tina Huang · Tzu Yang Huang · Yibei Huang · Zhenshun Huang · Zhi Hui Huang · Ziwen Huang · Carolyn Hubbard · Jordan Hubbard · Tanya Hubbard · Terry Hudema · Bruce Huber ·
Kaily Huber · Lauren Huber · Margaret Huber · Michael Huber · Ngaio Huber · Ralph Huber · Valerie Huber · Diane Huberdeau · Andrea Hucal · Graham Huckin · Alison Huck-Skrepneck · Cuthbert Huckvale · Karen Huckvale · Hayley Huculak · Carole Huculak · Asif Hudani · Narmina Hudani · Shamshad Hudani · John Huddart · Derek Huddle · Mary Hudec · Vladi Hudec · Terry Hudema · Bruce Huber ·
Frances Hudson · Mana Ana Hudson · Samantha Hudson · Scott Hudson · Eric Hueber · Jessica Huen · Long Van Huen · Theresa Huertas Martin · Floriane Huet · Grant Huey · Chris Huff · Connie Huff · Eric Huffey · Daniel Huffman · Mary Huffman · Kathleen Huffman-Piel · Jennifer Hufnagel · Elina Hugaasen · Craig Hughes · Peggy Hung · Yu-Ting Hung · Jennifer Hunking · Evan Hudson · Elaine Huhn · Charles Huhn ·
Kathy Hughes · Linda Hughes · Nelson Hughes · Patricia Hughes · Robert Hughes · Robin Hughes · Shane Hughes · Stacy Hughes · Tammy Hughes · Geoffrey Hughes-Games · Stephanie Hughes-White · Janice Huguet · Kari Huhtala · Andy Hui · Anita Hui · Bannie Hui · Isaac Hui · Jason Hui · Kwai Ki Hui · Lanny Hui · Martin Hui · Po Chiu Hui · Rebecca Hui · Yi-Ting Hui · Christina Huie · Evan Hudson ·
Anjelene Huizinga · Ruth Huizinga · Sharon Huizinga · Andrew Hull · Mary Hull · Christopher Hulme · Crystal Huls · Ben Hulse · Joanne Hulse · Roxanne Humble · Barbara Humble · Joseph Hulse · Laura Hume · Moffett Hume · Nina Hume · Barry Humel · David Hung · Jody Hung · Peggy Hung · Yu-Ting Hung · Jennifer Hunking · David Hun ·
Gordon Humphrey · Dorothy Humphreys · Erin Humphreys · Kenneth Humphreys · Inderbir Hundal · Jagwinder Hundal · Jasmin Hundal · Nardeep Hundal · Paul Hundal · Balbir Hundle · Julia Hung · Peggy Hung · Yu-Ting Hung · Jennifer Hunking · Joyce Hunjan · Kail Hunt · David Hunt · Kerry Hunt · Lisa Hunt · Patricia Hunt · Phillip Hunt · Richard Hunt · Robert Hunt · Robert Hunt ·
RObert Hunt · Timothy Hunt · Trendy Hunt · Zelda Hunt · Garth Hunter · Helen Hunter · Brian Hunter · Carole Hunter · J Hunter · Jeffrey Hunter · Jodi Hunter · Krystyna Hunter · Leigh Hunter · Madeleine Hunter · Malcolm Hunter · Matthew Hunter · Miles Hunter · Sarah Hunter · Nikki Hunter · Richard Hunter · Ronald Hunter ·
Robert Hunt · Stephen Hunter · Tara Hunter · Vanessa Hunter · Whitney Hunter · Marco Huot-Tascona · Brian Hurd · Danielle Hurd · Caroline Hurford · Irma Hurlbert · Anne Hurlburt · Catherine Hurlburt · James Hurlburt · Susan Hurn · Josh Hurrell · Barbara Hurren · Jaclyn Hurst · Penelope Hurst · Justin Hurt · Kyle Hurtubise · Evelyn Hurteau · Scott Hussain · Mohamad Hussain · Stefan Hunter · Noor Hussain · Rich Hussain ·
Gabor Huszar · John Hutchins · Sandra Hutchins · Benjamin Hutchinson · Bruce Hutchinson · Charles Hutchinson · Graham Hutchinson · Jacqueline Hutchinson · Charlotte Hutton · Armida Hutt · Marco Hutt · Heino Hutter · Bernie Hutter · Catherine Hutton · David Hutton · Kenneth Hutton · Tracy Hutton · Janet Hutzul · Elizabeth Huxham · Julie Huxley · Kirk Huxley · Ralph Huygens · Cam Huynh · Fong Huynh ·
Paul Huynh · Yoshiko Huynh · Krishnaswamy · Kelsey Huziak · Chihea Hwang · Jiyoung Hwang · Justine Hwang · Sandy Hwang · Yongbeom Hwang · Deborah Hyatt · Michael Hyde · Kari Hyslop · David Hyslop · Peter W Hystad · Luke Hyvonen · Myrna Iaconetti-Bush · Massimo Iannello ·
Alexandra Ianculescu · Diana Iannantuoni · Pedro Ibanez Fernandez · Dianna Ibbott · Douglas Ibbott · Mary Ibe · Marc Ibeas · Patricia Icton · William Icton · Nenah Ida · Catherine Idenouye · Adam Ingle · Jacqueline Inglis · Amber Ingram · Bergdina Ingram · Brian Ingram · Gary Ingram · Jeremy Ingoldby · Dagmar Ingraham · Akane Ikoma · Charles Ikona · Colleen Ilao · Katerina Iliakis ·
Arlene Illa · Grace Im · Ayoub Imam · Beat Imhof · Beatrice Imhof · Brigitte Imlah · Stephen Immer · Cassien Immingark · Nomie Imperial · Jonathon Imperial · Gordon Infanti · Adam Ingle · Jacqueline Inglis · Amber Ingram · Bergdina Ingram · Brian Ingram · Gary Ingram · Jeremy Ingoldby · Dagmar Ingram · Martina Inkinen · Linda Inwood · Amy Ionis · Melissa Ionis ·
Erzsébet Institorisz · Catherine Intharangsy · Renata Intropedi · Natasha Invang · Phyllis Ioannou · Florin Ionita · Jason Ionson · Kristan Iorio · Stefan Iorio · Marcel Iovu · Nicola Iozzo · Anthony Ip · Doris Ip · Ingrid Ip · Lai Ip · Mohammed Ip · Stephanie Ip · Sze Ki Ip · Wai Ip · Winson Ip · Owaldu Iqbal · Saima Iqbal · Catherine Ircha · Jennifer Ireland · Rita Ireland · Matanoanoa Iroa · Amy Irmis · Melissa Irish ·
Courtney Irvine · Jennifer Irvine · Kyal Irvine · Derek Irving · Louise Irving · Michelle Irving · Andrea Irwin · Andrew Irwin · Laurie Irwin · Linda Irwin · Michael Irwin · Stacey Irwin · Wendy Irwin · Alberic Isaac · Alice Isaac · Bryn Isaac · Kelly Isaac · Lynette Isaac · Miriam Isaac-Renton · Heidi Isaacson · Kendra Isaak · Mark Isaak · Victor Isaak · Elizabeth Isabelle · Trina Isakson · Julie Iseli · Brianne Isherwood · Yuko Ishida ·
Keiko Ishigaki · Yoshiki Ishihara · Yuko Ishii · Rodielito Isidro · Aji Isin · Oleksander Iskat · Jose Islas · Farzana Ismail · Farzin Ismail · Rahim Ismaili · Sadie Ismay · Christopher Isobe · Christopher Iuvancigh · Katrina Iuvancigh ·

Yuriy Ivanov · Natasha Ivanovic · Jannicke Ive · Gordon Iversen · Keld Iversen · Bruce Iverson · Glenda Iverson · Kalum Iverson · Michelle Ivey · Maureen Iwanaka · Keith Iwasaki · Akane Iwataki · Ode Iweh · Margarita Izotova · Said Jabr · Lubos Jacenko · John Rowland Neill Jack · Ryan Jack · Travis Jack · Christine Jackman · Joyce Jackman · Rhonda Jackman · Shirley Jackman · Craig Jacks · Duncan Jacks · Arnold Jackson ·
Benjamin Jackson · Carolyn Jackson · Catherine Jackson · Chad Jackson · Cherie Jackson · Christa Jackson · David Jackson · Emma Jackson · Gary Jackson · George Jackson · Hermina Jackson · Jennifer Jackson · Kent Jackson · Linda Jackson · Lindsey Jackson · Mackenzie Jackson · Margot Jackson · Matthew Jackson · Michelle Jackson · Paige Jackson · Patricia Jackson · Rebecca Jackson · Rhonda Jackson · Robert Jackson ·
Robert Jackson · Robert Jackson · Roger Jackson · Ronald Jackson · Ruth Jackson · Susan Jackson · Thomas Jackson · Trudi Jackson · Warren Jackson · Forrest Jacob · Joseph Jacob · Erik Jacobs · Justina Jacobs · Mary Jacobs · William Jacobs · Claire Jacobse · Alena Jacobson · Beverley Jacobson · Keith Jacobson · Mitch Jacobson · David Jacobucci · Claudia Jacova · Carole Jacques · Jessica Jacques · Lisa Jacques · Sophie Jacques ·
Yoann Jacquet · Kunal Jadav · Tamara-Rebecca Jaeger · Christian Jaegli · William Jaffe · Anver Jaffer · Perhez Jaffer · Shahin Jaffer · Shenaz Jaffer · Zabeena Jaffer · Hameed Jagani · Herbert Jagerhofer · Arti Jain · Monica Jako · Miriam Jakob · Samm Jakob · Jordan Jakobczyk · Ashley Jakobi · Susanna Jakobsson · Mario Jakowski · Dianne Jakubowski · Thomas Jalving · Bashir Jamal · Saiyed Jamal · Dana Jamborova · Allison James · Anton James ·
Donald James · Ian James · Ian James · Jacqueline James · Kelly James · Landon James · Lynn James · Michelle James · Myra James · Patricia James · Ryan James · Morley Jameson · Susan Jameson · Blake Jamieson · Deborah Jamieson · Dianne Jamieson · Gertrude Jamieson · Glen Jamieson · James Jamieson · Lorrie Jamieson · MIchelle Jamieson · Norma Jamieson · Patricia Jamieson · Robert Jamieson ·
Wesley Jamieson · William Jamieson · Stefan Jamtlien · Chain Jan · Hamed Janami · Laisvune Janciauskaite · Olga Jandera · Catherine Janelle · Richard Janes · Alex Jang · Amanda Jang · Andrew Jang · Daniel Jang · Debra Jang · Hing Jang · Janet Jang · Jeonghwan Jang · Jerome Jang · Leon Jang · Melissa Jang · Vivien Jang · Winston Jang · Suzanne Janicki · Farrea Janif-Ahmad · Andrea Janik · Jennifer Janits · Matthew Jankowski ·
Yasmin Janmohamed · Nadia Jannif · Stasia Janota · Hailey Jansen · Harmina Jansen · Henk Jansen · Kathleen Jansen · Norman Jansen · David Jansma · Colin Janssen · Patricia Janssen · Andree Janyk · Stephanie Janyk · William Janyk · Carly Janz · Derek Janzen · Jessica Janzen · Jonathan Janzen · Marie Janzen · Mark Janzen · Risa Janzen · Robert Janzen · Torrey Janzen · Valerie Janzen · Barbara Jaquith · David Jardine ·
Bradley Jarema · Justyna Urszula Jarlachowicz · Lee Jarrett · Stephen Jarrold · Thomas Jarrold · Melanie Jarrott · Nadine Jarry · Kenneth Jarvie · Blair Jarvis · Bruce Jarvis · Catherine Jarvis · Christopher Jarvis · Colin Jarvis · Erin Jarvis · Jenalee Jarvis · John Jarvis · Nicole Jarvis · Kathryn Jarymy · Sharon Jarymy · Andrzej Jarzabek · Kim Jarzebiak · Diane Jasinski · Paula Jaspar · Wayne Jasper · Bhupinder Jassal · Hardip Jassal ·
Kamaljit Jassi · Sunny Jaura · Martin Jaureguialzo · Anar Javer · Simran Jawandha · Maria Jaworski · Patricia Jaworski · Grant Jay · Michael Jean · Nathan Jean · Teresa Jean-Baptiste Barton · Samuel Jeanes · Janet Jefferson · Barbara Jeffery · Barbara Jeffery · Charles Jeffery · Christopher Jeffery · Coralie Jeffery · Karen Jeffery · Robert Jeffery · Helen Jeffrey · Mark Jeffrey · Douglas Jeffs · Anca Jelescu-Bodos · Terri Jelic ·
Michael Jell · Silke Jeltsch · Austin Jeng · Caitlin Jenkins · David Jenkins · Devin Jenkins · Gary Jenkins · Johanna Jenkins · Johanna Jenkins · Leanne Jenkins · Margaret Jenkins · Mark Jenkins · Linda Jenkinson · Lesley Jenner · Aishling Jennings · Alice Jennings · Deborah Jennings · Evan Jennings · Brian Jensen · Bryan Jensen · Doreen Jensen · Douglas Jensen · Faye Jensen · James Jensen · Jim Jensen · Mary Jensen · Niels Jensen ·
Peter Jensen · Spencer Jentzsch · Gee Hee Jeong · Giwon Jeong · Brian Jepsen · Lena Jerabek · Drazen Jerkovic · Adam Jerman · Zoran Jermilov · James Jermyn · Aadil Jesani · Ali Jessa · Hussein Jessa · Amanda Jesse · Nathan Jesse · Claudia Jessen · Duane Jesson · Pamela Jessup · Verdell Jessup · Torrance Jestadt · Suzette Jestin · Farhaz Jetha · Andre Jette · Christine Jette · Peter Jeune · Tatiana Jevremovic · Neda Jevtic ·
Catherine Jewett · Stephanie Jewett · Sandra Jewitt · Gurjote Jhaj · Ishvarjot Jhaj · Manjote Jhaj · Harbindpal Jheeta · Jeven Jhooty · Kevin Jhutti · Ru Jia · Zonggao Jia · Dennis Jiang · Jianping Jiang · Lei Jiang · Norman Jiang · Patricia Jiang · Siyuan Jiang · Cheryl Jim · Crispulo Jimenez · Jason Jiménez · Jose Jimenez Martinez · Jennifer Jimeno · Cora Jimmy · Wei Qing Jin · Azim Jina · Liliana Jina Contreras · Emmanuel Jingco ·
Naila Jinnah · Claudia Jique · Amirali Jivraj · Nargis Jivraj · Shaheen Jivraj-Sangara · Saaleha Jiwani · Minseong Jo · Marie Joanisse Blackmore · Monica Jochlin · Daniel Jodouin · Charlees Joe · Derek Joe · Gerald Joe · Kimberly Joe · Margaret Joe · Susan Joe · Brent Joel · Sofia Joensuu · Manuel Jofre · Ajit Johal · Anuraj Johal · Gurbir Johal · Gursean Johal · Harjinder Johal · Herkamal Johal · Jasbinder Johal · Manpreet Johal ·
Narinder Johal · Pavanveer Kaur Johal · Raman Johal · Ramdeep Johal · Ram Johal · Shivraj Johal · Sumeet Johal · Lillian Johannesen · Lloyd Johannesen · Kristín Jóhannsdóttir · Finn Johansen · Kayla Johansen · Linda Johansen · Robert Johansen · Kelly Johansson · Libu John · Grant Johncox · Lawrence Johnny · Rhonda Johns · Christine Johnsen · Margaret Johnsen · Murray Johnsen · Ornulf Johnsen · Adam Johnson · Alun Johnson ·
Andrea Johnson · Barbara Johnson · Brett Johnson · Caroline Johnson · Carol Johnson · Catherine Johnson · CheryLe Johnson · Cheryl Johnson · Christine Johnson · Christine Johnson · Danielle Johnson · Dave Johnson · Denyse Johnson · Donald Johnson · Donald Johnson · Douglas Johnson · Elyse Johnson · Gail Johnson · Gary Johnson · Heath Johnson · Janice Johnson · Jarrod Johnson · Jason Johnson · Jennifer Johnson ·
Jina Johnson · John Johnson · John Johnson · Karen Johnson · Karl Johnson · Kirk Johnson · Krista Johnson · Kristine Johnson · Kristoffer Johnson · Leonard Johnson · Lia Johnson · Lois Johnson · Lorne Johnson · Luke Johnson · Marc Johnson · Margaret Johnson · Marilyn Johnson · Marilyn Johnson · Marilynn Johnson · Mark Johnson · Matthew Johnson · Meghan Johnson · Michael Johnson · Michael Johnson · Noela Johnson ·
Olga Johnson · Randi Johnson · Robert Frederick Johnson · Scott Johnson · Stan Johnson · Susan Johnson · Tasha Johnson · Anna Johnsson · Alexander Johnston · Alicia Johnston · Arthur Johnston · Ashley Johnston · Beverley Johnston · Brian Johnston · Carrie Johnston · Christine Johnston · Christopher Johnston · Dale Johnston · Dan Johnston · Deborah Johnston · Donnah Johnston · Garry Johnston · Gerritje Johnston ·
Gordon Johnston · HeaTher Johnston · Heather Johnston · Helen Johnston · Hilary Johnston · James Johnston · Jessica Johnston · Jessie Johnston · Kirby Johnston · Lauren Johnston · Linda Johnston · Lloyd Johnston · Michael Johnston · Nicholas Johnston · Norman Johnston · Patricia Johnston · Patrick Johnston · Reid Johnston · Sandra Johnston · Sarah Johnston · Sean Johnston · Shaun Johnston · Sheila Johnston ·
Sheila Johnston · Shelley Johnston · Teri Johnston · Terrance Johnston · Terry Johnston · William Johnston · Kim Johnston-Davis · Linda Johnstone · Margaret Johnstone · Melissa Johnstone · Scott Johnstone · Natasha Joibi · Margaret Jokanovich · Tautvydas Jokubauskas · Diane Jolicoeur · Elizabeth Jolley · Rene Joly · Suzanne Joly · Pauline Joly De Lotbiniere · Evangeline Jonasson · Dane Jonathan · Frédérique Joncas ·
Aaron Jones · Alexandra Jones · Amanda Jones · Amber Jones · Andrew Jones · Andrew Jones · Bianca Jones · Carl Jones · Clinton Jones · Colin Jones · Cynthia Jones · Daniel Jones · David Jones · David Jones · Donna Jones · Edward Jones · Elizabeth Jones · Fern Jones · Gareth Jones · Gary Jones · George Jones · Graham Jones · Huguette Jones · James Jones · Janet Jones · Janis Jones · Jennifer Jones · Jessica Jones · John Jones ·
John Jones · Juliette Jones · Katherine Jones · Kathryn Jones · Kyle Jones · Lee Norman Jones · Linda Jones · Linda Jones · Linda Jones · Lloyd Jones · Lowry Jones · Margaret Jones · Margaret Jones · Maurice Jones · Meighan Jones · Melanie Jones · Michael Jones · Michele Jones · Nicola Jones · Otis Jones · Pamela Jones · Rhiannon Jones · Rick Jones · Ryan Jones · Sarah Jones · Scott Jones ·
Simon Jones · Susan Jones · Trevor Jones · Vanessa Jones · Verna Jones · William Jones · William Jones · Willo Jones · Arlene Jongbloets · Ingrid Jonsson · Allan Jordan · Heather Joorisity · Courtney Jordan · Kevin Jordan · Matthew Jordan · Russell Jordan · Sally Jordan · Sarah Jordan · Shelley Jordan · Todd Jordan · Terri Jordan-Knox · Wendy Jordan-Olive · Stephan Jordi · Jennifer Jorgensen · John Jorgensen · Lars Jorgensen · Blake Jorgenson ·
Barbara Jorger · Anthony Joseph · Caroline Joseph · Daisy Joseph · Dallas Joseph · Darin Joseph · John Joseph · Kenneth Joseph · Lorna Josephs · Melanie Josephs · Ankit Joshi · Patrick Joslin · Bran Josling · Eric Jospe · Jean-Michel Josse · Christopher Jost · Christian Joubert · Lioudmila Joukova · Jason Jouris · Melanie Journeaud · Katica Jovanovic · Andrew Jow · Nicholas Jow · Angela Joy · Phillippe Joyal ·
Caroline Joyce · Gregory Joyce · Kathleen Joyce · Norman Joyce · Sonny Joyce · Monika Jucker · Amy Judd · Nandeep Judge · Marion Juhasz · Gloria Juker · Catherine Julie · Stephanie Jull · Daniel Jun · Eun Jin Jun · Alice Jung · Betty Jung · Daniel Jung · Hwa Song Jung · Ji Hyang Jung · Kathryn Jung · Larry Jung · Lena Jung · Lisa Jung · Lisa Jung · Louisa Jung · Lynett Jung · Nancy Jung · Pamela Jung · Roger Jung · Seungtae Jung ·
Shelley Jung · Soraya Jung · William Jung · Yongjun Jung · Yoonjung Jung · Linda Juniper · Katarzyna Juraczko · Ondeane Jurbin · Jeffrey Jurcak · Trevor Jurgens · Carol Jussaume · Matthew Justice · Selma Jusufovic-Bukvic · Kenneth Juvik · Patricia Juvik · Gerry Juzenas · Mary Kaardal · Femina Kaba · Salim Kaba · Peter Kabel · Thor-Bjorn Kack · Karina Kaczmar · Sandra Kaczmarek · Artem Kade · Ovsanna Boghos Kadian ·
Karen Kadlec · Anne Kadwell · Georgy Kadykov · Elena Kadykova · Krzysztof Kadzielski · Kamil Kadziolka · Sukhvinder Kaeley · Ahmed Kafafi · Aaron Kafka · Deborah Kafka · Dusan Kafka · Karin Kafkova · Emily Kagan · Patricia Kagawa · Barbara Kahl · Natalie Kahl · Adam Kahn · Sochitta Kahlon · Survarinder Kahlon · Stacey Kahn · Harbinder Kaila · Gurjit Kailay · Gurdeep Kainth · Tajinder Kainth · Jessica Kaisaris · Elizabeth Kaiser ·
Maria Kaiser · Patrick Kaiser · Peter Kaiser · Maya Kakizaki · Jasmine Kakuk · Robert Kalabis · Erik Kalacis · Stephanie Kalacis · Parminder Kalan · Stanley Kalan · Krystian Kaleta · Alexandra Kalewska · Satbinder Kalia · Victor Kalininskiy · Janice Kallas · Jason Kallis · Jordan Kallman · Penelope Kalopisi-Kennedy · Mayank Kalra · Aki Kaltenbach · Michael Kalus · Louise Kalutycz · Cindy Kam · Diane Kamagianis · Andrew Kamara ·
Peter Kamenov · Matthew Kamieniecki · Sara Kamil Yusof · Jerzy Kaminski · Michael Kamitakahara · Darrell Kammer · Marilyn Kammer · Steve Kammerer · Janice Kampman · John Kampman · Teresa Kampman · Linn Kamsvag · Hubert Kan · Karen Kan · Rebecca Kan · Hayley Kandt · Jennifer Kane · Josef Kanera · Krasimir Kanev · Dahee Kang · Erica Kang · Gurpreet Kang · Haesung Kang · Joanne Kang · Jungmo Kang ·
Kristin Kang · Novjneet Kang · Ranbir Kang · Seul Kang · Simranjit Kang · Tae Whan Kang · Taewoo Kang · Yoonkoo Kang · Yuri Kang · Stavroula Kangles · Wayne Kania · Vesna Kanjer · Nasim Kanji · Rahim Kanji · Niklas Kankkonen · Maggie Kann · Jon · Paul Kansky · Taeben Kantymir · Mabinty Kanu · Rukundo Kanyankogote · Joseph Kanyi · Isabelle Kao · Shih-Yi Sheri Kao · Yuh-Chie Kao · Reena Kapila ·
Tusheer Kapila · Sue Kapis · Nikolaos Kapnoulas · Anita Kapoor · Videsh Kapoor · Colleen Kappel · Inesa Kapustina · Christine Karadar · Arutyun Karadzhayan · Yaroslav Karakai · Kamil Karamali · Georgios KaRampelas · Arnold Karan · David Karassowitsch · Hanna Karbowiak · Louise Karch · Geoff Karcher · Ewa Karczewska · Heather Kardal · Emese Kardhordo · Ana Kardum · Lukmon Kareem · Robert Kari · Afzal Karim ·
Jamil Karim · Shenaz Karim · Yasmin Karim · Hilary Kariotis · Sandaruwan Kariyawasam · Aage Karlsen · Andrew Karlstrom · Addil Karmali · Diane Karn · Adam Karpoff · Joelle Karras · Bryon Karren · Lauren Karst · Rabea Karthoff · Elizabeth Karunaratne · Amy Kary · Vicki Kasapi · Zendai Kashino · Judith Kashul · Christopher Kask · Lenore Kasper · Arunas Kasperavicius · Lynn KaSperkiewicz · Peter Kasperkiewicz ·
Kevin Kassa · Mirza Kassam · Norman Kassis · Jacob Kastelein · Michael Kasubuchi · Yuriko Kasuga · Yamato Kasukawa · Joanne Kaszonyi · Stefa Katamay · Hiroshi Kato · Bradley Katronis · Philip Katsikas · David Katsionis · Margaret Katt · Sue Katz · Matthew Katzsch · David Kaufman · Harjeet Kaur · Parvinder Kaur · Karin Kausky · Harlan Kauss · John Kavanagh · Kelly Kavanagh · Margaret Kavanagh · Sylvia Kavanagh ·
Julius Kavarskas · Arman Kaveh Bagh Baderani · Irene Kavooris · Delaram Kavoosi · Rostam Kavoosi · Maria Kavouras · Rena Kawabata · George Kawaguchi · Brenda Kawasaki · Andrea Kay · Gloria Kay · Marcia Kay · Yuriy Kayda · Barry Kaye · Curtis Kaye · Elizabeth Kaye · Jonathan Kayes · Margaret Kayes · Ilyas Kayran · Sarah Kazakoff · Vitaly Kazakov · Olavs Kazaks · David Kazdan · Arman Kazemi · Mohsen Kazemi ·
Shirin Kazemi · Mariane Kazemir · Jessica Kean · Margaret Kean · Sinead Keane · Kara Kearby · Laura Kearl · Michael Kearney · Richard Kearney · Mary Kearns · Katherine Keast · Susan Keast · William Keast · Jacqueline Keating · James Keating · Kathryn Ann Keating · Janice Keats · Scott Keats · Sean Keats · Walter Bradley Keats · Victoria Keddis · Irwin Kee · Jessica Kee · Kin Hang Kee · Toby Keegan ·
Paul Keele · Angela Eleanor Keeling · Andrea Keen · Emily Keenan · Jennifer Keenan · David Keene · Alex Keeney · Paul Keenleyside · Sarah Keep · Randy Keeping · Andrea Keesey · Bernice Kegel · Jacqueline Kehl · Jan Kehl · Stephanie Kehle · Ashley Kehler · Christopher Kehler · Shannon Kehoe · Erin Keighley-Wight · Patrick Keightley · Eelco Keij · Elizabeth Keim · Sandra Keim · Kelly-Dawn Keitel · Diana Keith ·
Melissa Keith · Jake Keithley · Marnie Keith-Murray · Cheryl Kelemen · Brian Kell · Danica Kell · Grace Kelleher · Heather Kelleher · Zachariah Kelleher · Heather Keller · Jeanette Keller · Barbara Kelley · Rosemary Kelley · Sierra Kelley · Dalia Kellou · Allyson Kelly · Amber Tiffany Kelly · Amy Kelly · Andrina Kelly · Ashley Kelly · Barbara Kelly · Brian Kelly · Brianne Kelly · Bruce Kelly · David Kelly · Dawn Kelly · Donna Kelly ·
Frances Kelly · George Kelly · James Kelly · John Kelly · Karen Kelly · Kealan Kelly · Margaret Kelly · Marlene Kelly · Melissa Kelly · Michael Kelly · Natasha Kelly · Peter Kelly · Sean Kelly · Sophie Kelly · Susan Kelly · Taylor Kelly · Vincent Kelly · William Kelly · Barbara Kelner · Nora Kelsch · Eifel Kelsick · Don Kelso · Rosemary Kelso · Barbara Kemp · David Kemp · Peter Kemp · Stephanie Kemp · Jorg Kempe · Amber Kemper ·
Janet Kemper · Stephen Kemper · Willem Kempers · Marguerite Kempin · Charles Ken · Annette Kendall · Craig Kendall · Llewellyn Kendall · Thomas Kendall · Martin Kendell · Richard Kendon · Paul Kenick · Amanda Kenins · Barry Kenna · Dorothy Kenna · Aidan Kennedy · Anne Kennedy · Bruce Kennedy · Cara Kennedy · Chris Kennedy · Darryl Kennedy · Debra Kennedy · Dianne Kennedy · Erin Kennedy · Fionnuala Kennedy ·
Gerald Kennedy · Heather Kennedy · John Kennedy · Justin Kennedy · Karen Kennedy · Lorraine Kennedy · Martin Kennedy · Maureen Kennedy · Maxine Kennedy · Michael Kennedy · Patricia Kennedy · Peter Kennedy · Reid Kennedy · Sharon Kennedy · Stephen Kennedy · Tanya Kennedy · Thomas Kennedy · Sheila Kennett · David Kenney · Suzanne Kenney · Ingrid Kenning · Lila Maureen Kenny · Margaret Kenny ·
Simon Kenny · Tania Kenny · Bonnie Kent · Carol Kent · Christine Kent · Diane Kent · Olney Kent · Paula Kent · Stella Kent · Wesley Kent · Shirra Kenworthy · John Kenyon · Mitchell Kenyon · Ciaran Keogh · Lee Ann Keple · Peter Ker · Manjula Kerai · Sabrina Kerber · Benjamin Kerby · Zoltan Kerenyi · Gary Kerik · Kylie Kerin · Marko Kerkez · Emily Kerklaan · Jan Kerklaan · Richard Kerluck · Masoumeh Kermani · Fredrick Kern ·
Moritz Kern · Michael Kernan · Eileen Kernohan · Kristina Kernohan · Douglas Kernovich · Shelley Kerouate · Alice Kerr · Andrew Kerr · Brian Kerr · Byron Kerr · Catalina Kerr · Christine Kerr · Dani Kerr · David Kerr · Elaine Kerr · Evan Kerr · Gordon Kerr · Graeme Kerr · Ian Kerr · Ian Kerr · Irene Kerr · Islay Kerr · John Kerr · Julia Kerr · Peter Kerr · Robert Kerr · Velma Kerr · William Kerr · Steven Kerrick · Cathal Kerrigan ·
Susan Kerschbaum · James Kershaw · Sarah Kertcher · Joshua Kerwin · Alishah Keshavjee · Irfan Keshavjee · Gulshan Keshvani · Kurban Keshvani · Shirley Keski-Hynnila · Allen Kessler · Beatrice Kessler · Kathryn Kessler · Timothy Keta · Philip Ketterer · Stewart Kettle · Jennifer Keurulinen · Julie Kevilovski · Sandra Kewley · Amy Key · Jeffrey Keyes · Ameet Khabra · Hadeel Khader · Baljit Khaira · Supanpreet Khaira ·
Arash KhajehzadeH · Jaspreet Khakh · Yuliya Khakhuda · Shahram Khakzad · Fahim Khan · Farah Khan · Farhadur Khan · Farha Khan · Joan Khan · Meraaz Khan · Mesbah Khan · Rhea Khan · Saad Khan · Sahreen Khan · Samir Khan · Saquib Khan · Shazia Khan · Chandeep Khangura · Jagbir Khangura · Jaskiran Khangura · Sanjiv Khangura · Polina Kharchenko · Nilesh Khare · Heather Kharouba · Morsal Khawar ·
Behzad Khazaeian · Kuldeep Khehar · Meena Khela · Jagdeep Kheriwal · Ahmad Farhad Kheslat · Juanita Kho · Peter Kho · Zarah Khoja · Mumtaz Khokhar · Cong Khong · Peter Khoo · Kaveh Khorasani Ghadimi · Avtar Khosa · Mariya Khomaya · Gulshan Khudra · Lisa Khudra · Amitoz Khural · Shirin Kiamanesh · Michelle Kiczula · Pauline Kiczula · Amanda Kidd · Elizabeth Kidd · Hendrika Kidd · Janelle Kidd · Melissa Kidd · Harry Kiddle ·
Megan Kidston · Joan Kiefner · Patricia Kieneker · John Kierstead · Robin-Leigh Kierstead · Anne-Marie Kietzig · Drew Kightley · Clayton Kihn · Frank Kika · Kameron Kiland · Warren Kiland · Timothy Kilbrai · Melissa Kilbride · Fiona Kilburn · Nicola Kilfoy · Hilary Kilgour · Tania Killian · Emily Kiloh · Kimberley Kiloh · Lindsay Kiloh · Ryan Kilpatrick · GlendA Kilroe · Aki Kim · Amanda Kim · Dan Kim · Dennis Kim ·
Elli Kim · Eunji Kim · Eun Kim · Grace Kim · Grace Kim · Grace Kim · Hannah Kim · Hee Jin Kim · Hye Ryun Kim · Hyelin Kim · Jae Hee Kim · Jai-Hee Kim · Joseph Kim · Juwon Kim · Kaheui Kim · Kathy Jongeun Kim · Kawhi Kim · Kevin Kim · Ki Ock Kim · Ki-Hong Kim · Kyu-Hi Kim · Kyung-Ah Kim · Kyunghwan Kim · Kyung-Ji Kim · Kyungmi Kim · Lila Kim · Mi Ran Kim · Mi Young Kim · Minkyung Kim · Nam Won Kim · Olesya Kim ·
Paula Kim · Philip Kim · Roy Kim · Sarah Kim · Se Ho Kim · Seong Kim · Su Kyung Kim · Sumi Kim · Sung Tae Kim · Timothy Kim · Yoonhyeok Kim · Yun Hee Kim · Chad Kim Sing · Jamieson Kimball · Christine Kimball-Byrom · Melanie Kimmett · Vickie Kimmie · Dwayne Kimoto · Ronald Teruo Mori Kimoto · Busumbu Jean-Marie Kimvuidi · Stacey Kimura · Troy Kimura · Yuko Kimura · Sandra Kinakin · Nadine Kincaid · Derek Kind · Rezelka Kind ·
Athol King · Beverley King · Charles King · Christina King · Christine King · Christopher King · Darlene King · David King · David King · Diana King · Donna King · Douglas King · Elaine King · Elisabeth King · Francine King · Heather King · Jamie King · Karol King · Linda King · Madeline King · Matthew King · Michael King · Morris King · Pamela King · Peter King · Rachael King · Shaulyn King ·
Simon King · Stephanie King · Stewart King · Tracy King · Valorie King · Wade King · William King · Jeffrey Kingdon · Nicola Kinge · Leshae Kingman · Linda Kingston · David Kingwell · Kevin Kinney · Aiko Kinoshita · Mark Kinsella · Sandra Kinshella · Gary Kinsley · Michael Kinsley · Janet Kintner · Ryan Kinton · Jessica Kipp · Carol Kippen · David Kirby · Donna Kirby · Lisa Kirby · Russell Kirby · Andre Kirchner · Gerard Kirchtag ·
Karen Kiren · David Kirk · KenNeth Kirk · Patricia Kirk · Sean Kirk · Stephanie Kirk · Michael Kirker · Nadia Kirkland · Ellen Kirk-Macri · Lindsay Kirk-Owen · Michael Kirkpatrick · Ross Kirkpatrick · Alexander Kirkwood · Ashley Kirkwood · Carolyn Kirkwood · Kyle Kirkwood · Yasir Kirmani · Pascal Kirouac · Nora Kirov · Barry Kirschenbaum · Maris Kirsons · Amy Kirtay · Daryl Kirton · Linda Kirton · Nancy Kisby · Svetlana Kishchenko ·
Lenny Kishi · Kathleen Kisinger · Alexandra Kiss · Koffi Kissie · Roderick Kisun · Hisanori Kitajima · Akiko Kitamura · Cameron Kitchen · Geordon Kitchen · Lynn Kitchen · Bryan Kitchens · Paul Kitcher · Cheryl Kitching · Ryan Kitching · Tom Kitikoune · Frances Kitson · Clifford Kiyooka · Judy Kiyooka · Nicole Kiyooka · Arild Kjaeraas · Josephine Kjos-Jagodnik · Maciej Klajnert · Laura Klaponski · Louise Klaponski · Vesna Klarich ·
Chad Klassen · Christopher Klassen · David Klassen · Doug Klassen · Jeffrey Klassen · Kevin Klassen · Melvin Klassen · Patricia Klassen · Stan Klassen · Tracy Klassen · Meredith Klau · Christian Klausen · Tia Klava · Brian Klavano · June Kleban · Stewart Kleban · Bruce Kleeberger · Alexandra Klein · Allan Klein · Benoit Klein · Herbert Klein · Kathryne Klein · Nathalie Klein · Rene Klein · Riki Klein · Steve Kleiner · Tyler Klein-Longmire ·
Joseph Kleinman · Edwardus Kleisterlee · Randolph Klene · Ralf Klenke · Stacey Kleon · Karen Kler · Marie-Josee Klett · Barry Kleven · Dennis Klick · Stephanie Klick · Hana Klikova · Branko Kliman · Jacob Kliman · Carole Klimas · Prokopios Klimos · Milada Klimova · Derek Kline · Renee Kline · Thom Kline · Daniel Klingspon · Christopher Klinke · Nancy Klinkhamer · Dan Klinksgaard · Todd Klinksgaard · Karl Kliparchuk ·
Tara Klippert · Linda Klive · Raymond Klochnyk · Susanne Klocke · Kelly Kloeble · Anthony Kloepfer · Sara Kloosterboer · Nicole Klopfer · Jessica Klos · Thomas Kloss · Michael Klucker · Julius Klug · Garrett Klugh · Alexander Kluth · Maya Klvana · Zane Klym · Dona Klyn · Linda Knapp · Sandra Knapton · John Kneale · Susan Kneider · Marina Knez · Emilija Knezevic · Jacqueline Knife · Dorien Knigge · Carla Knight · Craig Knight ·
Maureen Knight · Nancy Knight · Ingrid Knight-Cohen · Joshua Knipe · Bonnie Knoblauch · Stephen Knoblauch · Barbara Knodel · Ronald Knol · Christian Knoll · Crystal Knoll · Dennis Knoll · Frances Knoll · Susan Knoll · Dennis Knothe · Micheal Knott · Lisa Knotts · Chelsea Knowles · Jordan Knowles · Linda Knowles · Thomas Knowles · Margart Knowlton · Frederick Parker Knox · Garry Knox · Georgina Knox · Joel Knox ·
Margaret Knox · Susan Knudsen · Heidi Knupp · Joel Knutsen · Kathy Knutsen · Charmaine Ko · Fion Sau Yin Ko · Helen Ko · Hye Mi Ko · Margaret Ko · Sachiko Ko · Soo Hwa Ko · Kristal Kobasew · Abby Kobayakawa · Martin Kobayakawa · Andrew Kobayashi · Derek Kobayashi · Tomohiro Kobayashi · Toru Kobayashi · Tracey Kobelka · Carl Kober · Evelyn Kober · Carlyn Kobiolke · Charlene Kobitzsch ·
Scott Kobus · Nilufer Kocan · Cher Koch · Eric Koch · Matthias Koch · Stanley Kochanoff · Krzysztof Kochanowski · Sankalp Kochar · Erin Kodama · Joan Koebel · Michelle Koberick · Michael Koehle · Maja Koehler · Stephen Koehler · William Koehler · Scott "Koehler, Md" · Leanne Koehn · Graeme Koelwyn · Mary Koenig · Matthew Koenig · Nicolle Koeppel · Michelle Koeslag · Maria Koestlmaier · Valerie Kogvik · Ivy Koh ·
Perry Kohler · Gerhard Köhler · Philip Kohls · Catherine Kohm · Jennifer Kohm · Joel Kohm · Paraskevas Kokkonis · Faye Kokolakis · Maya Kolaczynski · Leanna Kolbuch · Donalee Koldingnes · Matthew Koleczko · Sarah Koles · Steven Koles · Eli Koleva · Peter Kollross · Vita Kolodny · Collette Kolodychuk · Michael Kolodynski · Janusz Kolodziejczak · Janet Kolof · Margaret Kolonsky · Dallas Kolotylo · Paul Koltek · Crista Kolter ·
Sergey Koltunov · Sylvia Koltzenburg · Stephen Kolz · Maki Komatsu · Mladen Komnenic · Eugene Konart · Clark Konczak · Dennis Kondratev · Chui Ying Kong · Eric Kong · Fui Lee Kong · Lai Chu Kong · Mingdao Kong · Ning Kong · Yoshiko Kong · Eli Kongshavn · Jennifer Konicek · Justin Koninek · Takeo Konishi · Laura-Lee Konkin · Mary Konkin · Blake Konkle · Nagisa Konomura · Norman Konradson · Charalampos Konstantinidis ·
Stanislav Kontanist · Josefa Kontogiannis · Emma Kontor · Robert Konyu · Henry Koo · Richard Koo · Viki Koo · Kit Koon · Herbir Kooner · Chandra-Lee Koonts · Matthew Koop · Melanie Koop · Samuel Koop · Mieke Koopman · Andrew Kooren · Peter Kootchin · Ann Kooy · Kathi Kopan · Dagmar Kopcova · Verna Koperu · Karen Koppel · Maya Kopylova · Vic Korajian · Arthur Korbiel · Peter Kordonis · Jadwiga Kornat · Alla Kornilov ·
Jenny Koropatnicki · Levi Korotash-Bartlett · Robert Korotkov · Sharon Korpan · Gary Korstrom · Nancie Lee Korte · Laura Kosakoski · Olga Kosarewicz · Elizabeth Hollis Kosco · Elizabeth Kosco · Jody Koshowski · Terrance Kosikar · Elaine Kosmas · Konstantina Kosmidou · Anthony Kosovic · Jennifer Kosovic · Ivan Kostelnyy · Natalie Kostenko · Matthew Kosterman · Mitchell Kosterman · Tatiana Kostiak · Andrey Kostik ·
Alan Kostiuk · Peter Kostkiewicz · Yvonne Kosztovits · Pauline Kot · Ravi Kota · Karoliina Kotanen · Fred Kotani · Nancy Kotani · Igor Kotenko · Artem Kotishevskiy · Ivan Kotnik · AleXia Kotsalis · Sally Kotselenis · Branden Kotyk · Kristina Koutrakos · Anastasios Koutsogiannis · Harry Koutsouropoulos · Sanja Kovacevic · Ryan Kovacevich · Robert Kovach · Levente Kovacs · Irina Kovalchuk · Natasha Kovalchuk ·
Marina Kovalishyna · Kullike Kovamees · Spencer Kovats · Calliope Koveos · Gerald Koverchuk · Sylvia Kovesdi · Matthew Kovinsky · Penelope Kowalchuk · Lukasz Kowalik · Jedrzej Kowalski · Lenley Kowalski · Shelley Kowaluk · Carla Kowalzik · Donald Kowbel · David Koyanagi · Eveleen Kozak · Karry-Ann Kozak · Teresa Kozak · Sara Kozey · Terry Koziel · Tania Kozie-Slobodzian · Anna Kozlova · Sonja Andrea Kozok ·
Edward Kozuki · Brian Krabak · Anja Krabbe · Geoffrey Kraemer · Gerard Kraemer · Andrea Kraft Costigan · Devon Krahn · Vadim Kraitman · Martina Krajciova · Peter Krak · Rasto Kral · Tamara Kram · Susan Kramar · Kenneth Kramer · Karen Kranick · Randy Krantz · Joanne Kranyak · Stephen Kranyak · Janet Kranz · Martin Krapp · Denis Krasnogolov · Anna Krasnova · Elena Krasnova · Shelly Krasowski · Karl Krats ·
Laurie Kraus · Christoph Krause · Dana Krause · Deborah Krause · Dietmar Krause · Larry Krause · Phillip Krause · Shane Krause · Dennis Kraushar · Cynthia Kravchenko · Katherine Kravchuk · Ken Krawchuk · Andrew Krawczyk · Katrina Krawec · Christine Krbavac · Ivan Krcmar · Bareld Kreeftenberg · Valerie Krehmer · Laurie Kreiner · Tim Kreitner · Susan Krejan · Eva Krejci · Arlene Kreklewich · Heather Kress ·
Kevin Kreton · Peter Kretschmer · Inge Kreuser · Marilyn Kreuzinger · Kristina Krieck · Margaret Krieck · Richard Krieck · Martina Krieg · Kurt Krieger · Debra Kriger · Elia Kriketos · Nilvan Krishna · Sofi Kristani · Victoria Kristensen · Kjell-Erik Kristiansen · Maureen Kristjanson · Alan Kristmanson · Dennis Kristos · Maria Kritis · Karen Krivel · Gail Krivel-Zacks · Nicholas Krizmanich · Dawn Kroad · Britt-Lee Kroeker ·
Elizabeth Kroeker · Karen Kroeker · Martha Kroeker · Ashley Kroening · Marian Krogh · Ryan Krol · Virginia Kromkamp · Lana Krotenko · Ronnie Kruchak · Margaret Kruckik · Hilke Krug · Michele Krug · Martha Kruger · Susan Kruger · Maureen Kruk · Katlen Krukau · Ryan Krumins · Viktoria Krumpholz · Gabriel Krushelnyski · Janneke Kruyt · Joel Kryczka · Alicja Krysiak · Dmytro Kryvonog · Cheongseo Ku · Naty Ku ·
Siu Ting Ku · Yan Kit Ku · Margarida Kuan · Christina Kuang · Chung-Ming Kuang · Katherina Kubenk · Paula Kubler · Maria Kubinyi · Holly Kuchar · Cheryl Kuchta · Kazari Kudo · Mai Kudo · Natalie Kuehn · Wolfgang Kuehn · Dallea Kueng · Lea Ann Kueng · Philipp Kuesters · Robert Kuhn · Joan Kuhnert · Arthur Kuiper · Judith Kuiper · Donna Kuipers · Julie Kuipers · Karl Kuipers · Margaret Grietje Kuipers · Grace Kuipery ·
Dawn Kuisma · Gina Kuizema · Mladen Kukic · Glenn Kukkee · Ronald Kukko · Sally Kukko · Walter Kukulski · Deborah Kulchiski · Stephanie Kulferst · Taras Kulish · Kassandra Kulnys-Douglas · Craig Kulyk · Donald Kulyk · Alvina Kumar · Daylan Kumar · Dennis Kumar · Rahul Kumar · Rikash Kumra · Namzay Kumutha · Michael Kunde · Rudolf Kundel · Melissa Kundert · Nitika Kundlas · Cee Kung · Danny Kung · Kevin Kung ·
Pangus Kung · Tamara Kung · Yi-Wen Kung · Robert Kunka · Carmen Kuntz · Jacquelyn Kuntze · Jared Kunza · Patrick Kunzet · Feng-Ni Kuo · James Kuol · Maya Kupczyk · Kerry Kupecz · Jason Kur · Heidi Kuran · Krzysztof Kuran · Wieslaw Kuran · Petra Kuret · Leokadia Kurkiewicz · Marianne Kurlak · Sandra Kurmann · Khiat Kurnlawan · Tuire Kuronen · Karolina Kurowski · Kelly Kursteiner · Dax Kurtz · Glen Kurtz · Kelly Kurtz ·
Laurie Kuruisuva · Oliver Kurzak · Shirley Kushner · Lia Kushnir · Corey Kussey · Stephen Kussin · Christa Kuszczak · Jiri Kutal · Dagmara Kutrowska · Hiroji Kutsuna · Kari Kutvonen · Dorothy Kuva · Scott Kuxhouse · Millie Kuyer · Nicholai Kuzak · Luke Kuzio · Grigory Kuzmenko · Elena Kuznetsova · Olga Kuznetsova · Olga Kuznetsova · Adrian Kuznik · Sasha Kvakic · Jack Kvasnikoff · David Kvick · Winnie Kwai · Seonji Kwak ·
Andrew Kwan · Anna Kwan · Bo Mon Kwan · Christopher Kwan · Chung Yin Kwan · Cynthia Kwan · Henry Kwan · Katherine Kwan · Leroy Kwan · Peter Kwan · Wallace Kwan · Jordan Kwandibens · Paul Kwasnicky · Didier Kwast · Krystyna Kwiatkowska · Jennifer Kwiatkowski · Lisa Kwiatkowski · Mariusz Kwiatkowski · Andrew Kwiten · Albert Kwok · Antony Kwok · Chi Kwok · Elaine Kwok · Jenny Kwok · Samuel Kwok ·
Timothy Kwok · Hyuk Jae Kwon · Jin Kwon · Sang Kwon · Soonman Kwon · Yoo Jin Kwon · Andrea Kwong · Danny Kwong · Etta Kwong · Lillian Kwong · Patricia Kwong · Tiffany Kwong · Valerie Kwong · Yoko Kwong · Fleming Kyle · Teresa Kymantas · Fotini-Tini Kyriakopoulos · Randall Kyte · JenniFer Kyung · Quoc La · Guy La Branche · Monique La Coste · Michele La Fontaine · Linda La Maina · Michelle La Pointe ·
Kyla La Riviere-Larsen · Kelly La Rochelle · Angela Laarakkers · Carlo Laba · Christina Labarca · Joseph Labarda · Jack Labbe · Gustavo Labbé · Brian Labbee · Diane Labelle · Mélissa Laberge · Nadine Laberge · Andree Labine · Olivia Labine · Lianne Labistour · Leta Labiuk · Vincent Labonté · Mary Labroucane · John Laboyne · Steven Labrador · Frédéric Labranche · Marianne Labrecque · Audrey Labrie · Jamie Labron ·
Jo-Ann Labron · Lila Labrosse · Patrick Labrosse · Ivan Clark Labrum · Marcella Labuda · Tanya Labuick-Robinson · André Lacaille · Lawrence Lacandula · Derek Lacelle · Karine Lacerte · Barbara Lacey · Lorne Lacey · Beverly Lach · Wilfred Lach · Jason Lachance · Maureen Lachnit · Sarah Lackey · Alicia Lacroix · Dan Lacroix · Guy Lacroix · Hugues Lacroix · Lise Lacroix · Véronique Lacroix · Corazon Lacuadra · Yasmin Ladak ·
Alnawaz Ladha · Zameer Ladha · Jason Ladicos · Janet Ladner · Therese Ladner · Timothy Ladner · Carole Ladouceur · Kimberly Ladouceur · Wayne Laface · Danielle Laferriere · Denis Laferriere · Charles Laflamme · Stephanie Laflamme · Joshua Laflèche · Yves Lafleur · Francine Laforce Bisson · Julia Laforge · Pierre Laforge · Lyne Lafortune · Jean-Francois Laframboise · Jason Lafrance · Karen Lafreniere ·
Darquise Lafrenière · Nancy Lagana · Darrell Lagler · Josselin Lagrenee · Sabine Lague · Mikko Lagunsad · Milaina Lagzdins · Annie-Claude Lahaie Belanger · Kathleen Lahey · Matthew Lahey · Robert Lahey · Jessica Lahti · Melvin Lahti · Alan Pui Hang Lai · Amy Lai · Andrew Lai · Annie Lai · Calvin Lai · Harmony Lai · Hongmei Lai · Jason Lai · K Ricky Lai · Michael Lai · Philip Lai · Suit Lai · Virginia Lai · Wesley Lai ·
Yee Wah Lai · Elizabeth Laidlaw · Mary Laidlaw · Stephen Laidler · Jennine Laine · David Laing · Dorothy Laing · Kirsteen Laing · Lewis Laing · Mary Laing · Philip Laing · Taryn Laing · Geralyn Lainsbury · Alexander Laird · Angela Laird · David Laird · Douglas Laird · James Laird · Joshua Laird · Lauren Laird · Robert Laird · John Lait · Linda Lait · Dominique Lajoie · Jules Lajoie · Gary Lake · Jamie Lake · Janice Lake · Kristen Lake ·
Patricia Lake · Steven Lake · Jill Laker · Anis Lakha · Kamil Lakhani · Zeenan Lakhani · Murad Lakhdhir · Shayan Lalani · Iqbal Lalany · Michael Laleune · Remi Laliberte · Erik Lalli · Jennifer Lalli · Justin Lalli · Simrin Lalli · Brinder Lally · Gagan Lally · Denis Lalonde · Johnathan Lalonde · Judith Lalonde · Louise Lalonde · Patrick Lalonde · Sharon Lalonde · Sylvie Lalonde · Alexie Lalonde-Steedman · Bernadette Lalor-Morton ·
Sylvie Lalumiere · Ada Lam · Adrienne Lam · Alfred Lam · Alvina Lam · Andrew Lam · Annie Lam · Antonius Lam · Carson Yip Yen Lam · Carson Lam · Christina Lam · Christine Lam · Daniel Lam · Heidi Lam · Helen Lam · Ho Wai Lam · Hon Wai Lam · Joe Lam · Johnathan Lam · Jon Lam · Lek Ming Lam · Marina Lam · Mario Lam · Pak Lam · Paul Chun Hang Lam · Paul Lam · Perry Lam · Peter Lam ·
Phillip Lam · Raymond Lam · Richard Lam · Simon Lam · Sonya Lam · Sui Lam · Thomas Lam · Tiffany Lam · Titania Lam · Vincent Lam · Whitney Lam · William Lam · Lucia Lam Han · Virginie Lamarre · Chapen Lamarre · Diana Lamas Zea · Bonnie Lamb · Jenna-Marie Lamb · Kerrie Lamb · Melissa Lamb · Nelson Lamb · Robert Lamb · Mark Lamberson · Gregory Lambert · Jacques Lambert · Jared Lambert · John Lambert ·
Kathryn Lambert · Kim Lambert · Michael Lambert · Sean Lambert · Francesca Lamberto · Theresa Lam-Hawes · Flynn Lamont · Alvaro Lamontagne · Ginette Lamontagne · Vincent Lamontagne · Sharon Lamontagne-Macdonald · Albert Lamothe · Colleen Lamothe · Marcel Lamothe · Ashley Lamoureux · Heather Lamoureux · Lisa Lamoureux · Marc Lamoureux · Darryl Lampitt · Heng Lan · Marcel Lanari · Paul Lancaric ·
Andrew Lancefield · Samantha Landa · Jan Landelius · James Landers · Nathan Landers · Christina Landert · Matthew Landin · Joseph Landreville · Luc Landriault · Catherine Landry · Daphne Landry · Diane Landry · Donna Landry · Gregory Landry · Joshua Landry · Mary Dianne Landry · Michel Landry · Mireille Landry · Roslyn Landsman · Brigitte Lane · Bruce Lane · Cameron Lane · David Lane · Donald Lane · Eric Lane ·
Jacqueline Lane · Justin Lane · Mark Lane · Michelle Laneuville · Paul Lanfranchi · Barry Lang · Christopher Lang · Deborah Lang · Heather Lang · Megan Lang · Peter Lang · Rebecca Lang · Thao Lang · Jerry Langcay · Jill Lange · Sina Lange · Steven Lange · Jessica Langelaan · Dominique Langelier · Dennis Langenstan · York Langerfeld · Jason Langevin · Lisa Langevin · Arjun Langford · Danielle Langford · Margo Langford ·
Sheridan Langford · Simon Langford · Ruth Langford-Johnson · Trevor Langhan · Ancel Langille · Robert Ian Langille · Robin Langille · Donna Langlands · Jacques Langlois · Marie Langlois · Philippe Langlois · Sebastien Langlois · David Langmuir · Andrew Langridge · Caitlin Langridge · Graham Langridge · Joshua Langstaff · Craig Langston · Heather Langton · Linda Langton · Lorraine Langtry · Willie Laniuk ·
Danette Lankmayr · Wendy Lannin · Edward Lanning · Laura Lanning · Shane Lanoway · John Lansink · Max Lanthier · Doris Lantz · Danica Lao · Kelly Lapaschuk · Peter Lapchinski · Chanel Lapierre · Normand Lapierre · Scott Lapin · Leon Lapinsky · Colette Laplante · Michel Laplante · Paul-Simon Laplante · Eric Lapointe · Hélène Lapointe · Lawrence Lapointe · Louis-Simon Lapointe · Marc Lapointe · Nathalie Lapointe ·
Gerald Laporte · Anick Laprise · Benoit-Mario Laquerre · Robert Laranjo · Julius Lardizabal · Maria Larga · Naomi Large · Peggy Large · Kathleen Largy-Nadeau · Victor Larichev · Gerson Larios · Ronald Lariviere · Heather Larke · K. Michael Larkin · Kristen Larkin · Paul Larkin · Peter Larlee · Frances Larlee Addison · Josue Laro · Denis Laroche · Philippe Laroche · Christine Larochelle · Louise Larochelle · Roylana Larochelle ·
Stuart Larochelle · Elise Larock · Jean-Claude Larocque · Sylvia Larosa · Emma Larose · Guylaine Larouche · Johanne Larouche · Robert Laroy · Brenda L'Arrivee · Dean Larsen · Jorgen Larsen · Nathan Larsen · Soren Larsen · Theresa Larsen · Todd Larsen · Amanda Larson · Diane Larson · Donna Larson · Tamara Larson · Beverley Larssen · Daniel Larsson · Dawn Lasby · Matthew Lascelle · Gretchen Lasda · Scott Lasker ·
Jessica Laslo · Vladimir Lasmarias · Catherine Lasnier · Andrew Lassaline · Sabine Lassen · Gregory Last · Harold Last · Shari Laszlo · Lee Lategan-Mcgregor · Dennis Latham · Geraldine Latham · Gregory Latham · Nicole Latham · Anne Latka · Lisa Latondress · Jean-Francois Latour · Elizabeth Latourell · Rachel Latreille · Janice Latta · Christine Lattey · Lynne Lattin · Adriel Lau · Alex Lau · Andrea Lau · Carisa Lau · Carolyn Lau ·
Charlotte Lau · Chun Lau · Colin Lau · Connie Lau · Darlene Lau · Denise Lau · Elizabeth Lau · Eva Lau · Felix Lau · Franklin Lau · George Lau · Jennifer Lau · Jensen Lau · John Lau · Joseph Lau · Kami Lau · Ka-Ming Lau · Kelvin Lau · Marisa Lau · Mau Pan Lau · May Chi Ping Lau · Nathan Lau · Paul Lau · Richard Lau · Ronald Lau · Sau Yan Lau · Sherlaine Lau · Simon Lau · Walter Lau · William Lau · Heinz Laub · Olivia Laub ·
Jessica Lauder · Annemarie Lauer · Jeffrey Laufer · Carrie Laughlin · Leslea Laughlin · Taylor Laughlin · Denise Lauinger · Dwayne Laurie · Dale Laurie · Karin Laurie · Robert Laurie · Virginia Gayle Laurie · Barbara Laurillard · Dragan Lausevic · Esther Lautard · Nathalie Lauzier · Christine Lauzon · Ivan LauzOn · Jean Michel Lauzon · Natalie Lauzon · Nicole Lauzon · Ryan Lauzon · Sandi Lauzon · Sylvie Lauzon ·
Andrea Lavados Navarrete · Ronald Lavalle · Annie Lavallée · Kevin Lavelle · Cassandra Lavender · Robin Laver · Yvon Laverdiere · Gary Laverdure · Catherine Lavergne · Cody Lavery · Terry Lavery · Ben Lavi · Céline Lavigne · Marcel Lavigne · André Lavoie · Marie-Pierre Lavoie · Odette Lavoie · Pavel Lavrentyev · Natalia Lavrov · Crystal Law · Donald Law · Glenn Law · Gloria Law · Ian Law · James Law · Jeannette Law ·
Kenley Law · Kwan Yiu Law · Nancy Law · Ruby Law · Yvonne Law · Michael Lawler · Patricia Lawler · John Lawless · Mary Lawless · Peter Lawrance · Andrew Lawrence · Donald Lawrence · Heather Lawrence · Luke Lawrence · Maureen Lawrence · Fiona Lawrence-Findlater · Janis Lawrie · Gordon Lawson · Kellie Lawson · Patricia Lawson · Pauline Lawson · Lynnette Lawther · Stephanie Lawton · Reena Lawy · Maria Lax Andujar ·
Flora Laxdal · Ronald Laxdal · Jordon Laxton · Leonne Laxton · Geoffrey Lay · Christel Laycock · Ellen Laycraft · William Laycraft · Joshua Laye · John Layer · Nancy Laythorpe · Wendy Laythorpe · Karin Layton · Evelyn Lazare · GIllian Lazarian · Paul Lazaro · Christina Lazar-Schuler · Marcin Lazarski · Christopher Lazatin · Claudine Lazic · Vitaly Lazovskih · Ezio Lazzari · Celia Lazzarotto · Chi-Lang Le · David Le · Dzung Le ·
Krystophe Le · Tam Le · Michael Le Bas De Plumetot · Dominique Le Bot · Daniel Le Breton · Leo Le Couteur · Timothy Le Couteur · Vincent Le Gal · Serge Le Guellec · Lise Elizabeth Le Guellec Dube · Marie Le Guen · Olivier Le Guen · Fabien Le Maistre · Sebastien Le Normand · Natalie Le Page · Deborah Le Patourel · Wade Le Roux · Lucille Le Vert · Carol Lea · David Lea · Augustus Leach · Erin Leach · Terry Leah ·
Francis Leahy · Michael Leahy · David Leal · Jose Leal · Chad Leaman · Joel Leaman · Pamela Leaman · Todd Leamont · Tom Leaning · Craig Lear · Lawrence Lear · Andrew Learmonth · Brenda Leatherland · Louise Leathley · David Leavers · Alyssa Lebans · Bruce Lebans · Teddy Lebedoff · Benjamin Leber · Dee-Ann Leblanc · Denise Leblanc · Jeanette Leblanc · Jean-Michel Leblanc · Joshua Leblanc · Kilee Leblanc ·
Robert Leblanc · Genevieve Lebrun · Raymond Lebrun · Véronique Lecault · Paul Lechtzier · Jeremy Leclair · Andrea Leclerc · Anne Leclerc · Elsa Leclerc · Matthew Leclerc · Sylvana Leclerc · Yanick Leclerc · Rosalind Lecomte · Guylaine Lecours · Guy Lecours · Guillemette Lecuyer · Marc Lecuyer · Charles-Anthime L'Ecuyer · Karine L'Ecuyer · Carol Ledbetter · Gail Ledding · Yaneth Ledesma · Alison Ledgerwood ·
Ernest Ledgerwood · Maria Ledgerwood · Bruce Ledingham · Dianne Ledingham · Catherine Leduc · Cynthia Leduc · Elizabeth Leduc · Marie Leduc · Normand Leduc · Albert Lee · Alec Lee · Alexander Lee · Alexandra Lee · Alex Lee · Alison Lee · Amanda Lee · Amy Lee · Andrew Lee · Annie Lee · Ann Lee · Anthony Lee · Arthur Lee · Arthur Lee · Benjamin Lee · Ben Lee ·
Bow May Lee · Brenda Lee · Brian Lee · Brian Lee · Carlota Lee · Caterina Lee · Catherine Lee · Celine Lee · Chang Ho Lee · Chen Jung Lee · Cheryl Lee · Chi Wah Lee · Chia Lin Lee · Chris Lee · Christopher Lee · Chun Ting Lee · Chung Lee · Cindy Lee · Corinna Lee · Cynthia Lee · Damian Lee · Dan Lee · Darrin Lee · Edward Lee · Elizabeth Lee · Eric Lee · Erwin Lee · Eunseon Lee · Florence Lee · Floria Lee ·
Frederick Lee · Fu Lee · Gary Lee · Gertrude Lee · Glen Lee · Gyeong Wan Lee · Han-Pei Lee · Heesuck Lee · Hee-Young Lee · Helena Lee · Hilary Lee · Hiu Tung Lee · Hon Lee · Ivana Zete Han Lee · Ivan Lee · Ivy Lee · Jae Ik Lee · Jae Lee · James Lee · Jan Hong Lee · Janice Lee · Jeffrey Lee · Jen Lee · Jennifer Lee · Jeremy Lee · Jinyoung Lee · Jiwon Lee · Jooyoun Lee · Joshua Lee · Joy-Ann Lee ·
Judy Lee · Ju Lee · Julliana Lee · Jung-Chen Lee · Jung Lee · Justin Lee · Karen Lee · Karen Lee · Karen Lee · Kelly Lee · Kenneth Lee · Kenneth Lee · Khai Lee · Kirsten Lee · Kuo-Wei Lee · Kyu Lee · Kyungmin Lee · Laraina Lee · Lawrence Hung Kwing Lee · Linda Lee · Linda Lee · Mardi Lee · Marsha Lee · Melanie Lee · Miu Ping Lee · Nancy Lee · Nichole Lee · Nicky Lee · Olivia Lee · Pao-Ching Lee · Robert Lee · Robert Lee ·
Samuel Lee · Sandra Lee · Sandy Lee · Sandy Lee · Sang Eun Lee · Sang Lee · Scarlett Lee · Seungyoon Lee · Sheldon Lee · Sin Tian Lee · So Min Lee · So Young Lee · Soleng Lee · Steven Yiu Man Lee · Susan Lee · Tang Lee · Thomas Lee · Timothy Lee · Tony Lee · Un Hye Lee · Victor Lee · Vincent Lee · Virginia Lee · Vivian Lee · Wah Gin Lee · Wayne Lee · Wendy Lee · Wendy Lee · William Lee · William Lee ·
William Lee · Winetta Lee · Woody Lee · Ya-Mei Lee · Yerim Lee · Yoon Lee · Young-Hee Lee · Younyoung Lee · Yu-Ling Lee · Christopher Andrew Lee Kim Koon · Craig Leebosh · Melanie Leeder · Kelsey Lee-Gibson · Gurbax Leelh · Donna Leeming · Gregory Lees · Teresa Lees · Krista Leesment · David Leeson · Robert Leeson · Violet Leeson · Cecile Lefebvre · Pierre Lefebvre · Sylvie Lefebvre · Terry Lefebvre · George Lefeuvre ·
Irene Lefeuvre · Tom Lefkovits · Rachel Leflar · Elisabeth Lefrancois · Julien Lefrancois · Mathew Lefrancois · Lisa Lefroy · Tiffanie Lefroy · Brigitte Légaré · Robert LeGate · Daniel Legault · Francine Legault · Emery Leger · Patricia Leger · Ronald Legere · Ruth Legg · Trevor Leggat · Michael Patrick Legge · Sean Legge · Carly Leggett · Casey Leggett · Roxanne Le-Goff · Heather Legresley · Sharon Legros · Michael Lehman ·
Kevin Lehmann · Michel Lehmann · Tamsin Lehn · Roman Lehocky · Linda Lehr · Craig Lehto · Hui Zhen Lei · Tianzhu Lei · Xaxuan Lei · Pascal Leidekker · Barbara Leigh · Joshua Leigh · Matthew Leigh · Robert Leigh · Woh-Peng Leigh · Adam Leighton · Christine Leighton · Neil Leisinger · Sheila Leitao · Thomas Leitao · Colleen Leitch · Peter Leitch · Robert Leitch · Layla Leite · Borden Leith · David Leith · Jordan Leith ·
Marna Leland · James Lelievre · Kimberley Lem · Kamila Lemaire · Laurie Lemaitre · Monika Leman · Dany Lemay · Jean-Francois Lemay · Rolland Lemay · Sylvie Lemay · Sophie Lemelle · Madison Lemesurier · Anne Lemieux · Edmond Lemieux · Geneviève Lemieux · Julie Lemieux · Réal Lemieux · Gordon Lemire · Jamie Lemire · Mélissa Lemire · Susan Lemke · Glenn Lemmerick · April Lemoine · Joseph Lemoine · Julie Lemoine ·
Richard Lemoine · Bradley Lemon · Bryce Lencoe · Sheila Lencoe · Karen Lenehan · Vanessa Lenehan · Susan Lenio · Gregory Lenko · Norman Lennon · Ronaldin Lennox · Justin Lenny · Katharine Lentini · Franklin Lento · David Lentsch · Carrie Lentz · Charles Lenz · Donald Lenz · Philippe Leo · Raphael Leo Jur · Alan Leonard · Amanda Leonard · Cheryl Leonard · Matthew Leonard · Mei-Fah Leonard · Nicholas Leonard ·
Peggy Leonard · Bill Leong · Diana Leong · Donna Leong · Lorian Leong · Michelle Leong · Oscar Leong · Oscar Leong · Markus Leonhard · Francis Lepage · Fred Lepage · Ronald Lepage · Rosemary Lepard · Sara Lepard · Carmel Lepine · Robert Lepine · Sheilagh Lepine · Victoria Lepine · Maria L'Episcopo · Giovanni Lepore · Giuseppe Lepore · Abigail Lepp · Taryne Lepp · Jim Lequesne · Morley Lercher · Jean Lerfold ·
Edward Lerner · Jaren Lerner · Phillip Leroux · Sandra Leroux · Barbara Leroy · David Leroy · Michelle Leroy · Thomas Les · Jason Lesage · Penny Lescak · Marline Lescano · Adrian Lescisin · Lyndsay Lescisin · David Lesh · Alexander Leshchik · Dwayne Leskewitch · Theresa Leski · Cheryl Leskiw · Suzanne Lesko · Diane Leslie · Margot Leslie · Megan Leslie · Stephen Leslie · Wendy Leslie · Angela Lesniewicz · Jerzy Lesniewicz ·
Melisa Lessard · Nicholas Lessard · Gordon Lessels · Joanna Lessels · Thomas Lessing · Elaine Lester · Patricia Lester · Michelle Lester-Smith · Jocelyne Leszczynski · Mylène Letellier · Joan Letendre · Luce Letendre · William Letham · Karin Lethbridge · Philip Letts · Abby Leung · Abby Leung · Albert Leung · Alice Leung · Amy Wing Shan Leung · Andy Leung · Angela Leung · Angie Leung · Benedict Leung · Bernard Leung ·
Candice Leung · Carmen Leung · Chi Hang Leung · Chi Leung · Chi Leung · Ching Yi Leung · Christina Leung · Chun Yin Leung · Dallas Leung · Daniel Leung · Emily Leung · Eric Leung · Frank Leung · Garry Leung · Gary Leung · Ho Cheung Leung · Jeffrey Leung · Jennifer Leung · Jennifer Leung · Jenny Leung · Ka Yin Leung · Karen Leung · Kathine Leung · Kwan Leung · Lisa Leung · Loretta Leung · Magdalen Leung · Mark Leung ·
Mark Leung · Oliver Leung · On Yin Leung · Pui Yan Leung · Rock Leung · Sandra Leung · Simon Leung · Stephen Leung · Suk-Ling Leung · Tiffany Leung · Tin Chi Leung · Wai Leung · Wing Leung · Wing Leung · Yee Fan Leung · Linda Leungwong · Christina Leurer · Laureen Levangie · Linda Levar · Jamie Levchuk · Michel Leveille · Louise Léveillé · Oliver Leventhal · Michael Levermore · Fraser Leversedge · Kathryn Leverton ·
Mark Leverton · Jean-Guy Levesque · Julie Levesque · Tracy Levey · Andrie Levey-Bates · Benjamin Levi · Jonathan Levi · Alexey Levichev · Igor Levichev · Fern Levin · Gaynor Levin · Martin Levin · Shawn Levine · David Levinson · Mary Levis · Terry Levis · Margo Levitt · Maxim Levshuk · Alexander Levy · Jennifer Levy · Malcolm Levy · David Lew · Larry Lew · Virginia Lew · Susan Lewieniec · Adele Lewin · Sarah Lewin ·
Bradley Lewis · Carla Lewis · Christopher Lewis · Colin Lewis · Cynthia Lewis · Diana-Rae Lewis · Douglas Lewis · Evan Lewis · Jevon Lewis · Karen Lewis · Kimberley Lewis · Naveen Lewis · Peta Lewis · Phoebe Lewis · Vanessa Lewis · Suk-Bing Lewis-Chan · Andrew Lewis-Nicholson · Kristopher Lewko · Fredrick Lewon · Steven Leyenhorst · Maureen Leyland · Ronald Leyland · Andrew Leyne · Rheo Leyretana ·
Ernest Leyshon-Hughes · Sarah Leyshon-Hughes · Victor Lezu · John L'hirondelle · Ailin Li · Alex Li · Bo Li · Calvin Li · Carmen Li · Cong Li · Cong Li · Dechao Li · Difei Li · Erica Li · Evan Li · Hong Jie Li · Jennifer Li · Jenny Li · Jiaxin Li · JinRong Li · Julia Li · Ka Chun Li · Kevin Li · King Wai Li · Kwan-Chun Li · Liang Li · Lu Li · Lynn Li · Meng Li · Min Ying Li · Mingzhu Li · Peng Fei Li · Serena Li · Shao Chun Li · Shu Li · Simon Li · Sun Khi Li ·
Tian Sheng Li · Vancy Li · Vanessa Li · Vincent Li · Wen Li · Xiao Xiao Li · Yanlai Li · Yat Cheung Li · Yi Li · Yi Li · Yingjie Li · Yu Mi Li · Yue Li · Yun Ru Li · Isabel Li Llanton · Chris Liang · Guanyi Liang · Jing Liang · Jin Liang · Rowena Liang · Sammy Liang · Shirley Liang · Yi Fan Liang · Yu Liang · Richard Liao · Zhen Qun Liao · Elyette Libao · Paula Libby · Brenda Liberto · Ronilo Licas · Maria Licastro · Regina Lichtenfeld ·
Michael Lichtensteiger · Julie Liddell · Lorinda Liddell · Hardeep Lidder · Donna Liddle · Eleanor Liddy · Gerald Lidin · Chantelle Lidstone · Eldon Lidstone · Thomas Lidstone · Jesse Lieberthal · Kiem-Siang Liem · Chien Lien · Ida Zeline Lien · Marion Lietz · Kenneth Lieu · Alan Liew · Lily Liew · Shaun Liew · Victoria Ligertwood · Danielle Ligeti · Alicia-Rae Light · Terry Light · Benjamin Lightburn · Dana Lightburn ·
Thomas Lightburn · Richard Lightheart · Josefito Lijauco · Patricia Likness · Shawn Liland · Scott LiLiedahl · Ann Ylva Jeanette Lilja-Fietz · Bradley Lilley · Hakan Lillquist · Keith Lillyman · Arnold Lim · Barton Lim · Chean Lim · Delia Lim · Dong Joo Lim · Edward Lim · Jade Lim · Joanne Lim · Kathy Lim · Kimberly Lim · Leah Lim · Neumann Lim · Peter Lim · Walter Lim · Juliana Lima · Rick Lima · Samuel Lima · Fabio Lima Battistini ·
Harry Limanto · Gunter Limbach · Kanokwan Limchareon · Sira Limchareon · Gail Limoges · Anne Lin · Cheng Lin · Cliff Lin · Han-Ching Lin · Hsin-Hui Lin · Hsiu-Chi Lin · Hsiu-Jung Lin · Hsu An Lin · Jeffrey Lin · Jessy Lin · Jinchao Lin · Kin Yin Lin · Lily Lin · Linda Lin · Lisa Lin · Melody Lin · Robert Lin · Ruth Lin · Sam Lin · Samuel Lin · Wei Lin · Yi Chin Lin · Yung-Shen Lin · Zong Lin · Ambrosio Lina · Kathryn Linan · Margaret Linardic ·
Allan Linde · Michael Lindgren · Darice Lindner · Paula Lindner · Antonia Lindsay · Betty-Anne Lindsay · Cheryl Lindsay · Emma Lindsay · Erin Lindsay · Jennifer Lindsay · John Lindsay · Kathleen Lindsay · Nicole Lindsay · Rhonda Lindsay · Warren Lindsay · Ryan Lindstrand · Andrew Lindstrom · Crystal Lindstrom · Gregory Ling · Heather Ling · Zoltan Ling · Janelle Lingam · Valalyadum Lingam · Julie Lingley ·
Tyrone Lingley · Gregory Link · David Linney · Angelica Lino · Meghan Linsdell · Susan Linsen · Jason Linsmeyer · Dwain Linton · John Linton · Jon Linton · Deirdre Lintott · Donald Lintott · Stephen Lintott · Pekka Lintunen · Ian Lipchak · Hannelore Lippert · Teri Liptrot · Adam Lisk · Gary Lisle · Maureen Lisle · Anthony Peter Lissett · Marie Lissett · Leslie-Anne List · Barbara Liston · Jennifer Liszkowski · Marina Litavrina ·
Simon Litherland · Charissa Litke · Agnes Little · Alexander Little · Elizabeth Little · John Little · Matthew Little · Paul Little · Courtney Littleton · Martin Littleton · Nicole Littlewood · Roger Littlewood · Alexander Litwin · Jodi Litzenberger · Allan Liu · Alvin Liu · Brandon Liu · Caroline Liu · David Liu · Guang Liu · Guangsha Liu · Hen Liu · Hewei Liu · Jacqueline Liu · Jia Liu · Jiaying Liu · Jie Neng Liu · Jingchao Liu ·
Jingpeng Liu · Jun Liu · Lan Liu · Li Yu Liu · Qian Liu · Ruozhou Liu · Shirley Liu · Thomas Liu · Tina Liu · Tommy Liu · Vinnie Liu · Vivian Liu · Wenli Liu · Win Liu · Xin Liu · Xinmei Liu · Yi Ting Liu · Yong Liang Liu · Yung-Ming Liu · Zhongyu Liu · Lia LiVa · Jeffrey Lively · Amalie Livera · Patricia Liversidge · Yanlai Li-Vincent · Glenda Livingston · Christine Livingstone · Gemma Livingstone · Kersti Livingstone · Anna Livwander ·

Priscilla Li-Yun-Fong · Ryan Li-Yun-Fong · Lesley Llewellyn · Peter Llewellyn · Adam Llewelyn · Adam Lloyd · Elizabeth Lloyd · Ellen Lloyd · Gareth Lloyd · Janice Lloyd · Keith Lloyd · Lelainia Lloyd · Marsha Lloyd · Peter Lloyd · Donald Lloyd-Smith · Georgia Lloyd-Smith · Patrick Lloyd-Smith · Alvina Lo · Arthur Lo · Bernard Lo · Frank Lo · Gabrielle Lo · Julie Lo · Karen Lo · Kelvin Lo · Lester Lo · Mickey Lo · Nathania Lo ·
Sabrina Lo · Sen Lo · Shu-Wing Elaine Lo · Suk Ling Lo · Su Lo · Teng Kin Lo · Wah Sum Lo · Wally Lo · Wen-Shiu Lo · Yu Lo · Natalie Lo Basso · Shaun Loader · Kelly Loat · Katie Lobb · Gudrun Lobenbruck · Crystal-Ann Lobo Fernandes · Emily Lobsenz · Darryl Loch · Peter Locher · Caroline Locher-A · Kenneth Lochhead · Vicki Lock · Aleksandra Locke · Heather Locke · Michael Locke · Jennifer Locke · Michael Locke · Denise Lockett ·
Diana Lockett · Andrew Lockhart · Sharon Lockhart · Shelley Lockhart · Lesley Lockhart-Doell · Nancy Lockington · Gillian Lockitch · Camilla Lockwood · James Lockwood · Timothy Lockwood · Guy Lodge · Sheila Loeffler · Colin Loeppky · Tom Loeschel · Abraham Loewen · Adiena Loewen · Brad Loewen · Esther Loewen · Julie Loewen · Lawrence Loewen · Matthew Loewen · Ryan Loewen · Sherry Loewen · Andrea Loewie ·
Mary Patricia Loewy · Richard Loewy · Deborah Löffler · Karin Lofstrom · Sarah Lofts · Kent Cadogan Loftsgard · Sarah Loftus · Cori Logan · Edward Logan · Elizabeth Logan · Jodie Logan · Lorraine Logan · Sarah Logan · Stephen Logan · Sonja Logan Black · Banda Logawa · William Logie · Barbara Lohmann · Victoria Lohvin · Louise Loik · Roger H. Loiselle · Wesley Lok · Alisa Lokshin · Sharie Lomas · John Lomax ·
Joel Lombardi · Matthew Lombardi · Shirley Lomer · Barbara Lommel · Leslie Lommel · Denise Loncarich · Ronald London · Christine Londry · Elizabeth Lonergan · Kevin Lonergan · Matt Loney · Arlene Long · Courtney Long · Gordon Long · Harry Long · Holly Long · James Long · Linda Long · Mark Long · Megan Long · Patrick Long · Valorie Long · Margot Long Phillips · Sara Longe · Brenda Longland · Ruth Longmuir · Martin Longo ·
Gerald Longson · Albert Longtin · William Longworth · Lionel Lonne-Peyret · Anders Lonnqvist · Andrew Lonsdale · Edith Lonsdale · Antoinette Loo · Jimmy Loo · Sybil Loo · Hiu Ling Loong · Kevin Loopeker · Catharine Lopaschuk · Brenda Lopez · Alvaro Ernesto Lopez Gomez · Elena Lopukhina · Cydrike Lorberg · Robert Lord · Ron Lord · Therese Lord · Sterling Lorence · Denise Lorenz ·
Jesse Lorenz · Tayler Lorenz · Theodore Lorenz · Alma Lorenzana · Bianca Lorenzo · Mark Lorenzo · Morgan Lorenzo · Meredith Lorfing · Nigel Loring · Sabina Lorion-Van Tuyn · Edward Lorriman · Yuri Lortscher · Lindsay Los · Nicholas Los · Zdenek Los · Jason Loscher · Vincenzina Loschiavo · Harinder Lotay · Dorothy Lothian · Lori Lothian · Peter Lothian · Gregory Lott · John Lott · Susan Lott · Anne Lotter · Caroline Lotter ·
Clare Lotter · Holly Lotz · Angel Lou · Rosamond Loughead · Shannon Loughery · Joseph Loughnane · Graham Loughnan · Brian Louie · Carl Louie · Charles Louie · Dan Louie · Megan Louie · Peter Louie · Richard Louie · Luck Louis · Ilias Loukas · Katherine Loumuan-Gardiner · Bruce Lounds · Susan Lott · Louth Gray · Mitel Louvert · Wynand Louw ·
John Louwe · Michele Loux-Anguita · Angela Love · David Love · Rebecca Love · Timothy Love · Virginia Love · Linda Loverock · Katarina Lovric · Tanya Lovrich · Michelle Lovrics · Carine Lovsted · Brian Low · Danyka Low · Deborah Low · Diana Low · George Low · James Low · Jennifer Low · Karen Low · Katrina Low · Kevin Low · Laura Low · Lori Low · Lynn Low · Natasha Low · Shelly Low · Suzanne Low · Yvonne Low ·
Brittany Lowden · David Lowden · Corbin Lowe · Jimmy Lowe · Kevin Lowe · Nicholas Lowe · Richard Lowe · Robert Lowe · Sandra Lowe · Susan Lowe · Catherine Ann Lowell · Marian Lowery · Randi Lowery · Donna Lowndes · Catharine Lowrey · Tammie Lowrie · Katrina Lowther · Sarah Lowthian · Liam Loxon · Arabelle Loyan · Robert Loyie · Pauline Loyst · Jennifer Lozano · Vanessa Lozinski · Anh Lu · Baoan Lu ·
Cheng Choo Lu · Guangchaoyi Lu · Hua Lu · Jia-Lin Lu · Min Lu · Rulan Lu · Yue Lu · Natalie Lubanovic · Gary Lubin · Toby Lubinski · Francesca Lucantoni · Cory Lucas · Gary Lucas · Karen Lucas · Michelle Lucas · Ross Lucas · Gregory Luciani · Nikola Lucic · Pamela Locke · Maria Luckhart · Brian Luckow · Kimberlee Lucy · Robert Lucy · Shirley Lucyk · Frank Ludtke · Pritam Ludu · Mykle Ludvigsen ·
Lillian Ludwig · Lillian Lue · Jansuda Luechachandej · Jeffrey Lueck · Michelle Lueck · Andrew Lufkin · Coty Lui · Desiree Lui · Jessica Lui · Joseph Lui · Mavis Lui · Kim Luinenburg · Frans Luit · Casey Luk · Chun Yin Luk · Geoffrey Luk · Jacqueline Luk · Joseph Luk · Mary Luk · Stephanie Luk · David Lukacovic · Agnieszka Lukaszczyk · Kenneth Lukawy · Anthony Luke · Jeremy Luke · William Luke · Dana Lukey · Ivana Lukic ·
Christina Lukic · Gerald Luknowsky · Carlyn Lum · Debbie Lum · Georgina Lum · Ida Lum · Laurie Lum · Martin Lum · Nicholas Lum · Nicky Lum · Philip Lum · Richard Lum · Sharon Lum · Sophia Lum · Wayne Lum · Winston Lum · Shirley Lumb · Christina Lumba · Wendy Lumby · Elizabeth Lumley · Stephen Lumpp · Bernardita Luna · Claudia Luna-Guarneros · John Lunam · Shirley Lunan · Adam Lund · Alert Lund · Judith Lund ·
Katie Lund · Linda Lund · Margaret Lund · Michelle Lund · James Lundberg · Jocelyn Lundberg · Stephanie Lundberg · Travis Lundberg · Allison Lunde · Kaia Lunde · Monique Lunde · Justyne Lunden · Kaarina Lunder · Kirsten Lundgren · Marla Lundgren · Audrey Lundie · David Lundie · Sara Lundie · Nicole Lundin · Marc Lundrigan · Murray Lunn · Thelma Lunn · Jaime Lunney · Romeo Lunot · Mekkin Lunsted · Lilyon Lunty ·
Neil Lunty · Cynthia Luo · Kenny Luong · Lisa Luongo · Emma Lupano · Geoffrey Lupton · Michael Lupton · Irene Lura · Francess Lusack · Steven Lusena · Raymond Lush · Jerry W Luskey · Gabrielle Lussier · Nancy Lustenberger · Zachary Luszcz · Brian Lutke · Lisa Lutman · Georg Lutz · Karen Lutz · Tracey Lutz · Hue Luu · Jing Lv · Thong Ly · Eleanor Lydiard · Teresa Lydiard · Charlotte Lye · Bruce LyLe ·
James Lymburner · Nicole Lynam · Angus Lynch · Brittany Lynch · Dennis Lynch · Gavin Lynch · Ian Lynch · John Lynch · Megan Lynch · Patrick Lynch · Sarah Lynch · Arthur Lynde · Frederika Lyne · Melville Lyne · Egil Lyngen · Lukas Lynn · Donald George Lyon · Peter Lyon · Daniel Lyons · Grahame Lyons · Kieran Lyons · Maureen Lyons · Philippa Lyons · Sharron Lyons · Simmone Lyons · Sonja Lyons · Benjamin Lypka ·
Roxanne Lypka · Argyro Lyra · Linda Lysack · Elin Lysholm · Menolly Lysne · Marc Lyster · Jeffery Lyth · Donna Lytle · Sonia Lyttek · Antony Lyttle · Aaron Ma · Alex Ma · AnnA Ma · Brian Ma · Ching Ling Ma · Colleen Ma · Darlene Ma · Grace Ma · Ivan Ma · Jiaojiao Ma · Ka Chun John Ma · Kathy Ma · Mary Ma · Matthew Ma · Melissa Ma · Regent Ma · Venessa Ma · Yihan Ma · Paul Mabbott · Huibertine Maat-Kristensen ·
Dominique Mabatan · Njabulo Mabuza · Richard Mac Caull · Fredrick Mac Donald · Bradley Mac Rae · Arturo Macapinlac · Rafaela Macapinlac · Amy Macarthur · Debra Macarthur · Glen Macarthur · Robert Macarthur · Joan Crestine Macasiray · Lindsay Macaskill · Gordon Macatee · Rachel Macatee · Donald Macaulay · Stuart Macaulay · Tanis Macaulay · Tasha Macaulay · Margaret Macbeth · Brian Macburnie · Duncan Maccallum ·
Haakon Maccallum · Margaret Maccarthy · Ian Maccaskell · Calum Macconnachie · John Macconnachie · Anne Macdonald · Andrea Macdonald · Barry Macdonald · Brian Macdonald · Bruce Macdonald · Calen Macdonald · Christopher Macdonald · Dale Macdonald · Diane Macdonald · Donald Macdonald ·
Donald Macdonald · Dougal Macdonald · Douglas Macdonald · Drew Macdonald · Gary Macdonald · Hamish Macdonald · Holly Macdonald · Hugh Macdonald · Ian Macdonald · Jill Macdonald · John Macdonald · John Macdonald · Katherine Macdonald · Kenneth Macdonald · Mark Macdonald · Mary Macdonald · Matthew Macdonald ·
Matthew Macdonald · Maureen Macdonald · Meryl Macdonald · Nancy Macdonald · Neil Macdonald · Nicole Macdonald · Patricia Macdonald · Peter Macdonald · Piers Macdonald · Reta Mary Jean Macdonald · Richard Macdonald · Robert Macdonald · Robert Macdonald · Scott Macdonald · Shawne Macdonald · Sherry Macdonald · Sheryl Macdonald · Stephanie Macdonald · Stuart Macdonald ·
Susan Macdonald · Terence Macdonald · Verna Macdonald · Amy Macdougall · Carly Macdougall · David Macdougall · Margaret Anne Macdougall · Shawn Macdougall · Jack Macfadyen · Brett Macfarlane · Diane Macfarlane · Erin Macfarlane · Leah Macfarlane · Roberta Macfarlane · James Macgaul · Barney Macgillivray · Donald Macgillivray · Ian Macgillivray ·
Randy Macgillivray · Betty Macgowan · John Macgregor · Kimberly Macgregor · Lana Macgregor · Philip Macgregor · Niall Macguigan · Jacob Mach · Chantal Machabee · James Machattie · Kylie Machattie · Eriko Machida · Grzegorz Maciejewski · Ruta Macijauskiene · Peter Macinnes · Dana Macinnis · John Macinnis · Ryan Macinnis · Elisabeth Macintosh · Ave Maria Macintyre · Jane Macintyre · Jane Macintyre · John Macintyre ·
Paul Macisaac · Roderick Macisaac · Heather MaCiver · Brent Mack · Derek Mack · Melissa Mack · Michael Mack · Shanel Mack · Tracy Mack · Judith Mackasey · Alexander Mackay · Allison Mackay · Cindy Mackay · Fiona Mackay · Heather Mackay · Jennifer Mackay · Joanne Mackay · Karen Mackay · Lucile Mackay · Margaret Mackay · Nicholas Mackay · Patricia Mackay · Peter Mackay · Rick Mackay · Vanessa Mackay ·
Terence Mackay · Lynne Mackean · Maureen Mackell · Alexander Mackenzie · Andrew Mackenzie · Heather Mackenzie · Jason Mackenzie · Mary Mackenzie · Neil Mackenzie · Peter Mackenzie · Sarah Mackenzie · James T Derek Mackey · Lynda Mackey · Barbara Mackie · Kevin Mackie · Louise Mackiewicz · Donald Mackinlay · Tracey MacKinlay · Heike Mackinnon · James Mackintosh · Oliver Macklem ·
Clayton Maclachlan · Carol Maclaine · Brad Maclean · Christina Maclean · Daniel Maclean · Douglas Maclean · Gordon Maclean · Janice Maclean · Jeanette Maclean · Jenny Maclean · John Maclean · Katrin Maclean · Kenneth Maclean · Maureen Maclean · Robert Maclean · Roderick Maclean · Sally Maclean · Sandra Maclean · Virginia Maclean · William Maclean · Gail Maclean Fraser ·
Alan Maclennan · Jeff Maclennan · Alasdair Macleod · Alastair Macleod · Andrew Macleod · Anne Marie Macleod · Ann MacleoD · Cameron Macleod · David Macleod · Derrick Macleod · Evonne Macleod · Grace Macleod · Hugh Macleod · John Macleod · John Macleod · Kenneth Macleod · Roderick Macleod · Rodney Macleod · Ronald Macleod · Sharon Macleod · Sheri Macleod · Tyler Macleod · Varlene Macleod ·
Bryan Macmaster · Jeffrey Macmaster · David Macmillan · Linda Macmillan · Stephanie Macmillan · Valerie Macmillan · William Macmillan · Deborah Macmurdo · Tadhg Macnamara · Ronald Macnaught · Charlotte Macnaughton · Cheryl Macnaughton · Jason Macnaughton · Lisa Macneil · Michael Macneil · Gregory Macneill · Rachel Macneill · Meaghan Macnutt · Luke Macoun · Ian Macphail · Andrea Macpherson ·
Brenda Macpherson · Curtis Macpherson · Raymond Macpherson · Saul Macpherson · Britta Macqueen · Andrew Macrae · Carolyn Macrae · Dexter Macrae · Duncan Macrae · Janice Macrae · Malcolm Macrae · Michelle Macrae · Muriel Macrae · Nicole Macrae · Owen Macrae · Robert Macrae · Susan Macrae · Tiffany Macrae · Warren Macrae · Adrian Macri · Steven Macsorley · Ashley Macsporran · Reece Macwilliam ·
Tyler Macwilliam · Ronald Macwilliams · Tierra Madani · Gihan Madawala · Denise Maddeaux · Alison Madden · John Madden · Karen Madden · Katherine Madden · Mark Madden · Steven Madden · Brooke Madley · Sherrill Madore · Stephanie Madore · Jorge Madrazo Gonzalez · Jorgen Madsen · Kerri Madsen · Yuma Maeda · Lidia Maer · Samuel Maerki · Julie Maerz · Lavinia Maffia ·
Lebogang Magagane · Diana Magallon · Mylene Magayaga · Orlando Magbanua · Nigel Magdanz · Daniel Mageau · Keith Magee · Margot Magee · Mae-Helena Mägila · Gregory Magirescu · Solene Magnan De Bornier · Sheldon Magnes · Narius Magol · Nerissa Magot · Melissa Magtang · Alix Maguire · Joan Maguire · Keith Maguire · Neasa Maguire · Anita Mah · Bernadette Mah · Cynthia Mah ·
David Mah · Henry Mah · James Mah · Jessica Mah · Karlene Mah · Kelly Mah · Liza Mah · Norman Mah · Richard Mah · Richard Mah · Ryan Mah · Tony Mah · Victoria Mah · Siobhan Mahaffy · Abdulkader Mahairi · Gurjot Mahal · James Mahaney · Judy Maharaj · Mike Maharaj · Satya Maharaj · Venus Maharaj · Vineet Mahendru · Brian Maher · Regina Maher · Steven Maher · Dianna Mah-Jones · David Mahoney ·
Ann-Marie Mahon · Erica Mahon · Joane Mahon · Rory Mahood · Aravindaksa Mahrokh-Moghaddam · Malika Mahsoune · Denise Mai · Courtney Maidment · Jeannie Maier · Nicole Maier · Eric Mair · Lola Maire · Heather Maisel · Diane Maitland · Susan Maitland · Joanna Majcherkiewicz · Dana Majdakova · Piotr Majewski ·
Peter Majo · Katherine Major · Nicholas Major · Nicolas Major · Philippe Major · William Major · Cary Mak · Echo Mak · Edmund Mak · Edward Mak · Lokteen Mak · Mak Yee Ting Mak · Stanley Mak · Suk Fun Mak · Riaz Makan · Joshua Makarenko · Olga Makarova · Nancy Makela · Trevor Makela · Bryan Makepeace · Wendy Makepeace · Anita Maki · Daniel Maki · Jana Maki · Jane Makin · Naoya Makino · Celine Makkittuq ·
Pamela Makortoff · Aaron Makowski · Agnes Makowski · Michael Makowsky · Julie Makranyi · Dedre Maksagak · Marlie Makynen · James Malach · David Malaher · Rosemary Malaher · Janice Malainey · Kadaffie Malang · Dawn Malbon · Craig Malchow · Candice Lee Malcolm · Christopher Malcolm · Drew Malcolm · Janet Malcolm · Scott Malcolm · IsaBelle Malczynski · Mario Male · Tom Male ·
Eva Malenka · Amandeep Malhi · Gurpreet Malhi · Rupneet Malhi · Samir Malhotra · Sumangal Malhotra · Huma Malik · Sonia Malischewski · Candace Malish · Kathy Maliszewski · Nellie Maliszewski · Thomas Maliszewski · Apurva Malkan · Loretta Malkow · Trevor Mallalieu · Janemric Mallari · Jennidel Mallari-Dizon · Erica Mallen · Doris Mallett · Pauline Malley · Amar Malli · Bridget Mallin · Christopher Mallinson · Michael Mallon ·
Joyce Mallory · Andrea Malloway · Ryan Malmberg · Erik Malmsten Lundgren · Kevin Malone · Liam Malone · Melissa Malone · Brandy Maloney · Kathleen Maloney · Maureen Maloney · Patrick Maloney · Lindsay Malony · Alexandre Maltas · Melissa Malubay · Eric Malyea · Katrina Malysh · Michaela Mamakwa · Linda Mamer · Ehsan Manafzadeh-Tabriz · Ericson Manalac · Cyrus Manalo · Salekha Manamohan · Andrea Manchon ·
Georgina Manchon · Andrea Manchur · Eliana Mandel · Jeffrey Mandel · Myra Mandel · Gagandeep Mander · Tajinder Mander · Katherine Manders · Louise Mandeville · Dijana Mandic · Marie Mandoli · Matteo Manfredi · John Mangafas · Markos Mangano · Jagtar Mangat · Kamaljeet Mangat · Navneet Mangat · Novneet Mangat · Mary-Jane Mang-Osan · Rajbir Manhas · Jocelyn Mani · Frederick Maniak · Nicole Manigley ·
Patrick Manion · Agnès Manivit · Faraz Manji · Nadim Manji · Salman Manki · Larissa Mankis · Kaye Manlulu · Alexandra Mann · Anoop Mann · David Mann · Guramrit Mann · Larry Mann · Laura Mann · Lynda Mann · Marie Mann · Munderjit Mann · Manmohan Mann · Sukhdip Mann · Erin Manning · Jase Manning · John Manning · Margaret Manning · Mark Manning · Rebecca Manning · Shirley Manning ·
Luc Manoeuvrier · Lisa Mansell · Alison Mansfield · Todd Mansfield · Annie Manson · Ian Manson · Janet Manson · Jeffrey Manson · Nanette Manson · Neil Manson · Victoria Manson · Howard Mantell · Veronique Mantha · Todd Manton · Alexandr Mantrov · Christine Manzer · Douglas Manzi · Marco Manzi · Jonathon Manzo · Al Mao · Yulin Mao ·
Antonin Maout · Rabia Mapara · Elizabeth Maple · Laura Maple · Lorraine Mapoles · Susan Mapson · Richard Mar · Thomas Marais · Michael Maralit · Angelime Maramo · Sonia Marazzi · Mary Marbella · Sharon Marble · Pascal Marceau · Betty March · Derek Marchand · Heather Marchand · Lorina Marchand · Alan Marchant · Richard Marchant · Sheldon Marche · Katherine Marchessault · Mario Marchi ·
Victor Marchiel · Tami Marchuk · David Marcolin · Natalie Marcon · Kelly Marcuson · Barbara Marcuzzi · Adam Marcynuk · Christopher Marek · Alexander Marenkov · Steve Marfleet · Allison Margel · Trevor Margetts · Jonathan Margolis · Justin Margolis · Todd Margolis · Giacomo Margutti · Gerald Mari · Jenny Marin · Alfredo Marin Chiquet · Alex Marineau · Ann Marino · Sandra Marino · Tammy Marino · Thomas Marino ·
Ivan Marinov · John-Paul Marion · Christopher Marioni · Delano Mariz · Bryan Marjoram · Brody Mark · Corina Mark · Doris Mark · Patrick Mark · Robin Mark · Sharon Mark · Wing Kai Mark · Brian Markel · Leonid Markelov · Kimberly Mark-Goldsworthy · Ole Markgraf · Alexander Markin · Maria Markin · Ulrika Markland · Ashley Markov · Anastasia Markova · Eliza Markovitch ·
Miriam Markowski · Andrew Marks · Melissa Marks · James Markwell · Patricia Markwick · Josee Marleau · Kenneth Mark · Ralph Marler · Ulrike Marler · Christine Marmont · Raman Marode · Melissa Maron · Steven Maron · Marlo Maroon · Jennifer Marotta · Rosina Marquard · Katrina Marquez · Jonathan Marquis · Catherine Marr · Daniel Marrable · Saverio Marrello · Carole Marriott · Dennis Marriott · Gwen Marriott ·
Matthew Marriott · Steven Marshall · Todd Marshall · Susan Marshall · Jennifer Marstaeller · Matthew Marrison · Katharine Marteinsson · Catherine Martel · Charles Martel · Dany Martel · Denis Martel · Diane Martel · Gabriel Martel · Genevieve Martel · Heidi Martel · Michelle Martel · Michael Martell · Alison Martens · Ian Martens · Peter Martens · Racheal Martens · Kristyna Marti · Avril Martin · Caila Martin ·
Carly Martin · Carrey Martin · ChrisTopher Martin · Cynthia Martin · Daniel Martin · David Martin · Diane Martin · Dixie-Lee Martin · Dwayne Martin · Edgardo Martin · Elly Martin · Felicity Martin · Gerald Martin · Gerrold Martin · Heather Martin · Heather Martin · Heidi Martin · James Martin · Jennifer Martin · Joanna Martin · John Eric Martin · John Martin ·
Jolaine Martin · Joseph Martin · Julie Martin · Julie Martin · Kathleen Martin · Kathleen Martin · Keith Martin · Kristine Martin · Lauren Martin · Lena Martin · Linda Martin · Lisa Martin · Marilyn Martin · Marie-Louise Martin · Marilyn Martin · Martin Martin · Nancy Martin · Nancy Martin · Patricia Martin · Pearl Martin · Penelope Martin · Richard Martin · Richard Martin · John Martin ·
Robert Martin · Sander Martin · Sointu Martin · Steven Martin · Susan Martin · Sylvie Martin · Theresa Martin · Virginia Martin · Wendy Martin · William Martin Jr. · Patti Martincic · Kevin Martindale · Tanissa Martindale · Silvia Martinelli · Daniel Martinez · Ivy Martinez · Lorena Martinez · Vera Martinez · Yasmin Martinez · Jose Martinez Aguila · Ermilo Martinez-Juarez · Estrellita Martin-Gonzalez · Andres Martiniello ·
Nancy Martinolich · Momcilo Martinovic · Sonya Martiquet · Austin Martinez · Bernardine Marton · John Marton · Kornel Marton · Laszlo Marton · Oksana Martsynovska · Sarah Marty · Andrea Maruszy · Hiroshi Maruno · Merry Maruno · Mayumi Marus · Rayner Marx · Blaine Maryniuk · Jane Marynowski · Briar Mascheretti · Isaac Mascheretti · Anthony Mascia · Sara Maseko · Terry Maskiewich · Delphine Maskall ·
Stephen Maskell · Janice Maslen · Ihar Maslenikau · Marina Maslennikova · Anna Mason · Bonnie Mason · Elizabeth-Louise Mason · Emily Mason · Garry Mason · Grant Mason · James Mason · Audrey Mason · Jeffrey Mason · Jennifer Mason · Kelly Mason · Kenneth Mason · Laila Mason · Laura Mason · Lucia Mason · Michael Mason · Richard Mason · Shanna Mason · Stephen Mason · Suzanne Mason · Lana Mass · Charles Massaar ·
David Masse · Marie-Eve Masse · Diane Massey · Lyndsay Massey · Tyler Massey · Pierre Massfeller · Dominic Massi · Miranda Massie · Molly Massot · Eva Mastalyr · Ruth Masterman · Stephanie Masterman · Sally Mastrantonio · Edda Mata · Andrew Matasovsky · Shannon Matchett · Christina Mate · Mihai Mateescu · Andy Matei · Chantelle Coco Mateo · Vanessa Mateo · Erin Mathany · Stefanie Mathar · Daniel Mathie ·
Anne Marie Matheson · Arne Matheson · Bonnie Matheson · Carly Matheson · Heidi Mae Elm Matheson · Keith Matheson · Kelsey Matheson · Kramer Matheson · Melanie Matheson · Reid Matheson · Roderick Matheson · William Anthony Lee Matheson · Mariam Mathew · Barbara Mathews · Blair Mathews · Hilary Mathews · Thomas Mathews · Laetitia Mathews · Joanne Mathie · Blayne Mathieu ·
Sophie Mathieu · Alexandra Mathisen · Katheryn Mathisen · Robert Mathison · Mélanie Mathon · Kimberley Mathoney · Bento Matias · Gary Matich · Nicole Matichuk · Michael Matilpi · Yin Yin Matisz · Leanne Jean Matkovich · Shirley Matkovich · Mason Matondo · Graham Matrick · Lisa Matsuba · Motoi Matsukura · Aline Matsuoka · Tanya Matson · Lucille Matsuba · Hans Mattana · Martyn Mattana · Richard Mattana ·
Sachiko Matsunaga · Jim Matsuyama · Rie Matsuyama · Bernard Matte · Claude Matte · Denis Matte · Jeremy Matte · Michele Matter · Jolianne Matthais · Patricia Mauch · John Matthesis · Allen Marsh · Amanda Marsh · Serena Marsh · Angelica Marshall · Anne Marshall · Bradley Marshall · David Marshall · Helen Marshall · Kayleigh Marshall · Marilyn Marshall · Nichole Marshall · Paul Marshall · Peter Marshall · Robert Marshall · Scott Marshall · Sharon Marshall ·
Orsolya Matusek · Benedict Mature · Hazel May · John May · Patrick May · Sarah May · Simon May · Robert Mayberry · Lorne Mayencourt · Elliot Mayer · Krishan Mayer · Mark Mayer · Petra Mayer · Amanda Maygard · James Mayhew · Stephen Mayhew · Milad Maymay · Jennifer Maynard · Jordan Maynard · Scott Maynard · Telfer Maynard · Veronica Maynard · Charles William Erskine Mayne · Kathleen Mayo · Katia Mayo · Peter Mazar ·
Jakub Mazagi · Richard Mazur · Valerie Mazur · Alzie Mazy · Janice Mazzone · Seamus Mc Mahon · Maureen Mc Neil · Joy Mcadam · Kathleen Mcadam · Michael Mcadam · Rita Mcallen · Andrew Mcallister · Donna Mcallister · Doreen Mcallister · Jeffery Mcallister · Sharon Mcalpine · John Mcalpine · Patrick Mcalpine · Sherri Mcandless · Bruce Mcandless-Davis · Robert Mcara ·
Beverley Mcarthur · Helen Mcarthur · Joan Mcarthur · Krista Mcarthur · Martha Mcarthur · Robert Mcarthur · Twyla Mcarthur · Barry Mcarton · Carol Mcarton · Kenneth Mcarton · Briana Mcateer · Alysha Mcauley · Barry Mcauley · Elizabeth Mcauley · Robert Mcauley · William Mcauley · Leslie Mcausland · Sarah Mcavaney · Shannon Mcavella · Frances Mcavity ·
Jennifer Mccann · Brian Mccann · Ian Mccann · Stephanie Mccann · Timothy Mccann · Bradley Mccannell · George Mccarter · Christine Mccarthy · James Mccarthy · Leanna Mccarthy · Mary Mccarthy · Peter Mccarthy · Thomas Mccarthy · Rebekah Mccaslin · Jill Mccausland · Linda Mccausland · Aaron Mccay · Cassandra Mccay · David Mcclatchie ·
Jenny Mccleery · Darcy Mcclellan · Nora Mcclelland · Brian Mcccloskey · Janet Mccloy · Nicole Mccclung · Allison Mccclymont · Yvonne Mccloach · Jeanine Mccoll · Leanne Mccoll · Michael Mccoll · Colleen Mccombe · Melissa Mcconechy · Sheila Mcconechy · Christie Mcconkey · Steven Mcconnachie · Craig Mcconnell · James Mcconnell · Simon Mccooi · Jocelyne Mccordic · Karen Mccorkell · John Mccormack · Lira Mccormack ·
Melinda Mccormack · Oliver Mccormack · Shawna Mccormack · David Mccormick · Donna Mccormick · Karen Mccormick · Kenneth Mccormick · Robert Mccormick · Ralph Mccort · Craig Mccourt · Janet Mccoy · Richard Mccoy · Joan Mccracken · Mary Mccracken · Rita Mccracken · Scott Mccracken · Kenneth Mccrackeon · Kristopher Mccrary · Connie Mccready · Kathryn Mccready · Kelly Mccready ·
Michael Mccrimmon · Sarah Mccrimmon · Jamie Mccrindle · Gemma Mccrohan · Kathleen Mccrum · Kalie Mccrystal · Christine Mccuaig · Lisa Mccuaig · Sue Mcculloch · Heather Mccurdy · Michael Mccurdy · Susan Mccurdy · Dennis Mccusker · Joan Mccusker · Brenda Mccutcheon · Gillian Mccutcheon · Ian Mccutcheon · Kenneth Mccutcheon · Joseph Mcdermid · Mark Mcdermid · Arlene Mcdermott ·
David Mcdermott · Patricia Mcdevitt · Amanda Mcdonald · Bruce Mcdonald · Bruce Mcdonald · Catherine Mcdonald · Craig Mcdonald · Danon Mcdonald · Derek Mcdonald · Gillian Mcdonald · Heather-Jean Mcdonald · Heidi Lindsay Mcdonald · Irmgard Mcdonald · Jayne Mcdonald · Karen Mcdonald · Karen Mcdonald · Paul Mcdougall · Ann Mcdowall · Christin Mcdowall · Shannon Mcdowall ·
Noah Mcdonald · Nyssa Mcdonald · Patricia Mcdonald · Peter Mcdonald · Robbyn Mcdonald · Robert Mcdonald · Wendy Mcdonald · William Mcdonald · Deborah Mcdonald Lodge · Douglas Mcdonnal · Claire Mcdonnell · Darragh Mcdonnell · Julia Mcdonnell · Eleanor Mcdouall · Charles Mcdougall · Don Mcdougall · Paul Mcdougall · Ann Mcdowall · Christin Mcdowall · Shannon Mcdowall ·
Beverley Mcdowell · Lois Mcdowell · David Mceachern · Joan Mceachern · Kathryn Mceachern · Raylene Mceachern · Victoria Mceachern · Jonathan Mcelroy · Corley Mcelwain · Carol Mceneney · Shona Mcfall · Farrel Mcfarlane · Christopher Mcfarlin · Julie Mcfee · Milo Mcgarry · Francis Mcgarvey · Joanne Mcgaughey · Keith Mcgauley · Jean Mcgee · Allan Mcgee · James Mcgee · Matthew Mcgowan-Crea ·
Donna Mcgenn · John Mcgiffin · Cameron Mcgill · Karene Mcgill · Linda Mcgill · Kimberly Mcgillivray · Christine Mcgilvray · Eamon Mcginley · Keegan Mcginnis · Barbara Mcgivern · Todd Mcgivern · Jasmin Mcgladrey · Jacqueline Mcgloin · Columba Mcgloin · Fiona Mcgloughry · James Mcgoman · James Mcgovern · Dave Mcgowan · Diane Mcgowan · James Mcgowan · Linda Mcgowan · Martha Mcgowan-Crea ·
Tyler Mcguire · MattHew Mchale · Allison Mchugh · Elaine Mchugh · Iain Mchugh · Ciara Mcilrath · Alan Mcilveen · Kenneth Mcilveen · Brett Mcilwain · Rosemary Mcindoe · Alvin Mcinnes · Debora Mcinnes · Greg Mcinnes · John Mcinnes · Kathryn Mcinnes · Laurie Mcinnes · Erin Mcinnis · Robbie Mcinnis · Stacy Mcinnis · Ralph Mcintee · Brian Mcintosh · Bruce Mcintosh · Cathryn Mcintosh · Judith Mcintosh ·
Katherine Mcintosh · Kent Mcintosh · Kyle Mcintosh · Malcolm Mcintosh · Mark Mcintosh · Shelley Mcintosh · Wayne Mcintosh · Bronwyn Mcintyre · Daniel Mcintyre · GregOry Mcintyre · Joan Mcintyre · Lorraine Mcintyre · Robert Mcintyre · Ian Mciver · Kyle Mciver · Karin Mcjunkin · Judy Mckague · Robert Mckamey · Ronald Mckave · Brian Mckay · Carrianne Mckay · Carly Mckay · Clayton Mckay ·
Courtney Mckay · Dave Mckay · Donna Mckay · Duane Mckay · Gary Mckay · Gillian Mckay · James Mckay · Kathryn Mckay · Kyle Mckay · Micheline Mckay · Nicole Mckay · Rebecca Mckay · Robert Mckay · Ross Mckay · Terrence Mckay · Theresa Mckay · Tina Mckay · Wendy Mckay · Susan Mckeachie · Shawn Mckeag · Sandra Mckee · Jenna Mckee · Brian Mckeag · Cariann Mckee · William Mckee ·
Katelyn Mckeever · John Mckellar · Beverley Mckenna · Dara Mckenna · Dawn Mckenna · Devero Mckenna · Lawrence Mckenney · Craig Mckenzie · Doreen Mckenzie · James Mckenzie · Jerry Mckenzie · John Mckenzie · Kelly Mckenzie · Malcolm Mckenzie · Mark Mckenzie · Nicholas Mckenzie · Rebecca Mckenzie · Yolanda Mckenzie · Ingrid Mckeown · Sean Mckeown · Kevin Mckeown · Lara Mckeown ·
Marion Mckeown · Sean Mckeown · Ian Mckerlich · Virginia Mckerlich · William Mckerlich · Joan Mckey · Amanda Mckichan · Holly Mckillican · Patrick Mckillop · David Mckim · Jacob Mckinlay · Wendy Mckinlay · Ronald Mckinley · Heather Mckinney · Heather Mckinnnon · Ainsley Mckinnon · Dean Mckinnon · Deborah Mckinnon · Erica Mckinnon · Tom Mckinnon · William Mckinnon · Shawn Mckinstry ·
Jean Mckirdy · Hugh Mcknight · John Mcknight · Katharine Mcknight · Nora Mcknight · Ralph Mcknight · Trent Mckone · Norman Mcclachlan · Toby Mclagan · Elizabeth Mclardy · Elisa Mclaren · Sandra Mclaren · Scott Mclarty · Lorraine Mclatchie · Edwin Mclaughlin · Jessica Mclaughlin · John Mclaughlin · Joan Mclaughlin · Kenneth Mclaughlin · Maxwell Mclaughlin · Mundy Mclaughlin · Pauline Mclaughlin ·
Aaron Mclean · Alan Mclean · Alison Mclean · Andrew Mclean · Anthony Mclean · Brenda Mclean · Caroline Mclean · Cathy Mclean · Christine Mclean · Douglas Mclean · Elizabeth Mclean · Ernie Mclean · Gillian Mclean · Heather Mclean · Jayson Mclean · Kevin Mclean · Neilson Mclean · Norman Mclean · Rejeanne Mclean · Sally Mclean · Scott Mclean · Sheldon Mclean · Stephanie Mclean · Haley Mcleish · Amanda Mclellan ·
Brad Mclellan · Jessica Mclellan · Kyle Mclellan · Michael Mclellan · Gregory Mclelland · Mary Mclennan · Nancy Mclennan · Michael Mcleman · Eileen Mcmahon · Gavin Mcmahon · Louise Mcmahon · Aileen Mcmanamon · Michael Mcmanus · Shane Mcmanus · Tegan Mcmartin · Barry Mcmeekan · Kenneth Mcmeekin · Kevin Mcmenie · Alexander Mcmillan · Cheryl Mcmillan · Karl Mcmillan · Sarah Mcmillan · Patricia Mcmillan · Rachel Mcmillan ·
Rhonda Mcmillan · Thecla Rae Mcmillan · Julie Mcmorrow · Jacqueline Mcmullin · John Mcmurchy · Maria Mcmurdo · Alan Mcmurray · James Mcmurray · Kathryn Mcmurray · May Mcmurray · Pamela Mcmurray-Dallman · Lauren Mcmurtry · Linda Mcnab · Lindsay E. Mcnab · Tod Mcnab · Catherine Mcnabb · Doreen Mcnabb · Karin Mcnair · Catherine Mcnair · Dean Mcpherson · Elizabeth Mcpherson ·
Norman Mcnamara · John Mcnee · Lyle Mcnee · Christopher Mcneil · Joseph Mcneil · Mandy Mcneil · Harold Mcneill · Lucie Mcneill · Lynn Mcneill · Sarah Mcneill · William C Mcnevey · Meaghan Mcniven · Karen Mcnolty · John Mcnulty · David Mcnutt · Anthony Mcphate · Barbara Mcphee · Beverly Mcpherson · David Mcpherson · Elizabeth Mcpherson ·
John Mcpherson · Marilyn Mcpherson · Mark Mcpherson · Morgan Mcpherson · Richard Mcquade · Catherine Mcquaid · Evelyn Mcquaid · Henriette Mcquaid · Meghan Mcquaid · Andrea Mcquarrie · Alison Mcqueen · Caroline Mcqueen · Donald Mcqueen · Nicholas Mcqueen · Gordon Mcquien · Lianne Mcquillan · Jessica Mcrae · Nicole Mcrae · Ryan Mcrae · Val Mcrae · Joe Mcreynolds · Brendan Mcroberts ·
Hilary Mcroberts · Blair Mcrobie · Douglas Mcrory · Adam Mcrurie · Patricia Mcsherry · Kevin Mcsweeny · Scott Mctaggart · Jean Mctavish · Ashleigh Mctavish-Wisden · Constance Mctimoney · Rodina Mctivor · Donal Mcvean · Jon Mcveigh · Shawn Mcvicker · Donal Mcvicker · Allison Meade · Emily Meade ·
Geraldine Meade · Margaret Meakes · Malaak Meakin · Maria Meakin · Anne Mealia · Derek Meares · Robert Mearns · Kyle Mebs · Tabitha Mede · Sandra Medelko · Calin Mediavu · Laura Medina · Cesar Medina-Castellanos · Kenneth Medland · Guillermo Medrano · Maria Medrano · John Mee · Eoin Meehan · Yuri Meehan · Larnie Meeking · Hilary Mefferd · Lisa Meger · Gwendolyn Megier · Jay Megyesi · Kelly Megyesi ·
Angela Meharg · Shahpoor Mehrabani · Vreni Meier · John Meikle · Fabian Meili · John Meilleur · Mitchell Meiklejohn · Ian Meissner · Annegret Meissner-Chi · Matthew Meister · Tina Meister · Thomas Mejan · Margarita Mejevnikna · Brett Meklburg · Barbara Melamed · David Melancon · Miriam Melanson · Claudia Melanson · Franceska Melashenko · Jennifer Melchior ·
Paola Melloni · Andrew Mellor · Andreana Melnyk · Debra Melnyk · Ilarion Melnyk · Kimberley Melnyk · Margaret Melnyk · Theodor Melnyk · Gaynor Meloche · Margaret Meloche · Michael Meloche · Wendy Meloche · Ester Melotte · Jennifer Melville · John Melville · Teesha Melville · Vicki MeLville · Michele Melville-Gaumont · Mary Susan Melvin · Wendy Memnyk · Marlen Mencl · David Mender · Carlo Mendes · Mateus Mendes ·
Arturo Mendoza · Carlos Mendoza · Erneida Mendoza · Maria Mendoza · Marianne Mendoza · Renato Mendoza · Luz Felipe Menezes · Janosch Menger · Robert Mengering · Rebecca Menini · Jose Menjivar · Anthony Mennella · Ambica Menon · Heather Menon · Alina Mennie · Elizabeth Mennie · Ambica Menon · Heather Menon · Joshua Mensen · Johan Menten · Martha Menzie · Elizabeth Menzie · Ana Menz · Graeme Menzies · Cory Mercer · Robert Merchant · Jean Mercier ·
Derek Mercurio · Douglas Meredith · Michelle Meredith · Rice Meredith · Alban Merepeza · Babymer Meriales · Roberta Merilees · Marilyn Merineau · Richard Merinsky · Daniel Merkley · Michael Merklinger · Astrid Merkt · Raul Merkt · Martha Merkt-Caprile · Patrick Merle · Nichole Merler · Richard Meronluk · Bettie Merrell · Judith-Anne Merrell · William Merrell · Valerie Merrett · Lisa Merrick · Richard Merrick ·
Shannon Merrifield · Scott Merriman · Anna Lisa Merritt · John Merryweather · Wanda Mertens · Nadja Mertens · Elizabeth Mesillas Guzman · Jeff Mesina · Brandon Messenger · Mark Messer · Cynthia Messier · Grant Metcalfe · Linda Metcalfe · Richard Metcalfe · Sarah Metcalfe · Scott Metcalfe · Kelly Metcalfe · Bettina Metzen · Bettina Meyen · Aaron Meyers · Karen Meyers · Carla Meyers ·
Laura Metzger · Steve Metzger · Henry Metzler · Catherine Meunier · Celine Meunier · Niketa Meunier · Emily Meuser · Craig Mewis · Martin Mexia · David Meyer · Jason Meyer · Lawrence Meyer · Charlotte Meyerhoff · Caroline Meyers · Laura Meyers · Nicole Meyers · Bettina Meysen · Aaron Mhene · Reginald Mhone · David Miandoari · Chia Li Miao · Hui Miao · Ke Miao · Taylor Miatello · Lorena Miballi · Oliver Miceli ·
Diane Michaud · Jean-Simon Michaud · Nathalie Michaud · Kevin Michaud · Christine Michelle · Alicia Michell · Karen Michener · Julia Michienzi · Mikhail Michoutis · Kathleen Mickel · Vicki Mickelson · Dustin Mickelson · Moira Mickey · Petra Mickova · Matthew Middleton · Richard Middleton · Marlie Mickutz · Katherine Mikos · Amanda Mikkelsen · Gabriel Mikosz · Iwo Mikosz · Susan Mikulosz · Penelope Midday · Warren Milford ·
Kristy Mighton · Darko Mihajlovic · Donna Mihm · Juliana Mihok · Natasha Mijoeke · Ida Mikado · Christopher Mikaluk · Erin Mikaluk · Jenn Mikkelsen · Kaila Mikkelsen · Katharine Mikkelsen · Lena Mikkelsen · Jenka Miklossová · Barbara Mikulec · Katherine Mikus · Paul Milaire ·
Serge Milaire · Patricia Milano · Kirk Milburn · Edward Mildon · Alex Mile · Christoph Miles · Laurel Miles · Mary Miles · Ronald Miles · Rowan Miles · Stanley Miles · Stephanie Miletic · Nancy Milford · Santina Milia · Alexandra Militaru · Yuri Miljevic-Laroche · John Milkovich · Betty Millar · Holly Millar · Kathleen Millar · Penelope Millar · Roxanne Millar · Susan Millar · William Millar · John Millard · Maria Theresa Millare ·
Heather Millen · Alison Miller · Andrew Miller · Brenda Miller · Brenda Miller · Colleen Miller · Courtney Miller · Danielle Miller · Dennis Miller · Dustin Miller · Erin Miller · Gisele Miller · Ian Miller · Ivy Miller · Janet Miller · Jessica Miller · Jody Miller · Joshua Miller · Kutcher Miller · Mark Miller · Martha Miller · Max Miller · Melanie Miller · Michael Miller · Mitch Miller · Robert Miller ·
Sally Miller · Selina Miller · Stephen Miller · Thomas Andrew Miller · Thomas Miller · Tim Miller · Valerie Miller · Valerie Miller · Stacey Miller-Nirenberg · Andrew Philip Millette · Catherine Millette · Pierre Millette · Stephanie Millette · Elvis Millevoi · Robert Millham · Elsa Milligan · Laura Milligan · Wendy Milligan · Rhonda Millikin · Kathleen Millin · Kristen Millironn · Bruce Mills · Carolynn Mills · Cathy Mills ·
David Mills · Donn Chell · Janet Mitchell · Joy Mitchell · Karin Mitchell · Laura Mitchell · Lauren Mitchell · Michael Mitchell · Miriam Mitchell · Monika Mitchell · Rae-Anne Mitchell · Robert Mitchell · Ryan Mitchell · Sandra Mitchell · Taylor Mitchell · Wallace Mitchell · Will Mitchell · Mario Mille · Kathleen Million · Robert Million · Kristen Million · Bruce Mills · Carolynn Mills · Cathy Mills ·
Yuri Miyagi · Manami Miyamoto · Kiyoko Miyanishi · Kenneth Miyazaki · Yuko Miyazaki · Simon Mizera · Yasuharu Mizuno · Megumi Mizuyuki · Ragnhild Mjøen · Khachatur Mkrtchyan · Joanne Mletzko · Margaret Hoi Ning Mo · Sungsoon Mo · Tungekar Moatasim · Bernard Moberg · Iulian Mocanu · Valentin Mocanu · Gavin Moccasin · Mark Mock · Elizabeth Mockford · Kyle Mockford · Donna Mockler · Joseph Moctezuma ·
Teresa Modequillo · Christina Modonese · John Moe · Nancy Moe · Trinity Moe · Gabriele Moeller · Tim Moeller · Peter Moes · Solveig Moes · Iris Mowes · Carol Moffat · David Moffat · Edward Moffat · Jennifer Moisan · Kim Ming Joey Mok · Martin Mok · Merisa Mok · Zarif Mokaddam · April Mol · Scott Mol · Epikali Molaman · Marlies Moldenhauer-Bottler · Edward Molinar · Jade Molineux · Korban Molitor · Friederike Möller ·
Albert Molloy · George Molloy · Krista Molloy · Mary Molloy · Ryan Molloy · Samuel Molloy · Csilla Molnar · Patricia Molnar · Peter Molnar · Malcolm Moloney · Brett McLomy · Imran Moloo · Barbara Molson · Dieter Momeyer · Mohammad Momtaz · Margaret Monahan · Shadd Monahan · Shane Money · Claire Monga · Rajan Monie Arimper ·
Daniel Monk · Susan Monk · Sophie Mon-Kau · Hugh Monkhouse · Mark Monkman · Janelle Monnier · Roy Monsanto · Sarah Monsees · Kimberlie Montagner · Edward Montague · Lucia Montanarella · Carlos Montanes · Caroline Montano · Sara Montazer Hojat · Shokoufeh MontazerhojaT · Fiona Monteith · Paul Montemurro · Elsa Montes · Lynn Montes · Sylvia Montes De Oca · Eric Montford · Alexis Montgomery ·
Cody Montgomery · Devin Montgomery · Grace Montgomery · Gray Montgomery · Heather Montgomery · James Montgomery · Kevin Montgomery · Karl Montgomery · Morgan Montgomery · Sandra Montgomery · Sara Montgomery · Pierre Montigny · Kaitlin Mooney · Patrick Mooney · Allan Moore · Candice Moore · Christine Moore · Christopher Moore · Clifford Moore · Daniel Moore · Daphne Moore · Dustin Moore · George Moore ·
Gerd Moore · Jennifer Moore · John Moore · Josephine Moore · Joshua Moore · Katlyn Moore · Kelly Moore · Mary Moore · Megan Moore · Melanka Moore · Patricia Moore · Shaun Moore · Sheila Moore · Shelley Moore · Wendy Moore · Yvonne Moore · Erica Moore-Dempsey · Rodney Moorer · Leslie Moorhead · Leigh Moorhouse · Sandra Moorhouse · Alexander Moorjani · Theepan Moorthy ·
Arielle Moog · Oommen Moolamanil · Ah Young Moon · Barbara Moon · Danielle Moon · Gi Hyun Moon · Jacqueline Moon · Jimin Moon · Nicole Moon · Young-Seo Moon · Garth Mooney · Hope Mooney · Kaitlin Mooney · Patrick Mooney · Allan Moore · Candice Moore · Christine Moore · Christopher Moore · Clifford Moore · Daniel Moore · Daphne Moore · Gary Morgan · Julie Morgan · Kyle Morgan ·
Michael Morgan · Paul Morgan · Shirley Morgan · Taylor Morgan · Wilfrid Morgan · Gwen Morgen · Lorenda Morgillo · James Mori · Maiko Mori · Catherine Moriarty · Adam Morigami · Ciara Moriarty · Adam Morland · Catherine Morley · John Morley · Justin Morley · Kurt Morley · Gregory Moro · Marnie Moro ·
Janice Morrison · Alexandra Morrissey · Jonathan Morrissey · Meaghan Morrissey · Ryan Morrissey · Barbara Morrow · Charlotte Morrow · Cindy Morrow · David Morrow · Evan Morrow · John Morrow · Ricky Morrow · Gwendolyn Morse · Scarlett Morse · Scott Morse · Susanne Mortensen · Gregory Mortimer · Chase Mortlock · Edete Morton · Justin Morton · Leslie Morton · Maxwell Morton · Paul Morton · Saskia Morton ·
Susan Morris · Alexandra Morrissey · Jonathan Morrissey · Meaghan Morrissey · Ryan Morrissey · Barbara Morrow · Lesley Morrison · Leanne Morrison · Lyndsey Morrison · Marion Morrison · Paul Morrison · Shannon Morrison · Sharole Morrison · Sharon Morrison · Shawn Morrison · Stephen Morrison · Tracey Morrison · Wendy Morrison · Sarah Morris-Probert ·
Thomas Morton · David Moscato · Olivia Moscato · Mark Moser · Sascha Moser · Mary Moser · Rolf Mosher · Walter Mosher · Richard Moss · Leah Moss · Barbara Mossa · Scott Mossing · Jack Mosterd · Dale Mostert · Mark Mostert · Hertha Mosz · Murray Moxley · Erin Moxon · Graham Moxon · Keenan Moyes ·
Raymond Moyle · Kristi Moyls · Deborah Moynahan · Peggy Moynahan · David Mcnab Mropse · Ludy Moysiuk · Kari Anne Mracek · Johanna Mramor · Amanda Mrsic · Maciej Mrugala · Ntombizodwa Mtebela · Chu Hui Mu · Frank Rudolf Muda · Darin Muck · Archibald Mudavanhu · Maciek Mudgway · Christine Mudie · Akanksha Mueller · Anita Mueller · Ben Mueller · George Mueller · Hans-Joerg Mueller · Karin Mueller ·
Sarah Mulholland · Arlyn Mulholjones · Sandy Mujdamata · Stephen Mulally · Topher Mulcahy · Gabriela Mulcahy · Roger Mulcahy · Jean Mulvihill · Mark Mulvihill · Laurie Mumby · Mary Mumtaz · Dorothy Mundie · William Mundie · Omprakash Mundra · Premlata Mundra · Aisha Muneer · Sooyoung Mung · Tasneem Mungalee · Mara Munoz · David Munoz · Angelina Munoz-Perez · Joshua Munozca · Alec Munger · Holly Munn ·
Sarah Mulholland · Arlyn Mulholjones · Manuel Muller · Matthew Mueller · Jason Mugford · Patricia Muhardjo · Kristopher Muhle · Mary Mulally · Sean Mullany · Beverley Mulldoon · Leah Mulleda · Stephanie Mullen · Terrie Mullen · Kendra Mullen · Arnold Muller · Catherine Muller · Crystal Muller · Kayla Muller · Kimberly Muller · Martha Muller · Barbara Mullner · Belinda Mulligan · Katheryn Mulligan ·
Alexandra Mullins · Karen Mullins · Kathy Mullowney · Roger Mulroy · Juan Mulvihill · Mark Mulvihill · Laurie Mumby · Mary Mumtaz · Dorothy Mundie · William Mundie · Omprakash Mundra · Premlata Mundra · Aisha Muneer · Sooyoung Mung · Tasneem Mungalee · Mark Murao · Neeraj Murarka · Victor Murciano · Jacqueline Murdock · Margot Murdock · Roberta Murdock · Juan Murillo · Angelo Muro ·
Adam Munro · Amy Munro · Ann Munro · Brenda Munro · Duncan Munro · Glenn Munro · Jennifer Munro · Jillian Munro · Louise Munro · Rachel Munro · Richard Munro · Christopher Munroe · Kim Munt · Perry Munton · Kathleen Munts · Ursala Muran · Shelley Murao · Tom Murao · Neeraj Murarka · Victor Murciano · Jacqueline Murdock · Margot Murdock · Roberta Murdock · Juan Murillo · Angelo Muro ·
Andrew Murphy · Anne Murphy · Barbara Murphy · Brian Murphy · Brian Murphy · Catherine Murphy · Christopher Murphy · Christopher Murphy · Darren Murphy · Erin Murphy · Henry Murphy · Judy Murphy · Julie Murphy · Kimberley Murphy · Lynne Murphy · Kevin Murphy · Kerry Murphy ·
Kyle Murphy · Linda Murphy · Lorna Murphy · Marilyn Murphy · Michelle Murphy · Pamela MurpHy · Patricia Murphy · Patrick Murphy · Peter Murphy · Robert Murphy · Sara Murphy · Tim Murphy · Archibald Murray · Carole Ann Marie Murray · Colin Murray · Collin Murray · Darren Murray · David Murray · Dayle Murray · Duncan Murray · Kenneth Murray · Kevin Murray · Margaret Murray · Richard Murray ·
Steven Murray · Teresa Murray · Twyla Murray · Colin Murrell · Karen Murtaugh · Karyn Murton · Sylvia Muscardin · Chelsey Muschamp · Elliott Musgrave · Makoto Musha · Richard Muskett · Christopher Mussell · Lau Mussell · Loretta Musselwhite · Jeffrey Musser-Lamoureux · Tristan Mussett · Mahmud Mustapha · Timothy Muster · Teresa Muszak · Wallace Mutch · Heather Mutter · Jennifer Mutis ·
Shawn Muzyka · Michael Muzzin · Rebecca Mycan · Phillip Mydske · Jordan Myers · Kathleen Myers · Michele Myers · Jan Myles · Mackenzie Myles · Matthew Myles · Geoffrey Mynett · Katharine Myrans · Shirley Myre · Olena Myshko · Dennis Myttenar · Kyungsik Myung · Rong Na · Jude Nabigambo · Jeoffrey Nacar · Jennifer Nachbar · Jeffrey Nacht · Indira Nadarajan · Gregory Nadeau · Joanie Nadeau ·
Steven Nadler · Catherine Nadon · William Nadon · Kirby Naftel · Reiko Nagano · Elia Nagaria · Anne-Marie Nagata · Brenda Nagata · Frank Nagel · Ashley Nagle · Michael Nagle · Crystal Nagy · Leslie Nagy · Erika Nahm · Lydia Nahold · Ashok Naidu · Roderick Nailer · Thershan Nainaar · Oliver Nainby Luxmoore · Aureen Nair · Murali Nair · Theloor Nair · Jean Nairon · Jason Naisby · Ahmad Najefi · Keiko NakAgawa ·
Michael Nakagawa · Emily Nakai · Hisae Nakamura · Leslie Nakamura · Nozomi Nakamura · Daniel Nakaoka · Mai Nakasone · Yumi Nakatani White · Risa Nakayama · Takako Nakayama · Christopher Nalli · James Nam · Seung Hee Nam · Siamak Namazee · Keving Nan · Sabhya Nand · Shirley Nand · Vernita Nandori · Monisa Nandi · Manjinder Nanerey · Robert Nanson · Gerald Nantel · Juliet Napier ·

Timothy Napier · Ruth Napoleon · Teresa Napolitano · Satya Narayan · Stanley Narayan · Dolores Narcisse · Amanda Nardi · Matteo Nardiello · Hiroshi Narita · Brendan Narowsky · Stephen Narraway · Jyoti Narula · James Narvey · Gustavo Nascimento · Arielle Nash · Jared Nash · Lauren Nash · Lisa Nash · Stephanie Nash · Mansoor Nasiri · Colin Naslund · Jo-Anne Naslund · Brian Nason · Anthony Nassour · James Nastasi · Stanislav (Stan) Nastenko · Terence Nathan · Aslam Nathoo · Parviz Nathoo · Zahir Nathoo · Shiraz Nathwani · Hansi Natzke · George Naude · Ian Naumenko · Daniel Navis · Tomas Navratil · Niloufar Nawaby Shirazi · Grazyna Nawrocka · Karen Nayler · Katherine Naylor · Wyatt Naylor · Desiree Nazareth · Hamed Nazzarisedeh · Davis NeablE · Edward Neal · Margo Neal · Catherine Neale · Graham Neale · Natasha Neale · Claude Nearing · Alison Nearingburg · Nicolas Neas · Cynthia Neave · Cheryl Nedelec · Jean-Francois Nee · Barbara Neeve · Rand Neeves · Moritz Neff · Syma Nehal · Catherine Neid · Bianca Neidhardt · Loren Neighbors · Michael Neighbors · Cheryl Neighbour · Henry Neil · Sarah Neil · Jeremy Neill · Jonathan Neill · Alexandra Neilson · Christine Neilson · Lynda Neilson · Caroline Nel · Carol Nell · Gerald Nell · Brianna Nelson · Carolyn Nelson · Carroll Nelson · D'Arcy Nelson · David Nelson · Diane Nelson · Emily Nelson · Frances Nelson · Jane Nelson · Joshua Nelson · Kathleen Nelson · Kelly Nelson · Megan Nelson · Michael Nelson · Randall Nelson · Randy Nelson · Robert Nelson · Susan Nelson · William Nelson · Ladislav Nemecek · Michael Nemeth · Andrea Nemetz · John Nemy · Andrew Nerada · Beryl Nesbit · Cathie Nesbit · John Nesbit · Arlie Nesbitt · Darla Nesbitt · Donald Nesbitt · Fawn Nesbitt · Sean Nesbitt · Jennifer Nesdoly-Power · Kai Nestman · Sascha Neth · Stefanie Neth · Pierson Nettling · Monica Netupsky · Christian Neubert · Leonard Neudorf · Michael Neudorf · Chad Neufeld · Christopher Neufeld · James Neufeld · Jngo Neufeld · Susan Neufeld · Barb Neuman · Rodney Neuman · Harry Neumann · John Neumann · Ralph Neumann · Susan Neumann · David Neumeyer · Tuomo Neuvonen · Chané Neveling · Cheryl Neville · Clare Neville · William Neville · Anita Nevistic · James Newbold · Patricia Newbold · Ashley Newcomb · Esther Newcombe · Ian Newcombe · Andrew Newell · Brad Newell · Paul Newell · Susan Newell · Sara Newham · Bram Newman · Brian Newman · Christopher Newman · Gayle Newman · Kathren Newman · Laura Newman · Sarah Newman · Kendall Newport · Paul Newsome · Corey Newson · David Newson · Scott Newson · Christie Newton · Darin Newton · David Newton · David Newton · John Newton · Mandy Newton · Matthew Newton · Robert Newton · Rosemary Newton · Sarah Newton · Susan Newton · Ekaterina Neytcheva · Alvin Ng · Angus Ng · Anson Ng · Beverly Ng · Carmen Ng · Carol Ng · Dilys Ng · Duncan Ng · Edwin Ng · Jackson Ng · Jessica Ng · Jing-Yi Ng · Joanna Ng · Ka Him Ng · Karen Ng · Kelly Ng · Nina Ng · Rosanne Ng · Roy Ng · Samson Ng · Stephanie Ng · Tom Ng · Vivian Ng · Wayne Ng · Wern Jiet Ng · Wilson Ng · Yuen Jimmy Ng · Michael Ngai · MIng Ngai · Timothy Ngai · Chi Wah Ngan · Sarah Nghiem · Edward Ngo · Minh Ngo · Samuel Ngo · Maria-Gloria Ng-Suarez · Ntando Ngubane · Nhu Nguy · Dung Nguyen · Hai Nguyen · Leah Nguyen · Lisa Nguyen · Michael Nguyen · Nam Nguyen · Phuoc Nguyen · Suong Nguyen · Thao Nguyen · Vinh-An Nguyen · Chi Coung Nham · Ahmad Niaz · Amanda Nichol · Doreen Nichol · Jenna Nichol · Shawna Nichol · Tyler Nichol · Kimberley Nicholas · Nedrick Nicholas · Penelope Nicholas · Cynthia Nicholl · Donna Nicholl · Michael Nicholls · Richard Nicholls · Susan Nicholls · Angie Nichols · Barbara Nichols · Connie Nichols · Kathryn Nichols · Robin Nichols · Andrew Nicholson · Bradley Nicholson · Cynthia Nicholson · Glenn Nicholson · Ingrid Nicholson · Jo Anne Nicholson · Joan Nicholson · John Samuel Nicholson · Kelly Nicholson · Lenore Nicholson · Ruth Nicholson · Alison Nickel · Jennifer Nickel · Richard Nickel · Valerie Nickel · Kenneth Nickerson · Kris Nickerson · Norman Nickerson · Shirley Nickerson · Dixie Nicks · Alexandra Nicoara · Jay Nicol · Jessica Nicol · Georges-Laurent Nicolai · Savvakis Nicolaou · Nikki Nicolas · Christy Nicolay · Laura Nicoletti · Alexandra Nicoll · Frederick Nicolson · James Niebergall · Paul Niebisch · Christine Nieder · Alana Nielsen · Diane Nielsen · Kenneth Nielsen · Lisa Nielsen · Sandra Nielsen · Maria Nielson · James Nieman · Nela Niemczyk · Julia Niendorf · Tracy Nienow · Gary Niesner · Elly Niezen · Tony Nightingale · Harveen Nijjar · Satinderdeep Nijjar · Jaspreet Nijjer · Roy Nikaido · Blair Nikiforuk · Mladen Nikitovic · Antti Nikkanen · Constantine Nikolakopoulos · Ralitsa Nikolova · Bertil Nilsson · Waqar Nisa · Lori Nishi · Garry Nishimura · Jeffrey Nishimura · Kristin Nishimura · Mari Ann NisSinen Rockson · Ryan Nitchie · Ralph Nitschke · John Nixon · Norry Nixon · Sandra Nixon · Marat Nizberg · Samira Nizberg · Ivan Njuki · Dergie Nkondi · Ayanda Nkosi · Messelina Noah · Pier Giorgio Noaro · Omid Nobakht · Annette Nobert · Patrick Nobert · Daniel Noble · Michael Noble · Penelope Noble · Shona Noble · Vicki Noble · Britt-Kristine Nodset · Edmond Nodwell · Evelyn Nodwell · Ruth Noe · James Noel · Monica Noel · Orvis Noel · Andrew Noga · Lorraine Noga-Vandeursen · Laura Noges · Sanae Noguchi · Shirley Noguera · Blair Nolan · Michael Nolan · Paul Nolan · Bethany Nollette · Gabriele Nolte · Andrew Noon · Michael Noon · Tara Noonan · Aishah Noor · Omar Noor · Alia Noormohamed · Taleeb Noormohamed · Judith Noort · Francesco Norante · Diandra Norburn · David Norcross · Kenneth Nord · Jeffrey Norden · Brenda Nordgren · Eric Nordgren · Birgitte Nordin · Craig Nordin · Douglas Nordin · Egidio Nordio · Annemarie Nordman · Brian Nordman · Lynn Nordman · Douglas Nordmeyer · Gustav Nordstrom · Todd Nordstrom-Young · Jennifer Norgaard · Torben Norgaard · Karen Noringseth · Barbara Norman · Barrie Norman · Kevin Norman · Leslie Norman · Ronald NormaN · William Norman · Tyler Normey · Lucas Norrie-Loewenthal · Catherine Norris · Graham Norris · Jesse Norris · Leonard Norris · Robin Norris · Susan Norris · Cory Norris-Jones · Coy North · Patricia North · Katherine Northey · Charles Northrup · Darcy Northrup · Michael Northy · Trevor Norton · Helen Norwood · David Nosella · James Nosella · Allison Noseworthy · David Nother · Helsa Nothof · Sebastian Notroff · Darren Nott · Shahryar Nouraei · Mannan Nouri · Larry Novack · Christopher Novak · Daniel Novak · Deanna Novak · Joseph Novak · Kelly Novak · Kori Novak · Larrie NovaK · Michael Novakowicz · Manuela Novello · Linda Novokshonoff · Tristan Nowacki · Sharon Nowaczek · Paul Nowakowski · Pamela Nowell · Keyvan Nowrouzian · Muzumile Nsele · Cassandra Nudo · David Nugent · Erica Nugent · Kristen Nugent · Leah Nugent · Su Hsien Nugent · William Nugent · Rizky Nugraha · Jessica Numminen · Israel Nunez Olvera · Jillian Nunns · Miya Nunotani · Erin Nunweiler · Naseem Nurani · Pierre Nurit · Leah Nurmi · Joanne Nusbaum · Michael Nusbaum · Michael Nuss · Justin Nutt · Katherine Nutt · Lauren Nutt · Bhekiwe Nxumalo · Mmeli Nyathi · Amanda Nyberg · Donna Nyberg · Heather Nyberg · Marc Nyeland · Anna Nylander · Clive Nylander · Teresa Nystrom · Wanda Nyvall · Denise O Connell · Alan Oakes · Christopher Oakes · David Oakes · Kirsten Oakes · Muriel Oakes · Robert Oakes · Stephanie Oakes · Christine Oakey · John Oakey · Pauline Oakey · David Oakie · Cory Oakley · Grace Oaks · Diogenous Oare · Casey Obalek · Karen Obeck · Ruth O'beirne · Jochen Oberhaeuser · Monika Oberndorfer · Matthew Oberton · Amy Obirek Blatz · Alfred Obray · Catalin Obreja · Amanda O'brian · Angela O'brien · Anita O'brien · Bridget O'brien · Constance O'brien · David O'brien · Derek O'brien · Karen O'brien · Kash O'brien · Mairead O'brien · Shawn O'brien · Timothy O'brien · Catharine O'brien-Bell · Paul O'brien-Hill · Nikola Obrknezev · Leo Obstbaum · Mary Obstfeld · Caitlin O'byrne · Donald O'byrne · Elizabeth O'callaghan · Kevin O'callaghan · Rachael O'callahan · Julie Occelli · Asraf Ochotoya · Connor O'connell · David O'connell · Patrick O'connell · Kassia O'connor · Kathrine O'connor · Lorne O'connor · Michael O'connor · Michael O'connor · Peter O'connor · Thomas O'connor · Vivian O'connor · Katarina Odlund · Odonbayar Odonjil · Aimee O'donnell · Jay O'donnell · Philippa O'donnell · Rosheen O'donnell · Fergus O'donoghue · Kerry O'donoghue · Mark O'donohoe · David O'donohue · James O'donovan · Susan O'driscoll · Brian Oehler · Simone Oehrli · Ingrid Oertel · Lars-Oliver Oetzmann · Jill Offenbeck · Calvin Offereins · Glen O'flaherty · Paul O'flaherty · Dawn Ofner · Abena Ofori · Dixie Ofstie · Bradley Ogden · John Ogilvie · Melissa Ogilvie · Robert Ogilvie · John Oglesby · Cheryl Ogloff · Dong Oh · Hyug Ho Oh · Hyug-Ho Oh · Jaejoon Oh · Joseph Hwasuk Oh · Timothy Oh · Yoon Oh · Youngrae Oh · Jennie O'haLloran · Redmon O'hanlon · Yvonne Ohara · Charles O'hara · Julia O'hara · Katrina O'hare · Alan Ohashi · Tito Ohep Gruny · Desiree O'hern · Eric Oikawa · Jairo Ojeda · Kunal Ojha · Larry Okada · Mami Okada · Ugochukwu Okankwu · Ashley Okazaki · Atsuko Okazaki · Kanako Okazaki · Tulin Okbinoglu · Kerry Oke · Nicole Oke · David O'keefe · Gerard O'Keefe · Mary-Jo O'Keefe · Daniel O'Keeffe · Patrick Okens · Jonathan Okihiro · Robert Okkerse · Dianne O'krafka · Kazuyoshi Okuda · Kadek Okuda Andersen · Henry Okumura · Motoko Okura · Shizu Okusa · Mark Olacke · MargareT Olafson · Kulvir Olak · Beverly Olaybal · Elizabeth Oldfield · Robert Oldfield · Cheryl Oldham · James Oldham · Justin Oldham · Heather Oldring · James O'Leary · Julie O'Leary · Mark Oleary · Barbara Oleschuk · Cynthia Oleshak · Sara Olesiak · Beatriz Oliva Maiz · Macy Olivas · Robert Olive · Carolyn Oliver · Craig Oliver · Dianne Oliver · Gail Oliver · Gordon Oliver · James Oliver · John Oliver · Kathryn Oliver · Nicholas Oliver · Thomas Oliver · Emmanuel Oliveros Ortiz · Ruan Olivier · Judith Oljaca · Thomas Olk · Quinn Ollenberger · John Ollerenshaw · Monica Olney · AnDrew Olsen · Donald Olsen · Jamie Olsen · Janet Olsen · Leona Olsen · Maria Olsen · Steven Olsen · Theresa Olsen · Carla Olson · David Olson · Joshua Olson · Judy Olson · Linda Olson · Mary Olson · Mervin Olson · Roger Olson · Stephanie Olson · Trudean Olson · Gianluca Oluic · Karyn Olynyk · Diarmuid O'mahoney · Aidan O'mahony · Patrick O'mahony · Anne O'mahony-May · Kathleen O'malley · Eiselle Omampo · Kathleen Omanseik · Joan Omasta · Patricia O'meara · Roman Omelka · Devlin O'neil · Kiara O'neil · Lauren O'Neill · Caitlin O'neill · Christopher O'neill · Hugh O'neill · Luke O'Neill · Mary O'neill · Shannon O'neill · Stephanie O'neill · Benjamin Ong · Celia Ong · Christopher Ong · Grace Ong · James Ong · Jeffrey Ong · Sally Ong · Sellane Ong · Veronika Ong · Georgy Onikashvili · Cynthia Onions · Kaori Onishi · Masayuki Onishi · Fang Ling Ooi · Paul Oostergo · Dexter Oosteroff · Peter Oostlander · Robert Oostlander · John Oostyen · Mary Opheldérs · David Opp · Michaela Opper · Cynthia Oram · Juliet Orazietti · Donald Orchyk · Marcos Orcullo · Clare O'reilly · Eoghan O'reilly · Leonard O'reilly · Lisa O'reilly · Arvin Orena · Marshall Orendt · Wade Organ · Peadar O'Riain · David O'Riordan · Karen Orlando · Ivan Orlenko · Meaghan Orlinski · Vera Orlova · Cheryl Ormerod · David Ormerod · Sarah Ormerod · Lucinda Ormonde · Irene Ormrod · Olav Ormseth · Randal Ormston · Robert Ormston · James Orobko · Andrew Orphanos · Karen Orr · Leanna Orr · Maria Anna Orr · Lyne Orser · Diane Orsini · Darlene Orstad · Paola Ortega · Hartmut Orth · Maria Ortilla · Frank Ortman · Anthony Orts · Adrian Oruclar · Shane Orvis · Peter Orwick · Irmgard Orzeck · Tricia Orzeck · Matthew Osad · Nelly Osanno · Cassandra Osborn · Alison Osborne · Deidre Osborne · Robert Osborne · Tyler Osborne · Chika Osborne-Saito · Michael Osburn · David Oser · Sebastian Osiecki · Natasha Osing · Oxana Osintseva · Donna Osiowy · Shawn Osiowy · Irina Osipova · Terri Osis · Kimberley Oslund · Sarah Osman · Nicholas Osmond-Jones · Diana Ospina · Michelle Ostafew · Shon Ostafew · Shaylea Ostapovich · Delores Oster · Terri-Lynn Oster · Robert Ostle · Sally Ostle · Sarah Ostler · Isabella Ostman · Barry Ostrand · Raya Ostrogolow · Leigh Ostrom · Suzanne Ostrow · Vivian O'Sullivan · Douglas Oswald · Kelly Oswald · Michael Oswald · Theresa Oswald · NObuyuki Ota · Paul Oteman · Kenneths Otim · Sheryl O'toole · Katrin Otsa · Janis Ottevangers · Grace Otto · Paul Otto · Yen Ou · Yu Ou · Meng Ou Yang · Janet Ouchterlony · Daniel Ouellette · Deborah Ouellette · Derek Ouellette · Katherine Ouellette · Luke Ouellette · Kenneth Ouendag · Julia Oulton · Amy Outhwaite · Charlene Ouwerkerk · Hui Ouyang · Alexander Ovchinnikov · David Ovenden · Andrew Overend · Robert Overgaard · Robert Overgaard · Christopher Owen · George Owen · Jameen Owen · Suzanne Owen · Terry Owen · Dave Owens · John Owens · Ross Owens · Andrews Owusu · Matthew Oxenham · Lori Oxland · Anne Oxley · Susan Oxtoby · Wallace Oyama · Spencer Oye · Sylvia O'Young · Koki Ozawa · Tammy Ozero · Chris Ozeroff · Maxine Ozeroff · Sharla Ozeroff · Marie-Emilie P.Ranger · Akber Pabani · Alizah Pabani · Joshua Pablo · Luz Pablo · Charles Pacas · Domenico Pace · Kurt Pachal · Prina Pachchigar · Catherine Pacholke · April Pacifico · Robert Paddington · Bryan Paddock · Ronald Paddon · Allan Padilla · Raymond Padilla · Luis Padilla Reveles · Nina Padjen · Antony Pagan · Ashley Page · Evelyn Page · Joan Page · Kelly Page · Melanie Page · Michael Page · MitChell Page · Norma Page · Paul Page · Richard Page · Russell Page · Sheena Page · Trevor Page · Joachim Pagel · Peter Paget · Pierre Pagliericci · Aliz Paguio · Adam Pahal · Gabriele Pahnke · Georgia Pahou · Yu Ling Pai · Mariann Paice · Keerthi Paikera · Brenda Painter · Marco Pais Marden · Marina Pakalova · Anja Pakendorf · Lilia Pakhomova · Andrea Palacios · Theodor Palamarek · Andrew Palaniak · Jayne Palaniak · Susan Palasty · Janine Palatin · Jared Palm · Sally Palm · Enrico Palma · Tiago Palma · Bradley Palmer · Brett Palmer · Catherine Palmer · Denise Palmer · Francis Palmer · Jacqueline Palmer · Larry Palmer · Michael Palmer · Mitchell Palmer · Nathan Palmer · Roberta Palmer · Roy Palmer · Sandra Palmer · Tiffany Palmer · James Palmeter · Marijana Palmieri · Robert Palmquist · Mona Palmqvist · Daniel Paluck · Julien Paluku Musayi · Chun Ying Pan · Chunzi Pan · Tiffany Pan · Larissa Panachtchenko · Christopher Panadero · Aspasia Panagopoulos · Istvan Panczel · Satjeet Pandher · Mariana Pandic · Edwin Pandke · Adrian Pang · Emiko Pang · Grant Pang · Herman Pang · Gurdeep Pangly · Lorenzo Panhlua · Laxmi Panjakadi · Jana Panje · Dilnoor PanjwAni · Shabir Panjwani · Caitlyn Pankratz · John Pankratz · Jane Pannell · Surjan Pannu · Terry Pannu · Janna Pansegrau · Wayne Pansegrau · Jodi Pante · Andrejs Panteleyev · James Paone · Catherine Papadakos · Kenna Papadopoulos · Anastasia Papagiannopoulou · Elizabeth Papapetrou · Eleni Papavasiliou · George Papay · Adrian Pape · Bruce Pape · Valerie Papin · Thomas Papineau · Aikaterini Pappa · Ioannis Pappas · Steven Pappas · Eric Paquet · Justine Paquette · Sid Paquette · Brenda Paquin · Corey Paquin · Hugo Paquin · Claude Paradis · Corentin Paradis · Edward Paradis · Hafiza Parbatani · Gregory M Parchello · Jason Parchomchuk · Gary Pardy · Tony Pardy · Evelyne Paredes · Sameer Parekh · Benoit Parent · Geraldine Parent · Ingrid Parent · Justine Parent · Milena Parent · Véronique Parent · Giuseppe Parente · Vicki Parfett · Tyler Pargee · Harbhajan Parhar · Manpreet Parhar · Mark Parhar · Babak Pariafsai · Diego Parigi · Shailendra Parihar · Madhuri Parikh · Lubica Parilakova · Leslie Paris · Tania Parisella · Michelle Parish · Julie Parisien · Brennen Park · Charles Park · Do-Hyung Park · Dongju Park · Han Park · Hanseam Park · Hazel Park · JaMes Park · Jane Park · Ji-Taek Park · Ji-Yon Park · John Park · Joo-Hee Park · Joo Park · Joyce Park · Jung Ho Park · Larry Park · Monica Park · Namsook Park · Paul Park · Richard Park · Sabina Park · Sae Young Park · Scott Park · Semi Park · Seong Jun Park · Si In Park · Si Nae Park · So Hyun Park · Soo Jin Park · Soo Kyeong Park · Soyung Park · Sun Hyun Park · Sung Ryong Park · Sung-Woo Park · Sungyou Park · Taeho Park · Tracy Park · William Park · Yelim Park · Yeonghoon Park · Amanda Parker · Barbara Parker · Bradley Parker · Carolyn Parker · Donna Parker · Eleanor Parker · Erica PaRker · Geraldine Parker · Katherine Parker · Leslie Parker · Linda Parker · Margaret Parker · Mary Anne Parker · Nicole Parker · Robert Parker · Sarah Parker · Sharon Parker · Shem Parker · Joanne Parkes · Judy Parkes · Michele Parkes · Rebecca Parkes · Ronald Parkes · Vanessa Parkes · Catharine Parkes-Devine · Lyla Parkin · Ryan Parkin · Darlene Parkinson · David Parkinson · Elizabeth Parkinson · James Parkinson · John Parkinson · Laura Parkinson · Matthew Parkinson · Shawn Parkinson · Thalia Parkinson · Darren Parks · Graham Parks · Mildred Parks · Catherine Parlee · Faye Parlow · Arvind Parmar · Harman Parmar · Manvir Parmar · Brenda Parmiter · Andrea Parolin · Charles Parr · Evan Parr · Felix Parr · Louisa Parr · Norma Parr · Tyler Parr · Timothy Parrett · Tanya Parris · Kevin Parrot · Sherry Parrott · Frank Parrotta · Valerie Parrotta · Barbara Parry · Carolyn Parry · Elizabeth Parry · Ivor Parry · Michael Parry · Nicola Parry · Robert Parry · Wendy Parry · Elena Parshuto · Nicole Parsley · Beverley Parslow · Harry Parslow · Susan Parslow · Amy Parsons · Evelyn Parsons · Kelsey Parsons · Kolleen Parsons · Kristin Parsons · Steinunn Parsons · Edard Parsotam · Miroslav Partisch · Michael Parton · William Parton · Jennie Partridge · Kristina Parusel · Randy Pascal · Brent Pascall · Clifford Pascas · Linnea Pascas · Ulrich Paschen · Cristian Pascual Garcia · Catherine Pascuas · Alison Pasemko · Tove Pashkowski · Natalia Pashuk · Egidio Pasin · John Pasin · Marco Pasin · Jerome Pasion · Peter Pasloski · Steve Pasquier · Scott Pass · Lee Ann Passarelli · Christopher Passey · William Passi · Sylvia Passler · Cody Passley · David John Passmore · Judith Passmore · Maria Passos · Leslie Pasternak · Marian Pastore · Inna Pastoukhovitch · Janice Pastuck · Bruno Pasutto · Jennifer Paszkat · David Pataky · Fruzsina Pataky · Jason Patchell · Graham Pate · James Pate · Catherine Patel · Jankiben Patel · Jashoda Patel · Jyoti Patel · Pankaj Patel · Bonnie Patero · Andrew Paterson · Kathryn Paterson · Lynne Paterson · Murdo Paterson · Shannon Paterson · Varun Pathak · Georgina Patko · Carolyn Patrick · Christopher Patrick · Donald Patrick · Jason Patrick · Kenneth Patrick · Patrice Patrick · Niovi Patsicakis · Dimple Pattani · Rakesh Pattani · Nimarta Pattar · Maria Patten · David Patterson · Deborah Patterson · Deborah Patterson · Genna Patterson · Inga Patterson · Jeanne Patterson · Jody Patterson · Lynn Patterson · Mackenzie Patterson · Robert Patterson · Ruth Patterson · Riccardo Patti · Andrea Jane Pattillo · Andrea Pattillo · Duncan Pattillo · Susan Pattillo · Gerald Pattison · Jennifer Pattison · Julian Pattison · Michelle Pattison · Florence Patton · Grant Patton · Kathleen Patton · Kristi Patton · Mary Jeanne Patton · Heather Pattullo · Scott Pattullo · Bronson Patychuk · Barbara Patzer · Teresa Pau · Katherine Pauhl · Catherine Paul · Crystal Paul · Jordan Paul · Julie Paul · Lisa Paul · Margaret Paul · Michael Paul · Nisha Paul · Linda Paulhus · Holly Paulin · Cristine Paull · Mathew Paulozza · Andrew Pauls · Gregory Paulsen · Jeffrey Paulson · Michael Paulson · Raven Paulson · Clifford Pavan · Alexis Pavlich · Javier Pavón Álvarez · Antonietta Pavone · Diana Pawelchak · Gordon Pawelchak · Marcin Pawlak · Natalie Pawlovich · Jacek Pawlowski · Nicole Pawluk · Douglas Pawson · Jacqueline Pawson · Allison Paxton · Carolynn Paxton · James Paxton · Evan Payer · Marie Payette-Falls · Jessica Payeur · Brandy Payne · Brendan PaYne · Christopher Payne · Heather Payne · Kathleen Payne · Lauren Payne · Matthew Payne · Susan Payne · Trennon Paynter · Maricar Payot · Sheldon Payton · Peter Pazdera · Christopher Paziuk · Olga Pazukha · Jessie-Anne Peace · Andrew Peachey · Lee Peacock · Nancy Peacock · Robert Peacock · Tom Peacock · Laura Peake · Russell Peake · Bruce Peaker · Anne Pearce · Barbara Pearce · Brian Pearce · Curtis Pearce · Douglas Pearce · Jeffery Pearce · Jennifer Pearce · Laurence Pearce · Matthew Pearce · Melissa Pearce · Richard Pearce · Diane Pearen · Michelle Pearl · Pat Pearmain · Robert Pearman · Cindy Pearson · Donna Pearson · James Pearson · John Pearson · Maria Estela Pearson · Mary Pearson · Nicole Pearson · Peter Pearson · Silvija Pearson · Thomas Peat · Elvio Pecchia · Gavin Pechey · Joanne Peck · Anne Peddle · Donald Peddle · Michael Peddle · Bonnie Pedersen · Hans Pedersen · Heather Pedersen · Maja Pedersen · Regan Pedersen · Shirley Pedersen · Trevor Pedersen · Matthew Pedley · Mark Pedlow · Pamela Pedlow · Daniel Peebles · Robert Peebles · Amanda Peel · William Peeling · Rachel Peer · Susan Peers · Maria Peeters · Daniel Peev · ALford Pegg · Matthew Pegg · Joanne Peguschi · Mario Pehar · John Peirce · Bernd Peiskar · Richard Peitz · Monir Pejgaleh · Barbara Pek · Irina Pekerskaya · Maria Susan Carina Pekson · Dionne Pelan · Jose Pelayo · Dean Peldys · Samantha Pelkey · Pamela Pellegrini · Myriam Pellerin · Jeremy Pelletier · Julie Pelletier · Mathieu Pelletier · Mia Pelletier · Michelle Pelletier · Huguette Pelletier-Maclean · Craig Pelley · Heather Pelley · Mark Pellicano · Michele Pellizzari · Laura Pellrene · Stuart Pelly · Susanne Pelly · Leo Peloquin · Henrique Pelosi · Julie Peltz · Kathleen Pember · Myriam Pena · Jessie Pendygrasse · John Pendygrasse · Marcus Peng · Peter Peng · Robin Peng · Susan Peniuk · Anna Penn · Adrian Pennachetti · Vaino Pennanen · Andrew Penner · Clara Penner · Courtney Penner · Curtis Penner · David Penner · Karen Penner · Katherine Penney · Anthony Pennington · Christopher Pennington · Patricia Pennington · David Penny · Trevor Penrose · Kristin Pensack · Frances Pensato · Deborah Pentak · Blake Pentecost · Caitlin Pentifallo · Michael Penton · Ronald Penwill · Tara Peoples · Chris Pepper · Donald Pepper · Eric Peppiatt · Martina PEppler · Barbara Perassi · Lawrence Percival · Lesley Percival · Laura Perdomo Diaz · Anil Pereira · Edward Pereira · Lawrence Pereira · Lidia Pereira · Natalie Pereman · Hiran Perera · Celine Pereverzoff · Christopher Pereverzoff · Sargent Pereverzoff · Carl Perez · Cruz Perez · Didier Perez · Jenny Perez · Jose Perez · Omar Perez · Thelma Perez · Luis Perez Gonzalez · Cesar Perez Prado · David Perfitt · Murthy Peri · Maria Pericak · Charles Peries · Manuela Perizzolo · Amanda Perka · Heather Perkin · Chris Perkins · Joanne Perkins · Debrah Perkins Zalusky · Bonita Perko · Arlene Perly-Rae · Adele Permack · Harvey Permack · Brittany Perna · Mabel Pernia · Daniel Perra · Troy Perras · Michelle Perrault · Brenda Perreaux · Andrea Perren · Arthur Perret · Bernard Perreten · Elaine Perreten · Cynthia Perrett · Randall Perrett · Douglas Perri · Bruce Perrier · Chloe Perrin · Cristina Perrin · James Perrin · Janice Perrin · Rebecca Perrin · Eve Perron · Janet Perron · Robert Perron · Suzanne Perron · Aleshia Perry · David Perry · Grace Perry · Justin Perry · Kenneth Perry · Kimberly Perry · Margret Perry · Marina Perry · Michele Perry · Rachelle Perry · Rhonda Perry · Skye Perry · Susan Perry · Walter Perry · William Perry · Vishan Persaud · Darryl Persello · Ralph Pershall · Betty Perverziff · Verlytha Pesarillo · Savina Peshkova · Christopher Pesic · Stephen Pestell · Christopher Petch · Denise Petch · Lynne Petek · Joshua Peterman · Adam Peters · Anne Peters · Anni Peters · Benjamin Peters · Bradley Peters · Cheryl Peters · Claudine Peters · Elizabeth Peters · Gregory Peters · Heather Peters · Jessica Peters · Joseph Peters · Rachel Peters · Robert Peters · Terence Peters · Alan Petersen · Andrew PetersEn · Cristina Petersen · Linda Petersen · Blair Peterson · Carole Peterson · Curtis Peterson · Deborah Peterson · Ernest Peterson · Hallie Peterson · Holly Peterson · Judy Peterson · Katie Peterson · Kenneth Peterson · Kira Peterson · Linda Peterson · Lorraine Peterson · Mary Peterson · Rob Peterson · Scot Peterson · Scott Peterson · Yvonne Peterson · Sara Pethes · William Petipas · Julien Petit · Barbara Petkau · Elena Petkov · Alexander Petlyarsky · Andreas Petrakas · Dianne Petrant · Karla Petreman · Ileana Petric · Carol Petrie · Matthew Petrie · PatriCia Petrie · Steven Petrie · Wayne Petrie · Zebrina Petrie · Allan Petrilli · Mark Petritz · Nicholas Petroff · Agostino Petroni · Micheal Petronio · Michael Petrosoniak · Nikolay Petrov · Rosetta Petrucci · Wendy Petruk · Betty Petrullo · Edward Petrullo · Laura Petruska · Jacqueline Pettersen · Kevin Pettersen · Lula Belle Petterson · Lester Pettijohn · Reta Pettit · Lisa Pettitt · Brian Petty · Laurie Petura · Michelle Petzold · Hurrian Peyman · Jennifer Peyton · Siege Pflug · Kamaljit Phagura · Hai Pham · Huyen Pham · Xuan-Vink Pham · Phuong Phan · Norma Phaneuf · Sarah Phee · Paul Phelan · Ross Phelps · William Phelps · Elizabeth Phenix-Lunan · Daphne Philbin · Lesley Philbrick · Jane Philip · Tatum Philip · Victoria Philip · Robert Philipp · Jeffrey Philips · April Phillips · Ashley Phillips · Brent Phillips · Cameron Phillips · Darren Phillips · David Phillips · Deborah Phillips · Donald Phillips · Donna Phillips · Fabienne Phillips · Garth Phillips · Gaye Phillips · Gina Phillips · Grant Phillips · Helen Phillips · James Phillips · John Phillips · Karleen Phillips · Landon Phillips · Martin Phillips · Patricia Phillips · Sharon Phillips · Tracy Phillips · Wayne Phillips · Wilfred Phillips · Michelle Philp · Nancy Philp · Brandi Philpot · John Philpott · Robert Phipps · Mario Piamonte · Paul Piaseczny · Adrian Picard · Hayley Picard · Johanna Picard · Leslie Piccioni · Matthew Piccioni · Francesco Piccone · Diane Piché · Celestino Picillo · Robyn Pickering · Dylan Pickersgill · Carolyn Pickett · Laurel Pickles · Barbara Picton · Dale Pidutti · Lyle Pidzarko · Martha Piedrahita · Alexandra Pierce · April Pierce · Bradley Pierce · Daniel Pierce · Donna Pierce · Judith Pierce · Katharine Pierce · Kathleen Pierce · Martha Pierce · Robert Pierce · Shane Pierce · Lloyd Piercy · Crystal Pierre · Scott Pierre · Danny Pierson · William Pifer · Justin Pigage · Caroline Pignatelli · Andrew Pike · Chris Pike · Crichton Pike · Delia Pike · Duncan Pike · Fraser Pike · Gregory Pike · James Pike · John Pike · Mary Pike · Oliver Pike · Pamela Pike · Patricia Pike · Tiit Pikksalu · Savvas Pilarinos · Edward Pilat · Rozanne Pilbeam · Kelly Pilgrim · Nea Pilgrim · Bruce Pilkington · Alamie Pillaktuaq · Mavis Pillar · Alysha Pillay · Mohlin Pillay · Christiaan Piller · Donald PiloN · Ryan Pilotte · Daniel Pinchin · Karen Pinchin · Elizabeth Pindar · Bernard Pineda · Michael Pines · Jennifer Pinette · Kimberlee Pinette · Landon Pinette · Thomas Pinfold · Jeffrey Pinkerton · Christopher Pinnell · Joel Pinsk · Marc-Andre Pion · Gianni Piovesan · Ann Piper · Jody Piper · Karla Piper · Shirley Pipke · Roger Pippin · Mariano Pira · Ali Piran Veiseh · Alamin Pirani · Imran Pirani · Kenneth Pirie · Teryl Pirozok · Michael Pirrie · Jessica Pisarek · Paul Piscitelli · Rosanne Piscitelli · Tessa Piscitelli · Brian Pisesky · Curtis Pisesky · Nicole Pisesky · RosaNne Pisesky · Wieslaw Piskorowski · Gina Pisoni · Jolanta Piszczek · Matthew Pitcairn · Ian Pitcher · Will Pitharn · Kathryn Pitlar · Andrew Pitre · Amanda Pitre-Hayes · Jonathan Pitt · Karen Pittam · Neil Pittam · Jared Pittman · Colin Pitt-Taylor · Christine Piuze · David Pixley · Kathryn Pizzey · Leonard Pizzey · Felice Pizzi · Sally Plackett · Delaine Placsko · Daniel Plancke · Gregg Planert · Janet Plant · Louise-Angele Plante · Marc-Andre Plante · Audrey Plaskacz · Pamela Plasterer · Jean-Paul Plat · Jeffrey Plato · Kelly Plato · Dianne Platt Levine · Andrew Platten · Michael Plavetic · Aurore Plavis · Nebojsa Plavsic · Svetislav Plavsic · Alison Plaxin · Laureen Plaxin · Douglas Player · Kathryn Player · Frank Plechaty · Carmen Plesch · Jaclyn Plessl · Radovan Pleva · Michelle Plotkin · Nadine Plotnikoff · Madeleine Plottel · Paul Plotz · Kimberly Plough · John Plummer · Peter Poburan · Evelyn Pochay · Beric Pocklington · Tamara Pockrant · Vicki Podetz · Patricia Poehnell · Christiane Poellein · Maria Poelman · Stephanie Poeppel · Cristian Pogolsa · Igor Pogrebinsky · Geoffrey Poh · James Pohlman · Lois Pohlod · Benoit Poirier · JuaniTa Poirier · Louis Poirier · Michelle Poirier · Paul Poirier · Tiffany Poirier · Joseph Poirier-Potvin · Jackie Poitras · Yvon Poitras · Jana Pokorna · Lada Pokorova · Maria Polachek · Paolo Polano · Zoe Polden · Elena Polishchuk · James Polk · Andrew Polkinghorne · Robert Pollack · Karl Pollak · Carla Pollard · Jason Pollard · Justin Pollard · Riva Pollard · Amanda Pollicino · Breann Pollock · Christine Pollock · Courtney Pollock · Joanne Pollock · Laura Pollock · Zachary Pollock · Catherine Polonia · George Polychroniou · Chris Polyck · Mariya Polyuk · Guillaume PomerleAu · Linda Pomerleau · John Pomeroy · Lindsay Pomeroy · Susan Pomper · Alvaro Ponce De Leon · Craig Pond · Michael Pond · Tong Pong · Ian Ponsford · Toon Jui Poo · Jack Poole · Ian Pool · Barry Poole · Brian Poole · Gerald Poole · Judith Poole · Marsha Poole · Peggy Poole · Shannon Poole · Shaun Poole · Adrian Poon · Alan Poon · Alice Poon · Chantelle Poon · Charlotte Poon · Clinton Kwan Lok Poon · James Poon · Kathy Poon · Rachel Poon · Sohan Pooni · Sonninder Pooni · Aly Poonja · Marc Poorterman · David Pope · Lisa Pope · Micheal Pope · Terry Pope · Tobin Pope · Zachary Pope · Maria-Ana Popescu · Ingrid Popesku · Darko Popjonovic · Barry Popkey · Michael Poplawski · Kanika Popli · Marcia Popoff · Egor Popov · Friedhelm Poppe · Anna Poronik · Yury Porozov · Marta Porras · Maria Porras Serrano · Andre Port Artur Paiva Torres · Yvette Porte · Graham Porteous · Allison Porter · Caroline Porter · Carol Porter · David Porter · Diane Porter · Erin Porter · Gary Porter · James Porter · Jenny Porter · Jillian Porter · Jill Porter · Jonathon Porter · Margaret Porter · Stephanie Porter · Thomas Porter · Thomas Porter · Wendy Porter · Jillian Porth · Andrew Portwine · Ellen Posadas · Praew Posayanont · Carmeni Posillipo · Howard Poslums · Mandy Poson · Alexandre Posoukh · Amanda Pospiech · Kathryn Pospiech · Milos Pospisil · Aaron Post · Mukiya Post · Chloe Postle · Philipp Postrehovsky · Roman Potapov · Aleksandra Potkonjak · Andrew Pott · Colleen Potter · David Potter · Douglas Potter · Francine Potter · Karen Potter · Mark Potter · Muriel Potter · Richard Potter · Wendy Pamela Pottery · Michael Pottle · James Potts · Jennifer Potts · Jean-Philippe Potvin · Michelle Poty · Rachel Potyka · Daniele Poudenx · Michel Poudenx · Pascal Poudenx · Robert Pougnet · Cecile Poulin · Etienne Poulin · Gaetan Poulin · Kendra Poulin · Sebastien Pouliot · Brent Poulton · Michael Pouncey · Brian Pound · Deborah Pound · Guy Poupart · Melissa Poupart · Navid Pourmokhtari Yakhdani · Sarah Pousette · Sarah Pouttu · David Pouvreau · Robert Pouw · Beverley Powell · Cary Powell · Geraldine Powell · Geramy Powell · Gwendolyn Powell · Harmony Powell · Jennifer Powell · Julie Powell · Keith Powell · Micheline Powell · Norma Powell · Richard Powell · Robert Powell · Seth Powell · Aya Power · Beverley Power · Brenda Power · David Power · David Power · Maria Power · Shirley Power · Susan Power · Thomas Power · Tom Power · Donna Powers · Jennifer Powers · John Powers · Michel Powers · Robert Powers · Rhonda Poweska · Barbara Powidel · Mitchell Powis · Andrew Powter · Alexandra Pozsonyi · Michael Pozzebon · Irene Pozzolo · Atul Prabhakar · Alan Pradine · Peter Praegel · Carmen Praine · Larissa Prairie · Shelvin Prakasan · Anthony Prakash · Vani Prakash · Erich Prall · Anita Prasad · Brij Kishore Prasad · Daniel Prasad · John Prasad · Navin Prasad · Ronald Prasad · Sashi Prasad · Sue Prasad · Ansari Praseuth · Shanel PraTap · Jennifer Pratt · Spencer Pratt · Mary Prattas · Stephen Prawdzik · George Prazmowski · Dennis Prebushewski · Lanette Prediger · Earl Preece · Anna Prein · Katja Preiss · Zahra Premji · James Prendergast · Krista Prendergast · Lyse Prendergast · John Prenevost · Alison Prentice · Catherine Prentice · Jessica Prentice · Amanda Prenty · James Prenty · Barbara Prescott · Blair Prescott · Cory Presley · Daniel Presley · Thomas Prest · Brenda Presthofer · Charmaine Preston · Jennifer Preston · Katherine Preston · Kimberly Preston · Lynn Preston · Melanie Preston · Dorothy Preto · Christopher Pretty · Angela Pretula · Kevin Preuss · Lutz Preussler · Charlene Prevatt · Mathieu Preville · Andrew Prevost · Charles Prevost · Glen Prevost · Angela Price · Christina Price · Clayton Price · Dana Price · David Price · Dawn Price · Diane Price · Dominique Price · Ivan Price · Jennifer Price · Jonathan Price · Kenneth Price · Lisbeth Price · Naomi Price · Nicola Price · Robert Price · Tracy Price · Michele Priddy · Michael Pride · Joshua Priebe · Lisa Priebe · William Priestley · Sandra Priestly · Cathy Priestner Allinger · Jose Prieto Pelazas · Allison Prieur · Irwan Prijadi · Liene Prikule · Taras Primak · Andrew Primavera · Christopher Prime · Frances Prime · Leah Primeau · Roxanne Primeau · Vincenzo Primerano · Laura Princic · Lisa Princic · Steven Prindiville-Kirby · Karine Prinet · April Pringle · Veronica Pring-Mill · Liza Printis · Kathryn Prinz · Michelle Prinz · Brooke Prior · Deborah Prior · John Prior · Katherine Prior · Keely Prior · Kenneth Prior · Nicole Prior · Emily Pritchard · Jane Pritchard · Angela Prive · Ashley Proceviat · Clifford Proceviat · Corinne Prochaska · Cestmir Prochazka · Jennifer Prochazka · Michal Prochazka · AlexaNder Proctor · Janet Prodan · Meagan Prokopanko · Richard Prokopanko · Lisa Prokopowich · Nicole Pronk · Janis Pronovost · Janice Pronteau · Tim Propeck · Brenda Proracki · Lenka Proskova · Carissa Prosperi · Gertrud Prosser · Mary-Elizabeth Protter · Amanda Protz · Mark Proudfoot · Claude Proulx · Jean-Marc Proulx · Marianne Proulx · Nicolas Proulx · Pierre Proulx · Charles Provost · Randall Pruden · Steve Pruden · Paul Prudhomme · Francois Prud'homme · Hilary Prue · Marcel Pruegel · Jerome Pruneau · Stephanie Pruner · Jeff Pryputsch · Richard Przybysz · Miroslav Psenica · Eva Psenicka · Veronica Psotka · Tasha Ptasinski · Russell Ptolomey · Jessica Pu · Jovan Pucar · Cayla-Marie Pucillo · Jaime Puddefoot · Jade Puddington · Deborah Pudek · Michael Pudney · Janine Puetz · John Pugh · Cecilia Pui · Lija Pukitis · Stephen Pulham · Harry Pulikottil Benny · Brandon Pullan · Caroline Pullan · Rosaline Pullan · Donna Pullar Beech · Julian Pullara · Christine Pulpan · Melissa Pulsifer · Rhonda Pummell · Anthea Pun · Ben Pun · Som Pun · Amendeep Pundhar · Pawendeep Puni · Harinder Punia · Gurpreet Purba · Anthony Purcell · Laura Purcell · Richard Purcell · Ryan Purcell · Bernice Purdey · Alexandra Purdy · Lisa Purdy · Robert Purdy · Robert Purdy · Taylor Purdy · Meera Puri · Jeffrey Purkis · Jason Purnell · Heather Pursell · Myrna Puska · Joseph Putos · George Puusepp · Claudio Puyssegur · Sandra Pyatt · Randy Pye · Lisa Pyke · Bianca Pyle · Stephen Pyne · Kalim Qadri · Tareq Qaqish · Mary Qayaq · Azim Qazi · Nancy Qazi · Jingnan Qi · Liang Qi · Linlin Qi · Si Yu Qian · Yun Qiao · Jian Ning Qin · Siyu Qin · Daming Qiu · Li Qu · Jenna Quaglia · Rachael Qualley · Ann Quan · Fred Quan · Michelle Quan · Mona Quan · ShErman Quan · Shirley Git Sum Quan · Adrienne Quane · Thien Anh Quang · Robert Quartermain · Emma Quearney · Erika Quee · Rita Quelch · Michele Quelle · Guillaume Quenneville · Irene Querubin · Robert Queton · Hilary Quick · Celia Quigley · Heather Quigley · Miriam Quigley-Metcalf · Lesley Quinlan · Patrick Quinlan · Stephen Quinlan · Annemieke Quinn · Heather Quinn · Karin Quinn · Lori Quinn · Rory Quinn · Ryan Quinn · Sally Quinn · Quentin Quintal · Francisco Quintana · Hollie Quiring · Melanie Quirion · Angela Quon · Cameron Quon · Matthew Quon · Merlane Quon · Norman Quon · Anna-Liisa Raatikainen · Dedicacion Rabang · Daiana Rabbai · Bruce Raber · Rowena Raber · Sari Raber · Alison Rachel · Graham Racich · Ana Racunica · Lukas Raczynski · Anya Radanovich · David Radburn · Sidath Raddalgoda · David Rader · Lyubomir Radev · Radmir Radev · Sheri Radford · Maria Radic · Randy Radic · Tryva Radnenko · Jonathan Radomski · Andris Edward Radvany · Bamshad Radvar · Adam Radziwon · Eric Rae · Judy Rae · Margaret Rae · Ronell Rae · Ian Raeburn · Eric Raedcher · Walter Raepple · Nicole Rafael · Vince Rafer · Amir Rafie Ravandi · MoHsen Rafie Ravandi · Roya Rafiei · Hedyeh Rafii-Tari · Joan Rafter · Eleonora Ragazzoni · Fulvio Raggio · Emma Ragnarsson · Karen Ragnvaldsen · Aliya Rahiman · Ashley Rahiman · Alfred Rahn · Alina Rahn · Arita Rai · Harminder Rai · Rajvinder Rai · Sandeep Rai · Sukhjinder Rai · Nidhi Raina · Donald Raines · Jenna Rainey · Donald Rainone · Genevieve Rainville · Bryan Raiser · Nadarajah Rajakumar · Equbal Rajani · Jacques Rajotte · Larry Rajotte · Tanya Rak · Sukhdip Rakhra · Shawn Rakita · Samandip Rakkar · Kittima Raksarat · Chelsea Raley · Ronald Ralph · Steven Ralph · EduarDo Ralph Miranda · Fredrick Ram · Naresh Ramachandran · Mohamed Ramadan · Doreen Ramage · Michael Ramage · Thomas Ramage · Marina Ramalho · Hari Ramanathan · Erik Ramberg · Rakesh Ramdas · Tanya Ramirez · Abdul Ramji · Almas Ramji · Hafiza Ramji · Jenna Ramji · Arjoon Ramnarine · Sita Ramnarine · Brian Ramor · Almudena Ramos · Walter Ramos · Bruna Rampon · Simone Ramsauer · Christopher Ramsay · Dana Ramsay · Daniel Ramsay · Donald Ramsay · Gillian Ramsay · Karina Ramsay · Matthew Ramsay · Matthew Ramsay · Sheryl Ramsay · Ann Ramsbottom · Dean Ramsbottom · Richard Ramsbottom · Robert Ramsbottom · Bradley Ramsden · Linda Ramsey · Valerie Ramsey · Zynal Ramzan · Tasreen Rana · Dennis Ranada · Dana Ranahan · Marites Rances · Pierrette Rancourt · Michelle Rand · Gregory Randall · Joan Randall · John Randall · Leslie Randall · Stuart Randall · Terrance Randall · William Randall · Craig Randell · Amanjot Randhawa · Gurdeep Randhawa · Vanessa Rangel · Benoit Ranger · Thomas Ränke · Andrew Rankin · Donald Rankin · James Rankin · Samantha Rankin · Steven Rankine · Sharon Ranney · Cory Ransom · Penny Ranta · Dominique Rapanos · Ryan Raper · Helen Rapin · Mario Raposo · Anna Emilia Rapp · Kristina Lotten Rapp · Richard Raps · Jonathon Rasenberg · Suzanne Rashed · Riyad Rasheed · Naaz Rashid · Shahrooz Rashidi · Moona Rashid-Tyers · Adelina Rashiti · Joseph Rashotte · Noni Raskin · Margaret Rasmus · Robert Rasmus · Susan Rasmussen · Trevor Rasmussen · Melissa Rasmussen-Generous · Maria Rasquinha · Olena Rassokha · Viktoriia Rassokha · Alexander Rata · Patrick Ratcliffe · Sally Ratcliffe · Ernest Rathbun · Danielle Rathe · Laurie Ann Rathgeber · Thivanka Ratnaweera · Adam Ratvay · Lance Ratzka · Charles Ratzlaff · Jane Ratzlaff · Rafael Rauda Quintanilla · Ryan Rauh · Kalev Rauk · Ruth Raulot-Lapointe · Marie Luise Rauscher · Brent Ravelle · Prasanna Raviraj · Shabir Rawji · Alyssa Rawlings · Michael Rawlings · Deborah Rawson · Adam Ray · Evelyn Ray · Katarina Ray · Martin Ray · Stephen Ray · Terence Ray · Pandito Utomo Rayadi · Melissa Rayburn · Glyn James Rayment · Daniel Raymond · Melissa Raymond · Isabelle Raymond-Bouchard · Russil Raynier · Armand Raz · Peivand Razaghizad · Mourad Razzouk · Jennifer Rea · John Rea · Siobhan Rea · Alexander Read · Calvin Read · Donald Read · Elizabeth Read · Joanna Read · Phillip Read · Rua Read · Scott Read · Shea Read · Sheila Read · Peter Readhead · Heather Readman · Vivean Ready · Gary Reakes · Katharine Reaper King · Colleen Reay · Tina Rebellato · Elsa Rebus · Vera Rechenberg · Axel Rechlin · Kirsten Recksiedler · Jennifer Record · Shirley Redahl · Stephanie Redding · Shannon Reddington · Eric Reddy · Pamela Reddy · Alison Redfern · Aleksandra Redkina · Erin Redmond · Lisa Redmond · Elizabeth Redston · Rajiv Reebye · Alice Reed · Christopher Reed · Erica Reed · Jane Reed · Michael Reed · Nicholas Reed · P'Shaw Reed · Christopher Reedy · Michael Rees · Benjamin Rees-Howlett · Breanne Rees-Thomas · Matthew Reeve · Bruce Reeves · Joyce Reeves · Kathy Reeves · Matthew Reeves · Suzanne Reeves · Sherri Refcio · Amy Regan · Heather Regan · Irene Regan · Jonathan Regan · Rosalynne Regan · Sarah Regan · Nora Regenyi · Deborah Regier · Dennis Regier · Mary Regier · Lucy Regler · Lucie Regnaud · Albert Rehanek · Salim Rehemtulla · David Rehorick · Nathan Rehorick · Sally Rehorick · Allan Reich · Blaize Reich · Sebastian Reichelt · Clayton Reichert · Mark Reichman · Andrea Reid · Barry Reid · Betty Ann Reid · Beverly Reid · Brad Reid · Briony Reid · Denise Reid · Deon Reid · Donna Reid · Ian Reid · Jack Reid · James Reid · Jennifer Reid · John Cameron Reid · John Reid · Joshua Reid · Judy Reid · Karen Reid · Keith Reid · Kim Reid · Krisandra Reid · Linda Reid · Mark Reid · Mary-Jane Reid · Michael Reid · Patricia Reid · Phyllis Reid · Robert Reid · Rohays Reid · Sarah Reid · Susan Reid · Douglas Reiger · Jessica Reigle · Benjamin Reilly · Mark Reilly · Scott Reilly · Thomas Reilly · Todd Reilly · Andrew Reimer · Christopher Reimer · Donald Reimer · Donna Reimer · Jennifer Reimer · Justin REimer · Leanne Reimer · Lorraine Reimer · Robert Reimer · Robert Reimer · Warren Reimer · Ann Reiner · Annika Reinhardt · Clara Reinhardt · Anne Marie Reinhart · Nikole Reisdorf · Eric Reise · Patricia Reis-Power · Margaret Reiss · Ryan Reiss · Elizabeth Reite · Karin Reitenbach · Daniel Reiter · Francis Reiter · Daniel Reitlo · Jessica Rejczak · Sean Remenyi · John Remesz · Katrin Remmelkoor · Lena Remmers · Allyson Remo · Alexandra Remocker · Adrienne Rempel · Elaine Rempel · Jackie Rempel · Jamie Rempel · Jessica Rempel · Tracy Rempel · Katrina Rempfle · Alkarim Remtulla · Lise Rémy · Angelika Ren · Gerald Renaud · Marilyn Renaud · Julia Rendall · Todd Rende · Megan Rendell · Benoit Reneault · Andries Renema · Rebekah Renford · Sylvia Renneberg · Cory Renner · Wolf Renner · Kenneth Renney · Doreen Rennick · Erin Rennie · James Rennie · Sean Rennie · Alicia Renoirte · James Rentmeester · Robert Renwick · Gary Repo · George Resch · Roberto Rescigno · Marvin Resler · Adriana Resnick · Benjamin Resnick · Lauren Resnick · John Retallick · Fabienne Reuteler · Anna-Heda Reuter · Cheryl Reuter · Natalia Reuzer · Egor Revenko · Myles Reville · David Revitt · Jihong Rew · Herve Rey · David Rey Arriba · Mary Elizabeth Reyes · Barbara Reykjlin · Melyssa Reyland · Tyleen Reynders · Thomas Reynen · Barbara Reynolds · Christopher Reynolds · Dale Reynolds · David Reynolds · Deanna Reynolds · Derek Reynolds · Evelyn Reynolds · Kim Reynolds · Lucy Reynolds · Maeve Reynolds · Mark Reynolds · Michael Reynolds · Richard Reynolds · Robert Reynolds · Ruth Reynolds · Stephen Reynolds · Ashraf Rezaei Pour · Habibollah Rezapoor · Ronald Reznick · Michael Rhadigan · Hyeon Jeong Rhee · Alexander Rhein · Jennifer Rhodes · John Rhodes · Kevin Rhodes · Lorrie Rhodes · Matthew Rhodes · Rickie Rhodes · Fay Riback · Sandrine Ribaille · Elizabeth Ribeiro · Luis Ribeiro · Raquel Ribeiro · Shirley Ribout · Frederick Ricard · Jean-Paul Ricard · Pierre Ricard · Sandro Ricci · Frederick Rice · Jason Rice · Howard Rice-Jones · Stuart Rich · Thomas Rich · Cynthia Richard · Frederic Richard · George Richard · Gregory Richard · Karen Richard · Marc Richard · Mylene Richard · Patricia Richard · Catherine Richards · David Richards · Douglas Richards · Helena Richards · Jacqueline Richards · James Richards · Laurie Richards · Rebecca Richards · Roberta Richards · Shaun Richards · Amanda Richardson · Ashley Richardson · Bruce Richardson · Carolyn Richardson · Cole Richardson · Daphne Richardson · Donna Richardson · Edward Richardson · Jonathan Richardson · Karen Richardson · Raymond Richardson · Robert Richardson · Sarah Richardson · Susan Richardson · Trent Richardson · Walter Richardson · Tessa Richert · Sharon Riches · Pierre Richez · Justin Richier · Ladd Richland · Amanda Richmond · Beverley Richmond · Julie Richmond · Sandra Richmond · Marcel Richoz · Daniel Richter · Elizabeth Richter · Heidi Richter · Katrina Richter · Rudolf Richter · Volkmar Richter · Elaine Rickards · Karl Ricker · Andrea Ricketson · Michael Ricketts · Michelle Ricketts · Rodger Rickey · Amedeo Ricottilli · Hunter Riddall · Carol Riddell · Lorna Riddell · Bruce Riddick · Andrea Rideout · Kent Rideout · Michele Rideout · Ashley Ridgway · Gary Ridout · Sherry Ridsdale · Margaret Riecken · Patricia Riecker · David Riedel · Dawn Riedel · Agnes Riediger · Leannah Riefman · Cornelia Riemert · Michael Riesling · Micheal Riesling · Rodney Rieu · Helen Rigby · Erica Rigik · Mark Rigolo · Frieda Rigor · Vlastimil Riha · Matti Rikkinen · Dennis Riley · Lori Riley · Nancy Riley · Pamela Riley · Robert Riley · Emma Rimmer · Thomas Rimmer · Tahlia Rimnyak · Sari Rimpilainen · Antti Rimpilainen · Davide Rinaldo · Richard Rind · Timothy Rindlisbacher · Daniel Ring · Sherry Ringdal · Grant Ringham · Sonja Ringo · Cara Ringrose · Katherine Ringrose-Poole · Robin Ringuette · Joseph Ringwald · Kelly Rintoul · Robert Rintoul · Véronique Riopel · Catherine Riopelle · Miranda Riou-Green · Dany Rioux · Jonathan Ripley · Shirley Ripley · Aaron Rippin · Ann Rippon · Ivan Rischmiller · Heather Riseborough · Balgasmei Rissma · John Rissling · Marianne Rissling · Basil Ristevski · Michael Ristevski · Terry Ritchey · Alexander Ritchie · Archibald Ritchie · Dean Ritchie · Douglas Ritchie · Gerald Ritchie · Michelle Ritchie-Bridgeo · Thomas Ritson · Linda Rittaler · David Rittberg · Denise Rittberg · Raymond Rittinger · Karl Ritzau · Aaron Rivando · Kelsey Rivard · Linda Rive · Brenda Rivera · Roger Rivera · Shirley Rivera · Ivonne Rivera Garcia · Emilio Rivero · Carl Rivest · Louis Rivest · Audray Rivet · Marc Rivet · Victoria Rivet · Angelique Riviere · Lelia Rix · Magdi Rizkallah · Marc Rizkallah · Elizabeth Rizvi · Maryam Rizvi · Zameer Rizvi · Amina Rizwan · Vicky Rizzardo · Catherine Roach · Richard Roach · Rachelle Roache · Gabriela Robarts · Scott Robarts · Alan Robb · Amy Robb · Christopher Robb · Daniel Robb · Gail Robb · Kathleen Robb · Wendy Robb · Franco Robbiani · Janet Robbins · Nelda Robbins · Norman Robbins · Samuel Robbins · Sarah Robbins · Toni Robbins · Nancy Robblee · Audrey Roberge · Dale Roberge · Dennis Roberge · Jean-Pierre Roberge · Sophy Roberge Lincourt · Gary Roberson · James Roberson · April Robert · Julie Robert · Sophie Robert-Arsenault · Ashley Roberts · Barbara Roberts · Christopher Roberts · Cindy Roberts · David Roberts · David Roberts · Deborah Roberts · Gareth Roberts · Gordon Roberts · Gregory Roberts · John Roberts · Julie Roberts · Kelson Roberts · Marnelle Roberts · Melissa Roberts · Patricia Roberts · Rita Roberts · Sara Roberts · Sharon Roberts · Shelagh Roberts · Adam Robertson · Alexander Robertson · Brodan Robertson · Carole Robertson · Daniel Robertson · Dawna Robertson · Douglas Robertson · Fraser Robertson · George Robertson · Ian Robertson · KaY Robertson · Lawrence Robertson · Leta Robertson · Lindsay Robertson · Lois Robertson · Lynn Robertson · Marjorie Robertson · Patricia Robertson · Peggy Robertson · Peter Robertson · Shirley Robertson · Susan Robertson · Tamryn Robertson · Natasha Robillard · Michelle Robindell · Alicia Robins · Mark Robins · Amber Robinson · Amelia Robinson · Anita Robinson · Anthony Robinson · Anthony Robinson · Ashley Robinson · Brandon Robinson · Carlie Robinson · Carol-Ann Robinson · Carol Robinson · Carolyn Robinson · David Robinson · Donald Robinson · Douglas RoBinson · Eileen Robinson · Elaine Robinson · Erin Robinson · Frances Robinson · George Robinson · George Robinson · Jason Robinson · Jeffrey Robinson · John Robinson · Julie Robinson · Kate Robinson · Kaye Robinson · Kenneth Robinson · Michael Robinson · Michael Robinson · Nicola Robinson · Peter Robinson · Rosanna Robinson · Ross Robinson · Ryan Robinson · Sarah Robinson · Soren Robinson · Susan Robinson · Wendy Robinson · William Robinson · William Robinson · William Robinson · Brian Robison · Amanda Robitaille · AnDrew Robitaille · Charles Robitaille · Bernardo Robledo · Ana Robles · Orlando Robles · Ilianne Robredo · Alanna Robson · Merrilee Robson · Michael Robson · Crystal Roche · David Roche · Lauren Roche · Gilles Rochette · Diana Rochon · Allyn Rodden · Catherine Roddie · Erin Roddie-Engstrom · Christian Rode · Nicholas Rodenburg · Elaine Rodenhizer · Ella Rodenkirchen · Bruce Rodger · Edna Rodger · Judith Rodger · Andrew Rodgers · Paul Rodier · Winifred Rodier · Sean Rodrigues · Aurelio Rodriguez · Ryan Rodriguez · Maria Rodriguez Hernandez · Brendan Roehrig · Carl Roepke · Myrtle Roets · Brenda Roger · Boone Rogers · Brenda Rogers · Brenda Rogers · Douglas Rogers · Edward Rogers · Garrison Rogers · John Rogers · Karen Rogers · Karina Rogers · Katelyn Rogers · Katherine Rogers · Kathleen Rogers · Lorelei Rogers · Michael Rogers · Miranda Rogers · Patricia Rogers · Paula Rogers · Robert Rogers · Roy Rogers · Sheila Rogers · Sherry Rogers · William Rogers · James Bruce Rogerson · Christine Rogers-Tongko · Constance Rogiani · Svetlana Rogova · Dirk Rohde · Brian Rohloff · Catherina Rohman · Peter Rohr · Nick Rohrbach · Paul Rohrwasser · Ferenc RoKodi · Branimir Rokvic · Tucker Rolfe · Megan Rolland · Karda Rolland-Berge · Justin Rolleston · John Rollett · Valerie Rollett · Jessica Rolli · Ramona Rollins · Rondon Rollocks · Debbie Rolls · Jerry Rolls · Mark Rolseth · William Rolston · Nicholas Roma · Denise Roman · Satyapriyajeet Romana · Mark Romanish · David Romaniuk · Maxim Romanov · Leonard Romanski · Gloria Romero · Ana Romeo Ramirez · Ronald Romey · Heather Romkema · Carlie Rompre · Eric Romsey · Martha Ronaghan · Peter Ronan · Frédéric Rondeau · Wendy Rondeau · Kevin Rong · Weitao Rong · Tracy Ronmark · Marilyn Ronning · Gwen Ronningen · Daniel Ronsky · Jennifer Ronson · Kelly Ronsyn · Pauli Rontu · Edward Ronyecz · Willemijntje Roodbergen · Gayle Roodman · Shannon Rooke · Janice Rooker · Elisabeth Rooney · Jason Roos · Alison Root · Kevin Root · Marilyn Roothman · David Roper · Kristine Roper · Shannon Roper · Debbie Roque · Raquel Roque · Ann Rorison · Ferdinand Rosales · Talia Rosales · Kristine Rosar · Tamara Rosario · Frederick Rosbrook · Angela Roscoe · Blair Rose · Carolyn Rose · Gregory Rose · Kelsey Rose · Linda Rose · Mark Rose · Marnie Rose · Michael Rose · NIcholas Rose · Nicole Rose · Nora Rose · Trevor Rose · Zara Rose · Oriane Rosedel · John Rosen · Lars Rosen · Nancy Rosen · George Rosenberg · Solomon Rosenberg · Yvonne Rosenberg · Alexander Rosenczweig · Eyal Rosenfeld · Rachel Rosengarten · Shannon Rosenthal · Marine Rosey · Shervin Roshani · Meghan Yvonne Rosner · Raissa Rosowski · Anne Ross · Ashley Ross · Barbara Ross · Bernice Ross · Cameron Ross · Carman Ross · Chad David Ross · Craig Ross · Dana Ross · David Ross · Deborah Ann Ross · Emily Ross · Erica Ross · Gabriel Ross · Gloria Ross · Harold Ross · Heather Ross · HeatHer Ross · Helen Ross · James Ross · Johanna Ross · John Ross · Karen Ross · Khierstyn Ross · Leslie Ross · Mary Ross · Mervyn Ross · Patricia Ross ·

Nathan Thompson · Nicholas Thompson · Nicole Thompson · Patricia Thompson · Peter Thompson · Robert Thompson · Scott Thompson · Shiela Thompson · Stephanie Thompson · Tara Thompson · Thomas Thompson · Wendy Thompson · Glenn Thomsen · Glenn Thomsen · June Thomsen · Bruce Thomson · Christopher Thomson · Cynthia Thomson · David Thomson · David Thomson · Diane Thomson · Erin Thomson · Heather Thomson · Heidemarie Thomson · James Thomson · Jane Thomson · John Thomson · Katrina Thomson · Kyle Thomson · Mary Thomson · Patricia Thomson · Peter Thomson · Quinn Thomson · Robin Thomson · Roy Thomson · Sabina Thomson · Sally Thomson · Samantha Thomson · Sheila Thomson · Simon Thomson · Stephen Thomson · Terrance Thomson · Renee Thong · Kirsten Thorarinson · Kyle Thorau · Tyler Thorau · Anthony Thorburn · Daniel Thorburn · Georgia Thorburn · Kathryn Thorburn · Karl Thoren · Roger Thorimbert · James Thorleifson · Robie Thorn · Sarah Thorn · Ronald Thornberry · Kevin Thorne · Richard Thornhill · Alison Thornton · Elizabeth Thornton · Erin Thornton · Kathryn Thornton · Marilyn Thornton · Adrian Thorp · Carolyn Thorp · Dawn Thorp · Merrilla Thorp · Bruce Thorpe · Daniel Thorpe · William Thorpe · Kenneth Thorsen · Teresa Thorsen · Barry Thorson · Denise Thorsteinson · Terry Thorsteinson · Karen Thorstensen · Marc Thorup · Sieghard Thoss · Allan Thrasher · Jerri Thrasher · Lia Threlfall · Brent Thumlert · Barbara Thureau · Jacky Thureau · Harley Thurley · Christine Thurlow · He Tian · Ming Tian · Si Tian · Xiaotian Tian · Elvira Tiani · Sandra Tice · Timothy Tice · Ralph Tichler · Michael Tickell · Wayne Tickell · Lou Ticzon · Gerald Tiede · Georgia Tiedemann · Lori Tiefenbach · Aileen Tien · Laura Tierney · Lorraine Tierney · Mark Tierney · Morgan Tierney · Sarah Tierney · Gillian Tiffin · Karin Tigert · Ann Tighe · MelAnie Tighe · Nicholas Tighe · Ted Tilbury · Christopher Tiley · Theron Tilgner · Karin Tiller · Ingunn Tilleraas · John Tilley · Lawrence Tilley · Nicole Tilley · Sigrid Tilley · Trenor Tilley · Christine Tilton · Paul Timko · Larry Timlick · Richard Timm · Donna Timmins · James Timms · James Timms · Marcus Timms · Doru Timofte · Brittney Timperley · Siu Man Tin · Wai Ting Tin · Rosanne Tinckler · Keith Tindle · Ing Ting · Jeffrey Ting · Miguel Ting · William Ting · Lisa Tinga · Liana Tinker · Daryce Tinkess · John Tisdale · Andrew Tishenko · Stanley Tisshaw · Jordan Titchener · Michael Titchener · Dragomir Titei · Colin Titsworth · Hardy Titz · Anne Tize · Alvin Tjong · Marianne Tjarnhom · Stephen Tjostheim · Binardy Tjuatja · Nataliya Tkachuk · Hai Shiang Tng · Alice To · Anthony To · Daniel To · Michelle To · Ryan To · Yolanda To · Yuen Ching To · Karin Tober · Elizabeth Tobias · Lydia Tobin · Shannon Tobin · Daphne Tobler · Heidi Tobler · Karen Tocheniuk · Kalina Tocheva · Richard Tod · Jessica Todd · John Todd · Martha Todd · Stephanie Todd · Vincent Todd · Katharine Todd Millar · Candice Todesco · Petra Tode-woods · Darlo Todorovic · Claudia Toepfer · Cornelius Toews · Geoffrey Toews · Linda Toews · Rosa Toews · Brianna Tofin · Marian Toft · Ghazal Tohidi · Charron Toivo · Deborah Tokarczuk · Ivan Tokarev · Katarzyna Tokarska · Jo-Anne Tokaryk · Tony Tokaryk · Wayne Toker · Nikola Tokic · Dee Tolley · Julianne Tolliday · Deborah Tolman · David Tolnai · Julie Toltesi · Jana Rae Tom · Lori Tom · Steven Tom · Kazue Toma · Hazel Tomaiolo · Cheryl Tomalty · Paulo Tomas · Kylen Tombs · Oleg Tomchenko · Sydney Tomchenko · Susanne Tomio · Darren Tomlin · Bryan Tomlinson · Sarah-jane Tomlinson · Tara Tomlinson · Leanne Tompkins · Tara Tompkins · Thy Nu Mai Ton · Tomislav Toncic · Jean-Philippe Tondreau · Bradley Tones · Alfred Tong · Benjamin Tong · Calvin Tong · Dorcas Tong · Emily Tong · Eric Tong · Jason Tong · Johnny Tong · Karman Tong · Michelle Tong · Steven Tong · Tiffany Tong · Vicky Tong · William Tong · James Tonn · Matthew Tonner · Jens Toonen · Matthew Toonen · Kalwinderjit Toor · Mamta Toor · Kalwinderjit Toor · Satwinder Toor · Simret Toor · Leela Toppee · Deminica Toporowski · Edward Toporowski · Sally Toporowski · Anne Topping · Robert Topping · Maynk Toprani · Alla Torchinova · Nicholas Toren · Allen Toreson · Shawn Toreson · Taryn Torgerson · Linda Toriel · Maria Torillo · Catherine Torjek · Hector Tornell Martinez · Attila Torok · Csaba Torok · Susan Torr · Herbert Torrance · John Torrance · Mariamita Torre · Tracy Torrell · Diana Torres · Aaron Torres · Reynaldo Torres · Ricardo Torres · Attile Torres Andino · Sergio Torres Guillen · Michelle Torrestan · Davide Tortora · Francesca Tortorella · Jaakko Tossavainen · Gloria Toteda · Scott Toth · Vickie Toth · Tereza Tóthová · France Touchette · Maryam Toudeh Kharman · Jane Tough · Vincent Tourangeau · Mary Tourlas · Brenda Tournier · Lukas Tousek · Katherine Tousignant · Patsy Toussaint · Coert Touwslager · Pierre Touzel · Jeff Tovey · Helen Towe · Ruth Towers · Anita Towle · Hugh Town · Robert Towne · Sheri Towne · Matthew Towned · Michael Towner · Anne Townley · Shirley Townley-Smith · Dorothy Townrow · John Townsend · Kelly Townsend · Matthew Townsend · Mark Townsend · Robert James Townsend · Beverley Toy · Irene Toy · Mary Toye · Yukiyo Toyoda · Carol Tracey · Lorraine Tracey · Darren Trach · Lisa Traczynski · Catherine Traer · Kenneth Trafananko · Nester Trafananko · Lucia Traini · Bonnie Tran · Cassandra Tran · Dan-Thanh Tran · Hoa Tran · Jean Tran · Kim Tran · Rina Tran · Stephen Tran · Thomas Tran · Tinh Tran · Tuan Tran · Michael Tranmer · Barbara Trant · Bruce E. Trapp · Paul Trapp · John Trask · Michael Trasolini · Barbara Traversy · Trevor Travis · Andrew Traviss · Jaime Traynor · Patricia Treacher · Janine Treader · Rachael Treadgold · Heather Tredway · Marilyn Tregear · Benjamin Tregillus · Gerardo Trejo · Libna Trejo Peimbert · Brian Treliving · William Treloar · Sheenagh Trembath · Caroline Tremblay · Dana Tremblay · David Tremblay · Denis Tremblay · Eric Tremblay · Jon Tremblay · Joshua Trembley · Michael Tremel · Hartmut Tremmel · Christopher Trenholme · Joshua Trenk · Robert Trenkel · Eveline Trepanier · Lyn Tretiak · Ashley Trevisani · Cassandra Trevisani · Christopher Trieu · Catherine Trigg · Cheryl Triggs · William Triggs · Michael Trimble · Molly Trimble · Stephanie Trimble · Minh Trinh · Maria Trinidad · Matthew Tripepi · Cynthia Tripp · Edward Trippel · Michael Trites · Vatsi Trivedi · David Trofimenkoff · James Trofimuk · Lana Trojan · Brian Trojanoski · Elizabeth Trojanoski · Patricia Trott · Casilda Trotter · Lael Trotter · Brigitte Trottier · Guy Trottier · Melissa Trottier · Ksenia Trouchliakova · James Troughton · Courtney Trowbridge · Allan Truant · Brandy Trudeau · Gilles Trudeau · Leah Trudeau · William Trudeau · Jason Trudell · Natasha Truhar-Pejnovic · Sherry Trumbull · Chris Trumpy · Andy Truong · Anita Truong · Annie Truong · Tanya Truong · Vi Truong · George Trusler · Ami Truss · Adrien Truwant · Shawn Tryon · Aleksander Trzebski · Ramona Trzopek-Gemmell · Roy Tsagris · Jocelyn Tsai · Ting-Hsuan Tsai · Yu-Chan Tsai · Madina Tsalikova · Bonnie Tsang · Carmen Tsang · Chi Hung Tsang · Francoise Tsang · Jane Tsang · Jason Tsang · Justin Tsang · Karen Tsang · Laura Tsang · Monica Tsang · Phoebe Tsang · Siu Man Tsang · Tony Tsang · Tsz Lam Evon Tsang · Alexander Tsao · Stephan Tschan · Ingo Tschiersch · Andy Tse · Cheung Tse · Darren Tse · Elaine Tse · Esther Tse · Ka Lam Tse · Karmen Tse · Lynette Tse · Sheldon Tse · Sin Man Tse · Wendy Tse · Wing Hat Tse · Yu-Ying Tse · Leung Tseng · Mie Tso · Sunny Tso · Christine Tsotsos · Yuzo Tsuboi · Chi-Kwong Tsui · Christopher Tsui · Irene Tsui · Mona Tsui · Ricky Tsui · Wendy Tsui · Makoto Tsukishima · William Tu · William Tu · Wilson Tu · Hui Lin Tuan · Nita Tuan · Bet Tuason · Mayfelyn Tuason · Ruth Tubbesing · Roberto Tuccori · Deborah Tucker · Jack Tucker · John Tucker · Teresa Tucker · Thomas Tucker · Anda Tudor · Natasha Tuerlings · Anja Tuertscher · James Tufford · Devon Tufts · Manish Tugnait · Clarence Tuin · Krista Tulloch · Tamara Tulloch · Esther Tully · Rajkeshwar Tulsie · Martin Tuma · Christopher James Tune · Andrea Tung · Sarah Tung · Shun Tung · Hussam Tungekar · Alex Tunner · David Tunnicliffe · Barbara Tuomisto · Colleen Tupper · Jacqueline Tupper · Rolf Turatus · Tiffany Turchak · Cindy Turchanski · Jean-Pierre Turcotte · Mireille Turcotte · Yves Laurent Turcotte · Kira Turkenburg · Alice Turkenburg · Rod Turkington · Kaur Turmaine · Lesia Turnbull · Celia Turnbull · Daniel Turnbull · Ruth Turnbull · Adele Turner · Alexandra Turner · Carmen Turner · Carol Turner · Charles Turner · Charlotte Turner · Corrie Turner · Dian Turner · Douglas Turner · Elizabeth Turner · Ian Turner · John Turner · John Turner · Jonathan Turner · Julia Turner · Kaia Turner · Katelyn Turner · Kelli Turner · Kenneth Turner · Larry Turner · Lindsay Turner · Loleeta Turner · Neil Turner · Patricia Turner · Paul Turner · Robert Turner · Ronald Turner · Roy Turner · Simon Turner · Tracy Turner · Wanda Turner · William Turner · William Turner · Steven Turpin · Christopher Turra · Sheila Turris · Vicky Turris · Anne Turski · Nicoleta Turtureanu · Tina Turu · Eneken Tusar · Ernest Tuscher · Paul Tutsch · Meredith Twales · Timothy Tweedy · Tangerine Twiss · Donald Twohey · Anthony Twort · Jackie Tyler · Susan Tyler · Maureen Tyman · Wendy Tynan · Dorothy Tyndall · Julia Tyniol · Victoria Tysdal · Shelley Tysoe · Sean Tyson · Valentina Tyutyunik · Boris Tyzuk · Rachel Tze · Andrew Tzembelicos · Wai Chi U · Timothy Ubial · Tomoko Uchida · Matt Uchimaru · Derek Udenberg · Ikuyo Ueda · Maino Uehara · Flavio Uemura · Mayumi Ueno · Minako Ueno · Amelia Ufford · Eva Ugarelli · Ruben Ugarte · Donald Ugolini · Michael Ugwu · Heinrich Matthias Uhlenbruck · Stanislav Ukhanov · Sergey Ukolov · Jennifer Ullman · Elaine Ullrich · Linda Ullrich · Jodie Ulmanis · Sandijs Ulmanis · Graham Underhill · Heather Underwood · Tracy-Ann Underwood · Esther Ung · Elizabeth Unger · Jeffrey Unger · Erik Unruh · Marsha Unheim · Arthur Unrath · Sara Unrau · Mina Unworth · Amandeep Uppal · Jasdip Uppal · Karmveer Uppal · Parvinder Uppal · Sandip Uppal · Surjit Uppal · Shawn Upson · Debra Upton · Jack Upton · Willimderjit Upton · Bjorn Ure · Julie Urech · Elira Urazova · Elizabeth Urban · Dmitriy Urbanchik · Stefanie Urbaneck · Emmanuel Urbina · Kevin Urekar · Sherry Uribe · Dusanka Urosevic · Jonathan Urpens · Scott Urquhart · Alvin Ursic · Hartwig Urschitz · Jeanette Ursich · Joanne Ursuliak · Kenneth Ursuliak · Paul Usher · Charlotte Uskoski · Nathan Uskoski · August Ustare · Stephanie Ustina · Alexey Ustyugov · Nathan Uthoff · Craig Utian · Shuhei Uto · Antero Uunila · Cheryl Uunila · Aino Uus · Beverly Uy · Alain Vachon · Andre Vachon · Danielle Vachon · Johanne Vachon · Josée Vachon · Gerasimos Vagelatos · Julia Vagelatos · Karen Vagelatos · David Vagramov · Anna Vagramova · Evangelos Vahlas · Gurjit Vahniwal · Kuldip Vaid · Colleen Vaillancourt · Michelle Vaillant · Kyla Vainio · Tarja Vaisanen · Virginia Vaithilingam · Christopher Vajda · Stephen Vajda · Pasquale Valana · Jan Valaska · Peter Valbonesi · Johncris Valdez · Dmitriy Valdovich · Stefanie Valencia · Nilo Valdez Pena · Jesualdo Valencia · Keith Valentine · Ehsan Vali · Meritxell Valmaseca · Paulina Valledor · Bruno Vallelunga · Maria Vallelunga · Réal Vallières · Amina Valli-Hasham · Sonya Vallis · Julie Vallon · Michel Valois · Wanda Valouche · Ivo Valov · John Vamplew · Colleen Van Aggelen · Katie Van Alstine · Sandra Van Ass · Scott Van Barneveld · Gerard Van Beek · Marinus Van Beek · Binny Van Bergen · Kristin Van Beuningen · Dick Van Beusekom · Greg Van Boven · Kim Van Bruggen · Mary Van Buren · Virginia Van Camp · Albert Van Citters · Penelope Van Citters · Frederic Vaillancourt · Frederic Valdelaurier · Michelle Van De Velde · Wilhelmus VaN De Veen · Wilhelmus VaN De Veen · Dianne VaN De Ven · Louis Van De Ven · Morag Van Tol · Cornelis Van Trigt · Stephanie Van Veen · Valerie Van Veen · Jasper Van Voorst Vader · Judy Van Way · Anita Van Der Heyden · Pieter Van Der Land · Margaretha Van Der Leeuw · Hendrik Van Der Loos · Judy Van Der Male · Jamila Van Der Putten · Patrick Van Der Rijr · Jane Van Der Star · Todd Van Der Star · Patrick Van Der Walde · Regina Van Der Werf · Terri-Anne Van Der Zalm · Willem Van Doorninck · Charlene Van Dyk · Michael Van Egmond · Marc Van Es · Joe Mary Van Every · Ted Van Geest · William Van Gilder · Geraldine Van Gyn · Eleni Van Hemert · Annerieke Van Hoek · Valerie Van Horn-Cotey · Judy Van Houten · Ruth Van Huizen · Samuel Van Irsel · David Van Klaveren · Douglas Van Kleek · Aukje Van Kuiken · Patricia Van Kuyk · Judy Van Leeuwen · Marilyn Van Leusden · Peter Van Leusden · Marijkeanne Van Nieuwenhuyse · Leonie Van Oene · Johanna Van Oosten · Lauren Van Oosten · Abraham Van Reeuwyk · Carol-Ann Van Reeuwyk · Gabriella Van Rij · Edward Van Ruijven · Annemarie Van Ryk · Erin Van Schaayk · Wendaline Van Schaik · Steven Van Schubert · Elayne Van Snellenburg · Yvonne Van Soldt · John Van Tol · Morag Van Tol · Cornelis Van Trigt · Stephanie Van Veen · Valerie Van Veen · Jasper Van Voorst Vader · Judy Van Way · Jack Van Wijk · Serge Van Winden · Jeff Van Winkle · Traci Van Winkle · Stanislaus Van Woerkens · Emmarenthia Van wyk · Gwendolyn Vanderheyde · Thomas Vanderhoek · James Vanderhook · Sandra Vanderkooy · Carl Vanderkuip · Kristin Vanderkulp · Nathanael Vanderkulp · Craig Vandermaren · Albert Vandermeer · James Vanderveen · Michael Vandervelden · Richard Vandervelden · Mary Vanderwerf · Chelsea Vanderwerff · Janelle Vanderwerff · Martina Vanderwoude · Lindsay Vandesteeg · James Vandevenne · Jessica Vanditmars · Gerrie Vanduyn · Heiko Vaneijnsbergen · Uta Vaneijnsbergen · Laura Vangenne · Timothy Vanhemert · Hyacinthia Vanhoof Barthel · Gysele Vanhoogstraten-Mclauchlin · Line Vanier · Catherine Vanloo · Cristina Vanloo · Sydney Vanloon · Gary Vannerus · Melissa Vannerus · K Vansen · Nicholas Vansnick · David Vanstone · Gregory Vanstone · Karen Vanstone · Jason Vanzella · Jeffrey Vanzella · Federico Varas · Kenneth Varas Weitzel · Lynn Varcoe · Raimo Vare · Terra Vargas · Lawrence Varga · Felipe Vargas De Oliveira · Johnson Varghes · Jeremy Varlow · Debbi Varner · Sarbjeet Vartia · Elizabeth Varner · Tatiana Varty · Borbála Vasaii · Jason Vasilash · Vlad Vasilescu · Dana Vassiliauskaite · Margarita Vasquez · Angelika Vassilieva · Carla Vassilopoulos · Troy Vassos · Garry Vath · Amanda Vaughan · Andrew Vaughan · Graham Vaughan · Laura Vaughan · Nelson Howard Cecil Vaughan · Emilie Vaughan-Jones · Douglas Vaux · Shirley Vaux · Diane Vaykovich · Amanda Vaz · David Veale · Laurent Veaux · Sabrina Vecchies · Craig Veenhof · Michael Veenstra · Sridhar Vegunta · Viera Veidner · Mariana Veiga · Veronique Veilleux · Lawrence Veitch · Mike Veitch · Juan Velasco Villalobos · Katerina Velecky · Steven Velecky · Brandon Velez · Beverley Velix · Majeed Velji · Parvez Velji · Andrea Velijkovic · Adrian Vellinga · Henry Vellner · Laura-Lee Vellner · Travis Velthoven · Jason Veltri · Gary Venables · Jeffrey Venema · Kevin Vennesland · Bettina Venti · Nicole Venton · Kathleen Ventress · David Ventruba · Anita Venugopal · Ronald Veperts · Paula Vera · Yulia Verba · Wendy Verbaas · Gabriela VErdicchio · Elena Verescu · Judith Veresuk · Lawrence Verigin · Jennifer Verakik · Cornelia Verkerk · Frank Verkerk · Paul Verlaan · Jeffrey Verloop · Deepak Verma · Varun Verma · Angelina Vermeer · Geziena Vermeer · Gerald Vermette · Michel Vermilyea · Jane Verner · James Verners · Lesia Verones · Roger Verrall · Alison Verrier · Jan Versporor · Hendrika Verstraten · France Verville · Jennifer Verwegen · Tanya Vesely · Mall Vesik · Ryan Vestal · Dominic Vetro · Conrad Vetsch · Gail Vetter · Nicholas Vettorazzo · Debra Vey-Lourens · Vaughn Viacrusis · Sebastien Viau · Nancy Vibert · Tassandra Vicars · Leanne Vicen · Sharon Vicen · Judith Vicic · Francis Vick · Alexander Vickers · Linda Vickers · Janet Vidovic · Shelley Viehr · Bianka Vinl · Marlene Vienboom · Thomas Viesner · Claudia Viegas · Jessica Vieweg · William Vigars · Amber Viger · Beverley Viger · Etienne Viger · Jean Vigneron · Claire Viktora · Djalma Vilha · Judy Village · Michael Villani · Bernardo Villano · Gilbert Villanueva · Timothy Villanueva · Carrie Villar · Patrick Villarama · Noel Villard · Dean Villares · Celine Villeneuve · Dominique Villeneuve · Eric Villeneuve · Aurore Vincent · Jennifer Vincent · Orin Vincent · Kim Vincent-Lambert · Leigh Vincent-Lambert · Brendon Vining · Bapl Vinnakota · Angelique Vinnedge · Roger Bruce Vinnedge · Barbara Vint · Keith Vint · William Vinten · Hidemori Viola · Niloofa Viran · Navin Virani · Naznin Virani · Robyn Virani · Vincent Virk · Ashlie Visco · Jenna Visram · Kelly Visscher · Suzanna Visscher · Conrad Visser · Tara Visser · Lee Visutski · IneSha Viswakula · Constance Viszlai · Tamara Viszlai · Tamara Vitrikus · Anthony Vitrano · Alanna Vittery · Laura Vittery · Christopher Vlu · Michael Viveiros · Yasintha Vivekanandarajah · Marco Vlviano · Jack C. Vlahovic · Thomas Vlcek · David Vlemmix · Garrett Vliet · Khoa Vo · Minh Vo · Lindsay Vogan · Zeppelin Voghel · Barbara Vogl · Glen Vogl · Claudia Vogt · Mathieu Voignier · Stephanie Vokey · Alexander Volgin · Anna Volgina · Anita Volk · Spencer Volla · Bradley Vollans · Dick Vollet · Todd Vollman · Manfred Vollmer · Mary Vollmer · Carl Volirath · Norbert Volmer · Erica Volodko · Sandro Volpato · Aaron Volpatti · Roman Volpov · Heather Von Bloedau · Curtis Von Cube · Daniel Von Cube · Tilman Von Der Linde · Tilman Von Der Porten · Robert Von Eschen · Nancy Von Euw · Madeline Von Fersen · Genelle Von Geyer · Jennifer Von Geyer · Cindy Von Hagen · Richard Von Hagen · Lori Von Hardenberg · Tracy Von Hanten · Holly Von Meyenfeldt · Dominic Von Riedemann · Sarah Von Riedemann · Christopher Von Schellwitz · Mark Von Schellwitz · Janet Von Siemers · Hans Von Tiesenhausen · Lauren Vonic · Johan Voogd · Jane Voogd-Coldenhoff · Christopher Vorberg · Lloyd Vordenberg · Lyudmyla Voronina · Elise Vos · Christopher Voss · Nicholas Voss · Thomas Voss · Linzi Voth · Wendy Vowles · Bernard Voyer · Eric Voykin · Linda Vozkova · Teresa Vozza · Margaret Vrabel · Leonid Vrajnov · Srdja Vranic · Diana Vrban · Chelsey Vriezen · Kaitlyn Vriezen · Gerben Vrouwe · Elisabeth Vrugteveen · Erik Vu · Francis Vu · Hong Vu · Ngoc Vu · Benoit Vuillermoz · Olga Vysotska · Martin Wachla · Robert Wacker · Dawne Waddell · Mary Waddell · William Waddell · Dennis Waddingham · John Waddington · Heather Wade · Sharon Wade · Stephen Wade · Diane Wadham · Komal Wadhwa · Richard Wadsworth · Fran Waes · Rolf Waffler · Patrizia Wagenhuber · Barbara Wagner · Barry Wagner · Carol Wagner · Cynthia Wagner · Garry Wagner · Jesse Wagner · Rebecca Wagner · Wendy Wakeham · Amber Walbeck · Rhonda Walcarius · Markus Walch · Dave Walcott · Ronald Wagner · Gerald Wahl · Alvin Wai · Calvina Wai · Tibby Wai · Elizabeth Waibel · Sidney Wain · Brian Waines · Cheryl Wainwright · Daniel Wainwright · Edward Wainwright · Bruce Waite · Teressa Waite · Timothy Waite · Jane Wakabayashi Lee · Drew Wake · Leslee Wake · Timothy Wake · Andrew Wakefield · Jaimie Wakeham · Janice Wald · Mark Waldbillig · Patricia Walden · Kenneth Waldhauser · Katherine Waldin · Brianna Waldman · Judith Waldman · Kenneth Waldman · Elizabeth Waldorf · Jesse Waldorf · Maureen Wale · Trevor Wales · Justin Walford · Marc Walford · Rafal Walicki · Karim Walji · Alison Walker · Anika Walker · Ashley Walker · Benjamin Walker · Crista Walker · David Walker · Denise Walker · Elisabeth Walker · Gordon Walker · Holly Walker · Jacqueline Walker · Jenny Walker · Kara Walker · Katherine Walker · Kevin Walker · Linda Walker · Magee Walker · Malgorzata Walker · Marilyn Walker · Michael Walker · Pauline Walker · Paul Walker · Pierrette Walker · Richard Walker · Richard Walker · Sandra Walker · Sarah Walker · Sheila E. Walker · Susan Walker · Terry Walker · Thomas Walker · Wayne Walker · William Walker · Barbara Walkowiak · Christopher Walks · Andrea Wall · Candace Wall · David Wall · Jennifer Wall · Kenneth Wall · Marlene Wall · Murray Wall · Randolph Wall · Scott Wall · Stephanie Wall · Clyde Wallace · David Wallace · David Wallace · Dorothy Wallace · Jacqueline Wallace · James Wallace · Karen Wallace · Roberta Wallace · Robert Wallace · Sammy Wallace · Wayne Wallace · Edward Wallbridge · Laura Wallbridge · Julia Wall-Clarke · Danielle Waller · Sharon Walker · Beverly Walley · Rahim Walli · Davis Wallington · Dustin Wallington · Gordon Wallington · James Wallis · Kemmie Wallis · Michelle Wallman · Burton Walls · Jeffrey Walls · Lisa Walls · TanYa Walls · Kurj Wallsten · Andrea Walo · Lorne Walper · Markus Walser · Adam Walsh · Anna Walsh · Anya Walsh · Janice Walsh · Jeremy Walsh · Kenneth Waldhauser · Marc Walter · Braden Walter · Diane Walter · Michael Walter · Simon Walter · Linda Walterhouse · David Walters · Guy Walters · Lyle Walters · Lynn Walters · Maureen Walters · Suzanne Walters · Leah Walton · Roger Walton · Shelley Walushka · Jessica Wampler · Gregory Wamsley · Chun wan Edwin wan · Hong-Yin wan · Kenneth Wan · Rebecca C.L. Wan · Rita Wan · Timothy Wan · Wilson Wan · Dagmar Wandinger · Bei Wang · Betty Wang · Betty Wang · Ce Wang · Chaoyang Wang · Chen Wang · Emyo Wang · Feiyue Wang · Fei-Yun Wang · Guojian Wang · Hao Wang · Harrison Wang · Hsiau Wang · Huijing Wang · Ingrid Wang · Jiaojiao Wang · Jing Wang · Jing Wang · Jin Wang · John Wang · Judy Wang · Kai Wang · Ke Wang · Lei Wang · Nellie Wang · Pei-Hsuan Wang · Pei Wang · Qian Wang · Qiao Wang · Ray Wang · Robert Wang · Shasha Wang · Shu Yu Wang · Shuai Wang · Szu Yu Wang · Tai Wang · Thomas Wang · Wei Wang · Wen-Kai Wang · XiaoDD Wang · Xiaoxue Wang · Xiaoyi Wang · Xiaozhou Wang · Xinyi Wang · Xue Jun Wang · Yang Wang · Yao Wang · Yiqun Wang · Zheng Wang · Zizheng Wang · Yun Wang · Chang Wang · Karen Wanger · Manzoor Wani · Juanita Wannamaker · Evan Wansbrough · Misha Warbanski · Kevin Warburton · Andrea Ward · Burton Ward · Diane Ward · Ian Ward · Jessica Ward · Jessica Ward · Kenneth Ward · Perry Ward · Ruth Ward · Savannah Ward · Thomas Ward · Valerie Ward · Whitney Ward · John Ward · Bruce Ward · Jeffrey Warden · Zachary Warder-Gabaldon · Angel Wardle · Debra Wardle · Sandra Wardley · Sarah Ward-Macks · Karl Wardrop · Lanny Wardrop · James Wardrop · William Waring · Anthony Wark · Lucinda Warke · Haley Warkentin · Jeffrey Warkentin · Kyle Warkentin · Henry Warkentyne · Daniel Warman · Christopher Warner · Holly Warner · James Warner · Landis Warner · Nancy Warner · Nancy Warner · Robert Warner · Kellie Warnock · Melanie Warnock · Dorothy Warren · Frances Jane Warren · Irene Warren · Jason Warren · Jeffrey Warren · Rebecca Warren · Stewart Warren · Wanda Warren · Ann Warrender · Richard Warrington · Guy Warwick · Heather Warwick · Leah Warwick · Margaret Warwick · Michelle Warwick · Neil Warwick · Emily Warzonek · Daria Washburn · Janice Wasik · Wayne Wasilewsky · Saman Wasim · Sara Wasiuta · Denise Wasko · Christopher Wasney · Tara Wasney · Wiff Wassersleben · Megan Wastle · Valerie Wasyik · Yoichiro Watanabe · Fay Waterberg · Marinus Waterberg · Madeleine Waters · Michael Waters · Robert Waters · Catherine Watkins · Tammy Watkins · Alistair Watkiss · Ardith Watson · Brian Watson · Carolyn Watson · Chad Watson · Elaine Watson · James Watson · Karen Watson · Kerry Watson · Lindsay Watson · Lisa Mari Watson · Louise Watson · Mandy Watson · Michael Watson · Nicholas Watson · Norman Watson · Rhonda Watson · Ronald Watson · Sarah Watson · Stephen Watson · Andrew Watt · Brian Watt · Dennis Watt · Eloise Watt · Margaret Watt · Scott Watt · Gillian Watt · Jeffrey Watt · Ruth Watt · Pamela Wattamaniuk · Ronald Watteyne · Anne Watts · Christopher Watts · Deborah Watts · Glenn Watts · Heather Watts · Linda Watts · Margaret Watts · Rebecca Watts · Ty Watts · Janice Waud Loper · James Waugh · KareN Waugh · Melanie Wawryk · Ali Wazir · Darlene Wdowiak · Andrea Weagant · Andrew Weale · Lise Wearing · Lori Weatherby · Scott Weatherhead · Sally Weatherley · Joan Weaver · Brian Webb · Chris Webb · Darcy Webb · David Webb · Geoffrey Webb · Jonathan Webb · Julie Webb · Lee Webb · Margaret Webb · Matthew Webb · Patrick Webb · Rachele Webb · Rosemary Webb · Rozemary Webb · Valerie Webb · Vanessa Webb · Velma Webb · Victoria Webb · Brian Webber · Dave Webber · Diane Webber · Gail Weber · Gregory Weber · Jane Weber · Kristopher Weber · Lance Weber · Melanie Weber · Russel Weber · Ryan Weber · Shannon Weber · Katharina Weber-Steinhaus · Duncan Webster · John Webster · Kathleen Webster · Leigh-Anne Webster · Peter Webster · Stephanie Webster · Karen Wedding · Evelyn Wedel · Tyler Weed · Robyn Weedmark · Danny Weeds · Elizabeth (Lail) Weeks · Gregory Weel · William Weese · Ronald Weever · Caren Wegman · Andrew Wehner · Pascal Wehr · Hang Wei · Siqi Wei · Terry Wei · Tung-Hsu Wei · Xiaoxi Wei · Richard Weibelzahl · Yvonne Weichhart · Jim Weicker · Christiane Weideli · Wilma Weidenhammer · Erik Weidmann · Susan Weinreich · Jason Weinreich · Wilfred Weinstein · Chad Weir · Natalie Weir · Nicole Weir · Thomas Weir · Paul Welrich · Lubica Weisenpacherova · Rachel Weismiller · Neil Weisser · Andreas Weiss · Carolyn Weiss · George Weiss · Justin Ballard Weiss · Rick Weiss · Suzanne Weiss · Sandra Weissbart · Leigh Weitzel · Paul Welch · Susan Welch · Carmen Weld · Deborah Welder · David Weldon · AnthOny Weller · Douglas Earle Wellman · Hartmut Wellmeier · Alana Wells · Brent Wells · David Wells · Jonathan Wells · Karen Wells · Maurice Wells · Nancy Wells · Peter Wells · Tyler Wells · Vicky Wells · Jiaqi Wen · Claudia Wendel · Silvia Wendel · Jurgen Wendeler · Sarah Wendeler · Beate Wenham · Wesley Wenhardt · Carly Wenner · Gerald Wenschlag · Peter Wenzek · Gerhart Wenzlaff · Nicole Wereschuk · Ryan Werk · Kathryn Werner · Stephanie Werner · Jaroslaw Werneski · Andrea Wesley · Virginia Wesley · Linda Wesley Hoem · Tara Wesner · Daryl West · Gail West · Janice West · Jeffrey West · Kenneth West · Lena West · Mark West · Michael West · Ona West · Peter West · Richard West · Susan West · Vogan West · Christina Westcott · Rae Westcott · Margaretha (Greta) Westergaard · Trudy Westermark · Darcie Westervelt · Hugh Westheuser · Claire Westlake · Andrew Weston · Donna Weston · Joseph Weston · Laura Weston · Ron Weston · Suzanne Westrop · Tisha Westwood · Evelyn Westwood-Smith · Kerry Wetherell · Susan Wetmore · Joan Weyler · Donalda Whaites · Peter Whaites · James Whaley · Kimberley Whaley · Steven Whaley · Gregory Wharram · Benjamin Wharton · Ian Wharton · Karl Whatham · Anna Wheatley · Carol Wheatley · Claire Wheeler · Jonathan Wheeler · Kerri Wheeler · Kevin Wheeler · Kimberly Wheeler · Kristina Wheeler · Robert Wheeler · Suzanne Wheeler · Ai Whelan · Anthony Whelan · Blair Whelan · Kenneth Wheler · Lisa WhilLans · Jean Whitaker · Andy Whitbread · Adrian White · Allan White · Allan White · Ashleigh White · Beverly White · Daniel White · David White · Elizabeth White · Gary White · Gregory White · Jaime White · James White · Janet White · Janice White · Kristy White · Lawrence White · Lois White · Lorraine White · Mallory White · Margarete White · Margaret White · Mark White · Megan White · Nicole White · Norman White · Patricia White · Robert White · Rodger White · Sophia White · Stephanie White · Theodore White · Tina White · Tracey White · William White · Craig Whiteford · Daniel Whitehead · Paul Whitehouse · Glen Whiteley · Mary Whiteley · Hugh Whitestone · Erik Whiteway · Ryan Whiteway · Paul Whitford · Sheila Whitham · Peter Whiting · Yvonne Whiting · Jessica Whitley · Ian Whitlock · Carleigh Whitman · Cheryl Whitman · Clayton Whitman · John Whitman · Roderick Whitman · John Whitmore · Lyle Whitmore · Alan Whitney · Charlotte Whitney · Irene Whitney · Gerald Whittaker · Valerie Whittaker · Melanie Whittall · David Whittier · Bill Whittle · Stephen Whitton · Julia Whitwell · Emily Whynot · Emma-Lee Whyte · Justin Whyte · Maria Celeste Wiberg · Ola Wiberg · Talita Wibmer · Shelly Wick · Crystal Wickey · Allyson Wickham · Gary Wickham · Keith Wickham · Sara Wickstrom · Laura Wickware · Sandra Widas · Naoko Widman · Rene Widmer · Douglas Wiebe · Jennie Wiebe · Tina Wiebe · Victor Wiebe · Julia Wiedau · Susan Wielesko · Derek Wiens · Ed Wiens · Helen Wiens · Susan Wilcox · Naomi Wiens · Richard Wiens · Wendy Wier · Linda Wiersma · Ricky Wierzbicki · Sharman Wieser · Cheryl Wiess · Amonn Wiezoreck · Gary Wigglns · Kristie-Lyn Wightman · Margaret Wigle · Dorothy Wignall · Alexander Wihak · Alvin Wijaya · Jessica Wike · Dorothy Wikkerink · Engelinus Wikkerink · Selig Wilansky · Monique Wilberg · David Wilburn · Roswitha Wilby · Wendy Wilcox · Stuart Wild · Michaela Wildacher · Krysta Wilde · Vanessa Wilde · Christianna Wilder · Patricia Wilder · Christine Wilding · Terence Wildung · Wilfred Wilhelm · Kathleen Wilhelm · Jessica Wilkan · Jeremy Wilks · Beverley Willard · Dax Willard · Heather Willard · Jonathan Willard · Keith Willard · Kimberly Willey · Lorraine Willgress · Adam Willhoeft · Michael Willhoeft · Tyler Willhoeft · Aaron Williams · Abigail Williams · Andrew Wilkinson · Barry Wilkinson · Larry Wilkinson · Michael Wilkinson · Patricia Wilkinson · Simon Wilkinson · Stephen Wilkinson · Jeremy Wilks · Leonard Williams · Mark Williams · Dawn Williams · Douglas Williams · Edward Williams · Emma Williams · Janice Williams · John Williams · Jordan Williams · Joseph Williams · Lauren Williams · Laurie Williams · Leonard Williams · Mark Williams · Mary Williams · Matthew Williams · Megan Williams · Melodie Williams · Pamela Michele Williams · Raymond Williams · Ronald Williams · Samuel Williams · Sean Williams · Shelley Williams · Sherry Williams · Solweig Williams · Stephen Williams · Stephen Williams · Tammara Williams · Thomas Williams · Trevor Williams · Veronica Williams · Zephaniah Williams · Stephen Williams-Gosnell · Desiree Williams-Middelmann · David Williamson · Jacki Williamson · Jason Williamson · Kristal Williamson · Michelle Williamson · Sheryl Williamson · Janice Williams · John Williams · Jordan Williams · Joseph Williams · Lauren Williams · Laurie Williams · Leonard Williams · David Williams · Dawn Williams · Douglas Williams · Edward Williams · Emma Williams · Stephen Williamson · Nicholas Williams-Walshe · Paul Willing · Corey Willis · Denise Willis · Gillian Willis · Mitchell Willis · Morgana Willis · Sheri Willis · Sheri Willis · Keely Willmett · Jeffrey Willmetts · Sharon Willmott · Bernice Willoughby · Donald Willoughby · Maeve Willoughby · Allan Willis · Brenda Willms · Phillip Willmen · Jeffrey Willms · Lauren Willmott · Laurie Willmot · Alison Wilson · Allison Wilson · B. Andrus Wilson · Brendan Wilson · Bronwyn Wilson · Carey Wilson · Carla Wilson · Carla Wilson · Diane Wilson · Denise Wilson · Doug Wilson · Edgar Wilson · Edith Wilson · Fiona Wilson · Graham Wilson · Harold Wilson · Heather Wilson · Jeffrey Wilson · Julie Wilson · Katie Wilson · Keith Wilson · Kent Wilson · Kirsten Wilson · Kristy Wilson · Lauren Wilson · Laurie Wilson · Loa Wilson · Luke Wilson · Madeleine Wilson · Marcia Wilson · Mary Wilson · Matthew Wilson · Michele Wilson · Nancy Wilson · Natalie Wilson · Nicole Wilson · Norman Wilson · Patricia Wilson · Paul Wilson · Raymond Wilson · Richard Wilson · Robert (Bob) Wilson · Robert Wilson · Ryan Wilson · Sandra Wilson · Scott Wilson · Sharron Wilson · Shaunandoa Wilson · Stephen Wilson · Steven Wilson · Susan Wilson · Taylor Wilson · Tyler Wilson · Wilhelmine Wilson · Dwenda Wilson-Hutter · Liz Wilton · Shauna Wilton · Jillian Wiltshire · Kristy Wiltshire · Larry Wiltshire · Brolin Wimbles · Maria Wimmer · Tracey Wimperly · Jocelyn Winch · Robert Windsor · Gregory Windsor · Janis Winter · John Winter · Lisa Winter · Maja Winter · Murray Winter · Nelson Winterburn · Alexander Wingert · Thea Wingert · Kristin Wingfield · Eric Winkelaar · Darren Winkelmann · Leah Winkler · Alain Winsor · Janet Winship · Paul Winston · Dr Winn · Gregory Wint · Carl Winter · Charlene Winter · Chris Winter · Colleen Winter · Gregory Winter · Gregory Winter · Janis Winter · John Winter · Lisa Winter · Maja Winter · Murray Winter · Nelson Winterburn · Alexander Wingert · Darrell Winterlik · Donna Winters · Kathleen Winters · Leslie Wirth · Alain Wisboeck · Catherine Wiseman · Frances Wiseman · Mary Wiseman · Rhonda Wiseman · Ceri Wisheart · Justin Wisselink · Norma Witala · Richard Withers · Scott Withers · David Witherspoon · Irena Witkowska · David Witriol · Sharon Witmer · Shay Witmey · Peter Witowich · Jo-Anne Witten · Christopher Witt · Brentford Wadichuk · Gillian Wadichuk · Gerlinde Wober · Lawrence Wobick · Erica Wodzak · Melissa Woehler · Leanne Woelke · Frank Wohlgemuth · Waltraud Wohlgemuth · Stefan Wolta · Tom Wojcik · Tamara Wojdylo · Raymond Wojtas · Leah Woldhuis · Astrid Wolf · Peter Wolf · Phillip Wolf · Stephanie Wolf · Delbert Wolfe · Donna Wolfe · Garry Wolfe · Wesley Wolfert · Alexandra Wolff · Andrew Wolff · Michelle Wolff · Joel Wollenberg · Nathalie Wollschlaeger · Kathryn Wolos · Hannah Woloschuk · Tamara Wolowicz · Morgan Wolowy · Brenda Wom · Ling Won · Kathleen Wonch · Darlene Wonciuk · Wongweewandii · Amy Wong · Andrea Wong · Amy Wong · Andrew Wong · Andy Wong · Angela Wong · Barry Wong · Belinda Wong · Brenda Wong · Brian Wong · Celia Bik Ying Wong · Carol Wong · Catherine Wong · Catyhyl Wong · Chapanan Wong · Chiu Wai Wong · Christopher Wong · Chiu Wong · Claire Wong · Claudia Wong · Clay Wong · Connie WonG · Corey Wong · Cynthia Wong · Daniel Wong · Dennis Wong · Derrick Wong · Devon Wong · Diane Wong · Doris Wong · Eden Wong · Eileen Wong · Elaine Wong · Elim Wong · Ella Wong · Estina Wong · Evelyn Wong · Fay Keng Wong · Fay Wong · Glenn Wong · Gloria Wong · Gordon Wong · Harry Wong · Henry Wong · Hugh Wong · Imelda Wong · Irene Wong · Jacky Wong · Janet Wong · Janice Wong · Jason Wong · Jeffrey Wong · Jimmy Wong · Joseph Wong · Ka Lok Wong · Ka Wai Wong · Karen Wong · Karen Wong · Karjen Wong · Kelsey Wong · Kenneth Wong · Kevin Wong · Kim Sang Wong · Ko Po Wong · Kit Wong · Kok-Han Wong · Krystal Wong · Lai Yan Wong · Lee Man Wong · Lesley Wong · Lilian Wong · Lillian Wong · Louis Wong · Lynne Wong · Man Ka Wong · Marcus Wong · Margaret Wong · Marian Wong · Marie Wong · Mark Wong · Martin Wong · Mary Wong · Mee Sin Wong · Megan Wong · Melvin Wong · Mica Wong · Michael Wong · Michele Wong · Ming Wong · Miranda Wong · Mou-Kin Wong · Nathan Wong · Nicole Wong · Patrick Wong · Peter Wong · Po Kwai Wong · Po Shan Sandy Wong · Preston Wong · Pui Wong · Raymond Wong · Rebecca Wong · Robert Wong · Roger Wong · Ronald Wong · Sam Wong · Sarah Wong · Selena Wong · Shan Shan Wong · Shuet Ting Wong · Stanley Wong · Stephanie Wong · Taki Wong · Tanis Wong · Terry Wong · Theresa Wong · Trevor Wong · Tsz Ming Wong · Tynan Wong · Van Wong · Vern Wong · Victor Wong · Wa Wong · Wallis Wong · Wendy Wong · Wynne Wong · Yat Wong · Yat Wong · Ying Wong · Yiu Fai Wong · Yuk Ting Wong · Yung Yung Wong · Shirley Wong Chong · Glenda Wonnacott · Clement Woo · Marilyn Woo · Mark Woo · Yan-Ting Woo · Adam Wood · Adrian Wood · Andrew Wood · Beverley Wood · Brent Wood · Charles Wood · Christina Wood · Clare Wood · Daniel Wood · Duncan Wood · Emily Wood · Geoffrey Wood · Gerald Wood · Irene Wood · James Wood · John Wood · Karen Wood · Karen Wood · Kevin Wood · Marilyn Wood · Murray Wood · Rosemarie Wood · Sarah Wood · Stephanie Wood · Steven Wood · Susan Wood · Catherine Woodall · William Woodall · Kathryn Woodbury · Jennifer Woodcock · Stewart Woodcock · Thomas Woodcock · Robert James Woodford · Warren Woodford · Kirsten Woodhouse · Hayley Woodhouse · Haley Woodruff · Karen Worth · Lloyd Worth · John Worthen · Eric Worthy · Catherine Wortman · Randy Wosk · Susan Wotherspoon · Lynda Would · Robert Would · Brittany Wouts · Fiona Wozniak · Roberta Wozniak · Carolyn Wray · Constance Wray · Jenna Wray · Robert Wray · Sara Wray · Colleen Wrenn · Alexandra Wright · Aaron Wright · Betty Wright · Blake Wright · Christopher Wright · Mark Woodman · Jessica Wood-Mitchell · Graham Woodruff · Jacqueline Woodruff · Patricia Woodruff · Angela Woods · Beverly-Ann Woods · Catherine Woods · Cody Woods · Diamila Woods · Douglas Woods · Judy Woods · Patrick Woods · Robert Woods · Stanley Woods · Stuart Woods · Candace Woodside · Geraldine Woodward · Jillian Woodward · Jonathan Woodward · Judy Woodward · Scott Woodworth · Collin Woolridge · Jane Woolford · Martin Woolford · Charles Woolfries · Lis Woolley · Valerie Woolsey · Karen Wootton · Valerie Wootton · Owen Worden · Sherry Worden · Adrian Worknck · Haley Workun · Charlotte Worley · Scott Woron · Carol Worsfold · Daniel Worsley · Jessica Worsley · Harriet Worsp · Douglas Wright · Eleanor Wright · Gerald Wright · Graham Wright · Ian Wright · Jennifer Wright · Jessica Wright · John Wright · Karen Wright · Kevin Wright · Louise Wright · Lucille Wright · Melissa Wright · Michael Wright · Nadine Wright · NatAlie Wright · Quinton Wright · Randy Wright · Robyn Wright · Sharon Wright · Terry Wright · Thelma Wright · Timothy Wright · William Wright · Elsie Wrightman · Nicole Wrirz · Craig Wronko · Aaron Wu · Allen Wu · Amanda Wu · Angela Wu · Chia-En Wu · Chin Hsuan Wu · Chin Wu · Di Wen Wu · Edward Wu · Elizabeth Wu · Emily Wu · Emily Wu · Eugene Wu · Gary Wu · Grace Wu · Guojie Wu · Hok Kan Wu · Ho Wu · Hui Chung Wu · I Ching Wu · Jason Wu · Jennifer Wu · Kelvin Wu · Kuan Ting Wu · May Wu · Ming An Wu · Qiming Wu · Qingzhao Wu · Rebecca Wu · Stanley Wu · Tianyang Wu · Ting Wu · Wai Hin Wu · Wan Jo Wu · Yanyan Wu · Yin Wu · Yuan Xia Wu · Zhong Wu · John Wuenscher · Sarah Wuerch · Wendy Wuest · Jiaqi Wen · Claudia Wundt · John Wuytack · Kevin Wutke · Dennis Wyatt · James Wyatt · Cyril Wye · Caroline Wylie · Cindy Xu · Jie Ting Xu · Kun Xu · Xing Xu · Yunqing Xue · Natsuki Xabuku · Tom Yacyshen · Jungeun Yae · Monica Wyllie · Simon Wyngaarden · Timothy Wyndham · Anne Wyness · Denise Wynn · Janet Wynn · Kimberly Wysocki · Melissa Wyville · Brian Xhignesse · Di Xia · Yu Xia · Hanbin Xie · Yifeng Xie · Zhao Guo Xie · Hongyu Xiong · John Xiong · Wyatt · Jennifer Wyatt · Cyril Wye · Caroline Wylie · Cindy Xu · Ji Meng Yang · Li-Chia Yang · Lily Yang · Linda Yang · Peng Yang · Rocky Yang · Shujie Yang · Tina Yang · Wenting Yang · Xiaoli Yang · Xinmin Yang · Yoon Jung Yang · Christine Yanisiw · Kathleen Yanke · Dennis Yano · Dzmitry Yanovich · Baron Yao · Xia Xia Yao · Jialu Yao · Jing Yao · Kailun Ye · Edward Yeadon · Sherryl Yeager · Candice Yeandle · Lee Yeandle · Evelyn Yee · Gloria Yee · Grace Yee · Jennifer Yee · Josh Yee · Julie Yee · Natchita Yee · Simon Yee · Sin-Jen Yee · Yu-Teng Yee · Daisy Ye · Fred Yelich · Moch Yamagata · Yoon Jung Yang · Christine Yanisiw · Kathleen Yanke · Jennifer Yee · Jimmie Yee · Jordan Yee · June Yee · Kam-Sein Yee · Karen Yee · Keith Yee · Max Yee · Priscilla Yee · Sharon Yee · Simon Yee · Weeton Yee · Laura Yee-Lim · Mona Yergeau · Jih Hsiung Yeh · Francis Yehun · Colette Yeldell · Edwin Yen · Hok Wai Yeung · Sabine Yeung · Sarah Yee · Caroline Yeung · Carolyn Yeung · Diana Yeung · Eman Yeung · Eva Yeung · Kenny Yeung · Moses Yeung · Shuk Ting Yeung · Tin Wai Yeung · Victor Yeung · Vivian Yeung · Wai-Yan Yeung · William Yeung · Simon Yew · Yi Sein Yi Yi · Chi-Wei Yick · Anthony Yim · Gu Yim · Tasia Yim · Yiwen Yin · Alex Yip · Angela Yip · Angela Yip · Arlene Yip · Cameron Yip · Jan Yip · Jeannie Yip · Jeffrey Yip · Karen Yip · Linda Yip · Lois Yip · Meiyan Yip · Simon Yip · So Fung Yip · Teresa Yip · Wai Yip · Christine Yiu · Karen Yiu · Wai Man Jessamine Yiu · Alicia Yokogawa · Carol Young · Christine Young · Cindy Young · Crystal Young · Darby Young · David Young · Ella Young · Eric Young · Charles Young · Alan York · Donald York · Linda Yorke · Margaret Yoshida · David Yost · Jiwon You · Rosann Youck · Susan Youle · Rewina Younes · Andrew Young · Austin Young · Brian Young · Carol Young · Christine Young · Cindy Young · Crystal Young · Darby Young · David Young · Daryl Young · Donald Young · Dorothy Young · Edwin Young · Ella Young · Eric Young · Geoffrey Young · Jacob Young · Jennifer Young · Joan Young · John Young · Kate Young · Kevin Young · Kimberley Young · Kyleigh Young · Laura Young · Liam Young · Margaret Young · Marny Young · Megan Young · Nona Young · Norman Young · Patricia Young · Penny Young · Raymond Young · Robert Young · Roy Young · Sarena Young · Sheldon Young · Shelley Young · Susan Young · Tammy Young · Timothy Yu · Vanessa Yu · Vince Yu · Wilbur Yu · William Yu · Yuan Feng Yu · Jingfan Yuan · Ming Yuan · Wei Yuan · Yu Pai Yuan · Zha Yuan · Amelia Yuddin · Joseph Anthony Yudin · Patrick Ywaya · Peter Yzerman · Gregory Zach · Alisha Zacharias · Kyle Zacher · Opal Zack-Tse · Amanda Zada · Marcia Zaganas · Kirill Zaguskiy · Saeid Zabalouum · Alex Zahavich · Rummana Zahid · Hima Zaidi · Zenobia Zaidi · Tracy Zak · Zanaba Zakar · Lesley-Ann Zakoor · Alexander Zalewski · Ruhul Zaman · Zachary Zaza · Janet Zazubek · Nancy Zazubek · Richard Zazubek · Stephen Zbitnew · Christopher Zed · Luis Zegarra · David Zeigler · Sandra Zeiler · Robert Zeilstra · Susan Zeleschuk · Rudy Zellman · William Zellweger · Patrick Zembrzuski · Edmund Zenger · Thomas Zenkison · Erik Zennstrom · Angela Zgud · Ahmad Zian · Zhao Han · Qi Zhan · Bo Zhang · Chenjuan Zhang · Crystal Zhang · Fan Zhang · Feng Zhang · Hailey Zhang · Hua Zhang · Jianfei Zhang · Jian Zhang · Jing Zhang · Jingjing Zhang · Lionel Zhang · Liyang Zhang · Li Zhang · Long Bing Zhang · Mingxing Zhang · Xiaochan Zhang · Xue Qing Zhang · Xu Zhang · Ying Zhang · Yuancheng Zhang · Yu Zhang · Yumeng Zhang · Zefeng Zhang · Zhi Zhang · Zhuan Zhang · Jia Zhao · Qi Zhao · Bin Zhao · Chenqiu Zhao · Crystal Zhao · Wangxing Zhao · Ying Fei Zhao · Olga Zharkova · Chun Yan Zheng · Zhi Zheng · Oxana Zhigareva · Siyu Zhong · Wei Zhou · Yile Zhou · Yuan Zhou · Jacky Zhu · Jiaying Zhu · Li Zhu · Sijia Zhu · Wang Zhu · Xiaoxu Zhu · Matthew Ziehr · Stephen Ziegler · David Zigler · Bradford Zilber · Jackson Zillikens · Kimberly Zill · Katrin Zimmer · Zefeng Zhang · Chu Zhang · Jian Zhao · Qi Zhao · Bin Zhao · Gerald Zimmerman · Jaimie Zimmerman · Janice Zimmerman · Karen Zimmerman · Jens Zimmermann · Uta Zimmermann · Rick Zimoch · Erika Zimprich · Alexandra Zinchenko · Stephanie Zingaro · Kristi Zinkiew · Robert Zinnhelt · Adrian Zissos · Hannah Zitner · John Zitnik · Katharine Zlomislic · Sonny Zlotnik · Marta Zmudzinski · Richard Zollars · Muratcan Zor · Samantha Zorzitto · Sharon Zorman · Bruce Zornow · Frank Zotter · Ruoyu Zou · Tingting Zou · Nicole Zroback · Stephanie Zroback · Carol Zrymiak · Victor Zubacs · Stephen Zubick · Marla Zucht · April Zucker · Manfred Zucker · Heather Zueff · Linda Zugloff · Cristi Zuk · Laetitia Zumbrunnen · Sandra Zumsteg · Damon Zumwalt · Usman Zunnoor · Zhuo Zuo · Nicholas Zupan · Deborah Zurbuchen Jonker · Philip Zweep · Sharon Zorman · Bruce Zornow · Frank Zotter · Ruoyu Zou · Tingting Zou · Nicole Zroback · Stephanie Zroback · Carol Zrymiak · Victor Zubacs · Stephen Zubick · Marla Zucht · April Zucker · Manfred Zucker · Heather Zueff · Linda Zugloff · Cristi Zuk · Laetitia Zumbrunnen · Sandra Zumsteg · Damon Zumwalt · Usman Zunnoor · Zhuo Zuo · Nicholas Zupan · Deborah Zurbuchen Jonker · Philip Zweep

GOVERNMENT PARTNERS PARTENAIRES GOUVERNEMENTAUX

Canada · BRITISH COLUMBIA · CITY OF VANCOUVER · WHISTLER

SPORT PARTNERS PARTENAIRES SPORTIFS

Canadian Paralympic Committee | Comité paralympique canadien

HOST FIRST NATIONS PREMIÈRES NATIONS HÔTES

LIL'WAT · MUSQUEAM · SQUAMISH · TSLEIL-WAUTUTH

VENUE CITIES VILLES SITES

Richmond · CITY OF SURREY · west vancouver

CONTRIBUTING PROVINCES AND TERRITORIES
PROVINCES CONTRIBUTRICES ET TERRITOIRES CONTRIBUTEURS

Alberta · Manitoba · Newfoundland Labrador · Northwest Territories · NOVA SCOTIA · Nunavut

Ontario · Prince Edward Island · Québec · Government of Saskatchewan · YUKON

WORLDWIDE PARTNERS PARTENAIRES MONDIAUX

Coca-Cola · acer · Atos Origin · GE · McDonald's

OMEGA · Panasonic · SAMSUNG · VISA

NATIONAL PARTNERS PARTENAIRES NATIONAUX

Bell · HUDSON'S BAY CO. · RBC · CHEVROLET

PREMIER NATIONAL PARTNER GRAND PARTENAIRE NATIONAL · PREMIER NATIONAL PARTNER GRAND PARTENAIRE NATIONAL · PREMIER NATIONAL PARTNER GRAND PARTENAIRE NATIONAL

PETRO-CANADA · RONA

OFFICIAL SUPPORTERS SUPPORTEURS OFFICIELS

AIR CANADA · BChydro · BOMBARDIER · bclc · CANADIAN PACIFIC

ICBC · jetset sports · RICOH · ROYAL CANADIAN MINT MONNAIE ROYALE CANADIENNE · Teck

OFFICIAL SUPPLIERS FOURNISSEURS OFFICIELS

3M CANADA   ACKLANDS-GRAINGER   AGGREKO   ALDA PHARMACEUTICALS   AQUILINI INVESTMENT GROUP
AVAYA   BIRKS   BRITCO STRUCTURES   CANADA POST   CTV   COLD-FX   CONCORD PACIFIC DEVELOPMENTS
DELOITTE   DOW CANADA   EPCOR   GARRETT METAL DETECTORS   GENERAL MILLS   HAIN CELESTIAL   HAWORTH
JACKSON-TRIGGS   KARL'S GLOBAL EVENTS, INC.   MILLENNIUM   MOLSON COORS   NIKE   OFFSETTERS
PORT METRO VANCOUVER   PUROLATOR   SAPUTO   SLEEP COUNTRY CANADA   SNC-LAVALIN   SUN MICROSYSTEMS
TICKETS.COM   TRANSCANADA   VANCOUVER AIRPORT AUTHORITY   WESTON BAKERIES   WORKOPOLIS   WRIGLEY

PRINT MEDIA SUPPLIERS FOURNISSEURS DE MÉDIAS IMPRIMÉS

CANWEST   THE GLOBE AND MAIL   LA PRESSE

BOARD OF DIRECTORS CONSEIL D'ADMINISTRATION

Penny Ballem   Peter Brown   Michael Chambers   Charmaine Crooks

France Chrétien Desmarais   Peter Dhillon   Ken Dobell   Barrett Fisher   Jacques Gauthier

Jim Godfrey   Rusty Goepel   Paul Henderson   Gibby Jacob   Patrick Jarvis

Marion Lay   Catriona Le May Doan   Jeff Mooney   Michael Phelps

Jack Poole   Richard Pound   Judy Rogers   Chris Rudge   Beckie Scott

Walter Sieber   Carol Stephenson   Tony Tennessy   Richard Turner

In memory of
À la mémoire de

Leo Obstbaum

October 26, 1969 – August 21, 2009
Le 26 octobre 1969 – le 21 août 2009

Vancouver 2010 Design Director
Directeur de la conception de Vancouver 2010

Dreamer of the Impossible. Creator of the Possible
Rêveur de l'impossible. Créateur du possible

The only thing that matters in life is if you do or do not [do] things with your heart.

Leo Obstbaum

Tout ce qui importe dans la vie, c'est de faire ou de ne pas faire chaque tâche avec cœur.

Born in Argentina and raised in Spain, Leo fell in love with Canada when he visited the West Coast on his honeymoon. He moved here because he "wanted to give his daughter the chance to grow up in Canada." He was passionate about sharing the country with the world through the design of the Games.

Né en Argentine et ayant grandi en Espagne, M. Obstbaum est tombé en amour avec le Canada lorsqu'il a visité la côte Ouest pour célébrer sa lune de miel. Il est déménagé ici parce qu'il voulait « offrir à sa fille l'occasion de grandir au Canada ». Parmi ses nombreuses passions, il souhaitait faire connaître le pays partout dans le monde grâce à l'identité visuelle des Jeux.

In memory of
À la mémoire de

Jack Poole

April 14, 1933 – October 23, 2009
Le 14 avril 1933 – le 23 octobre 2009

Vancouver 2010 Chairman of the Board
Président du conseil d'administration de Vancouver 2010

Visionary. Giant. Mentor
Visionnaire, grand homme et mentor

Jack gave us the freedom to be great … He picked us up if we fell down and his was always the first phone call to say "well done." John Furlong

Jack was born in Mortlach, Saskatchewan (population 254) during the era of the Great Depression and grew up in a house with no running water or electricity. An avid athlete, he was on course to becoming an NHL hockey player until a car accident derailed those plans and he charted a new course to the top of the business world in real estate development. A proud Canadian, Jack left an indelible mark on the 2010 Winter Games in his roles as CEO of the bid committee and chairman of the Vancouver 2010 Organizing Committee.

Jack nous a donné la liberté de réaliser l'extraordinaire... Il a su nous soutenir dans les moments difficiles et il était toujours le premier à offrir ses félicitations. John Furlong

M. Poole est né à l'époque de la grande dépression, à Mortlach, en Saskatchewan (254 résidents). Il a grandi dans une maison qui n'avait ni eau courante, ni électricité. Grand athlète, il était en route vers une carrière dans la LNH comme joueur de hockey jusqu'à ce qu'un accident de voiture bouleverse tout. M. Poole a alors entrepris un autre cheminement de vie qui allait le mener au sommet du monde de l'aménagement immobilier. Fier Canadien, M. Poole a certainement laissé sa marque sur les Jeux d'hiver de 2010, tant à titre de directeur général de la société de candidature et de président du conseil d'administration du comité d'organisation de Vancouver 2010.

These pages depict the original artwork from the Vancouver 2010 Paralympic medals.

Like every athlete's Paralympic journey, every Vancouver 2010 Paralympic medal is one-of-a-kind, yet connected through one shared story. Each medal incorporates a unique aspect of a Komoyue design by Corrine Hunt, depicting the raven over three parts, in the composition of a traditional West Coast First Nations totem pole. According to Komoyue culture, the raven is balanced in nature and circles the world observing life from many perspectives. The raven's great creativity also allows it to rise above the world's many challenges. These characteristics parallel those of Paralympic champions.